성소수자와 그 가족을 위한 상담사례집

Sari H. Dworkin · Mark Pope 편저

이은아 · 조영미 · 박도담 · 윤은희 · 이성원 공역

Casebook for Counseling Lesbian, Gay, Bisexual, and Transgender Persons and Their Families

학지사

Casebook for Counseling Lesbian, Gay, Bisexual, and Transgender Persons and Their Families
by Sari H. Dworkin and Mark Pope

역자 서문

내가 성소수자 상담서 번역에 관심을 갖게 된 계기는, 2017년에 조영미 교수님을 통해 성소수자 상담 관련 참고자료가 없어서 상담적 한계를 느낀다고 들었을 때부터였다. 그 당시 조영미 교수님의 열성에 오롯이 기대어 성소수자 상담 외서를 찾아보다가, 윤은희 교수님에게 이 책을 추천받게 되었다. 조영미 교수님은 이 책을 매우 좋아했기에 자신이 나서서 출판제안서를 단숨에 썼고, 나는 학지사에 이 일을 같이 해 달라고 부탁했다.

그리고 2019년, 우리는 2년 만에 이 책의 출판권자인 ACA(미국상담학회)로부터 판권계약을 받아 냈다. 솔직히 2년이라는 기다림 끝에 나도, 조영미 교수님도 이전의 열성은 많이 식어 버렸다. 이에 힘을 보태고자 우리는 공역자 세 분을 더 모시게 되었다. 공역자분들과 미팅을 하면서 현장의 생생한 목소리를 통해 영감을 얻은 우리는 그해 여름에 이 책의 번역을 본격적으로 시작하게 되었다. 이 책의 1부는 조영미 교수님, 2부는 박도담 선생님, 3부는 윤은희 교수님, 3부 21장부터 4부 27장까지는 이은아 교수, 4부 28장부터 31장까지와 부록 B는 이성원 선생님이 맡아서 번역하였다.

이 책의 내용에도 변화가 있었다. 2013년 원저에 수록되었던 부록 A는 현재 폐기되고, 새로운 가이드라인이 ACA 홈페이지에 게시되어 있었다. 이에 역자진과 수차례 회의를 하고 ACA와 학지사에게 다시 허가를 받아서, 부록 A를 새로운 가이드라인으로 업데이트해서 실었다. 다른 번역보다 행정 관련 업무가 많아서 낯설었던 작업이었다. 그럼에도 기꺼이 작업했던 것은 이 사례집을 통해 많은 상담자가 분명히 이득을 얻을 것이라는 확신 때문이었다. 공역자들과 만나면서 나는 국내의 성소수자 상담의 실제에 대해서 여전히 많이 모르고 있었음을 깨닫게 되었다. 물론 ACA라는 미국 출판사의 책이 한국에 출간된 적도 거의 없지만, 성소수자 관련 전문서적이 국내의 메이저 출판사에서 출간된 역사가 없었다는 것도 알게 되었다. 여전히 성소수자 관련 전문서적은 거의 부재하고, 성소수자 상담을 알고 싶어도 찾는 노력이 많이 들어서 중간에 포기할 수밖에 없는 여건임을 알게 되었다.

이 책을 출판하는 과정은 이처럼 쉽지 않았다. 성소수자와 그 가족들이 경험하는 어려움과 조금은 평행선을 달렸던 것 같다. 미국 출판권자의 허가를 기다리다가 관심과 열정이 사그라든 순간도 있었고, 현장의 이야기를 알고 있는 공역자들을 만나지 못했다면 그저 여러 일 중의 하나로 폄하되었을지도 모르겠다.

이 역서를 작업한 의도는 매우 순수하고 내담자중심적이다. 우리가 매일 마주하는 내담자를 더 잘 도울 수 있는 하나의 도구로써 이 사례집이 활용되기를 희망한다. 나아가 이 책이 사회적 약자로 살아가는 많은 성소수자와 그 앨라이(ally), 상담자에게 작은 성냥불로서나마 기능하기를 희망한다.

이 사례집이 나오기까지의 매우 지난한 과정과 도전을 함께해 준 학지사 김진환 사장님, 소민지 선생님, 박지영 선생님에게 사회적 약자와 조력 전문가들(helping professionals)을 대신하여 깊은 고마움의 인사를 전한다.

2022년 1월

모든 역자를 대신하여

이은아

추천사

저는 너무나 운이 좋게도 제 개인의 삶과 전문가로서의 삶 모두에서 우리의 풍부하고 다양한 레즈비언, 게이, 양성애자, 트랜스젠더, 퀴어, 퀘스처닝 및 인터섹스(lesbian, gay, bisexual, transgender, queer, questioning, and intersex: LGBTQQI) 공동체와 관련하여 평범하면서 때로는 놀라운 성취들을 목도하고 경험할 수 있었습니다. 또한 저는 우리의 공동체가 일상적으로 마주하는 위험과 가슴이 찢어지는 고통을 개인적으로 경험하며 그 안에서 함께 있었습니다. 저는 정말 운이 좋게도 사리 드워킨(Sari Dworkin), 마크 포프(Mark Pope) 두 박사님을 모시며 여러 경험을 통해 많은 것을 배울 수 있었습니다. 두 분과 함께하면서 내면의 힘을 비롯해 억압 속에서도 품위를 지키는 모습과 대의를 위해 흔들림 없이 헌신하는 모습을 직접 두 눈으로 보았고, 한 사람 혹은 소수의 사람일지라도 하루하루 각 사람마다 할 수 있는 것들이 있다는 것 또한 볼 수 있었습니다. 사리와 마크 두 분이 걸어온 이러한 길들, 두 분이 해 온 역할들과 변함없이 보여 온 리더십에 대해 깊은 감사를 표합니다. 이 책은 두 분의 선지적 노고와 보기 드문 공헌에 대한 하나의 예시일 뿐입니다.

사리와 마크가 또 해냈다는 이야기를 하는 것은 불필요하거나 자제할 필요가 있을 수 있지만, 그래도 어쨌든 저는 이야기하려 합니다. 그렇습니다. 이들이 또 해냈습니다! 두 사람은 다시 최고 중의 최고, 알짜배기만 엄선해서 최우수 팀을 꾸렸고, 이들에게 이들이 가장 잘하는 교육하고 혁신하며 옹호하는 일을 하게 했습니다. 이 정도로 우수한 교육자, 상담자, 연구자 그리고 다재다능한 인재들을 찾을 수는 없을 겁니다. 좋은 소식은 이들이 이 책 한 권에 모두 있고, 이 책을 통해 우리가 원하는 변화로 한 걸음 더 다가갈 수 있도록 준비해 놓았다는 것입니다. 저는 이들 중 많은 이를 저의 친구로 부를 수 있어서 행운이라 생각하고, 또한 이들 모두를 편견과 편협함, 고정관념 그리고 편향성에 맞선 전쟁의 동료이자 팀 플레이어로 칭할 수 있다는 사실에 흥분을 느낍니다.

저는 이 책이 여러분의 전문가 경력 전반에 걸쳐 계속 들춰 보게 될 책이라고 장담하며, 여러분이 경력이 충분히 많은 연구자-상담자이든 갓 입학한 대학원생이든 간에 예외 없이 바로 쓸 수 있는 정보원이 될 것입니다. 여러분은 여러분 앞에 앉은 성소수자 내담자의 무수히 많은 경험을 이해하기 위하여 이 책을 찾게 될 것입니다. 또한 편견에 잠긴 세상 속에서 상처받은 채 여러분을 응시하는 성소수자 내담자를 돕고자 할 때, 이를 위해 이론, 기술, 접근 혹은 진단을 골라야 할 때, 이 책을 찾게 될 것입니다. 그리고 여러분이 어디에도 갈 데가 없을 때, 자신을 이해하거나 자신의 이야기에 귀 기울여 줄 사람 없는 성소수자 내담자를 정말로 돕고자 할 때, 개입하고자 할 때 그리고 이들의 삶에 변화를 만들고자 할 때 이 책을 찾게 될 것입니다.

여러분은 총 4부—발달적 이슈, 관계 이슈, 맥락적 이슈 그리고 웰니스(wellness) 이슈—에 걸쳐 실제 사람들의 깊고 강렬하며 복합적인 서사를 만나게 될 것입니다. 여러분은 공감적으로 변화에 영향을 줄 수 있도록 어떻게 이론적 접근을 신중하게 고르고 적합한 기술을 선택할지 배우게 될 것입니다. 여러분은 전략과 개입의 범주를 배우게 될 것이며, 무엇보다도 여러분이 성소수자 내담자들과 이들의 중요한 타인들을 위해 어떻게 따뜻한 적극적 옹호(compassionate affirmation)를 발달시키고 유지하는지 배우게 될 것입니다. 그리고 여러분은 여러분 자신이 지닌 편견과 선입견에 대해 알게 될 것이고, 확인되지 않았을 경우 이러한 편견과 선입견이 어떻게 성소수자 내담자와의 관계와 치료적 동맹에 부정적 영향을 줄 수 있는지 배우게 될 것입니다. 더 이상 할 말은 없습니다. 저는 분명 이러한 작업이 간단하다거나 쉽다고 이야기하지는 않겠습니다. 하지만 여러분이 정말로 이 자료에 파고들어 배운다면, 여러분과 여러분이 돕는 이들 모두에게 훨씬 큰 보상으로 돌아올 것입니다. 여러분은 이렇게 중요한 작업에서 여러분을 안내하고 지지할 도구와 자원이 포괄된 것을 아마도 처음으로 가져 보게 될 겁니다. 또한 한 가지 더 보상으로 추가하자면, 여러분은 성소수자 내담자 및 이들의 중요한 타인과 효과적으로 작업하는 데 있어서 여러분의 능력과 여러분 스스로에 대해 새롭게 자신감을 갖게 될 겁니다. 정말 만족할 것입니다.

누가 봐도 놀라운 시간들입니다. 동성 간의 결혼과 시민결합을 막던 장벽들이 무너지고, 군대 내 금지가 풀리고 있으며, 이분법적인 섹슈얼리티와 성별에 대한 가정적 제약들이 완화되는 등 우리는 놀라운 시간들을 보내고 있고, 그만큼 놀라운 도구들을 필요로 하고 있습니다. 진정으로 역량 있는 다문화상담사로서의 성공을 이루기 원한다면, 당장 이 책을 읽기를 바랍니다.

지금이 바로 그때입니다. 지금이 아니라면 언제가 되겠습니까? 우리가 아니라면 누가 하겠습니까?

자긍심을 담아서

콜린 R. 로건(Colleen R. Logan), PhD, LPC, LMFT, NCC
월든 대학교(Walden University) 결혼, 커플 및 가족 상담 프로그램 담당자

편저자 서문

연구에 따르면, 대부분의 정신건강 전문가는 레즈비언 및 게이 이슈에 대한 교육이 열악하며, 최악의 경우 부재하다고 느낀다. 여기에 더해 인터섹스 이슈뿐만 아니라 양성애자와 트랜스젠더의 이슈 관련, 성소수자 이슈를 다루는 적절성은 더욱 떨어진다.

현재 미국의 윤리강령(American Counseling Association, 2005)과 자격인준기관(Council for Accreditation of Counseling and Related Educational Programs, 2009)은 레즈비언, 게이, 양성애자 및 트랜스젠더(lesbian, gay, bisexual, and transgender: LGBT) 이슈에 대한 교육을 요구한다. 그러나 교육과정, 논문, 서적 또는 워크숍의 제목에 **양성애자** 또는 **트랜스젠더**가 있더라도 레즈비언 및 게이 이슈와 다른, 양성애자와 트랜스젠더의 고유한 특성에 대한 탐색은 거의 이루어지지 않는다.

성소수자 주제에 대한 교육은 대체로 다문화상담 수업의 한 주 분량으로 구성하며, 비록 진정한 최첨단의 상담 프로그램이 있더라도 그 교육과정 안에서 성소수자 주제만을 다룬 수업일 것이다. 상담 실습, 현장 경험과 인턴십에 대한 수퍼비전은 성소수자 내담자가 호소 문제를 제시한 경우에만 성소수자 주제를 꺼내는 경향이 있다. 이러한 문제를 논의할 때에도, 우리는 학생들에게 "내담자를 만날 때 어떻게 해야 하나요? 어떤 질문을 해야 하나요? 어떤 이론과 기술을 사용하나요?"라는 질문을 자주 받는다. 때때로 수퍼바이저의 제안은 "그렇게 말해도 되나요? 그걸 물어봐도 되나요?"와 유사한 반응을 얻는다. 이 책은 그러한 질문에 답하기 위해 저술되었다.

우리는 성소수자 적극적 옹호 상담(LGBT-affirmative counseling)이 모든 정신건강 전문가의 자세이고, 대부분의 상담자에게 받아들여지는 시대를 사는 것을 행운이라고 생각한다. 학술 및 실용적 문헌의 확산은 성소수자의 가장 시급한 문제를 드러냈다. 많은 레즈비언과 게이는 심리치료에서 도움을 받고 있으며(Garnets, Hancock, Cochran, Goodchilds, & Peplau, 1991), 대부분이 자신이 받은 치료에 만족하고 수용하고 있다(Page, 2007). 하지만 양성애자의 경우는 그렇지 않다. 일부 양성애자는 상담자가 자신의 정체성을 인정하지 않고 자신에게 적절한 처치에 필요한 지식이나 기술이 없다고 믿기 때문에 자신의 정체성을 상담에서 공개하지 않는다(Page, 2007). 정체성은 사람의 중요한 측면이기 때문에 양성애자 정체성을 노출하지 않는 내담자는 부적절하거나 오히려 해로운 상담을 받을 가능성이 있다. 트랜스젠더 내담자는 상담자를 교육해야 한다고 믿으며(상담자와 내담자의 역할 혼란), 수술을 고려하는 경우 상담자가 그 수술을 막는 게이트키퍼(gatekeeper)라고 알고 있는 이중적 문제를 가지고 있다[Mizock & Fleming, 2011; World Professional Association of Transgender Health(WPATH) 참조]. 인터섹스는 최근 새롭게 떠오르는 고유한 이슈를 가진 내담자군이다. 이들 또한 자신들이 적절한 심리치료를 받기 전에 상담자를 먼저 교육해야 한다고 생각할 것이다. 이 책은 실제 사례(종종 재구성한 사례)를 검토하여 상담자가 상담 과정 안에서 적절한 이슈를 다룰 수 있도록 돕고자 하였다. 비밀보장을 위해 내담자의 신분은 위장하였다. (재구성이 아닌) 모든 실제 사례에서 저자는 해당 내담자에게 허락을 받았다.

우리는 성소수자 상담 문헌이 가지고 있다고 비판받는 공백을 메우기 위해 이 책을 제안했다. 학생과 상담자는 특정 문제를 가진 특정 내담자를 만날 때 무엇을 해야 하는지에 대한 더 많은 정보를 원한다. 우리는 각 장의 저자에게 다음과 같은 내용을 저술해 줄 것을 제안했다.

> 이 책은 현재까지 출간된 성소수자 상담 책과 달라야 합니다. 우리는 학술 문헌을 검토하는 것이 아닙니다. 저자는 성소수자 상담 및 치료에 관한 문헌을 검토하기보다는 상담 계획 및 시행에 초점을 맞추어 다음과 같은 이슈를 드러내는 글을 써야 합니다. 그 프로토콜은 다음과 같습니다.

1. 인적 정보(실제 내담자 정보를 사용하는 경우, 동의서를 받을 뿐만 아니라 신원을 보호하도록 유의해 주십시오.)
2. 배경 정보(귀하의 사건과 연관된 충분한 정보를 제공해 주십시오.)
3. 호소 문제(어떤 구체적인 이슈 때문에 내담자가 상담을 찾게 되었습니까?)
4. 진단(해당된다면, 5축 진단 및 논리적 근거를 제시하십시오.)
5. 이론적 틀(이 사례에서 당신이 활용한 이론적 배경을 제시하십시오.)
6. 상담 목표(과정을 포함하여 초기 목표/합의한 목표/최종 목표를 포함하십시오.)
7. 사용한 개입(구체적이고 철저한 정당화를 제공해 주십시오.)
8. 결과(성공과 실패의 모든 결과를 기술하십시오.)
9. 전이/역전이 이슈(해당된다면, 당신의 이론적 틀을 기반으로 상담자가 반드시 염두에 두어야 할 잠재적 문제 또는 발생했던 문제를 기술하십시오.)
10. 기타 다문화/비교문화적 이슈('문화'에 대한 포괄적 정의를 활용하고, 젠더 이슈를 포함하십시오.)
11. 해당될 경우, 위기 상황
12. 상담이나 훈련을 위한 제안

이 책은 미국성소수자상담학회(Association for Lesbian, Gay, Bisexual and Transgender Issues in Counseling: ALGBTIC)의 성소수자 내담자들과의 상담을 위한 역량(1997)과 트랜스젠더 내담자들과의 상담을 위한 역량(2010)을 따르며, 미국상담학회(American Counseling Association: ACA)에서도 그 두 가지 모두를 채택하였다(각각 부록 A와 B 참조). 이 책은 발달적 이슈, 관계 이슈, 맥락적 이슈, 웰니스 이슈로 크게 구분하였다. 우리는 각 부에서 (각 장의 저자가 제안한) 관련 문헌을 검토하여 상담 역량을 자세하게 기술하고, 그 이론적 배경을 제공하는 소개글을 간략하게 기술하였다. 더 자세한 내용을 원하는 독자들은 현재 출간된 책과 논문에서 쉽게 찾을 수 있을 것이다.

또한 우리는 성소수자 관련 이슈를 해결하기 위해 우리 분야에서 최고의 저자와 연구자를 많이 모았다. 이 저자들은 성소수자 내담자에 대해 높은 통찰력을 가지고 있으며, 성소수자와 그 가족의 삶, 이들을 돕는 방법에 대해 매우 흥미롭고 읽기 쉽고 유용한 서사를 제공한다.

우리는 이 책이 교수, 학생, 상담 종사자들에게 시의적절하고 중요한 자료라고 믿는다. 또한 이 책은 훌륭한 읽을거리이다. 교육과정에서 다루어진 레즈비언, 게이, 양성애자, 트랜스젠더, 퀴어, 퀘스처닝, 인터섹스 집단과 관련된 많은 이슈를 이 책의 여러 장에 걸쳐 다루었다. 그 이슈에는 커밍아웃, 가족, 배우자/중요 타인, 이중국적 커플, 종교, 중독, HIV(후천성면역결핍증), 여성의 건강, 전환치료, 인종/민족/성별/비도심 문화 등과의 교차점 등이 있다. 또한 3장에서는 특별히 인터섹스를 다루며, 여러 장에서 양성애자와 트랜스젠더가 직면한 문제를 다루었다.

가장 중요한 것은 이 책이 성소수자들과 이들의 가족이 일상생활에서 직면하는 문제를 밝히는 데 도움을 주고, 상담 전문가가 보다 효과적으로 준비하는 데 기여하기를 바란다는 것이다.

사리 H. 드워킨(Sari H. Dworkin), 마크 포프(Mark Pope)

참고문헌

American Counseling Association (ACA). (2005). ***ACA code of ethics***. Alexandria, VA: Author.

Association for Lesbian, Gay, Bisexual and Transgender Issues in Counseling. (1997). ***Competencies for counseling gay, lesbian, bisexual, and transgendered (LGBT) clients***. Alexandria, VA: Author.

Association for Lesbian, Gay, Bisexual and Transgender Issues in Counseling. (2010). ***Competencies for counseling with transgender clients***. Alexandria, VA: Author.

Council for Accreditation of Counseling and Related Educational Programs. (2009). ***2009 standards***. Alexandria, VA: Author.

Garnets, L., Hancock, K. A., Cochran, S. E., Goodchilds, J., & Peplau, L. A. (1991). Issues in psychotherapy with lesbians and gay men: A survey of psychologists. ***American Psychologist, 46***, 964-972.

Mizock, L., & Fleming, M. Z. (2011). Transgender and gender variant populations with mental illness: Implications for clinical care. ***Professional Psychology: Research and Practice, 42***, 208-213.

Page, E. (2007). Bisexual women's and men's experiences of psychotherapy. In B. A. Firestein (Ed.), ***Becoming visible: Counseling bisexuals across the lifespan*** (pp. 52-71). New York, NY: Columbia University Press.

일러두기

- 성소수자가 맺고 있는 관계적 형태를 정확하게 표현하기 위해 'couple'은 '부부'가 아닌 '커플'로, 'parent'는 '부모'가 아닌 '양육자'로 번역하였다. 참고로 국립국어원 표준국어대사전에 따르면, 부부(夫婦)는 '남편과 아내를 아울러 이르는 말'로, 부모(父母)는 '아버지와 어머니를 아울러 이르는 말'로 정의되어 있다.
- 레즈비언(여성 동성애자, Lesbian), 게이(남성 동성애자, Gay), 바이섹슈얼(양성애자, Bisexual), 트랜스젠더(Transgender)를 포괄하는 약어인 'LGBT'는 본문에서 이 네 가지 범주에 해당하는 성소수자만을 지칭하기 위해 사용되지 않았다고 판단하여 '성소수자'로 번역하였다.
- 젠더를 지칭하는 대명사는 성별 정체성을 특정해야 하는 맥락이 아닌 이상, 지정 성별이나 생물학적 성별에 따라 '그'나 '그녀'로 구분하여 번역하지 않고, '그'로 번역하는 방향으로 통일하였다.

차례

1부
발달적 이슈

2부
관계 이슈

3부

맥락적 이슈

4부

웰니스 이슈

1부 발달적 이슈

Casebook for Counseling
Lesbian, Gay, Bisexual, and Transgender
Persons and Their Families

유능한 상담자는 다음 사항들을 숙지해야 한다.[1]

- 생물학적 · 가족적 · 심리사회적 요인이 GLB(게이, 레즈비언, 양성애자) 지향성과 트랜스젠더 정체성의 발달과정에 영향을 미친다는 것을 이해한다.
- 현대 생애주기 발달이론(life span development theories)에 내재된 성소수자(LGBT)에 대한 비이성애차별주의적(heterosexist) 가정을 확인하고, 평가 절차 및 상담 실제에서 이러한 편견을 설명한다.
- 커밍아웃(coming out) 과정 때문에 성소수자들은 종종 자신의 생물학적 연령과 현대이론에서 설명하는 발달단계 사이의 격차를 경험할 수 있음을 고려한다.
- 정체성 형성과 낙인 관리가 성소수자들의 삶에 걸쳐 계속되는 발달 과제라는 것을 인식한다.
- 성소수자 청소년의 규범적 발달 과제는 여러 요인에 의해 종종 복잡해지거나 손상될 수 있다. 그 요인들에는 정체성 혼란, 불안과 우울, 자살 생각과 행동, 학업 실패, 약물 남용, 신체적 · 성적 · 언어적 학대, 무주택 상태, 성매매, 성병/HIV 감염이 포함된다.

1부를 쓴 저자들은 레즈비언, 게이, 양성애자, 트랜스젠더, 퀴어, 퀘스처닝, 인터섹스(lesbian, gay, bisexual, transgender, queer, questioning, and intersex: LGBTQQI) 젊은이, 커밍아웃, 인터섹스 및 트랜스젠더 내담자, 성소수자 가족과의 상담, 전 생애적 관점의 상담 및 진로발달과 같은 성소수자 내담자들이 직면한 다양한 발달 문제를 살펴보고 있다. 이러한 발달 문제들은 전 생애에 걸쳐 있는데, 해당 사례들을 통해 그 과정을 다룬다.

수잔 M. 더거(Suzanne M. Dugger)와 로리 A. 칼슨(Laurie A. Carlson)이 쓴 1장 '성소수자 청소년: 도널드 윌슨의 사례'는 성소수자 학생들의 옹호자로서 학교상담사의 역할을 다룬다. 학교상담사들은 우리 사회의 정신건강 서비스를 제공하는 데 중요한 역할을 담당하고 있다. 이들은 이 시스템의 최전선에 있기 때문에 종종 어린 학생들에게 일어나는 문제들을 가장 먼저 발견하게 된다. 발견 즉시 이들은 지역사회 자원과 효과적

1) 각 부의 서두에서 미국성소수자상담학회(ALGBTIC)에서 나온 성소수자 상담에 필요한 역량을 소개한다.

인 연계를 할 수 있다. 학교상담사 1명이 맡고 있는 학생들이 400명이고 개인 · 가족 상담에만 전념할 수 있는 시간이 없기 때문에 연계가 효과적일 수 있다.

더거 박사와 칼슨 박사는 자신의 성적 지향에 의문을 제기하고 있는(questioning) 15세의 고등학생 도널드 윌슨(Donald Wilson)의 사례를 제시한다. 이들은 성소수자 학생들의 효과적인 옹호자가 되기 위해, 자원, (전문적, 가족 관련, 법률적, 비밀보장 문제를 포함한) 장벽과 학교상담사의 역할을 포괄적으로 다루고 있다. 동성에 대한 감정을 이야기할 수 있는 안전하고 이해심 있는 성인을 만나는 일은 청소년들에게 살맛나는 세상을 만들어 준다. 더거 박사와 칼슨 박사는 이러한 문제를 민감하게, 풍부한 지식과 깊은 이해를 바탕으로 다루고 있다.

아동과 청소년 문제로부터 시작한 1부는 존 F. 마잘렉(John F. Marszalek)과 에드워드 P. 캐넌(Edward P. Cannon)의 2장 '게이로 커밍아웃하기'의 성인 게이 문제로 옮겨 간다. 커밍아웃은 성소수자의 삶에서 가장 중요한 사건 중 하나이며, 위험부담이 큰 사건이다. 이 과정은 '자기 자신에게 커밍아웃하기'와 '다른 사람들에게 커밍아웃하기'라는 두 가지 다른 측면으로 구성된다. 전자는 여러 해 동안 고려한 끝에 이루어진 절정 경험이며, 후자는 일생을 두고 일어나는 일련의 사건이다. 이 둘 다 중요하다.

'왜'와 '어떻게'의 문제는 이러한 이슈의 토대를 이룬다. 상담자는 내담자가 직장이나 학교에서 커밍아웃하는 것의 장점과 단점을 고려하도록 도울 수 있다. 또한 내담자에게 다른 사람들에게 알리기 위한 전략을 개발하는 행동 시연의 기회를 제공할 수 있다. 마잘렉 박사와 캐넌 박사는 제레미(Jeremy)의 사례를 통해 이 문제를 논의한다. 또한 이들은 이성의 배우자, 가족, 친구에게 미치는 영향을 포함하여 커밍아웃 과정에서 발생하는 문제를 다룬다.

다음 장에서는 문헌에서 거의 논의되지 않았던 이슈인 인터섹스(intersex) 내담자에 대해 다룬다. 인터섹스는 유아기부터 시작하여 평생 동안 내담자에게 영향을 미치는 문제이기 때문에 우리는 1부에 이 장을 포함시켰다. 시어도어 R. 번즈(Theodore R. Burnes)와 케이트 리치몬드(Kate Richmond)가 3장 '인터섹스 내담자에 대한 상담전략: 과정기반 접근'에 대해 저술하였다.

인터섹스는 모호한 생식기를 가지고 태어난 아기를 지칭하는 용어이다. 대개 의료진이 부모의 의견을 구하지 않고 아이의 성별을 결정한다. 문제는 인터섹스 자녀가 자라면서 자주 드러난다. 번즈 박사와 리치몬드 박사는 과정지향 구조를 사용하고 있으며 많은 인터섹스 내담자의 문제와 경험들을 조합하여 만든 사례를 제시하고 있다. 인터섹스 여성인 베키(Becky)는 부모와 의사들에게 배신감을 느끼고 있다. 이 사례에서 중요한 것은 내담자의 몸에 대한 정직한 정보를 제공하고, '그 고통'에 이름을 붙이고, 내담자에게 자신의 몸에 대한 수치심과 다른 사람들과의 관계에서 당황스러웠던 경험을 논의할 수 있는 공간을 제공하는 것이다.

이 책의 다른 장들과 마찬가지로 번즈 박사와 리치몬드 박사도 베키의 몸에 대한 억압과 외상을 타당화하기 위해 여성주의 사례개념화를 활용한다. 독서상담은 해당 상황과 그것을 다루는 사람들에 대한 정보가 잘 제공되지 않아도 가능하기 때문에 인터섹스 내담자들에게 유용하다. 이 사례에 활용한 또 다른 상담 기법은 '나는 괴물이야.'와 같은 생각에 대항하는 인지상담과, 몸이 전하는 메시지와 다시 연결되도록 돕는 게슈탈트 기법이다. 끝으로, 인터섹스 내담자와 함께 작업할 때 필요한 윤리에 대한 논의로 이 장을 마무리하였다.

다음 장에서는 초점을 개인에게서 생애 주기에 걸친 가족에게로 옮겨 간다. 스튜어트 F. 첸-헤이즈(Stuart F. Chen-Hayes)는 4장 '게이 아버지, 이성애자 어머니, 트랜스젠더 청소년의 상담과 옹호'에 대해 논의하고 있다. 첸-헤이즈 박사는 트랜스섹슈얼(transsexual)[2]과 다양한 성별의(gender variant) 가족을 위해 두 권의 책을 추천한다. 『트랜스포밍 가족들(Trans-Forming Families)』(Boenke, Dudley, & Bowden, 2008)과 『트랜스젠더 아이(The Transgender Child)』(Brill & Pepper, 2008). 두 책 모두 아동과 청소년 그리고 그 가족들이 성별 정체성과 성 표현을 협의해 가면서 직면하게 되는 이슈를 설명하고 있다. 첸-헤이즈 박사의 장은 수없이 교차하는 정체성과 복잡한 문제를 다루고 있다. 마야(Maya)는 공동 양육권을 가진, 이혼한 다민족 아프리카계 미국인과 멕시코인 부모의 자녀이다. 아버지 로베르토(Roberto)는 게이 치카노(멕시코계 미국인)로, 중국계 미국인 애인이 있다. 마야는 술을 마시다가 교사에게 걸려서 상담에 의뢰되었다. 성적 학대 경험이 있는 마야는 결국 트랜스젠더로 커밍아웃하게 된다. 마야 내면의 자기 이미지는 소녀가 아닌 소년이다. 상담자는 독서상담과 함께 인지행동상담 및 이야기상담 기법을 활용하여, 마야와 그 가족들이 이러한 복잡한 문제에 대처할 수 있도록 도와주고 있다.

다음 장에서는 발달의 마지막 단계로 이동한다. 마지막 두 장은 게이 노인들의 문제에 대해 논의한다. 더글러스 키멀(Douglas Kimmel)의 5장 '게이 노인상담'과 M. 캐럴린

---

2) 역자 주: 신체적 성의 특징과는 반대의 심리적 특징을 가진 사람을 말한다.

토머스(M. Carolyn Thomas), S. 르노어 길램(S. Lenoir Gillam), 폴 F. 하드(Paul F. Hard)의 6장 '레즈비언 노인상담: 팻과 셀린의 사례'이다.

게이 남성도 이성애자가 겪는 문제와 유사한 노화 문제에 직면한다. 하지만 게이 남성이 경험하는 노화 스트레스에는 성적 지향에 대한 사회적 낙인과 게이 문화가 청년 위주라는 점들이 포함되어 있다(Berger, 1980, 1996; Kelly, 1977; Kimmel, 1978; Pope, 1997; Pope & Schulz, 1990). 노인 게이는 낙인화된 성적 지향, 성적 지향과 관련된 보이지 않는 문제, 노화에 관한 일반화된 부정적 고정관념과 차별에 직면하게 된다.

노인 성소수자를 효과적으로 상담하려면 상담자들이 성소수자 이슈, 커뮤니티, 자원에 정통해야 한다(Berger & Kelly, 1996). 상담자는 일반적인 노화 문제와 노인 레즈비언이 직면한 특정 문제에 대해서도 특별히 고려해야 한다. 종종 의사와 보호자들은 노인과 관련된 성적 지향 문제를 인정하거나 논의하기를 꺼린다(Pope, 1997). 또한 버거(Berger)와 켈리(Kelly)는 노인 내담자들이 어떤 형태의 자기개방이든 주저하는 경향이 있다고 지적했는데, 이 때문에 상담자가 열린 분위기를 조성하려는 조치를 취하지 않는다면 상담환경을 구축하는 일이 어려워질 수 있다. 따라서 상담자는 자기개방을 촉진하고 내담자를 옹호할 준비를 갖추기 위해 자신의 개인적인 노인차별 이슈를 해결할 필요가 있다.

성소수자 대상 서비스를 제공하지 않는 많은 비도심 지역에서는 서비스의 접근 문제가 커질 수 있다. 버거와 켈리(1996)는 그 지역에서는 성소수자 내담자에게 도움이 되는 자원을 추천하는 것에 제한이 있을 수 있다고 보았다. 이들은 노인 대상 서비스가 종종 비이성애혐오적인 특성을 띠거나 노인 성소수자는 없다고 가정하는 비이성애차별주의(heterosexism) 개념을 가지고 있다는 점에 주목했다. 성소수자 인구가 도심에 집중되는 현상은 점점 줄어들고 있다는 보고가 있음에도(Signorile, 1998), 성소수자를 위한 사회적 서비스와 지원은 대부분 도시를 중심으로 계속 이루어지고 있다(Robinson, 2005). 따라서 문화적 감수성이 높은 상담자는 게이 및 레즈비언 내담자를 옹호하고, 이들이 서비스에 접근할 수 있도록 도움을 줄 준비가 되어 있어야 한다.

키멀 박사는 '게이 노인상담'에서 노화, 문화적 다양성, 성적 문제를 연관 지어, 노인 게이 남성이 직면하는 생리적 · 경제적 · 정서적 · 문화적 측면을 다루는 두 가지 사례를 제시한다.

여기서 논의된 많은 문제는 노인 게이 남성뿐 아니라 노인 레즈비언 여성에게도 적용된다. 토머스 박사, 길램 박사, 하드 박사는 팻(Pat)과 셀린(Selene)의 사례를 제시할 때 상황(Situation), 자기(Self), 지원(Support), 전략(Strategies)의 4S 모델(Thomas & Martin, 2010)을 활용하고 있다.

헴라 D. 싱가라벨루(Hemla D. Singaravelu)는 마지막 7장 '아시아계 인도인 여성의 민족 · 성 · 진로정체성'에서 이들의 진로 선택과 관련된 발달적 문제를 다루고 있다. 게이와 레즈비언 내담자에게 효과적이고 문화적으로 적절한 진로상담을 제공하는 일은, 얼핏 보기에는 비게이 또는 비레즈비언 내담자가 자신의 진로 목표를 확인하고 추구하도록 돕는 일과 거의 동일하게 보일 수 있다. 1990년 이후 상당수의 문헌에서 레즈비언, 게이의 진로상담을 다루어 왔지만, 과거 또는 최근에 나온 게이, 레즈비언에 관한 진로상담 문헌들은 미국의 소수 인종이나 민족 집단의 이슈를 거의 다루지 못하고 있다(Pope et al., 2004). 싱가라벨루 박사는 진로 문제로 어려움을 겪고 있는 젊은 아시아 인도인 레즈비언의 사례를 제시하고 있다. 복합적인 문화적 정체성 문제와 인종/민족과 레즈비언/게이 문제의 교집합이 이 진로 발달 사례의 핵심이라 할 수 있다.

참고문헌

Berger, R. M. (1980). Psychological adaptation of the older homosexual male. *Journal of Homosexuality, 5*(3), 161-175.

Berger, R. M. (1996). *Gay and gray: The older homosexual man* (2nd ed.). Boston, MA: Allyn & Bacon.

Berger, R. M., & Kelly, J. J. (1996). Gay men and lesbians grown older. In R. P. Cabaj & T. S. Stein (Eds.), *The textbook of homosexuality and mental health* (pp. 305-316). Alexandria, VA: American Psychiatric Association.

Boenke, M., Dudley, D., & Bowden, L. (Eds.). (2008). *Trans forming families: Real stories about transgendered loved ones* (3rd ed.). Washington, DC: PFLAG Transgender Network.

Brill, S., & Pepper, R. (2008). *The transgender child: A handbook for families and professionals.* Berkeley, CA: Cleis.

Kelly, J. (1977). The aging male homosexual. *The Gerontologist, 17,* 328-332.

Kimmel, D. C. (1978). Adult development and aging: A gay perspective. *Journal of Social Issues, 34,* 113-130.

Pope, M. (1997). Sexual issues for elderly lesbians and gays. *Topics in Geriatric Rehabilitation,*

12(4), 53-60.

Pope, M., Barret, B., Szymanski, D. M., Chung, Y. B., McLean, R., Singaravelu, H., & Sanabria, S. (2004). Culturally appropriate career counseling with gay and lesbian clients. *The Career Development Quarterly, 53,* 158-177.

Pope, M., & Schulz, R. (1990). Sexual behavior and attitudes in midlife and aging homosexual males. *Journal of Homosexuality, 20*(3/4), 169-178.

Robinson, P. A. (2005). *Queer wars: The new gay right and its critics.* Chicago, IL: University of Chicago Press.

Signorile, M. (1998). *Life outside.* Boston, MA: Harper Perennial.

Thomas, M. C., & Martin, V. (2010). Group work: Elderly people and their caregivers. In D. Capuzzi, D. R. Gross, & M. D. Stauffer (Eds.), *Introduction to group work* (5th ed., pp. 505-536). Denver, CO: Love.

1장

성소수자 청소년: 도널드 윌슨의 사례

수잔 M. 더거(Suzanne M. Dugger), 로리 A. 칼슨(Laurie A. Carlson)

이 장에서는 도널드 윌슨의 사례를 제시하고, 성소수자 청소년에게 나타나는 문제를 설명할 때 진단 및 문화적 문제뿐 아니라 발달적 문제의 인식이 중요함을 보여 주고자 한다. 이를 위해 학교상담사가 의뢰한 15세 소년에게 어떠한 상담이 제공되었는지 설명하고, 학교 교직원에게 도움이 될 수 있는 제안으로 마무리 짓고자 한다.

소개

비도심에서 성장하는 일이 보기보다 쉬운 일은 아니다. 도널드 윌슨의 경우 분명히 그랬다. 불쌍한 도널드. 마치 빨간 머리와 주근깨로도 충분하지 않은 듯, 도널드는 늘 카우보이 부츠와 서부 스타일의 셔츠를 입고 다니는 학교 유일의 학생이었고, 4H 클럽[1]의 회원이었다. 그가 유일하게 관심을 가진 과외 활동은 승마였지만, 그의 학교에는 승

1) 역자 주: 미국을 중심으로 활동 중인 청소년 비영리 단체 네트워크로, 4H는 창단 당시의 모토 '머리, 가슴, 손, 건강(head, heart, hands, and health)'의 첫 글자를 따온 말이다.

마클럽이 없었다. 그래서 도널드는 4H 승마 클럽에 참여하기 위해 더 외진 숙모의 집 근처까지 다녀야 했다.

그에게 15세의 나이에 이렇게 '다르다'는 것은 쉽게 받아들이기 힘든 일이었다. 도널드는 자기 학교 학생들이 참여하는 어떤 집단과도 어울리지 않는다는 것을 깨달았다. 그는 인기 있는 무리의 일원도 아니었고, 운동 대표도 아니었으며, 공부로 유명하지도 않았고, '이모(emo)'[2] 밴드에 가입하지도 않았으며, 스케이트를 잘 타는 것도 아니었다. 음…… 도널드는 착했다. 학교에서 가장 성격 좋은 학생 중 1명이었다. 항상 예의 바르고 사려 깊었기 때문에, 성적이 좋지 않았음에도 선생님들의 인정을 받았다. 도널드는 학교가 대체로 맘에 들지는 않았지만, 확실히 최선을 다했다. 신경 써서 선생님들을 기쁘게 했고 열심히 수업을 받았다. 그리고 아무도 괴롭히지 않았다. 하지만 도널드에게 신경 쓰는 사람은 아무도 없었다. 그에게도 그렇게 느껴졌다. 혼자 그리고 다르게.

도널드가 학교상담사를 만났을 때, 그의 얼굴에 온통 이런 감정이 쓰여 있었다. 비록 그 만남은 단지 그의 학업 계획을 논의하고 업데이트하기 위한 것이었고 10학년 학생 모두에게 주어지는 상담지도의 일환이었지만, 상담자는 도널드가 슬퍼하고 있는 것을 알아차렸고 그와 시간을 더 갖기로 결정했다. 도널드에게 무슨 일이 있는지 물어보니 "괜찮아요."라는 평범한 대답이 돌아왔다. 상담자는 좀 더 탐색해 보기로 했다. 상담자는 도널드가 별로 행복해 보이지 않는 것 같다고 말했고, 그를 힘들게 하는 게 있는지 많이 궁금하다고 했다. 그러자 도널드는 실상 이 학교가 마음에 들지 않는다고 인정하면서 자기와 좀 더 비슷한 아이들이 있으면 좋겠다고 말했다.

학교상담뿐 아니라 상담의 임상 분야에서 많은 교육을 받은 학교상담사는 우울증 증상에 대한 간단한 평가를 하기로 결정했다. 도널드의 많은 우울 증상을 확인했을 때, 그는 슬픔을 느꼈지만 놀라지는 않았다. 비록 그는 훈련된 상담자였고 이러한 문제에 대한 상담을 할 수 있는 능력은 있었지만, 전체적인 생활지도와 상담 프로그램을 진행하는 학교상담사의 역할을 해야 했기 때문에, 학생의 정신건강 상담을 지속적으로 할 만한 시간적 여유가 없었다(Bowers & Hatch, 2005; Stone & Dahir, 2005). 그래서 도널드에게 이 사실을 알리고 동의를 얻은 후에, 그의 어머니에게 전화를 걸어 상담을 의뢰할 만한 전문가들의 목록을 제공했다. 그 목록에는 나(수잔 M. 더거), 그의 은사, 사설 상담 센터에서 파트타임으로 일하는 상담심리학자가 포함되어 있었다. 이 장에서는 도널드

2) 역자 주: 이모코어라고 부르기도 하며, 1980년대 중반 워싱턴 DC에서 생겨난 펑크록 음악의 하위 장르이다.

와 함께 했던 상담에 대해 자세히 설명하고, 학교환경으로 다시 돌아가 그와 관련된 몇 가지 조언을 하면서 결론을 맺고자 한다.

평가 과정

내담자에 대한 이해를 발전시키는 과정에서 나는 가능한 한 완벽한 그림을 그리려고 노력한다. 그래서 나는 청소년과 상담할 때는 부모(또는 보호자)를 먼저 만나고, 이 회기에 자녀를 데려오지 않도록 요청한다. 나는 이렇게 만나는 것이 여러 가지 측면에서 상당히 도움이 된다는 것을 발견했다. 첫째, 부모의 관점에서 완전한 임상 평가를 할 수 있다. 특히 아동 내담자가 적극적이지 않을 때, 이 만남에서 내가 얻는 정보는 상당히 도움이 될 수 있다. 둘째, 이 만남은 부모와 가까워질 수 있는 기회이고, 내가 자녀와 상담하는 것이 괜찮은지 부모가 결정할 수 있는 시간을 준다. 마지막으로 그리고 정말 중요한 것은 이 만남을 통해 비밀보장에 관한 내 접근방식을 논의하는 것이다. 만일 자녀의 안전이나 복지에 대해 심각한 우려가 없다면, 나는 자녀의 비밀보장에 대한 권리를 존중할 것이고 자녀와의 상담에서 알아낸 본질적인 내용들을 부모에게 밝히지 않을 것이라고 설명한다.

도널드와 상담을 시작했을 때도 그러했다. 그의 부모를 처음 만나고서 나는 그의 가족과 도널드의 어린 시절 이야기에 대해 많은 것을 알게 되었다. 도널드의 부모는 도널드의 학교생활, 두 오누이와의 관계, 교회 출석, 반려동물샵 아르바이트, 친구가 없다는 사실 등을 들려주었다. 나아가 나는 부모에게 '청소년 우울불안 부모평정 척도[Depression and Anxiety in Youth Scale(DAYS)-Parent Rating Scale]'를 실시하게 했다. 그리고 부모에게 '청소년 우울불안 교사평정 척도(DAYS-Teacher Rating Scale)'(Newcomer, Barenbaum, & Bryant, 1994)를 주고 도널드의 교사 2명에게 작성을 부탁드려 달라고 요청했다.

나는 두 번째 회기가 되어서야 아이를 만난다. 이 회기 맨 처음에 나는 부모나 보호자들을 다시 한번 초대해—이번에는 아이 앞에서—부모나 다른 성인으로부터 심각한 해를 입거나(아동 학대) 스스로에게 위해를 가하거나(자살) 또는 타인에게 위해를 가할(살인) 우려가 없는 한, 아이의 비밀보장의 권리를 존중하고 부모에게 정보를 공개하지 않을 것이라고 반복해서 말한다. 특히 아이들이 나이가 들면서 사생활 문제에 더 큰 중요성을 부여하기 때문에, 나는 아이와 부모가 함께 참석한 자리에서 사전동의 사항을 설명하는 것이 매우 유용하다는 것을 알게 되었다. 사전동의 절차가 끝난 후, 아이와 내가 개인적으로 이야기할 수 있도록 부모는 돌아가 주실 것을 부탁드린다.

어른과 아이가 인식하는 상황과 문제가 항상 일치하지는 않는다는 사실은 별로 놀랍지 않다. 따라서 (학교나 지역사회에 상관없이) 해당 기관의 상담사는 각 당사자의 관점에 대해 개방적 태도를 유지하는 것이 필수적이다. 특히 미성년자와 상담할 때, 아이가 자신에게 실제로 일어나고 있는 일을 공유할 수 있을 만큼 안전하다고 느끼도록 신뢰할 수 있는 분위기를 조성하는 것도 필수적이다.

윌슨 부부와의 상담에서도 마찬가지로, 나는 첫 회기에서 도널드에 대해 알게 되었고 그에게 걱정되는 문제들을 이해했다. 도널드가 내게 들려준 내용의 상당 부분이 그의 부모에게서 들은 내용과 일치했지만, 일부는 그렇지 않았다. 나는 면담과 '청소년 우울불안 자기보고 척도(DAYS-Student Self Report)'(Newcomer et al., 1994)를 바탕으로, 도널드가 실제로 여러 우울 증상을 겪고 있다는 사실을 알게 되었다. 하지만 사실상 기분 삽화나 장애 진단 기준을 충족시킬 만한 정도는 아니었다. 게다가 도널드는 범불안 감정을 드러냈다. 그러나 다시 말하지만 그의 증상은 진단 기준점 이하로, 특정 불안장애로 진단 내릴 만큼의 기준을 충족시키지는 못했다. 또한 도널드는 그의 부모가 믿고 있는 만큼 교회를 좋아하지도 않았고 어떤 교인들은 '협소하고 비판적이라고' 생각하고 있었다.

나는 도널드의 나이에 걸맞게 대화를 나눌 만한 친한 사람들이 있는지도 물었다. 그의 친구들에 대해 묻고 나서 이렇게 물었다. "연애감정을 느끼는 사람은? 좋아하는 여자나 남자가 있나요? 특별히 관심 가는 사람이 있어요?" 도널드는 겁에 질린 표정이었고, 단호하면서도 발끈하는 투로 대답했다. "글쎄요, 여자들. 당연히 있지요!" 나는 당황스러워하는 도널드에게 사과했고, 상담자로서 나는 사람들을 어떤 식으로 가정하는 것을 그다지 좋아하지 않는다고 설명했다. 그리고 남자가 남자를 좋아할 때가 있고 남자가 여자를 좋아할 때도 있다는 것을 알게 되었다고 설명했다. 어느 쪽이든 괜찮다고 생각했고, 단지 어떤 편견을 갖고 싶지 않았다.

바로 이때가 도널드의 사례에서 상담동맹을 발전시킨 결정적인 순간이었다. 연애 관계에 대해 포괄적 질문을 하지 않았다면 그 첫 회기에 이루어진 대화는 일어나지 않았을 것이며, 이후에도 일어났을지 확신하기 어렵다. 내 설명에 대한 반응으로 도널드는 그저 어색하게 "오……."라고 중얼거렸고, 우리는 그의 학교 친구들에 대해 조금 더 이야기하기 시작했다. 하지만 갑자기 그가 끼어들며 말했다. “글쎄, 어쩌면…….” 나는 고개를 들고 그가 계속 말하기를 기다렸다. 도널드가 다음 말을 완성하려면 꽤 긴 시간이 걸릴 것 같았다. “글쎄요. 남자를 좋아하는 것 같아요, 확신할 순 없지만.” 도널드의 얼굴은 자기 머리카락만큼이나 새빨갛게 달아올랐고, 아까의 내 대답에 감사를 표하는 듯했다. 그의 눈을 똑바로 쳐다보고 그가 응시하는 것을 계속 바라보면서, 나는 그가 위험을 무릅쓰고 자신도 확신하지 못하는 이야기를 나에게 들려준 것에 대해 부드럽게 감사의 말을 전했다. 그리고 그가 원한다면 함께 그의 일을 상의하며 함께 이해해 볼 수 있을 것이라고 말했다.

상담이 진행되면서 도널드가 자신의 성적 지향에 대해 확신이 없다는 사실을 다른 사람에게 인정한 일이 이번이 처음이라는 사실을 알게 되었다. 그가 교회 사람들을 편협하고 비판적이라고 생각한 이유 중 하나가 이들이 때때로 동성애혐오적인 신념을 드러냈기 때문이라는 것도 알게 되었다. 또한 도널드의 우울하고 불안한 감정은 성적 지향에 대한 내적 갈등과 많은 부분 관련이 있다는 것도 알게 되었다.

문화적 · 맥락적 고려사항

어떤 내담자와도 첫 상담을 시작할 때 필수적으로 해야 할 일은 그가 제시하는 관심사를 그가 가진 맥락 속에서 이해하는 일이다. 도널드는 1600년대 후반에 영국과 스코틀랜드에서 미국으로 이민 온 가문 출신의 백인이다. 도널드를 양육한 부모는 진심으로 성경을 곧이곧대로 믿을 정도로 하나님을 경외하는 분들이다. 보수적인 감리교회 신자인 그의 가족은 일요일 교회 예배에 빠진 적이 거의 없으며, 웬슨 부부의 사회적 모임은 온통 교회 신자들과의 만남으로 이루어져 있었다. 교회의 교리를 따라 도널드의 부모는 비이성애를 “신이 창조한 질서의 왜곡[자유감리교회 규율서(Book of Discipline of the Free Methodist Church): “비이성애와 감리교(Homosexuality and Methodism)”, 2010에서 재인용]”이라고 여겼고, 결혼은 이성애 커플에게만 국한되어야 한다고 믿고 있었다.

사회경제적으로 볼 때 도널드의 가족은 노동자 중산층에 속했다. 그의 부모는 둘 다 고등학교를 졸업하였고 노동자 계층의 일자리를 갖고 있었다. 아버지는 자동차 부품을 생산하는 공장의 조립라인에서 일하고 있었고, 어머니는 지역사회 노인 생활지원시설에서 파트타임으로 근무하고 있었다. 지리적으로 보면, 도널드의 가족은 미시간주 앤

아버의 부도심 지역에 살고 있었다. 이 지역은 보수주의와 다양성 부족으로 유명한 곳이었지만, 앤아버 지역 자체는 인종, 출신 국가, 종교, 성적 지향과 관련하여 상당한 다양성을 가지고 있는 곳이었다.

발달적 고려사항

상담학이 심리학과 다른 특징적인 차이가 있다면, 상담자가 보다 발달적 측면에서 고려하는 경향이 있다는 점일 것이다. 상담자는 정신장애 진단, 감별, 치료를 전문으로 하기보다는, 내담자의 문제가 형성되거나 유지되는 데 있어 정상적인 발달과정이 어떤 역할을 하는지에 큰 관심을 기울이고 이에 관련된 특별한 훈련을 받는다. 나는 모든 내담자를 평가하고 진단할 때 연령에 관계없이 내담자 호소 문제를 발달적 관점과 진단적 관점이라는 두 가지 관점에서 고려한다.

도널드와의 상담은 이 두 가지 접근방식을 잘 보여 준다. 우울과 불안의 진단 기준점 이하의 증상을 보이는 것 외에도, 도널드는 몇 가지 발달적 문제로 어려움을 겪고 있었다. 실제로 청소년상담을 자주 하는 상담자들이 입을 모아 말하듯이, 청소년기라는 삶의 단계는 주요 발달적 변화들이 융합되어 있는 단계라고 특징지을 수 있다. 〈표 1-1〉은 도널드의 사례와 관련된 몇 가지 변화를 보여 주고 있다.

표 1-1 도널드 윌슨에게 영향을 미치는 발달적 변화

발달 유형	청소년기 동안 발생하는 변화	도널드에게 일어날 수 있는 변화 경험
신체적	• 성장 급등 • 호르몬 변화 –체취 –심한 기분 변화 –발모 –자발적 발기	지난 1년 동안 도널드는 4인치 성장했으며 데오도란트[3]를 매일 사용해야 했고, 겨드랑이와 음부에 털이 났을 가능성이 있다. 그는 아무도 모르기를 바랐지만 가끔 몽정을 하기도 했고, 체육 수업 후 탈의실에서 발기할까 봐 걱정하기도 했다.

3) 역자 주: 체취 방지용 화장품이다.

심리사회적	• 자기감(정체성) 공고화를 위한 고군분투 • 부모로부터의 자율성 증가 • 또래 관계에 부여하는 가치 증가 • 연애 관계에 대한 관심 증가	많은 청소년처럼 도널드는 자신이 누구인지에 대한 견고한 감각을 발달시키기 위해 고군분투하고 있었다. 그의 자신감 수준은 크게 오르락내리락했고, 그는 어렸을 때보다 훨씬 더 자의식을 갖게 되었다. 도널드는 학교 친구들에게 더 고립감을 느꼈고 자신이 이들과는 다르다는 느낌이 들었다. 그렇기는 하지만 도널드는 가정에서 자율성을 지향하는 경향을 보였으며, 이것은 때때로 부모의 간섭을 받고 싶어 하지 않는 그의 모습 속에서 나타났다(그리고 때로는 부모에게 무례하기도 했다).
성적 지향	• 로맨틱한 매력(romantic attractions)에 대한 인식 증가 • 성적 매력(sexual attractions)에 대한 인식 증가 • 매력에 대한 수용은 개인에 따라 다름	도널드는 약 3년 동안 소년들에게 매력을 느끼는 경험을 했지만, 이러한 자기 경험을 받아들이게 된 것은 1년 전부터였다. 가족의 신앙생활, 학교에서 받은 사회적 메시지는 그의 자기수용에 깊은 영향을 미쳤다. 이 시점에서 그는 매력의 신체적 · 정서적 · 영적 특성과 관련된 뉘앙스를 개념화하기 시작했다.
학문 및 직업	• 학교에서의 내용 지식과 기술에 대한 강조 증가 • 학업과 진로의 연계성 강조 증가 • 고등학교 이후 진로 선택에 관심 증가	도널드는 성적 지향에 대한 확신이 없었고, 이와 관련해서 우울을 겪었기 때문에 학교생활을 잘해내기가 매우 어려웠다. 그의 성적은 떨어지고 있었다. 그는 아직 신입생이었지만, 학업성취가 고등학교 졸업 후 진로 선택에 큰 역할을 할 것이라는 것을 알고 있었기 때문에 성적이 떨어지는 것을 걱정하고 있었다.
인지적	• 특히 전두엽 기능에 있어, 추론하고 계획하고 충동을 통제하는 보다 강력한 능력과 관련된 뇌 기능의 증가 • 복잡성과 애매함에 대한 이해 증가 • 의사결정 능력 향상	도널드는 타인과의 대화와 상호작용을 통해 훌륭한 추론 능력을 보여 주었다. 그는 삶의 여러 측면에서 사회적 기대를 파악하고 탐색하는 방법을 확실히 알고 있었다. 그는 자신이 다른 사람들과 '다르다는 느낌'을 이해했다. 상담에서 자신의 섹슈얼리티(sexuality)에 대한 의혹을 이야기하는 것이 안전하게 느껴졌을 때, 그는 이러한 사실을 인정했다.
도덕적	• 옳고 그름에 대한 인식 증가 • 인지적 의사결정 능력 향상은 또래의 인정에 대한 관심 증가와 상충될 수 있음	청소년기에는 전형적으로 옳고 그름에 대한 감각이 더 강해지지만, 도널드는 특별히 비이성애와 관련된 교리에 어떻게 반응해야 할지 몰라 어려움을 겪고 있었다. 여러 측면에서 도널드는 다른 사람의 승인을 구하는 것에서 벗어나 자신의 개인적 권리를 주장하고자 애쓰고 있다는 점에서, 콜버그(Kohlberg, 1981)의 도덕성 발달이론의 인습 이후 단계(post-conventional stage)에 있다고 볼 수 있었다.

진단적 고려사항

내담자 문제와 내담자에게 영향을 미치는 다양한 발달 유형에 대해 발달적으로 고려하는 것 외에도, 진단적 관점에서 사례를 개념화하는 것 역시 유용할 수 있다. 특히 내담자가 상담 비용을 충당하기 위해 보험이나 관리의료 혜택을 이용하려고 할 때 상담 서비스가 의료적으로 필요한지가 비용 지급 기준이 되기 때문에 중요하다(Poynter, 1998). 도널드의 사례에서 나는 다음과 같은 다축적 진단을 내렸다.

축 I	309.28 혼합형 불안-우울을 동반한 적응장애
	V62.89 발달단계 문제
축 II	V71.09 축 II 진단 없음
축 III	없음
축 IV	학업 어려움
	사회적 지지 부족
축 V	61

이 진단을 내리기까지 나는 313.82 정체성 문제를 V62.89 발달단계 문제로 대체하는 것에 대해 고심했다. 하지만 결국 나는 세 가지 주요한 이유로 발달단계 문제로 결정 내렸다. 첫째, 가장 중요한 이유는 개념적 틀에서 볼 때 도널드가 경험하고 있는 정체성 문제(성적 지향과 종교적 가치 문제 포함)는 성적 끌림이 흔히 출현하는 청소년기 발달단계에서 비롯된 문제로 보았다. 둘째, 자신의 성적 지향을 명료화하는 것이 어려웠고 교리에 대한 불편감이 커진 것은, 자기 자신을 몰랐기 때문이 아니라 성장 과정에서 접했던 성적 지향에 관한 맥락적 메시지와 대조되는 자신의 내적 경험에 대한 혼란에서 비롯된 것 때문이라고 생각했다. 셋째, 발달단계 문제로 진단 내리는 것은 임상적으로 더 정확할 뿐만 아니라, 도널드 문제의 본질에 대해 다른 사람(그의 부모나 관리의료 회사)에게 보다 애매하면서도 단서를 덜 제공한다는 추가적 이점을 가지고 있었다.

상담 과정

도널드와 상담을 시작하면서 고려해야 했던 몇 가지 중요한 사항은 상담을 어떻게 할지에 대한 정보를 제공하는 것이었다. 무엇보다 중요한 점은 이 과정은 내가 아닌 도널드의 상담 과정이라는 점이었다. 그리고 나의 개인적 가치나 신념을 증진시키는 데 이 상담 과정을 이용하기보다는 도널드가 스스로의 결론에 도달할 수 있도록 돕는 과정이 중요하다는 점이었다. 실제로 **미국상담학회(ACA) 윤리강령**(American Counseling Association, 2005)은 상담자가 내담자에게 자신의 가치를 부과하는 것을 금지하고 있으며, 내담자의 자율성을 존중하도록 요구하고 있다. 따라서 도널드가 자신의 감정, 매력, 가치, 선택권을 탐색할 수 있도록 도움을 주는 것이 내가 할 중요한 일이었다.

또한 나는 어떤 회기에서든 내가 논의거리를 정해 주기보다는 도널드가 정할 수 있도록 하는 것을 중요하게 생각했다. 우울하고 불안한 감정, 학업 걱정, 짜증나게 하는 누이들, 학교에서의 소외, 외로움, 성적 지향에 대한 혼란감 등 무엇이든지 말이다. 이러한 비지시적 접근은 윤리적으로 문제가 없을 뿐 아니라 임상적으로도 도널드에게 반드시 필요했다. 자신의 성적 지향에 대해 혼란을 겪고 있다는 사실을 인정하는 것조차 도널드에게는 분명히 매우 무서운 경험이었다. 다양성 문제에 대해 충분히 훈련을 받았고 모든 성적 지향을 수용하는 상담자들은 이 문제가 너무나 익숙한 나머지, 때때로 그것이 내담자에게 얼마나 어려운 일인지를 잊어버린 채 지낼 수 있다. 도널드 같은 청소년이든 혹은 나이가 꽤 든 사람이든 간에, 자신의 비이성애 가능성을 놓고 엄청난 고민을 시작하게 되는 내담자는 일반적으로 상담 과정을 통해 얻을 수 있는 통찰에 대해서도 불안을 느끼고 심지어 겁을 먹기도 한다. 내담자의 자기개방에 대해 선의의 "축하해요."나 "야호, 게이시군요!"와 같은 식의 반응은 지나친 표현이고 너무 이른 표현일 수 있다. 그것은 내담자에게 당신을 두려워하게 하거나, 상담 과정에서 멀어지게 하거나, 심지어 자기탐색 과정으로부터 멀어지게 할 수도 있다. 그렇게 하는 것은 궁극적으로 필요한 곳으로 내담자를 이끌거나 안내하는 효과를 가져올 수도 있지만 때로는 멀어지게 할 수도 있다.

그래서 나는 도널드와 상담할 때 확실히 비지시적 접근을 취했다. 각 회기마다 우리는 도널드가 무엇을 의논하고 싶은지에 대해 논의했다. 하지만 이것이 내가 인간중심적 지향을 활용한다는 것을 의미하지는 않는다. 인간중심 접근은 상담 관계가 필요충분조건이며, 상담자는 성장의 치료적 조건, 즉 무조건적인 긍정적 존중, 공감, 진정성만을 제공해야 한다는 기본 전제를 가지고 있다(Patterson, 1985). 이와 달리 나는 상담관계의 중요성을 확실히 믿고 있지만, 그것이 필요충분조건이라고 생각하지는 않는다. 그 대신 다른 요소들을 추가할 때 상담 과정이 크게 향상된다고 믿는다. 그리고 이러한 추가적 요소들에는 심리교육과 심리적 개입을 포함시킬 수 있다고 생각한다. 나는 도널드가 먼저 문제를 제기하면 그것에 반응하는 방식으로 추가적 요소들을 통합시킴으로써 비지시적 방식의 상담 과정을 유지해 갔다. 적응장애 상담의 권고사항(Seligman, 2004)에 따라 우리의 상담은 증상 감소보다는 적응에 어려움을 초래하는 생활 스트레스 요인의 대처에 초점을 맞추었고, 상담시간에 어떤 스트레스 요인들을 논의할지는 도널드에게 달려 있었다.

사실상 그가 상담 과정을 이끌었고, 나는 때에 따라 공감적 반응, 교육적 반응, 이론기반 개입으로 상담적으로 반응했다. 도널드와의 상담시간 내내 공감적 경청, 심리교육, 개입이 통합적으로 이루어졌다. 학교, 가족, 종교, 성적 지향 등, 도널드가 무엇을 이야기하기로 선택하든 상관없이, 나는 언제나 공감적으로 경청했고 당면한 주제를 탐색하도록 촉진했으며 적절한 심리교육이나 개입으로 통합하였다.

성적 지향에 대한 특수 개입

아마도 도널드의 성적 지향 혼란감을 구체적으로 다룰 수 있었던 가장 중요했던 개입은, 도널드가 안전하게 불확실감을 느낄 수 있도록 안아주는 환경(holding environment; Cashdan, 1988; Trembley, 1996)을 제공했던 일일 것이다. 나는 도널드에게 가능한 한 빨리 불확실감을 해결하라고 격려하기보다는 확신이 없어도 얼마든지 괜찮으며 시간이 지나면 그 문제를 해결할 수 있을 것이라는 자신감을 북돋워 주려고 했다.

우리는 불확실감을 촉발시켰던 그의 경험(생각, 감정, 환상)에 대해 이야기했고, 그가 자신의 성적 매력과 연애 관심사의 방향성에 대해 어떠한 의문을 품고 있는지에 대해서도 이야기를 나눴다. 얼마나 많은 주변 사람이 이성애를 당연하게 생각하고 있는지에 대해 그가 더 잘 깨닫게 된 것에 대해서도 논의했다. 예를 들어, 그의 할머니가 아직 여자친구가 없는지 물었을 때처럼 말이다. 그를 이성애자라고 가정하지 않았던 내게 그가 처음 했던 반응을 이야기하며 함께 웃음을 터뜨리기도 했다.

나는 성적 지향의 다양한 차원(성적 매력, 성행위, 성 정체성)에 대한 심리교육을 제공했다(Bostwick, Boyd, Hughes, & McCabe, 2010). 이것은 아직 성행위에 대한 흥미가 발달하지 않았거나 준비가 되지 않은 학령기 청소년과 상담할 때 특히 중요할 수 있다. 예를 들어, 도널드는 키스조차 한 적이 없었고 자신의 정체성에 대해 확신이 없었으며 자신의 성적 매력을 느끼는 패턴을 이해하려고 애쓰는 중이었기 때문에 성행위 경험을 해 본 적이 없었다.

우리는 성적 매력을 의미할 수 있는 다양한 단서를 브레인스토밍했다. 그리고 그 단서들을 활용하여 그가 남성에게만 성적 매력을 느끼는지, 여성에게만 성적 매력을 느끼는지, 둘 다에게 성적 매력을 느끼는지에 대해 분명히 알 수 있는 방법에 대해 이야기를 나눴다. 매력을 느끼는 사람을 떠올릴 때 사람 몸이 어떻게 반응하는지, 즉 땀에 젖은 손바닥, 빨개진 볼, 두근거리는 심장, 바짝 마른 입, 숨 막힘, 안절부절못함, 성적 흥분과 같은 자율신경계 반응에 대해 이야기했다. 나는 이런 감각들이 의식적인 결정이 아닌 자율반응이라고 설명했다. 사람들은 매력적이라고 생각하는 사람을 사실상 결정하는 것이 아니라는 것, 즉 그 일은 '그저 자연스럽게 일어나는 것'이라는 이야기를 나눴다.

이야기는 자연스럽게 성적 지향이 선택인지에 대한 논의로 이어졌다. 도널드는 이 특정 주제에 큰 관심을 표했고, 교회에서 받았던 많은 메시지가 그것은 선택이라고 암시하고 있었던 것에 대해 알아차리기 시작했다. 나는 도널드에게 『그것은 선택인가? 게이와 레즈비언에 대해 가장 많이 묻는 질문에 대한 대답(Is It a Choice? Answers to the Most Frequently Asked Questions About Gay and Lesbian People)』(Marcus, 2005)이라는 책을 빌려 주었고, 이후에 성적 매력이 선택이나 선택을 포함한 성행위가 아니라는 점에 대해 이야기를 나눴다. 또한 도널드에게 커밍아웃 과정의 전형적 단계를 보여 주는 유인물(Cass, 1979)을 건네주었고, 우리는 이 단계 안에서의 선택에 대해 이야기를 나눴다.

또한 도널드는 '신은 그의 형상과 닮은 모습으로 모든 이를 창조하지만, 비이성애는 죄이다.'라는 상충되는 종교적 메시지들을 받아들이기 위해 애썼다. 도널드가 교회에서 강요하는 동성애혐오적 교리에 대해 점점 더 불쾌감을 느낀다고 밝힌 후에, 나는 어떤 사람들은 종교냐 성적 지향이냐를 선택해야 한다고 생각하기도 하지만, 또 어떤 사람들은 자기 정체성의 두 부분을 유지할 수 있는 방법을 찾는다고 말했다. 우리는 온라인에서 레즈비언, 게이, 양성애자, 트랜스젠더에 관심이 있는 통합 감리교 신자집단인 '성소수자 적극적 옹호(Affirmation)'를 발견했고, 『누구든지: 게이, 레즈비언, 양성애자, 트랜스젠더 기독교인을 위한 온라인 잡지(Whosoever: An Online Magazine for Gay, Lesbian, Bisexual and Transgender Christians)』를 찾아냈다. 또한 나는 『수치심에서 벗어나기(Coming Out of Shame)』(Kaufman & Raphael, 1996)라는 책의 내용을 그와 함께 나누었는데, 이 책은 커밍아웃 과정과 내재화된 종교적 메시지를 조화시키는 데 특히 도움이 되었다.

성과

상담 성과에 관해 이야기해 보면, 도널드의 처음 호소 문제는 우울과 불안, 적절한 지지집단(친구)의 부족과 그에 수반되는 외로움, 학업 어려움과 그와 관련된 좌절로 이루어져 있었다. 흥미로운 점은 이 문제들 중 어느 것도 상담시간에 일관되게 초점이 맞춰지지 않았다는 점이다. 물론 이 문제들에 대해서도 자주 논의했지만, 도널드의 더 깊은 관심사는 분명히 성적 지향에 대한 불확실성이었다.

도널드와 나는 약 2년 동안 상담을 진행했다. 첫해 상담은 대개 매주 또는 격주로 진행되었고, 두 번째 해의 상담은 이보다 더 드물게 격주 또는 매달 진행되었다. 이 기간 동안 도널드는 자신이 정말로 게이라는 결론을 내렸다. 그는 성적 지향에 대한 혼란감을 해결하기 위해 초기 상담 과정을 활용하였고, 이후 상담 과정에서는 자신의 성적 지향을 정체성에 통합시키는 데 도움을 받았다. 이전에 설명했듯이, 여기에는 그의 성적 지향과 종교적 신념 사이의 인식된 갈등을 해결하려는 시도가 포함되었다. 게이 정체성 발달에 관한 캐스(Cass, 1979) 모델의 관점에서, 도널드는 정체성 혼란(Identity Confusion) 단계 후반이나 정체성 비교(Identity Comparison) 단계 초기에 상담을 시작했고 정체성 수용(Identity Acceptance) 단계 초기에 상담을 종결했다.

그는 커밍아웃 과정을 거치고 자신을 있는 그대로 받아들이기 시작하면서 불안이나 우울에 대한 불만이 점점 줄어들기 시작했다. 사실 약 8개월 만에 그러한 증상 대부분은 가라앉았다. 하지만 그는 계속해서 소외감을 느꼈고 학업성적은 약간만 향상되었을 뿐이었다. 도널드가 계속 소외감을 느끼는 이유 중 하나는 아직 가족이나 교회, 학교의 누구에게도 커밍아웃하지 않았다는 것 때문이었다. 그럼에도 불구하고 도널드는 앤아버 지역의 커밍아웃 집단에 참여하기 시작했는데, 이것을 매우 긍정적이지만 겁나는 경험이라고 묘사했다. 그 결과, 도널드는 자신이 '2개의 삶을 살고 있다'고 느꼈다. 하나는 자기 자신이 될 수 있는 삶, 다른 하나는 모두가 그가 그렇다고 가정하고 있는 이성애자 역할을 기꺼이 수행하는 삶이었다. 그러나 그는 이것을 점점 더 어렵다고 느꼈고, 도널드는 동성애혐오 발언을 들을 수 있는 교회 활동을 피하기 시작했다.

도널드의 작업이 다 끝나기도 전에 우리의 상담은 종결되었지만, 나는 그가 이룬 진전에 만족했다. 도널드는 곧 커밍아웃할 대상을 고르기 시작할 것 같았다. 예를 들어, 그는 TV나 라디오에서 게이 문제가 나오면 어머니와 대화를 나누었다고 이야기했다. 이때 도널드는 어머니에게 '그 사람들'이 게이인 것을 받아들여야 한다고 설명하고 교회의 가르침에서 느꼈던 모순점을 지적하고 싶은 압박감을 느끼는 것 같았다. 그의 어머니가 아들이 게이일지 모른다는 의심을 가지게 되었는지는 잘 모르겠다. 하지만 그것은 도널드가 어머니에게 직접 커밍아웃하지 않고 게이 문제에 대해 말할 수 있고, 그가 어머니에게 커밍아웃하기로 결심했다면 어머니가 얼마나 받아들일 수 있을지 가늠해 볼 수 있는 방법인 것 같았다.

학교의 성소수자 청소년: 학교 교직원을 위한 권고사항

많은 젊은 남녀와 마찬가지로, 도널드 윌슨도 중등학교 학생일 때 커밍아웃 과정을 시작했다. 실제로 지난 수십 년 동안 연구자들은 자신과 타인에게 커밍아웃하는 평균 연령이 크게 하락했다는 사실을 발견했다. 현재 자신에게 커밍아웃하는 평균 연령은 인종/민족과 상관없이 남성은 약 15세, 여성은 약 16세이다(Grov, Bimbi, Nanin, & Parsons, 2006). 따라서 중고등학교에 근무하는 교직원들은 학생들이 커밍아웃 과정에 접근하거나 경험할 수 있다는 것을 알아야 한다. 미국 학교의 성소수자 학생들은 계속해서 보이지 않는 차별, 오해, 언어적 학대 그리고 종종 신체적 폭력을 겪고 있다. 따라서 학교 공동체 내에서 학생들을 보살피는 어른들의 이해와 옹호가 필요하다는 의견이 점차 늘어나고 있다(Goodrich & Luke, 2009; Whitman, Horn, & Boyd, 2007). 또한 교육자는 이러한 문제들이 성소수자 정체성을 지닌 사람을 의미 있는 타인으로 둔 학생들의 경험에도 지대한 영향을 미친다는 점을 깊이 이해하는 것이 중요하다.

비록 때로는 이들의 개인적 가치와 직업적 의무가 상충될 때가 있지만, 학교에 있는 성인들은 모든 학생에게 포괄성(inclusivity)과 안전(safety)이라는 중요한 특성이 제공되어야 한다는 점을 이해하고, 이들이 자신의 잠재력을 최대한 발휘할 수 있는 환경을 유지하도록 책임을 져야 한다. 성적 지향 문제에 대해 개인적으로 어떤 입장을 취하든지 간에, 모든 학생에게 안전한 학습환경을 제공하는 것은 교육자의 전문가적 책임이다. 특히 학교상담사는 재학 중인 레즈비언과 게이 학생들을 보호해야 할 법적 의무가 있다(McFarland & Dupuis, 2001; Stone, 2003). 학교상담사는 다음 다섯 가지 측면의 접근 방식을 통해 안전하고 포괄적인 환경을 촉진할 수 있다. ① 자기성찰 및 전문성 개발, ② 정책 검토 및 개정, ③ 물리적 환경 마련 및 개선, ④ 교직원 훈련 및 지원, ⑤ 학생 교육 및 옹호 등.

자기성찰 및 전문성 개발

교육자는 자신의 개인적 가치에 대해 정직하고 개방적인 검토를 하고, 자신의 가치와 직업적 위치 사이의 다양한 일치 또는 불일치 지점을 확인해야 한다. 갈등이나 불일치 지점이 있더라도 전문적 역할을 수행할 때 직업적 위치에 따라 행동하는 것이 의무이다. 이는 교육자가 개인적으로는 게이, 레즈비언, 양성애자의 '라이프 스타일'을 반대한다 하더라도, 이 학생들이 조롱, 판단, 신체적 위험을 당하지 않고 안전한 학습환경을 취할 권리를 보호해야 한다는 것을 의미한다.

학교상담사는 안전 보장 이상의 역할, 즉 레즈비언, 게이, 양성애자 청소년을 지지하는 데 헌신을 보여 주어야 한다. 구체적으로 미국학교상담사협회(American School Counselor Association: ASCA)의 공식 입장에 따르면 학교상담사는 다음과 같은 분명한 의무사항이 있다.

> 학교상담사는 성적 지향과 성별 정체성에 대한 자신의 신념에 대해 알고 있고, 청소년을 엄격한 성역할로 고정관념화함으로써 야기되는 부정적 영향에 대해 알고 있으며, 모든 성적 지향과 정체성을 가진 청소년을 적극적으로 옹호하는 데 헌신해야 한다 (ASCA, 2007, p. 28).

이 입장 진술은 정직한 자기성찰의 중요성을 강조한다. 실제로 "상담자가 자신의 편견이나 선입견을 확인하지 못한다면 그의 개인적 신념이나 행동 체계는 옹호 혹은 상담적 개입도 하기 전에 학생들을 소외시키는 비윤리적 관행을 초래할 수도 있다."(Field & Baker, 2004, p. 59) 이러한 자기성찰은 전형적으로 훈련 중에 시작되며 전문직 경력을 통해 계속된다. 다문화 인식, 지식, 기술에 대한 통찰력을 얻기 위해 몇 가지 자기평가 도구를 활용할 수 있다(Pope-Davis & Dings, 1995).

'고정관념화로 인한 부정적 효과'에 대한 인식을 높이고 '모든 성적 지향과 정체성의 청소년을 적극적으로 옹호'하는 기술을 개발하기 위해 전문성 개발이 중요하다(ASCA, 2007, p. 28). 이러한 인식과 기술을 높이기 위해 많은 전문적 자원이 활용될 수 있다. 학교 내에서 이루어지는 전문성 개발 계획 외에도 미국상담학회(ACA), 미국학교상담사협회(ASCA), 미국성소수자상담학회(ALGBTIC)와 같은 전문가 협회에서 개최하는 수많은 저널, 워크숍, 콘퍼런스가 있다. 끝으로, 온라인상에서 강력한 존재감을 발휘하고 있는 많은 단체가 학교의 안전과 포괄성 문제에 초점을 맞추고 있다. 그와 같은 조직에는 게이, 레즈비언, 이성애자 교육 네트워크(Gay, Lesbian, & Straight Education Network: GLSEN, www.glsen.org)와 안전학교연합(Safe Schools Coalition, www.safeschoolscoalition.org)이 있다.

정책 검토 및 개정

학교 방침은 존중의 문화를 만드는 데 있어 중요하다. 정책은 명확하게 표현하고 강하게 명시하고 잘 홍보할 때 가장 효과적이다. 학내 괴롭힘 방지와 차별금지 정책을 생각해 보라. 이러한 정책 조항 안에 성소수자 학생들이 구체적으로 명시되어 있는가? 모든 교사, 직원, 학생은 이러한 학교정책에 대해 교육을 받았는가? 만일 서면 정책상의 개정이 필요하다면, 강력하고 포괄적인 정책을 구성하는 데 매우 유용하게 활용될 수 있는 자료를 미국시민자유연합(American Civil Liberties Union)의 웹사이트(http://www.aclu.org/lgbt-rights_hiv-aids/model-policy-schools)에서 찾을 수 있다.

정책 위반에 대응하기 위한 적절한 과정와 일련의 절차는 논리정연한 정책과 밀접히 관련된다. 관리자와 의사결정자가 정책 위반에 어떻게 대응하느냐에 따라 정책에 대한 지속적 준수와 지원에 상당한 차이가 나타날 수 있다. 정책 지원에 있어 신속하고 결단력 있는 대응은 중요하다. 특히 어떤 위반들(예: 인종 관련 괴롭힘)은 다른 위반들(예: 성희롱)보다 훨씬 더 충분히 다루어지는 것과 같이, 정책 이행이 매우 빈번히 차별적으로 이루어지는 경우가 많다. 따라서 학교는 학생이나 교직원에 의한 비이성애자 비하 발언, 학내 괴롭힘, 물리적 언쟁과 같은 정책 위반에 교직원이 어떻게 대응해야 하는지에 대한 절차도 마련해 놓아야 한다. 안전학교연합은 『반게이(LGBTQ) 괴롭힘 문제에 대응하는 행정 가이드[An Administrator's Guide to Handling Anti-Gay(LGBTQ) Harassment]』(http://www.safeschoolscoalition.org/guide_administrator_handleharass2005.pdf)를 포함하여 이러한 정책과 절차 조율에 도움이 되는 많은 자원을 제공하고 있다.

물리적 환경 마련 및 개선

초대이론(invitational theory)은 학교상담사가 학교의 더 큰 환경을 평가하고 개선하기 위해 활용할 수 있는 하나의 틀이다(Stanley, Juhnke, & Purkey, 2004). 초대이론의 기본 전제는, 환경은 의도적으로 초대를 거부하는 것부터 의도적으로 초대하는 것까지의 연속선상의 한 부분에 위치한다는 것이다. 보다 구체적으로, 이 이론은 이 환경이 얼마나 모두를 초대하고 환영하며 포용하는 경험을 제공하는가에 영향을 미치는 다양한 요인을 다루고 있다.

초대이론에 따르면, 물리적 환경은 환경이 초대하거나 초대하지 않는 방식에 깊은 영향을 미치는 중요한 요소 중의 하나이다. 스탠리와 동료들(Stanley et al., 2004)은 물리적 환경은 다른 형태의 내적 편견보다 훨씬 관찰하기 쉽기 때문에, 환경이 모두를 초대하고 환영하며 포용하는지의 여부를 평가할 때 물리적 환경을 핵심적 요소로 고려해야 한다고 제안했다. 학교 안에 설치된 인공물을 보고 학생들은 학교로부터 초대받는 느낌을 다소 경험할 수 있기 때문에, 이는 학교에서도 특히 고려해야 할 중요한 사항이다. 예를 들어, 매년 12월 크리스마스 트리와 산타클로스로 복도를 장식한 학교는 크리스마스 명절을 기리는 학생들에게 그렇지 않은 학생들보다 초대받는 느낌을 줄 수 있을 것이다.

따라서 학교가 많은 집단의 학생들을 더 의도적으로 초대하기 위해서는 물리적 환경 내에 환영의 의미를 전하는 다양한 인공물을 설치하는 데 많은 노력을 기울여야 한다. 자신의 성적 지향 때문이든 가족의 성적 지향 때문이든, 이성애만의 정체성을 가지고 있지 않은(또는 잠재적인) 학생들에게 환영의 메시지를 전달하는 인공물을 통해 이러한 개념은 쉽게 적용될 수 있다. 성소수자 학생과 성소수자 가정의 학생들을 초대하는 의미의 환경 인공물의 예로는 안전지대(safe zone) 스티커, 무지개 스티커, 포괄적 언어와 이미지가 있는 포스터, 도서관의 성소수자 관련 문헌 등이 있다. 여기서 한 가지 주의할 점은 이러한 물품들은 항상 존중과 포용의 방식으로 사용되어야 한다는 것이다. 내가 알고 있는 한 예로, 어떤 교직원이 성소수자 학생들을 그의 사무실로 불러들여 '이들의 치유를 위해 기도'하고자 안전지대 스티커를 활용한 것이었다. 이러한 관행은 명백히 미국학교상담사협회(ASCA)의 공식 입장, 미국상담학회(ACA) 윤리강령, 교육자로서의 우리의 전문적 책임과 상충된다.

교직원 훈련 및 지원

동료 교직원의 전문성 발달에 관여하는 학교상담사로서, 당신은 혼자가 아니라는 것을 인식하는 것이 중요하다. 이 일을 실천하기 위해 많은 양질의 프로그램과 자료를 이용할 수 있다. 앞서 언급했듯이, GLSEN은 폭넓은 양질의 자원을 제공하는 국가기관이다. GLSEN의 자료들은 상담자 자신의 전문성 개발에 도움이 될 뿐만 아니라 동료 교육자들의 전문성 개발을 위해서도 꽤 유용하게 활용될 수 있다. GLSEN 웹사이트의 한 영역 전체가 교육자 대상 자료로 채워져 있다(http://www.glsen.org/cgi-bin/iowa/all/educator/index.html?state=tools&type=tools). 교직원의 인식과 이해를 높이는 데 활용할 수 있는, 또 다른 매우 전문적이고 권위 있는 출판물로는 『성적 지향과 청소년에 관한 사실들: 교장, 교사, 교직원을 위한 입문서(Just the Facts About Sexual Orientation and Youth: A Primer for Principals, Educators, and School Personnel)』(Just the Facts Coalition, 2008)라는 소책자가 있다.

학생 교육 및 옹호

성소수자 학생의 안전한 학습환경을 보장하기 위해 문제 인식과 개입의 중요성에 대한 교직원의 인식 수준을 높이는 것뿐 아니라, 그러한 학생에게 맞게 설계된 교육을 제공하는 일도 필요하다. 한 가지 효과적인 접근법은 성소수자 이슈를 더욱더 폭넓은 괴롭힘 방지 또는 다양성 인식 프로그램과 통합하는 것이다. 이러한 프로그램은 학생에게 다양한 형태의 차이(성, 인종, 종교, 성적 지향, 학습 능력, 신체 능력 포함)를 가르치고, 어떤 형태의 괴롭힘이든 미연에 막을 수 있다. 또 다른 접근법은 성소수자 이슈에 관한 특정 수업을 더 폭넓은 교육과정에 통합하는 것이다.

많은 기관에서 학교상담사가 성소수자 청소년과 그 가족을 지원하는 데 도움이 되는 정보와 자원을 제공하고 있다는 점에서 두 가지 접근법 모두 유용한 방법이다. 좀 더 친숙한 단체로는 GLSEN과 '레즈비언과 게이의 부모, 가족, 친구들 모임

(Parents, Families, and Friends of Lesbians and Gays: PFLAG)'이 있다. 두 조직 모두 청소년뿐만 아니라 지원을 원하는 성인에게도 자료를 제공한다. PFLAG가 진행하는 청소년을 위한 주요 프로젝트는 모두에게 안전한 학교 프로그램(Safe Schools for All program, http://community.pflag.org/Page.aspx?pid=1011)이다. 자원과 옹호 자료를 제공하는 또 다른 프로젝트로는 프로젝트 10(http://www.project10.org/)과 남부빈곤법률센터(Southern Poverty Law Center)의 포용력 향상 프로젝트(Teaching Tolerance initiative) 내의 다양성 증진(Mix It Up) 프로그램(http://www.tolerance.org/mix-it-up?source=redirect&url=mixitup)이 있다. 또한 게이/이성애자 연합 동아리는 성소수자 학생들과 동아리 구성원들에게 긍정적인 사회적/심리적 결과를 낳는 것으로 나타났다(Friedman-Nimz et al., 2006). 학교상담사는 GLSEN과 게이/이성애자 연합 동아리(www.gaystraightalliance.org)를 통해 게이/이성애자 연합 동아리 구성과 촉진에 관련된 귀중한 정보를 얻을 수 있다.

결론

도널드 윌슨의 사례는 고등학생이 커밍아웃을 경험하는 과정을 보여 주고 있다. 비록 학교상담사는 포괄적인 지도 및 상담 프로그램을 담당하고 있었기 때문에 도널드를 위한 지속적인 정신건강 상담을 제공하기 어렵다는 점을 정확히 인식했지만, 이 글을 읽는 독자는 학교환경이 도널드의 그러한 상담에 대한 필요성에 어떻게 기여했는지 궁금해할 수 있다. 도널드의 학교상담사는 자각 수준이 높고 옹호적 노력에 대해 잘 훈련받은 사람이었다. 도널드가 상담자에게 위험을 무릅쓰고 커밍아웃했다면, 그는 상담자가 매우 수용적이고 도우려는 의지가 있다는 것을 알았을 것이다. 어떤 독자는 다섯 가지 측면의 접근방식 요소들에 대해 궁금해할지 모르겠다. 학교환경은 얼마나 초대하는 느낌을 주었을까? 무지개 스티커와 같은 물리적 지표가 모든 성적 지향을 적극적으로 옹호하는 환경을 나타내는 것으로 보였을까? 교육자는 학내에서 비이성애자의 비방이나 괴롭힘을 목격할 때 즉각적이고 효과적으로 개입하는 방법을 잘 훈련받았을까? 그는 서면 정책과 절차를 통해 그렇게 하는 데 도움을 받았을까? 괴롭힘 문제를 다루는 학교생활 안내 시간에 비이성애자에 대한 괴롭힘 관련 내용을 통합하고, 구체적으로 포함시킨 적이 있을까? 그리고 학교 내에 게이/이성애자 연합 동아리가 있을까? 그렇다면 그것은 학생용 소책자에 있는 동아리 목록에 포함되어 있을까?

이 질문들에 대한 답을 알 수는 없지만, 이런 문제에 대해 생각하면 미래에 대한 희망이 생긴다. 여기서 설명한 다섯 가지 측면의 접근법의 각 요소에 주의를 기울이면, 모든 학교의 도널드 윌슨과 같은 학생에게 더 나은 서비스를 제공할 수 있다. 여러분이 모든 학생을 위해 안전하고 포괄적인 환경을 조성하기 위해 일할 때 이 사례 연구와 논의가 도움이 되기를 바란다.

참고문헌

American Counseling Association. (2005). *ACA code of ethics.* Alexandria, VA: Author.

American School Counselor Association. (2007). *The professional school counselor and LGBTQ youth*. Retrieved from http://asca2.timberlakepublishing.com//files/PS_LGBTQ.pdf

Bostwick, W. B., Boyd, C. J., Hughes, T. L., & McCabe, S. E. (2010). Dimensions of sexual orientation and the prevalence of mood and anxiety disorders in the United States. *American Journal of Public Health, 100,* 468-475.

Bowers, J., & Hatch, P. A. (2005). *The ASCA national model: A framework for school counseling programs* (2nd ed.). Alexandria, VA: American School Counselor Association.

Cashdan, S. (1988). *Object relations therapy: Using the relationship.* New York, NY: Norton.

Cass, V. C. (1979). Homosexual identity formation: A theoretical model. *Journal of Homosexuality, 4*(3), 219-235.

Field, J. E., & Baker, S. (2004). Defining and examining school counselor advocacy. *Professional School Counseling, 8*(1), 56-63.

Friedman-Nimz, R., Altman, J., Cain, S., Kom, S., Karger, M. J., Witsch, M. J., …… Weiss, M. (2006). Blending support and social action: The power of a Gay-Straight Alliance and PrideWorks conference. *Journal of Secondary Gifted Education, 17,* 258-264.

Goodrich, K. M., & Luke, M. (2009). LGBTQ responsive school counseling. *Journal of LGBT Issues in Counseling, 3*(2), 113-127.

Grov, C., Bimbi, D. S., Nanin, J. E., & Parsons, J. T. (2006). Race, ethnicity, gender, and generational factors associated with the coming-out process among gay, lesbian, and bisexual individuals. *Journal of Sex Research, 43,* 115-121.

Homosexuality and Methodism. (2010). Retrieved from http://en.wikipedia.org/wiki/Homosexuality_and_Methodism

Just the Facts Coalition. (2008). ***Just the facts about sexual orientation and youth: A primer for principals, educators, and school personnel.*** Retrieved from http://www.apa.org/pi/lgbt/resources/just-the-facts.aspx

Kaufman, G., & Raphael, L. (1996). ***Coming out of shame: Transforming gay and lesbian lives.*** New York, NY: Doubleday.

Kohlberg, L. (1981). ***Essays on moral development.*** San Francisco, CA: Harper & Row.

Marcus, E. (2005). ***Is it a choice? Answers to the most frequently asked questions about gay and lesbian people*** (3rd ed.). San Francisco, CA: Harper & Row.

McFarland, W. P., & Dupuis, M. (2001). The legal duty to protect gay and lesbian students from violence in schools. ***Professional School Counseling, 4***(3), 171-179.

Newcomer, P. L., Barenbaum, E. M., & Bryant, B. R. (1994). ***Depression and Anxiety in Youth Scale: Examiner's manual.*** Austin, TX: PRO-ED.

Patterson, C. H. (1985). ***The therapeutic relationship: Foundations for an eclectic psychotherapy.*** Monterey, CA: Brooks/Cole.

Pope-Davis, D., & Dings, J. (1995). The assessment of multicultural counseling competencies. In J. G. Ponterotto, J. M. Casas, L. A. Suzuki, & C. M. Alexander (Eds.), ***Handbook of multicultural counseling*** (pp. 287-311). Thousand Oaks, CA: Sage.

Poynter, W. L. (1998). ***The textbook of behavioral managed care: From concept through management to treatment.*** Bristol, PA: Brunner/Mazel.

Seligman, L. (2004). ***Diagnosis and treatment planning in counseling*** (3rd ed.). New York, NY: Springer.

Stanley, P., Juhnke, G., & Purkey, W. (2004). Using an invitational theory of practice to create safe and successful schools. ***Journal of Counseling & Development, 82,*** 302-309.

Stone, C. B. (2003). Counselors as advocates for gay, lesbian, and bisexual youth: A call for equity and action. ***Journal of Multicultural Counseling and Development, 31,*** 143-155.

Stone, C. B., & Dahir, C. A. (2005). ***The transformed school counselor.*** Boston, MA: Lahaska Press.

Trembley, E. L. (1996). ***Relational therapy concepts.*** Kalamazoo, MI: Author.

Whitman, J. S., Horn, S. S., & Boyd, C. J. (2007). Activism in the schools: Providing LGBTQ affirmative training to school counselors. ***Journal of Gay & Lesbian Psychotherapy, 11***(3-4), 143-154.

2장

게이로 커밍아웃하기

존 F. 마잘렉(John F. Marszalek), 에드워드 P. 캐넌(Edward P. Cannon)

내담자 정보 및 배경 정보 소개

26세의 백인 남성 제레미 밀러(Jeremy Miller)는 그의 컴퓨터에 있는 남성 포르노를 약혼자에게 들킨 후 상담에 오게 되었다. 그는 사춘기 시절부터 동성에게 끌렸고, 이제는 자기 주변의 사람들뿐만 아니라 자신에게도 정직할 수 있는 길을 찾아야 한다는 결심에 다다랐다. 그는 비이성애가 거의 거론되지 않는 엄격한 기독교 교단의 가르침 속에서 자랐다. 만일 그 교단에서 비이성애에 대한 이야기가 나온다면, 오직 부정적 관점에서만 다뤄질 뿐이었다. 제레미는 세 아들 중 막내였고, 중서부 부도심 지역의 노동자 계층 가정에서 자랐다. 그는 중학교 때부터 육상에서 뛰어난 기량을 보였으며, 주요 대학에 축구 장학금을 받고 입학했다. 당시 그는 약혼녀 에이미(Amy)와 함께 살고 있었으며, 대형 보험 회사의 회계담당자로 일하고 있었다. 제레미는 "15세 때 내가 게이라는 걸 알았어요. 하지만 아는 것과 받아들이는 것은 아주 다르더군요."라고 말했다.

고교와 대학 시절 제레미는 축구 팀 동료들과 성 정복에 관한 꾸며낸 이야기들을 나누면서 이들과 유대감을 갖게 되었고, 진짜 감정으로부터 관심을 돌리기 위해 여성들과 장난삼아 연애하곤 했다. 그는 심지어 여성스러워 보이거나 '게이처럼 행동'하는 소년들을 비웃기까지 했다. 제레미는 게이로 밝히고서 행복하게 산다는 것은 불가능한 일이라고 믿었다. 그래서 이성애자 페르소나(persona)를 발달시켰고, 남성에게 느껴지는 연애감정을 차단했다. 제레미는 그 비밀은 언제 튀어 나올지 몰라 위협감이 느껴지는 단단히 조인 매듭 같은 것이었다고 말했다. 그는 형제, 부모, 팀원, 학교 친구, 교회로부터 거부당할지 모른다는, 거의 끊임없는 두려움 속에서 살았다.

고등학교 시절, 제레미는 동성애라는 자신의 현실을 둔감하게 만들고, 동료 운동선수들과 어울리기 위한 사교 목적으로 술을 마시기 시작했다. 그는 남학생 사교클럽에 가입했으며, 점점 더 많은 술을 마셨다. 그는 알코올 섭취가 감정을 마비시킬 수 있을지는 몰라도, 억눌렀던 감정을 부적절한 형태로 쉽게 표현하도록 만든다는 것을 알게 되었다. 제레미는 동창 남자친구들에게 다가간 적도 있었다. 그 친구들은 술에 너무 취해서 그 만남을 일종의 실험으로 무시할 수 있었지만, 제레미는 그럴 수 없었다. 또한 대학 시절 제레미는 학교 근처 도심의 게이 바를 이따금 방문하기도 했다. 그곳에서 술을 몇 잔 마시고 나면 매력적으로 보이는 남자와 이야기할 용기가 생겼다. 이 시기에 그는 여러 번 성적 만남을 가졌지만, 이런 만남은 그저 흥분을 해소시켜 줄 뿐 아무런 의미도 없었다고 스스로에게 늘 말하곤 했다.

제레미는 이 시기를 회상하며 "저는 마치 똑딱거리는 폭탄 같았어요. 그걸 억제하고 내면의 깊은 구석에 가둬 둘 수 있을 거라고 생각했지만, 결국 그럴 수 없었어요."라고 말했다. 제레미는 지난 5년 동안 대부분 기운이 빠진 느낌이 들었고, 종종 술을 마시며 감정을 마비시켰다고 보고했다. 제레미는 술이 일시적으로 외로움을 없애 주는 이완 역할을 할 수는 있겠지만, 나중에 그 감정은 그 어느 때보다 강해진다는 사실도 알게 되었다. 제레미는 "어느 날 아침 눈을 뜨면 '난 그걸 다룰 수 있어. 모든 게 괜찮아.'라고 생각해요. 그리고 다음 날 아침이 되면 다른 사람들이 저를 보고 알아차리게 될까 봐 아무도 보고 싶지 않게 돼요."라고 말했다. 조용히 고통을 느끼는 것이 제레미의 대처 기제로 보였지만, 분명히 그 방법은 더 이상 그에게 효과가 없었다.

대학 3학년 때 제레미는 학교 목사에게 조언을 구했는데, 목사는 동성애와 싸우기 위해 "신앙을 통해 힘을 구해라."라고 충고했다. 그는 가족과 교회 공동체를 기쁘게 하고 싶었기 때문에 자신의 진정한 감정을 억제하기 위해 기도했고, 많은 시간을 할애하여 신앙봉사에 참여했다. 제레미는 이 기간 동안 '온갖 종류의 감정, 눈물, 분노, 절망'을 겪었다고 보고했다. 캠퍼스에서 열린 예배시간에 제레미는 에이미를 만났고, 자신이 실제로는 이성애자일지도 모른다고 믿기 시작했다. 남성에게 분명한 매력을 느꼈음에도 불구하고 제레미는 에이미와의 관계에서 깊은 우정을 느꼈고, 그가 충분히 열심히 기도하면 에이미에 대한 감정이 로맨틱하게 바뀔 것이라고 다짐했다. 불행히도 그런 일은 일어나지 않았지만, 그럼에도 불구하고 제레미는 자신이 에이미에게 성적 끌림을 느끼고 있다고 스스로를 믿게 했다. 신앙에 따라 결혼할 때까지 성관계를 하지 않아야 했는데, 제레미는 에이미와 당장 성관계를 하지 않아도 된다는 사실에 안심했다. 제레미는 회상했다. "저는 변장의 대가가 되어 완전히 이성애자처럼 행동할 수 있었어요. 진짜 제 모습이 드러나지 않기를 원했기 때문에 때로는 싸움을 하거나 지나치게 공격적으로 행동하는 것처럼 과잉행동을 하기도 했죠. 그 감정들이 사라지게 해 달라고 열심히 기도했지만 시간이 흐르면서 더 강해질 뿐이었어요. 전 신에게 '어떻게 해야 하나요?'라고 종종 질문했지만, 답을 받지는 못했어요."

호소 문제

앞서 언급했듯이 제레미의 약혼녀는 그의 컴퓨터에서 남성 포르노를 발견하고 설명해 줄 것을 요구했다. 제레미는 모든 것을 부인했고, 에이미에게 해커가 그의 컴퓨터를 조작했을 것이라고 말했다. 에이미는 또한 제레미의 지나친 음주를 문제로 제기했지만, 그는 유흥은 단지 직업상 주요한 부분이고 술집과 식당에서 고객을 만나는 일은 어쩔 수 없다고 말했다. 에이미와 맞선 일은 제레미에게 죄책감과 수치심뿐 아니라 혼란과 절망감을 불러일으켰다. "누군가와 정말 가깝게 지내는 건 너무 어려워요. 매일 그 사람에게 사랑한다고 말하고 그 사람이 절 사랑한다고 말하는 걸 들어요. 그 말이 진심이었다는 걸 알고 있지만, 나는 진짜 내가 원하는 것을 알고 있어요." 그는 심지어 잠깐 동안 자살을 생각하기도 했다.

이 시기에 제레미는 강한 신앙심 덕분에 하나님이 분명히 그를 위한 계획을 가지고 있고 그것은 진정한 자기가 되는 것임이 틀림없다는 것을 알게 되었다. 제레미는 상담자를 찾아갈 용기를 냈고, 세 번의 취소 끝에 마침내 접수면접에 참석했다. 제레미의 호소 문제는 불안과 우울 감정, 일관된 정체성을 찾는 것, 알코올 남용 등이었다. 그는 자신의 섹슈얼리티를 포함한 개인적 정체성을 개발해야 했고, 사회적 낙인을 지닌 자기를 수용하는 것에 대한 수치심과 두려움을 해결해야 할 필요가 있었다. 제레미의 자기혐오를 자기애로 바꾸는 것은 상담의 주요 목표가 될 수 있을 것이다. 그에게는 정보와 롤모델이 부족했으며, 자신이 경멸 대상인 소수자라는 사실을 받아들이기 힘들어하며 자연스럽게 내적 저항을 보였다. 그렇기 때문에 제레미에게 정체성 형성은 복잡한 도전이 될 것 같았다.

진단

축 I　정체성 문제(313.82). 이것은 가장 낙인화가 최소화된 진단(V 코드 또는 삶의 문제)이다. 제레미는 우울한 감정과, 심지어 과거 자살사고를 보고하고 있다(추가 탐색에서 더 이상 거짓으로 살고 싶지 않은 수동적 소망을 반영하는 것으로 나타남). 이 진단은 제레미가 자신의 진정한 정체성을 받아들이려고 애쓰는 모습을 반영한다. 그는 우울장애의 주요한 기준을 충족시키지 못한다.
알코올 남용(305.00). 이는 제레미가 여러 차례 음주 후 운전하여 집으로 갔던 경험을 보고한 결과에 따라 내리게 된 진단이다(물리적으로 위험한 상황에서 반복되는 약물 사용).

축 II　진단 없음

축 III　진단 없음

축 IV　비이성애를 받아들이지 않는 문화에서 양육됨

축 V　전반적 기능 평가(GAF)=80(현재)

이론적 틀

나(존 F. 마잘렉)는 제레미의 사례를 대상관계이론을 중심으로 테이버(Teyber, 2006)의 대인과정이론, 인간중심이론, 인지행동이론을 통합시켜 개념화하였다. 성소수자와 상담할 때—물론 백인 유럽계 미국인이 아닌 사람과 상담할 때도 마찬가지지만—정신분석이론을 활용하는 것은 이상해 보일지 모르겠다. 하지만 나는 초점이 개인에게 있고, 그 사람이 자신의 다양한 배경과는 상관없이 자신의 경험을 어떻게 의미화하는지에 초점을 맞춰야 한다는 소머스-플래너건과 허츠(Sommers-Flanagan & Hutz, 2008)의 의견에 동의하는 바이다. 또한 과거에는 대부분의 정신분석 단체들이 비이성애를 정신장애로 간주했지만, 오늘날 미국정신분석학회(American Psychoanalytic Association)와 같은 명망 있는 정신분석 단체에서는 더 이상 그러한 견해를 지지하지 않는다. 미국정신분석학회의 성소수자이슈위원회(American Psychoanalytic Association Committee on Lesbian, Gay, Bisexual, and Transgender Issues, 2010)는 "비이성애 성적 지향은 성격 발달의 결핍이나 정신병리의 표현을 나타내는 것으로 가정할 수 없다(입장 성명 2절)."라고 말했다. 그리고 "정신분석의 참조틀(예: 의식적 요인과 무의식적 요인)은 어째서 태도 변화를 이루기 어려운지를 이해하는 데 있어 매우 유용하다(1절)." 또한 미국정신분석학회는 성적 지향에 근거한 서비스를 금지하는 미국의 군정책에 반기를 들고 '공적 또는 사적 차별(5절)'에 반대하며, 동성결혼의 법적 인정을 지지하는 결의안을 만들었다.

제레미가 참자기(true-self)/거짓자기(false-self)의 문제로 고군분투하고 있다는 점은 분명했다. 위니컷(Winnicot, 1960/1996)은 참자기가 자발적이고 창조적이며 실제적인 사람을 구성한다고 묘사한 반면, 거짓자기는 참자기를 숨기고 보호하는 기능과 외부 세계와 상호작용하는 기능을 가지고 있다고 묘사했다. 문제는 참자기가 너무 깊이 숨겨져 있고 거짓자기를 자신의 실제 자기로 알고 있을 때 발생한다. 위니컷은 '충분히 좋은 어머니(good enough mother)'라는 표현을 통해, 참자기가 완전히 숨겨지지 않도록 긍정적 경험을 충분히 제공하는 어머니를 묘사했다. 오늘날에는 '충분히 좋은 양육(good enough parenting)'이라고 표현하는 것이 더 타당할 것이다. 또한 좋은 대상, 나쁜 대상에 대한 개념을 고려하여 이 사례를 개념화했다. 대상은 자신의 관계에 대한 내재화된 표현이다. 대상관계 이론가들[예: 페어베언(Fairbairn, 1958/1996), 샤프(Scharff, 1996), 위니컷(Winnicott, 1960/1996)]은 애착의 중요성, 특히 부모와의 초기 애착, 애착의 내재화, 애착을 유지하려는 추동(drive)에 초점을 맞춘다. 부모가 완벽하지 않기 때문에 자녀는 무시받거나 거절받는 느낌을 경험하거나, 부모의 거부하는 측면을 내재화하게 되는 시기가 분명히 있다. 하지만 부모로부터 보살핌이나 사랑을 받고 있다고 느끼는 측면을 내재화하는 경우도 있다. 부모와의 이러한 경험을 내재화하면서, 아이는 좌절시키고 거부하는 부모의 측면을 '거부적 대상'으로, 보살펴 주고 긍정하는 부모의 측면은 '이상적 대상'으로 이분화하는 분열(splitting)의 방어기제를 사용한다(Scharff, 1996, p. 16). 충분히 좋은 양육을 통해 관계가 보살핌과 사랑으로 더 많이 특징지어지면 아이는 다음과 같은 반응을 보일 수 있다.

아이는 때로는 좌절스러운, 때로는 반응적인 부모에 대한 양가감정을 점차 자기와 타인에 대한 안정적이고 긍정적인 관계도식으로 통합시키게 된다. 이것이 자존감과 정체성의 기초가 된다. 그러나 애착의 위협이 보다 더 커지면 아이는 분열의 방어기제에 의지할 수밖에 없다. 이러한 분열의 방어기제는 아이와 내적으로 연결된, 이상화된 '완벽하게 좋은(all good)' 반응적인 부모의 이미지를 보존한다. 하지만 그 대가는 크다. 현실은 왜곡되고 자기는 분열되며, 아이는 '나쁜' 사람이 된다. 좌절시키는 부모는 더 이상 '나쁜' 대상이 아니므로 아이는 외부 세계를 안전하다고 볼 수 있게 된다. 그러나 그 대가로 내적 갈등을 치러야 한다. 아이는 만약 자신이 달라진다면 부모의 사랑이 곧 찾아올 것이라고 믿는다(Teyber, 2006, pp. 10-11).

상담 목표 및 개입

요약하면, 제레미는 참자기와 약한 긍정적 이상적 대상을 거부하는 내재화된 메시지(예: 내재화된 비이성애혐오)로 이루어진 강한 거부적 대상을 가지고 있었다. 거부적 대상은 거짓자기를 지지하는 메시지와, 참자기-참자기 애착 대상의 대체물(예: 알코올, 포르노)을 추구하는 메시지로 이루어져 있었다.

안아주는 환경 수립

내가 진행하는 상담의 목표 중 한 가지는 충분히 좋은 양육을 통해 대상관계 이론가 위니컷(D. W. Winnicott, 1960/1996)이 묘사한 안아주는 환경(holding environment)을 제공하는 것이다. 이 안아주는 환경은 제레미가 성적 지향을 포함하여 자신의 참자기를 탐색할 수 있고, 보호적인 거짓자기의 힘을 빼도 안전하다고 느낄 정도의 양육적인 환경이다. 따라서 이것은 성소수자 내담자를 위한 상담 역량 중 다음을 충족시킬 수 있을 것이다. "유능한 상담자는 성소수자가 경험하는 사회적 편견과 차별을 인식할 수 있으며, 이들이 성적 지향과 성 정체성에 대해 내재화된 부정적 태도를 극복할 수 있도록 도울 수 있다."(ALGBTIC, 1997, "Helping Relationships," Competency 1)

종종 상담동맹으로 묘사되는 이 환경의 발달은 상담의 지속적인 목표이다. 이것은 내담자가 상담실에 처음 들어오는 순간부터 마지막 회기까지, 그리고 어쩌면 그 이상까지 (내재화를 통해) 계속된다. 상담 관계가 공고히 되었을 때, 나는 제레미가 상담을 마치고 난 후에도 이 관계가 유지될 수 있도록 그의 참자기(즉, 이상적 대상)와 동맹을 맺어 우리의 관계를 내재화할 수 있기를 바랐다.

나는 안아주는 환경을 제공하기 위해 노력하면서 그의 과거와 현재의 관계 패턴들을 관찰하여 그것들이 어떻게 거부적 대상과 이상적 대상으로 내재화되었는지를 확인하고자 했다. 나는 그와 현재 관계, 과거 관계, 꿈, 환상에 대해 논의하면서 이러한 패턴을 관찰하려고 했다. 또한 이 패턴들이 어떻게 전이와 역전이를 통해 우리의 상호작용 속에서 나타나는지 살펴보기 시작했는데, 이에 대해서는 다음 절에서 다루겠다.

나는 첫 회기에 접수면접을 실시했고 초기 상담동맹을 수립하는 작업을 했으며, 초기 가설을 세웠고 행동계획에 대해 논의했다. 처음에 그가 한 질문 중 하나는 자신이 게이가 될 수 있는지와 여전히 '전통적인 이성애적 생활방식'으로 살 수 있는지에 대한 것이었다. 나는 우리가 함께 이 문제를 해결할 수 있다고 설명했다. 그러나 나의 과제는 그가 어떤 사람이어야 하는지, 어떻게 살아야 하는지에 대해 이야기하지 않고 그가 이 문제를 해결할 수 있도록 돕는 것이었다(조력 관계 역량 4: 유능한 상담자는 성소수자 내담자의 성적 지향이나 성 정체성을 바꾸려는 시도가 해롭거나 심지어 생명을 위협할 수도 있다는 것을 이해하고, 더욱이 그렇게 하는 것이 연구에서도 지지되지 않기 때문에 수행해서는 안 된다는 것을 이해해야 한다; ALGBTIC, 1997).

이 질문에 대한 나의 반응에 그는 놀라는 듯했다. 왜냐하면 그는 자신의 삶에서 중요한 사람들(즉, 부모, 목사)에게 무엇을 해야 하는지 듣는 일에 익숙해져 있었기 때문이다. 이러한 논의는 자신을 더 잘 이해하기 위해, 우선 중요한 경험과 관계를 포함한 개인력을 면밀히 탐색하기를 바란다고 설명하기에 좋은 틀을 마련해 주었다. 나는 "어린 시절에 대해 이야기해 주세요." "학교는 어땠어요?" "부모님에 대해 설명해 주세요." 등의 질문을 하면서 그가 자신의 역사를 살펴보도록 이끌었다. 그는 '정상적이고 행복한 어린 시절'을 묘사했다. 하지만 더 자세히 탐색해 보니 그의 반응은 '평온을 깨트리지 마. 평범하게 행동해.'라는 암묵적 가족 규칙을 암시한다는 사실을 알게 되었다. 그는 자신의 부모가 외양에 신경을 많이 썼고, 항상 옷을 잘 차려입고 괜찮은 차를 몰고 다니는 것 등을 중요시하였다고 묘사했다. 나는 아들러(Adler) 기법을 활용하여 어린 시절 가장 초기 기억을 설명해 달라고 부탁했다. 그는 교회에서 크리스마스 연극을 하기 위해 무대에 섰고, 다른 아이들과 무대에 오르기 전에 그의 의상에 대해 야단법석을 피우는 어머니를 떠올렸다. 내 상상 속에서는 그의 어머니가 『스텝포드 와이프(Stepford Wives)』[1]에 나오는 여자를 연상하게 했는데, 그의 어머니는 무엇보다 외모에 신경을 많이 썼고 언어적 표현을 제외한 다른 방법으로는 가족에게 애정을 표현하지 못하는 사람이었다. 제레미는 자신의 아버지를 교회 집사로서 교회 일에 상당히 관여하는 매우 종교적인 사람으로 묘사했으며, 어머니보다 아버지가 아이들에게 애정을 더 많이 보여 주었다고 했다. 하지만 그것은 대개 아이들의 성취와 관련이 있었다. 그는 자신이 학업과 축구에서 두각을 나타냈을 때 아버지의 눈에 비친 자부심을 기억해 냈다. 제레미는 교회에서 '스타'로, 교회 청소년 그룹의 리더이자 이상적인 아들로 여겨졌다고 말했다. 제레미는 그의 남동생이 학업성적이 별로 좋지 못했고, 교회 청소년 휴양지에서 술을 마시는 것과 같은 행동으로 가족을 많이 당황시키고는 했다고 말했다. 제레미는 동생을 바라보는 부모의 얼굴에 비친 실망감을 보고 나서는, 자신은 부모를 실망시키지 말아야겠다고 결심했다.

정체성 발달과 자존감 증진

상담의 또 다른 목표는 성적 지향 정체성 발달을 증진시키기 위한 적극적 작업을 하는 것이었다. 이것은 일반적으로 자존감 증진과 관련이 있다(인간 성장 및 발달 역량 7: 유능한 상담자는 성소수자들이 GLB 지향과 트랜스젠더 정체성을, 온전히 기능하고 정서적으로 건강한 삶으로 통합시킬 잠재력을 가지고 있음을 적극적으로 옹호한다; ALGBTIC, 1997).

관계 패턴과 내재화된 대상에 대한 이해

나는 먼저 제레미가 자신의 관계 패턴과 그것이 그의 내재화된 대상관계와 어떻게 관련되어 있는지를 이해하도록 돕고 싶었다. 제레미는 자신의 거짓자기를 바탕으로 부모와 다른 대부분의 사람과의 애착을 발달시켰으며, 사실상 자신의 참자기를 보호하고 숨겼다. 그는 어린 나이에 다른 사람들이 기대하는 대로 행동해야 한다는 것을 배웠다. 마치 그의 머리에 안테나가 달린 것처럼 보였고, 그 안테나를 통해서 다른 사람들에게 수용될 수 있는 것과 수용될 수 없는 것이 무엇인지를 알 수 있었을 것이라는 가설을 세울 수 있었다. 제레미는 이 가설에 기꺼이 동의하면서, 그가 어떻게 자신의 일을 잘할 수 있었는지에 대해 설명했다. 그가 자신의 일을 잘할 수 있었던 것은, 성공하기 위

1) 역자 주: 1972년에 발간된 아이라 레빈(Ira Levin)의 풍자 스릴러 소설로, 사진작가 조안나 에버하트(Joanna Eberhart)가 새로 이사 간 스텝포드 마을에 사는 끔찍하게 순종적인 아내들이 실은 이들의 남편에 의해 로봇으로 개조되었을지 모른다고 의심하는 내용이다.

해 필요하다면 무엇이든 될 수 있었기 때문이었다. 또한 그는 친구들과의 관계에서도 마치 연기를 하는 것처럼 느껴졌다고 말했다. 더욱이 나는 그가 자기 자신이 되는 것이 좋지 않으며 다른 사람들에게 자기 자신을 숨겨야 한다고 말하는 '비판적 자기(critical self)'를 가지고 있다는 가설을 세웠다. 그리고 비판적 자기는 (비언어적이든 언어적이든) 온갖 방식으로 스스로가 괜찮지 않다는 메시지를 전달한다고 말했다. 비판적 자기라는 개념은 그에게 잘 들어맞았고, 그는 종종 자신의 '비판적 자기'와 '참자기' 사이에서 느껴지는 갈등을 묘사할 때 그 용어를 사용했다.

지금 여기에서의 상담 과정

상담동맹의 발달과 함께, 그의 비판적 자기와 관계 패턴에 대한 이해를 키워 가는 작업이 이루어졌다. 제레미는 나와 함께 있는 것이 편안하게 느껴질수록 자신에 대한 비판적 생각과 다른 사람들에게 자신을 숨긴 방식에 대해 이야기하는 것을 더 안전하게 느꼈다. 이것은 또한 그의 관계 패턴이 상담 관계 안에 어떻게 들어와 있는지, 그의 정체성 발달과 자존감을 증진시키기 위해 내가 활용했던 또 다른 수단들을 고려해 볼 수 있는 기회를 제공했다. 나는 대인 과정 접근(Teyber, 2006)을 활용하여 상담 관계에서 일어난 일에 초점을 맞추었다. 얄롬(Yalom, 2002)이 묘사한 것처럼, 나는 "지금 여기에서의 토끼 귀(here-and-now rabbit ears)"(p. 50)를 통해 나, 상담실 그리고 상담과 관련된 모든 것에 관한 제레미의 언어적 · 비언어적 반응을 관찰했다.

예를 들어, 가끔 제레미가 불편해 보이면 나는 그 점에 대해 물어보곤 했다. 그는 대개 내가 자신의 말을 평가하고 있다고 상상하거나, 내 평가에 대해 상상해 본 것을 이야기 나눌지 고민 중이라고 대답하곤 했다. 이러한 기회들을 통해 그가 스스로 비판적으로 평가될 것이라고 가정하면서, 나와 다른 사람들에게 자신의 비판적 자기를 어떻게 투사하고 있는지를 살펴볼 수 있었다. 또한 그 기회들을 통해 모든 사람이 자신을 평가할 것이라는 그의 생각에 도전하는 인지행동 전략을 활용해 볼 수 있었다. 그의 내재화된 비판적 메시지에 도전할 때 유의할 점은, 비현실적이라고 판단해 버리지 않고 그를 평가하는 사람들이 있다는 것을 인정해야 하는 것이다(즉, 편견과 증오가 존재한다는 것과 자신을 보호해야 한다는 것을 인정하는 것이다).

대인 과정 접근을 활용한 또 다른 예는, 내가 그에게 역전이 반응을 보인다는 것을 알아차렸던 것이다. 예를 들어, 상담을 시작하기 전 제레미가 대기실에 들어설 무렵, 나는 동료를 배웅하고 있었다. 상담실로 들어왔을 때 나는 그가 약간 거리감 있게 느껴졌고, 그와 비교해서 내가 작은 존재라는 역전이 감정을 경험하고 있다는 것을 알아차렸다. 내가 다른 사람과 이야기하는 소리를 들었을 때 어떠했는지 그에게 물었고, 꽤 많은 과정을 거친 후에 그는 내가 동료와 이야기하는 소리가 매우 '게이'처럼 들렸다는 점을 인정했다(내가 게이라는 사실을 그에게 개방한 후의 일이었다는 점에 유의하라). 나는 그에게 어째서 '게이처럼 들린다'고 느꼈는지에 대해 이야기해 보도록 격려했다. 이러한 지금 여기에서의 순간은 '게이처럼 들린다'는 것이 무엇을 의미하는지, 그리고 다른 사람들이 그를 그런 방식으로 볼 것이라는 두려움에 대한 토론으로 이어졌다. 그는 어렸을 때를 회상했다. 그때 그는 라디오에서 흘러나오는 노래에 맞춰 춤을 추었고 아버지는 "호모(fag)처럼 행동하지 마라."라고 하면서 꾸짖었다. 제레미는 아버지의 눈빛에서 극도로 못마땅함을 느꼈고 그 표정을 결코 잊을 수 없었다고 말했다. 다른 사람의 반대에 대한 기억은 자신의 내재화된 거부적 대상에 대한 단서였으며, 이러한 단서는 인간관계에서 자신의 참자기와 거리를 두는 일을 강화시켰다.

자기개방은 상담환경과 내담자가 이상적 대상으로서 상담자를 내재화하는 데 영향을 미치는 중요한 대인관계 과정이다. 아이세이(Isay, 1996)가 논의하였듯이, 게이 상담자들이 겪는 자기개방 문제는 이들의 성적 지향을 내담자에게 공개할 것인가 하는 것이다. 아이세이와 마찬가지로, 나는 정체성 문제에 어려움을 겪고 있는 게이 내담자에게 내 자신이 긍정적 모델이 될 수 있다고 믿는다. 한편, 나는 내담자가 그 사실을 묻거나 궁금해하는 것처럼 보이지 않는 한, 내가 게이라고 바로 말하지 않다(즉, 이들이 꾼 꿈이나, 게이라고 알고 있는 사람들에 대해 자주 이야기하는지에 근거해서 판단한다). (조력 관계 역량 2: 유능한 상담자는 자신의 성적 지향과 성 정체성이 조력 관계와 관련이 있으며, 상담 과정에 영향을 미친다는 것을 인식할 것이다; ALGBTIC, 1997). 나의 내담자들 대부분은 내 동료 상담자들에게서 들었거나 나의 게이 단체 활동 사실을 알았기 때문에, 내가 게이라는 것도 알고 있었다. 하지만 제레미는 내가 게이라는 사실을 몰랐다고 말했다. 첫 상담에서 그가 논의하기 힘든 비밀이 있다고 말했을 때, 그는 매우 명백히 두려움을 느꼈을 것이다. 이후 계속해서 상담을 받는 동안 그는 상담실 밖에서의 내 삶에 대해 아무것도 묻지 않았고, 그는 종종 내가 평가적 시선으로 그가 게이라는 점을 보게 될까 봐 걱정했다. 나는 내담자들에게 무의식을 좀 더 탐색하기 위한 수단으로 꿈을 논의할 수 있다고 말한다. 제레미도 10주 즈음 게이 바에 있는 나를 본 꿈을 상담시간에 가지고 왔다. 나는 제레미에게 내가 게이일까 궁금해하는지 물어보았다. 그는 한동안 궁금했지만 내게 물어보는 것이 불편하다고 대답했다. 나는 게이임을 인정했고, 그 사실을 알고 난 후 그의 기분이 어떠한지 물어보았다. 그는 안도감을 느낀다고 표현했으며 나에게 개방하는 것이 더 편하게 느껴진다고 말했다. 그는 또한 내가 자신과 비슷하다고 느꼈고 고정관념대로 여성스럽지는 않다고 말했다. 그 개방 후, 그는 자신의 성애적 · 비성애적 환상에 대해 더 많이 개방했고, 상담시간에 방어하는 일이 줄어든 듯했다. 한편, 대기실에서 그가 내 이야기 소리를 들었을 때와 마찬가지로, 지금 여기에서 우리가 다루어야 할 순간들이 있었다. 그 순간 나는 거부당한 게이가 되었고 그는 비판적인 부모가 되었다.

지금 여기에서의 순간들을 다룬 과정은 제레미가 관계에 대한 자신의 감정을 처리하고 거짓자기를 누그러뜨리며, 내재화된 대상을 다른 사람에게 투사하는 방법에 대해 알게 되고 자기 자신이 될 수 있는 관계를 경험하면서, 결과적으로 다른 유형의 관계를 가질 수 있도록 하는 데 가치 있는 경험을 제공하였다. 그는 나와의 관계를 내재화하였는데, 이것은 꿈속에서 나를 만나거나 회기 사이에 어떤 문제를 놓고 고심할 때 상담자라면 무슨 말을 할지 상상하는 일을 통해 확인할 수 있었다. 그 결과, 그는 점차 게이 정체성 발달단계를 밟아 가게 되었다(Marszalek & Pope, 2008 참조).

물질 남용 감소

또 다른 상담 목표는 제레미가 알코올 남용을 자신의 공허함을 만족시키려는 불만족스러운 시도로 간주할 수 있도록 돕는 것이었다. 그 공허함은 거짓자기를 누그러뜨리고 실제 참자기와 참자기를 연결해 볼 수 있는 애착(외적 · 내적)이 결핍되었기 때문에 나타나는 것이다. 나는 거짓자기의 힘을 뺄 수 있는, 친밀한 관계에서 느껴지는 연결감을 술을 통해 느끼고자 하는 것이라고 알려 주었다. 이러한 생각은 그가 술에 취했을 때 '스스로 동성애자라고 밝힌' 사실과 연결되는 것이었다. 그는 가족 중에 알코올 중독자가 있다고 보고하지 않았기 때문에, 그가 알코올 중독과 관련된 유전적 성향이 있는지 확신할 수 없었다. 나는 그에게 고위험 음주 관련 자료와 익명의 알코올 중독자 모임(Alcoholics Anonymous: AA, 근처 성소수자 커뮤니티 센터에서 열리는 게이 AA 모임 포함)과 같은 지역 모임에 관한 자료를 제공했다. 나는 또한 그가 음주와 운전으로 위험한 행동을 하고 있고 자신과 다른 사람들을 위험에 빠뜨릴지 모른다는 걱정을 나타냈다. 나는 매우 조심스럽게 비판적이지 않은 어조와 태도로 걱정을 표현하였고, 또한 폭음을 하고 싶을 때는 회기 사이에라도 전화를 달라고 했다.

성과

제레미와 나는 약 1년 반 동안 정기적으로 만났다. 처음에 그는 매주 두 번 나를 만났고, 스스로에 대해 더 편안해지기 시작하면서 주 1회의 만남으로 전환했다. 상담 초기에 나는 상담 관계를 형성하고 안아 주는 환경을 보다 빠르게 내재화시키기 위해 가능한 한 자주 만나자고 격려했다. 제레미는 매주 두 번 회기에 참여할 수 있었는데, 이것은 다수의 내담자에게 해당되는 일은 아니다. 나는 또한 그가 자살 충동이 느껴지거나, 술을 진탕 마실까 생각하거나, 그저 상태가 괜찮은 것인지 확인받고 싶을 때 회기 사이에 전화를 달라고 했다. 제레미는 나를 귀찮게 할까 봐(그것은 또 다른 지금 여기에서의 순간을 다룰 때였다.) 전화를 거의 하지 않았지만, 내 조치가 그를 덜 외롭게 하는 데 도움이 되었다고 말했다.

우리는 회기 대부분을 에이미와의 관계를 끝내기로 한 최종 결정, 동료들이 그가 게이라는 것을 알게 되었을 때 그에게 드는 걱정, 그리고 그의 섹슈얼리티를 부모에게 공개할지에 대한 여부(즉, 커밍아웃)에 관한 것을 다루었다. 제레미는 에이미와 함께 지내야 할지 말지에 대해 몇 달 동안 결정을 내리지 못했다. 그가 자기 자신을 더 많이 받아들일수록 에이미와 로맨틱한 관계를 맺기는 점점 더 어려워졌고, 그는 결국 그 관계를 끝냈다. 당연히 에이미는 화가 났고, 심지어 그가 커밍아웃한 후에도 동성애는 선택이라고 믿으면서 그와 접촉하기를 거부했다. 그의 삶에서 몇 안 되는 가까운 관계 중 하나를 끝내는 것이 그에게는 힘든 일이었기 때문에 그는 죄책감, 회의감, 슬픔을 처리하는 애도의 시기를 보냈다. 제레미는 에이미가 여전히 친구로 남기를 바랐고, 에이미가 그와 접촉하는 것을 거부하는 일은 그에게 정말 힘든 일이었다. 그 관계를 끝내는 것은 또한 그에게는 마음속으로 자신이 게이 정체성을 가지겠다고 확약하는 일이었다. 그는 게이 남성을 만나 관계를 하고 싶은 욕구에 대해 상의하기 시작했다. 그는 어떤 남자와 숲속 오두막 현관에 나란히 앉아 영적으로, 감정적으로 연결감을 경험하는 꿈을 꾸었다고 이야기했다. 이전 상담 중에 제레미는 자기 자신과 가장 많이 접촉하고 있다고 느낀 때 중 하나는, 있는 그대로의 모습일 때라고 말한 적이 있었다. 이 꿈은 관계에 대한 그의 열망을 스스로 인정하고 있음을 보여 주는 단서인 것 같았다. 또한 그의 변화하는 영성과 자라면서 배운 종교가 어떻게 다른지에 대한 토론이 이어졌다.

상담을 시작한 지 9개월쯤 되었을 때, 제레미는 나의 추천에 따라 도심 성소수자 커뮤니티 센터에서 한 동료가 이끄는 게이 커밍아웃 모임에 참여하였다. 상담적 측면에서 볼 때 그 집단에 참여한 것은 긍정적 · 부정적 효과를 모두 나타냈다. 그는 다른 남자들의 커밍아웃 이야기에 공감했는데, 그것은 그의 경험을 인정하는 데 도움을 주었다. 또한 그는 자신의 직업과 관련된 분야에 종사하는 몇몇 남자를 만났는데, 게이라는 것이 알려지면 직장을 잃을지 모른다는 두려움에 대해 나눌 수 있었다. 그가 '여성적'이라고 묘사한 남자들은 그의 내재화된 동성애혐오를 촉발시켰고, 때때로 그는 게이 공동체에 잘 맞지 않을지 모른다는 두려움, 사람들이 그가 게이라는 것을 알면 그가 그 남자들을 보는 시선대로 그 남자들도 자신을 볼 것이라는 두려움을 다시 느끼곤 했다. 시간이 흐르면서 그 두려움은 줄어들었지만 여전히 그가 '전형적'이라고 묘사한 게이들에 대해서는 평가적 태도를 가지고 있었다.

제레미의 알코올 남용은 점점 감소했고, 술을 마시고 운전하는 일도 줄어들었다. 그러나 새로운 친구들과 만날 때는 계속해서 술을 마셨다. 게이 바는 그에게 매우 매혹적인 곳이었고, 이 기간 동안 나는 그의 음주와 빈번한 섹스에 대한 걱정과 그가 사춘기를 다시 살고 있다는 이해 사이에서 균형을 잡으려고 노력했다. 나는 그에게 안전한 섹스에 대한 정보를 제공했고, 알코올처럼 캐주얼 섹스(casual sex)[2] 또한 때로는 실제 애착을 대체하는 것이라고 해석했다. 나는 그러한 해석을 할 때 어조와 태도에서 비판적으로 들리지 않도록 주의를 기울여야 했다. 나는 또한 '파티에 빠진' 자기와 이상적 자기는 다를 수 있다는 점을 강하게 주목시켰다. 그는 하룻밤 자는 섹스에서 공허함을 느꼈다고 인정했지만 처음으로 즐거운 기억이 생겼다고 말했다.

상담한 지 14개월쯤 되었을 때, 제레미는 커밍아웃 그룹을 통해 만난 사람과 데이트하기 시작했다. 비록 빈도는 줄어들었지만 그는 다음 3개월 동안 계속 상담에 왔고, 어느 날 새 애인과 함께 오기도 했다. 두 사람이 함께 살기로 했을 때, 제레미는 그의 표현대로 "상담 둥지를 떠날 준비가 되었다."라는 결정을 내렸다. 그는 원하면 후에 다시 상담에 올 수 있는지 물어보았고, 나는 내가 여기서 근무하고 있는 동안 언제든지 다시 올 수 있다고 확인해 주었다. 마지막 회기 당시 제레미는 두 가지 삶을 살고 있었다. 하나는 사회적 지인들 사이에서 개방적인 게이 남성으로서의 삶이었고, 다른 하나는 동료 및 가족에게는 커밍아웃하지 않은 게이 남성으로서의 삶이었다. 그는 스스로에 대해 편안하게 느꼈지만, 자신의 일에서 위험을 감수하고 싶지 않으며 부모에게 커밍아웃할

2) 역자 주: 어쩌다 만난 사람과의 성행위를 의미한다.

준비가 되어 있지 않다고 말했다.

다문화 문제

제레미와 나는 백인 남성으로 둘 다 미국에서 태어났고 사회경제적으로 중산층에 속했다. 나는 제레미보다 열 살 정도 나이가 많았지만, 내가 제레미의 큰형이 된 것 같은 역전이 감정이 들었을 때를 제외하면 나이 차이는 문제가 되지 않았다. 만약 제레미가 다른 민족이었거나 다른 사회경제적 지위를 가지고 있었다면, 그러한 우리의 차이가 전이와 역전이에 어떤 영향을 미치는지 알아차리고 지금 여기에서의 상담 중에 그것에 대해 공개적으로 논의하는 것이 중요했을 것이다. 또한 제레미가 성소수자일 뿐만 아니라 다른 소수집단 출신이었다면, 그의 성적 지향 정체성과 다른 정체성(예: 그의 인종 정체성)이 서로 어떤 영향을 미치는지 고려하는 것이 중요했을 것이다(사회 및 문화적 기초 역량 4: 유능한 상담자는 성소수자 여성과 유색 인종의 발달 과제에 성별, 인종, 성적 정체성의 형성과 통합이 포함된다는 것을 알고 있다; ALGBTIC, 1997). 끝으로 제레미의 종교는 그의 전반적인 정체성의 중요한 측면이었고, 그가 어린 시절의 종교와는 별개로 새로운 영적 정체성을 발달시켰을 때 이러한 정체성을 인정하고 지지를 제공하는 것이 중요했다.

결론

제레미는 참자기와 거짓자기 문제를 가지고 상담에 왔다. 상담을 통해 제레미는 자신이 다른 사람들이 그가 그래야 한다고 생각하는 자신의 인식으로 구성된 거짓자기 뒤에 참자기를 어떻게 숨겼는지 알게 되었다. 비록 그는 자신을 보호하기 위해 이중생활을 계속했지만, 자기 자신을 더 많이 받아들이게 되었다. 비록 가족과 동료들에게 게이라고 밝히는 것에 대해 제레미가 느끼는 두려움은 그가 다른 사람들에게 투사한 내재화된 동성애부정(homonegativity)에 근거한 것일 수도 있겠지만, 제레미의 염려는 타당했고 그의 성적 지향 때문에 차별을 받을 가능성도 있었다. 따라서 상담을 받는 동안 그가 가족이나 동료에게 커밍아웃해야 한다는 압박을 느끼지 않는 것이 중요했다. 이상적인 세상이라면 제레미는 자신이 게이라는 것을 공개하며 살 수 있을 것이다. 그러나 대부분의 지역에서 게이는 지방정부와 주정부의 보호를 받는 계층으로 간주되지 않는 것이 현실이다.

실제로 제레미의 경험은 다른 게이들, 다른 내담자들이 거짓자기를 누그러뜨리고 자신의 진짜 모습을 알아 갈 때 했던 경험과 다르지 않다. 우리는 내재화된 관계의 비판적 측면이 참자기-참자기 애착을 희생시키면서 거짓자기의 강화를 어떻게 이끌 수 있는지를 내담자가 이해하도록 돕는 데, 대상관계와 대인관계 상담이 효과적이라는 것을 발견했다. 강력한 상담동맹을 맺고 그 관계에서 일어나는 일을 다루기 위해 즉시성을 활용하는 것은, 내담자가 실제 자신이 누구인지 탐색할 수 있을 만큼 안전하다고 느끼도록 하기 위해 반드시 해야 하는 일이다. 더욱이 이렇게 하는 것은 관계에서뿐만 아니라 사회 속에서 평가를 경험한 게이 내담자와 상담할 때 특히 중요하다.

참고문헌

American Psychoanalytic Association, Committee on Lesbian, Gay, Bisexual, and Transgender Issues. (2010). ***Position statements: Psychoanalytic discussion points on homophobia.*** Retrieved from http://www.apsa.org/Member_Section/Committee_Resources_and_Work_Rooms/Lesbian_Gay_Bisexual_and_Transgender_Issues.aspx

Association for Lesbian, Gay, Bisexual and Transgender Issues in Counseling (ALGBTIC). (1997). ***Competencies for counseling gay, lesbian, bisexual and transgendered (LGBT) clients.*** Alexandria, VA: Author.

Fairbairn, W. R. D. (1996). The nature and aims of psychoanalytic treatment. In D. E. Scharff (Ed.), ***Object relations theory and practice*** (pp. 98-109). Northvale, NJ: Jason Aronson. (Original work published 1958)

Isay, R. A. (1996). ***Becoming gay: The journey to self-acceptance.*** New York, NY: Owl Books.

Marszalek, J. F., III, & Pope, M. (2008). Gay male identity development. In K. L. Kraus (Ed.), ***Lifespan development theories in action: A case study approach for counseling professions*** (pp. 294-327). Boston, MA: Lahaska Press.

Scharff, D. E. (Ed.). (1996). ***Object relations theory and practice.*** Northvale, NJ: Jason Aronson.

Sommers-Flanagan, J., & Hutz, A. (2008). Psychoanalytic theory in action. In K. L. Kraus

(Ed.), *Lifespan development theories in action: A case study approach for counseling professions* (pp. 163-198). Boston, MA: Lahaska Press.

Teyber, E. (2006). *Interpersonal process in therapy: An integrative model* (5th ed.). Belmont, CA: Thomson.

Winnicott, D. W. (1996). Ego distortion in terms of true and false self. In D. E. Scharff (Ed.), *Object relations theory and practice* (pp. 236-247). Northvale, NJ: Jason Aronson. (Original work published 1960)

Yalom, I. D. (2002). *The gift of therapy: An open letter to a new generation of therapists and their patients.* New York, NY: Harper.

3장

인터섹스 내담자에 대한 상담전략: 과정기반 접근

시어도어 R. 번즈(Theodore R. Burnes), 케이트 리치몬드(Kate Richmond)

인터섹스(intersex)는—흔히 '간성'이라고 불리는데—비전형적 생식기를 가지고 태어난 사람을 묘사할 때 사용되는 포괄적 용어이다. 『아동기 성발달장애 관리를 위한 임상지침(Clinical Guidelines for the Management of Disorders of Sex Development in Childhood)』(Intersex Society of North America, 2006)에 따라, 우리는 인터섹스 내담자에게 심리적 개입을 할 때 주로 내담자 중심 접근을 선호한다. 이상적인 시나리오상에서 인터섹스 내담자는 인생 초기부터 내담자 중심의 심리적 지원을 받을 수 있는 선택권을 가진다. 그러나 찾아갈 수 있는 정신건강 전문가가 부족하고 상담에 참여할 것인지의 결정이 종종 내담자의 부모에 의해 이루어진다는 현실적 문제 때문에, 어떤 인터섹스 내담자들은 인생 후반기까지도 상담을 받지 못한다. 여성주의 심리학자로서 우리는 훈련을 받을 수 있는 기회가 있었으며, 성인 인터섹스 내담자와 상담할 수 있는 기회가 주어지기도 했다. 이 장에서는 상담적 돌봄을 촉진하고 인터섹스 내담자의 요구를 옹호하고, 성인 인터섹스 내담자와의 상담에서 발생할 수 있는 임상 관련 문제들을 다루기 위해 여러 내담자의 사례를 조합한 사례에 대한 개념화를 제시하였다. 여러 내담자의 경험을 결합한 이 사례 연구를 제공함으로써, 관련된 사람들의 익명성을 보장하고 인터섹스 성인들과 관련해 종종 무시되거나 과소평가되었던 많은 문제에 대해 목소리를 낼 수 있기를 희망한다. 또한 독자들에게 보다 명료하게 전달하기 위해 우리는 하나의 상담 사례처럼 구성하여 제시하였다.

접수면접, 초기 진단 자료, 인구통계학적 정보

레베카[Rebekkah, 베키(Becky)]는 23세 유대인 미국인 여성으로, 지역 광고 회사에서 회계 부주임으로 일하고 있었다. 접수면접 기록지에 베키는 “사장은 내게 집중력에 문제가 있고 도움을 받아야 한다고 말했다.”라고 적었다. 그는 자살이나 살인 시도를 하지 않았으며 신체적 · 성적 학대도 없었다고 보고했다. 베키는 부모의 이혼 문제 때문에 5세 때 두 달간 상담을 받았던 경험이 있었다고 밝혔다.

일에 집중하는 데 어떤 어려움을 겪고 있는지 좀 더 묻자, 베키는 한 달 전 한 청년과 사귀기 시작했다고 보고했다. “그와 사귄 것은 큰 실수였어요.” 그는 연애감정을 느꼈던 마이클(Michael)과 약 5년 동안 친구였고, 둘의 우정이 더 커지면서 데이트를 시작했다고 보고했다. 베키는 접수면접 동안 울면서 말했다. “그에게 말한 적은 없지만, 나는 약간의…… 내가 누구인지에 대한 문제를 가지고 있어요.” 베키는 이렇게 말했다. “12세 때 처음으로 다른 기분을 느꼈던 때가 있었어요. 내 자신이 다른 여자아이들과는 그저 다르게 느껴졌어요.” 베키는 그가 잠자리에 든 후 부모가 자주 논쟁했던 사실을 떠올렸다. “나는 부모님이 방 안에서 이렇게 외치는 소리를 들을 수 있었어요. ‘이 일을 베키에게 어떻게 말해야 할지 모르겠군!’” 그는 또한 13세 때 어머니와 대화를 나눴고 어머니에게 특정 성기에 대해 물었다고 말했다. 그때 어머니는 이렇게 대답했다. “아이들은 모두 온갖 형태의 성적 감정을 느끼며 자라지. 하지만 네가 태어났을 때 담당의사는 네가 어떻게 성장할지에 따라 달라질 수 있다고 말했단다.” 베키가 그 다른 점에 대해 더 물었을 때 어머니는 말했다. “네가 남자인지 여자인지 의사들은 확신할 수 없었던 것 같아. 그래서 이들은 네가 다르게 성장할 것이라고 말했지……. 하지만 넌 아름다운 소녀로 태어났고, 그래서 모든 게 괜찮아. 단지 발달 면에서 조금 다를 뿐이야.” 사춘기로 접어들고 성숙해지면서 베키는 어머니와 함께 종종 병원 진료를 받으러 갔는데, 그 기간 동안 정기적인 생식기 검사를 받았다고 보고했다. 검사를 받은 후, 어머니와 의사가 이야기를 나누는 동안 베키는 대기실에서 기다렸다. “대학에 들어갈 때까지 어머니 없이 의사와 대화를 나눈 적이 없었어요.”

베키는 성적으로 왕성한 적이 없었다고 말했다. 그는 태어날 때부터 가지고 있었던 성기 부위의 흉터에 신경을 썼고, 종종 '흉터가 있는 사람과 섹스하는 것에 개의치 않는 괜찮은 사람을 찾을 때까지 기다려야 해.'라고 느꼈다. 베키는 성적으로 왕성하지는 않았지만 마이클과 섹스할지 고민하기 시작했고, 이것이 상담을 시작하게 된 잠재적 자극이 되었다. 베키는 살면서 남성과 여성에 대한 성적 감정과 욕구를 가졌던 때가 있었지만, 남성과의 정서적 · 육체적 관계만을 원했다고 강조했다. 그런 감정에 따라 행동한 적이 있느냐는 질문에 베키는 "아니요, 저는 그냥…… 두려워요."라고 답했다. 마이클 이전에는 다른 남자와 데이트를 하지 않았지만 베키는 지금까지 이들과의 관계에서 아무런 문제가 없었다고 말했다. 그의 남자친구는 컨설턴트였고, 웨스트 코스트라는 대도시에서 살고 있었다.

가족에 대해 물었을 때, 베키는 어머니, 아버지 그리고 이모가 모두 그와 마이클이 사는 웨스트 코스트의 큰 부도심에 살고 있다고 밝혔다. 베키는 자신이 믿고 있는 종교와 매우 연결되어 있다고 느꼈으며, 그 느낌은 꽤 오랫동안 존재했다고 보고했다. 베키는 유대인 공동체가 "내 인생의 큰 부분이었어요. …… 비록 그분들에게 친밀감을 느껴 본 적이 없지만. 사실, 저는 많은 사람과 가깝다고 느껴 본 적이 없어요."라고 강조했다. 그는 자신의 사회적 지지의 원천은 남자친구 마이클과 그의 좋은 친구인 젊은 여자 직장동료 샨탈(Chantal)이라고 밝혔다. 그는 어떤 룸메이트에게도 자신의 성이나 관계 문제에 대한 생각을 말하지 않았다. 베키는 일에 집중할 수 없다고 보고했다. "마이클이 알게 되면 저를 떠날 거예요. …… 저는 그를 좋아해요. …… 제 문제들은 알고 있지만, 그와의 섹스가 어떠할지 걱정이 돼요."

표준화된 평가

베키가 호소하는 문제를 보다 충분히 이해하기 위해, 우리는 임상면접 외에도 몇 가지 표준화된 심리검사를 실시하기로 했다. 그 검사는 벡 우울검사 2판(Beck Depression Inventory-II), 벡 불안검사(Beck Anxiety Inventory), 성격평가질문지(Personality Assessment Inventory)였다. 벡 우울검사 2판(Beck, Steer, & Brown, 1996)은 미국정신의학회(American Psychiatric Association, 1994)의 『정신질환의 진단 및 통계 편람 4판(Diagnostic and Statistical Manual of Mental Disorders, 4th ed.: DSM-IV)』에 열거된 우울 증

상의 존재와 심각성을 평가하기 위한 21개 문항의 자기보고식 도구이다. 베키는 이 평가에서 11점이 나왔는데, 이는 경도에서 중등도 우울 범위(10~18점) 내에 해당되는 점수였다. 벡 불안검사(Leyfer, Ruberg, & Woodruff-Borden, 2006)는 불안의 심각성을 측정하는 데 활용되는 21개 문항의 선다형 자기보고 검사이다. 베키는 18점을 받아 중등도에서 중도 범위의 불안(16~25점)에 속했다. 성격평가질문지(Morey, 2007)는 다양한 맥락에서 성격과 정신병리 관련 구인을 평가하는 심리적 기능 다중척도 검사이다. 베키는 불안관련장애(ARD), 우울(DEP), 불안(ANX) 척도에서 유의한 상승을 보이며 타당한 프로파일을 나타냈다. 구체적으로 ARD 척도가 가장 상승한 척도였다. ARD 하위척도별로 살펴보면 강박 척도(ARD-O)에서 평균점수, 공포증 척도(ARD-P)에서 높은 점수, 외상 스트레스 척도(ARD-T)에서 높은 점수를 나타냈다. 이 점수들은 피검자가 과거에 겪은 외상 사건으로 인해 대인관계에서 철수(withdrawal)하는 방식의 불안 삽화를 반복적으로 경험하고 있음을 시사하는 반응 패턴을 의미한다. 베키의 코드 유형은 ARD-DEP로, 의사결정을 내릴 수 없는 상태이며, 외상 관련 이력 및 우울증 기반 기분장애 진단 기준을 충족하는 피검자에게 공통적으로 나타나는 특징을 가지고 있었다.

진단적 개념화

공식적 평가 과정을 거친 후, 나는 베키의 삶의 틀 안에서 수집된 정보를 종합하였으며 어떤 진단을 내릴지 고심하였다. 우리는 '고통에 이름을 붙이는 것'이 얼마만큼이나 최선의 방법이 될 수 있을지에 대해 논의했고, 나는 진단이 자기이해의 강력한 원천이 될 수 있다고 설명했다(Brown, 1994). 이 초기 논의는 베키에게 매우 중요한 치료적 순간이 되었다. 인터섹스 내담자가 자신의 몸에 대한 진실한 정보를 얻고 자신의 경험에 대해 공개적으로 이야기할 수 있는 기회를 갖게 되면, 그의 수치심이 현저히 줄어들고 정체성 형성은 시작될 수 있다(Colapinto, 2000; Williams, 2002). 평생 부모와 의사를 포함하여 자신이 믿어야 했던 사람들과 수없이 수치스럽고 당혹스러운 상호작용을 경험했고, 이러한 사건들은 의료계가 제한적이고 억압적이며 이분법적인 성별 체계에 지나치게 의존했기 때문에 일어난 것이었다고 말로 표현할 수 있다면, 적어도 베키는 자신의 호소 문제에 대한 대안적 설명을 고려하고 자기비난을 줄이기 시작할 수 있을 것이다.

초기 진단 과정 중에서 이루어지는 또 다른 측면은 베키의 강점을 탐구하는 것이었는데, 이는 상담 과정의 필수적인 부분이기도 했다. 자기 몸과 스스로를 비난해 왔음에도 불구하고 베키의 회복탄력성은 놀라웠다. 베키는 밝고 말을 잘하고 감정 표현이 뛰어났으며 상담에 참여하고자 하는 동기가 있었다. 또한 마이클, 샨탈과 그의 정체성에 대한 걱정을 나누지는 않았지만 두 사람 모두와 강한 유대관계를 형성하고 있었다. 게다가 베키의 강한 종교적 유대는 지지와 힘을 얻는 중요한 원천이었다. 베키는 어려운 시기를 헤쳐 나가기 위해 신앙심에 자주 의존한다고 말했다.

접수면접 평가 결과, 『정신질환의 진단 및 통계 편람(DSM-IV-TR)』(American Psychiatric Association, 2000)을 활용하여 다음과 같은 주요 진단을 도출하였다.

축 I	313.82 정체성 문제
	309.81 달리 분류되지 않은 불안장애
축 II	V71.09 축 II 진단 없음
축 III	유아기 때 수술(고지된 동의 없이 이루어짐)
축 IV	부모와의 관계 걱정
	친밀감에 대한 걱정
	파트너와의 관계 걱정
축 V	70(현재), 65(작년)

사례 진행과정 및 개입

베키와의 상담에서 나는 관계문화적 이론(Jordan, 2000)과 여성주의 이론(Worell & Remer, 2003), 트라우마 상담 지식(Brierer & Scott, 2006), 문화적 억압을 경험한 사람들의 정체성 발달 및 통합의 중요성(Brown, 2008)을 집대성하여 개념적 틀로 활용하였다. 이러한 틀을 바탕으로 상담계획은 단기목표와 장기목표 모두를 활용하였고, 이러한 다양한 유형의 목표를 달성하는 데 도움이 될 수 있는 개입을 적용하였다.

여성주의 개념화에서는 증상이 의사소통 기능의 역할을 하며 환경 스트레스에 대처하기 위한 학습된 전략을 반영한다고 가정한다(Brown, 1994). 따라서 베키의 현재 증상은 정신병리의 발현이라기보다는 특수한 대처 행동으로 간주되었다(Worell & Remer, 2003). 우리의 단기목표 중 하나는 베키의 불안과 우울 증상을 어느 정도 줄이는 것이었다. 상담 초반에는 베키의 감정을 계속 재검토하고 타당화했으며, 자기 경험의 주체가 되지 못하고 억압받은 삶을 다루었던 대처 기제로서 이 증상들을 재명명하도록 도왔다. 추가적 목표는 의료계와 관련된 그의 이전 경험이 상담동맹에 어떤 영향을 미칠지에 대해 개방적으로 논의하는 것이었다. 베키는 의료계에 신뢰를 느끼지 못했으므로, 심리학자인 나와 의학 모델과의 관계를 인정하고 이를 공개적으로 논의하는 것이 중요했다. 예를 들어, 나는 이러한 의문을 제기했다. "건강관리 전문가로부터 상처를 받은 사람들이 다른 전문가를 잘 믿지 못하는 일은 드문 일이 아니에요. 그렇게 느껴본 적이 있나요?" "베키, 제가 그 전문가 집단의 한 사람이기 때문에 걱정을 하시는 건 아닌지 궁금합니다." 상담 관계 밖에 존재하는 권력구조를 명명하고 인정하는 것은 그 권력의 일부를 약화시키는 효과적인 방법이다(Ballou, Hill, & West, 2008). 상담 관계 내에 존재하는 권력의 역할을 인정하고자 한 것은 성공적인 상담 결과의 중요한 구성요소인 강력한 동맹을 발달시키기 위함이었다(Brown, 2008; Pearlman & Courtois, 2005).

또 다른 단기목표는 베키가 다른 인터섹스 정체성을 가진 사람의 쉽지 않았던 삶의 경험들을 탐색하고 학습하도록 하는 것이었다. 또한 독서상담을 활용함으로써 상담자 역할의 신비화를 제거하고자 하는 목표도 이루고자 하였다(Worell & Remer, 2003). 독서상담을 통해 베키에게 상담 과정에 대한 지식에 접근하도록 함으로써, 상담자가 중요한 상담 정보를 가지고 있는 유일한 사람일 가능성을 최소화하고자 했다. 독서상담은 또한 투명성, 베키와 나 사이의 중요한 대인관계 역동을 촉진시켰다. 그것은 '이 과정에서 나는 당신의 힘을 믿는다.'와 그 힘은 공유될 것이라는 메시지를 강화시켰다. 그럼으로써 확실히 베키는 자기 경험에서 인정받고 있음을 느낄 수 있었고 계속해서 신뢰할 수 있는 상담 관계를 맺을 수 있었다. 나는 베키에게 어코드 얼라이언스(Accord Alliance)[1]의 웹사이트(www.accordalliance.org)에 방문해 볼 것과, 『헤르마프로디테(자웅동체)와 성의 의학적 발명(Hermaphrodites and the Medical Invention of Sex)』(Dreger, 1998), 『자연이 그를 만들어 낸 것처럼(As Nature Made Him)』(Colapinto, 2000), 『인터섹스에서 발견한 교훈(Lessons From the Intersexed)』(Kessler, 1998), 『몸의 성별화(Sexing the Body)』(Fausto-Sterling, 2000), 『수술로 만들어진 아이들(Surgically Shaping Children)』(Parens, 2008) 등의 책을 추천했다.

또 다른 단기목표는 베키가 자기 삶에서 다른 사람들과 건강한 경계를 설정하고, 어

1) 역자 주: 인터섹스 내담자들의 상담, 돌봄을 지원하기 위해 2008년 3월에 설립된 비영리 단체이다.

느 정도 깊이 있는 관계로 진전시킬지에 대해 스스로 힘을 가지고 있음을 인식하도록 돕는 것이었다. 어머니, 마이클과 같은 사람들과의 관계에 대해 이야기하고, 온화하고 지지적인 질문을 통해 특정 관계 패턴에 대한 대안을 보여 주는 방법으로 상담 과정을 진행함으로써, 그가 관계전략을 통찰력 있게 이해하고 활용할 수 있도록 도움을 줄 수 있었다. 예를 들어, 나는 베키에게 이렇게 물었다. "어머니가 당신을 대신하여 전문가와 이야기를 나누는 것 때문에 힘든가 보군요. 만일 당신이 어머니 없이 전문가와 이야기를 나눌 기회가 있다면 어떤 질문을 하고 싶고 어떤 정보를 얻기 원합니까?" 베키는 이 가정에 동의하였으며, 자신의 생물학적 발달과, 도달했다고 믿었던(그러나 확실하지는 않았던) 특정 신체적 · 생물사회학적 이정표에 대해 더 알고 싶다고 말했다. 비록 그동안 진료를 받고도 자신의 의학적 상태에 대해 침묵을 강요받았던 느낌이 있었지만, 이제 베키는 스스로의 입장에 서서 의사와 유능하게 대면할 수 있는 주체로 자기 자신을 바라보기 시작했다. 이 과정은 또한 베키가 의사와의 향후 상호작용에 대해 생각할 때 무력감을 느끼는 정도를 최소화하는 데 도움이 되었다.

우리의 장기목표 중 하나는 베키가 (선택권 없이) 강제로 행해진 수술과 관련된 많은 증상을 다루도록 돕는 것이었다. 이런 증상에는 불신, 학습된 무기력, 무망감, 두려움이 포함되어 있었다. 브라운(Brown, 2008)은 외상 생존자가 상담 중에 자기 이야기를 글로 쓰고 나서 말로 표현하는 것의 중요성을 설명했다. 베키는 이 중요한 작업을 통해 자신의 경험을 돌아볼 수 있었고, 그 경험에 부여된 의미를 탐색했으며, 자신에게 일어난 일과 그것에 대처한 방식을 인식할 수 있었다(Brown, 2008). 재처리 과정을 밟기 전에 우리는 점진적 이완과 심호흡을 함께 연습했다. 이러한 기법들은 베키가 자기 경험을 다시 이야기하는 동안 일어나는 힘든 감정(두려움, 불안, 분노 등)을 조절할 수 있게 해 주었다(Briere & Scott, 2006). 이것은 베키가 청소년기에 받았던 외과적 성기 검사에 대해 자세히 이야기하는 과정에서 특히 유용했다.

재처리 과정을 밟으면서 나는 베키에게 자신의 감정과 생각을 마치 지금 일어나는 것처럼 묘사해 달라고 부드럽게 부탁했다. 베키는 엄청난 두려움과 무망감을 느꼈다고 설명했다. 그는 "나는 도망칠 수 없어." "난 괴물임에 틀림없어." "이건 모두 내 잘못이야."와 같은 생각들을 묘사했다. 우리는 이런 생각들이 정확히 어디에서 기인한 생각들인지, 그리고 그런 파괴적 사고 패턴에 어떻게 대응해야 하는지에 대해 논의했다(Brierere & Scott, 2006). 베키는 그의 사고 패턴 중 많은 부분이 부모와 의사가 그에게 일어난 일을 적절하게 설명하지 않았으며, 정보에 입각한 동의를 할 수 있는 기회도 제공하지 않았기 때문이라는 점에 동의했다. 그리고 이 과정에서 기본적으로 소외되었기 때문에 베키는 그 상황에 대한 자신의 감정을 믿을 수 없었다. 자신의 이야기를 나누면서, 베키는 유아 때 받았던 수술과 그 후 청소년기까지 이어졌던 의료검사 배후의 맥락에 대해 통찰을 얻기 시작했다. 그리고 수치심 및 자신의 생각과 감정에 대한 자기회의감으로부터 치유될 수 있었다.

다른 장기목표는 베키가 자기 삶에서 중요한 사람들, 특히 어머니에게서 느낀 분노를 인식하고 표현하고 해결하는 것이었다. 베키의 분노는 의료검사에 대해 다시 떠올리는 동안 나타났다. 이 기간 동안 베키의 불안은 너무 커져서 결국 직장을 그만두기로 결심했다. 그는 잠을 잘 수 없었고, 먹고 난 후 고통스러운 복통을 경험하였으며, 집중과 기억에 심각한 혼란을 겪고 있다고 보고했다. 베키의 증상이 심각했기 때문에 나는 정신과 의사와 상담을 해 볼 것을 제안했다. 이것이 베키를 격노하게 했다. "저를 결국 의사에게 보내실 줄 알았어요!" 베키는 이렇게 말하며 주먹을 꽉 쥐고는 특정 단어와 구절을 강조하듯이 무릎에 주먹을 대고 가볍게 두드리기 시작했다. 관계문화적 기법과 게슈탈트 기법을 통합한 방법(Yontef, 2005)을 활용해, 나는 베키에게 손동작에 대해 구체적으로 물었다. "상담 중에 화를 낼 때 당신의 손동작이 눈에 띄는군요. 만일 당신의 손동작 안에 있는 분노가 말을 할 수 있다면 뭐라고 하겠습니까?" 이 대화 덕분에 그는 내게 직접적으로 분노를 표현할 수 있었다. 문화 관계적 재처리 과정(Jordan, 2000)에 근거하여 우리는 그의 분노를 다음 과정을 위한 구조로 활용하였다. 즉, 베키와 나는 그가 자신의 분노에 대해 어머니와 열린 대화를 할 때 우리의 상담 과정을 어떻게 예시로 활용할 수 있는지 알아보았고, 결과적으로 베키 스스로에 대한 믿음 그리고 어머니와의 신뢰를 쌓아가도록 도울 수 있었다.

또 다른 장기목표는 베키가 긍정적 정체성을 탐색하고 발달시키는 것이었다. 레브(Lev, 2004)는 많은 인터섹스가 인터섹스 정체성을 선택하는 반면, 어떤 인터섹스들은 특정 성별(남성 또는 여성)에 스스로를 동일시한다고 지적했다. 따라서 베키가 호기심, 흥분, 두려움, 양가감정을 표현하도록 하면서 많은 성별 선택권을 고려할 수 있도록 격려하는 것이 매우 중요했다(Williams, 2002). 『나의 젠더 워크북(My Gender Workbook)』(Bornstein, 1997)과 같은 지지적 독서상담 자료를 다시 활용해 다양한 인터섹스 정체성에 대한 베키의 반응을 탐색하였다. 또한 그의 인터섹스 정체성이 그에게 중요한 삶의 다른 정체성, 특히 유대인 정체성과 어떤 교집합이 있는지 돌아볼 수 있도록 격려했다(Brown, 2008). 또한 베키가 자신의 발달 경험을 통해 강점과 회복탄력성을 인식하도록 격려하면서, 계속해서 적극적으로 옹호하고, 믿고, 수치심을 불러일으키는 경험을 재명명할 수 있도록 도왔다. 이러한 개입은 불안과 우울 증상을 감소시키는 단기목표에 도움이 될 뿐만 아니라, 장기적으로는 베키가 관계 참여, 활동, 역할에 관하여 더 많은 힘을 갖게 된 상태에서 마이클 및 다른 사람들과의 현재 관계에 다가가는 데 도움이 될 것이다.

평가 및 사례 과정 성과

평가 결과

15회기 상담 결과, 접수면접 평가가 끝나고 15주 후 마지막 회기에 수집한 자료에 근거해 볼 때 베키의 증상은 감소하였다. 베키는 벡 우울검사 2판(Beck et al., 1996)에서 9점을 획득하여 우울하지 않은 범위(0~9점) 내에 해당되었다. 벡 불안검사(Leyfer et al., 2006)에서는 16점을 얻었는데, 이는 접수면접 때 얻었던 점수보다 중등도에서 중도까지의 불안 범위(16~25점) 내에서 더 낮은 점수였다. 성격평가질문지(Morey, 2007)에서는 ARD와 ANX 척도 점수는 상승하였지만 DEP 척도는 정상 범위 내에서 상승하였다. ARD 척도가 또다시 가장 상승하였지만 같은 연령의 피검자군 내에서는 정상 범위를 단지 조금 상회하는 점수였다.

과정기반 성과

베키와의 작업은 상담 내내 진전을 보여 주며 여러 과정기반 성과를 나타냈다. 나는 우리가 세운 다양한 단기목표들(증상 감소, 자신의 경험에 대해 개방적으로 이야기하기, 인터섹스 정체성을 가진 사람들의 경험과 이야기를 학습하기)이 15회기 동안 잘 달성되었다고 생각한다. 베키는 상담 작업 중에 자기 삶의 이야기 중 일부를 개방적으로 다룰 수 있었고 특정 사람들과 인터넷상에서 또는 직접 만나 소통하면서 다시 그 이야기를 할 수 있었다. 우리가 진행한 상담 과정은 장기목표 세 가지를 모두 달성하는 결과를 낳았다. 특히 베키는 회기 밖에서 자신의 분노를 인식할 수 있었고, 마지막 회기에는 분노를 느꼈던 사건을 다루는 작업을 진행하였는데, 이 과정을 통해 분노의 원인을 인식할 수 있었고 자기비난을 제거할 수 있었다. 상담이 마무리될 무렵 나는 베키가 마이클과의 성관계가 가능할지 탐색하고 싶어 한다는 것에 주목했다. 우리는 상담 종결 작업의 하나로 마이클과의 성관계에 뒤이어 나타날 수 있는 결과에 주목하며 이 부분을 다루었다. 그리고 이 결과와 상관없이 인터섹스 커뮤니티 내에서 지원을 구하고 받을 수 있는 방법을 살펴보았다. 베키는 웹사이트 http://www.isna.org/support에서 활동하는 지지집단을 통해 다른 인터섹스 커뮤니티 회원과 연락할 수 있었다. 이러한 다양한 평가 및 과정기반 성과는 이 구조가 베키에게 도움이 되었고, 그의 전반적 기능에 긍정적 변화를 가져왔음을 보여 준다.

시사점, 반응 및 결론

이 사례 연구는 외상기반, 여성주의 및 관계적 문화 실천 원리를 포함하는 과정지향 구조가 어떻게 인터섹스 내담자에게 활용될 수 있는지에 대한 예를 보여 주고 있다. 우리는 이 가상의 사례가 이분법적 성별 문화 속에서 살아가기 때문에 많은 인터섹스가 경험하는 외상과 수치심을 인식하는 것의 중요성을 나타내고 있다고 믿는다. 이러한 구조는 많은 인터섹스 내담자와의 상담에 적용할 수 있겠지만, 각 내담자의 고유한 특성을 인식하고 참여하는 것 또한 중요하다.

윤리와 전문적 통합 문제

『아동기 성발달장애 관리를 위한 임상지침』(Intersex Society of North America, 2006)에 따라, 우리는 인터섹스 내담자와 상담할 때 상담자가 윤리적 문제를 평가할 필요가 있다고 생각한다. 인터섹스 유아의 신체를 '고치기' 위한 수술이 당사자의 동의 없이, 그리고 종종 부모의 동의 없이도 일어난다는 사실은 개인의 자율성을 지지하는 상담 전문가의 윤리적 규범(예: ACA, 2005)을 직접적으로 위반하는 것이다(Dreger, 1999). 더욱이 인터섹스 내담자와 상담하는 정신건강 전문가의 역량 문제와 '통증과 고통을 완화시킬 것이냐' '먼저 해를 끼치지 않을 것이냐'라는 상충되는 개념 문제는 종종 인터섹스 내담자 상담에서 명백하게 드러난다. 우리는 인터섹스 내담자와 상담할 때 적합한 현재의 지식, 태도 및 기술에 기반을 둔 윤리적 의사결정 모델을 활용할 것을 추천한다.

상담에 대한 시사점

윤리 외에도 우리는 이 사례 연구가 인터섹스 내담자와의 상담에서 나타난 전이감정, 즉 보편적 인간 경험에 대한 몇 가지 시사점을 가지고 있다고 믿는다(Brown, 2008). 처음에 상담자는 진단 목적 때문에 의학 모델 안에서 작업해야 한다는 압박감에 무력함을 느끼지만, 상담비 상환 목적 때문에 의료적 진단중심 구조 사용을 강요당하고 있다고 느낄 수도 있다. 특히 상담자는 베키의 사례에서처럼 이렇게 많은 환경적 및 맥락적 요소가 존재함에도 진단을 사용하는 것에 대해 화가 날 수도 있다. 또한 상담자는 인터섹스 내담자의 경험을 들으며 어떤 형태의 대리 외상(Pearlman & Saakvitne, 1995)을 경험할 수 있으며, 그 결과 자신의 스트레스와 반응을 처리하기 위해 지지자원, 수퍼비전이나 개인상담을 받아야 할 수도 있다. 이러한 모든 문제를 고려할 때, 상담자들이 필요한 만큼 자주 동료들과 적절하고 윤리적인 컨설팅을 할 수 있기를 추천한다. 다른 경우들에서도 그렇듯이, 정신건강 서비스를 제공하는 전문가와 수련생은 자기성찰과 다른 전문가들과의 연대를 통해 자신의 반응과 편견을 적절한 방식으로 지속적으로 평가해 나가야 한다. 이러한 성찰을 통해 임상 전문가들은 상담 과정에서 내담자에게 자신의 감정을 신뢰하고, 관계에서 감정에 따라 진정성 있게 임하는 행동을 모델링할 수 있다.

끝으로, 우리는 또한 베키의 사례가 인터섹스와 커뮤니티에 대한 옹호자로서의 상담자 역할에 대해 강력한 시사점을 줄 것이라 생각한다. 베키의 사례는 의사와 임상 전문가를 훈련하고, 의료행정가들에게 인터섹스 정체성의 중요성에 대해 옹호하며, 해결되지 않은 슬픔, 두려움, 혼란에 대처하고 성지정(sex assignment), 수술, 호르몬에 대해 결정을 앞둔 가족을 지지하는 데 도움을 주는 상담자 역할의 중요성에 대한 예시를 보여준다. 이러한 사회정의를 위한 노력은 다양한 수준의 체계적 변화를 목표로 하고 있기 때문에, 우리는 상담실과 병실에서 이루어지는 인터섹스 내담자에 대한 개입이 극적으로 개선되기를 바란다.

참고문헌

American Counseling Association (ACA). (2005). ***ACA code of ethics.*** Alexandria, VA: Author.

American Psychiatric Association. (1994). ***Diagnostic and statistical manual of mental disorders*** (4th ed.). Washington, DC: Author.

American Psychiatric Association. (2000). ***Diagnostic and statistical manual of mental disorders*** (4th ed., text rev.). Washington, DC: Author.

Ballou, M., Hill, M., & West, C. (Eds.). (2008). ***Feminist therapy theory and practice: A contemporary perspective.*** New York, NY: Springer.

Beck, A. T., Steer, R. A., & Brown, G. K. (1996). ***Manual for the Beck Depression Inventory-II.*** San Antonio, TX: Psychological Corporation.

Bornstein, K. (1997). ***My gender workbook: How to become a real man, a real woman, the real you, or something else entirely.*** New York, NY: Routledge.

Briere, J., & Scott, C. (2006). ***Principles of trauma therapy: A guide to symptoms, evaluation, and treatment.*** Thousand Oaks, CA: Sage.

Brown, L. S. (1994). ***Subversive dialogues: Theory in feminist therapy.*** New York, NY: Basic Books.

Brown, L. S. (2008). ***Cultural competence in trauma therapy: Beyond the flashback.*** Washington, DC: American Psychological Association.

Colapinto, J. (2000). ***As nature made him: The boy who was raised a girl.*** New York, NY: HarperCollins.

Dreger, A. D. (1998). ***Hermaphrodites and the medical invention of sex.*** Boston, MA: Harvard University Press.

Dreger, A. D. (Ed.). (1999). ***Intersex in the age of ethics.*** Hagerstown, MD: University Publishing Group.

Fausto-Sterling, A. (2000). ***Sexing the body.*** New York, NY: Basic Books.

Intersex Society of North America. (2006). ***Clinical guidelines for the management of disorders of sex development in childhood.*** Rohnert Park, CA: Author.

Jordan, J. V. (2000). The role of mutual empathy in relational/cultural therapy. ***Journal of Clinical Psychology, 56,*** 1005-1016.

Kessler, S. J. (1998). ***Lessons from the intersexed.*** Piscataway, NJ: Rutgers University Press.

Lev, A. I. (2004). ***Therapeutic guidelines for working with gender-variant people and their families.*** Binghamton, NY: Haworth Clinical Practice Press.

Leyfer, O. T., Ruberg, J. L., & Woodruff-Borden, J. (2006). Examination of the utility of the

Beck Anxiety Inventory and its factors as a screener for anxiety disorders. *Journal of Anxiety Disorders, 20,* 444–458.

Morey, L. C. (2007). ***The Personality Assessment Inventory professional manual.*** Lutz, FL: Psychological Assessment Resources.

Parens, E. (2008). ***Surgically shaping children: Technology, ethics and the pursuit of normality.*** Baltimore, MD: Johns Hopkins University Press.

Pearlman, L. A., & Courtois, C. A. (2005). Clinical applications of the attachment framework: Relational treatment of complex trauma. *Journal of Traumatic Stress, 18,* 449–459.

Pearlman, L. A., & Saakvitne, K. W. (1995). ***Trauma and the therapist: Countertransference and vicarious traumatization in psychotherapy with incest survivors.*** New York, NY: Norton.

Williams, N. (2002). The imposition of gender: Psychoanalytic encounters with genital atypicality. *Psychoanalytic Psychology, 19,* 455–474.

Worell, J., & Remer, P. (2003). ***Feminist perspectives in therapy: Empowering diverse women*** (2nd ed.). Hoboken, NJ: Wiley.

Yontef, G. (2005). The relational attitude in Gestalt therapy theory and practice. *Gestalt!, 9*(2). Retrieved from http://www.g-gej.org/9-2/relationalgestalt.html

4장

게이 아버지, 이성애자 어머니, 트랜스젠더 청소년의 상담과 옹호

스튜어트 F. 첸-헤이즈(Stuart F. Chen-Hayes)

배경

로베르토는 52세의 이혼한 게이 치카노(멕시코계 미국인)로, 아프리카계 미국인과 멕시코인 사이에서 태어난 13세 딸 마야를 공동 양육하고 있었다. 마야는 로베르토 그리고 최근 이사 온 로베르토의 새 애인인 홍콩 출신의 중국계 미국인 콘래드(Conrad)와 함께 살고 있었다. 로베르토는 20년간의 결혼생활을 그만두고 42세에 커밍아웃하였으며, 현재는 게이로 자신을 정체화하고 있었다. 그는 전처인 샤니쿠아(Shaniqua)와 좋은 관계를 유지하고 있었다. 이들은 마야의 양육권을 공유하고 있었고 한 동네에서 떨어져 살고 있었다. 로베르토와 샤니쿠아는 알코올 중독으로부터 회복해 가고 있는 중이었다. 로베르토와 샤니쿠아는 상담이 도움이 될 것이라는 점에 동의하였으며, 마야가 상담받는 것을 수락하였다.

호소 문제

이들의 고민은 마야가 8학년 댄스 파티에서 술을 마신 사실이 교사에게 발각되어 로베르토에게 알려지면서 시작되었다. 로베르토는 샤니쿠아, 콘래드, 샤니쿠아의 남편인 레이(Ray)와 이야기를 나누며 어떻게 조처해야 할지 의견을 모았고, 마야의 지도를 위해 어떻게 협력해야 할지 상의했다. 로베르토가 고안한 대로, 마야를 돕기 위해서는 상담을 받고 '애초에 싹을 자르는 것'이 중요하다는 데 모두가 동의했다. 어른들은 모두 마야가 부모의 알코올 중독 패턴을 따라 할 수 있다고 우려했고, 마야에게 그런 일이 일어나지 않도록 하기 위해 상담에 찾아왔다. 이들은 중독 문제를 전문으로 다루는 가족상담사를 찾았다.

첫 회기에서 마야는 화가 나서 부루퉁했으며, 자기를 돌보는 어른 4명 중 누구와도 이야기하고 싶어 하지 않았다. 상담자는 마야와의 첫 상담을 위해 어른 4명 모두와 만나고 싶다고 요청했다. 이들은 왜 그렇게 해야 하는지 이해하지 못했지만 마야를 돕는 데 협조하기로 했다. 상담자는 가족체계론적 관점에서 상담할 것이라고 설명하면서, 마야의 삶에서 중요한 사람들이 이 문제를 해결하는 데 도움이 된다고 말했다. 또한 상담자는 부모의 참여가 성공적인 상담 성과를 얻을 가능성을 높인다는 연구 결과도 설명하였다.

서로 간의 신뢰를 쌓기 위해 부모와 함께 진행한 가족상담이 끝난 후, 두 번째 회기에서 상담자는 마야를 개별적으로 만났다. 왜냐하면 마야는 가족 구성원들 중 대화에 참여하기를 가장 꺼리는 사람이기 때문이었다. 가족상담에서 마야는 내내 화난 표정을 지으며 앉아 있었고, 부모가 방에 있는 동안 "안녕하세요?"라는 말 외에는 한마디도 하지 않았다. 마야는 상담자와만 이야기를 나누었는데, 이것은 마야가 부모와 이야기를 나누는 것에 대해 안전함을 느끼지 못한다는 사실을 보여 주었다. 그는 상담자에게 앞으로 어떤 일이 일어날지에 대해 물었다. 상담자는 비밀을 지키기는 어렵다고 말하면서, 혹시 마야에게서 들은 내용 중에 그에게나 다른 사람에게 위험한 사안이 있다면 비밀을 지키지 않고 그 사실을 알릴 것이라고 설명했다. 상담자를 대하는 마야의 태도는 서서히 부드러워졌지만, 몇 달 동안 수차례 개인상담을 한 후에야 핵심적인 문제를 털어놓기 시작했다. 그 사이에 상담자는 부모가 마야를 돕는 데 협력할 수 있는 시간을 주었고, 마야 혼자 문제를 해결할 기회를 주었으며, 세대 간 갈등을 줄이고자 마야의 부모와 마야를 개별적으로 만났다. 상담자는 마야의 부모가 마야에게 최선인 방향이 무엇일지에 대해 집중하고 마야를 위해 두 사람이 기꺼이 협조하고자 하는 태도를 칭찬했다. 초기 목표는 마야가 계속해서 술이나 다른 약물을 남용하지 않도록 하기 위해 약물 선별검사를 활용하는 것이었다. 마야는 화가 나서 펄펄 뛰었지만 그의 부모는 그렇게 하는 데 동의했다. 아무도 마야의 술과 약물 사용을 감독하는 역할을 하고 싶어 하지 않았지만, 이 약물 선별검사는 사실을 밝히기 위한 것이 아니라 상담 과정을 위한 것이라는 데 초점이 있었다. 상담자는 초기 상담에서 마야, 부모와의 상담 관계를 구축하기 위해 공감, 지지, 미시적 기술(Ivey, Ivey, & Zalaquett, 2009)을 활용했다. 가장 어려운 문제는 마야가 상담을 신뢰하고 모든 걱정거리를 꺼내 놓는 데까지 얼마나 걸릴지에 대한 것이었다. 신뢰 문제가 그에게 핵심이었지만 약물검사 결과에서 이상이 없는 것으로 나오면서, 그는 자신의 진실성에 문제를 제기한 것에 대한 분노가 누그러졌으며 상담자에게 더 많은 것을 개방하기 시작했다.

진단

가족체계론적 관점에서는 문제를 관계적이라고 보고 있지만, 『정신질환의 진단 및 통계 편람(DSM-IV-TR)』(American Psychiatric Association, 2000)에서는 개별 진단에 중점을 둔다. 하지만 문제 해결을 위해 가족 구성원 간의 관계를 다루는 작업을 진행하고자 가족체계론적 상담 개입을 부분적으로 활용하였다. 마야의 축 I 문제에는 부모-자녀의 문제와 알코올 남용이 포함되었다. 로베르토의 축 II 문제에는 부모-자녀 문제가 포함되었다. 다른 가족은 축 II 문제가 없었다. 로베르토의 축 III 문제는 간질환과 천식이었다. 마야의 축 III 문제는 알코올 남용이었다. 로베르토의 축 IV 문제는 새로운 관계였다. 마야의 축 IV 문제는 외로움, 알코올 남용 및 성적 하락이었다. 마야의 축 V, 전반적 기능 평가(Global Assessment of Functioning: GAF)는 65, 로베르토의 축 V, 전반적 기능 평가(GAF)는 80이었다.

후속 회기

상담자는 첫 회기에 두 가정의 모든 구성원에게 만남을 요청했다. 왜냐하면 마야가 두 가정 모두에서 시간을 보냈기 때문이었다. 접수면접에서 마야는 6학년 때까지 매우 성적이 좋은 학생이었는데, 성적이 떨어지기 시작하면서 어른들에 대한 마야의 태도가 달라져 갔다는 것이 드러났다. 그는 어른들과 말싸움을 했고 집에서 시간을 보내고 싶어 하지 않았으며, 대신 친구들과 어울리고 싶어 했다. 부모는 마야가 종종 자신들에게 맞서려 했지만 가능한 한 최선을 다해 부모 역할을 하려고 열심히 애썼다고 말했다. 최근까지 싱글이었던 로베르토는 자신이 근무하는 동안, 방과 후 시간에 마야를 돌봐 달라고 가족과 친구들에게 부탁했는데, 이들은 대부분 부탁을 잘 들어주었다. 샤니쿠아와 그의 남편 또한 샤니쿠아의 가족에게 마야가 이들의 집에 있는 낮시간에 마야를 돌봐 달라고 부탁했다. 샤니쿠아는 그렇게 하고 싶지 않았지만 달리 선택의 여지가 없었다.

목표

상담자는 가족들에게 마야에게 기대하는 희망과 꿈이 무엇인지 물어보았고, 이를 통해 상담 목표를 세웠다. 마야 주변의 성인들은 모두 마야가 대학을 졸업하기를 바란다고 말했다. 로베르토와 샤니쿠아는 대학을 다닌 적이 있기는 했지만 가족들 중 누구도 졸업을 하지는 못했다. 마야는 단지 혼자 있고 싶을 뿐이며, 가능한 한 빨리 독립할 수 있도록 가족을 떠나고 싶다고 말했다. 마야는 친구들과 시간을 보내는 것 외에는 미래에 대한 어떤 관심도 표현하지 않았다. 이 가족의 초기 목표는 마야가 더 이상 술을 먹지 않는 것, 마야의 학교성적이 향상되는 것, 학교 활동 · 미래의 직업 · 대학 진학과 관련된 관심을 높이는 것뿐만 아니라, 주변의 어른들에 대한 분노와 고집을 줄이는 것에 초점이 맞춰져 있었다. 또한 특히 새 애인과 동거 관계를 시작한 아버지의 가정과 현재 결혼생활을 하고 있는 어머니의 가정 모두에서 지내는 마야가, 어디서 어떻게 생활할지에 대해 부모와 자녀 간의 의사소통과 모니터링이 필요했다.

가족체계론적 관점에서 볼 때 로베르토와 샤니쿠아는 이혼 후 공동으로 아이를 잘 양육해 왔다. 하지만 둘 다 딸의 음주에 대해 극심한 좌절과 죄책감을 보고했다. 이들은 마야가 양쪽 집안에 있는 알코올 중독의 가족력에 따라 나쁜 선택을 반복할까 봐 두려워했다. 두 사람 모두 익명의 알코올 중독자 모임(AA)을 계속 다녔으며 10년 이상 금주 상태를 유지해 왔다. 로베르토가 게이 정체성을 인정하며 결혼생활을 그만두었을 때 이들의 음주는 다시 시작되었다. 두 사람 모두 고통, 상실, 상처, 분노의 감정을 회피하기 위해 술을 활용해 왔다는 것을 인정했다. 초기의 부모상담에서는 마야의 행동을 더 잘 모니터링하고 두 가정의 공동 양육권 행사에 있어 한계를 설정하는 방법에 초점을 두었다. 로베르토는 새 애인과 사귀면서 다시 사춘기로 돌아간 것처럼 느껴졌다고 보고했고, 싱글이었을 때만큼 딸을 모니터링하고 있지는 못한다고 선뜻 인정했다. 또한 마야가 이제 거의 10대 청소년이 되었기 때문에 모니터링하기도 쉽지 않았다. 상담자는 원가족의 양육 방식을 탐색했다. 로베르토와 샤니쿠아 둘 다 엄격하고 권위적인 가정에서 자랐는데, 성인이 되어 자녀에게 그와 반대되는—허용적인—모습을 보이는 방식으로 어린 시절의 저항감을 표현했다. 따라서 두 사람 모두 마야에게 강한 한계와 일관된 규칙을 설정하는 작업이 필요하다는 것을 알게 되었다.

마야와 몇 주간 개인상담을 진행했을 때쯤, 마야는 6학년 때 성적이 내리막길로 내려가기 시작했을 때 무엇이 변화했는지에 대해 상담자에게 털어놓기 시작했다. 상담자는 당시에 무슨 일이 일어났는지 알아내기 위해 많은 선행사건, 행동, 결과를 파악하는 인지행동 기법과 이야기상담 질문을 활용했지만, 너무 빨리, 너무 멀리 밀어붙이지 않도록 온화하고 협조적인 방식으로 진행하였다. 상담자의 개입에는 "다른 방향으로 나아가기 시작한 그 당시에, 너의 삶에서 어떤 일이 일어나고 있었니?" "그 당시 선생님, 가족, 친구들은 어떻게 네가 다르다고 느꼈니?"와 같은 질문들이 포함되었다.

마야는 비밀을 털어놓는 것을 경계했지만, 대신 상담자에게 "제겐 아니타(Anita)라는 친구가 있어요. 그 친구는 힘든 시간을 보내고 있어요. 그 친구에게 정말 끔찍한 일이 생겼는데 어떻게 도와야 할지 모르겠어요."라고 말했다. 상담자가 "그게 무슨 일이었지?"라고 물었을 때, 마야는 "아니타는 자기 삼촌이 성관계를 강요하고 있다고 말했어요. 만약 그걸 말한다면 어떻게 될지 모른다고 했어요."라고 답했다. 상담자는 "와, 아니타는 그런 고통스러운 일을 나눌 만큼 널 정말 믿고 있구나. 넌 그 친구에게 뭐라고 했니?"라고 말했다. 마야는 "저는 단지 누군가를 믿고 개인적인 일을 말할 수 있는 것에 대해 선생님은 잘 모르신다는 이야기를 드린 거예요."라고 말했다. 상담자는 "글쎄, 상담자라면 누가 그런 학대를 폭로했을 때 주정부에 보고해야 한단다."라고 말했다. 마야가 대답했다. "정말요? 상담은 비밀보장이 된다고 생각했는데." 상담자는 "그렇긴 하지만 자신이나 다른 사람에게 해를 끼치는 사실을 이야기한다면 비밀보장을 지킬 수 없단다. 마치 네가 술 마신 것을 선생님께 들킨 것과 같은 거지. 그건 너한테 위험한 행동이었어. 그리고 엄마는 네가 안전한지 확인하려고 아빠한테 전화한 거란다."라고 말했다. 마야는 말했다. "저는 엄마가 그렇게 해서 정말 화가 났어요." 상담자는 마야가 매우 고통스러운 일을 겪고 있는 아니타를 도울 수 있는 훌륭한 친구라고 확언했다.

갑자기 마야는 울음을 터뜨리며 말했다. “더 이상 못 참겠어요. 제가 아니타예요. 그 사람은 제 삼촌이에요. 그는 자신과 성관계를 했다고 누군가에게 말하면 저를 죽이겠다고 했어요.” 상담자는 접수면접 중에 마야가 학대를 받았다는 사실을 부인했다는 사실을 기억해 냈다. 하지만 어린 친구들이 자신을 안전하게 지켜 줄 것으로 기대했던 어른이 그 반대로 행동했을 때 술로 고통을 둔감화시키는 일은 드문 일이 아니라는 것을 알고 있었다. 상담자는 솔직하게 진실을 말한 그의 용기를 지지하였고, 가족 중 누가 그의 말을 믿을 것이라고 생각하는지 물었다. 마야는 삼촌을 잘 모르는 유일한 사람인 아버지의 애인에게 말할까 생각했지만, 그렇게 하면 무슨 일이 일어날지 두렵다고 말했다. 상담자는 친가, 외가 중 어느 쪽의 삼촌인지 물어보았고, 마야는 방과 후에 자신을 돌봐 주는 엄마의 남자형제 중 1명이라고 말했다. 상담자는 그 사건을 보고할 필요가 있다고 말했고, 그와 안전계획을 논의했으며, 마야가 부모에게 그 이야기를 전할 때 상담자가 그를 도울 수 있도록 가능한 한 빨리 로베르토, 샤니쿠아, 마야가 만날 수 있는 자리를 마련하자고 요청했다. 마야는 정말로 그렇게 하고 싶지 않았지만 결국 동의했다. 마야는 삼촌이 몇 주 동안 자신을 학대하지 않았으며 어머니와 양아버지에게 방과 후에 삼촌 집이 아닌 다른 곳으로 가고 싶다고 반복해서 간청했다고 말했다.

상담자는 보고서를 작성하였고 마야에게 그가 상담자에게 말한 것을 부모에게 알리도록 했다. 마야의 아버지는 몹시 화가 났고, 마야의 어머니는 완전히 충격에 빠졌다. 샤니쿠아는 아이가 자신의 남자형제 때문에 위험에 처했다는 사실을 믿을 수가 없었다. 부모는 마야의 변호에 힘을 모았고, 혐의가 조사될 때까지 삼촌이 마야와 더 이상 접촉하지 못하게 하는 데 동의했다. 상담을 받은 후 처음으로 마야는 어머니에게 달려가 무릎에 털썩 주저앉았다. “엄마가 저를 믿지 않을까 봐 너무 겁이 났어요. 삼촌은 엄마한테 말하면 저를 죽이겠다고 했어요.” 새로운 목표가 협의되었는데, 그 목표는 마야를 안전하게 지키고 마야와 부모 모두 성적 학대와 죄책감, 수치심에서 회복하기 위해 노력하는 것이었다.

결국 마야의 진술이 인정되어 삼촌은 체포되고 수감되었다. 다른 가족들의 심한 다그침에도 불구하고, 샤니쿠아는 딸 곁을 지켜야 한다고 생각했다. 샤니쿠아는 남자형제 대부분이 과음을 하였기 때문에 이 삼촌에게 딸을 맡기는 것이 가장 안전하다고 생각했다. 샤니쿠아는 딸을 집에 두었던 것에 엄청나게 화가 났고 죄책감으로 가득 찼지만 다른 대안은 없었다고 말했다. 이것은 상담 과정의 두 가지 주요한 전환점 중 하나가 되었다. 마야는 학대받은 사실을 나누었고, 마야와 부모가 근친상간의 역동과 학대로부터 회복하고 생존하는 방법을 배우는 과정이 이 상담의 중심이 되었다. 마야에 대한 부모의 확고한 지지와 그의 이야기를 믿어 준 이들의 태도로부터 성공적으로 성적 학대의 문제가 치유될 수 있다는 가장 큰 가능성을 볼 수 있었다.

마야의 부모는 딸이 항상 안전하게 지낼 수 있도록 계속 헌신했고, 다음 몇 달 동안 마야의 약물 선별검사 결과는 계속 음성이었다. 마야는 자신이 성폭력당했을 때 느꼈던 고통을 무디게 하기 위해 술을 마시기 시작했다고 말했다. 그는 친구(아니타)에게 그 사실을 털어놓았고, 친구는 상담자에게 진실을 말하라고 권유했다. 다음 몇 달 동안 마야는 다른 중학교의 성폭력 생존자들을 위한 집단에 가입해 활동했다. 그의 부모 말에 따르면, 그는 예전의 자기 자신이 되었고, 삼촌의 위협 때문에 그가 살고 싶은 삶을 방해받았던 것을 거부하며 다시 공부에 전념하기 시작했다. 상담자는 이야기상담 개념을 도입하여, 이 가족이 이들 사이의 관계를 방해하는 술 문제를 외재화할 수 있는 방법을 찾아가도록 도왔다. 로베르토와 마야는 마야와 부모 사이에 계속 숨어 있는 문제를 '그림자'라고 명명했다. 그러나 마야가 예전의 자신으로 돌아왔을 때, 깊은 마음속에서는 술과 학대가 다른 그림자로부터 그를 벗어나게 하고 있다는 것을 깨닫게 되었다.

로베르토는 극도로 남성적인 게이였다. 대부분의 남자가 결코 게이라고 짐작하지 못할 유형의 남자였다. 샤니쿠아는 여성스럽고 소녀 같은 여자였다. 마야는 내적으로는 남자아이 같았지만, 불과 2년 전까지만 해도 외적인 모습은 매우 여성스러운 아이였다. 2년 전, 마야는 갑자기 머리를 잘랐고, 더 이상 원피스를 입지 않았으며, 남자아이들하고만 어울리기 시작했다. 마야는 여러 면에서 어머니를 닮은 딸이었고 어렸을 때는 여성스러웠지만, 지난 2년 동안 어머니를 원망했고 아버지 집에서만 놀고 싶어 했다. 그는 마음속 깊은 곳에서 자신의 정체성을 증오했다. 마야는 삼촌이 "널 더 여자답게 만드는 거야."라며 학대했다고 말했다. 그는 삼촌이 자신에게 한 짓이 너무나도 싫었다. 하지만 어느 날 상담 중에 자신은 항상 남자아이가 되고 싶었다고 말했다. 아버지가 게이인 것이 어떤 면에서 위안이 되었지만, 아버지가 너무 마초(macho)였기 때문에 그는 자신의 삶이 거짓이라고 느껴졌고 자신이 실은 남자였다고 아버지에게 고백하는 일이 정말 어렵게 느껴졌다.

상담자는 마야가 자신을 믿어 준 것에 대해 다시 한번 감사했고, 마야가 자신과 상담자에게 그렇게 솔직해질 수 있다는 것에 대해 경의를 표했다. 그는 마야에게 무엇을 가장 원하는지 물었다. 마야는 소년이 되고 싶으며, 부모가 자신을 소년으로 받아들여 주기를 원한다고 말했다. 상담자는 마야가 이 과정을 어떻게 진행하기를 원하는지 물었다. 마야는 먼저 어머니와 상담을 하고 나서 아버지에게 어떻게 말해야 할지 전략을 세우고 싶다고 말했다. 상담자는 이에 동의했다. 마야가 상담에서 이 이야기를 했을 때 샤니쿠아는 너무 놀라 입이 딱 벌어졌다. "음, 난 네 아빠가 게이라고 커밍아웃했을 때 정말 너무하다고 생각했어. 그런데 지금 네가 정말로 남자라고 말하는 거야?"

두 달 동안 지지적 상담과 여러 차례의 개인상담을 통해 샤니쿠아는 두려움이 줄어들었고, 아이에게 품고 있던 사랑의 공간을 필사적으로 지켜낼 수 있었다. 시간이 흐르면서 샤니쿠아는 다시 자기 자리로 돌아왔고, 지난 일들을 돌아보면서 왜 그러했는지도 이해할 수 있게 되었다. 그의 딸은 원피스를 좋아하지 않았고 남자아이들과 놀았으며 스포츠에 능했다. 여러 면에서 자신의 아버지를 빼닮았다. 하지만 샤니쿠아와 마야는 마야가 트랜스젠더라는 것을 알게 되었을 때 로베르토의 반응이 어떠할지 걱정스러웠다. 마야는 어머니가 그 자리에 함께 있어 준다면 아버지에게 말할 수 있다고 말했다. 상담자는 수긍했고, 다음 회기에 마야는 아버지에게 자신이 진짜 누구인지에 대해 말했다. 쥐 죽은 듯한 침묵이 흘렀고, 로베르토는 5분 동안 아무 말도 하지 않았다.

그는 입을 열었다. "아가야, 네가 누구이든 나는 너를 사랑한단다." 샤니쿠아와 마야는 그 어느 때보다도 활짝 핀 미소를 주고받았다. 로베르토는 충격을 받았으나 "나는 이미 한 번 커밍아웃해 본 적이 있단다. 만약 내가 10년 동안 깨끗하게 술 없이 살아갈 수 있다면, 나는 두 번의 커밍아웃을 해내고 또 다른 10년을 지낼 수 있을 거야."라고 말했다. 또한 로베르토는 돌아가신 그의 부모에게 살아 계신 동안 커밍아웃하지 못했다고 말했다. 마야는 더 이상 알코올을 남용하지 않았고 부모와 자녀 간의 의사소통은 크게 향상되었으며, 성적 학대 회복 작업이 진행 중이었기 때문에 상담자는 이제 새로운 목표를 세우자고 제안했다. 최종 목표는 마야의 트랜스젠더 정체성 발달과 그가 필요로 하고 원했던 일을 탐색하는 것이었다.

커밍아웃 과정

상담자는 드아우겔리(D'Augelli, 1994)의 정체성 발달 모델 단계의 수정판을 트랜스젠더 이슈에 적용시키고 가족체계에 초점을 맞추어 활용했다. 이 모델에는 두 세대가 성소수자 가족 발달 문제를 아우르며 다룰 수 있는 방법이 포함되어 있다. 처음에는 마야가 자기 내면에서 트랜스젠더로 커밍아웃하는 것에 초점을 맞추었다. 그는 항상 자신의 성별에 부합하지 않는다고 느꼈는데, 부모는 그가 남자아이처럼 행동하고 옷 입기 좋아하는 여자아이라고만 추측했다. 하지만 마야는 항상 자신이 남자처럼 느껴졌고, 젠더 면에서 그의 진짜 자아와 결코 일치하지 않는 몸, 가족 그리고 치카나(Chicana, 멕시코계 미국 여성)/흑인 문화의 기대, 즉 여자아이는 여성스러워야 하고 남자아이는 남성스러워야 하는 전통적 방식을 억지로 떠안고 있었다. 음주 사실을 들키고 이전의 성적 학대를 인정해야 했던 사건을 겪고, 또 시간이 흐른 후에 그는 주위 사람들로부터 멀리하고 있는 자기 삶의 다른 그림자에 대해 솔직하게 말할 수 있는 용기가 생겼다.

외부 세계에 커밍아웃하는 것은 발달과정에 있어 또 다른 초점이었다. 마야는 처음에, 특히 중학교 때 자신의 커밍아웃에 대해 사람들이 어떻게 반응할지 생각하면 수치스러워서 사람들로부터 물러나고 숨는 것으로 대처했다. 이제 부모는 그가 곧 아들이 될 것임을 알고 받아들이고 있었기 때문에 학교에서나 의료 절차 면에서 전환 과정을 계획할 수 있었다.

다음으로 성소수자 자녀를 양육하는 과정에 대한 작업을 했는데, 이것은 마야의 부모가 트랜스젠더 아이를 두었다는 것을 인정하는 작업을 의미한다. 마야는 일찍부터 게이였고 커밍아웃한 아버지 아래서 자랐지만, 놀림을 당할 것이 두렵기도 했고 개인 · 가족의 일에 대해 침묵을 지켜야 한다는 문화적 이유로 학교에서 이 사실을 공개하지 않았다. 하지만 마야는 항상 아버지를 자랑스러워했고 멀리서도 이혼한 게이 양육자로서 애쓰고 있는 그의 모습을 존경했다. 로베르토의 여정은 그의 새 아들인 마야가 본받을 만한 유사점이 있었다. 로베르토와 샤니쿠아는 딸이 아들이 된다는 생각에 힘겨워했다. 하지만 이들에게는 로베르토의 게이 커밍아웃을 잘 극복해 낸 경험이 있다. 샤니쿠아는 남동생의 학대가 폭로된 후 다른 가족 구성원들과 상당히 단절되었음을 느꼈고, 따라서 마야의 트랜지션(transition)에 대해 어떠한 정보도 알리지 않기로 결정했다. 로베르토의 부모는 세상을 떠났지만, 그의 애인 콘래드의 가족 중에는 홍콩에 사는 트랜스맨(transman)[1]이 있었다. 마야는 이 사실을 알게 되자마자 이전에는 함께 보낸 시간이 거의 없었고 가정에 불쑥 들어온 침입자로 생각했던 콘래드에게 유대감을 느꼈다. 보수적인 가정에서 자란 콘래드의 조카가 트랜스맨으로 커밍아웃했다는 소식을 듣고서 마야는 미래가 매우 낙관적으로 보였고 희망을 갖게 되었다.

1) 역자 주: 여성에서 남성으로 성을 전환한 사람을 말한다.

마야의 부모는 트랜스젠더에 대해서 더 많이 배워야 한다는 것을 깨달았다. 상담자는 마야와 부모에게 트랜스 적극적 옹호(trans-affirming) 웹사이트를 많이 추천했다. 또한 독서상담으로 다른 트랜스젠더 청소년과 가족들의 이야기가 담겨 있는 브릴과 페퍼(Brill & Pepper, 2008)의 『트랜스젠더 아이』, 보엔케(Boenke, 2008)의 『트랜스포밍 가족들』, 본스타인(Bornstein, 1997)의 '젠더랜드'로의 여정이 담겨 있는 『나의 젠더 워크북(My Gender Workbook)』을 추천했다. 마야에게는 지역 성소수자 센터의 젠더퀴어 청소년을 위한 지지집단에 참여하도록 권유했다. 그곳에서 마야는 다른 젠더퀴어 청소년들을 만나고, 또래와 집단 촉진자의 피드백을 통해 트랜스젠더가 되는 것에 대한 자신의 감정과 생각을 알아차리는 데 도움을 받을 수 있을 것이다. 결국 지지집단은 마야의 트랜스젠더 정체성을 확인하고 적극적으로 옹호해 주었으며, 마야는 소년이 되기를 원했다. 하지만 마야는 아직 수술을 받거나 호르몬을 복용하고 싶지 않았다. 그렇게 하기에는 너무 겁이 났고 아버지의 보험으로는 그 비용을 감당하기 어려웠다. 마야는 차라리 단지 남자아이처럼 옷을 입고 남자 이름과 성별 정체성·표현을 취하기로 결정했다. 몇 달 후 마야는 마커스(Marcus)라는 이름을 지었다.

상담은 계속되었고, 마커스의 부모는 마야라는 딸을 잃은 것과 마커스에 대한 지원을 정기적으로 논의하기 위해 상담에 참여했다. 상담이 끝날 무렵 마커스는 언젠가는 성재지정 수술(sex reassignment surgery)을 선택할지도 모른다는 생각을 했다. 하지만 그가 다니게 될 고등학교에 좋은 친구들이 있을 것 같다는 느낌이 들었다. 이제 그는 수술을 받지 않아도 공식적으로나 법적으로 여성에서 남성으로 전환할 수 있다고 느꼈다. 그와 부모는 성폭력 문제이나 알코올 문제 중 어떤 것이라도 나타나면 상담을 다시 받기로 합의했다. 그 사이 이들은 딸을 잃었지만, 행복하고 건강하고 학교생활도 잘하며 평생 처음으로 되고 싶은 모습으로 살고 있는 아들을 얻었다.

결론

요약하자면, 이 상담은 가족의 호소 문제 면에서나 상담 과정에서 가족 구성원들이 작업해야 할 더 깊은 문제가 노출되면서 생겨난 목표 면에서 볼 때 성공적이었다. 가족체계론적 관점에서 보면, 전이와 역전이는 포스트모던 가족이론 개념화에 유용하지 않은 정신역동적 개념이다. 전문상담사의 과제는 알코올 남용, 성별 정체성·표현, 이혼,

비이성애 커플, 다양한 민족 · 인종 정체성의 적극적 옹호, 성차별적 · 성별 이분법적 · 비이성애차별적 문화 속에서 다양한 젠더 이슈를 효과적으로 다루는 방법에 대한 적절한 훈련이나 수퍼비전을 받는 것이다.

알코올 남용의 초기 위기 상태가 알려지고 성공적으로 관리되자, 상담의 핵심은 근친상간의 생존자로서 성폭력 피해 경험 말하기와 회복으로 옮겨 갔다. 상담자에 대한 마커스의 신뢰가 커지면서 그는 자신의 가장 큰 그림자, 즉 트랜스젠더라는 그림자를 공유할 수 있었다. 지역 성소수자 센터의 젠더퀴어 청소년 지지집단과 함께, 종국에는 친부모, 콘래드 가족의 트랜스맨과 연결되어 지원을 받았으며, 고등학교 입학 전 마커스와 부모는 세 가지 주요 삶의 전환 문제를 겪었던 상담을 마무리할 수 있었다. 상담자는 또한 재발 문제가 발생하거나 마커스가 호르몬이나 수술로 자신의 몸을 바꾸는 쪽으로 나아갈 경우, 추후 점검을 위해 다시 만날 것을 기꺼이 약속했다.

참고문헌

American Psychiatric Association. (2000). ***Diagnostic and statistical manual of mental disorders*** (4th ed., text rev.). Washington, DC: Author.

Boenke, M. (Ed.). (2008). ***Trans-forming families: Real stories about transgendered loved ones*** (3rd ed.). Washington, DC: PFLAG Transgender Network.

Bornstein, K. (1997). ***My gender workbook: How to become a real man, a real woman, the real you, or something else entirely.*** New York, NY: Routledge.

Brill, S. A., & Pepper, R. (2008). ***The transgender child: A handbook for families and professionals.*** Berkeley, CA: Cleis.

D'Augelli, A. R. (1994). Identity development and sexual orientation: Toward a model of lesbian, gay, and bisexual development. In E. J. Trickett, R. J. Watts, & D. Birman (Eds.), ***Human diversity: Perspectives on people in context*** (pp. 312-333). San Francisco, CA: Jossey-Bass.

Ivey, A. E., Ivey, M. B., & Zalaquett, C. P. (2009). ***Intentional interviewing and counseling*** (7th ed.). Belmont, CA: Cengage.

5장

게이 노인상담

더글러스 키멀(Douglas Kimmel)

노인상담을 떠올릴 때 대부분의 상담자는 노화에 대한 다양한 고정관념, 통념, 두려움을 바라보게 된다. 처음에는 노화에 대한 두려움이 나타날 수 있고, 불합리한 부정적 기대와 개입을 꺼리는 등의 반응이 나타날 수 있다. 노화를 장애 · 쇠퇴와 의식적으로 연결할 뿐 아니라 죽음과 무의식적으로 연결할 수도 있다. 게다가 노인 내담자들은 상담자의 부모나 조부모와의 과거 경험에 대한 정서적 반응을 야기할 수 있으며, 경의, 동정, 배려 등의 낯선 전이를 불러일으킬 수도 있다. 나이 든 게이 남성에게는 하나의 통념이 더 따라붙는다. 게이는 늙지 않으며, 만일 늙는다면 외롭고 우울해질 것이다.

노인집단은 연령 외에는 공통점이 없는 인구의 한 횡단축이다. 이것은 레즈비언, 게이를 성적 지향에서 공통점을 가진 인구의 한 횡단축이라고 보는 것과 매우 유사하게 보는 방식이다. 나이나 성적 지향을 아는 것만으로 개인으로서의 그 사람에 대한 정보를 알기는 매우 어렵다. 사실 레즈비언, 게이, 양성애자, 트랜스젠더 노인들은 젊은 상담자들에게는 익숙하지 않은 역사의 측면을 경험한 생존자들의 매우 다양한 코호트(cohort)[1]라 할 수 있다(Kimmel, Rose, & David, 2006).

1) 역자 주: 통계적으로 동일한 특색이나 행동양식을 공유하는 집단을 의미한다.

이 장에서는 두 내담자를 통해 다양한 게이 남성의 노화와 상담자에게 호소할 수 있는 흥미로운 범위의 실제적 문제들을 엿보고자 한다. 이 사례는 몇몇 개인의 이야기를 혼합한 것으로, 어떠한 내담자의 기밀 정보도 담고 있지 않다.

내담자 및 배경 정보와 호소 문제

70세의 백인 데이비드(David)는 1960년대에 대학을 다닐 때부터 자신이 게이라는 것을 받아들여 왔다. 하지만 자신의 섹슈얼리티에 대해서는 어느 누구에게도 함구해 왔으며, 박사학위를 마치고 나서야 친한 친구들에게 이야기할 수 있었다. 진보적인 지지집단, 사람, 멘토들을 적극적으로 찾아다니면서 데이비드는 대학과 대학원에서 남자들과 데이트를 했고, 교직원과 학생에게 자신이 게이임을 개방할 수 있는 곳에서 교수생활을 시작했다. 그는 장기 관계를 시작하여 40여 년 이상 함께 생활했고 폭넓은 커뮤니티 활동을 지속해 갔다. 그의 우려는 특히 자기 자신뿐만 아니라 배우자(이들은 캐나다에서 결혼했다.)의 건강이 나빠지는 것이었다. 이들은 현재 일상 활동을 위해 여러 층의 계단을 오르내리는 신체적 능력이 필요한 다층주택에 살고 있었는데, 아마도 이제는 실버타운(retirement community)으로 이사할 시간이 된 것인지 궁금해하고 있었다. 그는 식이 제한, 은퇴 전보다 훨씬 더 많은 시간을 함께 보내기 때문에 발생하는 관계 문제, 커져 가는 우울감 때문에 전문적 도움을 구하게 되었다.

70세의 백인 남성 조나단(Jonathan)과 처음 상담을 시작했을 때는 그가 성인이 되어 양성애자라는 문제를 다루기 위해 자주 상담을 받았다는 점에 주의를 기울였다. 그는 주로 지지적인 분석가와 상담자들로부터 여러 스타일의 상담을 경험했다. 하지만 이들은 당시 역사적 시기와 비이성애에 대한 병리적 관점을 고려하여, 그의 성적 지향을 적극적으로 옹호하고 당시에 어떠한 게이의 삶이 존재하고 있었는지를 탐색하기보다는, 그가 '적응'할 수 있도록 돕는 데 초점을 맞추었다. 1960년대의 전형적인 삶처럼, 그는 결혼했고 바쁜 직업 활동과 가족생활을 통해 동성애를 억제할 수 있었다. 이 시기 대부분의 사람의 삶과는 달리, 그는 외부에서 남자들과의 만남을 잘 가지려 하지 않았고 아내와 거의 성관계를 갖지 않았으며, 지금은 다른 지역에 살고 있는 성인 부모가 된 두 자녀에게 충분히 애정을 쏟으며 지냈다.

은퇴하고 1년이 되었을 때, 그의 아내는 오랜 투병 끝에 사망했다. 아픈 아내를 주로 돌본 사람은 그였다. 그 이후로 그는 게이로서의 삶을 탐색하기 시작했다. 게이의 삶은 인터넷과 그 이후의 사회적 접촉을 통해 훨씬 더 쉽게 접근할 수 있게 되었다. 특히 그는 게이의 BDSM(bondage, discipline/dominance, submission/slave-master, or sadomasochism, 구속, 훈육/지배, 항복/노예 지배자, 사도마조히즘) 공동체를 발견했고, 성에 대한 일련의 새로운 기술과 태도뿐만 아니라 우정 네트워크를 개발하기 시작했다. 그는 또한 다소 젊은 남자를 만나 장기 관계로 발전시킬까 생각했지만, 실현될 수 없을까 봐 걱정했다. 왜냐하면 그는 자녀와 친척들에게 커밍아웃하기가 꺼려졌는데, 이들의 관계를 헌신적인 연애 관계로 받아 주지 않을까 봐 두려웠기 때문이다.

데이비드와의 상담

대개 첫 회기 상담은 매우 중요하다. 때로는 첫 회기로 마무리되는 경우도 있기 때문에 주로 첫 회기에는 현재의 문제에 초점을 맞춘다. 일단 사전동의 절차가 끝나면 나는 보통 이렇게 묻는다. "어떻게 도와드릴까요?" 데이비드는 이미 많이 생각해 온 문제에 대한 정보, 추천, 숙련된 안내를 요청하였다. 그는 자신의 건강에 대한 걱정과 함께, 배우자가 최근 고관절 교체 수술을 받았다고 말하며, 이로 인해 현재 살고 있는 집에서 노후계획을 세우는 것이 어려워졌다고 말했다. 그는 게이 친화적 은퇴주택을 선택할 수 있는지 궁금해했으며, 노년기에 생활보조나 간호 케어가 필요하다고 해서 자신의 성적 지향을 숨기고 싶지는 않다는 뜻을 분명하게 나타냈다. 이들은 또한 주거 선택 시 반려동물을 키우는 문제도 고려해야 했다. 그런 다음 그는 더 폭넓은 건강관리 문제로 눈을 돌리면서 삶을 마무리하는 문제, 캐나다에서의 결혼생활이 건강관리와 고향에서 이루고 싶은 마지막 소원에 영향을 끼칠 수 있을지에 대해 궁금해했다. 마지막으로, 그는 유언장 쓰기를 시작했지만, 유언장에 담긴 자신의 소망이 잘 실행될 수 있도록 조처하는 방법을 알지 못했다. 특히 배우자가 그보다 오래 살거나 몇몇 그의 친구에게 일어났던 일처럼 그의 형제들이 유언장의 조항에 이의를 제기할까 봐 걱정스러웠다. 이 시점에서 나는 인생계획 문제를 전문으로 하는 게이 친화 성향의 변호사 2명을 알려 주었다.

그는 현재 일상으로 화제를 돌리면서, 지난해 대학에서 은퇴한 후 낮시간에 자신과 배우자가 서로에게 방해가 되고 있다는 점에 주목했다. 또한 이제 시간 감각이 둔해져서 하루하루의 일들에 주의를 기울이며 지내기 힘들어졌다. 전에는 겨우 몇 분밖에 걸리지 않는 일들이 이제는 몇 시간이나 걸리는 것 같이 느껴졌다. 그는 대부분의 날에 체육관으로 가서 수영과 운동을 했지만 좀처럼 친구를 만나지 못했고, 학교에서 이루어졌던 일상적 소통을 그리워했다. 그의 삶은 점점 더 공허하게 느껴지기 시작했고, 그가 주로 만나는 사람은 배우자였다. 그는 퇴직 이전에 비상근으로 근무하면서 대부분의 시간을 집에서 보냈다. 이 말을 듣고 나는 노인 우울증 지표(Geriatric Depression Index)를 꺼내 20개의 간단한 질문을 통해 그의 우울증 정도를 측정했다. 중간 정도의 높은 점수 결과가 나타났다. 이 지표는 명백한 문항들로 이루어져 있기 때문에, 이 점수는 그가 자신의 기분에 심각한 문제가 있다는 것을 알리고 싶어 한다는 의미를 담고 있었다. 그는 항우울제 약물을 복용하지 않았는데, 특히 우울증 때문에 성적으로 반응하지 못하게 되는 것을 원치 않는다고 말했다. 그는 의사와 우울한 기분에 대해 말하지 않았지만, 상담에서는 기꺼이 그 이야기를 꺼내 놓았으며 정보 진술서를 공개하는 것에 동의했다. 그는 또한 자신과 배우자에게 서비스를 제공할 수 있는 게이 남자 의사들을 알고 있는지 물었다. 둘 다 메디케어(Medicare)[2]를 든 상태였고, 더 이상 대학건강센터에 있는 의사들의 진료만 받을 필요가 없었기 때문이었다. 내가 알고 있는 의사 중 메디케어 혜택을 제공하는 의사는 1명뿐이었다. 그렇지만 그 의사는 노인 환자를 잘 보는 사람이었기 때문에, 데이비드에게 한 번 방문해 보고 진료받기 편안한지 알아볼 것을 권했다. 내가 그 의사에게 연락해 보고 만남이 이루어질 때까지 기다리기로 했다. 그동안 나는 그에게 일반적으로 남성 발기에 영향을 미치지 않는 표준 항우울제 하나를 알려 주었다.

첫 회기를 마쳤을 때 데이비드는 내가 단지 수동적 청자가 아니라는 사실에 기뻐했다. 그는 상담자가 그저 듣기만 할까 봐 걱정했기 때문에 나의 추천에 감사해했으며, 일상생활 문제, 우울한 기분, 미래의 삶에 대해 생각해 보는 과정이라는 세 가지 주제로 계속 상담을 해 나가기로 동의했다. 우리는 매주 정기적 만남을 갖기로 했다. 그는 그렇게 하는 것이 오늘이 무슨 요일이라는 것을 알고 하루 스케줄을 세우는 데 도움이 된다고 생각했다. 나는 그가 매일의 활동들을 시간대별로 개인 일기에 쓰고, 각 활동에서의 즐거움 수준과 기분 수준을 기록할 것을 제안했다.

다음 몇 번의 상담에서 우리는 세 가지 주제에 골고루 초점을 맞추었다. 일기 활동은 그가 매일의 일정을 더 잘 통제하고, 특정한 일을 하기에 더 나은 때를 찾고, 적어도 매

2) 역자 주: 미국의 대표적인 공공 보험으로, 65세 이상 노령 인구를 주 대상으로 한다.

일 한 번은 즐거움을 주는 일을 하는 데 주의를 기울일 수 있도록 도왔다. 또한 매일 해가 지면 그는 술에 의존했다. 배우자는 함께 마시지 않았지만 그런 그를 견뎌 주었다. 우리는 그의 우울한 사고 습관, 특히 통증이나 기억력 상실 때문에 생기는 파국화 사고 경향을 조사했는데, 그 사고 경향 때문에 그는 자신의 삶이 '빠르게 하강하고 있다'고 생각하고 있었다. 나는 그에게 부정적인 사고 습관에 초점을 맞춘 표준화된 인지행동상담(cognitive behavior therapy: CBT) 활동을 제공했고, 우울한 기분에 빠져들게 하는 부정적 생각을 멈추게 하는 몇 가지 방법을 제안했다. 전직 교수였던 그는 금세 CBT 책의 가치를 알아보았고, 워크북을 가지고 CBT 활동을 연습하는 것을 재미있어했다. 비록 나는 우울증 CBT 프로토콜(protocol)을 훈련받은 상담자는 아니었지만, 데이비드는 스스로 많은 전문적 기술 및 지식을 발전시켜 나갔다. 나는 또한 즐거운 활동을 하고 불쾌한 상호작용을 피하며, 분노나 괴로움을 유발하는 일상의 경험에 주의를 기울이는 대인관계이론 접근을 강조하였다. 우리는 그가 분노를 적절하게 발산시키거나 보유하는 방법, 격분했을 때 투쟁-도피 반응(fight-or-flight response)을 완화시키는 활동, 그리고 건설적 행동에 동기를 부여하는 데 분노를 사용하지 않고 내면으로 돌릴 때의 위험성에 대해 논의했다. 끝으로, 우리는 매시간 조금씩 가정생활에서 발생하는 문제에 대해 상의하였다. 첫 번째 단계에서는 데이비드와 배우자가 각자 일을 하거나 즐거운 활동을 할 수 있도록 별도의 개인 공간을 만들도록 격려하였다. 두 번째 단계에서는 서로 의견이 안 맞을 때 상대를 공격하는 '너(you)'라는 말 대신 '나(I)'라는 말을 사용하도록 했다. 우리는 두 사람이 함께 참여하는 회기를 생각해 보았지만, 데이비드의 배우자는 상담에 관심이 없었다. 그래서 나는 데이비드에게 불쾌한 상호작용을 만들어 내는 전형적인 다툼들에 주의를 기울여 볼 것을 제안했다. 그 결과, 영역이나 사생활 문제가 수반되고 있다는 사실을 밝힐 수 있었다. 예를 들어, 데이비드는 주방은 배우자의 영역이라 자신은 그 공간으로부터 배제되었다고 여기기도 했고, 인터넷에서 채팅을 할 때 배우자가 허락 없이 개인 공간을 침범했다고 느끼기도 했다.

후자의 이야기를 듣고 나는 이들의 성관계와 관계 안팎의 섹슈얼리티를 다루는 방법에 대해 질문하였다. 그는 몇 년 전 두 사람이 성관계를 중단했고, 자신의 주된 배출구는 자위행위라고 답했다. 그리고 평상시에는 인터넷 채팅 친구와 웹캠(Web cam)으로 상호작용을 하거나, 포르노를 보거나, 혼자 있을 때 공상을 한다고 말했다. 그는 배우자의 성생활도 비슷할 것이라고 생각했지만 확실히는 몰랐다. 이들은 에이즈 전염병이 시작될 때 HIV 감염 위험이 있는 성행위를 피하기로 합의했으며, 결국 둘 사이의 성적 접촉이나 관계 밖의 다른 사람들과의 성적 접촉을 없앴다. 이들은 둘 다 HIV 검사를 받았고 결과는 음성으로 나왔다. 하지만 전염병이 시작되고 20년 동안 가까운 몇몇 친구를 잃었기 때문에 데이비드는 성욕의 어두운 측면을 떨칠 수 없었다.

나는 이 문제들이 개인상담에서 완전히 해결될 것 같지 않다는 것을 깨닫고, 관계에서 돈, 힘, 성이라는 세 가지 핵심 문제 중 어느 것을 해결하고 싶은지 물었다. 두 사람은 세 가지 문제 모두를 걱정하고 있었다. 두 사람이 처음으로 확실하게 커밍아웃할 수 있었던 것은 변호사를 만나 유언장, 법정대리인 권한, 의료지침서 초안을 작성하고 생전신탁(living trust)[3] 서류 작성을 고려했을 때였다고 인정했다. 하지만 현재 데이비드는 이들의 관계가 틀어지는 것을 꺼렸다. 그는 적극적 성행위를 지속하고 싶어 했지만, 이들의 성관계가 다시 시작될 것이라고 기대하지는 않았다.

따라서 우리는 일상생활에서의 공유 공간 문제를 포함하여 잠재적으로 발생할 수 있는 사생활 문제를 해결하는 데 초점을 맞추기로 결정했다. 이들은 기존의 게이 친화적 실버타운을 알아보았는데, 그러한 제한된 거주집단은 이성애자 위주의 실버타운만큼 재미없을 것 같다고 생각했다. 그래서 이들은 엘리베이터와 휠체어 접근이 가능한 문, 욕실, 주방 벽장이 있는 아파트를 찾아보았다. 아파트를 찾아보는 동안 이들은 지역 SAGE(Services and Advocacy for GLBT Elders, GLBT 노인을 위한 서비스 및 옹호; www.sageusa.org) 집단에 연락하여 도움과 추천을 요청했다. SAGE와 연락하면서 이들은 월간 브런치 클럽, 몇몇 토론집단 및 사회 활동과 같은 새로운 관심사를 발견하기 시작했다. 곧 데이비드는 SAGE에 자주 방문하게 되었고, 자기 나이와 비슷한 사람들과의 새로운 우정을 발전시킬 수 있게 되었다.

SAGE 활동이 인생의 즐거움을 더해 준 것뿐 아니라, 게이 의사가 처방하는 약물 복용, 우울증을 위한 CBT와 대인관계 상담, 화를 줄여 주는 활동을 더 의식적으로 활용한 덕분에, 데이비드의 우울한 기분은 감소했고 저녁 음주의 필요성도 덜 느끼게 되었다. 이 시점에서 상담이 끝났다. 데이비드와 배우자는 여전히 새로운 주택을 찾고 여전히 영역을 논쟁하고 있지만, 서로를 비난하는 대신 이들의 문제에 대해 더 자주 논의하게 되었다.

---

3) 역자 주: 유언장이 필요 없는 유언 대용 신탁으로, 미국 신탁법 제도이다.

전이 문제

장기 관계를 맺고 있는 나이 든 게이인 나는 너무 쉽게 데이비드를 공감했던 적이 많았다. 때때로 상담 관계에서 배운 것들로부터 일반적 예를 활용할 수 있었지만, 그것이 내게 초점이 맞춰진 것이 아니라 데이비드에게 도움이 되는 비유나 제안이 될 것이라는 확신을 갖기 위해 항상 내 자신을 먼저 점검해야만 했다. 마지막 회기에서 그는 이러한 개인적 예들이 종종 도움이 되었지만 항상 그렇지는 않다는 것에 주목했다. 조력 전문가로서 나는 힘, 돈, 성과 관련된 관계 문제를 무시하기가 꺼림칙했지만, 그것은 이들의 관계였고 이들 나름의 방식으로 그 문제들을 다룰 필요가 있다는 것을 상기해야 했다. 사실상 이들이 변호사와 신탁에 대해 작업을 했던 내용은 민감하고 이해심 많은 외부 조력가와 논의할 때 구체적인 틀이 될 수 있었다.

조나단과의 상담

데이비드와 마찬가지로 조나단과의 첫 회기는 매우 중요했는데, 그가 자신의 양성애자 개인사, BDSM에 대한 관심 그리고 70세 나이에 게이가 되었을 때 넘치는 기쁨에 대해 내가 얼마나 편안하게 듣는지 탐색하며 나를 시험하고 있었기 때문이었다. "어떻게 도와드릴까요?"라는 나의 질문에 대해 그는 곰곰이 생각한 후 우연히 만난 새로운 관계에 대해 말해 주었는데, 그것은 아내가 죽은 후 그토록 그리워했던 안정감과 친밀감을 제공해 주었기 때문에 제한적이면서도 매우 매력적이었던 관계였다. 이러한 양가감정 때문에 그는 여러 해 동안 전문 상담을 받지 못했다. 알고 보니 그는 파티에서 자기보다 어린 아시아계 남자를 만나 데이트를 해 왔으며, 이제까지 경험해 보지 못했던 '가장 멋진 상호 섹스(mutual sex)'를 즐기고 있었다. 그러나 그는 이 남자의 문화적 배경에 익숙하지 않았고, 가족이나 생활 형편도 전혀 몰랐으며, BDSM에 대한 관심도 공유하지 못한다고 느꼈다. 그가 나를 만나기로 했던 한 가지 이유는 내가 운영하는 전문 웹사이트에서 아시아에 대한 나의 관심사를 발견했기 때문이었다. 나는 그에게 여러 아시아 국가를 방문했는데 그중 일본에서 장기간 체류했으며, 아시아인 게이들에 대한 연구를 발표했고 몇 년 동안 아시아인 친구들을 사귀었다고 말했다. 나는 또한 그의 BDSM 경험에 대한 몇 가지 질문을 통해 내가 이러한 활동에 대해 불쾌해하지 않고 약간의 지식도 가지고 있다는 것을 내비쳤다(Nichols, 2006). 예를 들어, 나는 그의 행위가 '안전하고, 사리 분별 있게, 서로 간의 동의하에(safe, sane, and consensual)' 이루어졌는지 물었다. 이 용어는 BDSM 커뮤니티 내 모든 유형의 활동에 대한 표준 슬로건으로, 이성애, 양성애, 동성애 성적 지향을 가진 남녀 모두에게 해당되는 것이다. 나는 또한 이들이 원할 때 언제든 그의 파트너와의 상담도 가능하다고 제안했다.

전반적으로 첫 회기는 잘 진행되었고, 우리는 독점적 관계의 이성애자 생활방식에서 현재의 게이 생활세계로의 모험을 감수하며 이행한 과정에서 처리되지 않은 몇몇 측면들에 초점을 맞추기로 결정했다. 관련될 것이라고 생각했던 문제들에는 HIV와 다른 성병, BDSM 실천사항을 알 수 있는 정보원, 기본적인 데이트 기술 개발, 게이로서 성생활을 하고 있지만 이와 관련된 지식이 부족할 수 있다는 것 등이 있었다. 그는 이러한 주제들이 중요하다는 데 동의했고, 자신이 HIV 검사를 받았고(결과는 음성으로 나왔다.) 안전한 성행위에 대해 알고 있다고 자신 있게 말했지만, 다른 성병들에 대해서는 생각해 본 적이 없었다고 말했다. 그는 또한 아내의 죽음과 계속되는 그의 슬픔을 다룰 시간이 필요할 뿐 아니라, 성인 자녀 가족들과 시간을 보낼 필요가 있다고 느꼈다. 그는 자신의 과거와 현재의 삶을 어떻게 통합해야 할지 확신할 수 없었고, 양가감정 속에서 허우적거리거나 순간의 유혹을 탐닉하며 앞으로 남은 인생을 낭비하고 싶지 않았다.

특히 그가 장기 관계를 시작한다면 이러한 문제들은 매우 복잡해질 것이기 때문에 삶의 마지막 계획, 재정계획, 유서에 대해 이후 회기들에서 물어보기 위해 메모를 해 놓았다. 특히 어떤 BDSM 관행들은 일반적인 성행위보다 신체적으로 더 스트레스를 주기 때문에, 나는 또한 그의 이전 상담, 병력에 관해 더 많은 것을 알고 싶었다. 또한 당면한 문제에 관심을 집중하고 매주 새로운 성적 모험을 보고하면서 시간을 보내는 것을 피하기 위해, 6회의 추가 회기로 제한하여 초기 계약을 맺는 것이 적절해 보였다.

다음 네 번의 회기에서는 그의 슬픔, 긴 결혼생활과 부모로서의 생활 검토, 생애 마지막 계획에 초점을 맞추었다. 그리고 이제 삶이 매우 극적으로 바뀌었으므로 적절하게 서류 정리를 하고, 건강과 재정 결정을 누가 하면 좋을지를 결정하는 단계를 밟아 가는 상당히 과제지향적인 작업이 이루어졌다. 우리는 또한 그의 새로운 삶에 대해 가족과 대화하기 위한 전략, 그 대화가 정말로 필요하고 적절한 것인지, 언제 누구에게 이야기해 볼 것인지에 대해 생각하는 데 상당한 시간을 보냈다. 전반적으로 두 사람의 관계가 재정계획에 분명한 영향을 미칠 수 있는 중요한 관계가 되면 자녀들에게 알려야 한다고 결론 내렸다. 하지만 그때까지 그의 사생활은 비밀로 하기로 했다. 왜냐하면 자녀들은 어머니를 생각하며 민감하게 반응할 수 있기 때문이었다. 우리는 조나단이 털어놓을 만한 사람으로, 수년 전에 게이로 커밍아웃을 했고 가족에게 인정을 받고 있는 가까운 친척인 조나단의 사촌을 생각해 냈다. 왜냐하면 가족이 대처해야 할 건강상의 응급상황이 발생한다면 아는 사람이 있어야 한다고 생각했기 때문이었다.

조나단의 건강은 좋았지만, 발기 문제를 치료할 수 있는 약물 처방과 그가 시도하고 싶은 다양한 성행위의 신체적 위험과 관련하여 털어놓을 수 있는 '친절한' 의사를 찾는 데 관심이 있었다. 다행히도, 그는 그런 의사를 찾을 수 있는 도심 지역에 살고 있었다. 그는 또한 사후계획에 필요한 서류를 작성하고 그에 따라 가족에게 미칠 영향을 논의할 수 있는 해박한 변호사를 찾을 수 있었다. 그는 수십 년 전에 상담을 받은 적이 있고, 살아오는 동안 급격한 전환을 맞이했던 것 외에는 정서적 문제가 없었다고 보고했다. 그는 식사할 때 마시는 와인과 사교 자리에서 가끔씩 마시는 술 외에는 술을 마시지 않았다. 그는 일반적인 콜레스테롤 약과 종합 비타민 외에는 어떤 약물도 복용하지 않았다. 그는 매일 강아지를 산책시키며 운동을 했고, 체중은 적당했다. 외모상으로 그는 자기 나이로 보였지만, 젊은 아시아인 친구가 그를 매력적으로 보고 있다는 사실을 알고 그는 놀랐다. 또한 그는 BDSM 친구들이 신체적 매력보다 활동에서의 전문성을 더 가치 있게 여긴다는 사실에도 놀랐다. 그의 기분은 대체로 좋았고, 당시 주의를 요할 만한 성격이나 기분의 이상 징후는 전혀 보이지 않았다.

그는 친구 켄(Ken)을 5회기에 초대했다. 나는 그가 미국 시민권을 가지고 있다는 것을 알고 안심했다. 따라서 이들이 장기 관계를 시작해도 이민 문제에 대한 걱정은 없을 것이다. 켄은 일본 혈통이었지만 하와이에서 태어났고 그곳에서 대학교육을 받았다. 그의 부모는 그가 게이라는 것을 몰랐고, 결혼해서 아이를 낳으라고 계속해서 압력을 가했다. 조나단은 줄곧 켄에게 가족에게 커밍아웃하라고 권하고 있었기 때문에 이 문제는 둘 사이에 상당히 분쟁거리가 되고 있었다. 따라서 우리는 이 문제를 어느 정도 상세히 논의했다. 조나단은 켄의 가족을 방문하고 싶어 했지만, 그렇게 되면 켄이 가족에게 커밍아웃해야 하기 때문에 켄은 조나단의 방문을 막았다. 나는 켄이 조나단의 가족을 방문한다면 일어날 수 있는 문제들에 대해 조나단에게 상기시켰고, 또한 새로운 커플이 여행할 때 겪는 어려움에 대해 알려 주었다. 이들의 첫 번째 여행은, 여행지와 그 문화에 두 사람 다 익숙하지 않기 때문에 동등하게 여행을 연습할 수 있는 중립적 장소로 가는 것이 가장 좋을 수 있었다.

조나단이 이전 상담에서 제기한 문제 중 하나는 켄이 진정으로 그에게 관심이 있는지, 아니면 금전적 목적이 있는 것인지에 관한 것이었다. 나의 첫 반응은 켄이 여자라면 조나단이 같은 질문을 할 것인가 하는 것이었다. 이것은 게이에 대한 일부 부정적 태도를 반영한 것인가, 아니면 젊은 사람의 동기에 대한 불신의 의미를 지닌 연령 편견을 반영한 것인가? 비록 그것이 켄의 동기 중 하나라 할지라도 부정적으로 바라봐야 할 것인가? 왜냐하면 조나단은 고인이 된 아내에게 해 주었던 것처럼 자신을 돌보게 될지도 모르는 젊은 사람과의 관계에서 귀중한 무형의 많은 이점을 얻을 수도 있기 때문이었다. 이러한 고민들을 염두에 두고, 나는 이들의 잠재적 관계의 보상과 이익에 대해 논의해 보자고 격려했다. 그 덕분에 나는 이들의 상호작용을 관찰하여 보디랭귀지를 기록하였으며, 조나단이 자신의 나이나 지위를 얼마나 이용해 켄을 굴복시켰는지에 주목하게 되었다. 두 사람의 보디랭귀지에도 큰 문제가 없어 보였고 서로를 방해하거나 지배적으로 대화하지도 않았기 때문에 두 사람의 상호작용은 적절해 보였다. 결국 이들은 서로에게서 유형, 무형의 이점을 취할 수 있다는 데 동의했다.

비록 조나단의 요청에 따라 BDSM에 대해 구체적으로 논의하지는 않았지만, 나는 개인의 성생활이 지문만큼이나 독특한 것이라는 점에 주목하게 했다. 말하자면 두 사람이 70% 이상 일치하면 성적으로 상당히 조화를 이룰 수 있다. 나는 또한 상식과는 다른 남성 동성애 관계의 두 가지 측면에 주목했다. 첫째, 두 사람의 '성행위'가 매우 잘 이루어지면 이들의 몸은 사랑의 감정을 느낄 가능성이 매우 높다. 이것은 자연스러운 생물학적 반응이며, 삶의 많은 부분에서 상대방을 알고 신뢰하는 것을 포함하는 사랑으로 해석되어서는 안 된다. 그러므로 성관계를 맺는 두 남자는 서로를 알게 되고 많은 측면에서 좋아하게 될 때까지 '사랑한다는 표현(L-word)'은 피하는 것이 좋다. 둘째, 대부분의 남성 커플은 결국 이들의 관계 외의 섹스를 탐험하고 싶어 한다. 따라서 두 사람 모두에게 편안한 일종의 상호 합의를 만들 필요가 있다. 이상적으로 새로운 관계를 탐험하고 싶은 욕구는 두 사람이 관계를 확고히 확립해 가는 초기 독점적 관계 기간이 지나고 나서 생겨난다. 하지만 언제 그러한 욕구가 생기든지 간에 일차적 관계를 해치지 않도록 서로에게 비밀로 하겠다는 결정을 먼저 상의해 놓는 편이 낫다. 이들은 이에 수긍했고, 상당한 나이 차이가 있는 커플이 쓴 게이 커플의 관계에 관한 책을 참고하기로 했다(McWhirter & Mattison, 1984).

조나단과 나는 여섯 번째 회기에 종결을 했지만, 일이 생기면 다시 만나기로 했다. 여느 때처럼 나는 조나단과 함께 우리 상담에 대해 검토하자고 했다. 마치 이전에 가

보지 못했던 곳으로 처음 여행을 떠나는 듯했던 조나단과 함께 한 초기 상담에서 우리가 다루었던 주제를 떠올려 보았다. 그는 그곳에서 좋아하는 것, 새롭고 흥미진진한 것 그리고 취향에 맞지 않는 것들을 많이 발견할 수 있을 것이다. 그 여행길에는 많은 역이 있을 수 있는데, 어떤 역은 내릴 수도 있고 어떤 역은 지나칠 수도 있다. 그 여정의 일부는 켄과 함께 보낼 수도 있고, 일부는 혼자 보낼 수도 있다. 이렇게 여행으로 이미지화하는 것은 여행 중에 맞닥트리게 되는 나쁜 순간들을, 이후 여정에 꼭 영향을 미친다고는 볼 수 없는 여행의 일부로 볼 수 있게 한다는 점에서 유용하다. 또한 여행의 이미지는 모험의 실험적 성격을 보여 준다. 이 모델은 물론 조나단과 켄 모두에게 적용되며 조나단의 BDSM 탐색에도 적용된다. 내가 이후에 이들로부터 들은 유일한 소식은, 1년 후 암스테르담에서 치른 결혼식에서 두 사람 모두 검은 가죽 옷을 입고 찍은 결혼사진이었다.

전이 문제

이 내담자와의 문제는, 많은 논의거리가 명백히 성적 본능에 초점이 맞춰졌다는 데 있었다. 이성애자 세계로부터 게이 생활로 이행해 가는 조나단이 마치 사춘기 소년처럼 BDSM을 알아 가면서 느꼈던 흥분과 켄과의 흥미진진한 성관계에 대해 보고할 때, 나에게는 이 전환 과정을 관음증적 경험으로 즐기지 않고 힘들게 함께해 나가야 하는 작업으로 집중해 나가는 일이 중요했다. 내가 상담을 6회기로 제한하고 집약적으로 진행하자고 제안한 것도 주로 이런 이유 때문이었다. 나는 또한 조나단이 경험하고 있는 것, BDSM이 그에게 무엇을 의미하는지, 그리고 백인으로서 그가 일본인 켄을 어떻게 생각하고 있는지에 대해 객관적일 수 있도록 충분한 거리를 유지하기 위해, 나의 개인적 경험의 활용을 면밀히 감시했다. 조나단의 여정에서 나타난 것과 같은 문제들을 작업할 때는 고정관념, 권력, 통제, 복종이라는 기저의 문제들을 고려하는 것이 중요하다.

결론

게이 노인을 상담하는 일은 흥미롭고 도전적인 경험이 될 수 있다. 앞서 제시한 두 사례에서 나타났듯이, 종종 이들은 상담 과정 중에 노화에 대한 고정관념을 순식간에 잊게 할 정도로, 수년간 활용해 온 유능한 대처 기술, 실리적 쟁점, 독특한 개성을 보여준다. 물론 이들은 우리 문화의 고정관념인 '노인은 외롭고 우울하며 장애가 있다.'라는 노화에 대한 오해를 보이기도 한다. 이들에게는 나르시시즘('나보다 더 고통받은 불쌍한 사람은 없다.')과 평생에 걸친 자기패배적 자세가 형성되어 있기 때문에, 이러한 절망적 태도를 다루기란 여간 어려운 것이 아니다. 나로서는 그러한 내담자들을 감당하기가 힘들다. 하지만 기가 막히게 완벽히 비참해 보이는 내담자라도, 잘 적응하고 생존해 내는 것을 보면 안도감이 든다.

참고문헌

Kimmel, D., Rose, T., & David, S. (Eds.). (2006). *Lesbian, gay, bisexual, and transgender aging: Research and clinical perspectives.* New York, NY: Columbia University Press.

McWhirter, D. P., & Mattison, A. M. (1984). *The male couple: How relationships develop.* Englewood Cliffs, NJ: Prentice Hall.

Nichols, M. (2006). Psychotherapeutic issues with "kinky" clients: Clinical problems, yours and theirs. *Journal of Homosexuality, 50*(2/3), 281-300.

6장

레즈비언 노인상담: 팻과 셀린의 사례

M. 캐럴린 토머스(M. Carolyn Thomas), S. 르노어 길램(S. Lenoir Gillam), 폴 F. 하드(Paul F. Hard)

팻과 셀린

60대 후반인 팻과 셀린은 27년 동안 삶의 동반자였다. 팻은 생물학과 교수이고 셀린은 30년 동안 공립학교에서 미술을 가르쳤다. 셀린은 파킨슨병으로 건강상의 문제를 겪어 왔으나 계속 일을 해 왔다. 하지만 병이 진행되어 미술 작업을 하기가 힘들어졌기 때문에 은퇴를 결심했다. 팻은 몇 년 더 일할 계획이었지만, 셀린을 돌보는 것과 이들이 함께 늘 하고 싶었던 몇 가지 일을 하기 위해 은퇴를 고려하고 있다.

비록 이들의 가족은 두 사람 관계의 중요성을 인정하고 많은 지지를 보내 주고 있지만, 이들 관계의 구체적 성격은 공개적으로 논의된 적이 없었다. 셀린에게는 다 자란 두 자녀가 있는데, 자녀들은 팻에게 가까운 장래에 셀린을 요양시설에 보내는 문제를 진지하게 고려해 보라고 압박하고 있다. 셀린은 동물을 아주 좋아한다. 그는 항상 소중하게 여기는 반려동물과 시간을 보내는 것을 좋아했으며, 확실히 반려동물과 떨어져 있다는 생각만으로도 심기가 불편해졌다. 셀린을 돌보는 문제가 두 사람과 셀린 가족의 유일한 갈등 영역이기는 하나, 이 문제는 셀린과 떨어져 있기를 원치 않는 팻에게도 심각한 문제이다.

호소 문제

팻과 셀린은 여러 문제를 해결하기 위해 자격 있는 전문상담사에게 도움을 요청하고 있다. 그 문제들은 ① 팻과 셀린의 은퇴계획, ② 파킨슨병 증상 진행에 대한 준비, ③ 셀린의 주보호자가 될 팻에 대한 지원, ④ 파킨슨병을 다루기 위한 대처전략, ⑤ 향후 셀린을 돌보는 문제에 대해 커플, 셀린 가족과 의사결정하기이다.

팻과 셀린이 직면한 많은 도전거리는 나이 든 사람이나 커플이라면 누구나 마주하는 문제이다. 하지만 일반적인 노화 문제에 더해, 나이 든 레즈비언이 직면하는 특정 문제가 함께 있을 때에는, 평가, 상담 목표, 상담 모델에 있어 특별한 관심과 능력이 필요하다(ALGBTIC, 1997). 의료를 포함한 법적 문제와 같은 걱정거리에 대비하려면, 사회적·태도적 장벽이 존재하는 맥락 속에서 이루어진 의사결정이 이 커플에게는 독특한 문제가 될 수 있음을 알고 의사결정의 장단점을 탐색해 나가야 한다(ALGBTIC, 1997). 비이성애차별주의 때문에 레즈비언은 예상치 못한 선택상의 불이익을 받을 수 있다. 또한 나이 든 이성애 커플에게 주어지는 많은 특권이 동성애 커플에게 똑같이 적용되지 않을 수도 있다.

평가와 진단

첫 두 회기 동안 일반적인 평가와 셀린의 의료 기록을 검토한 후, 상담자는 다음 사항에 우선적으로 집중해야 한다. ① 팻과 셀린이 의미 있고, 삶의 질을 높게 지속할 수 있는 은퇴계획을 세울 수 있도록 돕는 것과 ② 셀린의 향후 치료를 계획하기 위해 관련된 모든 사람을 집단 의사결정 모델에 포함시키는 것. 팻 그리고 셀린도 축 I 또는 축 II 장애의 진단 기준에 해당하지는 않지만, 셀린의 파킨슨병과 그의 건강 문제에 수반되는 정신사회적 및 환경적 스트레스 요인은 은퇴 결정에 영향을 미치고 있으며, 상담의 중요한 초점이 된다. 첫 번째 평가는 파킨슨병이 가져올 수 있는 영향과 셀린이 지닌 증상의 현 상태에 대한 교육을 제공하기 위해 필요하다.

파킨슨병이 미칠 수 있는 영향

셀린은 파킨슨병의 초기 증상 몇 가지를 경험했지만, 병은 조기에 진단되었고 현재까지 치료 효과도 있었다. 그는 안정떨림(resting tremor) 증상이 있는데, 이것은 그가 일을 하거나 그림을 그리지 않을 때도 떨림을 경험하고 있음을 의미한다. 이 떨림은 그의 몸 양쪽으로 퍼져 나갔다. 그는 피로감을 느끼고 있고, 이전보다 더 많이 쉬어야 한다. 그는 약간의 균형과 협응 문제를 가지고 있었는데, 이것 때문에 미세한 운동 작업을 할 때 더 어려움을 느꼈다. 그는 좋아하는 미술 작업을 할 수 없어서 가끔 가벼운 우울 정서를 경험하고 있다고 보고한다. 현재 셀린의 의사에 의한 의학적 보고와 셀린의 자기보고로 판단해 볼 때는 그의 우울한 기분이 파킨슨병의 직접적 결과라는 증거는 없다. 더욱이 팻도 셀린의 우울증 평가 결과에 동의하고 있다.

셀린은 경직성, 굽은 자세, 현저히 느린 동작, 얼굴 표정 상실, 삼키기 어려움, 분명치 않은 말, 행동 문제 또는 인지장애를 경험하고 있지 않다(Parkinson's Disease Foundation, 2010). 증상은 파킨슨병 환자에 따라 다르지만, 거의 모든 파킨슨병 환자가 결국 어느 정도의 인지장애를 겪게 된다(Marsh, 2008). 인지 기능의 손상을 보여 주는 증상으로는 단지 성가심을 유발하는 가벼운 기억장애와 주의력장애로부터 더 심각한 집행상의 기능장애, 단기 및 장기 기억 문제 그리고 수행에 심각한 영향을 미치는 언어장애에 이르기까지 다양하다.

지속적으로 생산적인 삶을 준비하기 위해 셀린의 증상과 예후를 평가하면서, 팻, 셀린, 상담자는 커플을 위한 은퇴계획을 시작하고 있다. 또한 이 커플은 향후 파킨슨병의 가능한 증상을 학습하고, 있을 수 있는 질병의 영향에 대처하는 기술을 개발하며, 다른 파킨슨병 환자와 보호자들로부터 해결 방법과 전략을 배울 수 있도록 파킨슨병 심리교육 자조집단에 참여하고 있다. 비록 자조집단이 셀린의 파킨슨병과 관련된 이러한 문제들을 다루는 데 어느 정도 부가적 지원을 제공하기는 하지만, 상담자는 이 커플과 함께 집단 참여의 잠재적 유익, 한계 및 위험에 초점을 두고 논의하였다. 예를 들어, 이들은 집단에서 자신들의 관계를 구체적으로 밝히고 싶어 하지 않을 수 있다. 또한 이들은 자신들의 관계에 대한 개방 정도와는 별개로, 편견이나 차별에 대한 염려를 언급하였다.

은퇴계획에 영향을 미치는 요인

팻과 셀린은 노화에 대해 긍정적 태도를 갖고 있으며, 비활동성, 의존, 옛날식 생활 방식, 외로움, 쇠퇴, 물러남, 무능한 신체적 · 정신적 한계의 시기라는 노화에 대한 일반적 고정관념으로부터 벗어나 있는 것으로 보인다. 대신 이들은 노화를 성취, 긍정적 균형, 자아통합의 성취를 위한 또 다른 발전의 시기로 보는 것 같다. 이 커플은 이 새로운 발전단계를 준비하는 데 전념하고 싶어 한다.

팻과 셀린은 직업생활, 지역사회 활동, 사회 활동에 지속적으로 참여해 왔다. 노화에 대한 긍정적 평가를 내리는 이들의 태도는 은퇴계획에 영향을 미치는데, 분명히 이들은 직업, 지역사회, 지지체계에 지속적으로 참여할 필요가 있다. 또한 은퇴계획에는 계속적인 지적 · 영적 성장 활동도 포함되어야 할 것이다.

고정된 수입으로 생활한다면 특히 셀린의 건강 문제를 고려할 때 세심한 고려가 필요할 수 있겠지만, 팻과 셀린 둘 다 좋은 은퇴 프로그램을 가지고 있기 때문에 아마도 이들의 은퇴계획은 충분치 않은 자금 때문에 크게 제한받지는 않을 것이다. 여행과 활동에 대한 계획을 세울 때는 셀린에게 휴식이 필요하고, 이동에 제한이 있으며, 일상 활동을 단순화할 필요가 있다는 고려사항을 반영해야 할 것이다(Rosner & HenchCliffe, 2003).

셀린의 향후 돌봄에 대해 함께 의사결정을 하려는 가족의 의지 평가

셀린과 팻의 계획에서 유일한 갈등은 향후 셀린을 돌보는 문제에 집중되어 있다. 그의 자녀들은 요양시설을 알아보자고 단호히 주장하는 것 같다. 셀린은 파킨슨병이 어떻게 진전되든지 간에 집에 머물겠다고 훨씬 더 강력하게 주장하고 있다. 그리고 팻은 셀린이 원하는 대로 기꺼이 돕고자 한다. 상담자는 관습적 방식으로 갈등 해결에 참여하기보다는 자원 확인, 대안 계획, 지원 확보 및 모든 관련된 사람의 의견을 포함하는 공유된 의사결정 모델(model of shared decision making)을 활용할 수 있다. 그리고 잘 해결되기를 기원하며 셀린에게 의사결정을 맡긴다. 팻과 셀린은 셀린의 향후 건강관리를 중심으로 가족갈등이 계속되거나 예상치 못한 일이 벌어질 때 법적 보호를 받아 의사결정을 할 수 있도록 미리 변호사 상담을 받아 볼 계획이다.

팻과 셀린의 고지된 동의를 받고서 상담자는 셀린의 자녀들과의 상담을 준비한다.

이 상담에서는 슐로스버그, 워터스와 굿맨(Schlossberg, Waters, & Goodman, 1995)의 의사결정 4S 모델을 설명할 것이다. 또한 이런 만남을 통해서 자녀들이 협력적 가족 의사결정을 하기에 준비가 잘 되어 있는지 확인할 수 있다.

이론적 틀과 상담양식

실존철학은 제시된 모든 상담 양식과 모델의 근간이 되는 틀이다. 일부 심각한 건강상의 우려는 있을지라도, 팻과 셀린은 노화를 성장과 자아통합 달성의 긍정적 발달 기간으로 보고 있다. 이들은 지속적으로 생산성 있고 의미 있고 가치 있는 삶을 계획하고 이 시기를 함께 밟아 나가기를 원한다.

은퇴계획을 위한 상담 모델

1989년 라이커(Riker)와 마이어스(Myers)가 개발했고, 토머스, 마틴, 알렉산더, 쿨리와 로그(Thomas, Martin, Alexander, Cooley, & Loague, 2003)가 수정한 이 모델은 팻과 셀린의 상담에 유용할 것이다. 토머스 등은 파킨슨병 적응에 필요한 고려사항과 함께 ① 전문적 참여, ② 지역사회 참여, ③ 사회적 참여, ④ 지적 자극, ⑤ 영적 성장의 영역이 은퇴계획에 포함될 것을 권고한다. 이 계획 중 일부는 커플상담에서 이루어질 수 있다. 만약 팻이나 셀린이 어느 시점에서 개인상담을 통해 은퇴나 다른 문제에 관한 개별적 요구를 해결하고자 한다면, 그때 적절히 의뢰를 진행하면 될 것이다.

팻과 셀린을 위한 집단상담

앞서 언급한 바와 같이, 파킨슨병 지지집단에서는 팻과 셀린에게 다른 환자와 보호자들이 지원을 제공할 것이다. 또한 이 집단은 고립을 해소하고, 대처 기술에 대한 귀중한 정보를 제공하며, 파킨슨병 경험과 관련된 감정을 표현할 수 있는 안전한 공간을 제공할 것이다. 사실 팻과 셀린은 3개의 다른 파킨슨병 집단으로부터 도움을 받을 수 있다. 별도로 운영되는 보호자 집단은 팻이 셀린에게 돌보는 어려움을 짐 지우고 싶지 않을 때 힘든 시기를 이겨 내도록 도와줄 수 있다. 마찬가지로, 환자를 위한 별도의 집단은 셀린이 팻에게 두려움과 불안을 표현하고 싶지 않을 때 도움을 줄 것이다. 두 집단 모두 상담이나 심리교육 집단과는 차별화된 자조집단의 이점을 제공할 수 있다. 지지집단은 비밀이 보장되는 환경에서 치유, 지지, 성장을 목표로 하는 전문상담사가 이끄는 소규모 상담집단이다. 이와는 반대로 자조집단은 대중에게 공개되어 있고 상담자가 아닌 집단원들이 주도할 가능성이 높으며, 정보 제공과 옹호라는 일차적 목표를 가지고 있다(Riordan & Beggs, 1988). 이러한 자조집단과 지지집단은 팻과 셀린에게 도움이 될 수 있지만, 부가적 서비스를 받기 위해 집단을 이용하는 것이 시간과 에너지 등의 자원 면에서 지나치게 소모적일 가능성이 있다면, 상담자는 정보에 근거하여 현실적으로 의사결정하는 방법을 이들과 함께 찾아볼 수 있다.

해결중심 가족집단의 4S 모델

슐로스버그 등(1995)의 4S 모델을 토머스와 마틴(2010)이 수정한 모델에서는 의사결정이 필요한 가족집단을 위해 실행 가능한 전략을 제공한다. 이 모델에서는 ① 상황, ② 자기, ③ 지원, ④ 전략 요인의 탐색을 권고한다. 종종 노인들이 가정, 지역사회 그리고 개인적 지지체계를 떠나게 된 후에 자녀들과 함께 지낼지, 요양시설에 들어갈지에 대한 결정에 직면할 때 가정은 해체되거나 갈등을 겪게 된다. 그러한 생활방식의 변화를 고려할 때 가족집단 경험에 맞게 수정된 4S 모델을 활용하면 도움이 된다. 팻과 셀린, 셀린의 자녀, 손주, 다른 가족 구성원들은 4~6회기 동안 다음의 문제를 상의한다. ① 현재 생활방식에서 자원과 결손 파악하기, ② 셀린이 집에 머물거나, 결국 요양시설로 옮길 때 장단점 탐색하기, ③ 각 결정에서 도움을 받을 수 있는 부분과 책임져야 할 부분 사이의 균형을 맞추기 위해 팻, 셀린, 셀린 원가족의 투입 가능한 자원 평가하기, ④ 어떤 선택을 했을 때 성공하기 위한 새로운 전략 배우기, ⑤ 셀린에게 대안 계획과 전략 중에서 선택하도록 하기, ⑥ 셀린의 선택이 성공하지 못할 경우에 대비하여 잠정적 대안 개발하기.

상담자는 팻과 셀린의 원가족의 의견을 수렴하여 협력적 의사결정을 촉진하고 셀린에게 최대한 권한을 부여하면서 가족집단의 촉진자 역할을 한다. 이 모델은 셀린의 증상과 팻의 건강 지속 여부에 따라 이따금 다시 활용할 수 있다. 4S 모델의 집단용 버전을 활용하면 두려움이나 무력함보다는 정보, 전략, 기회에 기초하여 결정을 내리는 데 도움을 받을 수 있다.

상담 목표

상담 목표는 팻과 셀린 커플, 팻, 셀린, 셀린과 자녀들을 대상으로 각각 개별적으로 수립되었다.

팻과 셀린 커플의 목표

상담이 끝나면 팻과 셀린은 다음을 달성할 수 있다.

1. 파킨슨병 환자마다 증상을 다르게 경험한다는 것을 알고, 파킨슨병이 셀린에게 미칠 수 있는 영향에 대해 보다 잘 알 수 있다.
2. 파킨슨병이 있는 다른 환자와 보호자들로부터 지원을 받는다.
3. 노화에 대한 실존적 태도를 함께 유지한다.
4. 삶의 모든 영역에 대한 평가를 바탕으로, 함께 은퇴하는 것에 대한 계획과 대안적 삶에 대한 계획을 세운다.
5. 셀린의 향후 건강관리의 필요성을 예측하여, 두 사람을 위한 다방면의 의사결정권을 행사할 수 있도록 법적 효력을 가진 서류 절차를 밟아 놓는다.

팻의 목표

팻과 셀린을 위한 목표 외에, 상담이 끝나면 팻은 다음을 달성할 수 있다.

1. 생산적이고 의미 있는 삶을 유지할 수 있게 하는 은퇴계획을 세운다.
2. 파킨슨병 환자의 보호자를 위한 지지체계를 마련한다.
3. 셀린의 파킨슨병이 현재의 삶에 미치는 영향, 미래의 삶에 미칠 수 있는 영향을 다루기 위한 대처전략을 배운다.
4. 돌봄과 병행할 수 있는 자신의 삶을 위한 현실적 계획을 세운다.

셀린의 목표

팻과 셀린을 위한 목표 외에, 상담이 끝나면 셀린은 다음을 달성할 수 있다.

1. 자신의 욕구, 재능, 능력에 근거해 생산적이고 의미 있는 삶을 계속할 수 있는 은퇴계획을 세운다.
2. 자신의 파킨슨병을 다루기 위한 지지체계를 마련한다.
3. 파킨슨병 증상에 대처하는 전략을 익힌다.
4. 자녀, 가족과 친밀한 관계를 유지한다.
5. 협력적인 의사결정과 가족의 합의를 바탕으로 향후 자신을 돌보기 위한 대안계획을 세운다.

셀린과 자녀들의 목표

셀린과 그의 원가족의 주요 상담 목표는 다음과 같다.

1. 현재의 상호 지지적 관계를 유지한다.
2. 셀린이 충분한 돌봄을 받기를 바라는 자녀들의 욕구에 부응할 수 있는, 셀린의 향후 돌봄에 대한 대안계획을 세운다.
3. 셀린의 자녀들이 셀린, 셀린과 팻의 관계에 대해 관여, 협력 및 지원을 유지한다.
4. 셀린이 자녀나 팻을 배제하지 않고도 삶에 대한 권한을 유지할 수 있도록 한다.

개입의 적용

팻과 셀린에게 추천했던 개인상담과 집단상담 개입은 상당히 일반적이었다. 하지만 라이커와 마이어스(1989)의 은퇴결정 모델(retirement decision model)과 슐로스버그 등(1995)의 4S 의사결정 모델(4S model of decision making) 적용에 대한 구체적 설명을 통해, 이 모델들을 팻과 셀린에게 어떻게 적용하였는지 제시하고자 한다. 이 모델에서는 고연령 레즈비언인 팻과 셀린에게 적용할 수 있도록 특수한 고려사항들을 분명하게 제시하고 있다.

은퇴상담 모델

상담자는 라이커와 마이어스(1989)가 제시하고 토머스 등(2003)이 수정한 5개의 삶의 영역을 다룬다. 구체적으로 상담을 통해 팻과 셀린은 지속적인 지적 자극 및 영적 성장과 더불어, 의미 있는 전문적, 지역사회 및 사회적 참여를 촉진할 수 있는 방법을 찾아가는 데 도움을 받을 것이다.

전문적 참여

팻과 셀린은 각자 전문적인 조직에서 활동했기 때문에, 강도는 수정하더라도 앞으로 활동을 지속해 나가기로 선택할 것이다. 부담이 큰 리더 자리 대신, 지속적이고 필요하며 계속해서 의미 있는 참여를 해야 하는 특정 업무를 맡을 수 있다.

지역사회 참여

이전에 했던 집중적인 자원봉사와 컨설팅 활동도 덜 엄격한 업무로 대체할 수 있다. 팻과 셀린은 생물학과 예술 전문직에만 절대적으로 썼던 에너지의 초점을 전환시켜, 평소 이들의 바람처럼 지역사회 요구에 맞게 활동할 수 있다. 예를 들어, 이들은 젊은 성소수자들에게 건강한 자원을 제공할 수 있다. 셀린은 지역사회 상담자와 함께 성소수자 미술집단을 시작할 수 있다.

사회적 참여

평가 결과, 팻과 셀린은 캐스(Cass, 1979)의 정체성 발달 모델(identity development model)의 정체성 통합(Identity Synthesis) 단계에 있는 것으로 밝혀졌다. 이들이 구축하고 유지하고 있는 지지체계에는 이성애자와 성소수자 모두가 포함되어 있다. 팻과 셀린은 노인들, 여행을 즐기는 사람들과의 사회적 관계를 더 많이 구축해 가기를 원할 수 있다. 이들이 새로운 관계와 사회적 지원 네트워크를 개발하기 위해서는, 편안하게 느껴지는 다른 커뮤니티의 새로운 사람들을 만날 때 두 번째 커밍아웃을 해야 할 수 있다.

지적 자극

펫과 셀린은 아마도 노동시간을 자신의 직업에 종사하며 보냈을 것이다. 은퇴기는 과거 직업적 요구와는 직접 관련 없는 성장 영역을 선택할 수 있는 흥미로운 시기가 될 수 있다. 파킨슨병 때문에 셀린은 미술 작업에 제한을 받고 있지만 미술 관련 다른 분야를 탐색해 볼 수 있을 것이다. 팻은 여행하는 동안 바다에서 스노클링이나 스쿠버 다이빙을 하고 싶은 욕구를 충족시킬 수도 있고 다른 비생물학 분야의 관심을 추구할 수도 있다. 게다가 대학들은 노인에게 많은 교육 기회를 제공하고 있고, 엘더호스텔(elderhostel)[1]에서는 여행 관련 프로그램 및 서비스를 제공하고 있으며, 교육중점 관광과 유람선 여행도 상당히 많이 있다. 이들의 일은 더 이상 학습 영역에 제한되어 있지 않기 때문에, 함께하는 또는 개인적인 지적 자극을 선택할 수 있는 범위와 방법은 무수히 많다.

영적 성장

평가 중에 상담자는 팻과 셀린이 서로 다른 교회에서 종교 활동을 한 적이 있다는 것을 알게 되었다. 두 사람은 신앙의 보수적 측면에는 관심이 없었고, 좀 더 수용적인 경향의 신도들과 교제하곤 했다. 노화는 두 사람 모두에게 추가적인 실존 문제를 제시할 수 있고, 이들은 노화의 의미와 영적 문제를 탐구하는 노인 성소수자 지지집단을 찾아보고 싶어 할 수 있다.

4S 의사결정 모델

셀린의 현재와 미래의 돌봄 문제를 해결하기 위해, 상담자는 슐로스버그 등(1995)의 4S 의사결정 모델을 토머스와 마틴(2010)이 집단상담에 적용한 프로그램에 팻, 셀린, 셀린의 가족을 참여시킨다.

상황

팻, 셀린, 셀린의 가족은 현재 셀린에게 돌봄이 필요한 상태인지 함께 검토해 본 후,

---

1) 역자 주: 미국과 캐나다에 있는 9,007개의 대학 조직망으로, 60세 이상의 노인들에게 교육과 모험이 혼합된 프로그램을 제공함으로써 인생 경험의 기회를 부여해 보자는 취지로 만들어진 시설이다.

지금으로서는 어떠한 돌봄 지원도 필요한 상태는 아니라고 판단했다. 셀린은 집에서 반려동물과 함께 지내며 매우 잘 기능할 수 있다. 나중에 셀린의 가족은 자신들이나 반려동물이 돌보기 힘들 정도로 셀린의 증상이 나빠질지 모른다는 두려움을 표현할 수 있다. 팻과 셀린은 요양시설의 장단점을 살펴보았고, 그러한 시설에서 비이성애 커플이 직원과 입소자들에게 차별을 받는 경우가 많다는 점을 지적했다. 팻과 셀린은 떨어져 지내야 할 수 있고, 팻은 셀린의 치료 결정에 관여할 권리가 거의 없을 수 있다. 편견과 차별 가능성 때문에 팻과 셀린은 그 환경이 애정과 스킨십을 나누는 관계를 유지하기에 안전하지 않다고 느낄 수 있다(Bauman, 2008; Friend, 1990). 셀린을 무엇보다 힘들게 하는 단점은 반려동물과 떨어져 지내야 한다는 점이다. 집단상담을 통해 팻과 셀린은 떨어져 지내는 것에 대한 감정을 표현하고, 셀린의 가족은 셀린이 충분한 보살핌을 못 받을지 모른다는 두려움을 나눌 수 있다.

자기

이 상황에서 논의된 선택의 장단점을 감안하여, 상담자는 셀린을 돌보는 결정에 영향을 줄 수 있는 개인적·인구학적 특성을 탐색하고자 팻, 셀린, 셀린의 가족을 초대한다. 참여자들은 자신의 가치, 셀린을 돌보는 데 협력하려는 의지, 개인적 강점, 힘든 상황에서의 대처 능력, 건강, 재정 능력을 솔직하게 탐색한다. 참여자들은 또한 건강한 발전의 장벽인 근거 없는 믿음에서 벗어나기 위한 작업으로 노화와 노인 레즈비언에 대한 편견을 솔직하게 표현한다. 셀린이 집에 머물든 혹은 요양시설에 입소하든 간에 누가 어떠한 돌봄 임무를 맡을 것인지에 대해 결정을 내린다.

지원

상담자는 참여자들에게 커뮤니티에서 활용 가능한 지지자원을 탐색하는 임무를 부여한다. 교우 관계, 지역사회 네트워크, 파킨슨병 자조집단, 기관 프로그램, 의료 서비스 제공자를 탐색하여 팻과 셀린이 함께 지낼 수 있고, 셀린의 증상이 더 심해질 경우 충분한 치료를 받을 수 있는 방법을 찾는다.

전략

팻, 셀린, 셀린의 가족은 조사하고 확인한 지지자원을 평가한다. 일단 자원이 확인되면, 그 집단은 장점과 단점의 균형을 맞출 수 있고, 실행할 만한 결정을 내릴 수 있다.

자원이 없거나 취약한 영역은 보완할 수 있으며 대체 자원이 개발될 수 있다.

이 4S 집단은 몇 주 또는 몇 개월에 걸쳐 만날 수 있다. 현재와 미래의 돌봄에 대한 최종 결정은 셀린에게 맡겨야 하지만, 혹시 남은 문제가 있다면 대안계획을 세워 조정할 수 있다. 만일 예기치 못한 요인 때문에 상황이 급변할 경우, 상담자는 다시 한번 이들을 초대해 집단상담을 열 수 있다.

성과

팻과 셀린 커플, 팻, 셀린, 셀린과 자녀들의 구체적 목표를 반복적으로 다룬다고 해서 상담의 성과가 반드시 달성되는 것은 아니다. 개인 및 집단 상담이 지역사회 지지, 자조집단과 함께 협력적으로 진행될 때, 모든 구체적 목표가 충분히 달성될 수 있다.

권고사항

간헐적인 개인, 커플 및 가족 상담을 통해, 이 커플이 직면하고 있는 독특한 문제를 다룰 수 있는 충분히 적극적인 옹호가 주어지는 상담 과정 맥락 내에서 계획이 얼마나 효과적으로 달성되고 있는지 평가할 것을 권하고 싶다. 때때로 매월 또는 격월로 진행되는 회기에서 상담자는 이전의 상담을 강화하고, 자원을 추가하며, 변화하는 상황에 따라 목표를 수정하고, 뜻밖의 갑작스러운 요인이 발생할 경우 집중상담을 재개할 수 있다.

임상적 고려사항

버거와 켈리(Berger & Kelly, 1996)는 개인상담을 효과적으로 이끌기 위해서는 이 사례 연구에서 설명한 것처럼 상담자가 성소수자 이슈, 커뮤니티 및 자원에 정통해야 한다고 말했다. 상담자들은 일반적인 노화 문제와 나이 든 레즈비언이 직면하는 구체적인 문제 모두에 특별한 관심을 쏟아야 한다(ALGBTIC, 1997). 의사와 보호자들은 종종 나이 든 사람들의 성적 지향 문제를 인정하거나 논의하기를 꺼린다(National Association on HIV Over Fifty, n.d.). 또한 버거와 켈리는 나이 든 내담자들이 자기개방을 잘 하지 않으려는 경향이 있으며, 상담자가 개방적 분위기를 조성하기 위한 조치를 취하지 않는다면 상담환경을 구축하는 문제가 더 복잡해질 수 있다고 언급했다. 따라서 상담자들은 자신의 내담자를 옹호할 준비가 되어 있을 뿐만 아니라 자기개방을 촉진하기 위해 자기가 가지고 있는 노인차별 문제를 다룰 필요가 있다.

성소수자를 위한 서비스가 없는 비도심에서는 서비스 접근 문제가 더 크게 다가올 수 있다. 버거와 켈리(1996)는 그곳에서는 성소수자 내담자에게 도움이 되는 자원 추천에 제한을 받을 수 있다고 보았다. 이들은 노인 대상 서비스가 종종 비이성애혐오적 특성을 띠거나 노인 성소수자는 없다고 가정하는 비이성애차별주의적 개념을 가지고 있다는 점에 주목했다. 일부 평론가는 성소수자 인구가 도심에 집중되는 현상이 점점 줄어들고 있다고 보고 있지만(Signorile, 1998), 성소수자를 위한 사회적 서비스와 지원은 대부분 도심 중심으로 계속해서 이루어지고 있다(Robinson, 2005). 따라서 문화적으로 민감한 상담자는 레즈비언 내담자를 옹호하고 이들의 서비스 이용을 도울 준비가 되어 있어야 한다.

참고문헌

Association for Lesbian, Gay, Bisexual and Transgender Issues in Counseling (ALGBTIC). (1997). *Competencies for counseling gay, lesbian, bisexual and transgendered (LGBT) clients.* Alexandria, VA: Author.

Bauman, S. (2008). *Essential topics for the helping professional.* Boston, MA: Pearson.

Berger, R. M., & Kelly, J. J. (1996). Gay men and lesbians grown older. In R. P. Cabaj & T. S. Stein (Eds.), *The textbook of homosexuality and mental health* (pp. 305-316). Alexandria, VA: American Psychiatric Association.

Cass, V. C. (1979). Homosexual identity formation: A theoretical model. *Journal of Homosexuality, 4*(3), 219-235.

Friend, R. (1990). Older lesbian and gay people: A theory of successful aging. *Journal of Homosexuality, 20*(3/4), 99-118.

Marsh, L. (2008). *Not just a movement disorder: Cognitive changes in PD.* Retrieved from http://www.apfeldorffoundation.org/uploads/6/0/3/9/6039876/251_cognitive_changes_in_pd.pdf

National Association on HIV Over Fifty. (n.d.). *Educational tip sheet: HIV/AIDS and older adults.* Retrieved from http://www.hivoverfifty.org/

Parkinson's Disease Foundation. (2010). *Symptoms.* Retrieved from http://www.pdf.org/en/symptoms

Riker, H. C., & Myers, J. E. (1989). *Retirement counseling: A handbook for action.* New York, NY: Hemisphere.

Riordan, R. J., & Beggs, M. S. (1988). Some critical differences between self-help and therapy groups. *Journal for Specialists in Group Work, 13,* 24-29.

Robinson, P. A. (2005). *Queer wars: The new gay right and its critics.* Chicago, IL: University of Chicago Press.

Rosner, J. & Henchcliffe, C. (2003). *Coping with dementia: Advice for caregivers.* Retrieved from http://www.pdf.org/pdf/fs_coping_dementia.pdf

Schlossberg, N. K., Waters, E. B., & Goodman, J. (1995). *Counseling adults in transition* (2nd ed.). New York, NY: Springer.

Signorile, M. (1998). *Life outside.* Boston, MA: Harper Perennial.

Thomas, M. C., & Martin, V. (2010). Group work: Elderly people and their caregivers. In D. Capuzzi, D. R. Gross, & M. D. Stauffer (Eds.), *Introduction to group work* (5th ed., pp. 505-536). Denver, CO: Love.

Thomas, M. C., Martin, V., Alexander, J. J., Cooley, F. R., & Loague, A. M. (2003). Using new attitudes and technology to change the developmental counseling focus for older populations. *Counseling and Human Development, 35*(8), 1-8.

7장

아시아계 인도인 여성의 민족 · 성 · 진로정체성

헴라 D. 싱가라벨루(Hemla D. Singaravelu)

37세의 락슈미(Lakshmi)는 로펌 변호사로, 자신의 경력과 직장에 대해 극심한 불만을 가지고 있다. 아시아계 인도인 여성인 그는 백인 남성 위주의 보수적인 회사에서 발전할 수 있는 기회가 없을 것 같다고 느꼈다. 그는 자신에게는 소송 사건이 많이 주어지지 않고, 서류 작업과 비교적 작은 사건들을 처리하며 시간을 보낸다고 생각한다. 그는 혹시나 부정적으로 비칠까 봐 상사에게 이 말을 꺼내는 것을 두려워하고 있다. 심지어 동료들과도 연결감이 느껴지지 않고, 이들과 매우 다르다고 생각한다. 매일 아침 일어나 출근하는 일이 힘들고 단조롭게 느껴지며, 사법시험에 합격한 지 6년이 지난 지금, 자신이 올바른 직업을 선택했는지 의문을 가지고 있다. 그는 책을 읽고 글을 쓰면서 조용한 시간을 보낼 수 있는 주말을 끊임없이 기다린다.

락슈미의 부모는 그가 성취해 온 것들을 매우 자랑스러워하는데, 특히 그가 유명 로펌에 입사한 것에 대해 자부심을 느끼고 있다. 힌두교도라고 밝힌 그의 부모는 그가 16세 때 인도에서 이주해 왔다. 그의 아버지는 의과대학 연구원과 의사로 재직했다. 현재 아버지는 은퇴하였고, 어머니는 약사로 일하고 있다. 락슈미는 네 자녀 중 막내이다. 오빠 2명은 의사이고, 언니는 변호사이다. 10대 시절, 락슈미는 작가가 되고 싶었지만 부모의 반대로 포기했다. 부모는 락슈미에게 작가가 되는 것은 시간 낭비이고 그도 형제

자매의 전철을 밟아야 한다고 말했다. 락슈미는 항상 가족에게 충실했다. 하지만 지난 몇 년 동안 그는 가족에게 마음을 잘 털어놓지 않았다. 가족은 그가 이제 자리를 잡았으니 결혼하라고 압박을 가했다. 이들은 또한 락슈미가 너무 나이가 들면 남편감을 찾거나 아이를 낳을 수 없을지 모른다는 우려를 표했다. 가족에게 알리지 않은 채, 락슈미는 티나(Tina)와 4년 동안 친밀한 파트너십을 맺고 있다.

42세의 티나는 주립대학교의 경제학 교수이다. 그는 레즈비언으로 커밍아웃했고, 성공적으로 자리를 잡았으며, 자기 직업에 행복을 느끼고 있다. 그러나 잠도 잘 못 자고 밥도 잘 먹지 못하며 대부분 불행감을 느끼고 있는 락슈미에 대해 걱정하고 있다. 락슈미는 끊임없이 일에 대해 불평한다. 티나가 직장을 옮기라는 말을 꺼내면 락슈미는 화를 낸다. 락슈미는 그냥 자리를 옮기거나 변화를 만드는 것이 그렇게 쉬운 것이 아니라는 것을 티나가 이해하지 못한다고 하며, 결국 두 사람은 말다툼을 벌이게 된다. 티나는 락슈미가 자신과의 관계에서 행복을 느끼지 못하는 것인지 궁금하다. 어떤 때 티나는 일이나 자신들의 미래에 대해 락슈미에게 이야기하는 것이 어렵게 느껴졌고, 두 사람의 의사소통 방식 또한 다르다는 것을 발견하기도 했다. 4년 동안 티나는 단 다섯 차례 락슈미의 가족을 만났는데, 보통 락슈미는 티나를 '친구'라고 소개했다. 티나는 락슈미가 가족에게 자신들의 관계에 대해 말해 주기를 바란다. 예전에 티나는 이 문제를 여러 번 제기했지만, 결국 둘 사이에 말다툼만 생길 뿐이었다. 락슈미는 가족, 특히 부모가 이들의 관계가 가족에게 끼칠 수 있는 영향을 걱정하여 이들의 관계를 받아들이지 않을 것이라고 생각한다. 그리고 그는 가족의 외면을 받고 싶지 않다. 티나는 직장을 옮기는 것이 이들의 문제를 해결하고 이들의 관계에도 도움을 될 수 있을지 궁금해하고 있다. 락슈미는 파트너인 티나의 재촉에 못 이겨 상담에 왔다.

소개

락슈미의 삶은 여러 차원에서 영향을 받고 있는 것으로 보인다. 분명히 직장생활과 진로 정체성은 그의 개인적 삶과 상당히 많이 얽혀 있다. 다음에서는 먼저 문화적 배경과 관계를 바탕으로 락슈미 사례를 개념화한 다음, 락슈미와 같은 내담자와 작업할 때 상담자가 유념해야 할 문제들을 다루면서 락슈미 삶의 여러 층을 다루겠다. 상담이란 용어는 진로상담과 개인상담 모두를 지칭한다. 상담에서 인간의 삶, 특히 락슈미의 삶을 다루면서 개인상담과 진로상담을 구분하지 않고 함께 병행하는 것이 중요하다.

락슈미 사례의 개념화

문화적 유산과 진로 발달의 시사점

아시아계 인도인이라는 것은 그 자체가 한 개인에게 표면적으로 많은 문제를 가져온다. 락슈미의 부모는 미국으로 이주해 온 이민자로, 여전히 이들의 본국인 인도와 유사한 가치와 신념체계를 가지고 있을 것이다. 집단주의 문화권에서는 흔히 교육을 아이들의 발전에 가장 중요한 것으로 여기는데, 인도 문화에서는 이러한 교육에 대한 강조가 매우 높다. 인도계 후손인 젊은 성인은 자신의 직업 결정이 가족의 이름과 명성에 어떤 영향을 미칠지 잘 알고 있다. 가문의 명성을 위해 특정 직업을 선택하게 될 수 있는데, 이것은 락슈미에게도 해당될 수 있다. 락슈미는 언니의 전철을 밟고, 가족, 특히 부모의 기대를 충족시키기 위해 법학을 선택했을 수 있다. 예술이나 글쓰기에서 경력을 쌓는 데 집중하는 것은 생계, 지역사회 내 가족의 위상, 그리고 어쩌면 지역사회에서의 그의 위상에 비추어 볼 때 부정적 의미를 가질 수 있다.

또한 집단에 대한 의무와 복지뿐 아니라 정서적 상호 의존의 중요성이 전형적인 집단주의 문화에 내재되어 있다. 연장자에 대한 존경과 숭배, 가족에 대한 충성과 의무, 교육 · 자기수양 · 도덕에 높은 가치를 두는 것, 수치심, 질서, 가족 및 성별 위계구조와 같은 다른 가치들(Ho, 1987; Triandis, 1995)도 강조된다. 인도의 강한 공동체 의식과 집단 중심적 태도는 대체로 가족 및 사회 전반의 위계구조를 보다 잘 수용하고 있음을 의미한다(Almeida, 2005). 가족구조에서 두드러진 가족 관계 역할은 아버지/아들, 남편/아내 그리고 손위 형제자매/손아래 형제자매이다. 가족구조는 관습적으로 위계적이고 가부장적이며, 아버지가 가장 역할을 맡고 있다. 아시아인 부모는 권위를 지닌 존경의 대상이며, 나이가 들수록 권위와 존경의 중요성은 커진다. 나이가 들면 부모는 대개 자녀들과 함께 살거나 자신의 거주지에 계속 머무를 수 있다. 이러한 대부분의 전통적 가치를 벗어난다는 것은 온 가족이 체면을 잃게 된다는 것을 의미할 수 있다. 전통적인 카스트 제도가 철폐되었음에도 불구하고, 사회 계급과 지역사회 지위에 대한 태도는 여전히 남아 있다. 진로 선택은 사회적 지위와 가족 배경에 영향을 미치고 그것들을 반영한다. 그러나 이러한 문화적으로 미묘한 차이는 새로운 국가인 미국에 문화적 적응을 한 락슈미에게는 완전히 적용되지 않을 수도 있다. 부모와 달리 락슈미는 이러한 가치관과 신념체계를 가지고 있지 않을 수도 있고, 전통적 역할을 고수하지 않을 수도 있다. 하지만 그의 부모는 부모로서의 권위가 약화되어 자녀와 더 큰 세대 차이가 생겼다고 생각할 수도 있다.

제공된 정보를 바탕으로 볼 때, 락슈미의 가족 모두 권위 있는 의료인과 법조인이라는 주제가 있다. 더욱이 글 쓰는 일에 '시간을 낭비하지' 말고 형제자매와 비슷한 정도의 학력을 추구하라는 가족의 명령이 있다면, 락슈미 자신도 처음 직업 선택에서 그랬듯이 높은 수준의 교육적 성취와 전문적 업적을 중요하게 추구할 가능성이 높다. 이것은 가족 내에서의 주제일 뿐 아니라 기대이다. 심지어 그의 연애 파트너인 티나도 교수로서 직업적 성공을 거둔 사람이다.

게다가 락슈미의 성별과 민족 대표성은 일에서의 성공과 편안함의 수준에 영향을 미칠 수 있다. 그의 상사는 그가 남자 동료보다 능력이 떨어진다고 보고, 그가 하고 있는 일을 당연하게 생각하고 있을 가능성이 있다. 비록 그는 유명 로펌에 있지만, 남자 동료들보다 돈을 덜 벌 가능성이 높다.

정체성

한 사람의 자기감, 자존감, 신뢰감은 개인적 정체성의 발달 및 상태에서 핵심적 역할을 한다. 정체성에 전념하는 것은 정서적 적응, 웰빙, 만족을 위해 중요하다. 락슈미에게 정체성이란 민족 정체성(Greene, 1994), 성적 정체성, 진로 정체성이 통합된 개념일 수 있다. 문화적 측면에서 보면, 그는 인도에서 15년 동안, 그리고 미국에서 22년 동안 살았기 때문에 최소한 두 문화 모두의 영향을 받고 있다. 사춘기와 젊은 성인기의 상당 부분을 미국에서 보냈다는 점을 감안할 때, 락슈미는 그가 출신 문화와 어느 정도 스스로를 동일시하는지, 이것이 가족 관계와 진로 결정에 어떠한 영향을 미치는지에 대해 확실히 말하기 어렵다.

하지만 그가 그것을 가족과 가능한 한 동료들에게도 비밀로 해 왔다는 사실에 근거해 볼 때, 그는 자신의 성 정체성, 성적 지향에 대해 그렇게 편안하게 느끼지 않는다는 것이 분명하다. 커밍아웃은 자신의 성적 지향을 인정하고, 게이나 레즈비언으로서의 정체성을 자신의 개인적 · 사회적 세계에 통합시키는 과정을 수반한다. 자신이 게이나 레즈비언이라는 것을 깨닫고 완전히 받아들이는 데는 보통 몇 년이 걸린다. 일단 자기 자신에게 커밍아웃하고 나서 다른 사람들에게 커밍아웃하는 데 몇 년이 더 걸릴 수도 있다. 섹슈얼리티가 거의 논의되지 않는 힌두 문화에서는, 힌두교에서 비이성애 관계와 젠더 다양성을 보여 주는 상징이 있음에도 불구하고, 비이성애를 부적절한 행동이나 삶의 경로로 간주하고 있다. 따라서 락슈미가 가족에게 커밍아웃하기 어려워하는 이유가 내재화된 동성애혐오와 가족의 외면을 두려워하는 데서 비롯된 것이라면, 그의 행동은 쉽게 이해할 만하다. 비비언 캐스(Vivienne Cass, 1979)의 정체성 형성 모델에서 제시된 바와 같이, 락슈미는 자신의 성 정체성을 용인하는 것과 수용하는 것 사이에 위치할 가능성이 있다. 그것은 그가 공적 정체성(이성애자)과 사적 정체성(레즈비언)이라는 2개의 분리된 정체성을 유지하고 있으며, 자신의 성적 지향을 선택적으로 공개하고 있다는 의미이다. 그는 커밍아웃의 기회가 와도 패싱하면서(이성애자인 척하면서) 사회, 특히 직장에 적응하려고 애쓰고 있을 수 있다. 이 전략은 비이성애에 대한 (부정적일 것으로 예상되는) 타인의 반응에 직면하는 일을 방지하는 데 효과적이다.

현대인들의 자기가치감과 정체성은 직업과 진로정체성에 제한되어 있다. 락슈미는 분명히 자신의 직업 선택에 문제가 있다고 생각하고 있고 지금의 근무환경에 불만을 가지고 있다. 일을 한다는 것은 심리적 건강을 지키는 데 있어 매우 중요하다. 일이 더 넓은 사회세계와의 연결을 촉진하고, 웰빙을 증진시키며, 만족과 성취의 수단을 제공할 수 있기 때문이다. 일을 그만두면 관계 불화뿐 아니라 불안, 우울 그리고 다른 심각한 상황이 생겨날 수 있다. 락슈미가 스스로를 설명할 때 얼마나 가치 있는 사람으로 묘사할지 궁금하다. 게다가 백인 남성이 주로 일하는 직장에서 아시아인으로 지내는 것이 불편할 수 있다. 여기에 성소수자라는 입장까지 합쳐져 락슈미는 많은 고통을 느끼고 있을 수 있다. 그래서 그가 동료들과 관계를 잘 맺기 어려워하는 것은 어쩌면 당연한 일이다. 그러나 락슈미가 자신의 정체성을 어떻게 묘사할 것인지, 어떠한 형태로 일, 가정, 가족생활을 통합할지는 분명치 않다.

개입

락슈미가 상담 과정에 익숙한지는 확실하지 않으므로, 첫 회기에는 그에게 상담 과정을 설명하고 상담에 대한 그의 태도와 인식을 알아보는 시간을 갖는 것이 중요하다.

그의 호소 문제는 첫 회기에 다루어져야 한다. 전반적인 불행감, 식욕부진, 수면 부족과 같이 우울증과 흡사한 일부 증상은 필요에 따라 그의 일상적 기능을 돕기 위해 다루어져야 한다.

상담 접근법의 측면에서 락슈미는 해결중심 또는 인지행동 접근처럼 보다 지시적 형태의 상담을 선호할 수 있으며, 심지어 상담자에게 해결책을 기대할 수도 있다. 락슈미는 상담자의 상담 접근법, 내담자-상담자 역할 그리고 상담이 협력과 탐색 과정을 필요로 한다는 사실을 알아야 한다. 또한 락슈미는 이야기상담에 편안함을 느낄 가능성이 있다(Savikas, 2000). 이야기상담은 알지 못한다는 개방적 입장을 취하는 데 용이하므로, 내담자는 자신의 이야기를 공유할 수 있고 이 경우에는 문화적 배경과 경험까지 나눌 수 있다. 락슈미에게 어떤 상담 접근법을 적용하든지 간에 그의 가치관과 신념체계는 문화적 유산과 양육의 영향을 받았으며, 이는 상담자의 신념과 크게 다를 수 있다는 것을 기억하는 것이 중요하다. 또한 상담자는 많은 상담 접근법(진로이론 포함)이 서구의 가치와 신념에 기초하고 있으며, 따라서 접근법의 어떤 구성개념들은 락슈미와 같은 사람에게 직접적으로 적용되지 않거나 가족의 기능을 이해하는 데 적용되지 않을 수 있다는 것을 알아야 한다. 따라서 이러한 접근법에 대한 일부 조정이 필요할 것이다.

진로 생애곡선(career lifeline), 가계도와 같은 특정 도구를 활용하면 대화를 위한 기반을 만들고 락슈미에 대한 더 많은 정보를 얻는 데 도움이 된다. 연대기적 생애 주기를 나타내는 진로 생애곡선은 초기 기억에서부터 현재에 이르기까지 락슈미의 진로 발달과 결정에 영향을 미친 모든 긍정적이고 부정적인 경험과 사건을 추적할 수 있게 해준다. 여기에는 그의 삶의 중요한 이정표가 포함된다. 이 활동은 락슈미에게 자신의 진로가 스스로에게 무엇을 의미하는지 그리고 관련된 다양한 요소와 문제들에 대해 생각해 볼 수 있게 할 것이다. 이와는 대조적으로, 그의 가계도는 최소 3세대의 가족 진로, 수용될 수 있는 직업 선택 · 성취 · 성공에 대한 생각, 관계 역동, 성역할, 기대 등과 관련하여 여러 세대에 걸친 주제를 시각적으로 표현해 줄 것이다. 가계도를 활용하면 가치와 신념 그리고 가족 관계, 정서적 관계, 사회적 관계가 정의되는 방식을 모두 발견할 수 있다(McGoldrick & Gerson, 1985). 또한 락슈미의 관심사, 능력(예: 스트롱 직업흥미검사), 성격(예: MBTI)을 알아볼 수 있는 평가와 활동은 그의 선호와 비선호를 분명히 하는 데 도움이 될 수 있다.

락슈미와의 상담에서 중요한 점은 그의 성 정체성 발달, 진로 발달, 그 둘의 상호작용 방식이다. 따라서 그가 직업적 만족을 얻기 위해서는 성적 지향과 직업 선택이 어느 정도 함께 고려되어야 한다. 정체성 발달의 단계를 거칠 때는 직업 선택의 문제가 다시 부각되기 마련이고, 따라서 이것은 재평가되어야 한다.

또한 락슈미와 파트너와의 관계, 그것이 그의 진로 결정에 어떤 영향을 미칠 수 있는지를 다루는 것도 중요하다. 락슈미와 티나는 서로 다른 인종 또는 서로 다른 문화 간의 관계를 안고 있다. 의사소통을 할 때 어떤 문화적 불일치가 발생하는지, 각자 관계의 의미를 어떻게 정의하는지, 진로 발달과 의사결정에 대해 어떤 메시지를 받아 왔는지, 성취와 성공을 어떻게 정의하는지, 그리고 이들의 전반적인 가치와 신념에서 어떤 차이가 있는지를 다루는 것이 중요할 것이다.

이성애 커플에게도 헌신적인 관계를 관리하고 유지하는 일은 어려울 수 있다. 하지만 따라 할 만한 모델이 없거나 서로에 대한 헌신을 수용하거나 인식하지 못한다면 동성애 관계에서 헌신적 관계를 이어 가는 일은 더욱 어려운 일이 될 것이다(Ritter & Terndrup, 2002). 락슈미와 티나의 경우도 마찬가지이다. 게다가 결혼하여 가족의 지지를 유지하고자 하는 압박감과 자신의 공동체를 떠나 다른 삶의 길을 선택하고자 하는 압박감 사이에서 고군분투하는 것은 관계와 진로 결정에 대한 스트레스를 가중시킨다. 락슈미가 티나를 상담시간에 데리고 와 이 문제들을 같이 다룰 수 있다면, 상담에서 결정적 도움을 줄 수 있을 것이다.

락슈미에게 물어볼 만한 질문이 몇 가지 있다. 예를 들어, 그는 자신의 성 정체성에 대해 편안함을 느끼는가? 그의 가치관과 신념은 부모와 어느 정도 비슷한가? 그는 왜 법을 직업으로 선택했는가? 예전에 티나와 락슈미 사이에 이러한 긴장감을 느껴본 적이 있는가?

결론

37세의 아시아계 인도인 레즈비언 변호사 락슈미의 인생 결정은 진로, 민족성, 성적 지향이 만나는 지점에서 이루어질 수 있을 것이다. 그의 직장생활과 진로정체성은 개인적 삶과 매우 얽혀 있다. 따라서 문화적 배경과 관계를 바탕으로 락슈미를 이해하는 것이 중요하며, 그의 많은 정체성을 분리시켜 보는 것은 적절하지 않을 것이다. 대신 상담자는 그가 상담에 가져온 문제의 해결을 돕기 위해 복잡하고 풍부한 인생을 충분히 인식하고자 하는 태도로 그를 만나야 할 것이다.

참고문헌

Almeida, R. (2005). Asian Indian families: An overview. In M. McGoldrick, J. Giordano, & N. Garcia-Preto (Eds.), *Ethnicity and family therapy* (pp. 377-394). New York, NY: Guilford Press.

Cass, V. C. (1979). Homosexual identity formation: A theoretical model. *Journal of Homosexuality, 4*(3), 219-235.

Greene, B. (1994). Lesbian women of color: Triple jeopardy. In L. Comas-Diaz & B. Greene (Eds.), *Women of color: Integrating ethnic and gender identities in psychotherapy* (pp. 389-427). New York, NY: Guilford Press.

Ho, M. K. (1987). *Family therapy with ethnic minorities.* Newbury Park, CA: Sage.

McGoldrick, M., & Gerson, R. (1985). *Genograms: Assessment and intervention.* New York, NY: Sage.

Ritter, K., & Terndrup, A. (2002). *Handbook of affirmative psychotherapy with lesbians and gay men.* New York, NY: Guilford Press.

Savickas, M. (2000). Renovating the psychology of careers for the twenty-first century. In A. Collin & R. Young (Eds.), *The future of career* (pp. 53-68). Cambridge, England: Cambridge University Press.

Triandis, H. C. (1995). *Individualism & collectivism: New directions in social psychology.* Boulder, CO: Westview Press.

2부 관계 이슈

Casebook for Counseling
Lesbian, Gay, Bisexual, and Transgender
Persons and Their Families

유능한 상담자는 다음 사항들을 숙지해야 한다.

- 성소수자들이 경험하는 사회적인 편견과 차별을 인정하고 이들이 자신의 성적 지향과 성별 정체성에 관해 내재화한 부정적 태도를 극복하도록 도울 수 있다.
- 비이성애차별주의가 많은 제도와 전통의 사회 및 문화적 기반에 널리 퍼져 있으며 성소수자들을 향한 부정적인 태도를 초래할 수 있음을 이해한다.
- 생물학적 · 가족적 · 심리사회적 요인들이 성소수자의 성적 지향 및 성별 정체성 발달과정에 영향을 끼칠 수 있음을 이해한다.
- 성소수자들과 가족을 위한 상담에 특화된 태도, 지식, 기술을 향상하기 위해 전문성을 발달시키고자 한다.

우리가 맺고 있는 관계들은 삶의 만족도에 중요한 역할을 한다. 특정한 관계에 속한 성소수자들은 많은 어려움을 겪게 된다. 2부에서는 이러한 관계에 내재하고 있는 문제들 및, 상담자가 성소수자 내담자들이 그러한 문제들을 해결할 수 있도록 돕는 방법들을 소개할 것이다.

2부의 첫 번째 장은 콜린 M. 코널리(Colleen M. Connolly)의 '레즈비언 커플 및 결혼 상담'이다. 성소수자 내담자와의 상담에서 필수적인 작업이라 할 수 있는 유능한 커플 및 결혼 상담에서는 고유한 평가와 개입이 필요하다. 성소수자 커플들은 수많은 문제를 직면하게 된다. 예를 들어, 이들은 때때로 차별과 혐오로부터 자신을 보호하기 위한 노력을 매일 해야 하는데, 이는 관계적 소진과 불안정을 초래할 수 있고 궁극적으로는 우울, 불안, 성적 친밀감 문제, 약물 및 알코올 남용, 자살 경향성과 같은 문제들을 일으킬 수 있다. 사회적 차별이 만연한 환경에서 발생하는 이러한 어려움과 스트레스 요인은 인지되거나 명명되지 않거나 심지어 당사자들에 의해 문제 제기가 되지 않기도 한다. 그러나 스트레스 요인들을 제대로 다루지 않으면 내재화된 커플 역동을 악화시키고 만성적 스트레스의 과부하 및 관계적 단절로 이어질 수 있다. 이와 관련하여 8장에서 코널리 박사는 크리스(Chris)와 재키(Jackie)의 사례를 제시하고 효과적 및 비효과적 상담 기법과 개입을 설명할 것이다.

때로는 커플의 문제는 개인상담의 맥락에서 다뤄지곤 한다. 아먼드 R. 서본(Armand R. Cerbone)은 '남성 동성애자 관계 내 욕망, 사랑, 수치심: 타일러의 사례'에서 바로 그러한 경우를 소개한다. 수치심은 남성 동성애자 관계에서 중요한 부분일 수 있다(Downs, 2005). 다운스(Downs, 2005)에 의하면 수치심은 세 단계를 지닌다. 첫 번째는 수치심에 압도되는 것, 두 번째는 이를 상쇄하기 위해 노력하는 것, 마지막은 자신의 진정한 모습을 발견하는 것이다. 대부분의 남성 동성애자가 성장 과정에서 느낀 수치심은 이들의 전 생애에 걸쳐 이루어지는 발달 과업에 영향을 끼칠 수도 있다(Cerbone, 1990). 일부는 수치심의 영향으로 성적 친밀감과 관련된 문제를 겪는다. 그러나 남성 동성애자들은 만족스러운 관계와 삶을 영위하는 데 필요한 회복탄력성과 문제 해결 능력을 갖추고 있다. 9장에서 서본 박사는 개인상담을 통해 동성애혐오적(homophobic)이고 이성애중심적인(heterocentric) 문화적 맥락에서 장기적인 관계를 조율하면서 발생한 관계와 성적 친밀감에 대한 개인적인 갈등을 해결할 수 있도록 도운 과정을 보여줄 것이다.

대부분의 사람에게 양육은 고된 과정이다. 그리고 앞서 말한 것처럼 성소수자 커플은 특수한 어려움을 겪게 된다. 수전 캐슈벡-웨스트(Susan Kashubeck-West)는 10장 '레즈비언 커플의 양육 문제'에서 이에 대해 논의할 것이다. 캐슈벡-웨스트 박사는 다문화적 및 여성주의적 관점에서 접근한 커플인 다이앤(Diane)과 자스민(Jasmine) 그리고 이들의 네 살짜리 아들인 테오(Theo)의 사례를 제시할 것이다. 이러한 접근은 내담자가 지닌 복합적이고 상호 교차적인(intersecting) 정체성으로 인해 사회적 환경에서 경험하는 여러 가지 특권과 억압을 이해하고자 한다.

이 사례에서 캐슈벡-웨스트 박사는 커플에게 의사소통 기술을 설명하고 상대 파트너가 각자의 가족에게서 경험한 바를 존중하고 이들이 하나의 팀으로서 협력할 수 있도록 안내한다. 또한 그는 이 가족이 수용적인 사회적 지지체계에 연결될 수 있게 노력했지만, 이는 뜻대로 되지 않았다.

그다음 장인 코니 캘러핸(Connie Callahan)과 셜리 코넷(Shirley Cornett)의 '회피하는 남편과 곤란한 가족'에서는 체계(systems)에 주목하는 접근법을 활용한 상담 사례가 나온다. 이 장에서는 양쪽이 이성애자로 가정되었던 커플에서 한쪽이 게이로 커밍아웃하면서 생긴 매우 어려운 상황을 다룬다.

가족들은 체계 접근법하에 가장 잘 이해될 수 있다. 이 사례에서 캘러핸 박사와 코넷 박사는 개인적, 상호 간, 세대 간, 공동체적 차원에서의 체계를 탐색하였다(Breen-Ruddy & McDaniel, 2008; Weeks, 1989). 또한 이들은 정식적인 평가를 위해 결혼만족도 검사(Crane, Newfield, & Armstrong, 1984)와 비형식적인 평가를 위해 사티어의 책(Satir,

1972)을 활용했다. 상담 과정에서 각 가족 구성원이 제기한 문제는 건강한 가족 기능의 손상을 초래한 왜곡된 투사를 밝힐 수 있는 단서를 제공하였다(Satir, 1982). 이 사례는 남편의 커밍아웃, 민족(히스패닉계) 및 종교(가톨릭교)와 관련된 복합적 문제, 아내의 정신질환, 이 모든 문제가 가족에게 미친 영향을 설명할 것이다.

성소수자 커플과 가족은 때로 국제적으로 관계를 맺는다. 스튜어트 F. 첸-헤이즈(Stuart F. Chen-Hayes)는 '국제적/이중국적의 동성 커플 및 가족에 대한 상담 및 지지'에서 이러한 경우를 제시한다. 첸-헤이즈 박사는 이 사례를 통해 2009년에 그가 도입한 이민자차별주의(immigrationism) 및 가족주의(familyism)의 개념을 보여 준다(Chen-Hayes, 2009). 이러한 개념들은 한 국가에서 비시민권자와 이들의 자원에 제약을 가하는 주류 문화에 속하는 시민권자들 간의 권력 차 때문에 생기는 선입견을 의미한다. 이 사례는 다인종적 · 다언어적 · 다국가적인 동성애자 커플과 자녀로 이루어진 가족이 두 국가 사이에서 진로 결정, 양육, 커플 스트레스 요인 등에 관해 고민하는 과정을 보여 준다. 이 책의 다른 사례 연구와 마찬가지로, 이 장에서의 상담 또한 가족체계 및 인지치료 이론을 활용하였다. 가족체계이론은 개인의 병리학적 상태보다 관계적 상호작용에 주목하고(Goldberg, 2010) 보통 내담자에 대한 진단을 내리지 않는다.

비독점적 관계(nonmonogamy)[1]는 많은 커플에게 영향을 끼친다. 대부분의 상담 훈련에서 이 개념을 마치 부정(不貞, infidelity)과 같은 것으로 부정적인 의미로 이해한다. 그러나 항상 그렇지는 않다. 사리 H. 드워킨(Sari H. Dworkin)은 '관계에 대한 상담자의 생각을 확장하기'라는 장에서 이 문제를 다룬다. 상담자는 양성애자인 내담자와의 상담 과정에서 비독점적 관계이나 비독점적 다자연애(polyamory)[2]와 관련된 문제가 등장할 수 있음을 염두에 두어야 한다(Dworkin, 2002; Gustavson, 2009). 많은 상담자는 비독점적 관계 상태에서의 헌신적인 관계를 이해하기 어려워하기 때문에, 자신의 편견이 탐색을 방해하지 않도록 어떠한 편견을 가졌는지 검토해야 한다. 그리고 많은 양성애자 내담자가 이성애자로 정체화하는 파트너와의 결혼 상태에 있는데, 이는 특히 양성애자인 파트너가 양성애적 관계를 시도하기 희망할 때 문제가 생길 수 있다(Dworkin, in press). 드워킨 박사는 이 사례를 통해 자신의 사고를 확장해야 했으며 자신의 역전이

1) 역자 주: 일대일의 독점적인 관계(monogamy)와 관련된 규범에서 벗어나, 동시에 여러 명과 일시적 또는 장기적으로 성적인 또는 친밀한 관계를 맺는 모든 형태의 관계를 가리키는 포괄적 용어이다.

2) 역자 주: 비독점적 관계의 한 형태로, 관계에 속한 모든 사람의 합의하에 1명 이상의 파트너와 성적인 또는 친밀한 관계를 맺는 것을 뜻한다.

가 상담 과정에 방해가 되지 않도록 주의했다. 이 사례에서 이성애자와의 혼인 관계에 있으며 자신을 이성애자로 정의하던 내담자는 여성과 사랑에 빠지게 되어 자신의 성 정체성에 양성애를 포함하고 결혼 관계에 사랑하는 남편과 그 여성을 동시에 포함하도록 자신의 성 정체성과 관계를 확장하게 된다.

2부의 마지막 14장에서는 상담 주제가 애도상담에서 양성애와 관련된 문제로 변화하는 과정을 다룬다. 베스 A. 파이어스타인(Beth A. Firestein)이 '양성애자 내담자와의 상담: 부분의 합 이상'이라는 장에서 이에 대해 소개할 것이다. 모든 상담자는 내담자가 처음에는 한 가지 문제나 그와 관련된 문제들을 주로 호소하다가 상담을 진행하면서 다른 문제가 더 중요하게 떠오르는 경우를 목격하게 된다. 파이어스타인 박사의 첫 번째 사례는 애도상담에서 시작하여 양성애와 관련된 문제로 끝나는 경우를 보여 준다. 그는 애도 및 트라우마를 다루는 작업에서 출발하여, 양성애자로서의 성 정체성과 관련된 문제들에 대한 고민을 중요하게 다루게 된다. 또한 이 사례는 파트너의 욕구와 가족과의 지속적 관계 사이의 균형을 맞추기 위한 방법에 대해 탐색한다. 두 번째 사례는 양성애자로 정체화하는 여성과, 남성에서 여성으로 성별을 트랜지션한 그의 남편에 대한 매력적인 이야기이다. 파이어스타인 박사는 여성주의적 상담 접근을 중요하게 생각하며 성소수자 내담자와의 상담 경험을 지니고 있었는데, 이 이야기에 등장하는 내담자가 이 때문에 그에게 상담을 받으러 찾아왔음을 알고 있었다. 그 내담자는 파트너의 트랜지션 과정에 매우 지지적이었으나 상대의 정서적인 문제가 관계에 영향을 끼치게 되었다. 이로 인해 내담자는 관계를 개방하는 것을 고려하게 되었다. 이 두 번째 사례를 통해서도 내담자가 비독점적 관계의 가능성을 탐색해 볼 수 있도록 돕는 과정을 잘 보여 줄 것이다.

참고문헌

Breen-Ruddy, N., & McDaniel, S. H. (2008). Couple therapy and medical issues: Working with couples facing illness. In A. S. Gurman (Ed.), *Clinical handbook of couple therapy* (4th ed., pp. 618-640). New York, NY: Guilford Press.

Cerbone, A. R. (1990, August). ***Coming out as a lifelong developmental issue: Erik Erikson rethought***. Poster session presented at the 97th Annual Meeting of the American Psychological Association, Boston, MA.

Chen-Hayes, S. F. (2009). Types of oppression. In American Counseling Association (Ed.), *The ACA encyclopedia of counseling* (pp. 383-384). Alexandria, VA: American Counseling Association.

Crane, D., Newfield, N., & Armstrong, D. (1984). Predicting divorce at marital therapy intake: Wives' distress and the Marital Status Inventory. *Journal of Marital and Family Therapy, 10,* 305-312.

Downs, A. (2005). *The velvet rage: Overcoming the pain of growing up gay in a straight man's world.* Cambridge, MA: DaCapo Press.

Dworkin, S. H. (2002). Biracial, bicultural, bisexual: Bisexuality and multiple identities. *Journal of Bisexuality, 2*(4), 93-107.

Dworkin, S. H. D. (in press). Bisexual identities: Current research and future directions. In C. J. Peterson & A. R. D'Augelli (Eds.), *Handbook of psychology and sexual orientation.* New York, NY: Oxford University Press.

Goldberg, A. E. (2010). *Lesbian and gay parents and their children: Research on the family life cycle.* Washington, DC: American Psychological Association.

Gustavson, M. (2009). Bisexuals in relationships: Uncoupling intimacy from gender ontology. *Journal of Bisexuality, 9,* 407-429.

Satir, V. (1972). *Peoplemaking.* Palo Alto, CA: Science and Behavioral Books.

Satir, V. M. (1982). The therapist and family therapy: Process model. In A. M. Horne & M. M. Ohlsen (Eds.), *Family counseling and therapy* (pp. 73-94). Itasca, IL: Peacock.

Weeks, G. R. (1989). *Treating couples: The intersystem model of the Marriage Council of Philadelphia.* New York, NY: Brunner/Mazel.

8장

레즈비언 커플 및 결혼 상담

콜린 M. 코널리(Colleen M. Connolly)

유능한 커플 및 결혼 상담은 성소수자 내담자와의 상담에서 필수적이며, 이에는 고유한 평가와 개입이 필요하다. 이 장에서는 크리스와 재키라는 커플과의 상담에서 활용했던 효과적이었거나 그렇지 않았던 상담 기법과 개입을 소개하고자 한다. 그리고 이 커플이 받았던 상담 과정을 묘사함으로써 이들의 이야기를 조명할 뿐만 아니라, 대부분의 성소수자 커플이 지닌 문제와 강점을 더욱 넓게 살펴보고자 한다.

성소수자 커플은 많은 혐오 및 차별 문제를 마주하게 된다. 성소수자가 법적으로 혼인할 수 있는 권리를 박탈하는 주나 국가에서 성소수자에게 "결혼했어요?"라고 무의식적으로 묻는 것처럼, 일상에서 은밀한 방식으로 발생할 수 있다. 또는 "신은 동성애자를 미워한다."라는 혐오가 가득한 문구의 피켓을 뉴스 보도에서 보는 것처럼, 먼 곳에서 노골적으로 행해지기도 한다. 일상에서 때때로 이러한 혐오 및 차별로부터 자신을 보호하는 것은 관계적 소진과 불안정을 초래할 수 있다. 이는 결국 우울, 불안, 성적 친밀감과 관련된 문제, 약물 및 알코올 중독, 자살 경향성과 같은 문제들로 이어질 수도 있다. 사회적 차별이 만연한 맥락에서 이러한 문제들은 인지되거나 명명되지 못하거나 심지어 당사자에 의해서도 문제 제기가 되지 않기도 한다.

이 장에서 나오는 커플은 상담의 세 가지 단계를 보여 준다. 이는 미국 사회에 내재하고 있는 근본적인 혐오 및 차별 문제들과 이에 대한 상담 진행과정을 보여 주며, 언제 개인상담 또는 커플상담을 진행하면 좋은가에 대한 정보를 제공해 준다. 이 사례에 나온 이름들은 의도적으로 성별이 구분되지 않게 표현하였다. 재클린(Jacqueline)과 크리스틴(Christine)이건, 잭(Jack)과 크리스토퍼(Christopher)이건, 또는 재클린과 크리스토퍼이건, 커플에게 영향을 끼치는 문제들은 다문화적 및 비교문화적 맥락에서 초기에 철저하게 다뤄져야 한다. 혐오 및 차별 문제는 커플 내의 개인, 커플을 둘러싼 지지체계, 상담자-내담자 상호관계에 영향을 끼친다. 비록 재키와 크리스가 첫 번째로 받았던 커플상담은 불만족스러운 성과에 그쳤으나, 이들은 마침내 이들의 개인적 및 관계적 여정을 도와줄 적합하고 유능한 상담자를 만날 수 있게 되었다.

상담 삽화

크리스와 재키는 망설임 끝에 상담을 신청하게 되었다. 수년 전에 커플상담을 받아 봤는데 그 경험이 어땠는지 묻자 탄식했다. 당시에 두 사람은 평소보다 더 다투었으며 서로 거리를 두다 보니 정서적 · 성적 · 지적 친밀감이 낮아졌고 그러한 상태가 일상이 되었다고 했다. 이들은 항상 일대일의 독점적인 관계를 규칙으로 삼고 있었지만, 재키가 1년간 바람을 피우게 되면서 두 사람의 관계가 크게 단절되었다. 그 시기에 둘은 상당히 소원해졌고 대화로 문제를 해결하려고 하면 금방 분위기가 과열되면서 더 큰 상처와 단절로 이어졌다고 했다.

이들은 모임에서 어떤 사람의 강력한 권유로 커플상담을 받게 되었다. 재키의 불륜을 이야기하는 방법, 경계를 설정하는 방법, 관계 내 자율성을 존중하는 방법 찾기는 초기 상담의 가장 중요한 목표가 되었다. 하지만 상담실 안에서 이들의 갈등은 고조되었고 집에서도 잦은 다툼이 일어나곤 했다. 둘 사이의 스트레스와 긴장은 지속되었고 결국 둘은 함께 살지 않기로 했다.

그렇지만 재키와 크리스는 관계를 완전히 끝내기를 원하지는 않았다. 그러나 이들은 안전하고 서로 만족감을 느낄 수 있는 동거 상태로 다시 돌아가기 어려워했다. 거의 2년 동안 이들은 전환기를 보내게 되었다. 둘은 친밀한 친구처럼 지내다가 어떨 때는 연인처럼 지냈고 다른 사람과 연애 관계를 발전시키기도 했다. 그러나 이들은 여전히 서로를 중요한 가족으로 생각했다. 이들은 두 번째 시도로 따로 개인상담을 받기로 했다. 개인상담 과정은 불륜도 관계 내 갈등도 아닌, 둘의 관계를 악화시킨 상상도 할 수 없었던 상실에 대한 애도 작업을 기반으로 했다.

이 사회에서 성소수자가 권리를 박탈당한 채 살아가는 과정에서 겪을 수 있는 상실은 직업 또는 경력의 상실, 부모로부터의 단절, 자해와 같이 여러 형태로 나타난다. 재키와 크리스에게 결정적인 상실은 아이들, 궁극적으로는 가족을 상실한 경험에서 비롯되었다.

크리스와 재키는 각각 49세, 42세였던 당시에 서로 상대 파트너의 가족과 약 10년간 원만한 관계를 유지하고 있었다. 재키의 오빠와 올케는 둘의 관계에 개방적이고 수용적인 태도를 보였으며 그 둘이 자신의 자녀들에게 두 번째 부모가 되어 줄 것을 적극적으로 권했다. 이는 사실 재키의 올케가 유방암 진단을 받은 이후 아이들을 돌볼 시간이 부족했기 때문이었다. 재키와 크리스는 올케가 여러 번에 걸쳐 화학요법을 받는 동안에 집에 방문하여, 아이들과 시간을 보내면서 아이들과 친밀하고 애정 어린 관계를 이루게 되었다. 아이들은 곧 이들의 삶의 중심이 되었다.

그런데 어느 날 모든 것이 끝났다. 갑자기 재키의 오빠와 올케가 크리스와 재키에게 단 둘이서는 더는 아이들을 돌볼 수 없다고 통보했다. 이들은 재키와 크리스가 아이들을 돌보기에는 적합하지 않으며 둘의 관계가 잘못되었다고 이야기했다. 그 가족에게는 새롭게 자리 잡은 종교적 신념이 더 중요해졌다. 수년간 애정으로 돌보았던 아이들과 재키 및 크리스의 관계는 갑작스럽게 끝이 났다. 이 사건은 이들을 매우 취약하게 만들었으며 신뢰를 잃어버리게 하고 고립시켰다. 이들이 겪었던 단절과 정서적 폭력은 끝이 없어 보이는 후유증을 남겼다. 그러나 대부분의 친구는 그 둘이 그런 고통을 겪고 있다는 사실뿐만 아니라 심지어 수년째 별거하고 있다는 사실조차도 모르고 있었다. 그래서 재키와 크리스는 친구들에게서 도움을 얻지도 못했다.

재키와 크리스는 각자가 지닌 내면화된 동성애혐오(homophobia)의 수준에 놀랐다. 왜냐하면 이들은 이 주제에 대해 꽤 교육받았을 뿐만 아니라 각자 다른 방식으로 사회정의 문제를 해결하기 위해 활발하게 노력했기 때문이었다. 그러나 외부적인 동성애에 대한 선입견의 영향으로 이들은 상당한 수치심을 느꼈으며 이에 대해 이야기를 꺼내기조차도 힘들어했다. 이들은 자신들에게 문제가 있다고 내재화하고 있었다.

재키와 크리스는 따로 살고 있던 시기에 두 번째 시도로 각각 개인상담을 받으면서 근본적인 문제를 풀 수 있게 되었다. 재키는 지금의 관계가 끝이 날 것이라는 예감으로 인해 상당한 자살 성향을 보였기 때문에 상담실을 찾아왔다. 재키는 곧 조카들과 자신의 오빠 및 올케와의 관계를 상실한 경험과 궁극적으로 확대가족과의 관계가 무너진 경험을 상담자에게 이야기하게 되었다. 재키의 상담자는 상실이 얼마나 깊었는지와 얼마나 충격적이었는지를 탐색했다. 상담자는 신속하고 효율적으로 문제를 요약하였으며, 재키와 크리스의 관계뿐만 아니라 아이들과의 관계와 그 아이들이 40대의 커플에게 지니고 있던 의미의 중요성도 존중해 주었다.

크리스는 개인상담에서 지속되는 외로움, 고립감, 점차 증가하는 스트레스 요인과의 투쟁을 호소했다. 크리스의 상담자는 성장 촉진적이고 상호 공감적인 관계적-문화적 이론(relational-cultural theory)에 기반을 두고 있었는데, 크리스가 재키와의 지속적인 강한 유대감을 중요하게 여기고 있음을 이해했다. 상담자가 “왜 두 분이 함께 살지 않으시나요?”라고 질문했을 때, 크리스는 “그건 복잡하고 어려운 문제예요.”라고 대답했다. 네 번째 회기가 되어서야 재키는 아이들을 상실한 경험으로 인한 고통과 슬픔 그리고 이들의 삶에서 지워지고 가족 및 사회로부터 추방되는 일에 대한 두려움을 표출할 수 있게 되었다. 상담이 끝나갈 즈음에 이성애자인 상담자는 크리스의 이야기를 들은 후, 능숙하고 공감적인 태도로 크리스의 주된 감정에 '분노'란 이름을 붙여 주었다.

각각 개인상담을 수개월 동안 받은 이후 재키와 크리스는 다시 가까워졌으며 함께 살기로 했다. 하지만 이들은 자신들의 과거와 현재에 겪은 일들과 미래에 일어날 수도 있는 일들이 서로 어떻게 연관되어 있는지 이해하기 어려워했다. 이들은 세 번째 시도로 서로의 상처를 치유하고, 부정적인 관계 역동을 탐색하고, 관계 회복의 과정을 강화하기 위해 다시 커플상담을 받게 되었다. 이때 영성과 상실이 개인 및 관계에 어떤 영향을 끼쳤는지 다뤄 볼 수 있게 되었다. 또한 일대일의 독점적 관계와 그 관계가 두 사람에게 지니는 의미도 이야기할 수 있게 되었다. 상대에게 일방적으로 요구하는 규율이 아니라, 한 사람이 해도 되는 것과 안 되는 것, 참을 수 있는 것과 참을 수 없는 것에 관한 자율적인 규칙을 설정하기가 이 단계에서의 중요한 작업이었다. 그리고 이들이 대안적 형태의 가족적 및 사회적 지지체계를 발견하게 되면서, 혈연이 아닌 선택으로 구성되는 가족 개념이 중요하게 논의되었다. 결과적으로 이 커플상담은 크리스와 재키가 자기 및 관계를 위한 건강과 활력을 되찾는 데 있어 핵심적 과정이 되었다.

회상

상담은 항상 고정되어 있지 않고 다양한 방식으로, 시간에 따라 단계적으로 진행될 수 있다. 1단계에서 진행된 초기 커플상담은 큰 성과를 거두지 못했다. 그 상담자는 견고한 이론적 기반을 지니지 않았고 가족사 또는 커플에 영향을 끼치는 외적 스트레스 요인을 탐색하지 않았다. 심지어 의사소통 문제와 자기감(sense of self) 증진에 초점을 맞춤으로써 두 사람 사이의 거리를 더 멀어지게 했다.

이론적 기반과 치료적 관계의 부재는 커플상담의 실패를 초래했다. 그러나 더 중요한 것은 사회적 권리 박탈로 인한 상실 경험이 인지되고 명명되고 다뤄지지 않았다는 점이다. 첫 번째 커플상담에서 상실 경험은 "아, 그렇군요. 엄청 힘들었겠어요."라는 말과 함께 가볍게 넘겨졌다. 또한 현재에 초점을 맞추고 스트레스 요인과 관련 없는 표면적인 문제만 다루어, 크리스와 재키의 관계에 별 도움이 되지 않았고 오히려 문제를 악화시켰다. 진단적 관점에서 초기 커플상담 당시에 주목한 문제는 파트너와의 관계적인 문제(V61.10)였다. 재키와 크리스가 상담을 시작했을 때 전반적 관계기능 평가(Global Assessment of Relational Functioning: GARF) 점수는 42점 정도였을 것이다. 당시 커플 사이의 비효율적 논쟁이 일상생활과 의사결정에 지장을 주게 되면서, 이들은 전반적으로 관계가 불만족스럽다고 이야기했다.

2단계에서 진행된 개인상담은 커플이 겪고 있던 문제의 해결 과정에 중요한 역할을 하였다. 당시의 상실로 인한 슬픔이 관계 내에서 다루기에는 너무나 심오했기 때문이다. 두 사람은 각자 원가족 내, 삶에서 함께 살아가며 사랑을 나누었던 자신의 경험에 근거하여 자신의 반응을 이해할 수 있게 되었다. 재키에 대한 진단적 평가에는 주요우울장애(296.33) 및 알코올 중독(305.00) 증상이 포함되었으며, 전반적 기능 평가(GAF) 점수는 자살사고로 인해 50점이었다. 크리스의 경우에는 범불안장애(300.02)의 진단과 일치하는 증상을 보였으며 전반적 기능 평가(GAF) 점수는 62점이었다.

3단계에서의 커플상담은 크리스와 재키에게 필수적이었다. 개인상담을 통해 관계 내에서 자기감을 확립하고 함께 새로운 미래상을 만들어 나갈 능력을 갖추게 되면서, 이들은 커플상담을 다시 시작할 준비를 하게 되었다. 커플상담을 시작할 때 이들의 GARF 점수는 65점이었다. 크리스와 재키는 여전히 비일상적인 문제에 부딪힐 때 고통스러워했는데, 이러한 느낌은 상실 경험과 관련되었을 때 더욱 심해졌다. 커플상담을

10회기 이상 진행한 후에 GARF 점수는 81점으로 상승하게 되었다. 크리스와 재키는 더 나은 방식으로 문제를 해결할 수 있게 되었고 둘 사이의 정서적 및 관계적 분위기도 개선되었음을 느낄 수 있었다.

더 효과적이고 직접적인 상담 접근을 위해서는 초기 접수면접 및 평가를 진행하는 동안 관계에 영향을 끼칠 수 있는 외적 스트레스 요인에 대한 탐색이 이루어졌어야 했다. 커플상담을 진행하면서 개인상담을 병행하거나 상담자의 이론적 관점에 근거하여 커플 및 개인상담을 다른 상담자에게 의뢰했다면, 크리스와 재키의 관계에 안정성과 지속성을 증진하는 데 도움이 되었을 것이다. 이들에게 외적 스트레스 요인은 커플 및 개인으로서의 투쟁에서 비롯되었다. 다시 말해, 이들에게는 커플 및 개인상담을 단계적으로 진행하는 방식보다 동시에 진행하는 방식이 더 유익했을 것이다.

임상적 시사점

동성애에 대한 선입견은 미묘한 방식으로 나타날 수 있고, 이와 관련된 문제는 상담할 때 표면 아래에서 위로 떠오르기를 종종 기다리고 있다. 내담자는 상담자가 이에 대한 대화를 시작할 수 있게 전문 지식을 갖고 있기를 기대한다. 만약 상담자가 이러한 문제를 다루지 않을 때, 외부적 · 비규범적 및 모호한 스트레스 요인은 심각한 관계적 위기를 초래할 수 있다. 따라서 상담자는 동성애에 대한 선입견과 비이성애차별주의와 관련하여 만연한 사회적 스트레스 요인을 초기에 평가하고, 그러한 스트레스 요인이 존재할 때 그것을 명명함으로써 어려움을 겪고 있는 커플에게 상당한 도움을 제공할 수 있어야 한다. 또한 목표를 설정하기 전에 전반적 평가를 진행하고, 상담하면서 스트레스 요인이 중요한 문제로 떠오르게 되면 목표를 재설정할 수 있어야 한다. 개인 및 관계가 사회적으로 받게 된 상처를 인식하고 그에 대처하는 과정에서 나타나는 슬픔, 두려움, 경계와 같은 반응에 주목해야 한다. 이와 함께 상담자는 개인과 타인이 겪은 신체적인 피해뿐만 아니라 정서적 및 영적 피해에도 관심을 기울여야 한다.

크리스와 재키의 경우에 초기에 상담자가 외부적 스트레스 요인에 주목하지 않아 자신에게 잘못이 있다고 내재화하는 부정적 커플 역동으로 이어졌고, 이는 만성적 스트레스의 과부하와 관계적 균열로 이어졌다. 초기에 상담자의 선입견과 가정에 대한 적극적이고 지속적인 검토 작업은 이성애중심적인 편견에 빠지지 않게 해 줄 수 있다. 또한 상담자는 지속해서 전이 문제를 치료적 이점으로 활용하고 자기 삶의 경험이 상담 과정에 방해가 되지 않도록 자신의 역전이를 면밀하게 관찰할 수 있어야 한다. 동시에 우리는 커플이 경험하는 문제가 이들이 성소수자라는 점과 관련이 있다고 단정 지어서는 안 된다. 그러나 우리가 미세한 또는 거대한 스트레스 요인과 사회적 · 문화적 · 가족적 상처를 무시하거나 과소평가한다면, 커플을 제대로 도와주지 못하게 되거나 심지어 이들에게 해를 끼칠 수 있다.

긍정적 관점에서 보자면, 성소수자 커플은 미국 사회에서 주변화된 삶을 살아가면서 모든 스트레스 요인과 긴장을 경험하고 있지만, 계속해서 유대감을 유지하고 견뎌 내고 살아간다. 지속해서 만연하는 스트레스 요인들의 한가운데에서 이들이 지닌 강점과 회복탄력성은 놀랍다. 상담 과정에서 성소수자 커플이 관계를 형성하고 유지하는 과정에서 보이는 유연성, 적응성, 창의성을 인지하고 타당화해 주는 것이 그 커플에게 도움이 된다. 주변화된 커플은 종종 자신들을 '세상에 맞서는 우리'로 여기며 문제들을 함께 해결하기 위해 협력한다. 성공적인 커플은 주로 역경을 넘어서서 성장하겠다는 확고한 결심을 보인다.

또한 성소수자 커플의 관계는 우호적인, 애정 어린, 전형적으로 성적인 양상을 보일 수 있다. 상담자는 이들에게 중요한 여러 과정을 지속적으로 평가할 수 있어야 한다. 예를 들어, 성소수자 커플은 관습적 범위에서 벗어나 서로의 욕구에 기반하여 고유한 관계를 만들어 낼 수 있다. 이들의 관계적 규칙은 무엇인가? 규칙은 명백하며 상호적이고 서로의 고유한 욕구를 충족할 수 있는가? 커플은 또한 대안적 가족을 구성할 수 있는데, 이러한 가족 구성은 원가족을 탐색할 때 포함되어야 한다. 그리고 상담자는 자주 성적 친밀감에 대한 평가를 생략하는 오류를 범하곤 한다. 그러한 오류가 두려움이나 이해 부족 또는 성적 부분에 지나치게 초점을 맞추지 않기 위한 과잉보상(overcompensating)에서 비롯되었든지 간에, 이는 내담자가 상담에서 볼 수 있는 효과를 빼앗아 버리는 것과 같다.

더 나아가 가족을 상실하고 새로운 가족을 만들어 나갈 수 있는 공동체 내에서는, 모든 가족이 해체되지 않고 어떤 가족은 변화할 수 있으며 친밀하고 우호적이며 상호 의존적인 방식으로 지속될 수 있음을 이해해야 내담자를 잘 조력할 수 있다. 비록 이러한 관계들은 이성애자의 기준과 다르거나 유사해 보일 수 있으나, 성소수자 관계 내에서 변화할 수 있는 끈기, 인내, 능력은 강점이자 이들이 속한 문화의 특수한, 때로는 필요한 부분일 수 있다.

정체성 형성과 커밍아웃은 관계적 성장 및 발달에도 크게 영향을 미치기 때문에 상담 과정에서 중요하게 고려되어야 한다. 상담자는 각 개인의 정체성 발달단계, 파트너의 단계와의 상호작용에 대해서도 파악해야 한다. 성소수자 정체성 발달단계나 커밍아웃의 정도와 상관없이 사회적 제약은 위협적일 수 있다. 개인적인 커밍아웃과 관련하여 누구에게, 언제, 어떻게 할 것인가는 개인적 선택이지만, 이는 종종 관계 내에서 조정될 필요가 있다. 이 문제에 관하여 파트너들은 종종 이견을 보이고 도움받기를 원한다.

성적 지향이 현재의 문제와 직접적으로 관련이 있다고 가정하지 않고 내담자를 평가하는 것이 중요하지만, 가족적 및 사회적 불평등은 존재하며 전반적 평가가 필요하다는 점을 잊어서는 안 된다. 개인상담자는 크리스의 감정을 분노라고 표현하고 이러한 감정을 함께 느낌으로써 크리스의 상처를 치유하고 자신과 관계를 위해 앞으로 나아갈 수 있는 선택을 하도록 도움을 주었다. 상담자가 이성애자 여성으로서 이야기해 준 덕분에 크리스는 이성애자 앨라이(ally)의 힘을 느낄 수 있었다. 이를 통해 크리스는 '나는 혼자가 아니며 우리는 혼자가 아니다.'라는 것을 느낄 수 있었다. 변화가 일어나기 위해서 상담자는 사회적 불평등에 대한 개인적 · 전문적 · 문화적 분노를 느끼고 표현할 수 있어야 한다.

이성애자의 기준과 각본을 따르는 대신에 상담자는 성소수자 커플이 이들의 환경과 관계를 어떻게 조율하는가에 관한 심층적 이해를 위해 관련된 최신 문헌과 상담 경향을 계속 연구해야 한다. 이를 통해 각 커플의 고유한 특성을 보고 듣고 경험할 수 있는 능력을 키울 수 있다. 커플상담에서 외적 방해 요소를 평가하지 않는 것은 커플 관계에 해로운 영향을 미칠 수 있다. 크리스와 재키의 사례가 보여 주듯이, 커플 관계의 회복은 그러한 외부적 · 사회적 · 가족적 스트레스 요인에 주목하여 개인 및 커플의 차원에서 상실, 애도, 경계, 두려움의 반응을 다루게 되었을 때 비로소 가능했다는 점을 명심해야 한다.

9장

남성 동성애자의 관계 내 욕망, 사랑, 수치심: 타일러의 사례

아먼드 R. 서본(Armand R. Cerbone)

수치심을 감당하느니 죽음을 선택하겠다.

– 아일랜드 속담

타일러: 남성 동성애자 관계의 사례 연구

커플이 겪는 문제들을 개인상담 내에서 탐색하는 것은 일반적이지 않은 것처럼 보일 수 있다. 하지만 상담자와의 개인상담을 통해 관계 문제를 다루는 경우는 상당히 흔하다. 타일러(Tyler)의 경우는 내가 탐색하고자 한 남성 동성애자의 관계가 지닌 세 가지 요인을 생생하게 보여 주었다. 첫 번째이자 가장 중요한 요인은 여전히 심하게 과소평가되고 있는 동성애 관계에 대한 낙인 효과이다. 두 번째는 성적 지향과 상관없이 일반적으로 생각하는 것보다 유지하기 어려운, 깊고 만족스러운 정서적 및 성적 유대감이다. 마지막은 낙인화된 관계에 기저하는 역동으로 특히 내면화된 형태로 존재하는 수치심이다.

타일러의 경우는 장기간의 연애 관계에서 남성 동성애자가 마주할 수 있는 많은 갈등과 어려움을 잘 보여 주는 사례이다. 이러한 문제에는 개인적 요소와 공통적 요소가 함께 작용한다. 개인적 갈등에는 관계 이전의 개인사, 가치관, 관계와 섹슈얼리티에 대한 신념, 이성애중심적이고 동성애혐오적인 문화 내 게이 정체성의 수용 과정이 포함된다. 종종 커밍아웃(coming out)이라고도 지칭하는 이 수용 과정은 문화적 편견과 차별에 맞서기 위해 남성 동성애자들이 거쳐야 하는 추가적인 발달적 단계라고도 할 수 있다(Cerbone, 1990). 이는 전 생애에 걸쳐 다른 모든 발달 과제에도 영향을 미치게 되는데, 특히 친밀한 관계를 형성하고 유지하는 데에 중요한 영향력을 지닌다. 공통적 요소는 각자의 고유한 발달적 패턴, 관계사, 성적 정체성과 행동의 통합 과정을 지닌 두 남성 동성애자의 상호작용에서 기인할 수 있다.

호소 문제 및 의뢰 경로

타일러는 오랜 우울과 불안을 해결하기 위해 상담을 시작하게 되었다. 또한 그는 결론을 내지 못하고 있는 나쁜 관계에 대한 불만을 품고 있었다. 두 사람 사이의 성적 욕망은 사라졌고, 성격 차는 완전히 양립이 불가능하여 견딜 수 없는 상태로 관계를 악화시켰다. 이들은 관계가 끝났음에 동의했지만, 상대는 여전히 타일러의 집에서 지내며 그의 도움을 받았다. 그는 "전 그에 대한 책임감을 느껴요. 만약 제가 그에게 떠나라고 요구하면 그가 어떻게 스스로 살 수 있을지 모르겠어요."라고 말했다. 오직 타일러의 죄책감만이 두 사람을 같이 살게 했다.

타일러가 보이는 우울과 불안 증상 때문에 주치의가 나에게 상담을 의뢰했다. 의사는 그의 기분장애에 관해 항우울제를 처방했고 HIV 상태도 모니터링했다. 수년간 양성으로 나왔지만 타일러는 꾸준히 약물을 복용했기 때문에 건강한 상태를 유지할 수 있었다. HIV가 타일러의 삶에 영향을 끼치는 잠재적 요소이기는 했지만, 감염 상태는 심리상담의 중요한 주제는 아니었다. 그는 자신의 건강 상태에 잘 적응했으며 자신의 삶에 걸림돌이 되지 않는다고 했다. 상담 후반부에 접어들면서 나이 듦에 따른 기대수명에 대한 문제가 나오고 나서야 HIV에 대해 직접적으로 다룰 수 있게 되었다. 그는 "매일 제 상태를 보고해야 하는 것만 제외하면 딱히 부정적 영향을 받는다고 느끼지 않아요. 그리고 제 건강은 항상 매우 좋거든요."라고 말했다. 그래서 의사는 기분장애 개선을 위한 항우울제만 처방했다.

타일러는 성적 행동과 관련한 죄책감과 불안을 보고했다. 그는 "가볍게 만난 사람이랑 성관계를 가진 후에 매우 불안하고 죄책감을 느껴요. 전 보통 바의 뒤쪽 공간에 가서 주량보다 술을 더 많이 마시고 섹스할 사람을 찾아요."라고 말했다. 그는 자기의 이러한 행동이 그가 믿는 가톨릭교의 동성애에 대한 신념에 굉장히 어긋난다고 했다. 강한 종교적 신념으로 인해 그는 자신의 성적 지향에 대해 양가적 태도를 지니게 되었고 상당한 죄책감을 안게 되었다. 그러나 그는 대부분의 완전히 게이인 친구들 사이에서 활발하고 만족스럽게 사회적 교류를 즐기고 있었다. 또한 어떠한 이성애적 환상을 가져 보거나 여성과 데이트를 한 적도 없었다. 그는 한 번 다른 남성과 깊은 사랑에 빠졌었는데 매우 고통스럽게 끝났었다고 했다. 그런데도 그에게 동성애자 정체성을 받아들이는 것은 엄격한 가톨릭 집안과 신념에 따른 관습을 저버리는 것을 뜻했다. 그는 가톨릭 신앙과 전통을 충실히 따르는 것을 변함없이 지키고 싶은 중요한 가치로 생각했다. 몇 달간 이러한 신념을 검토하는 과정을 통해서 깊은 영성이 그의 삶에서 지속적인 버팀목이었음이 드러났다. 타일러는 자신의 영성과, 죄악이라 여기는 성적 행동 사이의 갈등을 해결하기 위해 고군분투했다.

이러한 문제의 기반에는 내면화된 동성애혐오, 외재화된 평가 기준, 불안정한 자존감이 자리 잡고 있었다. 그는 내면화된 동성애혐오로 인해 자신의 성 정체성과 행동을 통합하기 어려워했다. 그리고 타인의 관점에서 자신을 평가하는 외재화된 평가 기준 때문에 게이로 살면 지옥에 가게 된다는 성직자 수준의 규범에 얽매이게 되었다. 또한 불안정한 자존감의 영향으로 자신의 지적이고 전문적인 성취를 인정하면서도 가톨릭적 가치관을 고수하지 않는 자신을 심히 자책했다. 이 세 가지 요소는 그가 간절히 바라는 다른 남성과의 친밀한 관계에서 도덕적 걸림돌이 되었다. 따라서 만족스러운 애착 관계를 형성하기 위해서는 이 문제를 해결하는 과정이 필수적이었다.

그가 상당한 직업적 성공을 누리고 있으며 동료들과 친구들로부터 존경받는 40대 중반의 밝고 사려 깊고 자기성찰적인 변호사라는 점을 고려하면, 여러모로 이러한 문제들은 그에게 어울리지 않아 보였다. 또한 자신이 성적으로 매력적인 남성이라는 점에 자신감 넘치는 그의 모습과도 상반되었다. 그는 자주 "사람들이 저에게 꽤 많이 작업을 걸어요."라고 이야기했다. 하지만 그가 바라는 친밀한 관계에 대한 장벽은 심리성적 발달에서 생긴 괴리를 보여 주었다. 예상했던 대로 이러한 괴리는 토요일 밤에 술을 마시고 가벼운 성관계를 가진 후에 뒤따르는 일요일 아침의 죄책감과 자책과 같은 행동에서 드러났다.

나는 다음과 같이 진단을 가정했다. 축 I에서는 기분부전, 불안 증상이 있으며, 축 II에 해당되는 것은 없음을 확인하였다. 축 III에서는 HIV, 축 IV에서는 가족과 친밀한 파트너와의 관계적 문제가 있음을 확인했다. 전반적 기능 평가(GAF) 점수는 70~85점이었다. 축 I에는 외상 후 스트레스 장애(posttraumatic stress disorder: PTSD)도 포함했다. 이는 타일러의 증상(예: 과음, 충동적인 성적 행동, 간헐적 분노와 불안, 자존감 문제)이 PTSD 증상과 일치했기 때문이다. 나는 동성애에 적대적인 문화권에서 동성애자 정체성을 받아들이는 것은 PTSD의 한 유형이라는 심리학자들의 의견에 동의한다. 동성애자가 자신은 다른 사람들과 다르며 이러한 차이가 위험할 수 있음을 알게 되는 때부터, 그의 자기감은 침해받을 수 있다. 타일러와의 상담에서 다른 증상들(예: 신체적 및 성적 학대)을 인지하게 되면서 이러한 부차적 진단이 적절했음이 입증되었다. 상담 초기에 나는 타일러가 정신과적 진단을 받을 수 있도록 연계하여 그는 우울과 불안 증상에 대한 새로운 약물치료를 받게 되었다.

전이/역전이

상담 과정에서 역전이가 발생할 가능성은 꽤 큰 편이었다. 타일러와 나는 둘 다 가톨릭교 집안에서 가톨릭교의 영향력을 크게 받으며 자랐다. 우리는 알코올 중독을 지닌 아버지에게 정서적으로 버림받았던 경험을 공유하고 있었는데, 이러한 가족 역동의 혼란 속에서 가톨릭교는 피난처와 같은 곳이었다. 또한 둘 다 가톨릭교의 모든 교리를 충실히 따르기만 하면, 지금의 삶이 아닌 다음 생에서라도 안전과 행복을 약속받을 수 있었다고 믿었다. 타일러와 나는 모두 가톨릭 신앙이 심리성적 발달에 지닌 구속력을 인지하고 있었다. 또한 비록 각각 다른 시기였지만, 타일러는 대학생으로, 나는 대학원생으로 둘 다 노트르담 대학교(University of Notre Dame)를 다녔고 가톨릭 명문 사립대학의 전통적 문화(Catholic ivy traditions)에 푹 젖어 있었다.

모든 상담자가 그렇듯이, 나는 그가 겪고 있는 갈등의 해결책을 찾고 남성 동성애자로서 성장하는 과정을 이해하기 위해 노력했다. 내가 타일러와 비슷한 문제들을 겪고 해결했던 사람이라는 점에서, 그의 상담자에 대한 믿음과 확신이 점차 깊어짐을 느낄 수 있었다. 그가 어떻게 나의 방식이 아닌 그만의 방식으로 자신의 성 정체성을 통합하는 과정을 밟아 나갈 수 있도록 도움을 줄 수 있을까. 나로부터 지나치게 영향을 받지 않고 어떻게 가치관의 근거이자 행동에 의미를 부여하는 종교적인 신념을 바꿀 수 있도록 도울 수 있을까. 다행히 타일러에게는 오랜 기간 관계를 유지해 오고 있으며, 그가 굉장히 존경하고 그에게 도움이 되는 안내를 해 준 영적 지도자인 신부님이 있었다. 심리적 영역과 영적 영역이 겹친 어려움을 겪을 때나 두 영역 간에 갈등이 생길 때면, 신부님과 상의해 보도록 제안할 수 있었다. 신부님이 타일러의 성적 지향을 수용하고 지지했기 때문에 그는 자신의 종교적 정체성과 성 정체성 중 하나를 택해야 한다는 압박을 받지 않았다. 덕분에 그는 두 가지 정체성을 통합하는 과정에서 생기는 긴장을 해결할 자신감을 얻게 되었다.

나는 30년 이상을 알고 지낸 두 동료로부터 매주 조언을 구할 수 있었다. 이들은 나의 취약점과 나라는 사람에 대해서 매우 잘 알고 있다. 이들은 타일러와의 상담 과정에 도움이 될 만한 현명한 조언을 해 주었다. 또한 나는 종교에서 기인하는 편견의 영향을 인식하는 동시에 종교적 가치와 신념을 존중하도록 권하는 미국심리학회(American Psychological Association: APA, 2007)의 지침에 근거하여 상담을 진행했다.

역전이의 또 다른 가능성도 존재했다. 나는 반동성애적 편견에 맞서고 성소수자에 대한 정확한 정보를 바탕으로 한 이해를 발전시키는 데 대부분의 경력을 보냈다. 나의 액티비즘(activism)[1]은 때때로 일부 내담자와의 상담 과정에서 나타나기도 했다. 한 번은 스스로 꽤 취약하다고 느꼈지만 상담자로서 커밍아웃하던 초기에, 벽장에 있던(closeted)[2] 내담자가 커밍아웃의 압박을 느끼고 이에 반감을 보이며 상담을 종료한 적이 있다. 그는 내게 "당신의 정치관은 괜찮지만 상담은 형편없어요."라고 말했다(Cerbone, 1991). 그러므로 타일러의 성장을 위한 나의 바람이 지나친 요구가 되지 않도록 지속해서 주의하는 것이 필요했다.

심리상담의 초기 단계

초기 단계에서는 타일러에게 의미를 주었던 신념과 가치, 특히 그것이 남성과의 친밀한 관계에 대한 지속적인 기대와 상충하는 방식에 대한 이해를 탐색했다. 우리는 또

1) 역자 주: 사회정치적 변화를 위해 청원, 캠페인, 보이콧 등과 같은 활동을 적극적으로 하는 것을 뜻한다.
2) 역자 주: 자신의 성 정체성을 타인에게 공개하지 않는 상태를 의미한다.

한 그에게 상처를 주었던 아동기와 성인기에 있었던 가족과의 갈등도 검토했다. 이러한 갈등 때문에 그는 상당한 심리적 에너지를 빼앗겼으며 친밀한 관계를 형성하기 어려워했고, 여전히 수치심, 죄책감, 실패감을 느꼈다. 여러 갈등이 겹치면서 상담 주제는 자주 바뀌었다. 특히 타일러가 다른 남성과 사랑에 빠진 후에 더욱 그랬다.

타일러는 대기실에서 보통 비문학 관련 도서를 읽곤 했다. 나는 그의 관심사를 고려하여 반동성애적 낙인의 효과에 관한 다른 책들, 예를 들어 다운스(Downs, 2005)의 남성 동성애자의 수치심에 관한 책을 읽어 볼 것을 제안했다. 타일러는 가끔 심리교육적 논의에서 도움을 얻기도 했다. 예를 들어, 그는 관계의 발달단계에 대한 논의를 통해서, 자신의 갈등을 정상화하고 실패 경험으로 인한 수치심이 더 깊어지는 것을 피할 수 있게 되었다.

가족사와 갈등

그는 6명(자신 그리고 3명의 자매와 2명의 형제) 중에 다섯째로, 대부분의 가족 구성원으로부터 상당한 소외감을 느꼈다고 말했다. 이러한 소외감에는 큰형으로부터 반복적으로 구타를 당했음에도, 그가 생각하기에는 부모가 이를 알면서도 무시했던 경험이 자리 잡고 있었다. 상담 초기에 그는 이에 대해 간접적으로 언급했으나, 나중에는 형에게 성적 학대도 받았다고 직접적으로 밝혔다. 처음에 이 이야기를 꺼낼 때 그의 목소리는 작았으며 나와 눈을 마주치지 않았다. 수년간 학대를 받는 동안, 밤에 당하는 학대에 대한 두려움 때문에 안전을 위해 현관에서 잠을 청하곤 했다. 그는 자신의 부모가 알고 있었지만 무시했다고 생각했다. 그는 "어떻게 부모라는 사람들이 내가 차가운 현관에서 강아지랑 자고 있다는 걸 모를 수가 있죠? 침실에서 어떤 소리를 들었을 거 아니에요."라고 말했다.

타일러가 수년간의 학대 경험에 대해 고통스럽게 이야기를 꺼내게 되면서 수치심과 분노라는 감정을 확인할 수 있었다. 분노는 어린 시절의 기억이 불러일으킨 수치심과 불편감에 대한 치료 효과가 있는 해독제 같은 역할을 했고, 그는 어린 자신에게 연민을 느낄 수 있게 되었다. 그러나 놀랍게도 그는 자신의 아버지에게 화를 낼 수 없었다. 이에 대해 탐색해 보고자 했으나 그는 왜 아버지에게는 면죄부를 주었는지 설명할 수 없었으며 분노는 어머니와 형에게만 집중되었다.

타일러가 이 장의 주제인 그의 가족과 새로운 관계와 관련된 문제들을 탐색하는 기간에 그의 아버지가 위독해졌다. 그는 아버지가 자신이 경험한 학대를 무시했던 것으로 인한 고통을 표현하면서도 아버지의 죽음이 가능한 한 평화롭기를 바랐다. 그는 상담에서 이러한 욕구를 심층적으로 탐색해 보고 이해해 보자는 제안을 계속 거부했다. 나는 내담자에게 공감할 수 없는 위험에 빠지지 않기 위해, 그가 의무를 다하는 아들로서 자존감을 지키고 아버지란 존재의 중요성을 위해 도덕적이고 윤리적인 선택을 한 것으로 의미화했다. 이 시기에 타일러는 새로운 파트너로부터 큰 위안과 지지를 얻을 수 있었다고 이야기했다.

그는 아버지가 아직 살아 있는 동안에 갈등을 해결하는 것에 대해 저항감을 보였다. 이는 그가 아버지와의 관계에 대해 복잡한 양가감정을 느끼고 있으며 아버지의 사랑과 존중을 갈망하고 있음을 보여 주었다. 이는 또한 그가 견뎠던 성적 및 신체적 학대에 대한 해결책을 찾아야 할 필요성을 보여 주었다. 그가 자기 형을 더 세게 때리는 것으로 위협할 수 있게 될 정도로 신체적으로 성숙해졌을 때 비로소 그는 추가적인 학대 위협에서 벗어날 수 있었다. 그는 매번 이 이야기를 할 때마다 괴로워했다. 타일러는 아버지가 돌아가시고 난 후에야 그에 대한 분노를 표현할 수 있게 되었다. 그는 "어떻게 아버지가 몰랐을 수 있죠? 어떻게 현관에서 자던 저를 무시할 수 있냐고요. 대체 무슨 일이 일어나고 있는 거라고 생각한 걸까요?"라고 말했다. 오늘날 그는 자기의 어머니에게 느끼는 책임감으로 버거워했으며, 여전히 가족에 의존하는 가해자인 형을 돌볼 것을 권하는 어머니의 태도에 분노했다. 비록 이전에 느꼈던 죄책감은 줄어들었으나, 그는 둘 중 누군가를 더 잘 돌봐야 한다는 이야기를 들을 때마다 크게 화를 내곤 했다. 그는 스스로 자신의 날카로운 분노와 과민함을 PTSD 증상에 비교하기도 했다.

치유 방안

몇 개월간의 상담 이후 타일러는 이전 파트너에게 자신의 집에서 나가 줄 것을 요구할 수 있게 되었다. 나는 그에게 "만약 죄책감을 느끼지 않는다면 무엇을 느낄 것 같나요?"라고 질문했다. 그는 처음에는 놀란 표정을 짓고 잠시 생각에 잠겼다가 다시 놀라며 "분노요!"라고 대답했다. 분노 감정은 책임감의 한계를 명확히 해 주었을 뿐만 아니라 이전 파트너에게 직면할 힘을 주었다. 시간이 지난 덕분에 그리고 상담을 통해 그의 분노는 멈춰 있던 죄책감과 수치심이 수그러들게 하면서 갈등을 분명하게 만들고 결단을 내릴 수 있게 해 주었다.

또 다른 중요한 변화는 가톨릭교의 동성애에 대한 입장을 강하게 고수했던 경향이 완화되면서, 반동성애적 교리와 그것이 자신의 삶과 행동에 지닌 영향을 검토할 수 있게 되었다는 점이다. 그는 자신의 성 정체성을 수용하도록 지지해 주었으며 자기징벌적 태도를 누그러뜨리는 데 도움을 주는 신부님을 매달 찾아가 상담을 받았다. 이는 나와 진행한 상담과도 조화를 잘 이루었다. 그는 제도적 교권으로부터 홀로서기를 하되 활발하게 영성을 유지하기로 선택했다. 가톨릭교의 반동성애적 교리에 순응하지 않아 느꼈던 수치심이 눈에 띄게 사라졌다. 가톨릭교의 영향력이 약해지면서 그는 자신의 성 정체성을 더욱 확고하게 받아들였다. 덕분에 우울증도 매우 개선되었고 불안도 완화되었으며 데이트와 관계에 대해 호의적일 수 있게 되었다. 성관계만 하는 가벼운 만남은 줄어들었다. 이러한 변화 덕분에 그는 성적 애착을 형성하여 정서적 친밀함에 대한 욕구를 충족하는 능력을 향상할 수 있게 되었다.

그가 획일적인 가톨릭교로부터 독립하고 다른 교리를 배우게 되면서, 기존의 종교적 신념에 근거했던 가치관은 약화되었다. 최근 몇 달 동안 그는 자신의 성 정체성을 수용하기 위해 버려야 한다고 느꼈던 신념을 대체할 수 있는 영성을 찾기를 원했다. 나는 심리학자의 역할을 유지하는 것이 중요했기 때문에, 오래 알고 지냈으며 의미 있는 관계에 있는 그 신부님에게 상담을 받도록 격려했다. 또한 영적 맥락에서 자신과 가톨릭교와의 관계 변화에 대해 다뤄 볼 것을 제안했다. 우리의 상담 과정에서는 성 정체성과 종교적 신념이 충돌하는 일은 없었다.

관계

섹슈얼리티와 초기의 양가적 태도

그의 관계에 대한 탐색이 시작될 때 즈음, 타일러는 여태 데이트하거나 좋아했던 사람과는 다른 남성을 만나게 되었고 그 둘은 사랑에 빠지게 되었다.

타일러는 "홀스테드 거리의 바에서 HIV 양성인 사람들과 밤을 보내던 중에 이기(Iggy)를 만나게 됐어요. 그는 절대 제 타입이 아니었어요. 보통은 저보다 큰 사람에게 끌리는데, 그는 좀 작고 라틴계더라고요. 매우 색다른 사람이었어요."라고 말했다. 그러나 둘은 서로를 알아 갈수록 상대에게 더욱 끌림을 느끼게 되었다. 이들은 날마다 길게 대화를 나누고 시내의 회사 근처에서 종종 점심을 같이 먹었다. 대화에서 느낀 편안함은 둘의 관계를 성적 관계로 발전시켰다. 타일러는 둘 다 HIV 양성이라는 점이 둘 사이의 유대감을 강화했다고 이야기했다. 서로 다른 커플들(한 사람은 양성이지만 다른 한 사람은 음성인 경우)이 친밀한 관계를 형성할 때 종종 직면하는 장애물을 겪지 않아도 됐기 때문이다.

타일러는 "이기는 달라요. 우리 관계에는 매우 다른 무언가가 있어요. 그게 뭔지는 모르겠지만 전 이렇게 가깝다고 느껴 본 적이 없고 그도 마찬가지예요. 우리도 완전히 이해할 수 없을 정도로 우린 매우 깊게 연결되어 있어요."라고 말했다. 우리는 그 차이점이 이기뿐만 아니라 그에게서도 기인할 수 있다고 이야기를 나눴다. 어쩌면 타일러는 그동안 상담에서 노력한 결과로 새로운 관계를 맞이할 준비가 되어 있는 것일 수도 있었다. 다른 남성과의 관계에서 걸림돌이 되던 요소의 영향력은 그가 진지한 사랑을 추구하게 될 수 있을 정도로 약화되었다.

그렇지만 관계 초기에 이기는 성적으로 만족스럽지 않다고 명확히 밝혔다. 그는 성적 만족감이 관계를 유지할 수 있는가를 판단하는 기준이라고 강조했다. 이기는 타일러가 자신을 만족시킬지 의심스럽기 때문에, 이들의 관계가 지속되거나 독점적일 거라고 기대해서는 안 된다고 미리 말했다. 이기가 관계에 헌신적인 모습을 보이지 않자, 자신과 섹스하는 것을 즐겼다고 생각했던 타일러는 실망하고 좌절했다. 이는 수행 불안으로 이어져 타일러의 성 기능을 저하시켰고 성적인 연기를 하게 했다. 타일러는 이기의 제멋대로인 성격을 점점 더 참기 힘들어했고 미워하게 되었다. 그는 "이제 이기를 떨쳐내려고 노력하고 있어요. 이기는 제가 원하는 걸 절대 주지 않아요. 심지어 우리 둘 다 정말로 즐기는 것처럼 보이고 이기가 원하는 섹스를 하려고 준비되었을 때도 이기는 엄청 수동적으로 가만히 누워 있어요. 아니면 원한다고 말한 걸 못하게 움직여 버려요. 그럼 전 화가 나고 발기를 잃게 되죠."라고 말했다.

이러한 일은 반복되는 이별에도 불구하고 지속됐다. 타일러가 걱정하던 대로 발기를 잃으면, 이것이 관계를 유지할 수 없는 증거라고 받아들이는 이기의 태도에 분노했다. 타일러는 발기 불능이 걱정되어 비뇨기과 의사를 찾아가 보았지만, 기능에 이상은 없으며 심리적 문제라는 사실을 알게 됐다. 의사가 안심시켜 준 덕분에 그의 수행 불안은 감소할 수 있었지만 이기에 대한 분노는 더 커졌다. 이러한 의학적 진단은 이기가 문제라는 그의 생각을 뒷받침하고 정당화해 주었다. 타일러는 이기가 미성숙해서 정서적 친밀감을 유지할 수 없는 거라고 점점 더 의심하게 되었다. 이들은 만났다가 몇 주 후에 재결합하는 패턴을 반복하며 둘 사이의 연결이 너무나 깊고 의미 있어서 놓아 버릴 수 없다고 했다. 타일러는 "이걸 설명할 수가 없어요. 제가 놓지 못하는, 서로를 끌어당기기 좋은 무언가가 있어요."라고 말하곤 했다.

타일러는 이기의 행동과 모순이 관계의 발전을 방해하는 주된 요인이라고 생각했다. 그는 다른 남성과 만나는 것을 즐기기 시작했으며 심지어 다른 사람과 더 진지한 관계를 형성해 보려고 했다. 나는 타일러의 이러한 모순적 태도 또한 이들의 관계를 불안하게 만드는 요소임을 인지했다. 따라서 나는 타일러와 이기 둘 다 상실에 대한 두려움과 깊은 헌신으로부터 각자를 보호하기 위해 모순적 태도를 지니고 있을 수도 있다고 설명했다. 더 나아가 타일러가 이기에게 더 헌신하는 것이 어떤 감정을 불러일으킬지에 대해 생각해 보도록 질문했다. 그는 "음, 그보다 내가 더 헌신하는 것처럼 느낄 거예요."라고 대답했다.

나는 직면하기 위해 "이기가 무엇을 원하고 두려워하는지와 상관없이 자신이 원하는 것을 아는 게 더 중요하지 않을까요?"라고 물어보았다. 그리고 이기보다 더 헌신하게 되는 것이 불러올 수 있는 감정에 대해 다시 질문했다. 그는 처음에는 화가 난다고 말했다. 상담을 한두 차례 더 진행한 후에 타일러는 자신의 분노가 버려질지도 모른다는 두려움에서 비롯되었다는 사실을 알게 되었다. 이러한 자각은 그가 자신의 불안을 어느 정도까지 인내할 수 있는가를 생각해 보게 했다. 나는 두 가지 이유에서 이러한 방향의 탐색을 지지했다. 첫 번째로, 타일러가 자신의 불안을 효과적으로 다룰 수 있는 한계점을 알게 되면 이기에게서 받는 위협에 대해 더욱 확실하게 이야기할 수 있기 때문이었다. 이기의 성적 욕구를 충족시키지 못하면 관계를 끝낼 거라는 위협은 그를 화나게 하고 두렵게 했다. 또 다른 이유는, 타일러가 관계로부터 철수하지 않고 그의 모순적인 태도를 더 잘 다룰 수 있을지 스스로 점검해 보도록 돕기 위해서였다. 다시 이별하는 것은 그 뒤에 숨겨진 분노와 불안을 다루는 데 효과적인 대안이 되지 못했다.

버려지는 것에 대한 두려움이 타일러의 개인사에서 비롯되었다는 점을 고려하여, 나는 그가 자신의 가족, 특히 아버지와의 관계가 현재 이기와의 관계에 어떠한 영향을 끼치고 있는지 생각해 보게 했다. 그는 처음에는 꺼리며 지금 당면한 관계 문제의 탓을 이기의 모순점으로 돌리고자 했지만, 결국 자신의 감정을 들여다보는 것이 더 도움이 될 수 있다는 점을 인정했다. 그는 생각해 보지 못했던 유사점을 발견하게 되었다. 타일러는 가족 내에서 경험한 학대와 이기로부터 버려질 수 있다는 지속적인 위협과 관련된 취약성에서 기인하는 불안의 공통점을 찾게 되었다. 또한 그는 가족과 거리를 두고 거절하던 패턴이 이기와의 관계에서도 유사하게 나타나고 있음을 알게 됐다. 이러한 깨달음 덕분에 타일러는 거리 두기를 첫 번째 대안으로 생각하지 않게 되었고, 관계 문제를 해결하기 위해 다른 방법을 찾기로 하였다. 나는 그와 이기가 커플상담을 받아 보도록 권유했고, 두 사람은 이를 실행에 옮겼다.

커플상담

커플상담은 이들의 성적 문제의 해결에 큰 성과를 내지 못했지만, 타일러와 이기가 다른 사람과 연애하지 않는 일대일의 독점적 관계를 유지하는 규칙을 세울 수 있게 해 주었다. 이들은 지속되는 문제에도 불구하고 관계를 발전시킬 수 있을지 지켜보기 위해, 그리고 버려지는 것에 대한 양측의 두려움으로부터 보호하기 위해 독점적 관계를 받아들이기로 했다. 중요한 것은 커플상담에서 이기가 타일러를 사랑한다고 말해서 그가 안심하고 기뻐할 수 있었다는 점이었다. 또한 이기는 모순적이지만 타일러를 사랑하기 때문에 밉다는 말도 덧붙였다. 타일러는 어느 정도 그러한 감정을 공유했기 때문에 직관적으로 그 모순을 이해할 수 있었다. 서로를 향한 사랑은 그 둘을 연결해 주고 지속되는 불안을 완화해 주었다. 우리의 개인상담 과정에서 타일러는 커플상담이 불만족스럽다고 계속 이야기했다. 이는 상담자가 그의 문제에 관심을 두기보다는 이기의 성적 만족을 위한 권리와 욕구를 더 지지하는 것처럼 느껴졌기 때문이었다. 타일러는 커플상담자와 함께 이 지점을 바로잡아 보려고 했으나, 상담자는 계속 같은 태도를 보였다고 말했다. 타일러는 낙담하며 커플상담을 종결하였고, 이기는 이를 거부하지 않았다. 그리고 그는 다시 관계를 유지할 수 있을지 고민하게 되었다. 타일러는 나에게 "다른 사람이었다면 달랐을 수 있을까요?"라고 물어보기도 했다.

비록 커플상담은 그렇게 끝났지만, 다른 사람의 앞에서 이들의 사랑과 헌신을 공개한 과정은 이들이 앞으로 나아가기 위해서는 거쳐야 할 중요한 통과의례였다. 서로에 대한 헌신 덕분에 애착이 야기하는 불안과 성적 불만족의 의미를 심층적으로 탐색해 볼 수 있었다. 그리고 커플상담은 이들이 자신의 감정과 분노를 다뤄 볼 수 있는 안전망을 제공했다. 또한 타일러는 이기의 모순적인 태도 때문에 괴로운 심정과 이기의 성적 기준을 만족시키지 못해서 받는 비난이 아니라, 자신의 모순에 초점을 맞출 수 있게 되었다. 타일러도 불안정한 관계를 만드는 데 자신이 한몫했음을 알게 되었지만, 그와 이기가 서로에게 만족하지 못하고 실망하는 일들이 지속됨에도 불구하고 관계를 유지하는 것이 좋을지 의문을 품게 된다고 했다. 또다시 그는 더 잘 맞는 다른 사람과 더 나은 관계를 형성할 수 있지 않을까 생각하게 되었다. 나는 그러한 생각을 존중하면서도 모순적 태도가 상실로부터 그를 어떻게 보호해 주고 있는지, 더 나은 관계를 위해 이기를 떠나는 환상이 선제공격을 의미하지는 않는지 그리고 그러한 환상이 문제를 해결하고자 하는 욕구를 줄이고 있지는 않은지 고려해 보게 했다. 그가 다른 남성을 만난다면 똑같은 어려움에 부딪히지 않을 수 있을까. 그가 같은 이유로 관계를 그만두기로 했다가 다시 돌아간 적이 여러 번 있지 않았는가. 이번은 무엇이 다른가. 나는 어쩌면 이들이 당면한 문제는 헌신적인 친밀한 관계에서 흔히 겪을 수 있는 문제일 수 있음을 설명했다.

동시에 우리는 어떻게 하면 타일러가 이기의 모순적 태도를 더 잘 이해할 수 있을지 논의했다. 아마도 둘 다 애착에 대해 불안해하고 있었을지도 몰랐다. 이기는 만족하기 불가능한 성적 기준을 설정함으로써 안전함을 추구하는 것을, 불안에 대처하는 방법으로 이용했을 수 있다. 나의 목표는 이기를 변명해 주기가 아니라 타일러가 동정심을 느끼게 하기였다. 왜냐하면 불안을 피하기 위한 방법으로 이별을 선택하는 것보다 상대에 대한 공감이 더 나은 결과를 가져올 수 있다고 기대했기 때문이었다. 나는 그가 분노와 상처에도 불구하고 죽어 가는 아버지를 흔들림 없이 헌신적으로 돌보았던 점을 언급하면서, 헌신이 의미하는 바가 무엇인지 생각해 보는 것의 중요성을 상기했다. 이기에 대한 그의 헌신은 어떻게 다른가. 타일러는 고민 끝에 감정을 실어서 "관계는 어려워요!"라고 말했다. 이에 대해 나는 "왜 쉬울 거라고 기대해요?"라고 대답했다.

현재의 타일러와 이기

커플상담자 앞에서 확고하게 서로를 향한 헌신을 이야기한 덕분에, 우리는 성적 지향과 무관하게 모든 커플이 겪는 전형적인 문제, 동성애 관계에 대한 낙인과 선입견의 결과로 나타나는 문제, 개인적 역사와 고유한 특성 및 습관 때문에 생기는 문제, 이러한 세 가지 문제의 상호작용에서 기인하는 문제를 구분할 수 있게 되었다. 그 예로, 관계 초기에 타일러는 이기가 이전 파트너에게 여전히 애착을 버리지 못하고 이전 관계와 지금 자신과의 관계를 비교한다고 했다. 이기의 개인사에서 기인할 수 있는 지점을 구분하고 확인하는 과정은 문제와 역동을 탐색하는 데 도움이 되었다. 이러한 구분은 타일러가 초기에 지니고 있던 죄책감과 부족함에 대한 두려움을 완화하는 긍정적 효과도 지니고 있었다. 또한 접근-회피를 반복하는 이기의 패턴에 대한 타일러의 인내심도 커지게 했다.

이들은 서로에게 헌신함으로써 그 누구도 심사숙고 없이 관계를 깨지 않기로 약속할 수 있었다. 이는 불안과 좌절을 다루기 위한 방법으로 이별을 선택할 가능성을 낮추었다. 또한 이들은 위태롭게 이별하는 과정이 이들이 원하던 헌신을 갉아먹고 상대를 위협하고 있음을 이해하게 되었다.

이 글을 쓰고 있는 지금 타일러와 이기의 관계는 사랑과 헌신에 더 기반하고 있다. 여전히 이기의 성적 만족에 대한 문제는 남아 있지만, 타일러에 대한 이기의 헌신은 굳건한 상태를 유지하고 있다. 타일러는 이기와의 섹스를 더 즐길 수 있게 되었다. 둘 사이의 갈등은 주변 상황에 의한 것이고 이들의 관계에 부정적 영향을 끼치지는 않는다. 상담은 지속적인 가족 문제들을 해결하고, 타일러가 중년의 삶으로 접어들면서 삶을 안내해 줄 수 있는 의미 있는 영성을 찾고, 진로 방향을 검토하는 것에 주목하게 되었다.

논의

내가 만나는 대부분의 남성 동성애자 커플은 기대에 못 미치는 성관계나 둘 사이에 성관계가 아예 없어져 버린 상태에 대해 불만을 털어놓는다. 그 커플들은 대체로 이를 관계의 자연스러운 단계로 생각한다. 나이 들어 가면서 성적 욕구가 줄어든다거나 여러 명의 성관계 파트너가 필요하다거나 게이는 일대일 관계를 유지할 수 없다는 식으로 설명하곤 한다. 또 다른 이들은 익숙함과 정서적 친밀감 때문이라고 하는데, 연인과의 섹스가 마치 근친상간이거나 친한 친구와 하는 것처럼 느껴진다고 이야기한다. 그 예로, 20년간 관계를 유지해 온 한 남성은 관계에서 벗어나 다른 사람과의 섹스를 통해 흥분과 인정을 느끼기를 갈망했는데, 그는 "파트너와의 섹스는 제 형이랑 그걸 하는 것 같아요."라고 말했다. 반면에 그의 파트너는 친밀감을 위한 섹스를 원했으며 다른 사람과의 관계를 통해 유대감을 얻는 것을 상상할 수 없었다.

일반적으로 이러한 설명은 별생각 없이 받아들여진다. 이는 다른 게이 커플들의 경험담이나 이야기에 의해 뒷받침되거나, 남성 동성애자의 하위문화의 기준으로 수용되고는 한다. 이 때문에 커플은 한 측 또는 양측이 다른 사람과의 만남을 통해 성적 만족을 충족시키는 것을 하위문화에서 통용되는 하나의 대안으로서 선택하게 된다.[3] 그리고 상담에서 성관계 감소가 애착과 그 가치를 약화시켰다고 불평하는 것을 자주 듣는다. 그 커플은 서로에게 애정 표현을 하지만, 더는 사랑하고 있다고 느끼지 않는다. 이때 커플들이 받는 차별의 영향을 고려해야 한다. 나는 과학자의 태도로 이러한 설명들을 깊고 신중하게 검토되어야 할 가설로 가정한다. 이는 하위문화 내에서의 기준과 설명이 잘못되었다고 가정하는 것이 아니라 다른 가설들도 커플이 당면한 문제에 관련되어 있을 수 있음을 인지하기 위함이다.

또한 나는 무너져 가는 커플 관계를 다룰 때는 남성 동성애자의 삶과 사랑에 낙인이 미치는 영향에 대해 깊게 탐색해야 할 필요가 있다고 생각한다. 오염된 물속에 사는 물고기가 그것이 정상인 줄 아는 것처럼, 낙인의 영향력이 종종 자신 또는 상대의 나쁜 습관이나 실패로 인한 결과라고 여겨지곤 하는 것을 자주 목격했다. 낙인의 영향력을 살펴보는 과정은 커플이 겪는 어려움을 정상화하고, 미묘한 형태로 나타나는 수치심에 적응시키며, 굴욕감을 느끼거나 버려질 것에 대한 두려움과 불안을 감소시키고, 그전에는 생각해 보지 못했던 갈등의 해결책을 만들게 해 줄 수 있다. 이는 아무리 오래 지속된 관계에서라도 나타날 수 있는 낙인의 영향력을 고려해 볼 수 있도록 주의를 환기해 준다.

내가 하는 또 다른 가정은 성적 지향과 상관없이, 지속되는 관계 내 정서적 및 성적 친밀감에 내재된 취약성이 일반적으로 이해되고 평가되는 것보다 훨씬 더 어려운 요인일 수 있다는 점이다. 앞서 제시한 사례가 보여 주듯이 이러한 취약성은 본질적으로 정서적인 상처를 받는 것, 특히 거절당하거나 버림받거나 수치심을 느끼는 것의 위험성에서 기인한다. 다만 남성 동성애자 커플의 경우에는 친밀한 관계에서 모든 사람을 취약하게 만드는 행동이 낙인화된다는 점에서 차이가 있다. 동성 간의 성관계에 대한 낙인은 동성애자가 친밀감을 형성하거나 유지하기 매우 힘들게 한다.

마지막으로, 나는 여전히 동성애혐오적 현대 미국 문화와 정치권 내에 있는 모든 동성애 관계는, 어떠한 형태이든 얼마나 오래 지속되었든 상관없이 하나의 성취라고 생각한다. 그러한 관계는 하나가 되겠다는 의지이며 억압에 굴복하지 않으며 굴복할 수 없는 정서적 및 성적 애착 관계에 대한 욕구와 불굴의 인간 정신의 승리를 보여 준다.

---

3) 어떤 커플이 제3자와 성관계를 갖는 것의 가능성을 열어 두는 선택에 대한 긍정적 또는 부정적 평가를 하려는 것은 아니다. 그 커플이 내리는 다른 결정과 마찬가지로, 그러한 선택을 하게 된 과정과 동기 그리고 그것을 실행함으로써 나타난 결과에 대해 검토해 보는 것이 중요하다.

참고문헌

American Psychological Association. (2007). ***Resolution on religious, religion-based and/or religion-derived prejudice.*** Retrieved from http://www.apa.org/about/governance/council/policy/religious-discrimination.pdf

Cerbone, A. R. (1990, August). ***Coming out as a lifelong developmental issue: Erik Erikson rethought.*** Poster session presented at the 97th Annual Convention of the American Psychological Association, Boston, MA.

Cerbone, A. R. (1991). The effects of political activism on psychotherapy: A case study. In C. Silverstein (Ed.), ***Gays, lesbians, and their therapists: Studies in psychotherapy*** (pp. 40-51). New York, NY: Norton.

Downs, A. (2005). ***The velvet rage: Overcoming the pain of growing up gay in a straight man's world.*** Cambridge, MA: DaCapo Press.

10장

레즈비언 커플의 양육 문제

수전 캐슈벡-웨스트(Susan Kashubeck-West)

내담자 정보

자스민은 34세의 중산층 아프리카계 미국인 여성으로, 자신을 레즈비언으로 정체화하고 있다. 그는 간호학 석사학위를 지니고 있으며 의학 업계에서 6년간 간호사로 일하고 있다. 현재 그는 파트너인 다이앤과 8년간 관계를 유지해 오고 있다. 다이앤은 32세의 노동자 계급 출신으로, 백인 여성이자 레즈비언이며 중형 로펌의 변호사로 일하고 있다. 이 커플은 세인트루이스에서 살고 있다. 2008년에 캘리포니아에서 작은 결혼식을 올리고 법적으로 혼인 관계가 되었다. 두 여성 모두 기독교인 부모 밑에서 자랐다. 그러나 둘 다 자신을 종교적인 사람으로 생각하지 않는다. 그리고 둘 사이에는 자스민이 출산한 4세의 소년인 테오가 있다.

배경

자스민과 그의 남동생, 여동생은 세인트루이스의 중산층 동네에서 자랐다. 자스민은 인종적으로 다양한 공립학교에 다녔고 같은 도시에 위치한 공립 전문대학에 진학했다. 그의 부모는 현재 살아 있으며 최근에 40주년 결혼기념일을 맞이했다. 자스민의 부모도 세인트루이스에서 성장했으며 둘 다 대가족 출신이었다. 그래서 자스민의 가족은 매우 큰 확대가족이며 이들 중 대부분이 같은 곳에 살고 있다. 아버지는 철도 회사에서 40년간 일한 후 은퇴했고, 어머니는 미용사로 근무하고 있다. 대학을 졸업한 후에 자스민은 마을의 큰 병원 중 한 곳에서 일했다. 그는 가장 바쁘고 업무가 매우 빠르게 돌아가는 시간대인 응급실 주말 야간 근무시간을 가장 좋아했다. 자스민은 6년 전에 가족간호학으로 석사학위를 취득했고, 그 후로 중소 규모의 의료업에서 일하고 있다.

다이앤은 두 언니와 함께 동해안의 대도시에서 자랐다. 어머니는 자녀들을 돌보기 위해 집에서 일했다. 아버지는 장거리를 이동하는 트럭 기사로서 안정적으로 근무하느라 다이앤이 어릴 적에 자주 떨어져 있었다. 다이앤이 16세였을 때, 아버지가 세인트루이스에 본사를 두고 있는 회사의 운전기사로 이직하게 되어 온 가족이 그곳으로 이사를 하게 되었다. 다이앤의 부모는 현재에도 혼인 상태를 유지하고 있다. 이후 언니 중 1명이 남성과 결혼하면서 캘리포니아로 이사를 하게 됐다. 다른 언니는 남편, 두 자녀와 함께 세인트루이스에서 거주하고 있다. 다이앤의 부모는 노동자 계층이 사는 동네의 작은 집에서 살고 있고 매달 말 전형적인 경제적 압박을 받고 있다. 다이앤은 고등학교 때 항상 A를 받았으며, 세인트루이스에 있는 공립 전문대학을 나온 후에 같은 지역에 있는 명문 사립대학의 법학대학을 졸업했다. 졸업 이후 다이앤은 대형 로펌에서 주당 거의 80~90시간을 근무했다. 그는 거기서 3년을 일한 뒤 주당 약 50시간 근무하는 작은 회사로 옮겼다.

자스민과 다이앤은 8년 전에 레즈비언 소프트볼 경기에서 만났다. 각자 대학 시절부터 레즈비언으로 커밍아웃했으며 다른 여성들과 데이트한 경험이 있었다. 자스민에게 다이앤은 처음으로 데이트한 백인 여성이었던 반면에, 다이앤은 자스민을 만나기 전에 다양한 인종적 배경을 지닌 여성들과 데이트했다. 이들은 6개월간 데이트한 이후 다양한 출신의 이웃들이 있는 아파트에서 동거하게 되었다. 처음 2년간 두 사람 모두 상당히 바쁜 상태였다. 다이앤은 새로운 직장에서 변호사로 장시간 근무하고 있었고, 자스민은 전일제로 일하면서 야간에는 간호학 학위를 얻기 위해 공부했다. 자스민이 학위를 취득하고 다이앤은 작은 로펌으로 이직했을 때, 이들은 자녀를 갖는 것에 대해 이야기하기 시작했다. 이들은 각자 한 아이를 낳되, 두 아이 모두 두 인종이 섞인 혼혈이어야 하며, 생물학적 부는 한쪽은 백인, 다른 한쪽은 아프리카계 미국인으로 선택하기로 계획했다. 이들의 아들인 테오는 이제 막 네 살이 되었고, 다이앤은 현재 인공수정을 통해 임신하기 위해 노력하고 있다. 자스민과 다이앤은 아파트에 살 공간을 구했으며 둘 다 이들이 사는 곳에 매우 만족했다. 이들은 주택 담보 대출과 다이앤의 학자금 대출을 제외하곤 다른 큰 빚 문제는 없으며, 예산에 맞게 생활하면서 매달 저축하고 다이앤의 학자금 대출을 갚고 있다고 보고했다.

자스민과 다이앤은 친구와 친척으로 구성된 꽤 양호한 지지체계를 갖고 있다. 그러나 친구들은 아무도 자녀가 없었으며, 주기적으로 연락하지 않게 된 후로 이전처럼 친밀하게 교류하고 있지 않다고 했다. 친구들은 즉흥적으로 많은 활동을 함께 했는데, 자스민과 다이앤은 그에 맞춰 빠르게 아이 돌볼 사람을 구할 수 없기 때문이었다. 대신 이들은 가족들이 같은 지역에 살기 때문에 주기적으로 가족 식사나 다른 가족 행사에 참여하곤 했다.

호소 문제

자스민은 나와 수년 전에 함께 일했던 간호사 동료의 추천으로 내게 상담을 신청하게 되었다. 자스민은 관계 문제에 대해 피로감과 상당한 스트레스를 경험하고 있다고 했다. 그 문제에는 다이앤과의 관계, 다이앤의 부모와의 관계, 자신의 부모와의 관계가 포함되어 있었다. 자스민은 자신이 약간 우울한 상태라 생각한다고 말했다. 초기 상담에서의 질문을 통해 그가 종종 불안을 크게 경험하고 있음도 확인했다. 불안은 그가 잠들려고 할 때 자주 나타났는데, 이는 주로 테오나 다이앤에게 뭔가 끔찍한 일이 생길지도 모른다는 점과 관련되어 있었다.

자스민은 다이앤과의 관계에서 오는 스트레스가 다이앤의 가족과의 갈등에서 기인하는 것 같다고 이야기했다. 다이앤의 부모는 다이앤의 두 언니의 남편들을 대하는 모습과 달리, 자스민을 가족의 온전한 일원으로 받아들이지 않았다. 이들은 다른 사람들에게 자녀들의 남편들을 사위라고 자주 소개했으나, 자스민을 소개할 때에는 단순히 이름으로 지칭하고 다이앤과의 관계를 설명하지 않았다. 다이앤의 부모가 매년 크리스마스 편지를 보냈을 때에도 다이앤 언니들의 남편들에 대해서는 적었지만 자스민에 대해서는 한 번도 언급하지 않았다. 자스민에게 더 고통스러웠던 것은 그가 생각하기에 테오가 불공평한 대우를 받는다는 점이었다. 다이앤의 부모는 다른 손자들에게 해 주는 것과 똑같이 항상 테오의 생일을 축하해 주고 크리스마스 선물을 사 주었다. 그러나 다이앤의 어머니는 다른 손자들에게는 '작은 선물'을 자주 주었으며, 다른 자녀 부부에게 주기적으로 전화를 해서 아이들을 돌봐 주거나 동물원이나 재밌는 곳으로 아이들을 데려가자고 제안했다. 반면에 다이앤과 자스민에게는 그러한 제안을 하는 일이 드물었으며 테오에게 그런 선물을 준 적도 거의 없었다. 결국 자스민과 다이앤은 다이앤의 부모가 자신의 자녀를 진정한 자손으로 생각하지 않고 테오는 그 이하의 존재로 여긴다고 생각하게 되었다. 다이앤은 그의 부모가 비이성애차별주의자(heterosexist)라고만 생각했지만, 자스민은 인종차별주의도 한몫하고 있다고 생각했다. 자스민은 그가 백인 남성이었다면 다이앤의 부모가 다이앤과의 관계를 다이앤 언니들의 관계와 같이 중요하고 진지하게 생각하고 테오에게도 동등하게 대할 것이라고 믿고 있었다. 하지만 다이앤은 자신의 부모가 자스민이나 테오를 대하는 태도에 인종차별주의의 영향이 있다고 생각하지는 않았다.

자스민은 커플이 겪고 있던 또 다른 문제로, 다이앤이 자스민의 가족에게 테오의 진정한 어머니로 인정받지 못한다는 점을 이야기했다. 다이앤은 자스민의 가족이 자스민은 테오의 진짜 엄마이며 다이앤은 계모라고 생각한다고 느꼈다. 자스민의 가족은 자스민에게 테오를 기르는 것에 대해 주기적으로 이야기했으나, 이러한 대화에서 대개 다이앤을 배제하곤 했다. 법적 문제도 약간의 스트레스 요인이었는데, 이는 미주리에서는 다이앤이 법적 양육자의 권리를 가지지 못했기 때문이었다. 비록 결혼은 캘리포니아에서 했지만, 미주리에서는 그 결혼이 인정받지 못했다. 결국 다이앤이 테오의 법적 양육자로 간주되기 위해서는 제2양육자 입양(second-parent adoption)[1)]을 해야 했다. 다이앤과 자스민은 이에 대해 수차례 이야기했으나 그 누구도 법적 절차를 밟기 위한 시도를 먼저 취하지 않았다. 법적 양육자로 인정받지 못해서, 테오가 손목이 부러져 다이앤이 응급실로 데리고 갔을 때와 같은 작은 응급 상황에서 불편을 겪어야 했다. 또한 다이앤은 만약 자스민이 죽으면 자스민의 부모가 테오의 양육권을 가져가려고 할지도 모른다고 걱정했다. 나중에는 업무량과 양육 때문에 자스민과 다이앤이 커플로서 함께 보내는 시간도 줄어들었다. 이들은 자유시간의 대부분을 아들과 보내거나 요리, 청소, 장보

1) 역자 주: NCLR(National Center for Lesbian Rights)의 정의에 따르면, 제2양육자 입양은 첫 번째 양육자의 법적 권리를 유지하는 상태에서 그 양육자의 생물학적 또는 입양된 자녀에 대한 양육권을 획득하기 위한 법적인 절차를 뜻한다. 이는 공동 양육자 입양(co-parent adoption)이라고도 불린다.

기 등과 같이 일상생활 유지에 필요한 활동들을 하는 데 쓰게 되었다. 다이앤과 자스민이 하는 사회적 활동에는 보통 아들도 함께했으며 주로 친척들과 시간을 보냈다.

진단과 설명

자스민이 초기 내담자였기 때문에 나는 두 번의 회기 이후에 그에 대한 진단을 내리게 되었다. 진단은 보험 청구에 필요한 요건을 충족해야 했고, 진단이 자주 그러하듯이 한 사람에게만 초점을 맞추게 되었다. 『정신질환의 진단 및 통계 편람(DSM-IV-TR)』(American Psychiatric Association, 2000)의 기준으로 진단을 내리기 전에, 헤이즈(Hays, 2001)의 ADDRESSING 모델을 이용하여 다이앤의 삶의 맥락을 검토했다. 참고로 이 모델에는 나이와 세대의 영향(Age), 발달장애 및 후천적 장애(Developmental and acquired Disabilities), 종교 또는 영적 지향(Religion and spiritual orientation), 민족(Ethnicity), 사회경제적 지위(Socioeconomic status), 성적 지향(Sexual orientation), 원주민의 전통적 유산(Indigenous heritage), 출생 국가(National origin), 성별(Gender)을 검토하는 것이 포함된다.

축 I	309.28 불안과 우울 정서가 동반된 적응장애
축 II	V71.09 진단 없음
축 III	없음
축 IV	주요 지지집단과의 문제
축 V	전반적 기능 평가(GAF) 점수=70(현재)
	전반적 관계기능 평가(GARF) 점수=75(현재)

이론적 틀과 목표

내가 모든 내담자에게 사용하는 이론적 접근은 다문화적 페미니스트 접근을 기반으로 하고 있다. 나는 내담자의 다층적이고 교차적인 정체성들을 이해하기 위해 노력하고, 이러한 정체성들로 인해 이들이 사회적 환경에서 겪는 사회적 특권과 억압에 주목하고자 한다. 따라서 이들의 삶에서 타인 · 제도와의 상호작용에서 경험하는 어려움을 다루게 된다. 다문화주의와 여성주의를 기반으로 하되, 주로 인간중심적 상담과 인지적 상담에서 비롯된 이론적 가정과 전략을 함께 활용한다.

자스민과 내가 함께 설정한 상담 초기 목표는, 우울 및 불안 증상을 감소시키고 관계 만족도를 증진하기였다. 개인상담을 다섯 번 진행하면서 자스민의 우울 및 불안 증상이 완화되자, 우리는 관계에 더 초점을 맞추기로 합의했다. 이때부터 다이앤과 자스민의 커플상담이 시작되었다. 우리 셋은 관계 내 의사소통 향상, 관계에 대한 헌신도 증진, 가족과 사회로부터 경험하는 억압에 대처하는 권력 강화(empowerment)[2]를 목표로 하기로 했다.

개입

자스민과의 초기 작업에서는 그의 이야기에 경청하고 특정한 문화적 환경 내 그가 위치한 맥락에서 경험하는 것을 이해하기에 집중했다. 첫 상담에서는 그의 삶, 상담을 신청하도록 이끈 문제, 상담에 대한 희망과 기대에 관해 이야기하도록 했다. 상담 회기가 거듭될수록 나는 자스민의 경험을 이해하고 그의 생각을 존중하는 데 집중했고, 그의 삶에 존재하는 잠재적인 개인 내적·대인관계적·더 큰 체계의 영향에 대해 탐색할 수 있는 질문을 제시했다. 여러 번의 상담 이후, 자스민은 상담자에게 이해받고 있음을 느낀다고 보고했으며, 덕분에 다이앤의 가족으로부터 경험한 인종차별을 제대로 바라볼 수 있게 되었다. 그는 자신의 감정이 존중되자 고립감과 자기회의감이 감소하여 기분이 더 나아질 수 있었다. 또한 상담 초반부에 자스민에게 밤에 떠오르는 불안이 어디에서 비롯되는지에 대해 탐색해 보고 싶은지 아니면 단순하게 불안을 감소시키기에 초점을 맞추고 싶은지에 대해 질문해 보았다. 자스민은 불안이 다른 문제들보다는 덜 시급하고 그것을 심층적으로 탐색하기보다는 제거하기 위한 전략을 시도하고 싶다고 했다. 따라서 나는 밤에 초조해질 때 해 볼 수 있는 생각 멈추기 방법을 안내했다. 자스민은 연습할수록 생각이 부정적으로 흘러가는 방향에서 벗어나, 가족이 함께할 수 있는 즐거운 활동에 대한 사고와 심상으로 변화를 줄 수 있게 되었다고 말했다. 마침내 우리

2) 역자 주: 내담자를 자신의 삶에 대해 고유한 권력을 지니고 있는 존재로 존중하고, 개인적 및 사회적 문제를 해결하기 위해 그 권력을 강화하는 상담적 개입을 뜻한다.

는 기분을 개선하기 위한 방법으로 자기돌봄을 논의할 수 있게 되었다. 그는 규칙적인 운동이 여러모로 도움이 되었지만, 테오를 낳은 이후로는 그만두었다고 했다. 나는 그가 건강을 증진할 수 있게 다시 운동을 시작하도록 격려했다.

자스민의 불안 및 우울 증상이 완화되면서, 그는 다이앤과의 관계를 다뤄 보고 싶어 했다. 우리는 관계 개선을 위해서는 다이앤이 상담에 참여하는 것이 필수적이라고 생각했다. 커플상담에 다이앤을 초대하기에 앞서, 나는 자스민에게 개인상담에서 커플상담으로 전환하면 그를 개인상담의 내담자로서 더는 만날 수 없음을 설명했다. 자스민은 커플상담과 개인상담을 병행할 수 없는 이유를 이해했으며, 자신에게는 다이앤과의 관계를 개선하는 것이 중요하기 때문에 이제는 개인상담이 필요하지 않다고 했다.

다이앤, 자스민과의 커플상담의 초기에는 상대의 경험에 진심으로 귀 기울일 수 있도록 도와주는 일에 집중했다. 자신의 경험에 근거하여 이야기하기, 방해하지 않고 듣기, 다른 사람의 말을 이해했음을 표현하기와 같은 의사소통 기술을 연습했다. 현재 관계가 굳건한 상태이고 커플이 지닌 여러 강점이 이들이 겪고 있는 문제를 완화하는 데 도움이 될 수 있다는 전제에서 상담을 시작했다. 덕분에 커플은 현재의 문제가 커플로서 성공하지 못했음을 의미하는 건 아닐까 하는 걱정에서 벗어나 편안함을 느끼게 되었다. 그리고 서로가 가족과 관련된 각자의 경험에 귀 기울이고 이해하기 시작했을 때 중요한 작업을 할 수 있게 되었다. 예를 들어, 다이앤이 자스민과 테오가 다이앤의 가족으로부터 인종차별적이고 비이성애차별주의적이며 불공평한 대우를 받았던 경험에 대해 듣고 이해할 수 있게 도움을 주자, 자스민과 다이앤 사이의 믿음과 이해의 수준은 새로운 차원을 맞이하게 되었다. 다이앤에게 자스민의 고통을 무시하지 않고 존중하는 것은 자신의 가족이 인종차별적임을 받아들여야 함을 뜻했다. 다이앤은 그 사실을 인정하고 자스민의 경험을 부정하는 것도 인종차별적 행위라는 점을 이해하게 되었다. 이러한 깨달음은 양측에게 매우 괴로운 것이었지만, 경험을 공유하고 이해함으로써 관계 유대감을 심화할 수 있는 계기가 되었다. 마찬가지로 자스민은 자신의 가족이 다이앤과 어떻게 상호작용했는지 진지하게 돌아봤다. 이를 통해 그는 자신이 테오의 친모라는 점에서 특권을 지니고 있었던 점과 자스민의 부모가 다이앤의 역할을 동등한 양육자로서 인정하지 않았던 점을 이해하게 되었다. 사회와 자스민의 가족이 다이앤을 이류 양육자(second-class parent)로 여긴다는 점을 이해하는 것은 자스민에게 매우 놀라운 경험이었다. 특히 이 문제에 대해 그가 침묵하는 것은 다이앤이 경험하는 차별에 동조함을 뜻한다는 점에서 더 그랬다.

커플상담 중에 우리는 가족과 커플이 상호작용하는 패턴에 변화를 주기 위한 방법을 브레인스토밍하는 전략을 활용하기도 했다. 그 예로, 자스민의 가족과 관련해서는 ① 양육자 역할을 강조하기 위해 자스민의 가족과 함께 있을 때 다이앤이 양육자로서 테오를 돌보는 역할을 더 수행하기, ② 둘이 함께 내린 양육에 관한 결정을 가족에게 이야기하기, ③ 다이앤이 임신하고 출산할 두 번째 아이에 관해 자스민의 가족과 함께 계획하기를 시도해 보기로 했다. 다이앤의 부모와 관련해서는, 우선 다이앤은 자신의 가족이 자스민과 테오를 불공평하게 대우하는 것을 어떻게 느끼는지, 이러한 대우가 자스민과 테오에게 어떤 영향을 끼치는지 가족에게 직접 말하기로 했다. 다이앤의 가족이 이 직면에 어떻게 반응하느냐에 따라 커플상담에서 더 많은 전략에 대해 논의해 보기로 했다.

커플상담에서는 또한 가족 내 커플 관계의 중요성 다지기에도 주목했다. 특히 자스민과 다이앤은 자신들이 로맨틱하고 친밀한 커플이기보다는 주로 테오의 양육자라는 역할을 수행하는 데 집중했다는 점을 알게 되었다. 많은 커플이 양육하느라 바빠서 계속되는 시간적 압박에 못 이겨 커플만의 시간을 보내기 어려워한다. 다이앤과 자스민은 비이성애차별주의의 영향으로, 타인들, 주로 이들의 원가족과 직장 동료들이 자신들을 서로 사랑하는 커플보다는 주로 양육자로 대하는 것을 편하게 여긴다는 것을 알게 되었다. 또한 이들은 자신이 지닌 내면화된 비이성애차별주의가 낭만적이고 친밀한 방식으로 의사소통하는 데 방해가 된다는 사실을 이해하게 되었다. 이러한 이해는 커플 관계의 낭만적인 면을 되살리고 싶은 욕구를 자극했다. 우리는 처음에 서로의 어떤 점이 끌렸는지, 둘이 함께 어떠한 활동들을 즐겼는지, 지난 수년간 서로에 대해 새롭게 알게 된 점들이 무엇인지에 관해 탐색했다. 나는 서로에게 집중할 수 있는 시간과 공간을 마련할 것을 제안했다. 둘은 커플 관계 개선을 위한 활동으로 한 달에 한 번 저녁에 데이트하기, 일주일에 한 번 점심 같이 먹기, 커플 마사지 강습에 등록하기를 찾아볼 수 있었다.

성과

초기 커플상담에서는 상대에게 자신의 감정과 경험을 전달하는 방법을 안내하고 상대의 이야기에 주의 깊게 경청하기를 연습했다. 자신의 가족과 관련된 상대의 경험을 열린 마음으로 받아들이고 존중하게 되면서, 관계에 대한 신뢰도와 헌신도가 증진되었다. 상대를 문제로 보기보다는, 이제 두 사람은 자신들을 가족을 함께 대면할 수 있는 한 팀으로 여기게 되었다. 상담에서 생각해 냈던 자스민의 가족과의 상호작용을 개선하기 위한 계획을 시도한 후에 중요한 성과가 나타났다. 그 예로, 자스민의 어머니는 임신 그리고 한 아이와 달리 두 아이를 키우는 것의 차이점을 다이앤과 이야기하기 시작했다. 다이앤이 가족 모임에서 자신의 임신 소식을 알리자 자스민의 가족은 열렬히 축하해 주었다.

다이앤은 자신의 부모가 자스민과 테오를 대하는 태도에 대해 직접 말하게 되었는데, 다이앤의 부모는 처음에는 방어적 모습을 보이며 다른 손자들과 다르게 테오를 대한다는 점을 부인했다. 상담에서 이러한 가능성에 대해 논의했기 때문에, 다이앤은 차분하게 불공평한 대우의 예를 언급했고 이것이 그와 자스민에게 얼마나 고통스러운지 이야기했다. 수 주 후에 다이앤의 부모는 오직 테오만을 위해 특별한 날에 동물원에 데려갔으며 그곳에서 동물 인형을 사 주기도 했다. 다이앤의 어머니는 인정하기 어려워했지만, 테오를 진정한 손자보다는 재혼해서 데려온 손자를 대하는 것처럼 보였음을, 그리고 자스민과 테오에 대해 친구들이나 지인들에게 이야기할 때 부끄러워했던 점을 받아들였다. 다이앤과 자스민은 자녀들이 조부모로부터 가족 구성에 문제가 있다는 메시지를 받기 원치 않았다. 따라서 다이앤은 자신의 부모에게 미국 사회에 속한 누구나 어느 정도 동성애 관계에 대해 부정적 감정을 내면화하고 있으며, 이들이 비이성애차별주의를 극복하기 위해 노력하는 것이 얼마나 중요한지 이야기했다. 다이앤은 또한 자신의 부모가 자스민을 아프리카계 미국인이어서 불편하게 여기고 자스민을 차별적으로 대하는 것은 아닌지 점검해 보게 했다. 다이앤의 부모가 그가 임신했을 때만큼 자스민이 임신했을 때 축하해 주지 않았다는 점은, 이 주제에 관해 이야기해 볼 계기를 제공해 주었다. 다이앤이 자신의 부모가 두 번째 아이를 생물학적 손자라는 이유로 두 자녀를 다르게 대한다고 느낀다면, 그와 자스민, 자녀들은 이들과 시간을 보내지 않겠다고 말하자 더 큰 변화가 일어나기 시작했다. 다이앤의 아버지는 이러한 위협에 대해 잠깐은 분노했지만, 다이앤의 부모는 자스민과 테오를 이들의 중요한 가족의 일원으로 수용하기 위해 상당한 노력을 보이기 시작했다.

또 다른 상담의 성과로, 자스민과 다이앤은 확대가족과 시간을 덜 보내고 자신의 가족 구성원들과 더 나은 시간을 보내는 데 집중하게 되었다. 게다가 이들은 종종 점심을 같이 먹고 한 달에 한 번씩 저녁에 데이트하고 커플 마사지 강좌를 함께 들으면서 둘만의 시간을 성공적으로 만들어 나갔다. 테오의 출생 이후로 점차 감소하였던 성관계에 대한 빈도와 만족도도 향상되었다.

나는 자스민과 다이앤이 자녀를 가지고 있거나 사교 활동에 자녀와 함께하는 것을 긍정적으로 생각하는 친구들과의 지지체계를 형성하기를 희망했다. 두 사람은 지역사회에 있는 레즈비언, 게이 양육자 모임에 가입하기를 이야기해 보았지만 실행에 옮기지는 않았다. 마찬가지로 이들은 자녀가 있는 동성애 커플을 만나는 다른 방법들을 계획해 보았지만 어떠한 계획도 실천해 보지는 않았다. 따라서 자스민과 다이앤은 이들의 가족 이외의 사회적 지지체계의 질을 개선하지는 않았다. 이와 유사하게, 이들은 테오에 대한 제2양육자 입양의 중요성에 대해 여러 번 이야기했지만 그 문제에서 진전을 보이지는 않았다.

역전이 문제

나는 자스민, 다이앤과 상담을 하는 동안, 여러 잠재적 역전이 문제를 명심하기 위해 노력했다. 먼저 나의 레즈비언 커플로서 아이를 기른 경험이 이 커플의 경험을 이해하는 방식과 특정한 목표를 달성하도록 격려하는(또는 격려하는 데 실패하는) 방식에 영향을 미칠지도 모른다는 점에 주목했다. 두 번째로는 나의 백인 여성이라는 정체성이 어떻게 자스민과의 관계나 그에 대한 이해에 방해되거나 어려움을 줄 수 있을지 점검했다. 세 번째로 내가 자녀의 생물학적인 친모라는 점 때문에 자스민과 더 동일시하게 되고 다이앤의 양육자 역할을 의도치 않게 사소하게 여길 수 있는 가능성을 고려하여, 어머니로서의 자스민과 다이앤을 대하는 나의 태도를 점검했다.

결론

이 사례는 레즈비언인 양육자와 상담할 때 떠오를 수 있는 몇몇 문제를 잘 보여 주었다. 자스민과 다이앤은 성적 지향과 상관없이 많은 양육자가 겪을 수 있는 공통적 스트레스 요인을 경험하는 동시에, 레즈비언 커플이기 때문에 겪는 특정한 문제들을 안고 있었다. 전자의 예로 많은 커플이 자녀 양육 때문에 시간과 에너지가 부족해서 커플 관계를 신경 쓸 겨를이 없음을 호소한다. 또한 자신이나 상대편의 부모가 자신들의 양육 능력을 판단하거나 평가하는 것에 대해 불만을 토로한다. 레즈비언 양육자 커플들이기 때문에 겪을 수 있는 문제로는 이들의 가족, 친구, 사회가 비생물학적 양육자를 동등한 양육자로 인지하지 않는 점, 친구나 가족으로부터의 지지가 부족한 점, 양육자로서의 법적 권리가 잘 보장되지 않는 점이 있다. 그러므로 자녀를 기르는 레즈비언 커플과 작업할 때에는 강점, 상호 교차적인 정체성, 특권 및 억압이 개인 · 커플 · 가족에게 영향을 끼치는 방식에 전체적으로 주목하는 것이 중요하다.

참고문헌

American Psychiatric Association. (2000). ***Diagnostic and statistical manual of mental disorders*** (4th ed., text rev.). Washington, DC: Author.

Hays, P. A. (2001). ***Addressing cultural complexities in practice: A framework for clinicians and counselors.*** Washington, DC: American Psychological Association.

11장

회피하는 남편과 곤란한 가족

코니 캘러핸(Connie Callahan), 셜리 코넷(Shirley Cornett)

소개

새뮤얼(Samuel, 44세, 히스패닉계)은 아내(43세, 히스패닉계)와 두 아들(16세, 17세)을 위해 상담을 신청하게 되었다. 첫 회기에 새뮤얼은 혼자 찾아왔다. 이 가족이 겪는 문제의 시작은 22년간 함께한 아내에게 다른 남성과의 연애 사실을 고백하여 충격을 안겨준 남편의 커밍아웃 과정이었던 것으로 짐작되었다. 새뮤얼은 자신뿐만 아니라 모든 가족을 걱정하고 있었기 때문에, 첫 상담을 마친 후 가족상담을 받기로 하였다. 아내인 A. J.는 주요우울장애를 지니고 있었다. 두 번의 접수면접 회기 이후 이와 같은 진단을 내린 남서부상담센터(Southwestern Counseling Services)의 정신과 전문간호사는 코니 캘러핸 박사를 주상담자(primary counselor)로 배정하였다. A. J.는 단극성 우울증 증상을 보이기도 했다.

네 번째로 상담을 시도하기 5년 전에, A. J.는 남편이 결혼 서약을 어긴 동성애 남성이라는 사실을 인정했다. 괜찮은 가톨릭 신자라 자칭하던 남편은 자신의 불륜에 죄책감을 느끼고 아내에게 다른 남자와 사랑에 빠졌다고 고백했다. 그가 커밍아웃한 것에 대해 아내는 분노와 우울감을 느꼈고, 첫째 아들은 자신도 동성애 성향이 있는 것은 아닐지 걱정하게 되었으며, 막내아들은 부모화된(parentified) 자녀가 되었다.

배경 정보

남편이 동성애 관계에 있다는 사실을 말하자마자 A. J.는 몸져누워 식사와 대화뿐만 아니라 어떠한 집안일도 거부하였다. 단, 일요일에는 미사에 참석하고 그 후 신부에게 상담을 받았다. 그것이 그의 첫 번째 상담 시도였다. 그는 남편을 응징하고 싶어 했다. 그는 주로 남편이 결혼 서약을 배신했다는 점과 자기의 여성적 매력을 부정당한 느낌에 대해 고래고래 소리쳤다. 하지만 신부의 반응은 석연치 않았고, 오후에 집에 돌아온 그는 다시 몸져눕곤 했다. 그는 신부가 남편은 집안의 가장이며, 남성은 죄를 지을 수 있고, 인간의 죄를 용서하는 것이 가톨릭교의 가르침이라고 설명하였다고 했다. 그가 점점 더 무기력해질수록, 남편은 자신의 사랑을 좇아 집에 잘 오지 않게 되었다. A. J.는 두 아들이 남편과 등질 수 있게 세뇌하려고 애썼다. 그러자 첫째 아들은 18세가 되었을 때 집을 나와 멀리 떨어진 대학을 다니게 되었다. 16세였던 막내아들은 엄마를 돌보기 시작하여, 학교에 있을 때를 제외한 모든 시간을 집 안 청소, 장보기, 요리에 쓰게 되었다. 이러한 가족 역동은 캘러핸 박사에게 상담을 받기까지 5년간 지속되고 있었다.

A. J.가 5년간 우울증을 앓고 있는 동안 두 번의 개인상담을 받아 보았지만 효과는 좋지 않았다. 어떤 상담자도 남편을 바꾸기 원하는 그의 기대를 지지해 주지 않았다. 새뮤얼은 이혼을 고려하고 있었고, 첫째 아들의 가족에 대한 거리 두기와 막내아들의 발달(예: 친구 관계 및 적절한 사회적 상호작용의 부족, 커지는 절망감)을 걱정하고 있었기 때문에 가족이 상담을 받아야 한다고 주장했다. A. J.와 전체 가족과의 첫 번째 상담을 진행하는 동안, 이 가족의 문제에서 기능하고 있는 다중적 체계에 관한 이해를 돕기 위해 생물심리사회적 체계 모델(biopsychosocial systems model)을 제안하였다. 특히 이 모델은 어떻게 개인적 체계, 상호적 체계, 세대 간 체계, 공동체 체계가 동시에 서로에게 영향을 줄 수 있는지를 이해하는 데 필요했다(Breen-Ruddy & McDaniel, 2008; Weeks, 1989).

진단

세 번의 상담 회기 동안 생물심리사회적 체계를 탐색할 수 있었다. 개인적 체계 내의 주요 문제를 정의하는 과정에서 A. J.는 특정한 정신건강 진단 기준을 충족시키는 것으로 나타났다. 그에 대한 다축적 평가는 다음과 같다.

축 I	296.32 주요우울장애
	302.79 성적 혐오장애
축 II	없음
축 III	증상, 증후와 잘 정의되지 않는 상태
축 IV	지지집단과의 문제: 남편과의 불화, 첫째 아들의 대학 진학으로 인한 이사
	사회적 환경과 관련된 문제: 부족한 사회적 지지
	직업적 문제: 실직 상태
	경제적 문제: 불충분한 수입
축 V	전반적 관계기능 평가(GARF) 점수=65(5년 동안 지속됨): 직업적 기능, 가족관계, 판단 및 사고에서의 주요 손상

호소 문제

A. J.는 가족상담과 함께, 약물 처방과 약물치료 경과를 모니터링해 줄 수 있으며 우울증, 성적 혐오 문제를 다룰 수 있는 정신과 전문간호사와의 개인상담을 진행하기로 하였다. 캘러핸 박사가 A. J.에게 우울증이 심리적 문제이면서 생물학적 상태임을 납득시키는 데 3개월이 걸렸다. 아픈 상태는 가족 역기능과 우울증의 원인이 되었다. A. J.가 항상 몸져누운 결과, 막내아들은 집안일과 기본적 생활에 필요한 일들을 떠맡게 되면서 절망에 빠졌고, 가족이 불균형적인(unbalanced) 상태에 있게 되었다. 가족상담 회기에서 각 가족 구성원에게 돌아가면서 질문하였고, 답변에 대해 상세하게 논의함으로써 양육자 역할이 어떻게 유기되었는지, 각 가족 구성원이 A. J.가 일상적으로 해 오던 집안일과 활동을 어떻게 생각했는지 드러났다. 가족 내 역할과 기능의 변화

를 확인하기 위해 각 구성원은 일주일 동안 30분 이내에 했던 활동에 대한 표를 작성하였다. 남편과 아들들은 이들이 얼마나 많은 일을 하고 있었는지, 그리고 A. J.와 대화를 나눌 시간이 얼마나 부족했는지에 대해 놀라워했다.

A. J.와 막내아들의 역기능 문제에 더하여, 가족은 호소 문제에 영향을 끼치고 있는 감정들을 표현했다. A. J.는 여전히 분노, 슬픔, 절망을 느끼고 있었다. 그는 불륜을 저지른 남편을 용서할 수 없다고 했다. 상담 도중에 그는 종종 우는 모습을 보였고 앞으로 자신이 무엇을 하게 될지 모르겠다고 이야기했다. 새뮤얼은 동성애 관계에서 얻는 기쁨과 아내의 우울증을 유발했다는 절망감, 두 아들과의 연이 끊어질지 모른다는 불안감 사이에서 오락가락했다. 큰아들은 가족으로부터 거리를 둬야 해서 슬퍼했지만, 대학생활에서 평안을 찾고 있었다. 그는 대학에서 모든 시간을 보내고 있는 점에 대해 다소 죄책감을 느꼈지만, 집보다는 학교에 있고 싶다고 했다. 막내아들은 어머니의 요구를 들어주느라 사회생활을 제대로 하지 못하는 것에 대해 좌절감을 느끼게 되었다. 그는 잠을 잘 수가 없으며 어머니를 혼자 두면 어머니 스스로 제대로 식사를 챙기지 않고 계속 잠만 자게 될까 봐 불안하다고 했다. 또한 그의 친구들은 그가 어머니에 대해 불평하는 것을 들어주는 데 지쳤고, 집을 청소하고 요리하느라 너무 바빠서 친구들과 어울릴 시간도 없다고 했다. 그리고 많은 친구가 여자친구와 더 많은 시간을 보내고 있는데, 자신은 그것을 어떻게 하는지 모르고 있다는 사실을 알게 되었다. 이러한 개인적 요인들은 전체 가족에게 영향을 미쳤다.

이론적 틀

가족의 의사소통 방식과 가족의 역할(Satir, 1972)은 가족 문제의 원인이 된다. A. J.는 비난형(blamer)으로, 가족을 통제하고 새뮤얼의 흠을 잡아 독선적으로 비난했다. 막내아들은 회유형(placater)으로, 비난형에게 언제나 동의하고 사과하며 달래기에 힘쓰고 있었다. 첫째 아들은 초이성형(super-reasonable)으로, 가족과 분리된 상태를 유지했으며 로봇처럼 행동했고, 가족 문제에 감정적으로 연루되지 않기 위해 지적 통제력을 유지했다. 새뮤얼은 부분적 산만형(irrelevant)으로, 타인을 신경 쓰지 않으려고 하고 기분을 상하게 하거나 상처를 주기 두려워하였다. 그리고 모든 것에 대해 미안하다고 하면서 그 어떤 것에도 책임지기를 거부하였고, 다른 가족 구성원에게 책임을 전가함으로써 혼란스럽게 했다.

가족의 상호적 체계를 보면 어머니는 막내아들과 흐릿한 경계 때문에 과도하게 얽혀 있었던 반면에 첫째 아들과는 상당히 분리되어 있었다. 막내아들은 A. J.를 전적으로 돌보았지만, 어머니의 정서적 욕구를 전부 충족시킬 수 없었기 때문에 힘들어했다. 첫째 아들은 대학에서 지내며 집에 오기를 거부했고, 자신이 아버지의 동성애 성향을 물려받았을지도 모른다는 두려움 때문에 가족과의 연락을 대부분 피했다. 그는 남학생과 남자인 친구들과 대부분의 시간을 보낸다고 했다. 상담 회기에서 그는 "제가 아빠처럼 정말 동성애자라고 생각하시는 건 아니죠, 그렇죠? 제가 게이면 지옥에 가게 될까 봐 두려워요."라고 말했다. 그는 자라면서 받은 교육 때문에 동성애는 죄악이라고 생각하게 되었다.

A. J.의 우울증은 곧 권력이 되었다. 막내아들은 그를 하나부터 열까지 돌보았다. 새뮤얼은 A. J.가 동성애에 관해 수 시간 소리치며 화를 내기 때문에 다가가기를 두려워했다. 이 때문에 그는 A. J.에게서 더 멀어져 연인에게 위안을 찾았고, 그 후 가족에게서 벗어난 것에 대해 상당한 죄책감을 느끼게 되었다.

A. J.는 성적 혐오 때문에 남편과의 성관계를 16년 이상 피했다. 이는 새뮤얼의 불륜과 가정에 드나드는 패턴에 영향을 끼쳤다. 그는 자기의 돈 대부분을 가족과 연인에게 나눠 썼으며 이에 대해 죄책감을 느꼈다. 또한 자신을 위해 즐겁게 지내면서도 아들들과는 충분한 시간을 보내지 않는 것에 죄책감을 느꼈다. 그는 상담에서 여러 번 이러한 감정들에 관해 스스로 이야기를 꺼냈다.

세대 간 체계에는 주목할 만한 가족사가 있었다. A. J.는 그가 6세였을 때 사고로 어머니를 잃었다. 그의 외할머니가 마지못해 그와 여동생을 기르게 되었다. 둘 다 사춘기에 접어들었을 때, 외할머니는 이들이 더 자라지 못하게 하기 위해 테이프로 이들의 가슴을 감쌌다. 이러한 행위와 성은 더럽고 나쁘고 바람직하지 못한 것이라는 각본이 A. J.의 성적 혐오를 야기했다. 그는 두 아들을 출산함으로써 자신의 의무를 다했으며 다시 누구와도 성관계를 하지 않을 거라고 주장했다. 외할머니는 A. J.와 동생을 양육하는 것은 원치 않은 짐이었음을 확실히 말했었고, 주된 양육 패턴은 거리 두기, 정서적 및 신체적 단절이었다. 새뮤얼의 원가족은 그에게 "한번 결혼하면 무슨 일이 있더라도 평생 유지해라."라는 인생 각본을 따르게 했다. 이는 상담에서 다룰 필요가 있는 감정인 죄책감과 무기력감을 유발했다. A. J.와 새뮤얼의 성관계 역사는 A. J.의 성관계에 대한 생각을 드러나게 해 주었다. 새뮤얼은 아내에게 섹스 없이는 불안하고 외로우며 자신의 욕구가 충족되지 않음을 직접적으로 이야기했다. A. J.는 섹스를 하지 않는 것에 대해 사과한 적이 전혀 없었다. 그는 그저 성은 더러운 것이고 자신의 감정을 바꿀 수 없다고 말했다. 이러한 대화를 나눌 때 그는 무덤덤한 모습을 보였다. A. J.가 어렸을 적 경험한 조건형성(conditioning)과 변화에 대한 거부 의사를 고려하여, 새뮤얼에게 자신의 욕구와 고독감에 대처하기 위해 무엇을 다르게 해 볼 수 있을지 질문했다. 그는 섹스를 위해 지나치게 오래 기다렸고 아내와 함께 여러 차례 이 문제에 대해 논의하려고 노력했으며, 어쩌면 금욕을 지키는 방법 말고는 다른 대안이 없어 결국 인간의 애정에 대한 갈망이 불륜으로 이어졌을 수 있다고 주장했다.

상담 목표

생물심리사회적 체계 모델은 공동체 체계에도 주목한다. 새뮤얼과 A. J.는 이들이 속한 공동체가 이들에게 맞지 않았다고 생각했다. 새뮤얼은 동성애자 남성이 히스패닉계 공동체에서는 받아들여지지 않기 때문에 정체성을 드러내기 두려워했다. 그리고 교회가 자신의 행동을 비난하고 '수용할 수 없는, 죄악시되는' 동성애 행동을 교정하려고 하자 신앙으로부터 멀어지게 됐다. A. J.는 교회에 도움을 구하기 위해 의지했지만, 그저 남편을 용서하고 그에게 복종해야 한다는 교리를 받아들일 수 없었다. 교회가 남편을 교화하여 이성애자 상태로 돌아가게 한 후에도 A. J.와 새뮤얼 둘 다 이들의 공동체가 도움이나 위안이 되지 않음을 깨닫는 것은 고통스러운 일이었다. 가족 기능을 개선할 수 있는 공동체 체계는 아들들의 생활에 존재하는 교육체계뿐이었다.

합의된 가족 목표로 첫째 아들이 아버지처럼 동성애자가 될지 모른다는 두려움을 다루고 막내아들의 학교생활과 사회생활을 더 적극적으로 하고 싶다는 욕구를 다루기로 설정하였다. 캘러핸 박사는 첫째 아들에게 남성과 여성에 대한 끌림 및 환상에 대해 질문했다. 그는 첫째 아들이 우정과 연애적 관심을 구분하도록 질문했다. 그는 모든 가족이 함께 있는 자리에서 과거의 관계와 관심의 대상들을 돌아보았다. 그리고 남성인 친구들이 있는 것은 괜찮았으며, 비록 여성과 오래 지속되는 관계를 형성하는 방법을 익히기 위해서는 도움이 필요했지만 여성들에게 끌리고 흥미를 보였음을 확인했다. 따라서 자신은 게이가 아니라고 생각한다고 결론을 내렸다. 막내아들은 야외 활동을 조금씩 늘려 가는 활동계획을 수립하였다. 이러한 계획을 실천하는 데 방해물이 무엇일지 고려해 보았으며, 만약 기대와 다르게 계획이 흘러갈 때를 대비하기 위한 계획도 세우게 되었다. 캘러핸 박사와 새뮤얼은 그가 어머니에게서 떨어져 세상을 탐구해 나갈 수 있도록 격려했다. A. J.가 우울증을 극복하도록 돕기와 함께, 새뮤얼이 동성애에 대한 명확한 입장을 취하기가 또 다른 가족 목표가 되었다. 그러면서 이혼에 대한 문제가 제기되기 시작했다.

개입

가족상담에서 활용된 개입은 각 가족 구성원의 주요 문제에 따라 달랐다. 첫 번째 개입은 가계도를 통해 세대에 걸친 가족사에 관한 정보를 모으고 가족구조를 이해하기였다. 가계도에 관한 질문과 지시는 다음과 같다.

1. 사람, 동물을 포함하여 현재 가족 구성을 묘사해 주십시오. (예: 이름, 나이, 성별, 관계)
2. 부모가 어떻게 만났으며 함께하기로 하게 된 계기를 설명해 주십시오.
3. 가족 내에 존재하는, 가장 중요한 10가지 의사소통 규칙은 무엇입니까? (예: "어른의 이야기에 먼저 경청해야 한다." "모두 감정과 의견을 나눌 수 있는 권리를 갖고 있다." "성적 정보를 이야기하면 안 된다.")
4. 자녀를 위한 부모의 청사진은 무엇입니까? (예: 직업 목표, 가족, 생활방식, 성격 특성, 가치)
5. 부모는 자녀를 어떻게 가르칩니까? (예: 모델링, 지시, 보상, 처벌)
6. 가족을 유지하기 위해 필요한 기본적인 일들은 무엇입니까? (예: 장보기, 요리하기, 청구서 요금 지불하기)
7. 누가 어떤 일을 책임지고 있으며 그 책임은 어떻게 결정됩니까? (예: 성별, 나이, 체격, 관심사, 능력)
8. 일을 수행하거나 수행하지 않는 것은 어떻게 관리되고 있습니까? (예: 감사, 돈, 특권, 보류)
9. 가족이 '살기에 더 행복한 곳'으로 만들기 위해 노력할 수 있는 세 가지 영역은 무엇입니까?

가계도 탐색은 가족 문제의 배경을 이해할 수 있는 단서를 제공해 주었다.

A. J.의 우울증은 가족력을 지니고 있으며, 외할머니가 결혼생활에서의 정상적인 성생활을 왜곡하는 데 기여했음을 확인할 수 있었다. 가계도 분석과 함께, 커플이 이혼할 가능성을 잘 보여 주는 결혼만족도검사(Marital Status Inventory; Crane, Newfield, & Armstrong, 1984)를 실시했다. 캘러핸 박사는 가족의 의사소통 문제, 가족을 유지하기 위해 필요한 일들, 가족의 책임에 관한 가족의 답변을 고려한 후에 이 검사를 하기로 했다.

새뮤얼의 동성애 관계에 대한 분석을 통해 동성애 관계가 커플 관계에서의 헌신에 끼친 영향을 확인할 수 있었다. 또한 통제와 책임과 관련된 문제를 검토한 결과, 남편이 자신의 책임을 유기하고 A. J.는 아들들을 통제했다는 점이 드러났다. 이는 그러한 행동들의 결과에 대해 논의해 볼 기회를 제공했다. 논의 과정에서 두 아들은 부모의 결혼생활 붕괴로 인한 상처와 스트레스를 표출할 수 있었다. 그리고 가계도를 통해 부모-자녀 양자 관계가 막내아들의 부모화된 행동을 야기했던 것과 같은 가족 구성원 간의 동맹을 분석할 수 있었다.

여러 번의 상담 회기에 걸쳐 가족구조를 다루었으며 이는 가족에게 도움이 되었다. 가족은 각 구성원이 어떻게, 언제, 누구와 관계를 맺을 것인지를 지시하는 내적 구조를 형성하게 된다(Colapinto, 2000). 캘러핸 박사는 가족에게 내적 지도를 직관적으로 제시하고 그것이 맞는지 여부를 확인하게 했다. 그 과정에서 구조적 가족상담의 개념인 연합, 권력, 동맹이 나타났다. A. J.와 아들들은 함께 아버지에게 대항하였다. A. J.가 가족의 일상생활에 가장 큰 영향을 끼치고 있었기 때문에 가족 내 권력은 그에게 있었다. 삼각관계는 명백했다. 두 아들은 어머니가 남편의 불륜으로 인한 자신의 상처와 분노를 수용하도록 요구했다고 했다. 새뮤얼은 아내와 두 아들이 동맹을 맺은 것에 대한 배신감과 아내의 지속되는 분노 때문에 가족에게서 멀어졌다고 말했다. 가족상담에서 각 구성원은 문제를 하나씩 제기할 수 있었다. 캘러핸 박사는 양자 관계에 대한 이야기가 나올 때는 가족 구성원들에게 서로의 맞은편에 앉게끔 요구했다. 이때 4단계의 문제해결 모델이 다음과 같이 적용되었다.

① 문제를 최대한 구체적으로 정의하십시오.

② 가능한 문제 해결 대안을 만들어 보십시오. 이때 "이 해결책이 도움이 되겠습니까?" "이 해결책이 다른 사람들에게 어떤 감정을 느끼게 하겠습니까?" "이 해결책

이 어떤 사람에게 해가 되지 않겠습니까?"와 같은 질문을 하십시오.
③ 해결책을 시도해 보십시오.
④ 선택된 대안의 효과성에 대해 평가하십시오.

각 단계에서 양자 관계에 속한 구성원들은 자리를 바꾸었으며 각자의 문제에 대한 관점과 생각을 이야기할 수 있었다. 이러한 대화는 각 구성원이 다른 사람의 역할을 맡아 보는 방식으로 진행되었는데, 이는 문제 해결을 위해 노력하는 대신에 각 가족 구성원이 변화가 가능하지 않은 과정에 갇혀 있었다는 점을 이해하는 데 도움이 되었다. A. J.는 남편 역할을 해 보는 것에 가장 큰 어려움을 느꼈지만, 두 아들은 어머니처럼 분개하거나 아버지처럼 상처를 받거나 서로에게 화를 내지 않았다. 가족이 각자 수행한 역할을 관찰하고 가족 패턴을 이해하기 시작하면서, 문제해결 모델, 긍정적 사고 기록지, 활동계획, 목표 설정과 같은 인지행동적 개입이 상담에 활용되었다.

성과

16개월의 상담을 진행한 이후에 일부 문제는 해결되었다. 큰아들은 대학교 기숙사에 들어갔으며 어머니 편들기를 그만두었다. 그는 아버지가 게이이기를 원한다면 그건 괜찮다고 결론을 내렸고, 아버지와 아버지의 '친구'와 시간을 보내면서 자신의 동성애 혐오를 다뤄 보았다. 그러나 그는 자기 자신에 대한 감정을 해결하지는 않았다. 막내아들은 어머니 돌보기를 그만두었고 데이트를 시작했으며 몇몇 학교 활동에 참여하게 되었다. 그는 아버지와 대화를 나누곤 했지만, 여전히 자신의 섹슈얼리티에 관해서는 미해결 문제를 갖고 있었다. 그는 가톨릭교 신부에게 아버지에 관해 많은 이야기를 했다. 상담이 진행될수록 A. J.는 아들들이 집안일, 장보기, 요리를 그만두게 된 것에 대해 더 큰 분노를 느끼게 되었다. 그는 스스로 해 나가기 시작했다. 그가 더 화를 내게 되자 새뮤얼은 집을 떠났지만, 그를 계속 경제적으로 지원해 주었다. 새뮤얼은 상담을 통해 남성 동성애자라는 정체성을 받아들이게 되었고 새로운 파트너와 많은 시간을 보냈다. 그는 이혼 소송을 제기하고 아들들과 가능한 한 많이 시간을 보내기로 했다. 상담 종료 시에 모든 가족 구성원에게 필요하다고 느끼면 누구든 상담을 재개할 수 있음을 안내했다.

이 다사다난한 가족은 여러 가족상담 개입에 긍정적으로 반응했다. 16개월은 우리가 대부분의 가족을 상담하는 데 쓴 시간보다 길었지만, 가족 문제가 깊었으며 대부분의 가족 구성원이 상담에 참여하여 이를 해결하고 싶은 의지가 있었기 때문에 상담이 길어질 수밖에 없었다. 이 가족이 만들어 낸 인생의 변화가 곧 상담이 성공했음을 보여주는 증거라 할 수 있다.

참고문헌

Breen-Ruddy, N., & McDaniel, S. H. (2008). Couple therapy and medical issues: Working with couples facing illness. In A. S. Gurman (Ed.), ***Clinical handbook of couple therapy*** (4th ed., pp. 618-640). New York, NY: Guilford Press.

Colapinto, J. (2000). Structural family therapy. In A. M. Horne (Ed.), ***Family counseling and therapy*** (pp. 80-95). Itasca, IL: Peacock.

Crane, D., Newfield, N., & Armstrong, D. (1984). Predicting divorce at marital therapy intake: Wives' distress and the Marital Status Inventory. ***Journal of Marital and Family Therapy, 10,*** 305-312.

Satir, V. M. (1972). ***Peoplemaking: How understanding your family can make you a better parent.*** Palo Alto, CA: Science and Behavioral Books.

Weeks, G. R. (1989). ***Treating couples: The intersystem model of the Marriage Council of Philadelphia***. New York, NY: Brunner/Mazel.

12장

국제적/이중국적의 동성 커플 및 가족에 대한 상담 및 지지

스튜어트 F. 첸-헤이즈(Stuart F. Chen-Hayes)

상담 문헌 중 다문화적 정체성을 지닌 성소수자 커플과 가족에 특화된 문헌은 적지만 점점 더 증가하고 있다. 그러나 대부분의 문헌은 비이성애차별주의, 성차별주의(sexism), 인종차별주의(racism)에 초점을 맞추고 있다. 일부 내담자에게는 시민권과 이민 문제가 더 중요하나, 이민자차별주의(immigrationism, 특정 국가에서 주류층의 시민권자가 비시민권자의 개인적 · 문화적 · 구조적 자원에의 접근을 제한하는 권력에 의해 강화되는 편견; Chen-Hayes, 2009)와 관련된 문제를 다루는 상담 문헌은 거의 없는 편이다. 현재 오직 12개의 국가만이 연방정부 차원에서 동성혼을 허용하고 몇몇 다른 국가에서 시민권 결합 또는 파트너십 관계를 일부 또는 전부 허용하는 상태에서, 상담자는 이주와 이민 문제를 겪고 있는 동성애 커플 및 가족과 상담할 때 추가적 정보를 지니고 있어야 한다.[1] 이 장에서 소개할 사례는 다인종적 · 다언어적 · 다국가적 남성 동성애자 커플에 의해 구성된 가족이 두 국가 사이에서 양육, 커플 관계, 진로 결정을 둘러싼 문제로 상담을 받는 과정을 다룰 것이다.

1) 역자 주: 국제엠네스티(Amnesty International)에 따르면, 2019년 5월 기준으로 동성혼을 합법화한 국가는 총 27개국이다.

배경

이빈(Yibin)은 35세, 제레미(Jeremy)는 28세로, 둘은 캐나다 밴쿠버 출신의 대리모를 통해 낳은 세 살인 쌍둥이 메이-샹/메이(Mei-Hsiang/May), 츠춘/에단(Tzu-Chun/Ethan)의 아버지이다. 커플은 7년 전에 데이트를 시작하여 매사추세츠에서 합법적으로 혼인한 후 뉴욕주에 거주하고 있었다. 이빈[아이들은 그를 북경 중국어로 아버지를 뜻하는 '바바(baba)'라고 불렀다.]은 대만에서 이민 온 1세대 이민자로 미국 시민권을 지니고 있는 이중국적자였다. 그는 중국 한족 출신이었고, 보스턴에서 경영학 석사 전공으로 공부하기 위해 미국으로 왔다. 그는 영어, 북경 중국어, 대만어를 유창하게 구사할 수 있었다.

제레미는 노르웨이인, 프랑스인 부모에 의해 입양된 미국 시민권자였다. 그는 인종 정체성 측면에서는 백인이지만 어느 민족인지는 정확히 알 수 없었다. 그는 제2외국어로서 영어를 가르치는 것에 석사학위를 갖고 있었는데, 쌍둥이들의 첫해 동안 집에서 아이들을 돌보고자 잠시 일을 쉬기로 했다. 커플 및 가족 상담에서 다룰 문제는 이빈이 상하이에 있는 상위 기업의 부사장직으로 승진할 수 있는 자리의 제안을 수락하기 원하면서 시작되었다. 두 사람은 가족을 위한 이직의 중요성을 이해하고 있었지만, 가족 중 이빈만 중국어를 유창하게 구사할 수 있고 커밍아웃한 게이인 양육자로 구성된 가족이 거의 없는 상하이에서 새로운 삶에 잘 적응할 수 있을지 걱정했다. 또한 3년의 계약 기간 동안 매주 80시간 정도 일할 가능성이 있는 이빈과 파트너를 따라 이주한 제레미 사이의 균형을 맞추는 것과 관련된 긴장도 있었다. 이빈과 제레미, 자녀들과의 첫 상담 이후에 상담자는 이후의 상담은 커플상담으로 진행할 것을 요청했다.

목표

상담의 초기 목표는 제레미의 양육 책임으로 인한 스트레스를 감소시키고 이빈의 현재 및 중국에서의 양육 및 관계에 기여하는 시간을 증가시키는 것이었다. 이와 함께 해외로의 이주, 지지체계, 가족 기대, 가족 자원, 경력 차이, 일과 가정에서의 책임 불균형 대 전통적 성역할 기대와 관련된 문제들을 해결하는 것이 목표가 되었다. 합의된 목표로는 이들의 욕구와 문제에 초점을 맞추기 위한 커플만의 시간을 갖기, 가족, 직장, 다른 민족적 · 문화적 · 국가적 환경에서의 정체성 드러내기와 관련된 문제들을 논의하기(Chen-Hayes, 2003a), 이주에 따른 정서적 후유증과 상대의 분노를 다루기 위한 단기성 상담 작업에 참여하기였다. 그리고 제레미의 불안을 다루기 위해 그만의 업적과 강점을 찾아내는 작업을 통해 관심사를 확장하고 파트타임직으로 일을 시작하도록 돕고자 했다. 동성혼을 허용하지 않는 중국에서 제레미는 결혼하지 않은 싱글 남성으로 간주되기 때문에, 그곳에 체류하기 위한 비자 요건을 충족시키기 위해서라도 직장을 구해야 했다.

이빈은 중국에 친구들이 있었지만 제레미의 친구들은 모두 미국에 있었다. 이 커플의 친구들은 이들이 이주한다는 소식을 축하했지만, 미국에서 지낼 수 있기를 바랐다. 대만에 거주하고 있던 이빈의 가족은 손자를 더 자주 볼 수 있게 되어 기뻐했다. 뉴욕 대도시 지역에 살고 있었던 제레미의 가족은 이주 결정에 지지적이었으나, 그의 부모는 지난 3년간 그랬던 것처럼 손자들과 많은 시간을 보낼 수 있기를 원했다. 커플은 현재의 직업과 제안받은 직업 중 무엇을 더 우선시해야 할지, 양육자인 자신들의 욕구와 아이들의 욕구 중 누구의 욕구가 더 중요한지를 둘러싸고 갈등을 겪었다. 또한 둘 사이에는 게이로 커밍아웃하는 것에 편안함을 느끼는 정도에서 차이가 있었다. 제레미는 자신이 게이임을 개방하는 입장이었고 성소수자를 위한 대학 및 대학원 전문인 협회에서 정치적으로 활발히 활동하기도 했다. 제레미는 매우 사교적이었지만 세 살인 쌍둥이를 키우느라 친구들을 잘 만나지 못하게 됐다. 그러나 반대 성향에 끌릴 수 있듯이, 이빈은 상대적으로 보수적이고 내향적인 편이었으며 직장 내 성소수자 이슈에 관해 활발히 활동하는 편은 아니었다. 그리고 제레미는 그의 부모에게 10대 때 커밍아웃을 한 이후 전적으로 지지를 받았다. 그러나 이빈은 미국에 이민을 간 후에 그의 부모와 형제자매에게 커밍아웃을 했는데, 그의 가족은 쌍둥이를 키우게 되기 전까지는 지지적이지 않았다. 쌍둥이의 출생은 이빈과 형제자매, 어머니가 가까워지도록 하는 계기가 되었지만, 아버지는 여전히 냉담한 태도를 유지하며 이들의 결혼을 확실하게 인정하지 않았다.

개입

이빈은 이직할 수 있다는 사실에 기뻐했다. 제레미는 이를 지지해 주고 싶지만, 중국에 가면 자신의 경력은 유보되고 문화적 및 언어적으로 고립될 것에 두려움과 분노를 느끼고 있었기 때문에 상담을 시작하게 되었다. 상담자는 제레미에게 고립에 관한 걱정을 더 자세히 이야기해 달라고 했다. 그러자 제레미는 "중국에서는 우리 관계가 인정받지 못하는데, 오랜 시간 동안 거기서 어떻게 지내야 할지 걱정이 많이 돼요."라고 이야기했다. 이어서 그는 "심지어 무직인 배우자로 몇 개월 이상을 지낼 수 없다면 우리가 어떻게 거기에 갈 수 있겠어요."라고 말했다. 제레미는 자신이 집에서 쌍둥이를 돌보는 주 양육자 역할을 수행해야 한다고 느꼈다. 이빈은 제레미가 걱정하는 점들을 알고 있었지만, 일 때문에 너무 바빠서 양육자 또는 남편으로서 시간을 할애하기 어려워했다. 이들은 3년 동안 쌍둥이를 키우느라 바빴으니 이제는 둘의 관계가 좀 더 우선시되어야 할 필요가 있음을 느꼈다. 상담자는 "1명이 집 밖에서 일하느라 매우 바쁘고 다른 1명은 집 안에서 일하느라 매우 바쁜 상황에서 어떻게 커플 관계를 유지하고 있나요?"라고 질문했다. 그러자 이빈은 "저녁에 가끔 데이트를 하려고 노력하지만, 정기적으로 베이비시터를 구하는 게 문제예요. 저희 집과 제레미의 부모님 집 사이의 거리는 차로 가도 편도로 약 100km이기 때문에, 제가 매주 70시간을 일할 때는 밤에 잠깐 외출하거나 주말에 어디 멀리 나가기가 쉽지 않아요."라고 대답했다.

제레미는 "쌍둥이들이 6세가 되기까지 기다릴 수가 없네요. 왜냐면 그때는 제가 집 밖의 직업세계로 돌아갈 차례가 되니까요."라고 농담했다. 상담자는 그것이 바로 상담의 결정적 지점이 될 수 있겠다고 생각하여, "몇 년 후에 제레미가 집 밖에서 새로운 역할을 탐색하게 되었을 때 이빈이 제레미를 지지할 수 있도록 지금부터 준비해 볼 수 있는 것으로 무엇이 있을까요?"라고 질문했다. 하지만 제레미는 3년간 일하지 않았기 때문에 상실감이 예상했던 것보다 크다고 말했다. 이빈은 회사에서 함께 살면서 도와주는 인력을 지원해 주면 제레미의 걱정을 덜어 줄 수 있을 거라고 이야기했다. 제레미는 "이성적으로는 도움이 될 수 있다고 생각하지만, 그 여자가 영어를 할 수 있을 거란 보장은 없잖아요."라고 말했다. 이들은 자녀들이 중국어를 배울 수 있도록 언어 몰입 학교(immersion school)에 입학시키는 것에 대해서도 논의했다. 제레미도 북경 중국어를 배우는 것에 열려 있었지만, 사회적으로 교류할 사람이 거의 없어서 집에서 아이들을 돌보는 시간을 제외한 다른 때에는 무얼 해야 할지 걱정했다. 친구도, 게이인 지인도, 언어가 통하는 사람도 없는 곳에 살 생각 때문에 제레미는 잠을 충분히 못 잤으며 이빈과의 성관계도 멀리하게 되었다.

중국에서는 페이스북을 쓸 수 없기 때문에 이주하게 되면 제레미가 지니고 있던 친구와 가족 간의 중요한 연결고리가 단절될 수밖에 없었다. 제레미는 이에 덧붙여 "쌍둥이들 때문에 페이스북을 할 시간이 많지는 않지만, 애들이 잠든 후에는 이야기 나눌 수 있는 수단이었어요."라고 말했다.

그리고 제레미는 상하이의 입시학원에서 채용하기 원한다면 비상근 제2외국어-영어 교사로서 일할 수 있을 것이라는 점을 알고 있었다. 그는 공식적인 교육기관에서 일하기를 더 원했지만, 해야 한다면 입시학원에서라도 일할 생각이었다. 그는 입시학원에서 방과 후 영어 집중 강습을 가르치지 않기를 원했지만, 동성 커플의 결혼을 인정하지 않는 중국에서 더 오랜 시간 체류하기 위해서는 비자 연장을 확보하는 것이 중요했다. 이러한 딜레마는 그가 최소한 파트타임으로라도 일해야 할 가능성이 있음을 뜻했다. 이빈은 "중국 정부가 억압적이고 우리 가족을 인정하지 않는다고 할지라도, 운 좋게도 우리는 학력 덕분에 중국에서 다양한 기회를 가질 수 있기는 하죠."라고 말했다.

이빈이 많은 시간 일해야 했기 때문에 제레미가 양육을 주로 전담했다. 비관습적인 편인 제레미의 아버지는 자녀 양육에 많이 참여했는데, 그 영향 덕분에 제레미도 양육자의 역할을 잘 받아들였다. 이빈은 더 보수적인 집안에서 자랐으며 아버지와 친밀한 관계에 있지 않았다. 그는 제레미가 양육을 주도하는 것에 대해 불만이 없었다. 그는 "제레미가 아이들을 잘 돌봐 줘서 얼마나 다행인지 몰라요. 덕분에 제가 일에 더 집중할 수 있어요. 우리 회사는 상하이에 새로운 사무실을 열 예정이고 제가 그걸 맡아야 해요."라고 말했다. 하지만 그는 제레미가 양육에 대한 지원을 직장에서 허용하는 것보다 더 많이 받아야 한다는 점을 이해하고 있었다. 이빈은 상하이에서 가정부의 도움을 받으면 이러한 문제가 최소한 부분적으로라도 해결될 수 있을 것이라고 생각했다. 두 사람은 중국의 직장 문화를 고려해 보면 가족과 보내는 시간이 감소할 것을 알고 있었는데, 이 점이 제레미가 가장 크게 걱정하는 부분이었다. 제레미는 이빈이 가족과 더 많은 시간을 보내고 양육에 더 참여하기를 원했다. 그러나 이빈은 더 참여하고 싶어도 상하이에서 지내는 동안은 어려울 것 같다고 말했다. 제레미는 양육으로 인한 부담감에 압도되거나 주말에 휴식이 필요할 때에는 부모에게 도움을 구했는데, 상하이에 가면 그마저도 가능하지 않게 될 것을 걱정했다.

이빈의 부모는 상하이에서 오랜 시간 지내면서 그동안의 공백을 채울 수 있을 거라고 기대했다. 하지만 이들은 영어를 잘 구사하지 못했기 때문에 제레미는 의사소통을 잘 할 수 있을지, 모두가 잘 어울릴 수 있을지 염려했다. 또한 이 커플은 중국의, 밤낮으로 일하는 살인적 직장 문화의 현실을 걱정했다. 둘이 함께 보낼 시간은 줄어들고 각자의 역할이 상당히 변하게 될 것이었다. 제레미는 북경 중국어를 하지 못한다면 어떻게 다른 부모들과 교류할 수 있을지 불안했다. 특히 자녀가 없거나 가족에게 커밍아웃하지 않은 경우가 대다수인 중국의 게이들과 친해질 수 있을지 걱정했다. 그는 중국에 가면 혼인 관계가 미국에서보다 덜 인정받게 되는 것에 분노했으며, 현재의 불균형이 더 심해지면서 변화할 관계와 행복을 걱정했다. 비록 그는 자신은 입양한 부모와 친밀한 관계에 있었으나, "어느 정도 버려졌다고 느낍니다."라고 말했다. 그래서 그는 친부모를 찾아 자신을 입양 보낸 이유를 알기 위해 노력했지만 뜻대로 되지 않았다. 마지막으로, 커플의 자녀들은 다른 나라에 간다는 점에 신나 했으며 미국에 있는 조부모를 두고 떠나야 한다는 점에는 슬퍼했지만, 대만에 있는 조부모를 더 자주 볼 수 있게 된다는 사실에 기뻐했다. 첫 상담 시 메이는 에단에게 "우리가 이민 가면 할머니, 할아버지를 항상 볼 수 있게 될 거야!"라고 말했다.

진단

가족체계 관점에서는 비효과적인 의사소통을 해결하기 위해 커플과 가족 구성원들 사이의 대인관계를 중요하게 살펴본다. 이빈과 제레미는 자녀를 양육하는 게이 커플로서, 정상적인 가족 생애 주기에서의 전환 문제를 겪고 있었다. 이들은 가족 생애 주기에서 가장 스트레스를 많이 받는 부분인 '어린 자녀를 양육하기'라는 문제를 다루기 위해 커플 관계 및 양육에 필요한 기술을 향상하기를 원했다(Goldberg, 2010; McGoldrick, Carter, & Garcia-Prieto, 2010). 이들은 문제를 인지한 후, 두 나라 사이에서 결혼과 양육과 관련된 사안을 조정하면서 직면하게 된 이민자차별주의, 가족주의(familyism), 비이성애차별주의에 잘 대처하고자 상담을 찾게 되었다(Chen-Hayes, 2009). 제레미는 지속적인 불안을 호소했는데, 이는 축 I의 불안 증상의 진단에 적합했으며 이빈과 제레미 둘 다 직업 문제, 커플 문제, 양육 문제, 생애 단계 문제를 포함한 V 코드가 있는 것으로 나타났다. 두 사람에게 축 II의 진단에 해당하는 증상은 없었다. 축 III에서 보자면 이빈은 류머티즘 관절염을 앓고 있었으며, 제레미는 피부암 생존자이고 불면증을 지니고 있었다. 축 IV에 해당하는 문제로는 직업, 양육, 문화 적응에 대한 걱정이 있었다. 축 V의 전반적 기능 평가(GAF)에서 이빈은 85점, 제레미는 75점이었다. 이빈은 서로의 전반적 기능 평가(GAF) 점수가 10점이나 차이가 난다는 사실에 충격을 받았다. 이는 이빈이 제레미에게 정말로 더 많이 지지해 줄 방법을 찾아낼 필요가 있음을 깨닫게 해 주었다. 제레미는 상담에 오기 전에는 너무 예민하다며 자신의 걱정을 무시했던 이빈이 그렇게 이야기하는 모습을 보고 기뻐했다.

후속 회기

자녀와 함께 하는 가족상담도 좋았지만, 상담자는 양육 및 커플 문제에 중점을 두기 위해서는 커플상담이 더 도움이 될 수 있겠다고 제안하였고, 제레미와 이빈은 이에 동의하였다. 상담자는 커플상담을 진행하는 동안에 옆방에서 아이 돌보미 전문가와 함께 아이들이 놀 수 있게 준비했다. 커플은 아이들을 걱정할 필요 없이 이들 자신에게 집중할 수 있도록 해 준 상담자의 배려에 감사함을 느꼈다. 또한 상담자가 이빈이 매주 6일 근무하는 일정을 고려하여 일주일 중 유일하게 지속해서 참여할 수 있는 일요일에 상담을 진행해 주는 것에도 고마워했다.

상담자는 먼저 커플에게 가족체계 관점에서 상담을 진행한다는 점에 더하여, 앞으로의 상담에서는 제레미의 불안을 다루기 위해 번즈(Burns, 1999)가 불안에 관한 자가 인지치료 기법으로 제안한 매일 기분 일기 작성하기, 장단점 분석하기와 같은 증거 기반의 인지행동치료 기법을 활용할 계획임을 공유했다. 그리고 커플의 관계를 강화하기 위한 목적으로 가트먼(Gottman)과 동료들이 어떤 이성애자 및 동성애자 커플 관계가 성공적인지 예측한 연구(Driver, Tabares, Shapiro, Nam, & Gottman, 2003; Gottman et al., 2003)와 같은 증거 기반의 커플 연구를 활용할 것임을 안내했다. 마지막으로 커플의 강점을 활용하고 이들의 '문제'를 외재화하는 새로운 이야기(narrative)를 만들 수 있도록 돕겠다고 이야기했다(White & Epston, 1990). 이는 개인, 커플, 가족으로서의 이들의 역량을 강화하여 문제보다는 해결책에 초점을 맞추기 위해서였다. 커플은 상담 과정을 통해 둘만의 시간에 방해가 되는 '너무 바쁨(busi-ness)'이란 개념을 만들게 되었다. 이는 이빈이 집 밖에서 너무 많은 일을 하고 제레미는 집 안에서 너무 많은 일을 하여, 자신이나 관계를 위한 시간도 에너지도 없는 스트레스 받은 게이 아버지가 된 상태를 가리키는 개념이었다. 이들은 성적 지향과 무관하게 자녀를 지닌 수많은 커플이 전형적으로 겪는 관계 만족도의 감소를 경험하고 있었다(Goldberg, 2010; McGoldrick et al., 2010). 상담자는 이를 정상화하면서 커플에게 "연구에 따르면 어린 자녀가 있는 이성애자 부모와 마찬가지로, 어린 자녀가 있는 게이 및 레즈비언도 지금 여러분이 겪고 있는 그 지점에 왔음을 느끼곤 해요. 일만 하고 잘 즐기지 못하면서 스트레스로 지친 가족이 되는 지점 말이죠."라고 설명했다. 이들은 이 이야기를 들을 때 웃었는데, 제레미는 이성애자처럼 행동하기에 집착하는 이빈에 대해 농담했다. 그 후의 상담 목표는 이빈이 일자리 제안을 받아들이고 3년간 상하이에서 지낼 것인가에 대해 함께 의사결정하기가 되었다. 이에 더해 커플은 상하이로 이주하기 전에 이빈이 양육을 전담하는 제레미를 어떻게 더 도울 수 있을지에 대해 이야기 나누기로 했다. 이에는 이민 준비를 위해 커플만의 시간을 더 많이 갖기, 두 사람의 경력, 양육, 공동의 목표에 더 나은 균형을 찾기가 포함되었다.

상담에서의 첫 번째 과제는 상하이로의 이주에 관해 빠르게 결정을 내리는 것이었다. 초기 상담에서 옆방에 있던 아이들이 울음을 터뜨리는 일이 발생하자, 제레미는 상담실에서 자리를 지켰고 이빈이 아이들에게 무슨 문제가 있는지 확인하러 달려갔다. 에단이 전등을 실수로 넘어뜨렸지만, 전등 외에는 다행히 아무도 다치지 않았다. 제레미는 자신이 집뿐만 아니라 다른 곳에서도 양육을 맡는 것이 익숙했던 터라, 이빈이 바로 확인하러 가서 놀랐다. 이 일은 제레미의 삶에 쌓여 가고 있던 스트레스와 좌절감을 완화하기 위하여 이빈이 양육에 더 많은 책임을 지는 것의 중요성과 힘을 보여 주었다. 그 후의 상담에서는 커플에게 자신들만의 시간을 더 갖고 제레미의 양육 부담을 완화하기 위해 어떻게 하면 너무 바쁨을 해소할 수 있을지 생각해 보도록 요구했다. 이빈은 직장에서 더 나은 한계선을 설정하고 집 안에서 주 요리사 역할을 다시 맡는 것에 동의했다. 제레미는 자기를 위한 시간 없이 아이들과 이빈을 위해서만 일했다고 느꼈다. 그는 이빈이 일요일마다 요리하겠다는 제안을 반겼다. 제레미는 아이들이 유치원에 가 있는 동안 요가 수업 듣기와 같이 개인적 시간을 더 보내기로 했다. 그는 "그것도 핫 요가 수업을 들을 거예요!"라고 말했다. 제레미는 다시 가까워지기 위해 열심히 노력하는 이빈을 보고, 상하이에서 일하는 제안을 수락하는 것에 동의하게 되었다. 비록 직장 일이라는 독수리가 급습하여 이들의 관계와 양육에 영향을 끼친 적이 상당히 많았으나, 마침내 해외로 이주한다면 그 독수리를 길들이는 방법들을 찾아낼 필요성을 느끼게 되었다.

제레미는 자가 인지치료 기법이 소개된 『필링 굿(The Feeling Good Handbook)』(Burns, 2009)의 도움을 받았다. 그는 스스로 매일 몇 분간 자신의 정서와 사고에 집중하는 연습을 했고 수 주 후에 그의 사고를 통해 기분을 바꿀 수 있다는 점을 이해하게 되었다. 또한 그는 화요일과 목요일에 하는 요가 수업에 참여하기 위해 이빈에게 일주일에 두 번은 저녁 7시까지 집으로 와서 요리할 것을 부탁했고, 이빈은 이에 동의했다. 제레미는 이빈이 집 안에서 그를 돕기 위해 근무 패턴에서 뚜렷한 변화를 만들어 낸 점이 상하이로의 이주를 진지하게 고려하게 하는 가장 큰 원동력이었다고 말했다. 더 나아가 상담자는 두 사람 사이에 오가는 수많은 비난에 주목하여 그것이 관계를 손상시킬 수도 있다고 말해 주었다. 상담자는 가트먼의 '위기로 가는 네 가지 대화 패턴(Four Horses of the Apocalypse)'[2]인 담쌓기(Stonewalling), 방어하기(Defensiveness), 비난하기(Criticism), 경멸하기(Contempt)를 설명했다(Driver et al., 2003). 그리고 상담자는 가트먼이 이성애자 커플과 레즈비언 및 게이 커플을 대상으로, 어떤 커플이 헤어지고 어떤 커플의 관계는 유지되는가를 예측하기 위해 비교 연구를 진행한 몇몇 연구자 중 1명이었다는 사실도 공유하였다(Gottman et al., 2003).

가트먼의 연구에 대해 들어 보지 못했던 두 사람은 이에 관심을 보였다. 이들은 그중 경멸하기를 하지 않으나 서로 비난하기를 주로 하고 있음을 알아차렸다. 이는 이성애자 커플이 동성애자 커플보다 상대에게 강요할 가능성이 높다는 연구 결과와 일치했다(Gottman et al., 2003). 이빈은 주로 논쟁을 회피하는 방식으로 담쌓기를 하고 있었고 제레미는 방어하기를 주로 사용하고 있었다. 이어지는 상담에서 두 사람은 서로를 향한 비난하기와 다른 문제적 대화 방법의 활용을 줄이기 위해 상담자와 작업했다. 또한 이들은 가트먼이 제안했던, 한 파트너가 상대와 친밀해지기 위해 유도하는 장난스러운 언어적 및 비언어적인 방법인 '초대(bidding)'를 활용하기도 했다. 이들은 한 주 동안 상대에게 성적인 쪽지를 쓰거나 대학원 시절에 데이트하면서 주고받았던 농담과 장난을 떠올릴 수 있는 창의적 방법들을 생각해 냈다. 둘 사이의 놀이성(playfulness)은 중국으로 떠나는 시기가 다가와서 쌍둥이를 위한 학교와 이들이 살 곳을 찾아야 할 때 크게 도

2) 역자 주: 관계에 해로운 영향을 끼치는 네 가지 의사소통 패턴을 뜻한다. 비난하기는 상대의 성격에서 핵심적인 부분에 대해 인신공격을 하는 말하기를 뜻한다. 경멸하기는 상대를 조롱하고 무시하며 무례하게 말하기를 뜻한다. 방어하기는 보통 비난하기에 대한 반응으로 책임을 지지 않고 변명하는 말하기를 뜻한다. 담쌓기는 보통 경멸하기에 대한 반응으로 상호작용에서 철수하고 반응하지 않는 것을 뜻한다.

움이 되었다. 그런데 이 시점에서 여행사는 이들의 비자가 거절되어 중국 영사관으로 바로 가야 한다는 소식을 전했다.

이 모욕적인 사건은 커플을 뭉치게 하였는데, 이들은 자신들이 거절당한 이유에 대해 생각하며 함께 분노하였다. 이는 이들이 게이여서, 대리모를 통해 출산한 자녀들을 데리고 있어서, 또는 이빈이 대만과 미국에 대한 이중국적을 갖고 있어서일 수 있다. 흥미로운 점은 제레미가 성소수자 이슈에 관해 정치적으로 더 활발한 편이었는데도 이빈이 이 사건에 크게 분노했다는 점이었다. 제레미는 이빈이 이전에 보여 주지 않았던 모습을 보게 되었고 그의 정당한 분노와 용기를 존경하게 되었다. 이들은 비록 평생 그 이유를 알 수는 없겠지만 마침내 영사관에 가서 비자를 확보해 냈다. 상하이로 떠나기까지 남은 몇 달 동안은 상담에서 일-가정 양립 문제와 제레미의 적응을 효과적으로 돕기 위한 방법을 다루었다. 또한 상담자는 커플이 사랑과 성관계를 위한 시간을 포함하여 어떻게 상호작용하는가에 주목했다. 이빈과 제레미는 일과 양육을 병행하는 현실 때문에 낭만적·성적 시간이 감소했다는 점을 받아들였다. 이들은 일주일에 최소한 한 시간 정도는 문을 걸어 잠그고 집이 불타지 않는 이상, 어떠한 전화나 아이들의 부름에도 응답하지 않는 성적인 시간을 확보해 냈다.

이빈과 제레미는 중국으로 이주하기 몇 주 전에 상담을 그만두었다. 상담자는 이들에게 6개월 후에 어떻게 지내는지, 여전히 상담 성과를 유지하고 있는지 확인하고 상담 과정에 대한 피드백을 얻기 위해 후속(follow-up) 이메일을 보내겠다고 이야기했다. 이들은 이메일 답장을 통해 살 곳을 찾았고 가정부도 구했으며 쌍둥이가 다닐 상하이의 시간제 중국어 학교를 찾았다는 이야기를 전했다. 그리고 이들은 놀랄 것도 없이 비록 대부분이 이성애자였지만 다른 부모와 우정을 쌓을 수 있는, 커다란 규모의 외국인 커뮤니티를 찾게 되었다. 또한 이들은 싱글인 게이 친구들을 사귀게 되었는데, 이들은 이빈과 제레미가 아시아에서 게이 아버지로 산다는 것에 대한 경외심을 보였다. 나중에 이빈과 제레미는 미국으로 돌아가는 것에 대한 관심이 생기기 시작했다. 제레미는 최대 3년이 한계선이었고 이후에는 미국으로 돌아가기를 원했다. 이빈은 돌아가서도 취업 시장에서 자리만 얻을 수만 있다면 괜찮다고 했다. 이들은 전 세계적 경기침체에 대해 걱정했지만 아시아로의 이주에 꽤 순조롭게 적응했다고 보고했다. 이는 이빈에게는 예상했던 것이었지만, 제레미는 영어를 구사할 수 있는 게이인 사람들을 만나고 고립감이 줄어들면서 괜찮아졌다고 했다. 이들은 아이들과 있을 때 어느 쪽이 엄마인지 알아내려고 애쓰는 사람들을 주기적으로 만나는 재밌는 경험도 이야기해 주었다. 이빈의 회사는 집에 거주하며 요리와 집안일을 도울 수 있고 북경 중국어가 유창한 인력을 제공해 주었는데, 그는 아이들을 아낌없이 사랑해 주는 '숙모'가 되었다. 커플은 취업 비자로 중국에 머무르기 위해서는 제레미가 곧 일을 시작해야 함을 알고 있었으며, 그는 제2외국어 교사로서 영어를 가르칠 수 있는 자리를 여러 번 제안받았으나, 그 어떤 것도 수락하지 않았다. 제레미는 쌍둥이들이 학교에 가 있는 동안 비상근직으로 일해도 될 만큼 아이들이 충분히 잘 지내고 있다고 느꼈지만, 행복하지는 않았다. 메이와 에단은 중국어 배우기를 좋아했으며 대만에서 온 할아버지와 할머니와 한 달간 즐겁게 지냈다. 그러나 제레미와 이빈은 여전히 중국에서 이들의 결혼 관계를 인정받을 수 없다는 점에 분노했다.

한편, 제레미는 중국에 원래 거주하는 또는 국제적 동성 커플 중 자녀를 기르기 원하는 사람들을 돕기 위한 방법을 찾기 위해, 온라인을 통해 중국에 있는 몇몇 게이 활동가를 만나게 되었다. 이빈은 일주일에 두 번은 집에서 근사한 저녁을 보내기로 선언했고, 화요일과 목요일에는 오후 6시 이후로 더 일하지 않고 퇴근했다. 처음에 그는 회사가 어떻게 생각할지 걱정했지만, 이제 이들은 일주일에 한 번은 저녁에 데이트했으며 가정부 덕분에 커플로서 더 연결될 수 있는 시간을 갖게 되었다고 했다. 비록 두 사람은 커밍아웃의 정도나 성소수자 이슈에 관해 정치적 입장이 여전히 달랐지만(Chen-Hayes, 2003a, 2003b), 제레미는 불안이 감소했으며 아이들이 학교에 가 있을 때 집에서 혼자 요가를 했는데 이것이 집중력 향상에 도움이 된다고 보고했다. 두 사람은 중국에 간 뒤 성생활이 개선되었다고 말했는데, 무엇보다 미국에 있을 때부터 지금까지 계속 일주일에 이틀은 집에 일찍 들어오게 된 것의 힘이 컸다. 이들은 적어도 일주일에 두 번은 직장 일이라는 독수리를 날려 보낼 수 있었던 것이다.

결론

요약하자면, 이 상담은 이빈과 제레미가 정상적 생애 주기 문제, 제레미의 불안, 비이성애차별주의, 가족주의, 이민자차별주의로 인한 문제를 해결하는 데 도움이 되었다. 가족체계 관점에서는 전이나 역전이에 초점을 맞추지는 않지만, 상담자는 게이 커플, 게이 양육자, 이중국적의 커플 및 가족과의 방대한 상담 경력을 갖고 있었으며 상담 내내 커플 및 가족과 협력적으로 작업을 진행했다. 제레미와 이빈은 상담자가 맞별이 커플, 성소수자 가족, 양육, 관계 문제, 아시아인 및 유럽계 미국인의 세계관, 이민 문제에 있어 유능하다고 생각하여 그를 선택했다. 상담자는 초기 상담에서 두 사람과 관계를 잘 형성하였고 이후 상담을 진행하면서 유대감을 더욱 쌓아 갔다. 정리하자면, 상담자는 커플이 쌍둥이를 양육하는 한 팀으로 기능할 수 있고 동시에 두 사람 모두에게 최선의 선택을 할 수 있도록 도왔다. 더욱이 상담자는 단기 문화적 적극적 옹호(brief, culturally affirming) 개입을 통해 커플의 강점에 주목하였고, 특정한 인지치료 기법을 통해 긴장을 완화하였으며, 이야기의 활용을 통해 커플이 한 팀의 게이 커플이자 민족, 인종, 국가, 성별, 성적 지향과 관련하여 복합적 정체성을 지닌 게이 양육자 가족으로서 잘 활약할 수 있도록 이야기를 재구성할 수 있게 도움을 제공했다.

참고문헌

Burns, D. D. (1999). *The feeling good handbook.* New York, NY: Plume.

Chen-Hayes, S. F. (2003a). Assimilation, queer pride, or in between: Personalizing GLBT relationships, sexual practices, and politics. In J. S. Whitman & C. J. Boyd (Eds.), ***The therapist's notebook for lesbian, gay, and bisexual clients: Homework, handouts, and activities for use in psychotherapy*** (pp. 85-91). Binghamton, NY: Haworth Clinical Practice Press.

Chen-Hayes, S. F. (2003b). Challenging multiple oppressions with GLBT clients. In J. S. Whitman & C. J. Boyd (Eds.), ***The therapist's notebook for lesbian, gay, and bisexual clients: Homework, handouts, and activities for use in psychotherapy*** (pp. 174-178). Binghamton, NY: Haworth Clinical Practice Press.

Chen-Hayes, S. F. (2009). Types of oppression. In American Counseling Association (Ed.), *The ACA encyclopedia of counseling* (pp. 383-384). Alexandria, VA: American Counseling Association.

Driver, J., Tabares, A., Shapiro, A., Nam, E. Y., & Gottman, J. M. (2003). Interactional patterns in marital success and failure: Gottman laboratory studies. In F. Walsh (Ed.), ***Normal family processes: Growing diversity and complexity*** (pp. 493-513). New York, NY: Guilford Press.

Goldberg, A. E. (2010). ***Lesbian and gay parents and their children: Research on the family life cycle.*** Washington, DC: American Psychological Association.

Gottman, J. M., Levenson, R. W., Swanson, C., Swanson, K., Tyson, R. K., & Yoshimoto, D. (2003). Observing gay, lesbian, and heterosexual couples' relationships: Mathematical modeling of conflict interaction. *Journal of Homosexuality, 45*(1), 65-91.

McGoldrick, M., Carter, B., & Garcia-Prieto, N. (Eds.). (2010). *The expanded family life cycle* (4th ed.). Boston, MA: Pearson.

White, M., & Epston, D. (1990). *Narrative means to therapeutic ends.* New York, NY: Norton.

13장

관계에 대한 상담자의 생각을 확장하기

사리 H. 드워킨(Sari H. Dworkin)

상담자가 양성애를 이해하기 위해서는 성 정체성의 다양한 차원과 그것이 표현되는 방식에 대한 이해를 확장하는 것이 필요하다. 상담자는 성적 지향과 정체성에 대한 이분법적 사고를 넘어설 수 있어야 한다. 이분법적 사고는 성적 지향 또는 정체성이 이성애자이거나 동성애자라고 생각하는 것을 뜻한다. 양성애는 그와는 다른 완전한 성적 지향 및 정체성으로 성적 지향 및 정체성의 스펙트럼(continuum)이라는 개념에 주목하게 한다(Firestein, 2007). 사람들은 맥락에 따라 그 스펙트럼상에서 다른 성적 지향이나 정체성을 지니게 된다. 더욱이 비록 전부는 아닐지라도 많은 양성애자는 비독점적 다자연애(polyamorous) 관계 또는 동시에 1명 이상의 파트너가 있는 관계를 받아들인다(Dworkin, 2002). 이러한 개방성은 때때로 양성애자가 안정적이고 헌신적인 관계를 만들 수 없다는 통념으로 이어지곤 한다. 몇몇 사람은 이 통념이 여러 요인에서 기인한다고 생각하는데, 그중 한 가지 확실한 것은 성혐오적(sex-phobic)이며 성 및 관계에 대한 전통적 정의의 한계를 벗어나지 못하는 문화의 영향이라 할 수 있다. 상담자는 이러한 문화적 통념 및 고정관념에 영향을 받을 수 있다. 이 장에서 제시할 사례는 내가 관계에 대해 지니고 있던 여러 신념을 검토해 볼 수 있게 했다. 참고로 이 사례는 내담자와 내담자의 중요한 주변인들을 보호하기 위해 식별 가능한 정보를 변경하였다.

행복한 이성애자로서의 결혼생활

코니(Connie)는 그의 가족 주치의를 통해 내게 의뢰되었다. 그는 직무 스트레스, 우울, 불안을 호소했다. 주치의는 프로작(Prozac)과 자낙스(Xanax)를 처방했고 이러한 약물은 도움이 되었으나, 코니는 대처전략을 세우고 싶어 했다. 그는 히스패닉계 중산층이자 대학을 졸업한 중년의 여성이었다. 그는 이성애자로서 30년간 행복한 결혼생활을 하고 있었으며 두 딸과 한 아들로 이루어진 3명의 성인 자녀가 있었다. 자녀들은 모두 결혼해서 각자 자녀들이 있었으며 확대가족의 구성원들이 모두 근처에 살았다. 그는 20년 이상 한 회사에서 다양한 직위로 근무했고 자신의 직장과 업무를 좋아했다. 최근 예산 삭감으로 그의 업무량이 증가하면서 압도되는 느낌을 받았다. 많은 업무량이 주어질수록 필요한 시간은 줄어들었기 때문에, 자신감은 흔들리기 시작했고 실수하게 될까 걱정했다. 그에 대한 진단에는 기분부전장애(그는 아동기에서부터 커다란 슬픈 감정 때문에 자주 힘들어했던 경험을 보고했다.)와 범불안장애가 포함되었다. 축 II에 해당하는 징후는 없었다. 축 III에서는 스트레스성 두통을 호소했다. 심리적 및 환경적 문제(축 IV)로는 직업적 문제가 있었다. 그의 전반적 기능 평가(GAF; 축 V) 점수는 경미한 증상을 동반한 70점이었다. 상담 과정에서 우리는 스트레스를 감소시키는 방안을 찾아보고, 완벽해야 한다는 비합리적인 신념에 대해 논박하고, 직장 문제에 대처할 수 있는 다른 방안들을 탐색해 보는 것을 목표로 했다. 몇몇 상담 회기가 지나면서 좋은 라포 관계와 치료 동맹이 발달된 후에, 코니는 커다란 폭탄을 터뜨렸다. 그가 받는 스트레스의 커다란 부분은 그가 최근 자신의 부서로 오게 된 여성 동료에게 '친구 이상으로 강한 끌림을 느낀다'는 점과 관련이 있었다.

앤에 대하여

코니는 앤(Ann)의 오리엔테이션과 훈련을 담당하게 되었다. 코니는 앤이 빠르게 배우며 편하게 말을 걸 수 있는 사람이라는 것을 알게 되었다. 코니는 앤이 마음에 들었고 이들은 종종 같이 점심을 먹고 커피를 마시며 휴식시간을 보냈다. 나중에는 직장이 아닌 다른 곳에서 앤과 시간을 보내기도 했다. 앤은 종종 주말에 코니의 집에 머물렀으며 코니의 남편인 토머스(Tomas)와도 잘 어울렸다. 앤과 토머스는 둘 다 트럭이나 자동차 수리에 관심이 있었다. 한번은 점심을 같이 먹던 도중에 앤이 코니에게 자신은 레즈비언이라고 커밍아웃했다. 이 사건은 코니에게 새로운 발견이었다. 그는 동성애에 대해 무지하지는 않았지만 지금까지 레즈비언을 만나 본 적이 없었다. 앤이 레즈비언인 것을 알게 되자 코니는 그를 더 매력적으로 느꼈다. 코니는 앤에 대한 감정을 억누르면서도 그를 존중하기 위해 애썼다. 코니는 앤에게 자신의 확대가족이나 남편 앞에서 그의 정체성을 이야기하지 않기를 부탁했다. 이는 토머스가 자주 동성애자를 깎아내리는 발언을 했기 때문이었다. 코니는 앤에게 자기 가족이 모두 히스패닉계이자 가톨릭교도이기 때문에, 주류 미국인 백인인 앤이 레즈비언이라는 사실을 받아들이지 않을 것이라고 설명했다. 앤은 자신의 성 정체성을 잘 드러내지 않는 편이었기 때문에, 이는 그에게 큰 문제가 되지 않았다.

나는 코니의 종교적 및 민족적 배경을 고려하여 동성애에 대한 신념을 검토해 보도록 요구했다. 코니는 이 요구에 대해 무척 혼란스러워했다. 코니는 남편을 사랑했으며 행복한 결혼생활을 하고 있었다. 그리고 언제나 다른 성별에게 끌림을 느꼈고 동성애는 '신을 거역하는 부자연스러운' 것으로 믿고 있었다. 또한 동성애는 백인 문화의 일부이며 절대 히스패닉 문화에서는 가능한 것이 아니라고 생각했다. 명백하게도, 이러한 문제들을 모두 탐색하는 것이 중요했다. 나는 가장 논박하기 쉬운 문제였던 동성애가 백인 문화의 일부라는 생각부터 다뤄 보자고 제안했다. 이 문제를 시작으로 다른 문제도 논의해 볼 수 있었다. 당시에 나는 파트너와의 관계적 문제, 정체성 문제, 삶의 단계 문제에 더하여 축 I에 해당하는 진단을 고려하게 되었다.

동성애에 대한 신념 탐색

나는 코니에게 왜 동성애는 백인 문화에만 존재한다고 생각하는지 질문했다. 그는 한 번도 라틴계인 게이나 레즈비언을 본 적이 없으며, 그의 오빠가 히스패닉인 중에 게이는 없다고 항상 말했다고 했다. 이는 코니에게 모든 문화와 역사적 시기에 동성애가 존재했다는 사실을 알려 줄 기회였다. 나는 그에게 히스패닉계 게이와 레즈비언에 대한 몇몇 책과 함께 가톨릭계 성소수자를 위한 모임인 '디그니티(Dignity)'를 소개했다. 코니에게 가톨릭교도가 동성애자일 수 있고 동성애자가 가톨릭교도일 수 있다는 사실은 매우 충격적인 깨달음이었다.

더 나아가 코니가 동성애를 적극적으로 옹호하는 가톨릭 신부에게 성경과 가톨릭교리에 대하여 이야기해 볼 의향이 있는지 물었다. 종교에 관한 건 나의 능력 밖이지만 종종 내담자들이 종교 및 영성에 대한 고민을 갖고 오기 때문에, 내가 상담을 진행하는 공동체에 속해 있는, 성소수자를 적극적으로 옹호하는 성직자들을 알고 있었다. 코니는 이 제안에 대해 긍정적 의사를 보였다.

정체성과 이성애자로서의 결혼생활

가장 중요한 문제는 가장 어려운 문제이기도 했다. 코니가 앤에게 끌림을 느낀다는 점은 자신과 결혼생활에 대한 이해에 어떠한 의미를 지니고 있는가. 물론 이는 정체성과 관련이 없을 수도 있고 결혼생활에도 영향을 끼치지 않을 수 있다. 왜냐하면 누군가에게 끌린다는 것이 필연적으로 행동으로 이어지는 것은 아니기 때문이다. 이는 단순히 코니의 세상에 대한 지식과 이해를 확장할 수 있는 흥미로운 정보일 수도 있었다. 하지만 코니가 "앤에게 느끼는 호감에 따라 행동하고 싶은 것 같아요."라고 말했을 때 우리의 논의 방향은 달라졌다.

먼저 그가 주치의와 자신의 끌림에 대해서 상의해 본 적이 있는지, 그 후에 나의 성소수자 이슈에 관한 전문적 경험 때문에 내게 의뢰된 것인지 물어보았다. 코니는 여성이었던 주치의에게 어렵게 용기를 내서 이야기를 꺼냈다고 말했다. 또한 코니에게 당시에 끌림, 욕구, 현재 결혼생활에 대한 혼란 때문에 경험하고 있는 불안과 우울의 정도를 1점부터 10점 사이에서 점수를 매겨 보게 했다. 그는 9점이라고 대답했다. 나는 내담자의 상태를 빠르게 평가해 보는 방법으로서 척도 질문을 자주 사용하곤 한다. 1점부터 10점까지 있을 때 이성애자로서 혼인 관계를 유지하는 것이 얼마나 중요한지 질문했을 때에는 10점이라고 대답했다. 비록 나의 주된 이론적 지향은 인지행동치료이지만, 대부분의 상담자가 그렇듯, 나도 다양한 지향에 근거한 기법들을 활용하는 편이다. 척도 질문 다음으로는 기적 질문을 사용하였다. 만약에 한밤중에 기적이 일어나서 그가 원하는 대로 모든 것이 바뀌었다면, 그 기적을 어떻게 알아차릴 수 있을지 그리고 무엇이 달라져 있을지 질문했다. 그러자 코니는 "그렇다면 저는 앤, 토머스와 모두 헌신적 관계를 맺으며 함께 살고 있을 거예요. 그 둘은 사이좋게 지내고 내 자녀들과 확대가족은 저희 모두를 인정해 줄 거예요."라고 말했다.

코니의 배경을 생각해 보면 이러한 대답은 놀라웠다. 상담에서 이 문제를 막 탐색해 보기 시작했지만, 이미 그는 혼자서 많이 고민했던 것이 분명했다. 또한 그는 예상했던 것 이상으로 자신의 관계를 전통적 관점에서 벗어나게 하는 것에 대해 더 확실하고 개방적인 태도를 지니고 있었다.

역전이

나는 내가 지닌 불안을 인지하게 되었다. 이러한 불안은 현재 상황이 원만하게 해결되기 어렵겠다는 생각에서 비롯된 걸까? 내담자의 생각이 비현실적 기대라는 생각에서 기인하는 걸까? 아니면 비독점적 다자연애에 대한 내 감정에 영향을 받은 걸까? 이성적으로 나는 성인이 자기 삶의 방식을 스스로 결정하는 것을 존중했다. 하지만 감정적으로 그러한 관계가 현실적으로 가능하다고 받아들이기 어려웠다. 나의 입장에서 보면 질투심, 시간, 에너지의 문제 때문에 개방적이며 비독점적 다자연애 관계를 유지하는 것을 상상할 수도 없었다. 양성애자(비록 코니는 자신을 양성애자라고 정의하지 않았지만 양성애적 행동을 염두에 두고 있었다.)는 헌신적 관계를 유지할 수 없다는 통념에 빠진 걸까? 역전이를 알아차리는 것이 중요했기 때문에, 나의 사고와 감정이 코니와의 상담 과정에 방해가 되지 않게끔 그것에 주의를 기울여야 했다. 코니에게는 그 어떤 편견으로부터 자유롭게 모든 가능성을 탐색해 볼 수 있는 안전한 치료적 공간이 필요했기 때문이다.

중요한 사건

토머스가 낚시 여행을 떠났을 때 앤이 코니의 집에서 지내게 되었다. 그 주말에 코니와 앤은 섹스를 하게 되었다. 그 경험이 어땠는지 물어보자, 코니는 "두려우면서도 환상적이었어요. 전 사랑에 빠졌고 매우 죄책감을 느껴요."라고 말했다. 우리는 이러한 감정들에 대해 깊게 탐색했다. 토머스가 집에 돌아오자 그는 초조하고 혼란스러웠으며 앤은 도움이 되지 않았다. 토머스가 보이지 않으면 앤은 코니에게 둘 중 1명을 선택하라고 압박했다. 코니는 "전 제 남편을 절대 떠나지 않을 거예요. 그렇다고 앤을 포기해야 한다는 생각은 못 견디겠어요."라고 말했다. 나는 가톨릭교도이자 히스패닉계 여성인 그에게 비독점적 다자연애 관계가 얼마나 관습에서 벗어나는 것인지 염두에 두면서, 그러한 관계의 가능성을 제안해 보았다. 놀랍게도, 그러한 관계가 어떤 것인지 설명해 주었을 때 그는 그 개념을 바로 거부하지 않았다. 비록 코니가 그 제안에 열려 있을지라도 코니와 나는 토머스나 앤이 받아들일지 미지수라 생각했으며 아직 그것을 제안할 시기도 아니었다. 코니는 "제가 뭘 해야 할까요? 그냥 사라져야 할까 봐요."라고 말했다. 나는 코니의 우울한 성향을 고려하여 이를 더 탐색했다. 그는 우울한 상태임을 인정하며 자살계획은 없지만 자살 생각을 한다고 했다. 그는 "어떻게 여기서 벗어날 수 있죠?"라고 물어봤다. 나는 코니에게 당시 상황이 낯선 것이며 어떠한 결정을 하기에는 섣부를 수 있음을 상기시켰다. 나는 그와 토머스 또는 그와 앤, 아니면 어느 시점에는 셋 모두가 함께 한두 회기 정도의 커플상담을 받아 볼 것을 제안했다. 코니는 이 제안을 고려해 볼 준비가 되어 있지 않았다.

그 후 몇 개월이 지나면서 앤과 코니는 함께 더 많은 시간을 보내며 성관계를 갖게 되었다. 동시에 코니는 여전히 토머스와도 같은 침대에서 잤다. 앤이 사실상 토머스와 코니의 집에서 살게 되었을 때조차도 토머스는 알아차리지 못한 것처럼 보였다. 코니는 몰래 동성애와 양성애에 관한 책들을 읽기 시작했다. 그는 자신이 양성애자일 수 있다고 생각하게 되었다. 이는 코니가 동성애자 정체성을 받아들이고 자신과의 관계를 선택하기를 원했던 앤에게는 받아들이기 어려운 점이었다. 코니는 자신의 이성애적 끌림, 남편을 향한 사랑, 이성애자로서의 결혼 경험을 무시하고 싶지 않았다. 또한 그는 자녀들과 손자녀들로부터 거부당할 것에 대해 걱정했다. 당시에 이들은 앤을 코니의 친한 친구로 생각했기 때문에 매우 포용적으로 그를 가족이라 생각했다.

어느 날 코니가 나에게 긴급 전화를 했다. 그는 매우 고통스러워했다. 토머스가 그에게 앤을 사랑하는지 물어봤을 때 주저하지 않고 그렇다고 대답해 버린 것이다. 토머스는 문을 박차고 집을 나가 버렸다. 나는 코니가 자살 위험을 지니고 있는지 검토하여 위험한 상태가 아님을 확인한 후에, 다음 상담일까지 이 상황에 어떻게 대처할 수 있는지 이야기 나눴다. 몇 번의 상담 이후에 코니는 다시 고통에 빠졌다. 토머스가 자녀들에게 사실을 알린 것이다. 두 딸은 혼란스러워했지만 어머니나 아버지 한쪽을 선택할 준비가 되어 있지 않았다. 하지만 아들은 달랐다. 아들은 바로 아버지의 편을 들며 다시는 어머니와 엮이고 싶지 않다고 했다. 코니와 그의 딸들은 함께 많은 이야기를 하게 되었는데, 아버지와의 관계에서 갈등을 겪은 적이 있던 딸들은 어머니가 왜 아버지의 곁을 지키고 있는지 종종 의문을 가졌다는 점을 알게 됐다. 그래서 이들은 어머니가 다른 여성과 관계를 맺을 수 있다고 상상해 보지는 못했지만 그에 완전히 반대하지는 않았다.

그다음에 코니를 만났을 때 그는 이전보다 차분해 보였다. 토머스는 집에 돌아와서 그를 사랑하기 때문에 잃고 싶지 않다고 이야기했다. 코니 또한 그를 잃고 싶지 않았으나, 앤과의 관계도 포기하고 싶지 않았다. 코니는 토머스에게 상담을 같이 받아 볼 것을 제안하였고, 이들은 커플상담의 일정을 계획하게 되었다.

결혼/관계 조율하기

커플상담은 매우 격렬한 과정이었다. 토머스는 자녀들이 집을 떠난 이후에 성당에 가거나 고해성사에 참여하지 않았으면서도, 이혼과 동성애에 대한 가톨릭교의 반대 관점과 결혼의 신성함에 대해 큰 소리로 이야기했다. 코니는 그를 사랑하며 한때 자신도 똑같은 종교적 교리를 믿었고 한 번도 여성과 사랑에 빠지거나 사랑을 나눌 거라고 상상도 해 본 적이 전혀 없었다고 확실히 말했다. 내가 어쩌면 셋이 함께 문제를 해결할 수 있을지도 모른다고 이야기하자, 토머스는 상담자가 자기 생각을 아내에게 주입했다고 공격했다. 그래서 나는 내가 말한 것에 대한 감정을 검토해 보았지만, 그 감정이 진심임을 알 수 있었다.

토머스와 코니 그리고 결국에는 앤도 함께 상담 과정에서 수많은 작업을 해야 할 필요가 있음이 명백해졌다. 코니는 거의 1년 가까이 개인상담을 통해 만났던 내담자였기 때문에 내가 그러한 작업을 수행할 수 없음을 알고 있었다. 전통적 히스패닉계 가톨릭교 배경을 고려하여 레즈비언과의 이성애적 측면이 있는 비독점적 다자연애 관계의 가능성에 대해 개방적 태도로 탐색하도록 도움을 줄 수 있는 상담자를 찾기가 쉽지 않았다. 나는 이들, 특히 코니를 위하여 적합한 상담자를 찾는 것이 나의 책임이라고 생각했다. 다행히 성소수자를 적극적으로 옹호하며 다양한 관계적 패턴을 탐색하는 것에 개방적인 여성 상담자를 찾을 수 있었다. 셋이 함께 상담을 받는 동안에도 코니는 나와의 개인상담을 지속했다. 그는 3명이 함께 하는 상담이 힘들지만 희망적이라고 보고했다.

상담 이후

약 1년 후에 코니, 토머스, 앤은 다 같이 살기로 했다. 코니와 앤은 같은 침실을 썼고 토머스는 다른 방에서 잤다. 코니는 대부분의 시간을 앤과 함께 보냈다. 확대가족 구성원들은 가족 행사에 앤을 초대했지만 셋의 관계에 대해 터놓고 이야기하지 않았다. 코니의 딸들은 앤을 사랑하고 '이상한' 상황을 받아들였지만, 코니는 아들이 그와 남편에게서 멀어진 것을 슬퍼했다. 토머스와 앤은 서로를 잘 견뎠다. 상담하면서 코니는 자신을 양성애자로 정의하고 앤과 함께 동성애자 및 양성애자 모임에 참여하기 시작했다. 업무 스트레스는 여전히 존재했지만, 이는 더 이상 앤 때문은 아니었다. 상담의 초점은 지속되는 경미한 우울과 불안 증상에 있었다. 마침내 코니는 상담을 종료하기로 했지만, 어떻게 지내는지 알려 주기 위해 가끔 편지를 보내 주었다.

분석

일반적으로 상담에서 내담자는 하나의 문제만 가져오지 않는다. 상담자와의 신뢰 및 라포가 형성될 때가 되어서야 다른 문제들이 떠오르기 시작한다. 코니와의 상담에서도 그랬다. 그의 새로운 문제는 그가 잘 알지 못했던 세계로 그를 이끌었다. 이 사례는 많은 여성이 경험한다고 보고하는 유동적인 정체성의 예시라고 할 수 있다. 코니는 여성에게 끌림을 느끼게 되기 전까지는 한 번도 자신의 이성애자 정체성에 의구심을 가져본 적이 없었다. 그러한 끌림을 느끼게 된 이후에도 코니는 이전에 자신의 이성애자 정체성을 의심해 본 경우가 있었는지 돌아보려고 하지 않았다. 비록 그는 동성애에 대한 어느 정도의 지식을 갖추고 있었고 그의 정체성은 이성애에서 양성애로 전환되고 있었으나 이를 의식하지 못했다. 중년의 나이에 그는 자신의 성 정체성에 대한 감각뿐만 아니라 결혼과 관계에 대한 생각을 바꿀 수 있게 되었다. 이제 그는 전통적 사고에서 벗어나 다양한 가능성을 고려할 수 있게 되었다. 이러한 변화는 그가 지니고 있던 종교적 및 문화적 믿음과 가정에 관한 갈등을 겪게 했다. 그 과정에서 그는 아들과 관계가 멀어지는 최악의 상실 경험을 하게 되었다. 그리고 그의 남편은 곁을 지켰으나 새로운 관계 내에 긴장은 존재했다.

나에게 이 사례는 다른 관계적 형태에 대한 신념과 편견을 스스로 검토할 기회를 주었다. 나는 무의식적으로든 의식적으로든 나에게 적합한 또는 적합하지 않은 것이 다른 사람에게도 그럴 것이라고 가정하는 것이 옳지 않음을 인정해야 했다. 이 또한 나의 편견일 수도 있겠지만, 이 사례가 가장 성공적인 비독점적 다자연애 관계를 보여 주는 것은 아니다. 왜냐하면 관계의 구성원들이 그 관계를 진정으로 받아들이기보다는 서로를 인내하고 있기 때문이다. 내가 참여했던 일부 연구에서 상대적으로 성공적인 비독점적 다자연애 관계의 사례들을 목격할 수 있었다.

나는 여성들이 이들의 양성애자 정체성을 어떻게 드러내는가에 대한 이해를 심화하기 위해 미국과 이스라엘 전역의 여성들을 대상으로 인터뷰를 진행했다(Dworkin, 1996). 이러한 질적 연구를 통해 다른 여성 및 남성과의 헌신적 관계에 있는 여성, 두 남성과의 헌신적 관계에 있는 여성을 만났다. 또한 한 여성은 일부일처제의 이성애적 결혼 관계를 맺기 전에 경험했던 여성과의 정서적 · 성적 유대감이 그리워서 여성과의 교제에 대해 남편과 논의했다고 말했다. 이 마지막 여성의 경우 그의 남편은 결혼 이전에 그가 양성애자임을 알고 있었다. 그는 남편은 다른 여성이나 남성과 성관계를 하고 싶은 욕구가 없지만, 자신은 새로운 관계에 대해 탐색하는 것에 거부감을 느끼고 있지 않음을 알게 되었다고 했다. 이 장에서 소개한 사례는 더 나아가 인종 및 종교가 관계적 형태의 변화에 지니는 복합적 영향력을 이해할 수 있게 해 주었다.

결론

상담자가 양성애자에게 영향을 미치는 다양한 문제와 중년기 또는 그 이후에 자신의 성 정체성을 바꾸게 되는 사람들을 돕기 위해 훈련을 받는 것은 중요하다. 성적 유동성은 지금까지도 논쟁적인 개념이다. 양성애자는 너무나 자주 레즈비언, 게이와 똑같은 정체성을 지닌 것처럼 함께 분류되곤 한다. 이미 진부한 말이 되어 버렸지만, 상담자는 자신의 편견과 고정관념을 검토할 필요가 있다. 양성애자에 대한 통념과 고정관념은 레즈비언, 게이에 관한 것과는 차이가 있으며 이에는 관계 및 헌신과 관련된 문제가 포함된다. 상담자가 그것을 역전이나 자각이라고 명명하든, 이러한 편견은 치료적 관계에 영향을 미친다. 또한 상담자는 여러 신념과 맥락의 상호작용이 내담자의 삶과 선택에 어떠한 영향력을 지니고 있는가를 이해하고 알아차리기 위해 훈련받아야 한다. 이 장에서 설명한 사례가 이 필요한 지점들을 잘 보여 주고 있다.

참고문헌

Dworkin, S. H. (1996). ***Bisexual women, understanding sexual identity: Research in progress.*** Unpublished manuscript, Department of Counseling, Special Education and Rehabilitation, California State University, Fresno.

Dworkin, S. H. (2002). Biracial, bicultural, bisexual: Bisexuality and multiple identities. ***Journal of Bisexuality, 2***(4), 93-107.

Firestein, B. (2007). Cultural and relational contexts of bisexual women: Implications for therapy. In K. J. Bieschke, R. M. Perez, & K. A. DeBord (Eds.), ***Handbook of counseling and psychotherapy with lesbian, gay, bisexual, and transgender clients*** (pp. 91-117). Washington, DC: American Psychological Association.

14장

양성애자 내담자와의 상담: 부분의 합 이상

베스 A. 파이어스타인(Beth A. Firestein)

양성애자 내담자를 상담하는 것은 상담자가 성적 지향, 정체성 발달, 관계 역동에 대한 기본적 지식을 삶의 다양한 상황에 있는 여러 내담자에게 적용해 볼 기회를 제공한다. 이는 상담자이자 한 인간으로서의 성장에 큰 도움이 될 수 있다. 다양한 성적 지향을 지닌 내담자들과의 상담 과정에서 반복되는 주제들은 분명하게 있으나, 스스로를 성소수자로 정체화하는 양성애자 내담자들이 맺고 있는 가능한 관계적 형태의 범위는 매우 광범위하다. 이 장에서는 양성애자 내담자를 대상으로 한 사례와 양성애가 상담 작업의 중요한 주제였던 사례를 제시할 것이다. 각각의 사례는 여러 개인의 사례를 조합한 것이며, 세부사항은 개인의 사생활 보호를 위해 변경되었다.

양성애자로서의 사랑과 커밍아웃: 한 여성의 여정

배경 정보 및 초기 진단

세레나(Serena)는 32세의 백인 여성으로 6세 아들 브라이스(Bryce)와 살고 있었다. 그는 2년 전에 남편이 차 사고로 사망한 것과 관련하여 외상 후 스트레스를 겪고 있었기 때문에 의사를 통해 나에게 의뢰되었다. 세레나가 당시에 지니고 있었던 호소 문제는 남편의 충격적 죽음에 대한 반복적인 침투적 사고가 동반된 지속적 우울과 불안 증상이었다. 초기 상담에서 그의 문제는 성적 지향과 관련이 없었다. 그는 자신을 이성애자로 정체화했으며 자신의 성적 지향에 대해 의문을 가져 보거나 고민해 본 적이 없었다.

나는 초기에 세레나가 갑작스럽게 예기치 않았던 남편의 죽음 때문에 촉발된 지연된 애도 반응과 외상 후 스트레스 장애를 경험하고 있다고 평가했다. 그와 남편은 남편이 사망했을 당시에 10년간의 결혼생활을 유지하고 있었으며 아들은 4세였다. 세레나와 죽은 남편의 관계를 탐색하던 도중에 이들의 결혼생활이 행복하기도 했지만 갈등을 겪고 있었음을 확인했다. 그리고 그 사고는 둘 사이에 말다툼하고 남편이 집을 뛰쳐나갔던 몇 시간 사이에 발생했다는 것을 알게 되었다.

초기에는 애도상담을 주로 진행하였고 외상 관련 증상을 감소시키기 위해 안구운동 민감소실 및 재처리 요법(Eye Movement Desensitization and Reprocessing: EMDR)을 활용하였다. 애도 작업에서 우리는 사고에 대해 자세히 이야기하고 그것과 연관되어 그를 괴롭히는 특정한 감정들에 대한 작업을 진행했다. 이러한 감정들에는 죄책감, 수치심, 충격, 깊은 상실감이 포함되어 있었다. EMDR은 사건으로 여전히 고통받고 있음을 보여 주는 충격 반응과 쉽게 촉발되는 정서적 · 생리적 반응의 강도를 낮추는 역할을 했다.

상담은 점진적으로 증상을 완화했고, 상실을 연상시키는 자극들에 덜 반응하고 잘 수용할 수 있도록 도움을 주었다. 상담 작업을 이어 갈수록 즉각적 트라우마 반응은 감소하였고, 상담자–내담자 관계 내 안전과 신뢰가 발달하고 굳건해졌다. 세레나는 원가족, 사회적 지지망을 포함한 자기 삶의 다른 부분들을 이야기하기 시작했다. 이때 그는 지난 1년간 매우 가까워진 여자 직장 동료인 캐리(Carrie)와의 특별한 우정에 대해 반복적으로 언급했다.

몇 주 후에 세레나는 캐리와의 두터운 우정에 로맨틱하고 성적인 무언가가 있음을 암시하는 말들을 했다. 그는 수년에 걸쳐 우정이 점차 친밀하고 로맨틱한 관계로 발전하는 관계의 변화에 대해 잠정적으로 이야기하기 시작했다. 그는 내가 광범위하게 다양한 성소수자 내담자들과 상담을 하고 있다는 사실을 몰랐으며, 이는 세레나가 초기에 상담이 의뢰된 이유와도 상관이 없었다.

애도 작업에서 정체성 탐색으로: 발전하는 사례개념화

애도 및 트라우마를 다루는 작업을 지속하였지만, 상담의 초점은 점차 캐리와의 친밀한 관계에서 오는 복잡한 생각과 감정으로 크게 전환되었다. 그 예로, 세레나는 캐리와 나눈 기쁨과 재미 그리고 몇몇 레즈비언 커플과의 의미 있는 친구 관계를 갖게 된 경험을 이야기하곤 했다. 그러나 같은 회기 내에서 그는 아침에 캐리 옆에서 눈을 떴을 때 이들의 관계는 잘못되었다고 느꼈으며 관계의 장기적 모습을 상상할 수 없었다고 이야기했다. 세레나는 캐리와의 관계를 진정한 연애 관계로 정의하지 않았다. 그는 자신은 이성애자이고 앞으로도 그렇게 지낼 것이기 때문에 그 관계를 연애 관계로 생각하는 건 불가능하다고 했다.

세레나는 자신이 레즈비언이거나 양성애자일 수 있다는 가능성을 전혀 생각해 보지 않았다. 이전에 이러한 가능성을 고려해 보도록 자극을 받은 적이 없었기 때문이었다. 그는 자신의 정체성을 변화시키거나 관계를 정확히 정의하지 않은 상태에서 몇 달간 캐리와의 관계를 유지했다. 그저 그렇게 지냈다. 오직 상담에서만 캐리와의 관계에 대한 혼란스러운 감정과 고민을 이야기했다. 상담에서 나는 그의 남성과의 성 경험, 연애 경험의 역사와 함께, 현재 캐리와의 관계도 존중하였다. 나는 그가 자기를 정의하는 방식을 문제 삼지 않았다. 그러나 그에게 양성애라는 개념과, 어떻게 그 개념이 그가 느끼는 모든 감정, 과거와 현재, 개별적 및 통합적 정체성을 존중하는 방향으로 자신을 생각해 보게 할 수 있는지를 설명했다. 결과적으로 세레나는 자기 자신과의 관계를 규정하기 위해 양성애라는 개념에 관심을 두게 되었다. 그러나 나는 그가 자신의 성적 지향을 정의하는 방식을 변화시키게끔 어떠한 압박도 하지 않았다.

새로운 성 정체성을 받아들이기

세레나의 성 정체성과 캐리와의 깊어지는 관계는 점점 더 상담의 중요한 주제가 되었다. 세레나는 여전히 캐리와의 관계에 대한 내적 갈등으로 힘들어하고 있었다. 이러한 고민은 캐리와의 관계가 자신에 대한 관점과 일·가족과 관련된 주류 사회에서의 자신의 위치에 지닐 수 있는 영향력에 관한 것이었다. 그는 주로 자신의 성 정체성을 개념화하는 방식, 캐리와의 관계가 외부, 예를 들어 직장에 알려질 것에 대한 두려움, 부모, 형제, 오래 알고 지낸 이성애자 친구들의 반응에 대해 걱정했다.

상담에서 나는 그의 관계가 지닌 긍정적 측면과 문제가 될 수 있는 측면에 대해 논의해 볼 수 있는 안전한 장을 제공했다. 세레나는 또한 자신이 여전히 남성을 향한 끌림을 느낀다는 점과, 처음으로 여성과 깊은 사랑에 빠지게 된 것에 대한 놀라움을 이야기했다. 우리는 그가 양성애자일 가능성과 레즈비언 공동체에서의 점점 더 증가하고 있는 참여도에 대해 심화적으로 탐색했다. 상담이 거듭될수록 세레나의 생생한 관계 경험은 동성애자에 대한 고정관념을 바꿀 수 있게 해 주었다.

세레나는 자기 가족에게 매우 점진적으로 커밍아웃할 수 있게 되었는데 여러 가족구성원, 특히 매우 신앙심이 깊으며 구세대인 조부모로부터 상당한 저항을 받았다. 그의 어머니는 오랜 기간 거절, 부인, 비난, 인정, 정서적 수용 사이에서 왔다 갔다 했다. 이 과정에서 어머니에 대처하는 것이 세레나에게 정서적으로 상당히 버거운 일이었다. 나는 그가 자신의 사랑을 존중하는 힘을 적극적으로 옹호했고, 자신의 내면화된 동성애부정(homonegativity)과 양성애부정(binegativity)을 직면할 수 있도록 격려했다. 다행히도, 캐리는 세레나의 가족이 보이는 반응에 지지적이고 이해심이 깊으며 유연한 모습을 보였다. 결국 세레나는 자신의 친구들 대부분에게도 커밍아웃할 수 있게 되었다.

'가족'에 대한 관점을 재정의하기

세레나는 캐리와 깊은 사랑을 나누고 있었고 관계에 대한 만족도도 매우 높았지만, 캐리에 대한 감정과 남성을 향한 지속적인 끌림, 그리고 언젠가는 다시 결혼해서 이성애 가족을 꾸리게 될 거라는 기대를 조율하기 무척 어려워했다. 캐리와의 관계가 발전할수록 그러한 기대는 점차 줄어들었고, 그 기대를 내려놓는 것에 따른 상실감을 받아들여야만 했다. 상담에서 나는 세레나가 여성과의 파트너십을 포함한 가족에 대한 새로운 상을 형성할 수 있게 도움을 주었다. 이때 자녀가 있는 경우를 포함한 레즈비언 친구들의 커플 관계를 살펴보는 작업이 도움이 되었다.

세레나는 여성과의 관계가 6세인 아들에게 어떤 영향을 미칠 수 있을지, 그리고 아들이 학교에서 어떤 대우를 받게 될 것인지도 걱정했다. 그는 아들이 2명의 여성을 양육자로 두고 있다는 이유로 또래들로부터 놀림을 받거나 친구들의 집에 초대받지 못할까 봐 걱정했다. 정말 다행히도 아들 브라이스와 캐리는 강하고 따스한 연대감을 형성했으며, 브라이스는 캐리의 역할을 온전히 받아들였다. 그렇지만 세레나와 캐리는 처음에는 브라이스에게 자신들의 관계에 대해 자세히 이야기해 주지 않았다. 마침내 이들이 브라이스에게 둘 사이의 관계를 밝히게 되었을 때, 브라이스는 이미 경험적으로 세 사람을 가족으로 생각하고 있었다. 그리고 둘 사이의 관계를 밝히는 것은 세레나에게는 꽤 힘든 과정이었으나, 브라이스는 큰일 아닌 것처럼 받아들였다. 그 후로도 가족은 평소처럼 지낼 수 있었다.

세레나는 점차 '아마도 양성애자'에서 나중에는 제한적 이름표를 필요로 하지 않는 양성애자 여성으로 자신을 바라볼 수 있게 되었다. 그는 자신을 레즈비언으로 보지는 않았다. 그와 캐리는 독점적(monogamous) 관계를 유지했으며 캐리는 세레나가 자신을 정의하는 방식(또는 정의하지 않는 것)을 문제 삼지 않았다. 캐리는 세레나가 명백하게 자신을 레즈비언이나 양성애자로 정의하지 않아도 계속해서 그를 수용해 주었다. 캐리와 세레나는 레즈비언 친구들과의 지지체계도 발전시킬 수 있었다.

성과

세레나와의 상담은 약 1년 후에 종료되었지만, 그 후에도 가끔 상담실을 찾아와 캐리, 부모, 조부모에 대한 문제들에 관해 도움을 요청했다. 세레나와 캐리가 커플로서 관계를 유지하는 8년이라는 시간 동안에는 피할 수 없는 문제들이 있었다. 대부분의 문제는 꽤 평범한 발달적 · 관계적 문제들이었는데, 다른 문제들은 관계의 안정성과 헌신도에 위협적이기도 했다. 그러나 세레나와 캐리는 서로에게 지속적인 헌신을 보였고 대체로 둘의 관계와 이들이 꾸린 가족은 잘 지냈다.

세레나의 원가족은 때때로 세레나와 캐리를 힘들게 하곤 했다. 예를 들어, 세레나의 조부모는 세레나의 새로운 성 정체성과 여성 파트너와의 관계를 수용하지 못했기 때문에 이들의 집에서 열리는 가족 행사에서 이따금 캐리를 제외하곤 했다. 이와 달리 세레나의 부모와 캐리의 부모는 수용적 태도를 보였으며 휴일 및 다른 가족 행사를 이들과 함께 보냈다. 그리고 세레나는 자신의 내면화된 동성애혐오를 해결하기 위해 노력했고, 그 결과 현재에는 자신의 정체성에 대해 자부심을 느끼고 있다. 비록 그는 동성애자 문제에 관하여 적극적으로 나서는 스타일은 아니지만, 동성애 관계에 대한 사회적 정의 문제에 매우 민감하게 반응한다. 또한 그는 여러 상황에서 자신과 파트너를 옹호하는 모습을 보이며 숨어야 한다고 느끼지 않는다. 올해 세레나와 캐리는 도시 근처에서 열린 동성애자와 양성애자의 자긍심을 위한 행진(gay and bisexual pride march)[1]에 참여하기도 했다. 세레나가 자신의 새로운 성 정체성을 수용했다는 점에서 이 치료적 여정이 매우 성공적이었다고 할 수 있다.

전이 및 역전이

초기에 나는 양성애자 또는 동성애자 정체성을 고려하는 것에 대해 두려움과 저항을 보이는 세레나를 인내하기 어려웠다. 자아정체감과 성소수자 및 동성애 관계를 적극적으로 옹호하는 공동체와의 즉각적인 연대의 중요성을 강조하는 나의 입장을 내려놓아야 했다. 나는 세레나가 이전에 만족스러운 이성애 관계를 유지했던 경험이 있을 뿐만 아니라 지속적으로 남성에게 끌림을 느낀다는 사실과, 이 특별한 여성에게 낭만적인 감정을 강렬하게 느낀다는 사실을 통합하는 것에 관해 느끼는 혼란스러운 마음에 공감할 수 있게 되었다. 이때 나의 인생 경험을 그의 경험에 투사하거나, 나 자신을 양성애자 여성으로 인식하고 수용했던 과정을 그의 자기탐색의 여정과 비교하지 않도록 굉장히 주의해야 했다.

전반적으로 세레나와의 상담은 동성애 및 이성애 관계 내에서 나타날 수 있는 광범위한 문제들에 대한 이해를 확장하는 데 큰 도움이 되었다. 나는 다른 양성애자 여성이 자신의 파트너를 존중하는 동시에 자신의 가족에 대한 소속감을 유지하는 방법을 찾아가면서 자신의 원가족 및 파트너와의 관계를 어떻게 조율하는가에 대해 매우 많은 것을 배울 수 있었다. 세레나는 캐리를 연인이자 파트너로서 존중하였으며, 캐리와 이제 거의 11세가 된 브라이스는 매우 건강한 관계를 유지하고 있다. 이러한 가족 구성은 브라이스에게 아버지의 죽음 이후에도 일관적이고 애정 어린 양육환경을 제공해 주었다. 그리고 이제 캐리는 생물학적 아버지보다도 더 오랜 기간 브라이스를 양육하게 되었다. 이 가족의 장래는 상당히 밝다고 할 수 있다.

---

1) 역자 주: 성소수자를 향한 차별에 맞서고 자긍심을 드러내기 위한 목적으로 함께 행진하는 것을 뜻하는데, 국내에서는 '퀴어 문화축제'의 주요 프로그램 중 하나로 '퀴어 퍼레이드'라 지칭된다.

양성애자인 여성과 그의 트랜스젠더 배우자: 위기와 기회

배경 정보

린제이(Lindsey)는 43세의 여성으로, 법적으로 혼인한 파트너와 함께 살고 있었다. 또한 그는 독립한 26세의 아들을 하나 두고 있었다. 린제이는 자신을 양성애자 여성으로 정의했다. 그는 어린 시절 가족으로부터 상당한 신체적 · 언어적 · 정서적 학대를 당했다. 집안은 가난했으며 어머니는 심각한 정신질환을 갖고 있었다. 린제이는 매우 어린 나이에 임신하게 되었고 그의 삶은 여러 문제로 가득했다. 마침내 그는 성장환경에서 벗어나 자신의 지능과 자원을 활용하여 학사학위를 취득하고, 생산적이고 활발하게 직업생활과 개인생활을 누릴 수 있게 되었다.

초기 상담에서 린제이는 중위급의 전문직으로 일하고 있었다. 그의 파트너인 캐서린(Kathryn)은 성공적이고 안정적인 집안 출신으로 고수입의 기술직으로 일하고 있었다. 이들은 6년 동안 관계를 유지하고 있는 상태였으며 매력적인 도시에서 함께 살고 있었다.

호소 문제

린제이는 인터넷에서 조사하던 도중에 나를 알게 됐다. 그는 성소수자, 비독점적 다자연애(polyamory), 대안적 삶의 방식과 관련하여 전문성을 갖춘 페미니스트 상담자를 찾고 있었다. 린제이는 자신의 파트너인 캐서린은 46세이며, 남성에서 여성으로의 트랜지션/성별 전환을 거의 마친 트랜스섹슈얼(transsexual)[2]이라고 설명했다. 그는 관계 초기부터 캐서린의 정체성과 트랜지션 상태를 알고 있었다고 했다. 이들은 성소수자 커뮤니티를 통해 만나게 되었다. 당시에 캐서린은 트랜지션을 진행하는 중이었다. 이들이 만나는 동안 캐서린은 그가 선호하는 성역할로서 완전히 살아가는 데 필요한 요건들

2) 역자 주: 한국성적소수자문화인권센터의 성적소수자 사전에 의하면, 태어났을 때 지정받은 섹스/젠더와 자신이 인식하는 섹스/젠더가 일치하지 않으며, 자신이 원하는 섹스/젠더로 살고 재현하기 위해 호르몬 투여나 수술과 같은 의료적 조치를 적극적으로 활용하는 사람을 뜻한다.

을 충족시키게 되어 성재지정/성전환 수술(sex reassignment surgery)[3]을 받게 되었다.

린제이는 캐서린과의 관계에 대한 감정들을 정리하고 생활방식과 관련된 결정들을 내리기 위한 목적에서 상담을 신청하였다. 그에 대한 가장 정확한 진단은 복잡한 정서들을 동반한 적응장애로 보였다. 린제이는 당시에 개인상담을 원했다. 그는 파트너의 트랜지션을 전적으로 지지하며, 자신의 양성애자 정체성 덕분에 파트너의 성별이 무엇이든지 간에 상대에 대한 자신의 애정을 편안하게 받아들일 수 있다고 말했다. 캐서린이 아직 법적으로는 남성이었고 부분적으로 남성의 성역할을 수행하고 있었을 때, 둘은 결혼식을 올렸다. 주법에 의하면 당시에 이들은 법적으로 혼인 관계를 유지할 수 있었다.

이 커플은 건강한 성생활을 영위했으며 하나의 팀처럼 잘 지냈다. 관계 유지를 위해 각자의 다른 자원과 재능을 활용할 수 있었다. 린제이는 캐서린이 트랜지션을 진행해 가는 과정을 지지하고 도와줬다. 이 과정은 힘들었지만 매우 보람 있는 시간이었다. 린제이가 상담실을 찾아오게 된 이유는 캐서린의 수술 이후로 생긴 관계 문제들 때문이었다.

린제이와 캐서린은 모두 수술을 통해 캐서린이 신체적 트랜지션을 마치게 되는 것에 대한 상당한 기대감을 안고 있었다. 그런데 캐서린은 수술 이후에 합병증을 앓게 되었고, 이로 인한 만성 통증은 커플의 성생활에 큰 지장이 되었다. 그때 캐서린이 심각한 우울 증상을 보여서 걱정되었을 뿐만 아니라, 성관계를 할 수 없다는 점이 린제이에게는 굉장한 스트레스를 주고 있었기 때문에 상담을 찾게 되었다. 그는 건강하고 왕성한 성욕을 갖고 있었으나 독점적, 이제는 무성애적(asexual) 커플 관계라는 제약 속에서 욕구를 해결할 방안을 찾지 못하고 있었다.

캐서린은 먼저 린제이에게 그의 성욕을 충족시키기 위해 다른 성관계 파트너를 만날 수 있도록 커플 관계를 개방하자고 제안했다. 린제이는 이 제안에 대한 자신의 여러 감정을 탐색하고 이를 실행에 옮기는 것에 대해 자신이 어떻게 느끼는지 살펴보고 싶어 상담실에 오게 되었다.

3) 역자 주: 자신이 원하는 섹스/젠더로 살고 재현하기 위한 수술로서, 성확정 수술(gender confirmation surgery) 또는 성긍정 수술(gender affirmation surgery)이라고도 한다. 유방절제수술, 자궁적출수술, 질이나 남근을 만드는 수술, 지방을 재배치하여 체형을 바꾸는 수술 등이 여기에 포함된다.

상담의 목표와 과정

린제이와의 상담에서 초기 목표는 캐서린과의 결혼 · 파트너십의 복합적 배경과, 개인사가 관계 선택에 끼친 영향을 이해하기였다. 또 다른 목표는 린제이와 캐서린의 관계 경험의 역사와, 캐서린의 정식 트랜지션이 이들의 관계의 역동과 친밀함의 특성에 미친 영향을 이해하기였다.

상담에서는 주로 캐서린의 비성공적 수술 이후 악화되는 정서 및 기능 때문에 린제이가 경험하고 있는 상실감과 실망감을 다룰 수 있도록 도움을 주었다. 또 다른 주요 작업은 독점적 관계를 확장하는 제안에 대해 검토해 보기였다. 캐서린은 성생활에 대해 솔직하게 여러 차례 이야기하는 과정에서 린제이의 성적 욕구가 해소되지 않는 문제를 해결하고자 이러한 제안을 하게 되었다. 처음에 린제이는 그 제안에 놀랐으며 망설였다. 그는 다른 성적 파트너와의 만남이 가능하도록 관계를 개방하는 것이 배신은 아닌지 고민했다. 상담에서 우리는 그러한 결정이 가져올 수 있는 위험과 장점에 대해 탐색했다. 나는 캐서린과 함께하는 커플상담의 진행을 고려했지만, 캐서린은 린제이가 그 제안을 받아들이는 것을 전적으로 지지하고 있으며 린제이도 개인상담을 통해 자신의 감정을 정리하고 싶다고 했기 때문에 커플상담은 불필요해 보였다.

우리가 함께한 탐색 과정을 통해 린제이는 커플 관계를 개방하기로 선택하게 되었다. 그는 캐서린과의 파트너십 및 결혼을 제1순위로 두는 헌신적 태도를 유지하면서 1명 또는 그 이상과의 성 경험을 위한 새로운 연인 찾기를 시도하였다. 캐서린은 상당히 열린 마음으로 린제이가 보조적인 성적 우정 및 성관계를 추구하도록 지지했다. 린제이는 상담을 통해 자신이 바라는 관계상을 확립하고 관계에 대한 개인적 선택지들을 정리해 볼 수 있었다.

문제와 개입

우리가 함께 상담하는 동안 몇 가지 문제에 부딪히게 되었다. 처음에 린제이는 새로운 잠재적인 성적 파트너에게 먼저 다가가는 것을 걱정했다. 우리는 이러한 행동을 시도하기 어렵게 하는 내적 및 외적 요소를 탐색했다. 또한 잠재적 연인을 만나기에 가장 쉬운 방법이라 생각한 온라인을 통한 만남에서 주의해야 할 안전과 익명성 문제에 대해 논의했다. 린제이는 열린 관계를 선택하는 것이 캐서린에게 했던 서약을 저버리는 것은 아닌지 죄책감을 느꼈다. 이를 해결하기 위해 린제이는 상담에서뿐만 아니라 캐서린과의 관계에서 두 사람에게 헌신이 의미하는 바가 무엇인지를 재정의하는 작업을 해야 했다. 린제이는 초기에 닥친 문제들을 꽤 성공적으로 해결할 수 있었다.

그러나 캐서린의 우울 증상이 심해지고 그의 개인적 · 직업적 기능이 더 저하되면서 더 큰 문제들이 생기게 되었다. 이는 커플에게 관계를 개방하는 것보다 더 심각한 문제를 초래했다. 캐서린의 우울증은 커플 관계의 거의 모든 측면에 영향을 끼치기 시작했다. 이때 린제이가 아동기에 경험한 방임, 상호 의존(codependency),[4] 양육과 관련된 문제들이 떠오르게 되었으며, 이것이 개인상담의 주 초점이 되었다.

이제 상담은 린제이가 자신의 심리적 웰빙과 관계에 파괴적 영향력을 지닌 여러 스트레스 요인을 경험하는데도 이들의 파트너십이 잘 유지될 수 있는가에 관한 문제에 주목하게 되었다. 한편, 린제이는 성적 취향의 많은 부분을 공유할 수 있는 새로운 남성과 성적 관계를 시작하게 되었다. 린제이에게 그 관계는 성적으로는 만족스러웠으나 정서적으로는 제한된 느낌을 받았다. 그는 그와의 관계에서 더 큰 정서적 유대감에 대한 욕구를 갖게 되어 괴로워했다.

나는 캐서린의 우울증과 린제이의 새로운 연애 관계와 관련된 적응 문제는 커플상담을 통해서 해결하는 것이 최선이라고 생각했다. 린제이와 캐서린은 이 제안을 받아들였고, 이에 성소수자와 비독점적 다자연애에 대한 이해를 갖춘 전문가에게 커플상담을 의뢰하게 되었다. 커플상담은 이들에게 매우 큰 도움이 되었다. 나는 커플상담을 진행하는 상담자와 상의하여, 린제이와 캐서린이 개인 및 커플로서 자신들의 발달적 장애물을 극복할 수 있도록 협력했다.

성과

린제이는 상담을 통해 자신의 욕구와 감정을 명확하게 인식할 수 있게 되었고, 파트너와 합의하는 방식으로 커플 관계를 개방하는 대안과 관련된 심리적 · 정서적 장벽들을 성공적으로 해결할 수 있게 되었다. 캐서린은 직장에서 해고를 당한 이후 더 심각한 우울 증상을 보이게 되었고, 이는 커플 관계를 더 어렵게 했다. 커플상담자는 캐서린에게 우울 증상과 관련하여 약물치료를 위한 평가를 받아 볼 것을 권유했다. 그 후 캐서

4) 역자 주: 보살핌을 필요로 하는 사람과 이를 제공하는 사람 사이의 지나친 정서적 의존성을 뜻한다.

린이 항우울제를 복용하기 시작하면서 증상은 극적으로 개선되었다.

린제이는 다른 여러 사람과 성 경험을 하게 되었으며 캐서린과의 관계 외에도 중요한 정서적 · 성적 관계로 발전시킬 수 있게 되었다. 그러나 이러한 관계가 또 다른 복합적 문제들을 초래하게 되어 우리의 상담 과정에서 그것을 다루게 되었다. 가장 중요한 것은 이러한 문제들이 린제이가 다뤄야 할 더 깊은 수준의 문제들에 대해 탐색해 볼 기회를 주었다는 점이다. 더 깊은 수준의 문제들로는 자존감, 아동기 학대 경험과 관련된 외상 후 스트레스 그리고 다른 심리적 문제가 있었다. 또한 커플은 관계 문제와 캐서린의 우울증 치료를 위해 지속적으로 커플상담을 받았다.

전이 및 역전이

린제이와의 치료적 관계 내에서 전이 문제는 거의 나타나지 않았다. 그렇다고 해서 전이 문제가 전혀 없었다거나 앞으로 생기지 않을 것이라는 뜻은 아니다. 전이 문제는 여태까지의 우리 상담 작업에서 두드러지지 않았을 뿐이다. 역전이와 관련해서 나는 최소한의 사회적 지지하에서 미지의 영역을 탐색하는 이 양성애자 여성에게 느끼는 강한 공감 때문에 고심해야 했다.

또한 린제이가 주된 파트너인 캐서린과 현재 새로운 연인에게 보이는 여러 가지 행동에 대한 내 생각들 때문에 어려움을 겪었다. 나의 생각들을 더 객관적인 사례개념화, 상담 개입과 분리하기는 쉽지 않았다. 이때 다른 상담자 동료들에게 이러한 문제를 이야기하고 조언을 구하는 것이 도움이 되었다. 특히 성소수자 이슈와 관련된 경험뿐만 아니라 대안적 삶의 방식을 주제로 개인 및 커플상담을 진행해 본 적 있는 동료들에게 도움을 받을 수 있었다. 린제이와 나는 1~2개월마다 만나는 방식으로 상담을 지속했다. 이러한 상담 과정은 계속해서 진전을 보였다.

결론

앞서 제시한 두 사례는 상담자가 성소수자 개인 그리고 가족과 상담을 진행하게 되면서 마주할 수 있는 여러 문제의 극히 일부만을 보여 주고 있다. 상담 작업은 상당히 도전적인 동시에 매우 보람 있었다. 성소수자 내담자를 위한 지침이 부족하기 때문에 그러한 내담자를 조력하기 위한 상담자를 위한 지침 또한 부족한 실정이다.

이성애자, 양성애자, 동성애자, 트랜스젠더 상담자들은 여러 성소수자 또는 대안적인 성생활을 추구하는 내담자와 작업하면서 각각 다른 문제들에 부딪히게 된다. 상담자의 성적 지향 및 성 정체성과 상관없이, 자신이 속한 주류 문화와 자신의 성 정체성 및 개인적 관계 경험의 영향으로 편견, 공포, 고정관념을 갖게 될 수도 있다. 따라서 모든 상담자가 자신의 정체성과 삶의 경험을 의식하고, 그것이 여러 내담자와의 상담 과정에 어떻게 영향을 끼칠 수 있는가를 이해해야 한다. 아마 앞의 사례들이 성적으로 다양한 내담자들을 도울 수 있는 방법을 찾고 있는 상담자들에게 어느 정도 안내와 영감을 제공할 수 있으리라 생각한다.

3부

맥락적 이슈

Casebook for Counseling
Lesbian, Gay, Bisexual, and Transgender
Persons and Their Families

유능한 상담자는 다음 사항들을 숙지해야 한다.

- 비이성애차별주의는 성소수자(LGBT)의 성적 지향, 성별 정체성, 성별 행동과 관련한 건강한 기능을 저해하는 세계관이자 가치관임을 분명히 한다.
- 비이성애차별주의가 여러 사회 기관과 조직에 사회적 · 문화적으로 만연되어 있으며 이러한 전통이 성소수자들에 대한 부정적 태도를 확장시켜 왔음을 이해한다.
- 상담자에게 내면화된 편견, 인종차별주의, 성차별주의, 비이성애차별주의 등이 자기 자신과 성소수자 내담자에 대한 태도에 미치는 영향을 인식한다.
- 특히 성소수자 여성과 유색인 내담자가 이들의 성별, 인종, 성 정체성을 통합하며 자신의 발달과정을 치러 낼 때의 어려움에 대해 안다.
- 성소수자가 가지고 있는 구체적인 문화적 전통, 의식(rituals), 통과의례(rite of passage) 등에 익숙해진다.

3부는 론 매클레인(Ron McLean)이 쓴 15장 '아프리카계 레즈비언, 게이, 동성애자, 트랜스젠더, 퀴어 내담자 상담하기'로 시작할 것이다. 자신을 성소수자로 정체화하는 아프리카계 내담자는 여전히 없는 존재인 듯 지워지고 있으며, 성소수자 커뮤니티 내부와 외부에 존재하는 억압을 직면하고 있다. 매클레인 박사는 동성애 관계에 있는 아프리카계 남성이 경험하는 문화적 억압과, 이로 인한 우울증에 대해 상담자가 더 잘 이해할 수 있도록 돕는 작업들을 하고 있다. 매클레인 박사는 본트레스, 우드랜드와 엡(Vontress, Woodland, & Epp, 2007)이 제시한 문화적 기분부전장애(cultural dysthymia)의 개념을 가지고 와서 사용하였다. 문화적 기분부전장애는 기존의 문화를 답습한 기관의 활동이 소수자 개인으로 하여금 사회적 단절감과 기분부전장애를 느끼도록 부추긴다고 보았다. 본트레스 등(2007)은 이런 문화적 기분부전장애를 인종의 측면에서 보았지만, 매클레인 박사는 이 개념을 성소수자에게도 적용할 수 있다고 보았다. 또한 이 개념을 상담 과정에 어떻게 적용할 수 있을지에 대한 간략한 개요를 공유하였다. 마지막으로, 해당 사례를 통하여 이야기상담(narrative counseling) 및 다른 상담적 개념을 활용하여 동성에게 사랑을 느끼는 아프리카계 남성이 문화적 기분부전장애를 어떻게 상담을 통해 극복해 나가도록 도울 수 있을지에 대한 그의 생각과 방법론을 제시하였다.

3부의 16장은 마크 포프(Mark Pope)가 쓴 '미국 원주민과 게이: 두 영혼의 사람'이다.

미국 원주민이자 게이로 자신을 정체화하는 내담자의 경험을 이해하기 위해서는 미국 원주민의 역사에 대해 아는 것이 중요하다. 포프 박사는 원주민의 문화를 지워 버리려고 한 연방정부와 기독교 선교사들에 대해 말한 윌마 맨킬러(Wilma Mankiller)의 글을 인용하며 자기 글을 시작하였다. 다음으로 미국 원주민들이 다른 사람들, '두 영혼(two-spirits)'의 사람들을 어떻게 긍정적으로 대해 왔는지에 대해 설명한다. 더불어 32세 체로키[1] 사람인 에릭(Erik)의 사례에서, 포프 박사는 미국 원주민 전통에서의 이야기 요법[혹은 주류 문화에 속한 상담자가 부르는 유도 심상화(guided visualization)]을 활용하는 방식을 제시하였다. 이 이야기는 에릭으로 하여금 자신의 부족과 더 친밀감을 갖도록 도왔다. 포프 박사는 자신도 체로키의 배경을 가졌다는 것을 공개했고, 에릭이 경험하고 있는 이슈를 이해하는 자신의 체로키적 방식에 대해서도 개방하면서 에릭과 더 가까워졌다. 포프 박사는 에릭이 가진 HIV 상태를 포함한 다른 상담 주제에 대해서도 미국 원주민의 이야기 요법을 사용하여 성공적으로 도울 수 있었다. 이 장에서 독자들은 미국 원주민의 역사와 관습을 어떤 방식으로 치료적으로 활용할 수 있는지를 배우게 될 것이다. 이 장은 미국 원주민 성소수자 내담자를 상담하는 데 있어 중요한 주제를 정리하는 것으로 마무리된다.

다음으로는 테리 S. 곡(Terry S. Gock)의 '"왜 신이 나를 이런 식으로 만드셨을까요?" 중국계 미국인 게이 기독인 남성의 사례'가 이어진다. 샘(Sam)의 사례는 중국계 미국인으로 성 정체성[샘은 미국에서 태어나지 않았고, 어린 시절 '보트에서 막 내린 외국인(fresh off the boat: FOB)'으로 불렸다.], 성 지향으로 인한 정체성, 종교로 인한 정체성 등, 여러 교차 정체성적 요소(intersecting factors)를 포함하고 있다. 곡 박사는 강점기반 상담(strength-based approach)을 기반으로 인지행동상담(CBT), 정신역동상담(psychodynamic therapy)과 사회-생태적 요소(social-ecological elements)를 통합한 상담 방식을 취한다. 곡 박사는 자신의 통합된 접근방식을 활용하여 이 사례에서 중요하게 여겨지는 심리적 구조를 확장하여 이해한다. 이런 방식은 다른 내담자에게도 적용할 수 있겠지만, 이 사례에서는 중국인, 게이, 기독교인으로서의 성장 과정에서의 맥락을 설명하는 데 이용할 것이다. 또한 마이크로어그레션(microaggression)의 경험과 부족한 공동체 자원, 아시아 문화 내부에서 기대되는 사회적 순응성(social conformity) 관련 경험도 설명할 것이다. 나아가 내담자가 가지고 있는 조화와 자기계발(self-improvement)을 중시하는 문화적 가

1) 역자 주: 북미 원주민 중 가장 큰 부족이다.

치관이 가진 강점도 함께 강조될 것이다. 이 장에서는 상담 과정에서 상담자의 자기개방(곡 박사 역시 중국계 미국인이다.)이 미치는 긍정적 영향에 대해서도 발견할 수 있다. 곡 박사는 이에 덧붙여 자기와 내담자가 모두 중국계 미국인이기 때문에 어려웠던 점도 논의하였다.

사무엘 사나브리아(Samuel Sanabria)와 아나 푸이그(Ana Puig)는 '라틴계 게이 및 레즈비언 상담' 장에서 인종, 민족 및 성 지향의 교차정체성을 탐색했다. 라틴계 민족 자체가 동질(homogeneous) 집단이 아니기 때문에 라틴 문화의 맥락에서의 게이와 레즈비언에 대한 어떠한 연구도 복잡해질 수 있다. 그러나 다양한 국적을 가진 사람들이 다양한 사회적 이상을 추구하는 동시에 서로 다른 독특한 문화적 역사를 가지고 모여 역동적이고 다양한 라틴계 공동체를 만들어 내고, 또 그 안에서 대부분의 사람이 공유할 수 있는 일반적인 주제를 만들어 낸다. 라틴계 게이와 레즈비언을 상담할 때는 이를 명심해야 할 것이다. 일반적으로 모든 라틴계 내담자가 이런 상담 주제를 가지고 오는 것은 아니지만, 대부분의 경우 가족에 대한 의무나 성역할, 종교적 주제에서 강한 영향을 받은 내담자가 많고, 이런 요소들이 라틴계 집단 내부에서 게이와 레즈비언들에 대한 관용을 줄어들게 만든다. 따라서 게이와 레즈비언 라틴계 사람에게 있어 자신의 민족적 정체성과 성 지향을 통합하는 것이 어려운 주제가 될 수 있다는 것을 상담자가 염두에 두어야 한다.

라틴계 문화가 가진 사회적 압력으로 인해 게이 레즈비언 내담자는 가족과 지역 공동체로부터 동성애혐오적 메시지를 받아 왔을 수 있다. 반면에 게이와 레즈비언 공동체의 문화가 라틴 문화의 근본적인 가치와 충돌할 수도 있을 것이다. 라틴계 게이와 레즈비언은 자기 가족을 실망시키는 것을 두려워하는 경우가 많고, 따라서 자신의 진정한 자아를 숨기며 살기도 하는데, 이런 삶의 방식은 또다시 게이와 레즈비언 공동체에서 받을 수 있는 지원으로부터 이들을 분리시키는 결과를 가져온다. 이런 스트레스 요인들은 내담자로 하여금 우울, 불안, 물질 남용, 자살사고(suicidal ideations)를 경험하게 만든다.

사나브리아 박사와 푸이그 박사는 이러한 문제를 설명하기 위해 헥터(Hector)와 소피아(Sofia)의 두 사례를 제시하였다. 라틴계 게이 및 레즈비언 내담자와의 상담 목표는 이들이 가진 민족적 정체성을 인정하고 존중하되, 그 안에서 이루어지는 동성애혐오의 영향을 줄이고 문화적 정체성을 통합하며 긍정적 사회적 관계와 자기수용을 촉진하는 방향이어야 한다.

다음 장 '다인종/다민족 퀴어 및 트랜스젠더 내담자: 교차정체성과 자아탄력성'에서 아넬리제 A. 싱(Anneliese A. Singh)과 크리스틴 육심천(Kirstyn Yuk Sim Chun)은 트랜스젠더의 다양한 측면에 대해 고려할 점을 논의하였다. 싱 박사와 천 박사는 인종적 · 민족적 다양성과 퀴어 및 트랜스젠더 정체성의 교차정체성을 통합한 두 가지 사례를 제시하였다. 첫 번째 사례는 인지행동상담을 사용하여 내담자가 자신이 가진 생각, 기분, 행동 및 신체적 반응이 환경과 어떤 식으로 반응하고 상호작용하는지 이해할 수 있도록 도왔다(Greenberger & Padesky, 1995). 두 번째 사례에서는 이야기상담의 관점에서 설명하였는데, 이야기상담에서는 내담자가 자신이 말하는 '이야기'를 통해 삶의 의미를 정의한다고 본다(Combs & Freedman, 1996). 내담자가 상담에 가지고 오는 호소 문제는 내담자가 현재 자신의 삶에서 불만을 느끼거나 충족하고 있지 못하는 '주요한' 스토리라인의 결과로 간주된다(White, 2007). 두 번째 사례인 제레미(Jeremy)의 경우, 싱 박사와 천 박사는 여성주의와 사회정의 상담의 관점을 활용하였다. 즉, 이 사례에서는 상담자-내담자 관계에서의 권력 차이와, 내담자와 관련된 사회적 특권과 억압의 문제에 주목하여 이들이 다인종 · 다민족 트랜스젠더인 제레미의 웰빙에 어떤 영향을 미쳤는지를 설명한다.

싱 박사와 천 박사는 축 I에서의 성주체성장애(gender identity disorder)[2]를 적용하여, 제레미가 경험하고 있는 트랜스젠더 개인으로서 경험하는 사회적 스트레스 요인을 탐색하고자 하였으나, 이 책의 편집자들에게 성주체성장애가 DSM에 장애로서 포함되어 있어서는 안 된다는 자신들의 입장을 분명히 하였다.

랜들 D. 어바(Randall D. Ehrbar)는 20장 '트랜스섹슈얼 사례 연구: 성전환이 길의 끝이 아니다'에서 트랜스젠더 및 트랜스섹슈얼 내담자에 대한 논의를 지속하였다. 『국제질병분류(International Statistical Classification of Disease and Related Health Problems)』에서 성전환증(transsexualism)[3]은 다음과 같이 정의되어 있다.

> 반대의 성이 되고 싶거나, 반대의 성으로 살고 싶은 욕망, 대체로 자신의 해부학적 성에 대해 부적절감과 불편감을 느끼며, 수술이나 호르몬 치료를 통해 자신이 원하는 성과 일치하는 방향으로 몸을 바꾸고 싶어 한다(World Health Organization, 1992, p. 365).

---

2) 역자 주: 현재 DSM-5에서 폐기되었고, 성별 불쾌감(Gender Dysphoria)으로서 관련 진단이 남아 있다.
3) 역자 주: 현재의 ICD-11에서는 폐기되었고, 젠더 비일관성 관련 항목들로 재편되었다.

자신을 트랜스섹슈얼로 정의하는 사람들의 일부는 이 정의에 동의하나, 이 용어가 아닌 다른 용어로 자신을 정체화하는 사람도 있고, 이 용어에 동의하지 않는 사람도 있다.

어바 박사는 두 사례를 제시하였다. 두 사례 모두, 트랜스젠더에 대한 적극적 옹호 상담(trans-affirmative therapy)을 기반으로 여성주의 상담과 내담자 중심 상담의 방법을 활용하였다. 트랜스젠더 내담자를 만나는 상담자는 반드시 세계트랜스젠더보건의료전문가협회 건강관리 실무표준(World Professional Association Transgender Health Standards of Care; Meyer et al., 2001)에 익숙해야 한다. 이 표준은 다양한 방식과 다양한 단계의 의학적인 성전환을 고려하고 있거나 활용하고 있는 각각의 내담자에게 맞는 적절한 준비를 도울 수 있는 기준에 대해 설명한다. 이 표준에서 제시하는 양식을 활용하여 내담자의 성별 정체성, 이와 관련한 정체화의 역사, 정신건강 등에 대해 탐색하고 기록할 수도 있다. 현실적 수준에서의 의학적 · 사회적 성전환의 과정을 이해하는 것은 내담자의 준비 과정을 돕기 위해 해야 할 가장 중요한 일 중 하나이다. 그리고 의학적 성전환을 시작할지 말지에 대한 내담자의 결정에서 상담자가 결정적 역할을 하는 게이트키퍼(gate keeper)가 되어야 할 때도 있다. 어바 박사가 제시한 두 사례에서 내담자들은 성전환(trans-sexual)과 관련하여 트라우마 경험을 마주하고 있다. 그중 RF 씨는 나이 듦의 이슈에 직면하였다. 상담자가 트랜스젠더 내담자와 상담할 때는 물질 남용 여부와 이 내담자의 성 지향 이슈에 대해서도 함께 고려해야 한다.

비도심 지역에 살고 있는 내담자가 당면한 문제에 대해 우리가 간과하는 경우가 많다. 폴 A. 대티(Paul A. Datti)는 '비도심 지역의 레즈비언, 게이, 양성애자, 트랜스젠더 내담자를 위한 상담' 장에서 비도심 지역에 살고 있는 성소수자의 필요에 대해 논의하였다. 미국의 도심 지역에서는 성소수자 공동체를 지지하는 표시들을 종종 볼 수 있기도 하다. 성소수자 관련 전문 서점, 성소수자를 위한 회관, 성소수자 전용 술집, 성소수자가 소유하고 있는 가게나 회사들이 자랑스럽게 걸어 둔 무지개 깃발들을 여기저기에서 볼 수 있을 것이다. 이런 표시들이 성소수자들을 편안하고 정상적으로(normalize) 받아들이게 하는 문화를 형성하고, 성소수자들이 흔하게 세상에 존재한다는 것을 인식시킨다. 웨스턴(Weston, 1995)은 비도심에서 도심으로 이주한 레즈비언과 게이들에 대한 자신의 논문에서, 공동체의 이점, 도심 지역의 이런 수용성 때문에 공동체 자체가 부재하고, 셀 수 없을 정도로 많은 배제를 경험하는 비도심 지역의 많은 성소수자가 이사를 결심하고 대도시로 이사하려는 경향이 있다고 설명하였다.

그러나 여전히 많은 성소수자가 비도심 지역에 거주하고 있다(Lindhorst, 1997;

Oswald & Culton, 2003). 그리고 이들이 도시로 이사하기를 결정하든 그렇지 않든, 비도심 지역에 살고 있는 성소수자들은 이들의 경험과 세계관이 도심과 부도심에 살고 있는 성소수자들과는 많이 다를 것이다. 대티 박사는 비도심 지역에 살고 있는 성소수자들이 당면한 상담 주제에 대해 소개하고, 이들에 대한 상담적 접근방식과 더불어, 어떻게 이 사람들을 더 잘 도울 수 있을 것인지에 대한 제안점을 제시하였다.

3부에서의 마지막 장은 종교적 · 영적인 것과 관련된 근심에 초점을 맞추고 있다. '마리오의 신앙 여정'에서 캐슬린 Y. 리터(Kathleen Y. Ritter)와 앤서니 I. 턴드럽(Anthony I. Terndrup)은 자신의 종교인 가톨릭과 남성에 대한 자신의 성적 끌림 사이에서 갈등하는 남성의 사례를 소개하였다. 리터 박사와 턴드럽 박사는 이 사례를 이해하기 위해 인지행동적 · 실존주의적 · 정신역동적 · 원가족 중심적 · 심리교육적 이론을 활용하였다. 이들은 마리오처럼 종교와 연관된 고민을 하고 있는 성소수자 내담자를 잘 돕기 위해서는 상담자가 제임스 파울러(James Fowler)의 사상에 대해 알아야 한다고 보았다. 파울러는 진정한 개인적인 신앙의 발달과정에서 개인이 경험하는 여러 단계에 대해 개념화했는데, 마리오의 상담자는 파울러의 이론을 이용해서 마리오가 경험하는 신앙적 갈등을 재구성하였다. 또한 애도와 상실에 대한 개념을 통해 이 주제를 다루는 방식에 대해서도 논의하였다.

참고문헌

Combs, G., & Freedman, J. (1996). ***Narrative therapy: The social construction of preferred realities.*** New York, NY: Norton.

Greenberger, D., & Padesky, C. A. (1995). ***Mind over mood: Change how you feel by changing the way you think.*** New York, NY: Guilford Press.

Lindhorst, T. (1997). Foundation knowledge for work with rural gays and lesbians: Lesbian and gay men in the country; practice implications for rural social work. In J. Smith & R. Mancoske (Eds.), ***Rural gays and lesbians: Building on the strengths of communities*** (pp. 1-12). Binghamton, NY: Hawthorne.

Meyer, W., III, Bockting, W., Cohen-Kettenis, P., Coleman, E., DiCeglie, D., Devor, H., …… Wheeler, C. (2001). ***The Harry Benjamin International Gender Dysphoria Association's standards of care for gender identity disorders, sixth version.*** Retrieved from http://www.

wpath.org/documents2/socv6.pdf

Oswald, R. F., & Culton, L. S. (2003). Under the rainbow: Rural gay life and its relevance for family providers. *Family Relations, 52*(1), 72-81.

Vontress, C. E., Woodland, C. E., & Epp, L. (2007). Cultural dysthymia: An unrecognized disorder among African Americans? *Journal of Multicultural Counseling and Development, 35,* 130-141.

Weston, K. (1995). Get thee to a big city: Sexual imaginary and the great gay migration. *GLQ: A Journal of Lesbian and Gay Studies, 2*(3), 253-277.

White, M. (2007). *Maps of narrative practice.* New York, NY: Norton.

World Health Organization. (1992). *International statistical classification of disease and related health problems* (10th rev., Vol. 1). Geneva, Switzerland: Author.

15장

아프리카계 레즈비언, 게이, 동성애자, 트랜스젠더, 퀴어 내담자 상담하기

론 매클레인(Ron McLean)

이 장을 통해 나는 독자들이 문화적 억압(cultural oppression)이 어떤 식으로 동성을 사랑하는 아프리카계 남성들의 우울증을 촉진하는지 이해할 수 있도록 노력할 것이다. 먼저, 내가 상담자로서의 발달과정에 영향을 미친 이론적 개념들에 대해 간단하게 설명하고, 다음으로 해당 사례의 역사를 소개한 다음, 문화적 우울과 기분부전(dysthymia)을 극복하기 위해 애쓰고 있는 아프리카계 동성애 내담자를 도울 수 있는 여러 방법에 대해 소개하려고 한다. 가장 기본적으로는 이야기상담의 방식으로 접근하였고, 다른 이론적 개념들도 활용하였다. 마지막으로 이 분야에서 상담자가 자신의 상담을 개선하기 위해 도움이 될 만한 시사점에 대해 자세하게 설명할 것이다.

이론적 근거(상담을 위한 가이드)

수년 동안 상담자로서 내 발달과정은 여러 이론적 근거에 대한 배움을 통해 이루어졌다. 간단하게 말하면, 내 상담 실무에 가장 영향을 많이 미친 이론은 세 가지이다. 처음에 나는 강력한 로저스(Rogers) 학파, 내담자 중심 상담자로 스스로를 정체화하고, 내담자와의 치료적 인간관계가 내담자의 심리적 손상을 치료할 수 있는 단 하나의, 그리고 가장 중요한 요소라고 생각했다. 여기에 인지행동상담의 개념을 적용하여 사람들을 감정적으로 어렵게 만드는 비논리적인 생각들에 대한 개입을 했고, 마지막으로 이야기상담적 개념을 통합하여 사람들이 자기 자신의 삶에 대한 이야기를 사회적 맥락에서 어떻게 풀어내고 인지하는지에 집중하였다. 때때로 그 이야기는 자신의 삶에 또 다른 의미와 목적을 부여하기 위해 새로 쓰여야 한다. 그리고 나는 내 상담에 두 가지 철학을 가지고 왔는데, 하나는 다문화주의이고 다른 하나는 영성이다. 이 두 철학에서 강조하는 공정성, 자기결정성(self-definition), 사랑, 초월성에 기반하여 내담자를 돕는 데 필요한 의사결정을 한다. 이 장에서는 치료적 관계, 인지행동적 개념, 이야기상담에 대해 좀 더 설명할 것이다.

치료적 관계

수년 동안 나는 상담에서 내담자와 관계를 쌓는 것이 얼마나 중요한 일인지를 경험했다. 내담자가 상담자를 만나러 올 때는 대부분 이들이 당면한 문제를 해결하기 위해 사용할 수 있는 모든 방법(예: 친구나 친척의 조언)을 시도하고 이미 지쳐 있는 경우가 많다. 첫 번째 상담에서 내담자는 종종 불안하거나 불편해 보이거나 불신감을 드러내거나 하는 모습들을 보인다. 때때로 내담자들은 약해진 기분을 느끼기도 하고, 자신이 가진 고민을 해결할 수 없을 것 같은 절망감에 빠져 있거나, 상담자에게 판단당할까 봐 불안한 상태일 수도 있다. 그래서 상담실에 들어갈 때 상담자가 가장 먼저 해야 할 일은 내담자와 성공적으로 연결되는 것이다. 예를 들어, 북미 문화권에서는 직접적인 눈맞춤, 밝은 어조를 띤 목소리, 긍정적 보디랭귀지(예: 힘찬 악수) 같은 것들이 상담자가 내담자를 배려한다는 인상을 줄 것이다. 나는 이런 방법을 활용할 때 좀 더 미묘하게 그리고 좀 더 의도를 담아 노력해서 하는 편이다. 나는 내가 사용하는 단어나 어조, 비언어적 신호들이 다음과 같은 메시지를 전하기를 바란다. **당신은 가치 있는 사람입니다. 나는 판단적이지 않고, 이해하고, 돕는 사람이 될 것이고, 당신을 보살피고 돕는 환경을 만들 것이며, 당신의 고민과 관련해서 당신이 가장 좋은 결정을 발견할 수 있도록 도울 것입니다.**

예를 들어, JC의 사례에서 나는 JC가 내 눈맞춤과 즉각적인 반응들을 좋아하는 것을 알았다(JC의 사례는 다음 절에서 볼 수 있다). 때때로 그는 "내 이야기 듣고 있나요?"라고 묻는 것처럼 느껴지는 지긋한 시선을 보냈다. 나는 그럴 때마다 그의 시선을 되받아 시선을 보내며 그때마다 내가 느낀 그의 감정에 대해 반영하였다. 이를테면, "강렬한 아픔 같은 것이 느껴지는데요. 당신 어머니가 당신을 거부하는 것에 대해 공포를 느꼈을 것 같아요."와 같은 반응을 했다. 따뜻한 시선과 그의 정서 표현을 놓치지 않고 알아차리려는 내 시도들이 JC의 방어적 태도를 완화하고 나와 좀 더 깊은 단계에서 유대감을 맺고자 하는 그의 마음을 강화하는 것을 알 수 있었다. 이런 시도를 지속적으로 했을 때 신뢰와 치료적 애착 관계가 시작되었다. 이런 연결감을 일찍 형성하는 것은 상담의 토대를 쌓는 데에 결정적 도움이 된다.

인지행동적 개념

내담자가 자신이 경험하고 있는 정서적 · 정신적 고통의 이유에 대해 각자의 방식으로 설명하는 것을 보는 것은 매우 흥미롭다. 내담자가 지닌 사고의 수준이 그 사람의 정서와 행동에 미치는 영향에 대해 이해하는 일은 흥미롭기도 하고, 내 전문 영역이기도 하다. 내가 주로 사용하는 이론은 인지정서행동상담(rational emotive behavior therapy: REBT) 이론이다. 그중에서도 나는 ABC 모형[사건(Activating event), 행동(Behavior), 결과(Consequences)]을 좋아하는데, 내담자가 일상에 대한 자신의 인식이 정서와 행동에 미치는 영향에 대해 이해할 수 있도록 돕는 강력한 설명력을 가진 도구이기 때문이다. REBT 이론은 보통 인지적 추구 성향이 있는, 즉 현상에 대한 합리적인 설명을 선호하는 내담자와 주로 잘 맞는다.

JC는 감정적 표현을 잘하는 사람이었지만, 설득력이 있는 설명(즉, 반박하기 어렵거나 합리적인 설명)을 좋아하는 듯 보였다. 나는 REBT를 활용해서 JC가 가진 게이됨(being gay)과 관련된 잘못된 생각을 직면할 수 있도록 도와주었다. 상담을 하는 동안 내가 가진 목표는 먼저 ABC 모형에 대해 가르치고, 그다음으로 JC가 게이됨(그 자신이 게이라는 것이 아닌)에 대해 가진 잘못된 생각들이 어떤 식으로 그의 만성적 우울증에 기여하고 있었는지를 이해시키는 것이었다. 예를 들어, 다음과 같은 치료적 의사소통을 사용하였다.

JC: 나는 덜 떨어진 사람이에요. …… 그냥 뭔가 잘못되었어요.

상담자: 좀 혼란스러운데요. …… 왜 그런 말을 하는 걸까요?

JC: 우울해요…….

상담자: 좀 물어보고 싶은 마음이 드는데요. 어떤 사람이 게이라면 그 사람한테 결함이 있거나 그 사람이 잘못된 사람이라는 증거가 어디 있나요?

JC: 우리 어머니가 그건 잘못된 일이라고 했어요. …… 그리고 성경에서도 그렇게 이야기하고요.

상담자: 그래요. 당신이 자라면서 사회화된 맥락에서 게이에 대해 배운 걸 지금 말씀하시는군요. 그런데 어떤 사람이 게이라는 것이 왜 그 사람에게 결함이 있고 그 사람이 잘못된 사람이라는 게 되는지, 그 증거가 있는지는 아직 이야기하지 않으신 것 같아요.

JC: 제가 무슨 말을 한 건지 아시잖아요.

상담자: JC, 당신이 게이라는 사실이 당신이 다른 사람보다 결함이 있는 사람이라는 걸 뜻하지는 않아요. 당신이 게이라는 건, 그냥 당신이 어떤 남성에게 성적으로, 정서적으로 이끌린다는 뜻이잖아요. 이건 맞고 틀리다의 문제도 아니고 결함이 있고 없고의 문제도 아니에요. 가족이나 다른 사람들이 게이는 잘못된 거라고 가르치는 것이 당신의 우울감에 기여했네요. 당신이 그런 부정적이면서도 비이성적인 생각으로 마음 안에 집을 지으면, 그게 기분에도 영향을 미치죠. 생각과 기분은 연결되어 있으니 아마도 나쁜 쪽으로 영향을 미치겠네요.

앞의 방식대로 REBT를 활용해서 JC의 비합리적 생각이 우울증에 미치는 영향을 이해할 수 있도록 도왔다.

이야기상담

이야기상담은 어느 정도 인지행동상담과 일치하는 부분이 있다. 왜냐하면 이야기상담도 개인이 자신의 환경과 그에 대한 정서적·행동적 반응을 검증하는 방식을 취하기 때문이다. 하지만 다른 상담과 구분되는 면이 있는데, 이야기상담은 사회적 혹은 문화적 압력이 여러 방식의 문화적 기제를 통해 개인의 삶에 침투한다는 것을 핵심 전제로 하고 있다. 예를 들어, 이야기상담에 따르면 우리 모두가 일반적으로 정부, 종교, 학교, 가족 등과 같은 주요한 사회기관에 의해 부여된 사회-문화적인 대본 안에서 살고 있다. 개인이 이러한 사회-문화적 대본과 어울리는 사람들은 더 큰 보상을 받고(예: 미국에서 더 선호하는 성별은 남성이고, 남성은 더 많은 특권을 누리고 있다.), 그 대본을 준수하지 않으면 이용 가능한 특권이 적어진다(예: 미국에서 더 선호되는 성적 지향은 이성애이고, 이성애자가 아닌 사람은 직장, 학교, 가족, 법률적 보호 등, 중요한 삶의 영역에서 모든 종류의 문화적 거부를 경험한다). 상담자로서 내 역할은 강자에게 유리하고 내담자는 차별해 온 사회적 대본과 사회적 헤게모니가 어떤 식으로 내담자의 내부에 자리 잡았는지를 함께 확인해 나가는 것이다. 그러고 나서 나는 내담자가 자기 자신의 대본을 만들어 갈 수 있도록 용기를 북돋아 주는 역할을 한다. JC와의 상담에서 이 기법을 어떻게 적용했는지 보여 주도록 하겠다.

잭스터(Jackster: JC)의 이야기

JC는 아프리카계 게이 남성이었는데, 겉으로는 이성애자인 척하면서 비밀리에 동성애 관계를 유지하는 사람이었다. 그는 34세였고, 매우 긴장하고 있었으며, 상담을 받으러 오는 사실도 주변에 비밀로 하고 있었다(예: 자기 집 주소를 가르쳐 주기는 했지만, 절대 집으로 우편물을 보내서는 안 된다고 신신당부했다). 고등학교를 졸업하고 대학 공부를 2년 마친 상태였으며, 그 당시 생산직 노동 계통의 직업을 가지고 혼자 살았다.

JC는 자기 가족에 대해 말할 때 기쁘지 않아 보였다. 네 자녀 중 첫째로 태어났고 혼자만 아들이었다. 그의 아버지는 물리적 폭력과 학대를 지속하다가 JC가 12세가 되던 해에 어머니와 이혼하고 가족을 떠났다. 그의 어머니는 JC와 여동생들을 양육하기 위해 아주 오래 일했다. 그는 첫째였기 때문에 어머니가 밖에서 일하는 동안 동생들을 보살피고 집을 관리해야 했다. 가족이 모두 JC를 의지하며 그를 '반석(rock)'이라고 불렀다.

그의 어머니는 매일매일 오랜 시간 일했지만, 벌이가 충분하지 않았다. JC는 자주 배가 고팠고, 월세를 낼 수 없어서 여러 번 이사를 했어야 했다. 그의 어머니에게는 여러 남자친구가 있었고 때로 이들과 함께 살았는데, JC는 이들 중 몇몇 사람을 몰래 짝사랑했다.

JC는 자신을 여성스러운 아이였다고 말했다. 이미 어린 시절부터 자기가 다른 남자아이들을 좋아하는 것을 알고 있었다. JC의 세상은 어머니를 중심으로 돌아갔는데, JC는 어머니가 가진 여러 가치관을 그대로 받아들였다. 예를 들어, JC는 남자란 믿을 수 없는 존재라고 생각했다. 그리고 남자가 남자에게 성적으로 끌리는 것은 잘못이라고 생각했으며, 자신이 동성에게 매력을 느끼는 사람이라는 것을 알면 알수록 괴로움이 함께 커지는 것을 느꼈다.

이 괴로움으로 인해 그는 자신의 진정한 게이 정체성을 부정하고 거짓 자아를 키워 왔다. 그는 의식적으로 거짓 자아와 '반석' 정체성을 발전시키기 위해 노력했다. 또한 어머니의 준남편(quasi-spouse)이 되어 어린 동생들의 뒷바라지를 하고, 어머니가 자신의 어리석은 관계에 대해 이야기할 때나 월세를 내지 못해 퇴거 통지를 받을 때마다 정서적인 지원을 했다. 동생들의 숙제를 돕고 등교 채비를 도왔으며, 동생들이 학교에서 괴롭힘을 당할 때마다 맞서 싸웠다. 그는 기반(foundation), 모든 사람을 위한 단단한 반석(solid rock)이었다!

JC는 점점 더 반석이 되는 일에 몰두하였고, 이 반석으로서의 페르소나(persona)가 원래의 자기 자신이라고 스스로를 속였다. 그는 모든 사람이 자신에게 의지할 때 점점 더 행복감을 느끼고 자신이 가치 있는 사람이 되는 것 같은 기분을 느꼈다. JC는 "내가 상황을 잘 통제하고 있는 것처럼 느꼈어요."라고 말했다. 하지만 그는 자신이 게이라는 사실을 부정하기 위해 감정적인 비용(emotional price)을 지불해야 했다. 자신의 10대를 회상하며 JC는 "나는 또 다른 인생을 따로 만들었어요. 동시에 두 인생을 살았어요." 라고 말했다. JC는 비밀리에 다른 남성들과 성적인 만남을 갖기 시작했다. 그는 이러한 만남들에 대해 부정적으로 말했다. 이 만남들은 JC에게 죄책감과 수치심과 무가치감을 안겨 주었다. 하지만 그렇다고 해서 다른 남성들과 성적으로 만나는 것을 그만둘 수는 없었다. 시간이 지나면서 자신의 영혼을 죽이는 생각과 감정이 더 심해졌다. JC는 이런 부정적 감정에서부터 도망치기 위해 술을 마시고 약물을 사용하기 시작했다. 20대에 접어들었을 때, 그는 자신이 점점 나락으로 떨어지고 있고, 만성적으로 우울하며, 때때로 자살하고 싶어 한다는 것을 인정해야 했다.

JC의 문제중심 이야기(이 이야기를 그의 목소리로 말하면 어떻게 달라질 수 있을까)

"안녕? 내 이름은 JC야. 나는 34세이고, 아주 우울해. 왜냐고 묻고 싶겠지? 사실 나도 여러 번 그 질문을 스스로에게 했어. 내가 아는 건 내가 극단적으로 행복하지 않다는 것과 외롭고 슬프고 화가 났다는 것뿐이야. 나는 나 자신이 될 수 없을 것 같아. 이건 마치 2개의 인생을 한꺼번에 사는 느낌이고, 내가 가짜가 되어 버린 기분이야.

또 한편으로 나는 우리 가족의 '반석'이야. 내가 우리 집에서 첫째인데, 엄마가 동생들을 돌보시는 걸 항상 도왔어. 자라면서 요리도 하고 청소도 하고, 여동생들 머리도 내가 묶어 줬어. 또 아버지가 우리를 버렸기 때문에 내가 집안의 유일한 남자가 되었지. 반석으로서 나는 힘이 있었고 상황을 통제했어. 가족은 전부 다 나한테 의지했고,

나는 반석이 되는 것이 좋았어.

그런데 나는 동성을 좋아하는 흑인 남자[1]야. 동성애자 흑인 남자인 나는 수년 동안 내가 비밀로 숨겨 온 나이기도 해. 사실 나는 10대일 때 이미 내가 게이라는 걸 알고 있었어. 예를 들면, 나는 엄마의 남자친구를 좋아했고, 그 사람의 관심을 끌기 위해 노력했어. 나는 내가 다른 남자를 이런 방식으로 좋아하는 것이 잘못된 일이라고 생각했기 때문에 그때마다 수치심과 죄책감을 느꼈어. 아주 가끔씩 그 사람이 내게 관심을 기울이면(나한테 뭔가 칭찬을 해 준다든가) 기분이 좋아졌지만, 그냥 살짝 미소만 지었어. 내 진실한 감정은 내 스스로와도, 그 사람과도 절대 나눌 수 없는 거였으니까. 밤에 자주 많이 울었던 것이 기억나. 죽어 버리고 싶었어.

내 감정을 언제나 숨겨야만 했어. 가족과 함께 살았던 그 지역은 정말 동성애혐오가 만연한 곳이었어. 거기에서는 두 남자가 서로 섹스하는 일이 잘못된 일로 여겨졌기 때문에 내가 게이라는 것을 밝히면 절대로 받아들여지지 않았을 거야. 나는 도대체 뭐가 문제인 거지? 나는 괴물이야! 나는 기도했어. 주님 제발 이것들을 저한테서 떼어가 주시고 저를 이성애자로 만들어 주세요.

나는 이제 30대에 접어들었고 이제 거의 자아가 분열될 지경이야. 나는 여전히 집안의 반석이고 내 여동생들의 아이들이 어려움을 겪으면 그걸 해결하는 것들을 돕고 있어. 점점 나 자신을 감추는 것이 어렵게 느껴져. 내 가족이 내 진정한 자아를 알지도 못하고, 진심으로 깊이 나를 거부할 거라는 사실을 참기가 힘들어. 나라는 사람은 감춰져 있고, 외톨이가 되었고, 그 어느 때보다 지금 공허해. 나는 사실 다른 남성과 진지하게 교제하고 싶어. 하지만 들킬까 봐, 그래서 가족들한테 거절당할까 봐 무서워. 인생은 너무 힘들어. …… 나는 이렇게 살고 싶지 않아."

평가/진단

이야기상담의 관점에서 보면, JC는 성소수자들을 평가 절하하는 문화에서 살고 있다. 일반적인 사회의 대본과 또 아프리카계 미국인 공동체 특유의 사회 대본이 그에게

1) 역자 주: 아프리카계 미국인 남성인 내담자가 본인을 지칭하는 자랑스러운 이름으로서 사용한 black man을 존중하여 여기에서는 흑인 남자라는 표현을 사용했다.

부과되었는데, 이 두 사회 대본 모두 비이성애 정체성에 대한 강한 부정적 메시지를 포함하고 있다. 사회에서 부과된 문화적 대본의 결과로, JC는 아프리카계 동성애자 남자인 자신의 진정한 자아를 자신이 소속된 사회에서 남성에게 기대하는 문화적 관습 및 사회적 역할과 조화시킬 수 없었다. 그 결과, JC는 자신이 조절할 수 없는 중독에 빠지고 그로 인해 또 심각한 고통을 겪었고, 주요우울장애와 문화적 기분부전장애를 경험했다. JC는 통제 불능 상태에 빠졌고, 중독에서 벗어나는 방법을 알지 못했다.

이야기상담을 사용하는 상담자는 개인 내부에서 일어나는 역동에 주로 초점을 맞추기 때문에 『정신질환의 진단 및 통계 편람(DSM)』을 꼭 따라가는 것은 아니다. 하지만 JC에 대한 평가를 『정신질환의 진단 및 통계 편람(DSM)』(American Psychiatric Association: APA, 1994)과 어울리는 방식으로 기술하기 위해 임상적 축 방식을 활용했다.

축 I	주요우울장애
축 II	없음
축 III	없음
축 IV	성소수자에 대한 문화적 억압
축 V	전반적 기능 평가(GAF)=48

JC는 자신의 만성적 슬픔, 절망감, 자살사고를 인정했다. JC는 일상적인 활동에 집중하는 것을 힘들어했고 종종 쉽게 불안해하기도 했다. 일반적으로 알려진 성격장애나 의학적 장애 같은 상태는 관찰되지 않았고, JC도 그에 대해 언급하지 않았다. 하지만 아프리카계 미국인 동성애자 남성으로서 이 사회에 존재하는 인종차별과 성소수자혐오 및 차별을 마주하며 사는 것에 대해 많이 힘들어하고 있는 것을 보여 주는 여러 근거가 있었다. JC의 전반적 기능 평가(GAF) 점수는 48점이었는데, 이는 중등도(moderate) 정서장애(emotional impairment)를 나타낸다.

목표와 상담

현실적으로 이야기상담으로 상담을 진행하려면, 지배적인 사회적 대본이 아프리카계 미국인 동성애자 남성을 굴복시키는 방식에 대해 내담자를 교육해야 한다. 그리고 이로 인한 외상을 근절하기 위한 적절한 방식(외부화, 해체, 다시 쓰는 이야기)을 선택하고 사용해야 한다. JC의 경우 아프리카계 미국인 동성애자인 자신의 정체성은 문제가 될 수 없다는 것을 이해시키는 것이 중요한 과정이었다. 문제는 그에게 기대되는 사회적 역할을 해내라고 압박을 가하는 사회의 위력이었다. 사회의 지배 계층(예: 백인, 이성애자, 아프리카계 미국인 공동체의 지도자)은 자신보다 약한 위치에 있는 이들(예: 아프리카계 미국인 동성애자 개인)을 압박하고 자신의 기대를 따를 것을 강요(예: 이성애자로 바꾸거나 비이성애적 지향을 숨길 것)하기 위해 자신의 위력을 사용한다. JC로 하여금 문화적 억압이 어떤 방식으로 자신을 지배하고 있는지를 이해할 수 있도록 **외부화** 및 **해체**의 방식을 활용하였다. 외부화와 해체는 서로 상호작용하는 기제이기도 하다.

JC는 외부화 과정을 통해 아프리카계 미국인 동성애자들에 대한 사회적 억압이 어떻게 자신의 인생에 영향을 미치고 있는지를 탐색하며, 자기 자신의 인격(personhood)과 가치는 자신에게 부과될 수 있는 편견이나 차별과는 분리되어 있다는 것을 이해했다. 또한 해체를 부수적인 과정으로 활용하여 헤게모니를 쥐고 있는 문화적 대본의 장점이 무엇인지를 평가하고, 해체라는 표현 그대로 JC를 굴종시키려는 사회적 기대와 가정(assumption)을 부숴 버리는 작업을 했다.

예를 들어, JC로 하여금 그에게 고통을 주는 문제들에 대해 이름을 붙여 보도록 요청했다. '내 등에 업혀 있는 고릴라'[2]나 '나를 가리는 검은 구름'[3]이라는 식의 표현을 사용하는 것은 외부화 과정을 시작하는 데에 도움이 되었다. 외부화는 JC가 고통의 위치를 자신의 내부(예: "나는 망가진 사람이야." 혹은 "나는 구역질나는 사람이야.")에서 자신의 외부(예: "나를 나 자신이 아닌 사람이 되도록 강요하고 기대하는 것은 불공평해.")로 바꾸는 과정이다. 외부화는 내담자의 자책을 덜어 내고 문제를 해결하는 데에 집중할 수 있는 동기를 부여한다. 이는 잘못 제시된 사회적 대본을 해체하는 첫 번째 단계이며, 대안이 될 수 있는 사회적 대본을 마련하는 시작점이기도 하다. 나는 이 과정을 다시 쓰는 이야기(reauthored stories)라고 부른다.

기존에는 지배 계층의 이야기가 JC의 관점을 형성했다. 예를 들어, 사회는 JC가 아프리카계 미국인 동성애자 남자이기 때문에 죄가 많고 결함이 있으며 존중이나 사회적 특권을 누리기에 합당하지 않은 사람이라고 말했다. 얄팍한 묘사자들, 즉 외부의 시선으로 억압받는 계층과 공동체를 피상적으로 정의하는 이들은 JC와 같은 사람들을 억압

---

2) 역자 주: 통제를 벗어난 고통이나 약물 중독 등을 뜻하는 표현이다.

3) 역자 주: 짜증이나 불길한 예감 같은 것들을 뜻하는 표현이다.

해 왔다(예: 동성애자들을 아동 성추행범으로 몰아가기, 성소수자의 가족에게 위협을 가하기, 경멸적 호칭으로 성소수자들을 부르기). JC가 현재 가지고 있는 문제중심의 이야기에는 수치심과 죄책감이 주요 감정으로 표현되고 있으며, JC가 스스로를 결함 있는 인간으로 보는 관점을 가지고 있다. 그래서 결국에 그는 이런 혐오를 내면화하여 그가 아프리카계 미국인인 동시에 동성애자이기 때문에 두 배의 결함을 가지고 있는 거라고 스스로에게 말하게 되었다.

외부화와 마찬가지로 이야기상담은 JC가 지배 계층에 의해 자기 삶으로 받아들인 억압적이고 얄팍한 설명과 가정을 해체하는 데에 도움이 되었다. 해체는 그의 정체성을 정의하는 억압적 과정을 세분화해서 평가하는 전략이다. 흑인 동성애자 남성은 존중받을 가치가 없다는 가정은 JC에게는 심각한 위협이 되었고, 그가 자신의 이야기를 말하는 데에 중심을 차지하고 있었다. 이 인식이 그의 의식에 깊이 뿌리내렸기 때문에 JC는 자신의 동성애 지향을 감추고 보이지 않게 하기 위해 고군분투했다.

나는 해체를 사용해서 JC가 이 가정을 세분화하고 억압에 대한 인식을 높일 수 있도록 몇 가지 질문을 했다. "이 문제가 어떤 방식으로 당신이 자신의 삶을 살아가는 데 방해가 됩니까?" "이런 식으로 생활해야 하는 이유는 무엇입니까?" "가장 최근에 동성애혐오에 맞설 수 있었던 일은 언제입니까?" "혐오와 맞서 싸우면 어떻게 될까요?" 이런 종류의 질문을 던져서 해체 과정을 통해 JC가 억압적 자기이야기(oppressive self-narrative)를 대체할 수 있는 다른 이야기가 존재한다는 것을 알 수 있도록 도왔다. 그의 인식 단계가 높아지면서 변화하려는 마음과 자기의 이야기를 다시 쓰는 과정에 대한 동기가 강화되었다.

다음의 대화를 통해 상담자가 어떻게 이야기상담적 질문을 활용하는지 알 수 있다.

상담자: JC, 이 원숭이가 당신 등에 올라타서 정말 딱 붙어 있는 것처럼 보이네요. 이 원숭이는 당신한테 "아무도 당신이 게이 남성이라는 것을 알게 해서는 안 돼. 왜냐하면 게이는 악마이고 네 존재는 사람들한테 거부당할 거니까."라고 말하고 있어요. 당신 안에 내면화된 동성애혐오가 어떤 식으로 당신이 당신 인생을 사는 방법에 영향을 미치고 있을지가 궁금해요.

JC: 나는 언제나 감춰 왔고 수치심을 느꼈어요. 누군가가 이걸 알아차린다면 다시는 나와 엮이고 싶지 않을 것 같아요. 나는 가짜가 되어 버렸어요. 하지만 가족과 친구들한테서 버림받지 않으려면 이 방법밖에 없어요. 진정한 나 자신은 보이지 않는 채로 남아 있어야 해서 정말 외로워요.

상담자: 그 보이지 않는 상태에 대해 예를 좀 들어 줄 수 있을까요?

JC: 몇 주 전에 명절 저녁을 함께 보내러 어머니의 집에 갔어요. 메이블(Mavel) 이모도 거기에 있었고요. 이모가 저한테 제가 언제 결혼할 건지 물어봤어요. 그래서 대답했죠. "꼭 맞는 그 여자를 만나면요." 그리고 곧바로 기분이 안 좋아졌어요. 왜냐하면 내가 나를 숨겨야 했으니까요. 그리고 이렇게 가짜가 되어 살아가고 있는 약해 빠진 스스로에 대해 화가 났어요. 그리고 남은 하루 내내 우울해졌고요.

상담자: 그러니까 그 원숭이가 당신 등에 올라타 있는 동안에 당신을 아프게 하는 일들을 했네요. 그리고 기분이 아주 나빠졌고요. 만약에 그 원숭이와, 아니면 당신 안에 내면화된 동성애혐오와 맞서 싸운다면 어떻게 될까요?

JC: 와…… 상상도 하기 어렵네요. 아마 스스로를 자랑스럽게 느낄 수도 있겠죠. 내가 메이블 이모한테 했어야 했던 말은 "꼭 맞는 그 남자를 만나면 그 때 결혼할 거야!"였어요.

먼저, 내담자가 가진 문제를 외부화하고 내담자가 얼마나 힘든지를 이미지로 표현하기 위해 원숭이라는 표현을 사용했다(이 방법은 내담자가 상담자의 공감적 이해 정도를 직접 볼 수 있게 하고, 자신에게 영향을 미치는 핵심 문제를 이해하는 것을 돕고, 이 문제를 자신의 외부에 배치하는 데에 도움이 된다). 다음으로, "당신 안에 내면화된 동성애혐오가 어떤 식으로 당신이 당신 인생을 사는 방법에 영향을 미치고 있을지가 궁금해요." 하고 질문한 것 자체가 내면화된 혐오가 내담자의 성장과 자기긍정(self-affirmation)의 장애물이 된다는 인식을 높이는 데에 도움을 주었다. 세 번째 질문은 "만약에 그 원숭이와, 아니면 당신 안에 내면화된 동성애혐오와 맞서 싸운다면 어떻게 될까요?"로, JC가 솔직하게 자신을 드러내는 대답을 할 수 있는 가능성을 모색해 보는 데에 도움이 되었다. 이야기상담 질문은 내담자가 자기 문제에 침잠한 상태를 벗어나 문제에 대응하는 새롭고 더 나은 방법을 탐색하는 데 도움이 된다.

다시 말하면, 내담자가 자신이 기존에 가지고 있었던 지배문화의 대본에서는 동성애자가 된다는 것은 자신의 인격을 떨어뜨리는 일로 생각하는 것이 올바른 방식이다. 내담자는 이러한 방식으로 생각하는 것이 사실은 사회적 강요에 의한 것이었음을 깨닫고, 해체의 과정을 시작한다. 이전에 자신이 가지고 있던 가정을 파기하고 재검토하고 그런 가정들이 자신에게 이로운 것이었는지 또는 해로운 것이었는지를 스스로 판단한다. 일반적으로 성소수자는 자신의 성적 지향에 대해 다른 방식으로 생각하는 방법을 발견한다. 이를 통한 새로운 이해가 내담자의 인식에서 점점 더 커지게 되면서 내담자는 자신을 스스로 정의하게 되고 자기에 대한 새로운 이야기를 쓸 수 있게 된다.

다시 이야기 쓰기(reauthoring)는 이야기상담에서 내담자의 인식 수준이 높아져서 자신에 대한 이야기를 재구성할 수 있게 되거나 혹은 자신과 더 잘 어울리는 새로운 사회 대본을 만들어 가기 시작한 상태를 뜻한다.

JC의 대안적 이야기(그의 목소리로 다시 쓴 이야기)

얼마의 시간이 지나자 JC는 자신의 이야기가 문제에만 집중되어 있었다는 것을 알아차렸다. 그는 새로운 방식으로 생각을 전환하기 시작했다. 다음에 적은 이야기는 그가 다시 쓴 자기의 이야기를 요약한 것이다.

"나는 내가 가치 있는 사람이고, 사랑과 존중을 받아 마땅한 사람이며, 내 인생의 목표와 긍정적 의미를 만들어 갈 권리가 있는 사람이라는 걸 깨달았어. 나는 문화적 권력을 가진 사람들이 어떤 방식으로 권력이 없는 사람들로 하여금 자신의 체험을 부정적으로 보게 만드는지 이제는 알아. 종종 사람들은 나 같은 흑인 동성애자 남성들이 사회의 밑바닥에 있기를 기대하지. 우리의 '진실'은 얄팍한 묘사자들에 의해 왜곡되어 표현되고 소외당했어. 나는 내 목소리를 찾을 거고 흑인 동성애자들의 진실을 알리는 새로운 사회적 대본을 만들 거야. 사회정의를 위해 노력해서 내 삶의 질과 흑인 동성애자 공동체의 삶을 개선하겠어. 그건 나한테 달린 일이야."

JC의 다시 쓴 이야기는 문화적 기분부전장애에 효과적으로 대응하는 것에 도움이 되었다. 그는 더 이상 자신의 성적 지향으로 인해 자신이 본질적으로 결함이 있는 사람이라는 식의 가정을 하지 않았다. 실제로 JC가 자신이 작성한 새로운 사회 대본을 더 많이 수용할수록, 그의 새로운 이야기는 진정한 자기 자신과 일치했기 때문에 우울감과 절망감을 점점 덜 느끼게 되었다.

결론

골든버그와 골든버그(Goldenberg & Goldenberg, 2004)에 따르면, 이야기상담은 내담자가 자신이 속한 문화에 의해 강요된 자기파괴적이고 제한적인 이야기 대신 자신의 정체성에 맞는 이야기에 접근할 수 있도록 돕는다. 이 장에서는 JC가 상담을 통해 문제를 어떻게 구체화하고, 자신의 진정한 자아를 왜곡했던 가정을 어떻게 해체했는지를 보여 주었다. JC는 기존에 자신을 억압했던 제한적 자기이야기와 제도화된 문화적 이야기에 맞서 자신이 누구인지와 자신의 진실이 무엇인지를 지킬 수 있는 자기의 이야기를 쓰기 시작했다. 나는 이야기상담 과정이 성소수자 내담자들로 하여금 문화적 기분부전장애를 극복할 수 있도록 돕는 방법이라고 주장한다.

몇 가지 주의사항이 있다. 모든 상담자가 역전이에 대해 조심해야 하지만, 상담자와 내담자가 동일한 성소수성과 민족적 소수성을 공유하고 있다면 더더욱 전이와 역전이 문제에 주의를 기울여야 한다. 또한 상담자는 내담자가 경험하는 문화적 억압의 힘을 과소평가해서는 안 된다. 상담자는 '너 자신을 알라(know thyself).'에 입각해서 자기 자신의 인종적·성적 소수성에 기반한 해결되지 않은 문제에 대해 잘 알아차리고 자신의 이슈를 내담자에게 투사해서는 안 된다. 덧붙여 신뢰 관계가 형성되고 나면 내담자는 상담자를 사랑하는 권위자로 여기기 쉽다. 이때 내담자는 더 많이 취약해지고 때로는 아이처럼 굴 수도 있으며 경계가 흐려질 수도 있다. 이 경우 상담자는 진정한 친절과 희망을 전달하면서 내담자가 새로운 이야기를 다시 쓰도록 돕지만 동시에 명확한 경계를 잘 유지해야 한다.

나는 JC가 자신의 이야기를 '두텁게' 만들고 강화해서 자신의 새로운 이야기 쓰기를 지속해 나기를 권고했다. 자신의 진정한 이야기를 확립해 나갈 때 그를 지지할 수 있는 개인 네트워크를 확장하는 것이 좋다[이야기상담에서는 이를 지지구단(supportive leagues) 만들기로 부르기도 한다. 지지구단이란 사람들이 함께 모여 서로의 건강한 변화를 지지하는 집단을 형성하는 것을 뜻한다]. 마침내 JC는 자신의 개인적인 영역을 넘어서서 인간의 존엄성과 개인의 잠재력을 최대한 발휘할 수 있는 사회를 만들기 위한 활동(예: 서로를 긍정하는 영적 모임에 참여하거나 정치적 활동을 하는 것)에 참여하는 것을 통해 자신의 진정한 자아도 더 힘을 얻도록 하는 방향을 선택했다.

참고문헌

American Psychiatric Association. (1994). ***Diagnostic and statistical manual of mental disorders*** (4th ed.). Washington, DC: Author.

Goldenberg, I., & Goldenberg, H. (2004). ***Family therapy: An overview*** (6th ed.). Pacific Grove, CA: Brookes/Cole.

16장

미국 원주민과 게이: 두 영혼의 사람

마크 포프(Mark Pope)

성역할과 **성적 지향**이라는 용어는 정신건강 전문가에게 이 주제에 대해 이야기할 수 있는 쉬운 방법을 제공한다. 하지만 전통적인 미국 원주민들 입장에서 이 둘은 잘못된 개념의 용어이다. 전통적인 미국 원주민들은 결코 이러한 이분법적이고 범주적인 방식으로 인간의 성을 분석하지 않았다. 전통적인 미국 원주민 부족들에게 인간의 성은 연속적인(continuum) 것이고, 성별 행동(gender behavior)이 따로 있는 것이 아니라 각자가 각자에게 맞는 적절한 행동을 하면 그뿐이었다. 사람들은 그저 자기가 할 수 있는 일을 최선을 다해서 한다. 어떤 여성이 구술 세공 대신 화살을 만들고 쏘는 데 능숙하다면 그것은 그냥 그 사람이 하는 일일 따름이다. 아마도 그 사람은 언젠가 전쟁터에 나갔을 것이고 추장이 되었을 것이다.

윌마 맨킬러는 1985년부터 1995년까지 오클라호마의 체로키 국가의 추장이었다. 가족 전기에 기록된 바에 따르면, 그는 체로키 사람들의 전통 문화를 파괴하고 있는 기독교 선교사들과 연방정부를 향해 설득력 있는 연설을 했다.

> 예전에는 인디언 사무국의 대표들이 세쿼야(Sequoyah) 학교 같은 기숙학교를 만들어 운영하면서 수백 마일이 넘는 곳에서 원주민 아이들을 데리고 왔습니다. 잘못된 선

> 교사들의 열정을 반영한 이 학교의 철학은 원주민 아이들을 자신의 가족, 장로, 부족, 언어, 문화유산으로부터 멀어지게 하는 것이었습니다. 이들은 원주민 아이들을 격리하고 고립시켰고, 원주민 아이들은 자신의 문화를 잊어버리게 되었습니다. 이런 기숙학교는 연방정부 공무원들이 '인디언 문제'라고 부르는 것들을 다루는 또 다른 방식이었습니다. 이들은 처음에는 폭력으로 우리를 땅 위에서 쓸어 버리려고 했고, 그다음에는 보호구역 안에 몰아넣어 고립시키거나 체로키처럼 아직 인구가 많이 남아 있는 부족들이 사는 일부 지역만 묶어 인디언의 영토라고 부르기 시작했습니다. 이런 일들이 일어나는 동안 이들은 우리의 문화를 죽이는 정책을 체계적으로 정리했습니다. 그래서 연방정부가 인디언 젊은이들을 모아 이들이 원하든 그렇지 않든 기숙학교에 들어가도록 강요했습니다. 이런 일은 체로키뿐만 아니라 다른 부족들에게도 일어났습니다 (Mankiller & Wallis, 1993, p. 7).

세쿼야 학교는 오클라호마의 체로키 국가의 수도인 탈레콰의 남쪽에 자리 잡고 있었다. 맨킬러의 아버지와 고모는 그 학교에서 자신들의 모국어를 사용하는 것을 금지당했다. 이들 남매가 처음 학교에 왔을 때는 당연히 영어를 한 마디도 할 줄 몰랐는데, 이들이 서로 체로키어로 말하려고 할 때마다 반복적으로 채찍에 맞았다(Mankiller & Wallis, 1993). 이런 기숙학교들은 세쿼야 학교와 마찬가지로 정부에서 운영하거나 혹은 종교 단체에서 운영했는데, 이런 학교들의 목표는 똑같이 '원주민들을 백인 사회로 끌어들여 이들의 자기감(sense of self)을 없애 버리는 것'이었다. 기숙학교 사람들은 '꼬마 인디언'을 '숙녀와 신사'로 만들고 싶어 했다(p. 8). 따라서 교사들은 체로키 아이의 머리를 짧게 자르고 모국어는 한 마디도 하지 못하게 했다. 가족이나 친구들을 만나러 가는 것은 거부당했는데, '이방인 아이들을 문명화'해야 했기 때문이었다. 이를 일컬어 '인디언을 죽이고 사람을 구하는 것(killing the Indian and saving the man)'이라고 표현하는 사람들도 흔했다.

> 세쿼야와 다른 기숙학교들의 주된 사명은 원주민 아이들이 자신의 문화, 정신적 유산, 역사 및 언어와 관련된 모든 것을 버리게 하는 것이었다. 간단히 말해, 원주민들의 인종적·문화적 뿌리를 박탈하고 파괴하고자 하는 본격적인 시도가 있었다(Mankiller & Wallis, 1993, p. 8).

미국 원주민들은 구전으로 지식을 전달한다. 구전은 아이들에게는 문화적 가치를 가르치고 성인들의 가치관 역시 재확인하는 과정이다. 전해지는 그 이야기들을 통해 우리는 사람이라면 해야 할 중요한 일들이 있다는 것을 배우고, 세상의 모든 사람, 동물, 식물 또는 바위 같은 것들도 서로 연결되어 있다는 것을 알게 된다.

미국 원주민 전통에서의 성역할 및 성(sexuality)과 관련된 용어인 '두 영혼(two-spirited)'은 부족에 따라 다양한 용어로 불린다. 라코타 수(Lakota Sioux) 부족은 윙테(winkte), 주니(Zuni) 부족은 라마나(lhamana), 나바호(Navajo) 부족은 나들리헤(nadleehe), 모하베(Mohave) 부족은 화메(hwame), 카미아(Kamia) 부족은 와하미(warharmi), 쇼쇼니(Sho-shoni) 부족은 타이나 와이페(tainna wa'ippe) 혹은 베르다케(berdache)라고 부른다. 두 영혼은 여러 가지 다른 모습을 포함하는 개념이다. 크로스드레싱(cross-dressing), 여성성을 갖춘 남성, 흔히 여성의 일로 여겨지는 일들을 수행하는 남성, 동성애 관계, 인터섹스 등을 모두 포괄하는 개념이다. 두 영혼의 사람들은 전통적으로 부족 내에서 치료, 약초학, 아동 양육, 교육, 영적 리더십, 장로들의 지식을 기억하는 일, 중재, 해석, 모든 종류의 예술적 표현 등의 역할을 담당했다.

미국 원주민 문화는 연속성과 맥락을 중시하기 때문에 성역할이나 성적 지향에 대해 '동성애자와 이성애자' '남성과 여성' 같은 방식의 이분법적 범주를 거의 사용하지 않는다. 사실 미국 원주민은 어떤 남성이 여성의 성역할로 여겨지는 행동을 전적으로 하고 있더라도 이 사람을 여성이라고 부르거나 하지 않는다. 미국 원주민의 사고방식으로는 성별 범주(gender category)와 성별 상태(gender status)는 서로 다른 개념이기 때문이다.

성별 범주는 좀 더 생물학적 개념이고, 성별 상태는 좀 더 문화적으로 정의된다. 따라서 성별 상태는 남성적인 남성, 여성적인 여성, 비남성/비여성 등으로 나뉠 수 있다. 비남성이라고 해서 여성인 것은 아니고 비여성도 남성과 동일한 개념이 아니다. 단어만 놓고 보면 여성은 비남성이지만, 성별 상태는 비남성이면서 비여성으로도 정의되지 않는 남성을 뜻하기도 한다. 이러한 성별의 다층성은 미국 원주민 사회에서 성역할을 구성하는 데에도 적용된다. 미국 원주민 문화에 있는 내담자를 돕는 상담자는 이러한 사람의 맥락적 모호성을 인지하고 있어야 한다.

기독교 선교사들은 세상에 대해 훨씬 더 이분법적인 견해를 가지고 있었다. 이들은 새로운 원주민 개종자에게 자기들이 믿는 방식대로의 신앙을 강요했다. 그러면서 죄의 문제가 두드러지고 전통적인 믿음에 의문이 제기되었다. 선교사들은 두 영혼의 사람들을 악마라는 식으로 매도했고, 그 결과 현대 사회의 원주민 보호지역에서도 여전히 이들을 거부하고 괴롭히는 일들이 늘어났다. 원주민들이 가진 모든 전통 문화를 억압하려고 했던 인디언 담당관, 선교사, 기숙학교의 노력을 생각하면 놀랄 일도 아니다. 이 외부인들이 원주민들로 하여금 수치심을 느끼도록 가르쳐 왔고, 점점 원주민들의 지도자들이나 전통주의자(traditionalists)들마저도 백인 사회가 심어 놓은 동성애자에 대한 태도에 물들었다. 나이 많은 장로들만이 원래의 가치를 기억했지만, 점점 입 밖으로 꺼내는 것을 꺼리게 되었다.

두 영혼의 사람들을 적극적으로 받아들이는 문화적 특성을 이해하는 것은, 미국 원주민 문화를 이해하고 충분히 제대로 인식하는 데 있어 극도로 중요한 일이다. 이 인식을 통해 미국 원주민 공동체에 적절한 정신건강 서비스를 제공하는 것이 가능하게 된다.

원주민 무용가(fancy dancer)[1] 에릭의 사례

에릭은 32세의 게이 체로키 남성이었다. 에릭이 처음 내 상담실에 왔을 때는 직업 선택과 관련된 주제를 가지고 왔는데, 세 번째 회기까지 진행하면서 호소 문제가 파트너와의 관계, 늙어 가는 부모, 출신 부족, 건강 문제 등으로 점점 확장되었다.

에릭은 원래 아칸소주 북서부의 작은 시골 마을 출신이었다. 그의 조부모가 눈물의 길(Trail of Tears)[2]에서 도망쳐 나온 후, 에릭의 부모도 그 곳에서 어린 시절을 보냈다. 미국 정부가 땅을 훔치기 위해 평화로운 체로키 부족사람들을 캐롤라이나 지역[3]에서 오클라호마[4]로 이주시켰다. 에릭은 집안의 막내로 태어났고, 그래서 에릭의 부모는 이제 70대 후반에 접어들었다. 에릭은 공부를 열심히 했고, 캔자스에 있는 큰 주립대학교에 인디언 장학금을 받으며 입학해서 사회복지학 학사가 되었다.

에릭은 10년 전 HIV 양성 판정을 받았고, 미주리주 세인트루이스로 이사를 왔다. 자기 파트너와 10년 동안 함께 살았고, 꽤 다양한 친구를 알고 지냈다. 사회복지 관련 기관에서 여러 직무를 하며 살았는데, 6개월 전 폐렴이 재발하는 바람에 직장을 그만 둔

---

1) 역자 주: 미국 원주민들이 추는 전통 춤을 fancy dance라고 한다.

2) 역자 주: 1830년 미국에서 제정한 「인디언 이주법」에 의한 일련의 강제 이주를 뜻하는 용어로, 원주민들로부터 금광을 빼앗기 위해 이루어진 조치이다. 수천 명의 원주민이 강제 이주 과정에서 사망했다.

3) 역자 주: 미국 동남부 지역이다.

4) 역자 주: 미국 중남부 지역으로, 캐롤라이나와 직선 거리로 1,800km 정도 떨어져 있다.

상황이었다. 약을 먹으며 폐렴 치료에 집중하고 있지만, 곧 다시 취직을 하려고 준비 중이었다.

에릭은 처음에는 진로상담을 받기 위해 상담실에 왔다. 자신이 일주일에 40시간 풀타임으로 일할 수 있을지 자신이 없다고 했다. 그리고 자기도 나름의 어려움이 있는데, 사회복지사로서 다른 사람의 어려움을 내내 듣는 것에 지쳐 소진을 경험한 상태였다. 그래서 앞으로 무슨 일을 하면 좋을지 고민이 많았다.

에릭은 자연과 야외 활동을 좋아했다. 조부모의 집 뒷마당에서 혼자서 밤을 새우면서 곤충 소리를 듣고 아침 이슬이 침낭에 젖어드는 기분 좋은 느낌에 대해 상담시간 중에 이야기하곤 했다. 그것이 에릭의 가장 행복한 어린 시절의 기억이었다. 에릭은 아칸소로 돌아가서 부모, 조부모와 함께 살고 싶었지만, 에이즈와 관련된 치료를 지속해야 했기 때문에 도시에 정착했다. 에릭은 또한 체로키의 문화유산을 좋아했다. 그는 춤추는 사람, 원주민 무용가였다. 미국 각 지역의 무용 대회에서 원주민 전통 무용가(Fancy Dancer) 부문에서 수많은 상을 탔다. 원주민의 전통 춤은 스텝이 복잡하고 회전이 몹시 빠르며 특정한 의상과 분장을 하고 추는 것이 특징이다. 에릭의 파트너는 변호사였는데, 사무실이 점점 더 번창하고 있었다. 에릭은 다른 주로 이사하는 것이 자기 파트너에게 직업적으로 얼마나 어려운 일일지 알고 있었다.[5)]

에릭은 사회복지학으로 전공을 정할 때, 소속 대학의 진로상담사를 만났다. 그 당시 상담자는 스트롱 직업흥미검사(Strong Interest Inventory) 및 MBTI 성격유형검사(Myers-Briggs Type Indicator) 등을 포함한 일부 검사를 실시하였고 결과를 우편으로 보내주었다. 8년 전에 실시된 검사 결과이기는 하지만, 스트롱 직업흥미검사에서 사회적 · 예술적 · 탐색적 선호를 보였고, MBTI에서는 외향형, 직관형, 감정형, 인식형(ENFP) 선호를 보였다.

첫 회기 상담에서 에릭은 중간 정도의 키와 날씬하고 잘 정돈된 외모에 옅은 갈색 머리에 암색 눈을 가진, 32세이기는 했지만 더 젊어 보이는 청년이었다. 지적으로 명석해 보였고 부드러운 톤의 목소리로 왜 상담을 받으러 왔는지 조곤조곤 설명을 잘했다. 자신의 호소 문제에 대해 생각을 많이 해 왔다는 것을 분명히 알 수 있었다. 호소 문제에 대해 먼저 이야기를 시작했는데, 어떤 방향으로 자기 인생의 진로를 결정해야 하는지

5) 역자 주: 주마다 법이 다르고, 변호사 자격증도 절차를 거쳐 다시 취득해야 한다. 또한 주를 옮기면 자신의 사업적 인맥, 정보, 자원에서 멀어지기 때문에 변호사들이 다른 주로 옮겨서 일하는 것은 쉽지 않은 일이다.

확신이 없다고 했다.

에릭은 왜 이런 결정이 자신한테 복잡한 문제인지에 대한 자신이 가진 맥락에 대해 자세히 설명하기 시작했다. 내가 몇 가지 촉진적 질문을 했더니, 그는 어린 시절부터 지금까지 자신의 생애를 일관적으로 잘 설명했다. 호소 문제와 관련한 다양한 측면에 대해 큰 통찰력을 갖고 있는 것처럼 보였지만, 모든 측면의 일들을 통합해서 계획을 세우고 다음으로 나아가는 것이 어렵다고 했다. "뭘 어떻게 해야 할지 모르겠어요." 그는 긴 이야기를 끝내며 말했다. 그리고 "이제부터 뭘 해야 하죠?"라고 말하는 듯 나를 쳐다보았다.

처음에는 이 사람의 경력 개발에 집중하며 이야기를 들었지만, 에릭에게는 더 이야기해야 할 무언가가 있다는 것을 알았다. 아마도 진로상담을 지속하다 보면 다른 이야기가 자연스럽게 나오지 않을까 생각했다.

다음 상담 회기에서 에릭은 약간은 신이 난 것 같으면서도 슬픈 모습으로 들어와 소파에 앉았다. 내가 묻기 전에 에릭이 먼저 자기 파트너와의 기념일에 있었던 일을 말하기 시작했다. 두 사람이 연인이 된 지 10주년이었기 때문에 에릭의 파트너가 그를 샌프란시스코에 데려갔다. 샌프란시스코의 주요 게이 지역인 카스트로에 있는 프랑스-일본 퓨전의 레스토랑에서 저녁을 먹었는데, 아가츠마(Agatsuma)[6]의 음악이 흐르고, 촛불로 장식이 된 아주 낭만적인 곳이었다.

에릭에게도 너무나 특별하고 아름다운 순간이었지만, 에릭은 저녁을 먹으면서도 식사 후에도 자신이 슬퍼하고 있다는 것을 알고 있었다. 에릭은 "이건 내 파트너한테 공평하지 못한 일이에요."라고 말했다. "공평하지 못한 일이요?"라고 묻자 그가 자신이 슬픔을 느끼고 있는 것 자체가 파트너에게 공평하지 않으며, 이렇게 특별한 도시의 특별한 레스토랑에서 특별하고 중요한 일을 함께하고 있는데도 자신은 갑자기 슬픔을 느꼈다고 말했다. 사실 이 특별한 사람과 함께 10년이라는 시간을 보냈다면 행복해하고 있어야 하는데도 자신은 슬퍼하고 있다는 사실이 스스로도 왜 그런지 이해가 되지 않아 혼란스럽다고 했다.

그 저녁식사 후 에릭과 파트너는 남은 주말을 내내 잘 보냈고, 일요일 밤 늦게 세인트루이스로 돌아왔다. 샌프란시스코에서의 기념일 이벤트는 너무나 만족스러웠지만, 에릭은 자기한테 왜 이런 감정이 찾아왔는지 이해해야만 했다.

나는 에릭의 슬픔이 될 만한 이유들, 관계 문제, HIV 상태, 경력과 관련한 고민 등을

6) 역자 주: 일본의 유명한 연주가이다.

함께 탐색해 봤지만 소용이 없었다. 그는 고개를 숙이고 그대로 있었다.

나는 그의 감정에 접근하기 위해 미국 원주민의 이야기 요법을 사용하기로 결정했다. 상담에서 이야기하는 유도 심상화의 한 종류라고도 볼 수 있을 것이다. 하지만 인디언[7]들은 그것을 그냥 '이야기(story)'라고 부른다. 이것이 우리가 우리의 역사를 전하고 세대를 통합하는 삶의 교훈들을 전달하는 방식이다. 나는 그에게 전하고 싶은 이야기가 있다고 말했다.

그러고 나서 나는 유도 심상화 기법을 활용해서 에릭의 슬픔에 대한 이유를 탐색하기 시작했다. 이 과정의 일부로서 내가 그의 부모를 표현했을 때, 그는 흐느끼기 시작했다. 그의 내면에서 무슨 일이 일어나고 있는 것인지 탐색하기 위한 개입을 했더니 그는 "아칸소에 돌아가 우리 부족의 집에서 가족들과 함께 기념일을 보내지 않은 것이 마음이 아파요."라고 말했다.

에릭은 "나는 우리 부모님, 가족, 우리 부족이 그리워요. 우리 부족은 모두 함께 행복한 한 가족이고, 삶의 특별한 일들은 언제나 부족 사람들이 다 같이 축하했어요."라고 말했다.

내가 그의 부족과 가족이 그의 성적 지향과 HIV 상태에 대해 어떻게 느끼냐고 묻자 그는 "체로키들은 긴긴 역사에서 두 영혼의 사람을 언제나 받아들였어요."라고 말했다.

나는 원주민 공동체에서 사용하는 두 영혼의 사람, 레즈비언도, 게이도, 양성애자도, 인터섹스도, 트랜스젠더도 될 수 있는 이들이 일반적으로 체로키 공동체에서 자연스러운 존재로 받아들여졌다는 것을 알고 있다고 그에게 말했다. 특히 좀 더 체로키의 영적 전통에 있는 사람들은 그렇다는 것을 알고 있다고 덧붙였다. 하지만 근본주의 기독교가 우리의 찰라기(Tsalagi, 체로키 말로 체로키 혹은 인간을 뜻한다.) 공동체에 들어와 두 영혼의 사람들을 배척하는 문화를 만들어 냈다는 것도 알고 있다고 말했다. 나는 그가 속한 공동체가 전통적인 문화에 있는지, 아니면 근본주의 기독교의 영향을 더 받았는지를 물었다. 에릭은 "우리는 전통적인 방식을 유지해 왔어요. 하지만 어떤 사람들은 근처에 있는 침례교회에 다니기도 해요."라고 말했다.

그는 자신이 대학을 졸업하고 돌아왔을 때, 부모, 삼촌, 숙모, 조카들, 형제자매들과 이들의 파트너들, 또한 이들의 자녀들을 포함한 가족 전체 그리고 추장과 장로들을 포

7) 역자 주: 원주민 후손 당사자가 자신의 정체성을 자랑스럽게 표현하기 위해 사용한 용어이기 때문에 그대로 인디언으로 표기하였다.

함한 자신의 이웃들이 얼마나 자신을 환영하고 함께 축하해 주었는지를 회상했다. 이들은 그가 두 영혼의 사람인 것을 잘 알고 있었다. 이들은 에릭이 대학 학위를 받고 부족의 집으로 돌아온 영광스러운 성취도 가족의 영광으로 받아들이며 함께 축하했다.

더군다나 그가 두 영혼의 사람이었기 때문에 부족에서 더 특별한 인정을 받았다. 두 영혼의 사람이었기 때문에 더 사랑받고 받아들여지고 존중받은 것이다.[8] 부족은 또한 에릭이 부족의 행사에서 춤을 출 때마다 두 영혼의 특별성이 그에게 특별한 힘을 내린다고 믿었다. 에릭의 큰할아버지 역시 두 영혼의 사람으로서 부족의 치료자였다. 에릭의 가족과 부족은 두 영혼의 사람들을 받아들이고 사랑해 온 오랜 역사를 가지고 있다.

에릭의 깊은 이야기를 들으면서 그의 슬픔이 단지 이번 기념일을 가족, 부족과 함께 보내지 못했기 때문만은 아니라는 것을 알게 되었다. 그의 HIV 상태 때문에 에릭은 언제나 자신의 삶이 얼마나 남았는지에 대한 생각을 했다. 언제나 그 고민을 전경(foreground)으로 가지고 있었던 것은 아니지만, 자기 파트너와 기념일을 축하할 때와 같은 상황에서 갑자기 그 고민이 전경으로 떠오르고는 했다. 어쩌면 이 기념일이 자기 파트너와 함께 축하하는 마지막 기념일일 수도 있다는, 어쩌면 자신의 가족 및 부족들과 함께할 수 있는 마지막 축하의 날일 수도 있다는 생각 때문에 그는 슬퍼졌다. 매일 슬픈 것도 아니고 항상 슬픈 것도 아니었지만 슬픔은 그의 삶의 일부였다. 우리는 이 슬픔의 감정이 에릭의 일상에 스며들어 미치는 영향에 대해 함께 고민하고 어떤 방식의 대처를 준비할 수 있을지에 대해 이야기하기로 했다.

나는 다시 이야기 요법을 사용했다. 이번에는 미국 정부가 캐롤라이나 근처에서 체로키를 쫓아내기 위해, 겨울날 테네시, 켄터키, 미주리를 거쳐 오클라호마까지 강제로 수천 킬로미터를 걷게 만들었던 눈물의 길에서 일어난 죽음의 행진에 대한 이야기를 떠올리게 했다. 모든 체로키와 거의 모든 미국 원주민이라면 아는 이야기이지만, 이번에는 에릭으로 하여금 그 행진에서 사람들이 느꼈을 슬픔, 집을 잃고 가족이 길에서 죽는 것을 지켜봐야만 했던 슬픔, 군인들에 의해 학대를 당하고 결국은 자신들이 원하지도 알지도 못하는 땅에 강제로 살게 된 이들이 느꼈을 심정에 집중하도록 했다. 나는 그 눈물의 길에서 사람들이 어떻게 살아남았는지, 그리고 이들이 오클라호마의 체로키 국가와 키투와 조직 체로키 연합(United Keetoowah Band of Cherokees)을 세우며 그 새 땅에서 어떻게 다시 살아가기 시작했는지를 이야기했다. 그리고 나는 우리 사람들(our

---

8) 역자 주: 미국 원주민 전통에서 성소수자들은 부족의 선물과 축복으로 여겨진다.

people)이 어떻게 감정을 받아들이고 또 떠나보내는지에 대해 말했다. 증오와 원한을 품고 그 감정을 방치하는 것은 자기 자신과 다른 사람들에게 해를 끼칠 뿐이다(하지만 우리는 절대로 그 일들에 대해 잊어서는 안 된다).

나는 에릭이 순간에 머무는 방식을 배울 수 있도록 돕고 싶었다. 슬픔이 올라올 때는 이를 품었다가 또 떠나보낼 수 있도록 하고 싶었다. 또한 에릭이 슬픔의 순간은 또한 즐기고 축하할 때라고 자신의 경험을 재구성하는 법을 배우기를 원했다. 순간에 머무르며 온전한 인식을 유지함으로써 슬픔이 찾아왔을 때의 순간을 충분히 누리고 또 슬픔이 그를 잘 통과해서 지나가게 할 수 있도록 돕고 싶었다.

이 상담 회기에서 에릭의 진로에 대한 이야기를 직접적으로 다루지는 않았다. 에릭의 슬픔 문제에 먼저 초점을 맞추고, 이 슬픔이 그를 어디로 이끄는지를 먼저 확인하기로 결정했다. 에릭은 자신이 이 강력한 감정을 먼저 다루고 나면 진로 문제가 해결될 수도 있을 것 같다고도 말했다.

세 번째 상담에서 에릭은 자기 파트너와 가족들, 특히 부모에 대해 이야기하고 싶어 했다. 그와 그의 파트너는 아칸소 북서부와 그의 가족 공동체로 돌아가는 것에 대해 이야기하고 있었다. 에릭은 자연으로 돌아가고 싶어 했다. 에릭은 거리에 있는 큰 콘크리트 구멍의 바닥에 단단히 발이 끼어서 머리는 바닥을 향한 채로 갇혔는데, 자신의 발은 수백 피트 아래로, 팔은 양쪽 옆으로 단단히 늘어나 묶여 움직일 수도 나올 수도 없는 꿈을 자주 꾸었다. 꿈속에서 그는 천천히, 하지만 확실히 죽음을 향해 가며 질식하고 있었다.

에릭은 자신이 오자크 산맥의 농장에서 부모와 함께, 자연과 가까이 살고 싶어 한다는 것을 알고 있었지만, 파트너의 변호사 자격이 미주리주 소속이고 다른 주로 이주하는 것이 쉽지 않다는 것 또한 알고 있었다. 그래서 아칸소주로 돌아가면 파트너를 떠나야 한다는 것을 알았다. 가지 말아야 할 이유가 많았다. 그의 파트너의 변호사 자격이 아칸소주 법원에서 인정되지 않은 것도 그렇고, 아칸소주에는 아는 사람들도 없었다. 파트너는 아일랜드-독일계 후손이었고, 언제나 도시에서 살았고, 집도 도시에 있었다. 또한 에릭이 일하지 않는 동안 그의 파트너가 에릭을 부양했다. 에릭은 파트너를 깊이 사랑하였고, 그래서 자신이 자연으로 돌아갈 수 없다는 사실을 받아들였지만 갈망까지 없앨 수는 없었다.

에릭은 딜레마에 빠져 있었다.

나는 에릭에게 '스머지(smudge)'[9]를 해도 괜찮을지 물었다. 스머지는 세이지, 단초,

삼나무 칩 같은 허브를 사용하여 정화하는 미국 원주민의 전통이다. 약초를 태우면 그 연기가 사람이나 공간으로 향해 그 곳을 정화시킨다. 사람의 삶에서 일어나는 모든 새로운 사건(새 집, 새로운 아기, 새로운 커플의 탄생)과 모든 어려운 사건(문제 협상, 어려운 모임)이 일어날 때 우리는 스머지를 먼저 한다.

스머지가 에릭의 이 딜레마를 창의적으로 해결하는 데 도움이 될 수 있다고 생각했다. 미국 원주민들에게 스머지는 매우 영적이고 사회적인 힘을 주며 사람의 중심에 집중하게 하고 내면에서 일어나는 갈등의 소리들을 진정시킨다. 원주민들에게 일종의 명상 반응을 일으키는 것이다. 최근 미국다문화상담학회(Association for Multicultural Counseling and Development: AMCD)[10]에서 미국 원주민 네트워크의 회의를 시작할 때도 우리는 스머지를 했다. 이 스머지가 우리의 무의식에 작용해서 어려운 회의가 원활하게 이루어질 수 있도록 도왔을 것이다.

에릭은 스머지에 동의했다. 그리고 우리는 그의 딜레마에 좀 더 명확하게 접근할 수 있었다. 그는 원활하게 여러 생각을 떠올렸다. 우리는 에릭이 집에 돌아가고 싶다는 마음 안에 사실은 부모를 포함한 자기 가족에 대한 큰 책임감이 얽혀 있는 것을 보았다. 그는 사실 원할 때마다 자연에 가까이 갈 수 있었다. 에릭은 자기 정원도 가지고 있었고 세인트루이스에서 가장 큰 공원인 포레스트 파크도 그의 집 근처에 있었다. 포레스트 파크에 가면 집에 돌아간 듯한 느낌을 받을 때도 있었고, 에릭은 원할 때마다 자주 공원에 갔다. 그리고 무엇보다 그를 깊이 사랑해 주고 있고 자신도 전적으로 사랑하는 파트너와 함께 있다. 그 사랑이 에릭의 영혼을 채워 주었고, 이 사랑하는 사람과 떨어져 사는 생각을 하는 것은 너무나 견디기가 어려웠다.

나는 에릭이 여전히 오자크 산맥을 생각하면 슬퍼질 것이라는 사실을 알고 있었다. 하지만 에릭은 이 문제를 해결하고자 하는 더 큰 결의를 가지고 있었다. 슬픔이 사라진 것은 아니지만, 에릭은 자신의 가치와 선택에 대해 명확히 생각할 수 있게 되었고 자기 딜레마에 대해 더 잘 받아들이고 관리할 수 있게 되었다. 이전 상담 회기에서 이야기한 대로, 그는 슬픔의 감정이 찾아오면 그 감정을 인정하고 느끼고, 그래서 그것이 자신을 충분히 통과하게 하겠다고 결심했다. 슬픔을 붙잡아 둘 이유는 어디에도 없었다.

이 문제를 해결한 에릭은 이제 다른 이슈로 넘어갈 준비가 되었다. 그래서 다음 회기

9) 역자 주: 한국에서 사용하는 향처럼 말린 허브와 풀을 태워 공기와 정신을 정화하는 미국 원주민의 전통이다.
10) 역자 주: 미국상담학회(ACA)의 분과 학회이다.

는 에릭의 원래 호소 문제였던 진로와 경력 문제로 시작하기로 했다. 그는 자신이 이제 이 문제를 해결할 준비가 되었다고 말했다.

세 번째 상담 회기에서 나는 그의 MBTI 결과와 스트롱 직업흥미검사 결과에 대해 먼저 이야기했다. 에릭이 그 결과가 자기와 맞다고 느끼는지를 우선 물었다. 그는 맞는 것 같다고 대답했다.

그래서 다음으로 왜 사회복지사가 되는 것이 자신과 맞지 않는다고 생각하는지를 물었다. 에릭은 자신에게 의학적 · 정서적 문제가 너무 많고, 그래서 "다른 사람들의 문제를 듣는 것에 대해 소진되었던 것 같아요."라고 말했다.

나는 그가 과거 시제로 말하고 있다는 것을 지적했다. 그는 나와 했던 상담을 통해 자신이 감정적으로 아마도 다른 곳에 다다른 것 같다고 대답했다. 전과는 다른 방식으로 자신의 진로를 느끼는 것 같다고도 했다. 에릭은 "어쩌면 저는 사회복지 일을 하는 것이나 다른 사람들을 돕는 데에 문제가 없을지도 모르겠어요."라고 말했다. 사실 그는 다른 사람들을 돕는 것을 좋아했지만 자신이 가진 문제들에 압도감을 느꼈고, 그 문제가 그를 압도했으며, 폐렴에 걸린 것 때문에 더 무서워졌다. 그런데 이제는 이 모든 위기 상황이 지나갔고 가족과 파트너에 대한 생각과 어디에서 살아가야 할지에 대한 문제들 역시 해결했기 때문에, 자신이 왜 애초에 자기 직업에 대해 불안해했는지에 대해 의문을 제기할 수도 있게 되었다.

에릭은 또한 세인트루이스시 동쪽에 있는 카호키아 마운드에서 있었던 여러 부족이 모인 자리에 가서 춤을 추기도 했다. 그가 이런 자리에 나가 춤을 춘 것은 거의 1년 만의 일이었다.

그 회기의 남은 시간 동안 에릭은 자신의 진로와 파트너, 친구, 가족과의 관계 등에 대한 이야기들을 더 했다. 하지만 그는 이제 '알아차림과 보내기'라는 새로운 도구를 손에 쥐고 있었다. 그 새로운 도구가 그의 삶을 긍정하고 변화시키는 데 도움이 되었다. 그리고 에릭은 자신이 이번에 새로 얻은 인식도, 그리고 '순간'을 충분히 누리는 능력도 사실은 원래 자신이 가지고 있었던 힘이라는 것을 알았다.

에릭의 파트너 역시 에릭의 변화를 알아차렸다. 에릭은 파트너가 출근할 때나 출장을 갈 때마다 "사랑해."라고 말하기 시작했다. 파트너와 헤어질 때마다 혹여 그 순간이 파트너와의 마지막 만남이 된다면, 에릭은 자신이 자기 파트너에게 마지막으로 한 말이 '사랑해.'가 되기를 원했다. 그리고 에릭의 파트너는 에릭이 더 많이 사랑한다고 말하게 된 것이 좋았고, 이 새로운 변화를 매우 기뻐했다.

에릭의 모든 문제가 해결된 것은 아니지만, 에릭이 가진 이 새로운 도구 덕분에 그 문제들을 풀어 가는 것이 훨씬 더 쉬워졌다.

상담의 이슈

에릭이 직면하고 있던 이슈는 다음과 같다.

- 그에게 맞는 직업
- HIV 상태와 HIV가 자기 삶에 미치는 영향
- 자신이 기반하고 있는 여러 문화의 중요성
- 자신의 부족 안에 점점 근본주의적 기독교가 스며들고 있어서, 그것이 자신과 부족 사람들 사이에 미칠 수도 있는 잠재적인 악영향
- 자신의 파트너의 관계
- 부모, 가족, 부족과의 관계와 자기 인생에서 자연이 차지하고 있는 역할
- 자신의 부모, 친척들과 함께 살고 있지 않은 것에 대한 슬픔

진단

축 I	309.9 적응장애(명시되지 않음)
축 II	V71.09 진단 없음
축 III	042.0 AIDS, 폐렴(치료 중 완화)[국제질병분류(International Classification of Diseases, 9th Revision: ICD-9]
축 IV	직업적 고민들
축 V	전반적 기능 평가(GAF)=75(최근 1년간 가장 높은 수준)

에릭이 경험한 슬픔과 여러 감정은 우울증이 아니었다는 사실을 분명히 해 둔다. 확실히 우울증으로 여겨질 수 있는 측면들이 보이기는 했으나, 완전한 기분장애 진단이나 우울증으로 발전하지 않았고, 309.0 우울한 기분을 동반한 적응장애 진단도 배제했다.

또한 의학적 상태에 영향을 미치는 심리적 요인과 관련된 진단도 배제했다. 사실 그의 경우 반대로 의학적 상태가 심리적 상태에 영향을 미쳤다고 볼 수 있다.

- 축 II 진단으로 이어질 수 있는 성격장애나 광범위한 인지장애의 징후는 없었다.
- 축 III(일반적 의료 상태) 진단에는 에릭이 가진 HIV와 폐렴(치료 중 완화)을 넣었다.
- 축 IV(심리사회적 · 환경적 문제) 진단은 에릭의 호소 문제에 대한 초기 진술을 근거로 하였다.
- 축 V(전반적 기능 평가)는 그의 의학적 상태, 치료와 예후 등을 모두 고려하여 평가하였다.

상담에 주는 시사점

내가 주로 활용하는 이론은 인본주의와 실존주의가 가미된 인지행동상담이다. 나는 샌프란시스코 대학교(University of San Francisco)의 철저한 행동주의자(radical behaviorist)인 스티븐 줄트닉(Steven Zultnick) 박사에게 수련을 받았다. 줄트닉 박사는 유타 대학교(University of Utah)에서 수련을 받았으며, 대학 도시이자 미주리주의 주요 부도심 지역인 세인트루이스에서 자랐다.

정신건강 전문가들이 두 영혼의 사람 혹은 두 영혼의 사람을 사랑하는 사람을 만날 때 염두에 두어야 할 것들이 있다. 첫째, 이들이 미국의 지배적인 문화에 얼마만큼 동화되었는지를 평가하는 것이 중요하다. 개인이 미국의 문화에 많이 동화되었을수록 내가 제시한 방식들은 잘 맞지 않게 될 것이다. 내담자가 자신이 가진 전통과 전통적 신념을 더 많이 유지할수록 내 방식들이 더 잘 맞을 것이라고 생각한다.

둘째, 내담자와 가족들이 얼마만큼 기독교에 물들어 있는지를 평가하는 것이 중요하다. 내담자가 기독교, 특히 근본주의 기독교에 더 많이 물들어 있을수록 자신의 성적 지향을 받아들일 가능성이 줄어든다.

셋째, 개인이 어떤 종류의 성역할과 성적 지향(예: 크로스드레싱, 여성적인 남성, 반대 성별의 업무로 여겨지는 활동을 수행함, 동성애, 인터섹스)으로 자신을 정체화하는지 이해하는 것이 중요하다. 앞에서 제시한 어떤 것도 혹은 모든 것도 두 영혼의 사람이 될 수 있다. 또는 게이나 레즈비언이 될 수도 있다. 내담자가 어떤 식으로 자신의 정체성을 정의하는지를 명확하게 알고, 정확한 개인의 맥락을 이해하며 상담을 하는 것이 중요하다. 어떤 내담자에게는 자신의 성역할이나 성적 지향은 전혀 상담이 필요한 문제와 관련이 없을 수도 있다는 것을 함께 기억해야 한다.

넷째, 미국 원주민들이 바라보는 성적 지향이나 성역할을 이해하기 위해 이 장을 포함해서 관련된 책들을 많이 읽는 것이 도움이 될 것이다.

다섯째, 전통적인 체로키 문화에 몰입(immersions)하는 상황도 고려할 수 있다. 내담자의 내면에 자리 잡은 지배적인 문화가 만든 것들을 역전시켜라.

여섯째, 게이 및 레즈비언 혹은 미국 원주민 문화를 상담하는 사람으로서 이들에 대한 자신의 편견이 어떠한지를 점검하고, 자신이 내담자의 치유를 방해하고 있는 것은 아닌지 확인해야 한다.

일곱째, 미국 원주민에서 치유자 역할을 하고 있는 장로와 자문 또는 상담을 하는 것을 고려하는 것도 필요하다. 한 사람이 상담에 더 참여하는 것을 통해 내담자를 좀 더 객관적으로 바라볼 수 있는 계기를 만날 수도 있고, 또한 미국 원주민의 전통적 치유 방법에 대해서도 배울 수 있을 것이다.

여덟째, 상담 과정에 온 가족이 참여할 수 있도록 하는 방식도 고려하라. 전통적인 미국 원주민 가정에서는 한 개인이 결정을 내리는 경우가 없다. 대가족 전체가 결정의 과정에 관여한다. 내담자의 가족을 내담자의 지지자원으로 만들라.

아홉째, 미국 원주민 문화에서는 농담이나 유머도 다른 사람에게 중요한 정보를 제공하는 방식이다. 유머를 통해 내담자에게 중요한 정보를 전달하라.

열째, 상담 과정에 상징과 이야기를 사용하라. 미국 원주민 문화에서 상징과 이야기는 이해하기 쉬운 방법일 뿐만 아니라 큰 힘을 가진다.

결론적으로, 미국 원주민 문화에서 두 영혼은 개인의 성적 지향뿐만 아니라 모든 성과 관련된 상태와 행동을 광범위하게 포괄하는 개념이다. 이에 대한 깊은 이해를 바탕으로 상담을 제공하는 것이 중요하다.

참고문헌

Mankiller, W., & Wallis, M. (1993). ***Mankiller: A chief and her people.*** New York, NY: St. Martin's Press.

17장

"왜 신이 나를 이런 식으로 만드셨을까요?": 중국계 미국인 게이 기독인 남성의 사례

테리 S. 곡(Terry S. Gock)

내담자 정보

샘은 34세의 중국계 미국인이었다. 그는 키가 크고 날씬했으며 상담에 오기 위해 정장을 입고 왔다.

배경 정보

샘은 대만에서 부모와 함께 살았다. 샘의 부모는 더 나은 교육의 기회와 샘의 미래를 위해, 샘이 14세쯤 되었을 때 미국에 살고 있던 성인인 누나와 누나의 가족에게로 아들을 보냈다. 누나의 가족은 동양인이 많지 않은 중간 정도 크기의 부도심 지역에서 살고 있었다.

고향에서는 중산층 가정에서 자랐고, 어린 시절에는 딱히 기억나는 큰일이 없었다. 두 자녀 중 막내였고, 학업성취 면에서 보통의 학생들보다 뛰어났으며 친구들에게 인기가 많은 편이었고 성격이 활발했다. 샘은 갑자기 미국으로 이주하게 되었고, 자신이 겪을 문화 충격에 대한 준비가 되어 있지 않았다. 샘은 백인 학생들이 대부분이었던 학교에서나 이웃들 사이에서 점점 외톨이가 되어 갔는데, '환영받지 못하는 기분'을 느꼈다. 학교에 몇 없는 아시아계 학생도 대부분 미국에서 태어나 자랐고, 자기 자신만 배에서 막 내린 사람(free off the boat: FOB)[1]이었기 때문에, 점점 더 혼자만 동떨어진 사람이 된 것처럼 느꼈다. 샘은 학교에 계속 다녔고, 고등학교에 가서는 자유시간의 대부분을 학교에서 공부하는 것으로 보냈다. 샘이 그나마 사회적으로 연결되어 있고 자기 감정을 말할 수 있었던 사람들은 누나의 가족을 포함하여 근처 도시의 근본주의 기독교 중국인 교회의 신자들이었다.

샘은 공부를 잘했고, 아시아계 미국인들이 많이 살고 있는 큰 도시에 위치한 유명한 대학교에 입학할 수 있었다. 그곳에서 전보다는 사람들을 더 많이 만났는데 점점 자신이 다른 남자들에게 매력을 느끼기 시작했다. 대학에 입학한 첫해에는 이러한 감정에 대해 혼란과 갈등을 느꼈지만 그렇다고 무언가 행동을 한 적은 없었다. 3학년이 되었을 때, 새로 배정된 기숙사의 룸메이트였던 릭(Rick)은 알고 보니 백인 게이 남성이었다. 두 사람이 친구가 된 후, 샘은 다른 남자에게 매력을 느끼고 있는 자신의 경험과 이를 둘러싼 정서적 갈등에 대해 용기를 내어 릭에게 이야기를 했다. 릭은 대학 내 성소수자 커뮤니티에 샘을 데리고 갔고, 자신의 동성애자 친구들을 소개해 주었고 인터넷에서 찾아볼 수 있는 다양한 정보와 자료도 알려 주었다.

샘은 점차 인터넷과 대학 내 성소수자 모임을 통해 다른 게이 남성들을 만날 수 있었다. 4학년 말쯤에는 처음으로 성관계를 갖기도 했다. 하지만 그는 여전히 이러한 자신의 만남들을 비밀로 했다. 아주 친한 친구 몇몇을 제외하고는 대학을 다닐 때나 졸업한 이후에도 비밀로 했다. 시간이 지나면서 샘은 점점 더 자신이 동성애자인 것을 받아들이기 시작했으나, 여전히 자신의 성적 지향은 '다른 사람이 알 필요 없는 나만의 일'이기 때문에 굳이 자신의 동성애적 지향을 다른 사람에게 알릴 필요는 없다고 생각했다. 샘은 사실 자신이 어린 시절부터 남성에게 매력을 느꼈다는 사실을 알았지만, 자기 감정에 대해 잘 이해하지도 못했고 표현하지도 않았다. 그 대신 그 감정을 무시하기 위해 노력했다.

샘은 경영학 석사학위(MBA)를 받은 뒤, 자신이 졸업한 대학교 근처에 있는 대규모의 투자 회사에서 재무 분석가로 일하기 시작했다. 그의 능력이 뛰어났기 때문에 사람

1) 역자 주: 외국에서 온 지 얼마 안 된 사람이나 때로는 거의 미국화되지 않은 이민자를 뜻하는 속어이다.

들로부터는 조용하거나 때로는 사회적으로 냉담한 사람으로 여겨졌지만[2] 그래도 승진할 수 있었다. 그는 자신의 경력을 위태롭게 할까 봐 직장에서 자신이 동성애자라는 사실을 숨겼다. 그리고 자신의 동성애적 지향을 부모와 누나에게도 드러내지 않았다(이때에는 부모와 누나네 가족도 샘이 살고 있는 도시로 이사했다). 샘은 가족이 자신을 거부하거나 자신에게 실망할까 봐 두려워했다. 특히 누나는 보수적인 기독교 신앙을 가지고 있었기 때문에 누나가 자신이 너무나 사랑하는 조카들을 만나지 못하게 할까 봐 무서웠다.

샘의 종교에 대해 이야기하자면, 그는 자신이 10대 때 배운 근본주의적 기독교 신앙에서 가르친 신념을 여전히 가지고 있었고, 또한 자신을 '마음 깊이 독실한 기독교인'으로 여겼다고 말했다. 하지만 지난 몇 년간 예배에 거의 참석하지 않았고 다른 교회 활동에 참여하지도 않아서 누나가 실망스러워하고 있는 것도 알았다. 샘은 자신의 성적 지향과 교회에서 가르치는 동성애혐오적 신념 사이의 갈등을 해결하기 어려웠다. 샘은 당시 짐(Jim)이라는 남자와 데이트하고 있었는데 그와 함께 동성애자들을 적극적으로 긍정하고 옹호하는 기독교 교회에 다녔다. 그러나 그 교회들이 '신의 무조건적인 사랑에 대한 깊은 믿음'을 강조하는 데에 마음이 많이 끌렸음에도 불구하고 무언가 진보적인 신앙관이 자신과는 맞지 않는다고 느꼈다. 그래서 그런 교회가 있다는 것을 알았지만 그렇다고 해서 교회에 출석하는 것이 편안하지 않았다.

짐과는 약 3년 전 게이를 위한 온라인 데이트 웹사이트를 통해 만났다. 짐은 백인 남성이다. 샘의 가족이 샘의 성적 지향을 알아차리는 것이 걱정이 되어 함께 살지는 못했지만, 두 사람은 오랫동안 연애했다. 짐은 훨씬 편하게 여러 사람에게 자신의 성적 지향을 이야기했고 샘은 사람들에게 가능한 한 드러내지 않는 방식을 취했기 때문에, 이러한 차이점은 두 사람 사이에 끊임없는 갈등의 원천이 되었다. 짐은 자신이 알고 지내는 사람들, 직장 동료, 가족에게 샘을 소개했고, 샘은 이들과 함께 잘 지냈지만 자신의 가족, 직장 동료, 친구들에게 짐을 소개하지 않았다. 짐은 반복적으로 자신이 샘의 '다른 삶'에서 없는 존재처럼 되는 것을 참을 수 없었기 때문에 결국은 샘과 헤어졌다.

---

2) 역자 주: 동양인의 내향적이거나 감정 표현을 많이 하지 않는 성향은 지배적인 미국 문화에서 냉정하거나 감정이 없거나 무례한 사람이라는 오해를 받는 경우가 많다.

호소 문제

샘은 자신의 감정에 대해 잘 이야기하는 사람이 아니었지만, 친구들과 동료들은 샘이 무언가에 대해 슬퍼하고 있다는 것을 알아차렸다. 하지만 그 이유에 대해 아는 사람은 없었다. 짐과 헤어지고 나서 샘은 주치의에게 수면유도제를 처방해 달라고 요청했는데, 그때 의사가 상담을 제안했다. 처음에는 이 이야기에 저항감이 들었다. 하지만 친구이자 예전 룸메이트였던 릭도 상담을 권유했다. 샘이 첫 상담에 왔을 때는 짐과 헤어진 지 6주 정도 된 때였다.

첫 회기에서 샘은 짐과 헤어진 사실에 대해 생각할 때마다 울고 싶은 기분이 든다고 말했다(첫 회기 때 이 이야기를 하며 사실 조금 울었다). 눈을 감을 때마다 짐이 생각나고 잠드는 것이 어렵다고 말했다. 그리고 짐과 헤어진 후부터 무언가를 먹고 싶은 마음이 잘 들지 않는다고도 말했다. 샘의 부모와 누나는 최근 샘이 점점 말라가는 것에 대해 걱정하기 시작했다. 샘은 집에서 좀 쉬고 싶은 생각이 들 때에도 무조건 매일 사무실로 출근을 했다. 하지만 그는 생산성 있게 일하지도, 일을 잘 해내지도 못했다. 샘은 일에 몰입하는 대신, 자꾸만 짐과의 이별만을 반추하는 자신을 발견했다. 샘은 이게 다 자신이 짐과의 관계나 자신의 성적 지향을 사람들에게 말하지 못하기 때문에 일어난 일이라고 스스로를 비난했다. 샘은 가족에게는 자신이 이성애자인 것처럼 행동했기 때문에 가끔 가족이 소개한 여성과 선을 보고 데이트를 했다. 자신이 그런 일을 감내할 정도로 가족한테 커밍아웃하는 것을 무서워하고 있었는데, 자신의 이런 마음을 짐이 이해하지도 받아들이지도 못했던 것에 대해 상처를 받았다는 사실도 알고 있었다.

상담이 진행되면서 샘은 아무하고도 제대로 이야기한 적은 없었지만, 사실 자신이 다른 사람들처럼 그다지 잘 지내고 있지 않았던 것 같다고 말했다. 이런 마음의 상태가 언제 시작되었는지는 확실히 모르겠지만, 최근 몇 년 동안 점점 더 심해졌다고 말했다. 샘이 자신의 성적 지향을 수용하는 데 어려움을 겪고 있고, 최근 짐과 헤어지면서 자신의 자아개념이 딱히 좋지 않고 부적절감이 더 많이 들었지만, 좋은 학교를 나오고 좋은 직장에서 일하고 있고 괜찮은 외모를 가졌음에도 불구하고 이 감정은 사실 예전부터 자신에게 있었던 것 같았다. 샘은 최근 몇 년 동안 '매달, 적어도 한 달에 일주일 이상'은 우울하거나 '어떤 것에도' 흥미를 느끼지 못했다고 말했다. 이런 상태가 올 때마다 샘은 주로 주말에 혼자 시간을 보냈다. 짐이 샘을 불러내면 시간을 함께 보내기는 했지만, 샘이 먼저 연락을 하지는 않았다. 부모와 누나의 가족을 만나러 가는 등의 사회적 의무를 간신히 수행했지만, 그는 가능한 한 빨리 이들을 떠나려고 변명을 했다. 샘은 사실 자신의 우울감, 스스로에 대한 불안감, 사회적 위축의 시간이 짐과의 관계 전반에서 문제를 일으켰던 것을 알고 있었다.

진단적 인상

내담자의 호소 문제와 배경 정보를 바탕으로 『정신질환의 진단 및 통계 편람(DSM-IV-TR)』(American Psychiatric Association: APA, 2000)의 기준을 사용하여 진단적 인상을 작성하였다.

축 I	309.0 우울감을 동반한 적응장애
	300.4 기분부전장애, 후발성(Late-Onset)
축 II	V71.09 진단 없음
축 III	보고되지 않았거나 명백하지 않음
축 IV	1차 지지집단과의 문제(동성 파트너와의 관계 종료)
축 V	전반적 기능 평가(GAF)=52

우울감을 동반한 적응장애는 현재 내담자가 심리적 개입을 찾는 주된 이유였기 때문에 주요 진단으로 고려하였다. 상담을 진행하며 탐색한 결과, 파트너와 헤어지기 전에도 몇 년 동안 미묘한 방식으로 만성적인 우울 증상의 패턴이 나타났기 때문에 기분부전장애 진단이 추가되었다. 우울 증상의 시작 시기는 확실하지 않았지만, 샘이 지난 몇 년 동안 그 증상이 더 두드러지고 빈번해졌다고 보고했기 때문에 이 장애가 비교적 늦은 나이에 발생한 것으로 간주해 '후발성'이 추가되었다.

현재의 진단에는 성격장애를 포함하지 않았다. 성격 패턴 측면에서는 부적절감과 사회적 철수가 있었고 이러한 특성이 회피형 성격장애를 암시할 수도 있지만, 샘이 압도적으로 융통성이 없거나 부적응을 보이지 않기 때문에 현재로서는 그 진단을 뒷받침하기 어렵다. 그리고 A형 성격장애 진단을 가진 사람들이 보이는 전형적인 방식의 제대로 된 사회적 예의를 갖추지 못하는 듯한 성격 특성은 보이지 않았다. 또한 유색인이자 성소수자인 샘이 그런 소수자들을 존중하지 않는 지역사회에서 성장했기 때문에, 그 경험으로 인해 부정적 자기인식을 가지고 있을 수도 있다.

샘이 보이는 다양한 행동적 증상(울음을 터뜨리는 것, 수면에 어려움을 겪는 것, 식욕 저하 등)은 중간에서 심각한 정도의 범위로 보인다. 첫 회기에서 표현한 정서적 고통과 그로 인한 업무에서 경험하는 어려움을 감안할 때 중등도–중도 수준의 기능 손상을 보이고 있어 전반적 기능 평가로 52점을 할당했다.

이론적 틀

샘의 호소 문제를 이해하기 위해 다양한 이론적 틀을 활용할 수 있겠지만, 여기에는 인지행동적 · 정신역동적 · 사회생태적 요소를 포함한 강점기반 상담을 적용하려고 한다. 이런 통합적 접근방식이 샘이 현재 경험하고 있는 심리사회적 스트레스 요소와 행동적 증상군 및 기능장애에 기여하는 성격적 · 대인관계적 · 발달적 · 사회문화적 요소를 더 잘 이해하기에 적합한 방식이다. 또한 이 모형은 현재의 어려움을 효과적으로 해결하는 데에 도움이 될 수 있는 개인의 강점과 환경적 자원에 대한 개념과 이해를 포함하고 있다.

이러한 역학이 가진 맥락을 이해하기 위해 샘에게 중요한 사회적 정체성 차원의 교차정체성을 이해해야 한다. 상담 중에 드러난 내용을 토대로 보면, 아시아인, 게이, 기독교인으로서의 자아정체성이 그에 포함된다. 이 맥락에서 봤을 때, 아시아인으로서 그리고 동성애자로서 발달과정 중에 사회적 억압을 경험했는데도, 아시아인이자 동성애자로서의 정체성 측면은 비교적 편안하고 통합이 잘 된 것으로 보였다. 그가 경험하고 있는 정서적 갈등은 기독교 신앙을 가지고 있는 동성애자의 영역에서 주로 두드러졌다.

샘에게 적용한 상담 접근을 구체적으로 설명하기 전에 내가 가진 이론적 틀에서 샘의 심리구조를 먼저 간략하게 설명하고자 한다. 이 사례개념화를 토대로 어떻게 개입할 것인지에 대한 계획을 세웠다. 상담 개입에 대한 내용은 뒤에 제시한 '사용한 개입' 절에서 설명하도록 하겠다.

앞서 언급한 배경 정보에서 파트너와의 이별로 인한 심리적 고통은 심리적 개입을 추구하는 근본 자극이었다. 거절과 버림받음에 대한 그의 과거 경험도 현재의 우울 증상에 기여했을 가능성이 있다. 10대 시절 다른 나라에 가서 살 준비가 되어 있지 않았던 자신이 부모에 의해 '버림받은' 것처럼 느꼈던 것이 해결되지 않은 감정적 경험으로 남아서 짐과의 관계에서 짐이 먼저 이별을 선언한 것으로 인해 다시 샘에게 찾아왔을 수 있다.

첫 회기에서 샘은 자신이 "짐과의 관계를 망쳐 버렸다."는 말을 했는데, 여기에서 보면 샘이 부정적 자기귀인을 하고 있다는 것을 알 수 있다. 샘은 또한 "다시는 짐 같은 파트너를 만날 수 없을 거예요."라고 말하곤 했는데, 지속적으로 자신을 실패자로 여기거나 부정적으로 진술하거나 지나치게 절망적인 방식으로 일반화하는 일관된 패턴이 보였다. 처음에는 연관성을 알지 못했지만, 짐과 헤어지고 나서 경험한 자기불신과 자기파괴적 신념이 지금의 감정적 위기 사건 이전에도 이미 있었고, 우울감 및 관련 행동 증상과도 연관이 있는 것으로 보인다. 자신에 대한 부정적 신념과 낮은 자존감은 짐을 포함해 다른 사람과의 관계에서 친밀감을 유지하는 것에 방해가 되었을 수 있다.

직장과 개인 생활에서 사회적으로 철수하고 고립되는 샘의 경향은 낮은 자아개념과 우울 증상으로 인한 것일 수도 있지만, 이 나라에서 성장기를 보내며 경험한 사회적 환경의 영향을 고려해야 한다. 특히 반복적으로 경험하는 미묘한 차별(예: 학교에서 주류 백인 학생들과 아시아계 미국인 학생들로부터 환영받지 못했던 경험 등)이 그의 자존감에 기여했을 부정적 영향을 무시할 수는 없다. 또한 샘이 이 나라에 도착한 후의 문화 충격과 거부 경험을 효과적으로 도울 수 있는 가정 및 지역사회의 지지자원도 부족했다. 게다가 아시아 문화에서 기대되는 사회적 순응성(social conformity)은 샘의 감정적 해소와 사회적 출구를 가능하게 했던 근본주의 기독교 교회에서 더욱 강화되었다. 따라서 샘은 아시아계 게이 기독교인으로서의 긍정적이고 통합된 정체성을 발달시키는 데 어려움을 겪었을 것이다.

앞에서 설명한 사례의 개념적 이해 외에 샘이 보유하고 있는 정서적 자산과 삶의 지지자원에 대해서도 탐색하고 이해해야 한다. 부정적 자기인식과 반복되는 자기의심에도 불구하고, 학업적으로 또 직업적으로 성공할 수 있었던 그의 능력은 그가 가진 강점이다. 또한 대인관계에서도 샘은 비교적 장기적인 사회적 관계를 유지할 수 있고(예: 대학 시절 기숙사 룸메이트였던 릭과의 관계 등) 필요할 때 이러한 관계로부터의 도움을 요청할 수 있다는 측면에서 그가 가진 강점이 있다는 것을 알 수 있다. 또한 초기의 불편감에도 불구하고 심리적 도움을 구하라는 권고를 따른 것을 보면, 샘은 긍정적인 변화에 대한 동기와 내적 추진력을 가지고 있다.

상담 목표

샘이 상담을 받기로 결정한 계기는 남자친구와의 이별로 인해 정서적 위기가 발생했기 때문이다. 샘은 울고 싶은 기분, 수면 문제, 집중력 장애, 식욕 상실 등의 신체적·인지적 증상을 완화하고 싶어 했다(그리고 샘의 주치의도 상담을 받으라고 권고했다). 샘은 자신의 상담 목표를 달성하기 위해 매주 상담을 받는 것에 동의했다. 그다음 상담에서 추가적인 탐색을 통해 슬픔에 동반한 정서적 혼란과 관계 상실에 대한 지나친 자책감이 그가 경험하고 있는 신체적·인지적 증상과 관련이 있다는 점이 더 명확해졌다. 그는 이 부분에 대한 해결 역시 상담의 목표에 포함하는 것에 동의했다.

상담을 지속하면서 샘이 경험하고 있던 정서적 위기와 관련된 초기 증상이 2~3개월 사이에 사라졌다. 이에 따라 상담의 초점이 짐과의 헤어짐에서 직장에서 경험하는 사회적 불편감 및 가족과의 관계 문제로 바뀌었다. 샘은 짐과 헤어지기 전에도 적어도 몇 년 동안 우울한 감정을 경험했으며, '모든 것에 대해' 관심이 없는 듯한 상태에 있었다. 이러한 증상 역시 짐과의 관계에 부정적인 영향을 미쳤을 가능성이 있다. 샘은 그 당시 자신의 그런 증상들이 '자신의 성격 일부'라고 생각했다. 따라서 "그것들에 대해서 뭔가 할 수 있는 것이 있을 것이라고는 생각하지 못했다." 그러나 우리의 상담을 통해 자신의 부적절감과 낮은 자아개념이 가족과의 관계, 직장에서의 관계 및 다른 사회적 관계에서 자기 자신을 억누르고 있다는 것을 더 잘 알게 되었다. 샘은 자신의 삶의 영역을 개선하기 위해 노력하고 싶어 했다. 그래서 이런 점들을 고칠 수 없을 거라는 초기의 믿음에도 불구하고 상담의 목표에 이를 포함하기로 했다.

사용한 개입

샘의 상담은 2년에 걸쳐 진행되었다. 다양한 상담 개입이 이루어졌고 때때로 샘이 제시한 다른 관심사에 의해 일부 조정되기도 했지만, 일반적으로 위기 안정화, 약물 모니터링, 지지자원의 탐사, 인지적 재조명 및 비논리적 신념에 대한 반박, 자원 연계 및 교정적 경험 등을 활용했다. 이러한 개입 방법을 활용한 예를 여기에 간략하게 설명하겠지만, 이 순서대로 접근했던 것은 아니라는 것을 유의하기 바란다.

상담적 참여 과정(therapeutic engagement process)의 일부분을 통해(이와 관련된 자세한 논의는 뒤에 나오는 '과정적 이슈' 절 참조), 샘은 첫 상담 회기에서 자신이 경험하고 있는 감정적 위기와 자신의 기능적 문제들이, 사실은 누군가와 헤어졌을 때 이를 애도하고 있는 과정에서 누구나 경험할 수 있고 충분히 예상이 가능한 불편감이라는 것을 이해할 수 있었다. 이 과정은 자신의 경험을 정상화하는 데에 도움이 되었다. 샘이 수면장애와 식욕부진이 자신의 일상 기능에 미치는 부정적 영향에 대해 걱정하고 있었기 때문에, 초기의 몇 회기에서는 과거에도 그러한 증상들이 있었는지, 그때는 어떤 것들을 시도했고 어떤 것들이 효과적이었는지 등을 탐색하는 데 시간을 보냈다. 이 과정에서 샘은 이 나라에 처음 왔을 때 문화 충격과 고립감을 경험했고 그에 압도당했을 때에도 자신이 수면과 식욕 문제를 경험했던 것을 기억해 냈다. 또한 자신만의 이완 의식(예: 대만에서 자주 갔던 곳들이나 대만의 친구들을 떠올리고 시각화하는 등)을 만들어서 수업 사이 쉬는 시간을 앞두고 느낀 긴장감을 덜어 내는 데에 도움을 받았던 것을 기억해 냈다. 그가 사용했던 이런 접근방식을 어떤 식으로 현재의 상황에 맞게 변형시키면 그에게 도움이 될 수 있을지를 함께 탐색하는 것이 초기의 상담 회기에서 주요 초점이 되었다. 비슷한 문제를 다루는 데 있어 과거의 성공 경험을 회상할 수 있었던 것은 자신이 '인생에서 통제할 수 있는 게 아무것도 없다.'던 그에게 희망을 심어 주었던 것 외에도, 증상 완화와 자기효능감에 실용적이고 현실적인 방법을 찾고 구현하는 데에 도움이 되었다.

상담 초기에 탐색한 또 다른 영역은 그의 일상적인 기능에 크게 영향을 미치는 중등도의 우울 증상을 개선하기 위해 정신과 약물치료가 필요한지 평가해야 한다는 점이었다. 샘은 주치의를 통해 수면제와 항우울제를 처방받았고, 처음 복용한 날 아침 평소보다 졸리고 멍한 느낌이었다고 했다. 그래서 이런 종류의 약을 복용하고 싶어 하지 않았다. 또한 샘의 부모가 샘의 기(에너지 혹은 생명력)의 균형을 회복하기 위한 중국식 한약을 짓고 있다고 언급했다. 샘은 한약의 복용이 더 편안하다고 느꼈으며 서양식 향정신성 의약품과는 달리 복용할 때의 부작용이 없었다. 향정신성 의약품에 대한 그의 거부감을 감안하여, 당분간 그의 우울 증상을 모니터링하여 증상이 가라앉지 않으면 그때 다시 정신과 약물에 대해 이야기하기로 동의했다. 그의 우울 증상은 시간이 지나면서 점점 줄어들었기 때문에 후속 조치가 필요 없게 되었다.

상담 과정에서 상당한 시간을 들여 샘의 발달과정에서 어떤 경험들이 그의 낮은 자아개념에 영향을 미쳤는지를 탐구했는데, 이는 결과적으로 많은 도움이 되었다. 감정적으로 준비되어 있지 않은 상태에서의 부모와의 헤어짐, 10대 또래들에 의해 반복적으로 경험한 미묘한 차별들, 동성애자라는 것이 알려졌을 때 가족과 신앙 공동체에 의해 배척당하는 것에 대한 끊임없는 두려움을 포함해 여러 이슈를 함께 탐색했다. 그래서 짐과 헤어지기 전에도 이러한 경험이 어떻게 자신의 낮은 자아개념을 이끌어 내고 지속시켰으며 우울한 감정과 사회적 고립에 기여했는지를 더 잘 이해하는 데 중점을 두었다. 나아가 그의 부정적 자기귀인이 어떻게 아시아계 동성애자로서의 정체성을 더욱 완전하게 수용하는 데 방해가 되었고, 더 깊은 대인관계(예: 연인과의 관계 등)에서의 정서적 능력을 떨어뜨렸는지를 자주 탐색했다.

샘의 어떤 삶의 경험들(예: 처음 이 나라에 왔을 때 그가 가진 인종적 · 문화적 배경을 존중하지 않고 환영하지 않았던 또래집단과의 만남)이 미친 부정적 영향에 대해 더 잘 이해하게 된 것은 중요한 도움이 되었다. 먼저, 샘의 낮은 자아개념에 대해 더 잘 이해할 수 있게 되었고, 그의 부정적 자기진술과 지나친 자기귀인 및 자책감을 해결하는 데 지렛대가 되어 주었다. 이를 통해 그가 부정적 자기진술을 할 때마다 함께 떠올랐던 자신은 사실 가치가 없는 사람이라는 식의 기존의 자기인식을 재구성하는 것이 가능해졌다. 또한 샘은 자신이 가진 문화적 가치(예: 조화를 추구하는 성향, 가족의 목표를 지원하기 위한 끊임없는 자기계발)가 자신의 학업과 경력에서의 성공을 달성하는 데 힘의 원천이 되었다는 것을 인식함으로써 자신이 가진 문화적 배경에 대한 자부심을 높일 수 있게 되었다.

상담 회기 중 샘이 가지고 있었던 동성애 관계는 끝까지 지속될 수 없고 '짐과 같은 다른 파트너를 찾지 못할 것'이라는 명백하고 암시적인 믿음은, 그가 가진 다른 관계들이나 릭과의 관계를 떠올리게 하는 방식을 통해 부드럽지만 반복적으로 반박되었다. 또한 자신이 발전시켜 온 신념들(내면화된 동성애혐오와 그가 다녔던 근본주의 기독교 교회에서 만들어 낸 반동성애적 신념들)의 '원천'을 탐색하는 것을 통해 이 신념이 타당하지 않다는 것을 깨닫게 되었다. 또한 그는 자신의 인종적 · 민족적 정체성과 성적 지향을 둘러싼 부정적 자기귀인을 극복하고, 아시아계 게이 남성인 자신에 대한 자기수용을 심화하도록 격려받았다.

이 부드러운 반박은 샘이 더 건강한 아시아인 동성애자로서의 정체성을 발달시키는 데에는 효과적이었지만 그의 종교적 신념과 성적 지향을 통합하는 데에는 도움이 되지 못했다. 예를 들어, 그의 근본주의 기독교 교회가 동성애를 정죄하기 위해 사용한 성경 구절에 대한 대안적 이해에 대해 이야기했을 때 그는 그것을 받아들이기 어려워했다. 다른 해석을 고려하기가 왜 어려운지 물었을 때, 그는 "그걸 원하지만 할 수는 없어요."

라고 말하면서 그의 딜레마를 설명했다. 샘은 자신이 배운 성경에 대한 이해에 의문을 제기하는 것을 통해 '그분이 주시는 구원을 위태롭게' 하고 싶지 않기 때문에 자신이 가진 신앙 전통의 가르침과 모순되는 것을 두려워하고 있었다.

인지적 접근을 통해 그의 신앙과 성적 지향 사이의 갈등을 해결하는 것은 성공하지 못했지만, 샘은 자신의 종교적 신념과 성적 지향 사이의 갈등에 대한 상담자의 공감적 탐색에 대해서는 반응하는 것처럼 보였다. 이에 영향을 받아 샘은 우울 증상과 자신의 정서적 갈등을 둘러싼 부정적 자기판단을 최소화하는 데 도움을 받았다. 예를 들어, 나는 동성애에 대한 그의 정서적 딜레마와 그가 신에 의해 정죄받았다는 감정에 대해서만 공감한 것이 아니라, 그가 자신의 일상생활에서 '항상 좋은 그리스도인이 되려고 노력했다.'는 샘 스스로도 인정하는 부분에 대해 부드럽게 상기시켰다. 또한 이러한 갈등을 어떻게 해결할 수 있을지에 대한 질문은 샘 스스로도 이 탐색 과정에 머무를 수 있도록 독려하는 계기가 되었다.

상담을 시작하고 1년 정도 지났을 때, 샘은 성적 지향과 신앙을 둘러싼 계속되는 갈등에 대해 이야기하면서 "왜 신은 나를 이렇게 만드셨을까요?"라고 말했다. 그가 차츰차츰 보복하는 신(retributive God)을 믿는 것으로부터 멀어지면서, 우리 상담의 초점도 정죄에서 동성애자의 신의 의미를 분별하도록 돕는 것으로 바뀌었다. 이 과정은 신의 무조건적 사랑을 선포했던 여러 기독교 교회들과의 이전 경험에 의해 강화되었다. 상담이 진행되면서 샘은 점차 자신의 성적 지향을 그가 가진 기독교 신앙의 맥락에서 더 잘 통합할 수 있었고, 그의 두 가지 차원의 삶이 상호 배타적이라는 초기의 시각을 감소시킬 수 있었다.

상담 과정은 샘에게 자신의 인종적 · 민족적 정체성, 성적 지향 및 기독교 신앙을 둘러싼 정서적 딜레마와 부정적 자기귀인을 줄임으로써 우울 증상을 줄이는 데 도움이 되는 안전한 공간을 제공했다. 그가 사는 도시의 지역사회 자원도 그의 통합적인 정체성을 발달시키려는 노력에 도움이 되었다. 상담을 진행하면서 샘은 '자신과 같은 사람들이 있는지, 그리고 이들과 연락할 수 있는 곳이 있는지'를 묻기 시작했다. 샘은 자신의 궁금증을 해결하기 위해 인터넷을 통해 활용 가능한 지지자원이 있는지 찾아보았고, 이들을 만나 도움을 받았다. 이 과정에서 그는 아시아인 동성애자에 대한 지지단체와 사회기관에 관심을 갖고 활동하기 시작했다. 또한 샘은 기독교인 동성애자 지지모임 집단상담에 참석하기 시작했으며, 여기에서 사귄 새로운 친구들과 함께 동성애자들을 신학적으로 옹호하는 교회에 출석하기 시작했다. 이러한 공동체 집단들에 소속되기 시작하면서 샘은 점점 더 사회적이고 활발한 사람이 되어 갔고, 아시아인 동성애자 기독교인으로서의 정체성도 점점 더 깊은 차원의 통합으로 나아갔다.

상담을 16개월 정도 지속하고 나서 샘의 직장이 제공하는 의료보험 정책이 바뀌었다. 우리의 상담은 더 이상 새로운 의료보험의 지원을 받을 수 없게 되었다. 샘은 나와 계속해서 상담을 하고 싶지만 그럴 수 없기 때문에 바뀐 보험의 지원을 받을 수 있는 다른 상담자가 있다면 소개해 줄 수 있는지 부탁하며 슬퍼했다. 그래서 나는 그가 나와 계속해서 상담을 하고 싶다면 상담비를 약간 조정할 수도 있다고 말했고, 그 이야기를 들은 그는 놀라며 눈물을 보였다. 이 경험은 그에게 원하는 사람에게서 상담을 받을 수 있는 방법을 마련해 주었을 뿐만 아니라 자신의 발달과정에서 키워 온, 결국 사람들은 나를 거부하고 버릴 것이라는 기대에 맞서 싸울 수 있는 감정적 경험이 되었다. 샘은 상담 중에 일어난 이와 같은 교정적 경험을 통해 자기가치감(sense of self-worth)을 심화시키고 더욱 발달시키는 데 도움을 받았다.

성과

샘은 상담을 종결하기 2개월 전쯤 '한동안은 계속해서 상담을 받고 싶다.'고 생각했다. 이와 관련한 그의 욕구에 대해 탐색했는데, 샘은 '짐과의 헤어짐을 극복'한 것을 포함하여 자신에게 치료적 진보가 있었다는 것을 인정했다. 또한 지금은 거의 느끼지 못할 정도로 기존에 경험하던 기분부전장애 관련 증상들이 크게 줄었다. "우울감을 느낀 지 좀 되었다."고도 말했다. 일부 직장 동료에게 커밍아웃을 했고 그에 대한 긍정적인 경험을 했으며, 친구들과 더 친하게 지냈고 '보통은 나 자신에 대해 좀 더 긍정적으로' 느꼈다. 따라서 우리는 이 상담의 효과를 더 강화하고 종결을 준비할 수 있도록 남은 회기를 사용하기로 합의했다.

과정적 이슈

앞에서 설명하지 않은 몇 가지 과정적 이슈에 대해 간략히 설명하고자 한다. 신뢰 구축을 위해 상담자의 자기개방을 사용하는 것, 내담자와 상담자의 유사성으로 인해 일어난 부정적 전이와 역전이의 어려움 등이 포함될 것이다.

상담을 시작할 때 샘은 내가 가진 인종적·민족적 배경, 나이, 성적 지향, 종교 등을 포함한 개인적 배경에 대해 정중하게 물었다. 그의 문화적 배경과 기대에 기초했을 때, 내가 대답을 하지 않았더라면 신뢰를 쌓거나 치료적 관계를 발전시키기가 어려웠을 것이다. 따라서 적절하게, 하지만 과도하지 않게 개인적 정보들에 대해 대답했고, 자기개방이 상담동맹을 강화하는 방식으로 활용되도록 항상 주의를 기울였다. 그의 개인적인 질문에 대한 대답 역시 상담의 목적에 맞게 활용하기 위해 두 부분으로 구성되었다. 예를 들어, 내가 대만에서 왔는지 그가 물어봤을 때 "저는 중국인이지만 대만 출신이 아니에요. 혹시 내가 대만 출신이 아니기 때문에 당신을 진정으로 이해하지 못할까 봐 걱정이 되나요?"라고 물었다.

우리가 가진 비슷한 배경(중국인이고 게이인 것 등)이 상담에 도움이 되기도 했지만, 우리의 관계에 대해 장애가 되기도 했다. 상담을 시작하고 몇 달이 지났을 때, 샘은 나와 거리를 두기 시작했다. 예를 들어, 그는 정중하고 대화를 잘 이어 가기는 했지만 좀 더 형식적인 대화를 하는 경향이 있었다. 그리고 상담 중에 자신의 감정적 문제에 대해 더 깊이 파고들어 가는 것을 어려워했다. 내가 이 이야기를 꺼내자, 샘은 자신이 우리의 관계나 자신의 감정에 대해 거리를 두고 있는지 몰랐다고 말했다. 나는 어떻게 하면 그가 상담 중에 좀 더 편안해질 것 같은지 알려 달라고 요청했지만, 그는 아무것도 생각나는 것이 없다고 반복해서 말했다. 여러 단계의 탐색을 통해 우리는 샘이 내 기대를 만족시키지 못할까 봐, 그래서 내가 그를 포기하고 버릴까 봐 걱정하고 있다는 것을 알았다. 나는 샘이 자신의 발달단계에서 학습한 '조건적 수용'을 우리 관계에도 투사하고 있다는 것을 인식할 수 있도록 도왔다. 또한 나는 내 배경이 자신의 배경과 너무 비슷해서, 그가 나에게 불편감을 느낀다는 것도 알아챘다. 그는 이것에 대해 내가 '거울을 보고 딱히 기분이 좋지 않은 것과 마찬가지'라고 말했다. 내가 그를 거부하지 않는다는 것에 대한 수차례의 언어적·비언어적 확인 과정을 갖고 난 뒤 샘은 차츰 그것을 믿기 시작했고, 이에 따라 자신과 나 사이에 있던 정서적인 벽을 낮추었다. 이것이 부정적인 자기귀인과 다른 호소 문제들을 다루는 데에도 도움이 되었다.

샘이 경험한 부정적 전이도 있었지만 나 자신도 부정적 역전이를 경험했다. 사실은 나도 성적 지향과 종교적 신앙을 통합하는 것에 대한 어려움을 경험하고 있었는데, 이 부분에 역전이가 일어났다. 나는 샘이 동성애자로서 자신의 성적 지향을 비난하는 듯한 성경 구절을 다른 방식으로 해석하는 것을 어려워할 때마다 좌절감을 느꼈고 점점 참을성이 없어지는 느낌을 받았다. 이 경험을 통해 성소수자, 특히 게이와 레즈비언을 비난하는 종교적 신념이 일으키는 부정적 영향과 그로 인해 나 또한 고통스러운 갈등을 경험한다는 것을 상기할 수 있었다. 그 결과, 샘이 경험하고 있는 정서적 투쟁에 대해 더 깊은 차원에서 이해할 수 있었고, 내 상담 방향을 인지적 도전에서 내담자의 자기 탐색을 유도하는 방식으로 수정하게 되었다.

다른 권고사항

샘은 상담을 통해 자신에게 중요한 여러 정체성(예: 인종, 민족, 성적 지향 및 종교적 신앙)을 통합하는 측면에서 긍정적 진전을 보였다. 상담을 종결할 때, 그는 부모나 누나에게 커밍아웃을 하려면 '여전히 더 가야 할 길'이 있다고 말했다. 하지만 동시에 '아마도 시간이 그냥 좀 지나면 될 것 같다.'고도 느꼈다. 또한 상담을 받는 동안 몇 명의 남성과 데이트를 할 수 있었는데도 '누군가와 정착해서 사는 것'은 가능하지 않을 것 같다고 했다. 우리는 이 부분이 여전히 '성장해야 할 영역'이라는 것을 인정했다. 나는 그가 필요하면 언제든지 다시 상담으로 돌아와 더 도움을 받을 수 있을 것이라고 그를 안심시켰다.

참고문헌

American Psychiatric Association. (2000). *Diagnostic and statistical manual of mental disorders* (4th ed., text rev.). Washington, DC: Author.

18장

라틴계 게이 및 레즈비언 상담

사무엘 사나브리아(Samuel Sanabria), 아나 푸이그(Ana Puig)

라틴계 문화권의 게이와 레즈비언에 대해 연구하는 것은 복잡하다. 왜냐하면 라티노들은 동질적 집단이 아니기 때문이다. 이들은 서로 다른 다양한 국가 배경, 다른 사회적 이상, 서로 다른 독특한 문화적 역사를 가지고 있는데, 그러면서도 이 역동적인 라티노 공동체를 관통하는 일반적 주제가 있다. 라틴계 게이와 레즈비언을 상담할 때는 이 점을 명심해야 한다. 내담자가 이러한 요소를 먼저 이야기할 수도 있고 그렇지 않을 수도 있지만, 일반적으로 라틴계 사람들은 가족의 의무, 성역할, 종교 의식(religious observance)을 중요하게 여긴다. 이런 점 때문에 라틴계 사람이 레즈비언과 게이에 대해 덜 관용적일 수도 있다. 또한 라틴계 게이와 레즈비언은 자신의 민족적 정체성과 성적 지향을 통합하는 것에 대한 어려움을 직면하는 경우가 많다. 예를 들어, 라티노 사회에서 동성애자들은 가족이나 지역사회로부터 동성애혐오적인 메시지를 많이 들었을 수도 있고, 따라서 동성애 공동체의 문화가 라티노 문화의 기본 이상을 반영하고 있지 않을 수도 있다. 라틴계 게이와 레즈비언은 자신의 가족을 실망시키는 것이 두려워서 자신의 진정한 자아를 숨기며 살기도 하는데, 이런 경우 이들은 다른 게이 및 레즈비언과 연결되면서 경험할 수 있는 지지자원과는 분리된다. 이러한 스트레스 요인은 우울증, 불안장애, 약물 남용, 일부는 자살 충동으로도 이어질 수 있다. 상담의 목표는 개인의 민족성을 인식하고 존중하는 동시에 그 맥락에서 일어날 수 있는 동성애혐오의 영향은 줄이고 문화적 정체성을 통합하면서 긍정적 사회관계를 장려하여 자기수용을 촉진하는 것이 되어야 한다.

사례 연구 1

헥터는 도미니카공화국에서 네 형제 중 막내로 태어나 자랐다. 그의 부모는 그를 전통적인 가톨릭 신앙과 가치관으로 키웠으며, 어린 시절 헥터는 산토 도밍고의 이글레시아 데 크리스토(Iglesia de Cristo)[1]에서 복사[2]로 봉사했다. 교회에서 활동하는 것은 헥터에게 중요한 일이었고, 한때는 사제가 되기를 열망했다. 헥터는 그의 가족, 특히 그의 형인 프레디(Freddie)와 매우 가까웠다. 헥터는 프레디를 거의 존경했는데, 프레디는 푸에블로(pueblo, 공동체)에서 구아포(guapo, 미남)로 통했다.

어린 나이부터 헥터는 자신이 또래의 다른 소년들과는 다르다는 것을 알았지만 그 이유는 잘 알지 못했다. 고등학교 때 그는 가장 친한 친구인 후안 카를로스(Juan Carlos)에게 낭만적인 마음을 품기 시작했고 졸업 파티에서 후안과 첫 성경험을 가졌다. 그 일이 일어난 직후, 후안은 헥터를 거부하고 그와 더 이상 대화하는 것을 거절했다. 헥터에게는 너무나 속상한 일이었다. 언젠가 헥터는 후안에게 연락을 시도했지만, 떨어지라며 그렇지 않으면 헥터의 부모에게 네가 파토(pato, 동성애자 남성)임을 말해 버릴 거라는 말을 들었다. 헥터는 자신이 게이라는 사실을 깨달았지만, 가족에게 커밍아웃을 해서 자신이 가족을 실망시키게 될까 봐 두려웠다. 그는 오명을 얻는 것도 파밀리아(familia, 가족)의 사랑과 지원을 잃는 것도 두려웠다.

고등학교 졸업 후 헥터는 장학금을 받고 워싱턴 대학교[3]에 다니기 위해 세인트루이스로 이사했다. 이 새로운 환경에서 헥터는 자신의 성에 대해 좀 더 자유롭게 탐색할

---

1) 역자 주: 그리스도의 교회라는 뜻인데, 저자들이 영어가 아닌 스페인어를 그대로 쓴 것을 반영하여 스페인어 발음대로 적었다.

2) 역자 주: 가톨릭 교회에서 미사 중 제단에서 봉사하는 사람들을 뜻하는 용어로, 주로 아동, 그중에서도 소년들이 봉사하는 경우가 많다.

3) 역자 주: 원문에는 Washington repressive environment라고 표기되어 있으나, 맥락에 맞지 않아 역자가 원저자와 의사소통을 한 결과, 세인트루이스에 위치한 사립대학인 Washington University를 잘못 표기한 것이라는 응답을 들었다.

수 있었다. 그는 그 지역의 게이 바에 가기 시작했고, 자신에게 새롭게 주어진 성적 자유를 다양한 남성과 누렸다. 하지만 곧 술집에서의 만남에 싫증이 났고, 사실은 의미 있고 오래 지속되는 관계를 만들고 싶어졌다. 헥터는 게이 바에서 만나는 남자들이 섹스에만 관심이 있는 것처럼 보였기 때문에 게이 바에 가는 것을 그만두었다. 그는 게이 공동체와 다른 방식으로 연결되기를 소망하며, 대학 내 성소수자 학생 커뮤니티에 가입하기로 결정했다.

대학에서 1년의 시간을 보낸 뒤, 헥터는 같이 수업을 들었던 벤자민(Benjamin)과 데이트하기 시작했다. 처음에는 학생회관에서 있었던 성소수자 모임 회의에서 만났는데, 그 회의 이후에 더 많은 대화를 나누며 서로에 대한 관심을 표현했다. 헥터는 벤자민에 대해 강력한 끌림을 느꼈기 때문에 데이트를 신청했는데, 3개월을 만났지만 벤자민이 다른 남자들과도 가끔 데이트를 한다는 것을 알게 된 후 관계를 끝냈다. 헥터는 벤자민뿐만 아니라 게이 공동체 전체로부터 배신당한 것처럼 느꼈다. 환멸감 속에서 그는 앞으로 다시는 다른 남자와 사랑하고 헌신하는 관계를 추구하지 말자고 스스로를 설득했다. 그는 성소수자 커뮤니티 모임에 참석하는 것을 중단했고, 기숙사에서 더 많은 시간을 보냈다.

헥터는 점점 더 향수병이 심해져서 가족에게 자주 전화를 걸었다. 헥터는 여전히 자신의 성적 지향을 밝히지 않았고, 그래서 자신이 관계에서 경험하는 어려움에 대해 말하는 것이 어려웠다. 아버지한테 외롭다고 말할 때마다 아버지는 "남자답게 하자(man up)."[4]라고 말하며, 공부에 집중하라고 했다. 헥터는 점점 더 혼자 고립되어 갔고, 그래서 자신이 자신의 히스패닉 뿌리와 종교적 근원과 다시 연결되어야겠다고 결심했다. 그래서 매주 토요일 저녁 스페인어로 미사를 봉헌하는 지역 가톨릭 교회에 등록했다. 교회에 출석하면서도 헥터는 여전히 자신이 단절되었다는 느낌을 받았는데, 자신이 과거에 남성들과 관계를 가졌던 것에 대한 죄책감이 커져 갔기 때문이었다. 언제나 모범생이었던 헥터는 점점 수업을 빠지기 시작했고, 한 과목에 F 학점을 받고 학사경고를 받는 처지가 되었다. 그는 학업 자문(academic advisor)[5]과 만났는데, 그 사람이 헥터에게 대학 상담센터에 가서 우울증 관련 상담으로 도움을 청해 보도록 권했다.

헥터는 학교의 상담센터에서 상담자인 질(Jill)을 만나기 시작했다. 첫 회기 때 헥터

4) 역자 주: 용감해지라, 힘든 상황을 이겨 낼 수 있을 정도로 충분히 단단해지라는 뜻을 담은 표현이다.
5) 역자 주: 주로 학부생들의 성적 관리, 졸업 요건 관리 등을 돕고 대학생활 관련 정보 등을 제공하는 교직원이다.

는 교회 팸플릿에서 읽었던 회복치료(reparative therapy)[6]에 물어보았다. 헥터는 자신의 성 정체성에 대해 갈등을 느끼고 있었고 '정상'으로 돌아가는 것에 관심이 있었다. 그는 상담자에게 다른 남성에게 매력을 느끼는 자신이 잘못되었으며 게이인 것은 자연스러운 일이 아니라고 말했다. 게이 문화에서는 진정한 의미 있는 관계를 갖는 것이 가능하지 않고, 언젠가 결혼해서 자녀를 갖기 원한다고도 말했다.

호소 문제

게이들은 부모, 교사, 친구, 종교단체, 대중 매체를 포괄하는 사회를 통해 동성애에 대한 편견을 담은 메시지를 듣고 자란다. 이러한 부정적 메시지 때문에 어떤 사람들은 동성애자로서의 정체성을 받아들이기 어려워하고 자신의 성욕을 변화시키고 동성애자에서 벗어나기 위해 회복치료라고 불리는, 논란이 많은 치료 방법을 찾기도 한다. 그 사람들은 이 치료를 통해 자신의 삶이 더 나아질 것이고 그래서 자신들이 좀 더 사회에서 받아들여질 것이라고 믿는다. 성적 지향을 바꾸는 것이 어쩌면 이 사람이 사회에서 더 많은 수용을 얻는 데 도움이 될 수도 있겠지만 이들의 삶이 개선될지에 대해서는 의문이 있다. 회복치료는 우선 내담자에 대한 무조건적 수용이라는 근본적인 상담의 원리에 어긋난다. 상담자는 내담자가 왜 자신의 성적 지향을 바꾸고 싶어 하는지, 그 동기에 대해 이해해야 한다. 종교적 신념 때문에 회복치료를 받고 싶어 하는 내담자를 상담하는 것은 어렵다. 상담자는 내담자의 자기수용을 촉진할 수 있는 방법을 고민하는 동시에 내담자가 자신을 위해 가장 좋은 치료 경로를 찾을 권리가 있다는 것을 존중해야 한다. 이 사례의 경우, 헥터가 받은 가톨릭 가치에 기반한 양육은 게이 남성으로서의 자기이해에 없어서는 안 될 부분인 것으로 보인다. 헥터는 가톨릭의 가치관으로 자랐으며, 가톨릭 교회는 오랫동안 성소수자들을 비난한 역사를 가지고 있다. 헥터가 그동안 편견적 가치를 강화하는 많은 메시지를 받고 살아왔기 때문에 자신을 종교적으로 수용 가능한 존재로 맞추기 위해 회복치료를 추구하게 되었다.

소수 민족의 사람들이 긍정적 게이 정체성을 발달시키기 위해서는 가족과 지역 공동체에 대한 커밍아웃이 중요한 역할을 한다. 라틴계 문화는 가족의 단합, 조화, 순응에 큰 가치를 두기 때문이다. 많은 전통적 라틴계 가족은 동성애자에 대한 부정적 태도를

---

6) 역자 주: 요즘은 주로 전환치료(conversion therapy)라는 용어를 사용한다.

가지고 있고, 공공연히 동성애자가 가족 간 갈등을 만드는 사람들로 간주되기 쉽다. 갈등을 피하기 위해 많은 라틴계 동성애자는 이중생활을 하고 자신의 성적 지향을 밝히지 않기로 결정한다. 많은 라틴계 동성애자가 가족으로부터의 거부를 경험한다. 헥터 역시 불화를 일으키고 거부당하는 것이 두려워 커밍아웃을 하지 못하고 있었다. 하지만 동시에 자신의 성적 지향을 밝히지 않음으로써 자신의 가족과 주요 지지자원으로부터 자신을 단절시켰다. 또한 라틴계 문화에서는 일반적으로 적절한 남성과 여성의 행동에 대한 강한 전통적 기대가 있는데, 남성성을 과시하는 남성들이 높이 평가받았다. 헥터의 형인 프레디는 인기가 많았다. 프레디는 높은 수준의 마치즈모(machismo)[7]를 표현했고 부모와 지역 공동체의 존중을 받았다. 헥터도 프레디를 존경했고, 자신도 프레디만큼 사람들에게 받아들여지기를 원했다.

일부 인종적 · 민족적 소수성을 가진 성소수자들은 성소수자의 정체성과 인종적 · 민족적 정체성 중 하나만을 선택해야 한다고 생각한다. 이 두 가지 정체성 사이에 자신이 분열된 듯한 느낌을 경험하기도 한다. 라틴계 동성애자들이 라틴계 공동체와 지배적인 공동체 양쪽에서 억압을 경험하는 것은 드문 일이 아니다. 헥터는 추방당하는 것에 대한 공포 때문에 라틴계 공동체에서 자신의 게이 정체성을 드러내는 것이 편하지 않았다. 하지만 헥터는 게이 공동체와는 멀어졌는데, 이들이 사랑하고 헌신하는 관계에 대한 자신의 문화적 이상을 공유하지 않는다고 생각했기 때문이다. 더군다나 헥터는 고향에서 수천 마일이 떨어진, 그래서 자신이 살았던 도미니카공화국과는 너무나 다른 지역사회에서 살고 있었기 때문에 더욱 어려운 상황이었다.

진단

헥터는 벤자민과 헤어진 직후 우울증 증상을 보고했는데, 라틴 문화 및 자신의 종교와 재연결되는 것을 시도한 후 증상이 더 심해졌다. 추가적인 탐색을 통해 질은 헥터가 거의 매일 슬픈 기분, 무감각증, 수면의 어려움, 피로감, 무가치감을 경험하고 있다는 것을 발견했다. 하지만 헥터는 과거나 현재에 자살사고를 가졌던 적은 없다고 했다. 질은 헥터의 우울증이 지난해에 시작되었고, 이전에는 현재와 비슷한 증상을 경험한 적이 없다고 결론 내렸다. 헥터도 자신이 우울증 때문에 수업에 갈 수 없었다는 것을 인

7) 역자 주: 강하고 공격적인 남성성에 대한 자부심을 의미한다.

정했다. 질은 헥터에게 성격검사는 필요하지 않다고 보았다. 헥터는 또한 신체적 또는 성적 학대를 경험한 적도 없고 신체적으로도 건강하다고 말했다. 이 정보를 토대로 질은 다음의 진단을 했다.

축 I 296.2 주요우울장애, 단회 사건, 경도, 신경증적 증상 없음
축 II 799.9 진단 보류
축 III 내담자에 의해 보고된 바 없음
축 IV 향수병, 학업상의 문제, 정체성의 갈등
축 V 전반적 기능 평가(GAF)=68

상담 목표

헥터에게는 처음 상담을 받기 시작한 이유가 자신의 성적 지향을 바꾸는 것이었다. 질은 내담자가 표현한 목표의 액면가만을 받아들이지 않고, 성적 지향을 바꾸고 싶어 하는 마음의 근원에 있는 동기를 탐색했다. 하지만 그의 종교와 문화적 신념을 존중했다. 질은 상담을 통해 헥터에게 내면화된 동성애편견적 태도와 신념에 대해 직면했고, 그 태도와 신념의 문화적 · 종교적 기원들 드러냈다. 그리고 회복치료가 가지고 있는 한계와 내담자에게 미칠 잠재적 위해(potential harm)에 대해서도 설명했다. 이러한 것들을 깨닫게 된 헥터는 자기수용에 대한 근본적인 필요를 받아들였으며 자신의 문화적 · 성적 · 종교적 정체성을 통합하는 것을 최종 목표로 세우는 것에 동의했다.

사용한 개입

상담에 있어 질의 첫 번째 관심은 헥터와의 신뢰를 쌓는 것이었다. 효과적인 상담을 위해서는 강력한 치료적 관계가 확립되어야 하기 때문이다. 질은 헥터가 경험하는 갈등적인 정서에 대해 공감하면서도 헥터에게 자신의 삶의 모든 측면에 대해 선택을 할 책임이 있다는 사실을 강조했다. 질은 헥터의 웰빙을 증진시키는 데에 진정한 관심이 있었고, 또 한편으로 헥터의 문화적 · 종교적 신념을 존중했기 때문에 매우 신중하게 상담에 임했다.

질이 결정한 상담의 목표 중 하나는 헥터가 자신의 성적 · 종교적 · 민족적 정체성

에 대한 수용과 통합을 증가시켜 건강한 자기감각을 발달할 수 있도록 돕는 것이었다. 질은 카스(Cass, 1979)의 게이 및 레즈비언 정체성 모델(gay and lesbian identity model)과 앳킨슨, 모튼과 수(Atkinson, Morten, & Sue, 1989)의 인종·문화 정체성 발달 모델(racial/cultural identity development model)을 사용하여 헥터가 긍정적이고 통합된 개인 정체성을 발달시킬 수 있도록 돕기로 결정했다. 질은 헥터가 게이가 아닌 사람이 되고자 하는 욕구를 탐색하는 것이 상담에서 중요한 부분이 되어야 한다는 것도 인식했다. 질은 헥터의 성적 지향을 바꾸려는 결정이 어떻게 일어났는지를 물었다. 헥터는 먼저 회복치료에 대한 문서를 발견했고 자신이 다른 남성과는 의미 있고 장기적인 관계를 맺을 수 없을 것이라고 확신했으며, 사실은 가족을 만들고 싶어 했다. 질은 헥터에게 게이 공동체의 다양성에 대해 점진적으로 소개했다. 오랜 시간 의미 있는 관계를 지속해 온 동성 커플들에 대해 이야기해 주었고, 이들 중 어떤 커플은 입양이나 다른 방식을 통해 가족을 만들기도 했다는 이야기도 해 주었다. 동성애 문화의 이러한 측면을 함께 탐색하는 과정을 통해 헥터가 동성 관계에서도 행복을 찾을 수 있다는 사실을 깨닫기를 바랐다.

질은 또한 지역 내 라틴계 게이 모임이나 메트로폴리탄 커뮤니티 교회(Metropolitan Community Church)와 같은 동성애자를 긍정하고 옹호하는 교회들을 소개해 주었다. 또한 질은 가족에게 커밍아웃하는 것을 고려하도록 독려했다. 질은, 커밍아웃은 강력하고 긍정적인 게이 정체성 발달에 중요한 부분이지만 실제로 커밍아웃을 함으로써 어쩌면 고통스러운 거부를 경험할 수도 있다는 것을 알고 있었다. 가족의 지지를 상실하는 것에 대한 두려움은 라틴계 동성애자들에게만 해당하는 것이 아니다. 하지만 적절한 행동이 무엇인지에 대해 강력하게 개입하는 라티노 문화에서 이런 두려움은 두드러진다. 질과 헥터는 커밍아웃을 하기로 혹은 하지 않기로 결정했을 때 경험할 수 있는 긍정적 결과와 부정적 결과에 대해 논의했다. 두 선택 모두와 각각의 선택이 가져올 수 있는 잠재적인 결과들을 또 어떻게 다룰 것인지에 대한 계획을 함께 세웠다. 이들은 특히 형에게 혹은 공동체 전체에 커밍아웃을 했을 때 예상할 수 있는 여러 구체적인 상황을 가정하고 상황마다 대처 방식을 세운 뒤 상담 중에 반복적으로 연습했다.

성과

헥터는 게이, 라틴계, 종교적 정체성을 통합하기 위해 계속 노력했다. 그리고 성소수자 학생 모임에 다시 나가고 그 안에서 라틴계 학생들을 위한 소집단을 만들었다. 헥터는 소수의 친구들에게 먼저 커밍아웃을 했고 긍정적인 반응을 경험한 뒤 가족에게 커밍아웃하는 것에 대해 충분한 확신과 용기를 얻었다. 그의 형은 헥터를 지지했고, 아버지도 처음에는 화를 냈지만 나중에는 그를 지지했다. 그의 어머니는 한동안 스스로를 비난했고, 여전히 죄책감에 시달리고 있다. 헥터는 회복치료에 대한 생각을 버리고 세인트루이스에 있는 메트로폴리탄 커뮤니티 교회에 출석하기 시작했다. 아직 데이트를 시작하지는 않았지만 그리 오래 지나지 않아 자신이 스스로에 대해 충분히 편안해질 것을 알았다.

사례 연구 2

소피아는 지난 15년간 플로리다 남부에 살았다. 그는 41세로 이혼 경험이 있는 베네수엘라 출신 미국인 여성이었다. 소피아의 두 여동생과 부모는 최근까지도 베네수엘라에 살았다. 1년 전, 베네수엘라의 정치 상황에 긴장이 더해 갔고, 소피아의 부모와 형제자매는 미국으로 이민할 수 있도록 도와달라고 요청했다. 소피아는 마이애미의 대학원에 다니던 시절 전남편을 만났다. 그때는 20대 중반이었고, 부모는 빨리 결혼해서 아이를 낳아야 한다고 강권했다. 짧은 연애를 한 뒤, 그는 쿠바계 미국인 2세였던 카를로스(Carlos)와 결혼했다. 결혼하고 얼마 지나지 않아 카를로스는 횡포를 부렸고 언어적 학대를 했고 소피아를 통제하려고 들었다. 소피아는 독립적이고 똑똑한 여성이었고 그의 행동에 방어적으로 반응했다. 이들은 여러 번 심한 말을 서로 퍼부으며 살았다. 소피아는 자신이 실수를 했다는 것을 알았고, 결국 3년 후에 이혼을 신청했다. 소피아는 아이를 낳지 않은 것에 감사했고, 소피아의 가족은 처음에는 실망했지만 결국 그의 이혼 결정을 지지했다.

얼마 지나지 않아 소피아는 자신의 성 정체성을 탐색하기 시작하면서 자신이 사실은 부모의 압력 때문이 아니라 여성에게 끌리는 자신의 마음으로부터 도망치기 위해 결혼했다는 것을 알았다. 소피아는 고등학교 때 만났던 여자친구와의 강한 우정이 사실은 깊은 정서적 유대감과 무언의 성적 긴장으로 가득 찼던 것을 깨달았다. 그는 작고 약간은 비밀스러운 모임 등을 통해 다른 직장인 레즈비언들과 친구가 될 수 있었다. 소피아는 몇 번의 짧은 연애를 했지만, 상대 여성들이 더 진지한 관계로 들어가기를 원할 때마다 그 관계를 끝냈다. 그는 공개적으로 레즈비언으로서 사는 것을 거부했고, 이런 태도는 그의 관계에 짐이 되었다. 5년 전, 푸에르토리코 사람인 마리사(Marisa)를 만나기 전까지는 한 번도 누군가와 동거를 한 적도 없었다. 두 사람 모두 서로에게 레즈비언인 것을 밝혔지만, 가족이나 동료들에게는 커밍아웃을 하지 않았다. 마리사의 원가족은 혼란스럽고 역기능적이었기 때문에 마리사는 수년에 걸쳐 이들로부터 멀어졌다. 두 여성 모두 자신의 생활을 비밀로 유지했고, 집에서는 친밀한 연인이었지만 다른 사람들에게는 룸메이트라고 말하며, 감정적으로는 서로에게 헌신했다. 커밍아웃을 하지 않은 레즈비언이었기 때문에 소피아의 가족은 이 두 사람의 관계를 몰랐다.

4개월 전 가족들이 미국으로 이민을 왔을 때 즈음, 몇몇 이웃이 소피아와 마리사의 관계를 눈치챘기 때문에 소피아는 고민이 많았다. 이미 커플처럼 살고 있었지만, 자신들의 관계를 숨기기 위해 각자 따로 침실을 쓰고 있었다. 소피아의 가족은 새로운 곳에 와 새로운 문화에서 사는 것이 힘들어서 자주 소피아의 도움이 필요했다. 그리고 소피아는 점점 더 마리사에게는 제대로 마음을 쓰지 못하고 있었다. 원가족의 필요를 채워주어야 하는 부담감과 가족에게 동성애자인 것을 들키면 어쩌나 하는 걱정 때문에 소피아의 마음에 점점 두려움이 커졌다. 마리사는 소피아의 두려움을 이해했지만 현재의 상황이 소피아에게 미치는 영향에 대해 매우 걱정하고 있었다. 소피아는 점점 어두워지고 사회적으로 고립되었으며 초조해했고 다가가기 어려운 사람이 되어 갔다.

지난 일요일 아침, 소피아의 부모는 미리 이야기하지 않고 찾아왔는데, 소피아와 마리사는 여전히 잠자리에 있었다. 마리사가 침실에 숨어 있는 동안 소피아가 문을 향해 달려갔다. 소피아의 부모가 떠난 후 이 둘은 격렬한 논쟁을 벌였다. 소피아는 화를 냈고 비명을 지르며 울었다. 마리사는 무섭고 혼란스러웠다. 마리사는 소피아가 이렇게까지 화를 내고 감정적으로 통제할 수 없는 상태에 있는 것을 본 적이 없었다. 이 사건으로 인해 소피아도 무서워졌고 자신이 무언가를 해야 한다는 것을 깨달았다. 소피아는 전화번호부에서 성소수자 문제를 전문으로 하는 정신건강 상담사를 찾아 전화하기로 결정했다.

첫 회기 상담에서 소피아는 마치(March) 박사에게 비밀보장이 자신한테 얼마나 중요한 일인지를 강조했다. 소피아는 혹시라도 자신이 상담을 받는다는 사실이 누군가에게 알려질까 봐 불안해했으며, 자신이 이야기하는 모든 내용이 확실히 비밀로 유지되는 것인지 확인하려고 했다. 마치 박사는 자신과의 상담 내용은 법이 규정하는 범위 내에서 기밀로 유지될 것이라고 안심시켰으며, 소피아가 상담받고 싶어 하는 내용에 대해 듣기 전에 먼저 어떤 경우에 자신이 비밀을 지킬 수 없는지, 비밀유지의 한계에 대해 이야기했다.

호소 문제

소피아는 내면화된 동성애혐오와 3중의 소수자성(triple minority status) 때문에 어려움을 겪고 있었다. 소피아는 중년의 레즈비언 여성이었고 커밍아웃하지 않는 생활을 유지했으며, 자신의 파헤야(pareja, 파트너)와 최근 5년간 관계를 유지하고 있었다. 자신의 원가족이 미국으로 이민을 오면서 자신의 성적 지향에 대해 가족에게 이야기를 해야 할 상황이 곧 오거나 혹은 자신이 말하기 전에 가족이 먼저 알아차릴 수 있는 상황에 직면하게 되었다. 또 자신이 노인이 된 부모의 장녀이기 때문에 가족의 필요를 채우고 도와주는 역할에 대한 문화적이고 암묵적인 기대가 있었다. 더군다나 여동생들과는 달리 자신의 가족(남편과 자녀)이 없었기 때문에 더욱 그러했다. 라틴계 가족구조에서는 서로의 프라이버시를 침해해도 괜찮다. 대인관계에서의 경계도 유동적이다. 가족이라면 당사자가 원하지 않더라도 여러 가지 질문을 하거나 의견을 제시할 수 있다. 그리고 현재 소피아는 가족이 새로운 환경에 적응할 수 있도록 돕는, 가족의 중심에 있는 사람이 되었다. 매우 스트레스를 받고 있었고 이것을 어떻게 다루어야 할지 모르겠는 상황에 처했다.

소피아는 자신의 성 정체성을 의심하거나 그에 저항하는 것은 아니지만 여전히 뿌리 깊은 동성애혐오에 시달리고 있었다. 가장 나이가 많고 혼인 상태에 있지 않은 딸로서 감당해야 하는 가족에 대한 책임과, 이 상황이 자신들의 관계에 미치는 영향 때문에 느끼는 파트너의 좌절감 때문에 힘이 들었다. 그리고 미국에서 살기 시작하면서 소피아는 그곳의 문화적 가치인 독립, 자립, 자유를 자신의 삶에 통합시켰다. 하지만 자신의 원가족이 미국으로 이민을 온 이후로, 자신의 이러한 개인주의적 가치는 장녀로서 갖는 집단주의적 의무감과 충돌하기 시작했다. 장녀와 큰언니로서의 의무감은 마리사와의 관계에도 갈등을 일으켰다. 상담에서 다룰 주요 주제는 부족한 자기수용력과 해결되지 않은 동성애혐오, 원가족에 대한 새로운 책임감, 마리사의 충실한 파트너로 남아 있는 것 사이의 갈등을 조정하는 것이었다.

가족과 공동체에 커밍아웃을 하는 것은 소수 민족을 위한 긍정적 동성애자 정체성을 발달시키는 데 있어 중요한 부분이다. 이 과정을 통해 소피아는 자신의 성 정체성을 인식하고 받아들이며, 마침내 긍정할 수 있는 것이 가능해진다. 그는 가족을 화나게 하고 싶지 않았고 갈등을 회피하고 싶었기 때문에 커밍아웃을 하지 않는 것을 선택했다. 소피아의 부모는 언제나 소피아를 자랑스러워했으며, 그가 직업적으로 많은 성취를 해내고 있고 책임감이 강한 것을 소중하게 여기고 있었다. 하지만 소피아가 단 3년간의 결혼생활 끝에 카를로스와 이혼했기 때문에 그는 이미 자신의 부모를 한 번 실망시켰다. 그래서 자신의 성 지향과 마리사와의 관계가 알려져서 가족에게 부끄러운 일이 되거나 혹은 자신의 부모와 형제들이 따돌림을 당할까 봐 두려워했다. 여성의 적절한 행동에 대한 라틴 문화의 기대는 소피아의 삶의 방식과 일치하지 않았다. 이미 그는 자녀를 갖지 않고 직장에 다니는 여성이 되는 것을 선택함으로써 문화적으로 비규범적인 행동을 보이고 있었다.

소피아는 자신의 이중 정체성 사이에 깊은 분열을 느꼈다. 성인기의 대부분의 생활을 지배적인 문화(미국 문화)와 지배적이지 않은 문화(베네수엘라, 쿠바의 문화) 사이를 중재하며 지냈다. 하지만 그 문화들 모두 동질적으로 편견의 요소와 성별에 기초한 사회적 기대를 가지고 있었다. 모두 동질적인 동성애편견적 요소와 성별에 기초한 기대를 가지고 있었다. 소피아는 거절당할 것에 대한 두려움 때문에 자신의 성 정체성을 라틴 공동체에 공개하고 싶지 않았다. 그리고 자신의 성공적인 전문인으로서의 인생을 위험에 빠뜨릴 수도 있는 두려움 때문에 동성애자로서의 자신을 더더욱 드러내고 싶지 않았다.

상담에서의 고려사항 및 진단

소피아는 가족이 도착한 후 우울하고 불안한 기분, 과민성, 짜증, 절망, 과도한 걱정, 불안감, 식욕부진, 두통, 복통, 수면장애를 경험하고 있으며 직장에서도 일에 집중하기 어렵다고 말했다. 그리고 마리사와의 관계에서도 거리감이 생겼고, 애정을 표현하거나 성적으로 친밀한 관계를 갖기가 어려워졌다. 소피아는 전남편의 정서적 학대를 인정했지만 신체적 또는 성적 학대는 없었다고 말했다. 자살에 대해 생각한 적도 없다고 했다. 보통은 신체적으로 건강했지만 최근에 역류성 식도염으로 인해 약을 처방받아 먹기 시작했다. 소피아와 마리아는 상당히 좋은 관계를 유지해 왔고, 도드라지는 문제를 경험한 적도 없었다. 그런데도 소피아는 요즘 마리사와의 관계에서 갈등을 느끼고 있었다. 소피아는 이 관계 때문에 자신의 성 지향을 숨기는 것에 대한 스트레스가 높아져서 자신이 점점 지쳐 가고 있다는 사실을 인정했다. 초기 평가를 마친 후, 마치 박사는 다음의 진단을 문서화했다.

축 I	309.28 적응장애, 급성, 혼재된 불안감 및 우울감의 공존
축 II	799.9 진단 보류
축 III	역류성 식도염
축 IV	정체성 갈등, 관계적 갈등
축 V	전반적 기능 평가(GAF)=65

상담 목표

처음에 소피아는 상담 목표를 분명하게 밝히지 못했다. 단순히 자신이 "압도당하고 짜증이 나고 갇힌 느낌이고 혼란스럽고 힘이 없다."라고 말했다. 자신이 느끼고 있는 강한 압박감에서 벗어나기를 원했고 가족과 마리사에게 해가 되지 않기를 원했다. 그는 자신이 마리사에게 최악의 모습을 보이고 있다고 말하면서 눈물을 보였다. 소피아는 지금까지 가족에게 자신의 스트레스를 감추어 왔지만 막내 여동생 라켈(Raquel)은 소피아한테 괜찮은지 무슨 일이 있지 않은지 물어보면서, 소피아가 뭔가 구석에 몰려 있고 심술궂어 보이기까지 한다고 말했다. 소피아는 지금의 곤경에서 벗어나고 싶다고 말했다. 그리고 무엇인가를 바꿔야 하고 커밍아웃에 대한 두려움에 대해 탐색을 시작해야 한다는 것을 인정했다. 그는 마치 박사에게 자신이 오랫동안 이 일로 힘들었으며, 이제는 그 고통이 최고 지점에 도달했다고 말했다. 마치 박사는 소피아가 가족과의 관계뿐만 아니라 마리사와의 관계도 점검해야 할 필요가 있다고 말했다. 마리사도 함께 상담을 받는 것에 대해 의논했지만, 소피아는 먼저 자신에 대해 이야기하고 싶어 했다. 소피아와 마치 박사는 현재의 스트레스 요인에 대처하는 더 건강한 방법과 커밍아웃에 대한 두려움을 탐색하기로 합의했다.

사용한 개입

마치 박사는 소피아에게는 상담의 기밀성에 대해 안심하는 것이 절실한 문제라는 것을 알고 있었다. 그래서 이러한 필요성을 이해하고 존중하고자 했으며, 소피아와의 신뢰 관계를 구축하기 위해 노력했다. 맥칸과 패싱거(McCarn & Fassinger, 1996)의 레즈비언 정체성 발달 모형(model of lesbian identity formation)을 적용하여 소피아를 도왔는데, 이 모형은 '인종, 민족, 성별 정체성과 레즈비언 정체성의 이중적 성격이 미치는 고유한 성적 정체성들이 어떻게 성소수자들의 억압된 소수자성을 이끌어 내는지'에 대해 잘 설명하고 있다(p. 509).

마치 박사는 소피아가 자신에게 내재화되고 하나로 합쳐진 개인적 정체성과 집단적 정체성이 어떻게 변해 왔는지 탐색할 수 있도록 도왔다. 소피아는 카를로스와 결혼했을 때 아직 자신의 성적 지향을 제대로 인식하지 못했다. 이혼한 다음에야 자신이 다른 여성들에게 매력을 느끼고 있다는 사실을 마음먹었고 자신의 감정을 탐색하기 시작했다. 소피아는 여성과 데이트를 시작하기로 결심했고 자신의 성(sexuality)에 더 적극적으로 관여하기 시작했지만, 그렇다고 해서 더 큰 레즈비언 공동체의 일원이 된다든가 하는 일은 절대로 하지 않았다. 소피아는 사회적 관계를 맺을 때 선택적이고 조심스러워했다. 그리고 항상 자신의 선택이 불러올 수 있는 잠재적 결과와 자신과 같은 라틴계 출신 사람들에게 자신이 어떻게 보일지에 대해 알고 있었다. 또한 직장의 보수적인 직업 문화에 대해서도 충분히 잘 알고 있었다. 이렇듯 다양한 억압은 그를 침묵하게 만들었고, 편집증에 가까운 불안을 경험하게 했으며, 커밍아웃에 대한 두려움을 더 커지게 했다. 마리사를 만나고 파트너 관계를 맺으면서 동성애자로서의 정체성을 좀 더 편하게 받아들일 수 있었지만, 그렇다고 해서 성소수자 집단의 구성원이라는 정체성을 완전히 받아들이지는 않았다.

마치 박사가 사용한 모형에 따르면, 레즈비언들은 직장에서는 커밍아웃하지 않고 자신의 성 지향을 감추며 살아가더라도 개인적 측면에서 충분히 통합적인 정체성을 발달시켜 나갈 수 있다. 그러나 개인적 정체성과 집단적 정체성 모두를 완전히 내재화하고 통합하기 위해서는 자신의 소수성(성별, 민족, 인종, 성소수자)과 관련한 억압을 탐색하고 이해하는 것이 필요하다. 소피아는 지난 수년간 자신이 여러 세상에 걸쳐 살면서 그것이 자신에게 미친 영향이 어떠한지를 깨달았고, 자신의 여러 정체성을 조율하여 어떻게 스스로를 통합적으로 정체화할 수 있을지에 대한 방법을 찾기 시작했다. 그는 자신이 처한 복잡성을 연결하는 고리를 만들어 낼 수 있었다. 이 과정에서 중요했던 부분은 자기 내부에 자리 잡고 있던 비이성애차별주의와 동성애혐오적 생각들을 구별해 내고 거기에서 자유로워지는 것이었다. 이 과정들을 이해하는 것을 통해 소피아는 자신이 겪고 있던 긴장, 불안, 우울 등의 증상을 완화할 수 있었고 자신의 격렬한 정서적 상태를 정상화할 수 있었다.

결국 소피아는 커플상담을 위해 마리사를 데려오기로 했다. 마치 박사는 두 사람이 각자의 개인적 · 집단적 정체성의 고유한 발달 궤도를 이해할 수 있도록 도왔다. 마치 박사는 또한 두 사람이 가진 사회에서의 위치에 대해 명료화하고 서로의 관계에서 조율, 타협, 존중, 지지를 어떻게 하면 더 잘 할 수 있는지 방법을 함께 모색했다. 두 여성 모두 자신의 정체성과 현재 상황에서 각자가 맡은 역할들 사이의 유사점과 차이점을 발견하기 시작했다.

성과

소피아는 자신의 성 정체성과 집단 정체성 이슈가 자신의 웰빙과 관계의 질적 측면에서 핵심적 역할을 하고 있다는 것을 인식하기 시작했다. 또한 자신이 가지고 있는 비이성애차별주의와 동성애혐오가 자신이 커밍아웃하지 않고 동성애자인 것을 숨기며 살기로 한 결정에 어떤 역할을 했는지도 이해했다. 그는 자신의 성 정체성을 숨기는 것이 마음의 평화를 망치고, 자신을 지지하는 친구들과의 관계나 레즈비언 공동체와의 관계를 발전시키는 것을 막고 있다는 것을 알았다. 소피아는 가장 친한 여동생인 라켈부터 시작해서 조금씩 커밍아웃을 하는 것에 대해 생각하기 시작했다. 소피아는 마리아와 함께 상담 회기에 와서 커밍아웃과 관련한 이야기를 함께 나누고 '앞으로 해야 할 일과 그 방법에 대한 합의에 도달'할 수 있었다.

소피아는 자매들에게 커밍아웃을 하는 큰 진전을 보였으나 부모에게 커밍아웃하는 것은 고려하지 않았다. 아무래도 부모에게 커밍아웃했을 때의 피해가 커밍아웃을 통해 얻을 수 있는 이득보다 클 것 같은 생각이 들었기 때문이었다. 소피아는 라켈에게 먼저 커밍아웃했고, 둘째인 미리암(Miriam)에게도 커밍아웃을 했다. 두 사람에게 커밍아웃하는 것이 그때 당시 소피아가 할 수 있는 최대의 노력이었다. 그는 부모와의 관계에서 좀 더 경계를 잘 세울 수 있게 되었고, 마리사와 좀 더 많은 시간을 보낼 수 있게 되었다. 미리암은 소피아의 커밍아웃에 대해 라켈보다는 더 힘들어했지만, 그래도 결국에는 받아들였다. 두 사람은 소피아를 지지했고, 소피아의 딜레마를 이해했다. 그래서 부모를 더 자주 찾아가고 돌보려고 노력했고, 그래서 부모는 소피아의 시간을 덜 필요로 하게 되었다.

추후 상담 혹은 훈련을 위한 권고사항

헥터와 소피아의 사례는 라틴계 게이 및 레즈비언에게 영향을 미치는 일반적인 문제 중 일부를 보여 준다. 넓게 보면 라틴계 공동체는 매우 다양하지만 동성애혐오와 동성애에 대한 편견적 메시지를 갖는 것이 일반적이다. 이러한 부정적 가치관은 가족, 집단주의, 조화, 노인에 대한 공경 등의 기본적인 사회 이상과 함께 동성애자 개인에게 내면화될 수 있다. 따라서 라틴계 게이 및 레즈비언들은 상담에 와서 이러한 부정적 메시지와 관련한 스트레스 요인들에 대해 말할 가능성이 높다. 헥터의 경우 종교가 결정적 역할을 했지만, 라티나(라틴계 여성)의 규범적인 행동을 따르지 않은 나이 많은 딸이었던 소피아에게는 가족 내 지위가 그로 하여금 파트너 및 가족 관계에 대해 큰 스트레스를 받게 하는 요인이었다. 또한 두 사람 모두 각자가 직면한 성인으로서의 발달 과업이 있었는데, 헥티는 성인기에 막 접어든 청년으로서의 과업이 있었고 소피아에게는 중년의 직업을 가진 여성으로서의 과업이 있었다.

상담자는 이와 같은 내담자가 자신의 고유한 호소 문제를 해결할 수 있도록 돕기 위해 적절하게 훈련받아야 하고 스스로를 준비시켜야 한다. 상담 전문가는 내담자의 성적 지향과 그에 대한 수용 능력과 관련해서 내담자의 인종, 민족, 성역할, 성 정체성, 국적, 영성, 종교성, 지배 문화에 동화된 정도, 가족 배경 등이 미치는 영향을 인식하고 탐색할 수 있어야 한다. 예를 들어, 소피아와 헥터의 경험은 현저히 다르지만, 두 사람 모두 성별에 따라 문화적으로 기대되는 역할을 충족하는 방식으로 행동해야 한다는 압박감을 느꼈다는 점에서 비슷하다고 할 수 있다.

상담의 목표에는 내면화된 동성애혐오의 탐색, 문화적 정체성과 성 정체성의 통합, 긍정적인 사회적 관계의 창출 및 유지, 자기수용의 촉진 등이 포함될 수 있다. 상담자는 내담자가 가진 다양한 정체성이 각자의 발달과정에서 미치는 영향에 대해 배우고 이해해야 할 책임이 있다. 따라서 상담자는 동성애자의 정체성 발달과 관련된 다양한 이론을 숙지하고 이를 유능한 방식으로 적용하는 법을 배워야 한다. 상담자들은 자기수용이라는 상담의 기본 목표를 인정하고 지지하기 위해 다문화상담 역량(Arredondo et al., 1996)과 영적 · 종교적 상담 역량(Association for Spiritual, Ethical, and Religious Values in Counseling, 2009)을 공부하고, 자신이 가지고 있는 가치관이 효과적으로 상담적 도움을 제공하는 능력에 미치는 영향에 대해 알고 있어야 한다.

궁극적으로 라틴계 게이 및 레즈비언 개인을 상담할 때, 상담자는 다양한 소수자로서의 배경을 가진 개인과 연대하고 신뢰의 기반을 갖추어야 한다. 또한 내담자의 호소문제를 평가할 때는 신중하게 해야 하는데, 이때 상담자의 충분한 자각 및 상담 역량이 요구된다. 내담자의 문화적 · 인종적/민족적 · 종교적 가치에 대해 특별한 관심을 가져야 하며, 내담자가 자신의 성 정체성을 수용하는 데에 영향을 미쳤을 내담자의 출신 국가와 지배문화와의 동화 정도에 대해서도 관심을 기울여야 한다. 성공적인 상담을 위해서는 내담자가 자기 자신에 대해 수용하고 자아를 통합할 수 있도록 세심하게 안내해야 한다.

참고문헌

Arredondo, P., Toporek, M. S., Brown, S., Jones, J., Locke, D. C., Sanchez, J., & Stadler, H. (1996). Operationalization of the Multicultural Counseling Competencies. *Journal of Multicultural Counseling & Development, 24,* 42-78.

Association for Spiritual, Ethical, and Religious Values in Counseling. (2009). Spiritual competencies: Competencies for addressing spiritual and religious issues in counseling. Retrieved from http://www.aservic.org/resources/spiritual-competencies/

Atkinson, D. R., Morten, G., & Sue, D. W. (1989). A minority identity development model. In D. R. Atkinson, G. Morten, & D. W. Sue (Eds.), *Counseling American minorities* (pp. 35-52). Dubuque, IA: Brown.

Cass, V. C. (1979). Homosexual identity formation: A theoretical model. *Journal of Homosexuality, 4,* 219-236.

McCarn, S. R., & Fassinger, R. E. (1996). Revisioning sexual minority identity formation: A new model of lesbian identity and its implications for counseling and research. *The Counseling Psychologist, 24,* 508-534.

19장

다인종/다민족 퀴어 및 트랜스젠더 내담자: 교차정체성과 자아탄력성

아넬리제 A. 싱(Anneliese A. Singh), 크리스틴 육심천(Kirstyn Yuk Sim Chun)

> 나는 젊은 흑인 동성애자로 살았던 외로운 느낌을 기억한다. 아주 괜찮았고, 내가 진실과 빛과 열쇠를 손에 쥔 듯 느꼈지만, 많은 것이 순전히 지옥이었다.
>
> – 오드리 로드(Audre Lorde)[1)]

다인종/다민족 퀴어 및 트랜스젠더 내담자를 상담할 때는 내담자가 가진 교차정체성과 그것의 발달과정과 그 교차성이 어떠한 방식으로 내담자에게 자아탄력성과 해방의 장소로서 활용될 수 있는지에 대해 탐색해야 한다. 다인종/다민족 퀴어 및 트랜스젠더 내담자는 자신이 가지고 있는 정체성의 복합성으로 인해 다양한 문제에 직면할 수 있다. 내담자는 종종 두 세계나 그 이상의 세계 사이에 사로잡혀 자신의 삶의 한 영역에서는 퀴어 또는 트랜스젠더 정체성을 받아들이면서도 다른 두드러진 정체성을 숨기거나 말하지 않도록 자제해야 한다고 느낀다. 다인종/다민족 퀴어 및 트랜스젠더 내담자들은 인종, 민족, 성적 지향, 성별 정체성, 성별 표현 등에 기반한 엄청난 사회의 고정관념을 견뎌 내고 있거나 내면화하고 있을 수 있다.

1) 역자 주: 미국의 유명한 작가로, 여성주의자이다.

그러나 내담자의 웰빙을 가로막는 수많은 장벽에 대해 탐색하는 것 외에도, 내담자가 자신이 발달시킨 고유한 탄력성과 대처전략을 식별하는 것이 중요하다. 이 장에서는 상담자가 이러한 내담자를 만날 때 발생할 수 있는 일반적인 일들을 어떻게 다룰 수 있을지에 대한 두 가지 사례 연구(인지행동상담 이론을 적용한 퀴어 사례 연구와 이야기상담 이론을 적용한 트랜스젠더 사례 연구)를 제시할 것이다. 두 사례 연구에서 우리는 내담자가 상담 관계에서나 혹은 사회에서 자신의 웰빙에 영향을 미쳤던 경험 모두에서, 어떤 권력, 특권, 억압의 이슈가 발생했는지를 식별하기 위해 여성주의 및 사회정의 상담의 이론적 틀을 사용할 것이다. 또한 미국성소수자상담학회(ALGBTIC)에서 만든 레즈비언, 게이, 양성애자, 트랜스젠더 내담자를 위한 상담 역량 가이드라인(ALGBTIC, 1997)과 트랜스젠더 내담자를 위한 상담 역량 가이드라인(ALGBTIC, 2010)을 통합하여 활용할 예정이다(각각 부록 A와 B 참조).

퀴어 다인종/다문화 사례 연구

배경 정보

로사 나카노-곤잘레스(Rosa Nakano-Gonzalez)는 멕시코계 미국인이자 일본계 미국인으로 28세의 가톨릭 여성, 레즈비언의 파트너인 대학원생이다. 로사의 아버지는 멕시코의 미초아칸에서 20대에 이민을 와서 니세이(Niesei, 부모가 일본에서 태어나 이민을 와서 낳은 자식), 일본계 미국인 2세인 로사의 어머니와 결혼했다. 로사는 지난 2년 동안, 33세의 이민 1세인 베트남계 미국인이자 불교인이고 엔지니어인 여자친구 탄(Thanh)과 함께 살고 있다. 탄에게는 이 관계가 첫 유사성별 관계(similar-gender relationship)[2)]인데, 탄은 자신의 성 지향에 따로 이름 붙이지 않는 것을 선호한다.

로사는 고등학교에 다닐 때 자신이 유사성별의 사람들에게 매력을 느낀다는 것을 알게 되었다. 대학에 들어와 비밀리에 다른 여성들과 데이트를 하기 시작했고, 대학 내 LGBTQQI 행사에 참석했다. 로사가 20대 초반 부모에게 레즈비언으로서 커밍아웃하려고 했을 때, 어머니는 몸을 부들부들 떨다가 울기 시작했고 아버지는 자기 딸이 '아픈'

2) 역자 주: 동성애와 구별되는 용어로, 이분법적 성별을 선호하지 않는 사람들의 특정 관계에서 사용된다.

거라고 말하며 머리에 양손을 가져다 댔다.

부모의 지지를 받지 못했지만, 로사는 다른 여성들과의 관계에 대해 최대한 떳떳하게 행동하려고 노력했다. 이제 20대 후반에 접어든 로사는 외출할 때도 공개적으로 애인의 손을 잡거나 팔짱을 낀다. 탄은 대도시에서는 로사가 그렇게 하도록 두지만, 아시아인이나 아시아계 미국인이 많이 살고 있는 이 도시의 특정 지역에서는 로사를 밀어내곤 했다. 탄의 가족은 로사가 탄의 룸메이트라고만 생각하고 있다. 최근 들어 탄은 로사를 가족 모임에 데려오기 시작했는데, 로사가 너무 가까이 다가와 앉을 때마다 조용히 로사를 꾸짖었다. 탄의 형제들은 어색하지만 예의 바르게 로사에게 말을 걸려고 시도하지만, 탄의 부모는 로사를 제대로 쳐다보지 못하고 있다.

자신의 레즈비언으로서의 성 정체성을 합리적으로 확신하는 로사는 현재 자신의 다인종 정체성과 씨름하고 있다. 사람들이 인종적 배경에 대해 물으면 로사는 자신을 '그냥 미국인'이라고 묘사하거나 때로는 "잡종인 것 같아(A mutt, I guess)."라고 대답하며 어깨를 한 번 으쓱하곤 했다. 로사는 자신이 언제나 "아시아인이 보기엔 멕시코인이고, 멕시코인들한테는 너무 아시아인 같았다."라고 했다. 로사는 탄과 탄의 가족이 자신들이 베트남 사람이라고 강하게 믿고 있는 것과 베트남 문화 안에 살고 있는 것, 베트남어를 사용하고 문화적 전통을 따르는 것을 부러워했다. "나도 내가 어디엔가 속한 사람이라면 참 좋겠어요."라고 로사는 부드럽게 덧붙였다. 하지만 로사와 탄은 성 정체성 발달과정의 차이, 성 지향에 대해 솔직하게 드러내는 정도의 차이, 동성과의 관계에 대한 경험의 차이 때문에 자주 싸웠다. 로사는 "내가 누구인지, 내가 어떻게 사는지, 내가 누구를 사랑하는지에 대해 자랑스러워할 수 있도록 정말 열심히 노력했고, 탄이 왜 자기와 나에 대해, 서로에 대한 우리의 사랑을 그렇게 부끄러워하는지 모르겠어요."라고 말했다.

호소 문제

로사의 박사과정 지도교수는 그가 지난 18개월 동안 가벼운 우울증 증상을 지속적으로 보인 것 같다고 했다. 로사 역시 거의 매일 하루의 어떤 시간을 동기가 부족하다는 생각과 '공허감'으로 보낸다고 말했다. 식욕, 수면 패턴, 집중력, 에너지 수준, 성욕의 변화도 있었다. 로사는 자신이 현재 학업적으로나 사회적으로 어려움을 느끼고 있다는 것을 인정했다. 그리고 사실은 고등학교 때부터 우울증과 지속적으로 싸워 왔고, 20대 초반부터는 증상이 악화되었던 것 같다고 말했다. 하지만 로사는 지난 18개월 동안 특히 더 자신이 산만해지고 공부를 제대로 하지 못한 것 같다고 말했다. 이 시간 동안 로사는 박사학위논문을 쓰는 것에 압도감을 느끼기 시작했고, 처음으로 누군가와 동거에 들어갔으며, 부모로부터의 지속적인 비승인을 경험했다. 그는 "나는 단지 누군가가 나를 정말로 받아들이고 내 편에 있는 것처럼 느낄 수 있기를 바라요."라고 말했다. 자살과 관련한 생각, 다른 사람에게 위해를 입히려는 생각 등은 보고되지 않았다.[3] 로사는 자신이 미래에 행복해질 수 있는 사람인지를 걱정했다. "때때로 길을 잃은 기분이고 너무 외로워요. 나를 있는 그대로 사랑할 수 있는 사람이 과연 누구라도 있을지 궁금해요."라고 말했다.

진단

축 I　311 우울장애, 달리 명시되지 않음
　313.82 정체성 문제
　V62.4 문화적 동화 문제
축 II　V71.09 진단 없음
축 III　없음
축 IV　가족 문제, 낭만적인 관계 문제, 사회환경 관련 문제, 교육 문제
축 V　전반적 기능 평가(GAF)=61(접수면접 시점)
　전반적 기능 평가(GAF)=70(상담 종결 시점)

로사의 우울 증상이 보이는 강도와 빈도는 주요우울장애에 맞지 않고 주요우울 삽화의 기준도 충족하지 않았다. 우울 증상의 강도와 지속 기간은 진행성이지만, 장애의 기준에 부합하지 않는다. 증상이 오랫동안 지속되었지만 적응장애의 진단을 보장할 수 없다. 조증 삽화 및 기타 증상에 대한 보고가 없기 때문에 현재의 우울 증상은 심각한 학업 및 직업 장애를 동반한, 달리 명시되지 않는 우울장애의 기준을 충족한다. 우울 증상에 기여할 수 있는 약물 사용이나 의학적 문제는 없는 것으로 보고되었다. 현재 진행 중인 성적 · 인종적 정체성 문제에 대한 내담자의 보고에 따르면 정체성 문제 및 문화적 동화 문제의 진단이 적절하다. 축 I에서 불안장애 기준을 충족하는 증상 역시 없었다.

3) 역자 주: 진단 과정에서 우울장애가 의심되는 내담자에게 보통 물어보는 질문이다.

이론적 틀과 상담 목표

앞에서 언급했듯이, 이 장에서 제시된 두 사례 모두 여성주의, 다문화 및 LGBTQQI 긍정의 관점에서 접근한다. 이 임상 삽화에는 인지행동상담의 방식도 적용한다. 이 네 가지 이론의 공통점은 개인의 어려움을 이해할 때 환경의 맥락에서 보는 것이 중요하다고 강조한다는 점이다.

인지행동적 관점에서 로사의 우울증 증상은 잘못된 가정으로부터 비롯된 자동화된 사고, 자기 자신 · 타인 · 자신이 살고 있는 세상에 대한 부정적인 핵심 신념의 결과로 이해할 수 있다. 인지행동상담은 어떤 사람의 자동화된 사고, 기분, 행동, 신체화 반응, 그것들 사이의 상호작용이 어떤 환경적 맥락에서 일어난 것인지를 이해하는 것으로 시작한다. 하지만 궁극적으로는 **개인** 차원에서의 변화를 강조한다. 하지만 여성주의, 다문화, LGBTQQI 긍정의 관점에서는 종종 개인 수준뿐만 아니라 **사회체계**의 변화가 필요하다는 것을 강조한다. 이러한 이론들의 관점에서 로사의 사례를 살펴보면 여성들에게 너그럽지 않은 환경, 다인종, LGBTQQI 정체성들이 부정적 핵심 신념과 자동화된 사고, 우울증 증상들의 원인인 동시에 이를 지속시키는 연료이기도 하다.

인지행동, 여성주의, 다문화, LGBTQQI 긍정의 상담 접근에 따라 다음의 상담 목표를 로사와 함께 만들고 세웠다.

1. 기분의 개선
   a. 자동적 사고가 무엇인지 정의하고, 이 사고를 이성적으로 뒷받침할 수 있는 증거가 있는지 탐색하며, 좀 더 균형 잡힌 사고의 패턴을 발달시킨다.
   b. 다인종 정체성 발달과 관련한 사회적 지지를 증가시킨다.
   c. LGBTQQI 정체성 발달과 관련한 사회적 지지를 증가시킨다.
2. 연애 관계에서의 기능을 증진
   a. 연애 관계에서의 기능을 방해하는 자동적 사고, 가정, 핵심 신념이 무엇인지 찾는다.
   b. 탄과의 대화에서 LGBTQQI 정체성 발달의 맥락을 기반으로 로사가 다인종적 정체성 발달과정과 관련한 어떤 경험들을 하고 있는지 잘 전달할 수 있는 기술을 마련한다.
   c. 로사가 가진 다양한 문화를 존중하는 맥락 안에서 탄과 로사의 LGBTQQI 정

체성 발달과정의 공통점과 차이점에 대해 탄과 잘 대화할 수 있는 기술을 마련한다.

3. 가족 관계에 대한 좀 더 효과적인 대처를 마련
   a. 가족 관계의 맥락에서 자신이 어떤 식으로 자동적 사고, 가정, 핵심 신념을 발달시켰는지를 이해한다.
   b. 가족 관계와 관련하여 현실적인 목표를 세운다.
   c. 가족 관계에서 발생하는 모든 스트레스 및 불편감에 대한 대처로 발생했을 자동적 사고에 대해 그것이 논리적인 것인지 지속적으로 검증하고, 균형 잡힌 사고의 패턴을 발달시키기 위해 노력한다.
   d. 가족과 현실적으로 가능한 정도의 접촉을 통해 다인종 정체성 발달의 여러 방식을 찾고 시도해 본다.

개입

로사와 공동으로 개발한 상담의 목표와 계획은 여성주의, 다문화 및 LGBTQQI 긍정의 관점으로 전달된 인지행동 개입을 필요로 한다. 대부분의 인지행동 개입의 경우와 마찬가지로, 상담은 환경의 맥락에서 기분, 행동 및 신체적 반응에 대해 자동적 사고가 미치는 영향에 대한 심리교육으로 시작되었다. 로사는 멕시코와 일본계 미국인, 레즈비언, 연애 관계, 가족 관계 등과 관련된 자기가치감에 영향을 미치는 자동적 사고들을 탐색했다. 로사에게 그가 가지고 있는 자동적 사고가 무엇인 것 같은지 물어봤을 때, "나는 어디에도 속하지 못하고, 사람들은 아무도 나를 받아들여 주지 않을 것이며, 나는 결국 혼자 남을 거예요."라고 대답했다.

로사가 가진 배경이나 현재 경험하는 이슈 등을 고려할 때, 사회체계적 접근을 활용해서 자동적 사고가 만들어진 사회정치적 맥락을 탐색하는 것이 특히 중요해 보였다. 이러한 환경적 문제를 해결하기 위해 상담자는 잠재적인 사회적 자원(예: 상담센터의 다민족 지지집단, 학교의 다문화 관련 주말 행사, 학교의 LGBTQQI 다양성 기념 행사 등)을 찾아보고 참여해 보는 것을 권유했다. 상담자는 로사의 LGBTQQI 관련 행사 참여와 유색인 공동체 활동 등을 상담 기간 전반에 걸쳐 점검하였다. 이런 행사 참여와 이를 통한 권력강화(empowerment)[4]를 가능하게 하는 기회들 역시 상담 중에 적절한 방식으로 함께 논의하였다. 처음에 로사는 새로운 사람들을 만날 때마다 자신이 거부당할 것 같다는 긴장감을 느꼈지만 시간이 지나면서 자신의 소외 경험과 비슷한 경험을 한 여러 소수자성을 지닌 사람들을 만나며 달라졌다. "어떤 학생들은 저보다 더한 경험을 했더라고요. …… 그 애들도 '갈색' 피부를 가졌고요. 더 이상 언제나 나만 이렇게 애써 용기를 내야 하는 사람이라고 느끼지 않아도 될 것 같아서 그게 좋아요."라고 말했다.

로사는 자신의 다인종적 LGBTQQI 정체성에 대한 사회적 지지자원을 더 늘려 갔다. 개인상담을 지속했고 자동적 사고와 관련한 인지행동적 전략을 사용했다. 상담자는 '생각의 기록' 방식을 소개했는데, 이는 내담자의 자동적 사고를 식별하고 활용 가능한 증거를 탐색해서 처음에는 상담 중에, 나중에는 상담 회기들 사이에 혼자서 스스로 균형 잡힌 사고의 패턴을 발달시켜 가는 방법이다. 예를 들어, 로사는 시간이 지나면서 차차 '절대로'나 '언제나'와 같은 단어를 적게 사용하기 시작했다. 그 대신에 그는 "때때로 다인종으로 사는 건 쉽지 않은 일이에요. 많은 사람은 그게 뭔지 제대로 이해하지도 못하거든요. …… 하지만 어떤 사람들은 동성애자이면서 갈색 피부를 가졌으면서 다인종으로 사는 것이 어떤 것인지 이해하기도 해요. 그리고 아마 어떤 사람들은 내가 사랑하는 여자애가 '지금 베트남 사람들이 많은 동네에 와 있기 때문에' 갑자기 잡은 손을 빼 버릴 때 얼마나 마음이 아픈지도 이해할 거예요. …… 그냥 이건 원래 그렇게 힘든 일인 것 같아요. …… 그래도 적어도 그렇다고 해서 나 혼자서 이걸 다 감당해야 하는 건 아닐 거예요."라고 말했다.

이 인지행동상담에는 새로 개발한 균형 잡힌 방식의 생각을 일상생활에서 적용해 보는 '행동 실험' 방법이 포함되어 있다. 예를 들어, 로사는 거부당할 것 같은 두려움이 있지만 그래도 LGBTQQI 학생 지원센터에서 다른 학생들을 만나고 이들과 대화하는 것을 연습 삼아 해 보았다. 그는 탄하고의 관계에서도 자기 자신의 감정을 더 많이 개방적으로 터놓고 대화할 수 있는 것을 목표로 세웠다. 시간이 지나면서 로사는 탄이 경험하고 있는 내적인 갈등을 그 자신의 가치에 대한 반영으로 해석해 버리는 일 없이, 자신의 감정과 필요에 대해 탄에게 더 잘 이야기할 수 있었다.

로사와의 상담에 '행동계획'도 도입했는데, 여기에 인지행동적 및 사회체계적 접근법을 통합하여 활용했다. 이 단계에서 로사는 자신의 기분과 기능을 향상시키기 위한 전략을 세우기 위해 다음과 같은 행동계획을 개발했다.

---

4) 역자 주: 여성주의 상담의 맥락에서 권력과 자주성을 빼앗겨 온 여성 내담자에게 상담자가 힘과 권력을 부여하는 모든 활동, 상담적 개입 등에 사용되는 핵심 개념이다.

1. 대학 내 다인종 및 LGBTQQI 집단에서 새로운 사람들과 이야기를 나누어 본다.
   a. 사고 기록을 활용해서 대인관계와 자기가치감과 관련한 자동적 사고에 도전한다.
   b. 상담센터의 다인종 지지집단상담에 참석한다.
   c. 다문화 주말 행사에 등록하고 참여한다.
   d. LGBTQQI 학생 지원센터에서 하는 LGBTQQI 다양성 주간 행사에서 자원봉사를 한다.
2. 탄에게 내가 이 관계에서 느끼는 감정과 필요에 대해 더 이야기한다.
   a. 사고 기록을 활용해서 연애 관계와 자기가치감과 관련된 자동적 사고에 도전한다.
   b. 이 관계의 긍적적 측면에 대해 내가 충분히 잘 누리고 있는 부분들을 표현한다.
   c. 각자의 커밍아웃 단계에 대해, 특히 가족에 대한 커밍아웃에 대해 의논한다.
   d. 각자 다른 커밍아웃 단계에 있더라도 내가 느끼는 감정과 필요에 대해 좀 더 표현한다.
3. 부모와 함께 내 다인종적 정체성과 레즈비언 정체성에 대한 대화를 나눈다.
   a. 사고 기록을 활용해서 가족 관계와 자기가치감과 관련된 자동적 사고에 도전한다.
   b. 부모의 문화적 배경과 전통에 대해 물어본다.
   c. 부모와 함께 다민족, LGBTQQI와 관련된 자료들을 읽고 토론한다.
   d. 성소수자의 부모, 가족, 친구 모임[5]에 참석하고, 언젠가 부모도 여기에 참석할 수 있도록 초대한다.

성과

15주간의 개인상담을 받은 뒤, 로사는 학기가 끝나면 여름 인턴십에 참석하여 바빠질 것을 예상하며 상담을 종료했다. 그는 자신이 완전히 치유된 것이 아닌데 상담을 끝내야 하는 것에 대해 마음이 복잡하다고 말했다. 마지막 세 번의 회기에서 로사는 특히 다민족 및 LGBTQQI 정체성 발달과 관련해 자신이 앞으로는 자기 감정을 더 잘 관리

5) 역자 주: PFLAG, 미국의 대표적인 성소수자 당사자와 부모, 가족, 앨라이(ally) 모임이다.

할 수 있을 것 같다고 말했다. 자동적 사고를 식별하는 것이 훨씬 쉬워졌으며, 정기적인 사고 기록을 통해 자동적 사고를 점검할 때 활용할 수 있는 근거를 탐색하는 것이 더 능숙해졌다. 그러나 로사는 여전히 균형적인 사고 패턴을 발달시키는 것이 어렵다고 했다. 종결이 다가오면서 로사는 지역의 LGBTQQI 센터 내에 있는 다인종의 사람들을 위한 지지집단에 참석해서 자신의 현재 경험들을 나누는 '행동 실험'을 해 보았다. 상담 기간이 짧아 로사가 가진 부정적인 핵심 신념에 대한 온전한 탐색은 이루어지지 못했지만, 그래도 그는 자신의 자동적 사고에 기여하는 자동 가정과 핵심 신념이 무엇인지를 확인한 것만으로도 만족스럽다고 말했다.

상담 과정 동안 로사는 열심히 노력했고 실제로 진전이 있었다. 자신의 파트너인 탄과 자신이 가진 다인종이자 레즈비언으로서의 정체성 발달과정에 대해 이야기를 나눌 수 있었다. 그의 목표 중 하나로, 탄과 자신 사이의 LGBTQQI 정체성 발달과정에서의 공통점과 차이점에 대해 이야기해 보는 것이 있었는데, 로사는 상담 중 역할극 활동을 통해 이와 관련한 자신의 생각과 느낌을 전달하는 연습을 많이 했다. 하지만 로사는 실제로 자신의 파트너와 대면해서 이런 이야기를 하는 것이 너무 위험하지 않을까 하는 생각을 하게 되었다. 로사 자신이 이미 부모로부터 거절을 당한 경험이 있었기 때문에, 자신의 연애 관계에서의 부정적인 가정과 핵심 신념을 극복하는 것은 어려웠다. 그리고 그는 여전히 자신의 다인종 정체성 발달과정에서 어려움을 겪고 있었기 때문에, 자신과는 다른 인종적 정체성과 다른 수준의 문화변용(acculturation)에 있는 탄과 제대로 연결되지 못할 것 같은 두려움을 느꼈다.

종결 회기에서 로사는 가족과의 갈등을 해결하려고 노력했고, 많이 실망했다고 말했다. 그는 먼저 자신의 다인종 정체성에 대해 부모와 대화하기 위해 노력했지만 자신이 가진 레즈비언 정체성과 현재 여자친구와의 관계 때문에 부모와의 사이에 지속적인 긴장이 있었고, 그래서 대화가 가능하지 않을 때가 많았다고 했다. 로사는 자신이 가진 자동적 사고를 식별하고 증거를 모으고 균형적인 사고 패턴을 발달시켜 나가는 것에 더 능숙해졌지만, 여전히 가족에 대한 고민에 압도되었다고 말했다. 그가 이런 감정에 대해 이야기했기 때문에 비이성애차별주의와 같은 사회정치적 요소나 다른 형태의 차별들이 어떤 식으로 개인의 부정적인 핵심 신념, 감정, 자동적 사고에 기여하는지에 대해 더 대화를 나눌 수 있었다.

상담을 종결할 때, 상담자는 로사가 자신의 감정, 친구들과의 관계, 연애 관계, 가족 관계에 있어 지속적으로 추구할 목표가 무엇인지를 탐색했다. 그는 먼저 상담을 통해 개발한 행동계획 등을 통해 지금까지 경험한 진전에 대해 매우 만족한다고 말했다. 그리고 상담을 종결한 후에도 대학 내의 새로운 공동체를 찾고 활동에 참여하면서 자신의 지지자원을 확보하고, 나머지 목표를 계속해서 달성하고 싶다고 했다.

전이 및 역전이 문제

이 사례에서 내담자와 상담자 모두 LGBTQQI 정체성을 가진 유색인 여성이었기 때문에 서로의 정체성에 대해 지나치게 관여하여 객관성을 잃어버리게 할 수 있는 가능성이 있었다. 상담을 시작하면서 로사는 자신의 상담자가 아마도 자기가 현재 경험하고 있는 정체성 관련 고민을 좀 더 개인적인 차원으로 이해하지 않을까 하는 가정을 했다. 상담자는 로사가 다인종이 아닌, 예를 들어 아시아-태평양섬 주민 퀴어 유색인 여성에게 상담을 받았다면 어땠을 것 같은지에 대한 이야기를 나누며, 상담자와 내담자 사이의 인구통계학적 공통점과 차이점이, 어떤 식으로 임상적인 장단점이 될 수 있을 것 같은지에 대해 열린 대화를 했다.

이 경우 상담자의 역전이가 일어날 수도 있다. 상담자가 자기 내담자에 대한 객관성을 잃어버리고 내담자의 고유한 경험을 제대로 인식하지 못하게 되는 것이다. 성차별주의, 인종차별주의, 비이성애차별주의 등의 차별적인 사회정치적 맥락이 겹쳤을 때 상담자가 내담자의 병리성을 지나치게 과소평가하거나 과대평가하는 일이 일어나기도 하고 상담자가 지나치게 내담자를 보호하려고 할 수도 있다. 그래서 내담자에게 충분히 직면시키지 못하고 모호한 태도를 유지하거나, 내담자의 독립성이 발달하는 것을 방해하는 결과를 가져올 수도 있다. 상담자는 이러한 위험 요소들에 대해 인식하고 상담할 때 좀 더 스스로를 경계해야 한다. 특히 로사와 같은 내담자를 만날 때는 동료들로부터 지속적인 자문을 구해서 윤리적이고 효과적인 상담을 지속할 수 있도록 노력해야 한다.

트랜스젠더 다인종/다민족 사례 연구

배경 정보

제레미 니콜스(Jeremy Nichols)는 22세의 내담자로, 태어났을 때의 지정 성별은 여성이었다. 그는 현재 자신을 트랜스젠더 남성으로 정체화한다. 제레미의 아버지는 아프리카계 미국인이었고 어머니는 유럽계 미국인이었다. 제레미는 서류에서 해당 인종·민족에 체크하도록 요구될 때마다 자신을 아프리카계 미국인으로 적었다고 보고했다. 그러나 '기타'가 선택지에 있으면 기타를 선택했다. 제레미는 학부 4학년에 재학 중이고, 경제학을 전공하고 있으며, 대학원에 지원할 예정이라고 말했다. 그는 자신이 비독점적 다자연애를 한다고 말했는데, 이는 일대일의 독점적 연애 관계 성향을 갖고 있지 않다는 뜻이다. 제레미는 자신이 삶에서 많은 유형의 다양한 관계를 가질 수 있는 사람이라고 믿었다. 그는 자신을 퀴어로 정체화했고, 애정적 지향에 대해서는 '젠더를 넘어선' 상태라고 말했다. 제레미는 1년 전쯤 여성에서 남성으로의 사회적 전환을 시작했는데 그때부터는 애정 관계로 만나는 사람이 없었다.

학부 1학년 때 사회적 전환을 시도하면서 가족과의 관계에 혼란이 왔는데, 현재는 지지, 오해, 갈등과 같은 것이 혼재되어 있는 상태라고 말했다. 제레미는 평생 동안 불안을 경험했는데, 이 불안의 대부분이 남성으로의 사회적 전환을 마친 이후 완화되었다고 한다. 대학은 제레미가 자신이 가진 트랜스젠더로서의 성별 정체성을 다른 이들과 안전하고 편안하게 공유할 수 있는 지지의 공간을 제공해 주었다. 그는 퀴어 및 트랜스젠더 학생을 위해 대학 상담센터의 지지집단상담에 참여했고, 학내의 트랜스젠더 관련 교육 및 옹호 활동에 적극적으로 참여했다.

제레미는 자신이 가지고 있는 '몸 안에 있는 것이 편안하다고 느끼기 때문에' 호르몬이나 외과적 방법을 이용한 신체 변형을 원하지 않았다. 따라서 학내의 트랜스젠더 커뮤니티 안팎에서 동시에 스트레스를 경험하게 되었다. 커뮤니티 안에 있을 때는 종종 외부인이 된 것 같은 기분이었는데, 다른 '트랜스 남성인 친구들은 요즘 몇 개의 턱수염이 자라났는지 같은 것들[6]을 이야기했다.' 게다가 제레미는 자주 외로움을 느꼈는데,

6) 역자 주: 호르몬 치료 등의 결과로 인한 현상을 말한다.

자신이 그 대학에서 유일한 유색인 트랜스젠더 남성이었기 때문이다. 트랜스젠더 커뮤니티 밖에서 항상 "호르몬 치료나 수술 같은 것들에 대한 질문을 받는 것에 지쳤다."라고 말했다. 제레미는 정말로 사람들이 이제는 '남의 바지 속에 뭐가 들어 있는지 알고 싶어 하는' 대신에 그저 각자의 성별 정체성을 존중하기를 바랐다. 제레미의 부모는 제레미가 자신의 성별 정체성에 대해 이야기했을 때 처음에는 지지적인 반응을 보이지 않았지만, 그래도 트랜스젠더와 관련된 주제의 책을 읽고 영화를 찾아보기 시작했다.

호소 문제

제레미는 불안이 증가하고 있다고 보고했다. 졸업 후 무엇을 해야 할지와 자신의 '성별에 대해 심문당하지 않을 수 있는 어떤 종류의 직업'에 지원할 수 있을지를 생각하며 '스트레스'를 받았다고 말했다. 또한 다음 달인 졸업식에 가족이 찾아오는 것이 긴장된다고도 했다. 제레미의 아버지는 최근 제레미에게 '네가 아무리 그래도 진짜 남자는 될 수 없을 것'이라고 말했다. 그리고 제레미의 성별 표현으로 인해 대학을 졸업하고 직장을 얻기 어려울까 봐 걱정을 했다. 제레미는 트랜스젠더 친구들로부터도 '거리감'을 느꼈는데, 이들이 '호르몬보다 깊은 대화'를 하지 않기 때문이라고 했다. 그래서 평소보다 더 많은 시간을 혼자서 보냈다고 말했다. 그는 자신의 '불안이 다시 찾아오는 것'이 걱정되고, 그래서 이 두려움이 공부에 집중하는 것을 방해해서 기말고사를 망치게 할까 봐 걱정된다고 말했다. 수면에도 어려움을 겪었고, 하루 종일 전반적으로 두려움이 느껴져 다른 일에 집중하기 어렵다고 말했다. 하지만 자살사고나 우울증의 병력은 없다고 보고했다.

진단

축 I 300.00 불안장애, 달리 명시되지 않음
302.85 성주체성장애[7]

축 II 없음

축 III 보고되지 않음

7) 역자 주: DSM-5에서 파기된 진단명이며, 개인의 성별 정체성은 장애가 될 수 없다.

축 IV　사회적 환경과 직업 선택 관련 환경으로 인한 문제, 가족 관련 문제

축 V　전반적 기능 평가(GAF)=65(접수면접 시점)

　　　전반적 기능 평가(GAF)=80(상담 종결 시점)

상담자는 제레미와 함께 가능한 진단들을 탐색했다. 제레미의 증상은 발생한 기간이 충분히 길지 않았기 때문에(4주) 범불안장애의 기준을 충족시키지는 못했다. 수면에 어려움을 겪었지만 절망, 무가치감, 슬픔, 자살사고 등을 포함하여 임상적 우울을 가리키는 다른 증상은 없었다. 상담자와 제레미는 축 I에서 성주체성장애를 포함하는 데에 따른 장점과 단점에 대해 논의했다. 단점으로는 상담자와 내담자 모두 이 진단명 자체가 『정신질환의 진단 및 통계 편람(DSM-IV-TR)』(American Psychiatric Association, 2000)에 포함되는 것이 옳지 않다고 믿고 있다는 것이었다. 하지만 제레미는 향후 호르몬 치료나 외과적 치료를 고려할지 여부에 대해 '길을 열어 두기' 위해, 그리고 트랜스젠더가 직면한 사회적 스트레스 요인에 대해 드러낼 필요가 있기 때문에 이 진단명을 인정하겠다고 말했다. 축 IV에 포함될 최근의 가족, 사회적 지원 및 경력 관련 스트레스 요인도 식별했다.

이론적 틀과 상담 목표

우리는 이야기치료의 관점을 적용하여 제레미가 경험한 삽화를 기술하려고 한다. 여성주의 상담 및 사회정의 상담의 관점에서 보았기 때문에 상담자-내담자 관계의 권력 차이 문제와 제레미의 웰빙에 영향을 미치는 사회적 특권 및 억압의 문제에 특히 주의를 기울였다. 다인종/다민족 트랜스젠더로 정체화하는 제레미와 함께 여성주의 및 사회정의 상담의 이론적 틀에서 활용하는 이야기상담의 접근방식을 바탕으로 다음과 같은 상담의 목표를 세웠다.

1. 지배적인 이야기를 협력적으로 이해하기
    a. 유색인 트랜스젠더 남성으로서 현재 가지고 있는 지배적인 이야기를 식별한다.
    b. 지배적인 이야기가 가진 개인적 · 사회적 측면을 식별한다.
    c. 불안, 진로, 사회적 지지자원 등과 관련해 경험하고 있는 '문제'들을 외부화한다.
    d. 불안, 진로, 사회적 지지자원 등과 관련한 '문제'들의 예외 상황을 식별한다.

2. 지배적인 이야기를 좀 더 나를 채우고 만족시킬 수 있는 방식의 이야기로 새로 쓴다.
   a. 지배적인 이야기를 새로 쓸 수 있는 내담자의 강점과 탄력성을 식별한다.
   b. 누가 새로 쓴 이야기를 지지할 수 있는 '증인' 지지자가 될 수 있을지 식별하고 이들을 증인으로 둔다.
   c. 이야기를 새로 써야 하는 맥락적 필요성을 식별한다.
   d. 좀 더 스스로를 채워 주고 만족시켜 주는 이야기를 쓰는 것을 방해하는 것들이 무엇인지 그리고 미래의 가능한 기회에는 어떤 것들이 있을지를 탐색한다.

개입

제레미와의 첫 상담은 공동의 목표를 세우는 것에 중점을 두었다. 상담자는 제레미에게 자신이 생각하고 있는 상담자의 역할은 제레미에 대해 다 알고 있는 전문가가 아니라, 그가 자신의 이야기를 회상하고 상담의 목표를 세울 수 있게 돕는 조언자라는 것을 분명히 했다(White, 2007). 상담의 목표를 세우는 과정을 안내하는 질문은 "이제 상담을 종결했고, 우리가 그 효과가 어땠는지 주요 이야기들을 회상하고 있다고 상상해 봅시다. 자, 우리 상담 여정에서 어떤 일들이 일어났나요?"이다. 제레미는 이 질문에 대답하면서 ① 부모와 좋은 관계를 맺을 수 있게 되었고, ② 불안이 줄어들었다고 말했다.

상담의 목표를 확인한 뒤, 상담자는 제레미의 지배적인 이야기나 현재의 문제와 관련된 삶의 주요 이야기들을 탐색하기 시작했다. 제레미는 최근에 더 고립된 느낌이 들었고, 가족과 동료들의 지지를 그리워했으며, 트랜스젠더로서 자신이 직장에서 어떻게 존중받을 수 있을지에 대해 잘 모르겠다고 했다. 상담자는 '기적' 질문을 사용하여 제레미가 지금의 지배적인 이야기를 어떤 방식으로 새로 쓸 수 있게 될지를 함께 고민하였다. 상담자는 "내일 아침에 일어났는데 인생의 모든 것이 당신이 원하는 대로 바뀌었다고 상상해 보세요. 그렇다면 어떤 이야기가 나올까요?" 하고 물었다. 제레미는 자신이 아프리카계 미국인 트랜스젠더 남성들과의 관계를 확장하고, 가족과 더 밀접한 관계를 맺고, 불안은 줄어들었으며, 직장생활에서 행복을 느끼기 시작한다고 말했다.

상담자는 제레미의 고민을 자신의 일부가 아닌 것으로 떨어뜨려 생각할 수 있도록 돕기 위해 외부화 기법을 사용했다. 이 외부화 과정에서 제레미가 자신의 불안에 대해 생각했을 때 어떤 심상이 떠오르는지를 물어보았다. 제레미는 그의 염려가 '어깨에 있는 커다랗고 무거운 느낌'이라고 대답했다. 상담자와 제레미는 제레미의 두려움을 돌이 담긴 배낭에 비유하기로 했다. 이 비유는 제레미의 불안을 외부화한 상징물이 되었다. 다음으로 상담자는 제레미가 경험하고 있는 '문제'를 재정의해서 문제가 발생하지 않았을 때의 생각, 감정, 행동은 어땠는지를 식별할 수 있도록 도왔다. 상담자는 또한 삶을 살아가는 방식을 정할 때 이에 대한 사회에서 주어지는 기대가 '문제'에 대한 제레미의 정의에 어떤 영향을 어떤 방식으로 미치고 있는지를 탐색했다. 제레미는 '(자신이 흑인 남성이기 때문에) 언제나 모든 상황에서 최선을 다해야 한다'는 압력을 느낀다고 말했다. 상담자는 제레미가 경험한 아프리카계 미국인에 대한 고정관념(예: '항상 화가 나 있는 흑인' 등)을 탐색하고, 제레미의 이야기가 이런 측면을 어떻게 내면화하고 있는지를 점검했다. 또한 제레미는 자신이 항상 '한쪽만을 선택해야 한다'는 압력을 받았기 때문에 자신이 '흑과 백 사이에 끼어 있는' 것 같은 느낌을 종종 받는다고 말했다. 상담자는 제레미의 인종적 · 민족적 배경과 그가 갖고자 하는 이야기와 관련된 지배적인 서사를 탐구했다. 제레미는 '양쪽 부모 모두의 문화적 유산을 다 가져도 된다면 이렇게까지 불안하지는 않을 것'이라고 말했다. 그래서 상담자는 새로 쓰는 이야기에서 제레미가 자신의 다층적 정체성을 어떻게 바라보고 또 드러내고 싶은지에 대해 물어보았다. 상담자는 제레미가 자신에 대한 긍정적 이미지, 생각 및 감정을 가질 수 있도록 탄력성에 중점을 둔 다인종/다민족 및 성별 정체성을 어떻게 경험했는지 이해하고 확인하려고 노력했다(Singh & McKleroy, 2011). 제레미는 자신을 '재 속에서 다시 올라와 날고 싶어 했던 불사조'라고 말했다. 상담자는 이 불사조의 은유를 이용해서 제레미가 부모에 대한 자신의 진정한 생각과 감정을 표현할 수 있도록 새로운 방법을 함께 찾아내자고 했다. 제레미는 자신의 아버지를 강한 아프리카계 미국인 남성의 롤모델이라고 생각하고 있으며 자신의 아버지도 자기 마음이 이렇다는 것을 알아줬으면 좋겠다고 말했다.

성과

6주 동안의 개인상담 후 제레미는 대학을 졸업했기 때문에 상담을 중단해야 했다. 종결이 다가오면서 상담자는 제레미의 고향에 트랜스젠더 긍정 상담자가 있는지 찾기 위해 노력했다. 제레미는 졸업식에서 부모와 대화하는 것에 대한 불안이 그래도 좀 줄어들었다고 말했다. 재에서 다시 날아오르는 불사조의 은유를 부모와 함께 '새로운 시각으로 사물을 보기 시작'하는 방법을 빗대는 것으로 사용하겠다고 결정했기 때문이었다. 제레미는 이메일 그룹에 가입해서 다른 아프리카계 트랜스젠더 남성들을 알게 되었다. 이메일을 통한 간단한 상호작용만으로도 이런 식으로 지지를 받을 수 있다는 것에 대해 놀라기도 했다. 그 결과, 오프라인에서도 이 커뮤니티의 사람들과 더 많이 연결될 수 있을 것이라는 희망을 갖게 되었다. 제레미는 아버지에게 편지를 쓰기로, 그래서 아버지와 아들의 관계로 돌아가 자신이 이 사회에서 흑인 남자로 살아가기 위해 얼마나 아버지의 도움을 필요로 하는지를 이야기하기로 결정했다. 그리고 어머니에게도 편지를 썼는데, 자신이 어머니가 가진 유럽계의 문화유산에 대해서도 더 많이 배우고 싶다고 말했다. 이러한 편지의 작성도 이야기치료에서 일반적으로 사용하는 기법이다.

제레미는 여전히 자신이 두 가지 다른 인종적 · 민족적 정체성 사이에 '끼어 있는' 느낌이라고 말했다. 하지만 자신이 가지고 있는 문화유산에 대해 더 많이 계속해서 배우고 싶다고 했다. 제레미는 돌이 든 배낭의 비유가 자신의 불안 수준을 식별하는 데 매우 도움이 된다고 말했다. 사실 졸업 후 진로 및 직업 선택의 과정에서 여전히 불안감을 느꼈다. 고향에 돌아가서 다른 상담자와 함께 이용할 수 있을 다양한 온라인 자료가 무엇이 있을지 상담 중에 함께 찾아보았는데, 특히 진로와 관련된 자원과, 트랜스젠더로서 도움받을 수 있는 자원에 대해 탐색했다. 그리고 직장에서 요구하는 지원자격 목록을 찾아보는 것과는 별개로, 직장에서 경험할 수 있는 차별 및 편견의 현실에 대해서도 의논했다. 직장의 트랜스젠더 인식과 관련된 문화, 성중립 화장실이 존재하는지, 지지해 줄 동료들이 있을지, 업무환경이 편안할지에 대해서도 고민했고, 제레미의 리더십과 창의성이 잘 사용될 수 있는 직장이 어떤 곳일지에 대해서도 함께 생각했다. 마지막 회기의 상담에서 상담자는 제레미에게 이 상담의 어떤 측면이 효과가 있었는지를 물어보았다. 제레미는 자신의 여러 정체성이 특히 가족 및 동료들과의 상호작용에 어떤 영향을 미치는지에 초점을 두었던 것이 도움이 되었으며, 앞으로는 자신의 진로 및 직업 문제에 더 많은 시간을 할애하는 방식으로 상담의 이야기를 다시 쓰겠다고 말했다.

전이 및 역전이 문제

제레미는 자신의 상담자가 라티나라고 가정하고 상담자의 인종적 · 민족적 배경이 어떠한지를 물어보았다. 이것이 제레미에게 왜 중요한지 먼저 물어본 다음, 상담자는 자신이 백인과 남아시아인의 후손으로서 다인종/다민족 정체성을 공유한다고 말했다. 제레미는 상담자의 배경을 듣고 놀라 몇 가지 질문을 더 했다. 상담자는 제레미의 질문을 환영하며, 제레미가 가지고 있는 지배적인 이야기가 이러한 다중 정체성과 관련해서 어떻게 다시 작성될 수 있을지 탐색할 수 있는 계기로 제레미의 질문들을 활용했다.

제레미와 상담자는 둘 다 다인종/다민족 정체성을 가졌다. 따라서 상담자는 자신이 역전이를 일으켜 제레미가 경험하고 있는 인종적/민족적 정체성이나 제레미가 이를 정의하는 방식에 대해 자신이 이미 알고 있다고 생각하지 않도록 주의를 기울였다. 이러한 가정을 피하기 위해 상담자는 자신의 인종적/민족적 정체성 발달의 상태가 어떠한지를 다시 고려했다. 상담자는 백인과 남아시아인의 문화유산 모두에 대해 편안함을 느끼고 이러한 정체성을 통합하여 받아들였다. 상담자는 제레미가 백인과 흑인 사이에서 하나의 신분만을 선택해야 한다는 생각 때문에 갈등하는 이야기들을 할 때마다 자신도 비슷한 경험을 했다고 느낄 때가 종종 있었다. 상담자와 제레미는 다인종/다민족 정체성에 대해 자주 이야기를 나누었고, 상담자는 적절한 자기개방이나 제레미의 갈등을 타당화해 주는 방식 등으로 반응했다.

결론

앞서 제시한 두 가지 사례는 상담자가 다인종/다민족 퀴어 및 트랜스젠더 내담자를 상담할 때 종종 발생할 수 있는 세 가지 주제를 공유한다. 첫째, 상담자는 다문화적 요소에 대한 소외 또는 지나치게 병리화된 진단 등의 이슈를 염두에 두고 있어야 한다. 이 집단에 속한 내담자를 만날 때에는 여러 다양한 문화 및 정체성 관련 요인이 작용할 것이다. 상담자는 문화적 요인에 지나치게 귀인해서 내담자가 경험하는 문제를 축소시키지 않도록 또 조심해야 한다. 동시에 사례개념화 과정에 문화적 요인을 통합하기 전에 내담자의 병리성을 과대평가해서도 안 된다.

둘째, 소수의 상담자만이 하나의 특정 이론을 기반으로 상담과 개입을 할 것이다. 이 집단의 내담자와 만날 때는 내담자의 상담 목표, 호소 문제, 여러 소외 경험 등을 기반으로 내담자를 가장 잘 도울 수 있는 다양한 접근방식과 기법을 선택해야 한다. 이론을 통합해서 활용하는 것은 내담자가 경험한 억압이나 탄력성에 대한 충분한 이해를 기반으로 사려 깊은 방식을 통해 이루어져야 한다.

셋째, 역사적으로 소외된 집단, 특히 이중, 삼중의 복수로 소외된 집단의 사람들은 정신건강 서비스 이용에 대한 잠재적인 장벽에 직면했을 가능성이 있다. 따라서 상담자는 상황에 따라 내담자의 접근 가능성을 높일 수 있도록 아웃리치나 옹호 활동 등에 참여해야 할 수도 있다. 이러한 지원 및 옹호의 노력은 다인종/다민족 퀴어 및 트랜스젠더 내담자에게 좀 더 문화적으로 유능한 상담을 제공하는 것을 가능하게 한다.

참고문헌

American Counseling Association. (2010). Competencies for counseling with transgender clients. ***Journal of LGBT Issues in Counseling, 4,*** 135–159. doi:10.1080/15538605.2010.524839.

American Psychiatric Association. (2000). ***Diagnostic and statistical manual of mental disorders*** (4th ed., text rev.). Washington, DC: Author.

Association for Lesbian, Gay, Bisexual and Transgender Issues in Counseling (ALGBTIC). (1997). ***Competencies for counseling gay, lesbian, bisexual, and transgendered (LGBT) clients.*** Alexandria, VA: Author.

Singh, A. A., & McKleroy, V. S. (2011). "Just getting out of bed is a revolutionary act": The resilience of transgender people of color who have survived traumatic life events. ***Traumatology, 17,*** 34–44.

White, M. (2007). ***Maps of narrative practice.*** New York, NY: Norton.

20장

트랜스섹슈얼 사례 연구: 성전환이 길의 끝이 아니다

랜들 D. 어바(Randall D. Ehrbar)

용어 정리

트랜스젠더 상담에 대한 한 장(chapter)을 쓰는 것은 어려운 일이었다. 왜냐하면 **트랜스젠더**라는 용어 자체가 태어났을 때 지정된 성별과 완전히 일치하지 않는 성별 정체성이나 성별 표현을 하고 있는 모든 사람을 포괄하는 상위 용어로 자주 사용되기 때문이다(예: American Psychological Association, 2009; Stryker & Whittle, 2006, p. xi). 트랜스젠더 내담자들을 가장 잘 대표할 수 있는 한두 개의 예시를 고르는 것이 불가능하다는 것을 깨닫고 나서, 나는 한 성별에서 다른 성별로 **전환**(transition)하는 사람들로 좁혀서 글을 쓰기로 결정했다. 이에 대한 두 가지 이유가 있다. 첫째, **트랜스젠더**라는 용어가 아무리 영구적인 방식의 사회적 · 의학적 전환을 선택하지 않은 사람들을 모두 포함한다고 하더라도, 많은 사람이 사실상 성별을 전환한 사람들을 뜻하는 단어로 **트랜스젠더**를 사용한다. 둘째, 성별 전환을 하는 사람들이 필요로 하는 상담과 관련한 독특한 경험과 욕구들이 있다. 때때로 의학적 전환을 준비하는 사람들은, 단순히 이에 따른 필수적 과정의 하나로 상담을 받으러 올 수도 있다. 이런 상황은 상담 관계에 영향을 미치는데, 상담자와 함께 자신의 경험을 충분히 탐색하기보다는 자신이 의학적 전환과 치료를 받기에 적절한 사람이라는 것을 증명하기 위한 도구로서 상담을 생각하기 때문이다.

종종 **트랜스섹슈얼**이라는 용어가 사용되기도 한다. 사회적 · 의학적으로 한 성에서 다른 성으로 전환한 사람들을 기술하는 데 사용하는 용어로서, 모든 사람이 이 용어를 같은 방식으로 정의하지는 않는다. 예를 들면, 어떤 사람들은 영구적인 신체적 전환을 했을 때 그의 사회적 전환의 여부와 상관없이 그를 트랜스섹슈얼이라고 부른다. 그렇다고 해서 영구적인 사회적 · 신체적 전환을 한 모든 사람이 자신을 트랜스섹슈얼이라고 부르는 것은 아니다. 게다가 **트랜스젠더**와 **트랜스섹슈얼** 모두 정치적인 의미를 담고 있는 용어들이다. 예를 들어, 어떤 트랜스섹슈얼들은 자신에게 **트랜스젠더**라는 용어를 사용하는 것을 거부한다. 왜냐하면 그 용어가 포함하는 폭넓은 범위의 다양한 성별의 사람들과 자신을 정치적으로 일직선상에 놓는 것을 원하지 않고, 또 넓은 집합의 용어를 사용하면 자신만의 독특한 필요가 잘 드러나지 않게 된다고 생각하기 때문이다(예: O'Keefe, 2010).

내가 이 장에서 기술할 사례 중 한 사람은 신체적으로는 인터섹스 상태에 있었다. **인터섹스**라는 용어는 성적 발달에서 넓은 범위의 변형 중 하나를 가진 사람을 기술하는 용어이다(예: Dreger, 1999). 다른 정체성 용어와 마찬가지로, 이 영역 안에서도 용어의 사용 방식이 바뀌고 있다. 어떤 사람들은 **인터섹스**라는 표현을 선호하고, 다른 사람들은 **성적 발달장애**나 다른 용어들을 사용한다. 나는 **인터섹스**를 그대로 사용할 계획인데 내 내담자가 스스로를 부를 때 사용했던 용어이기 때문이다. 인터섹스 상태인 대부분의 사람들은 태어날 때 지정된 성별과 일치하는 성별 정체성을 발달시킨다고는 하지만, 어떤 사람들은 그렇지 않다.

어떤 사람들은 인터섹스 상태도 트랜스젠더의 범주에 넣어 폭넓게 개념화한다. 그런데 사람들이 가지고 있는 성(sex)과 성별(gender)에 대한 사회적 기대가 다를 수 있다. 또 어떤 사람들은 인터섹스 상태의 한 유형이 뇌구조와 관련이 있기 때문에 트랜스젠더 중에서도 트랜스섹슈얼의 개념화를 다르게 해야 한다고 생각한다. 생물학적 측면에서는 다른 방식으로 다루어져야 한다고 보기 때문이다. 또 다른 방식의 개념화는 트랜스젠더와 인터섹스를, 구분되는 다른 범주의 경험으로 보는 것인데, 이것이 내가 내담자를 만났을 때 가장 유용했던 방식의 개념화였다. 내 경험상 이들 두 집단의 경험과 욕구는 충분히 뚜렷하고 명료하게 달랐다. 하지만 한 사람이 동시에 인터섹스와 트랜스젠더의 정체성을 겹쳐서 가질 수도 있다. 이 장에서 기술할 사람들 중 1명은 신체적으로 인터섹스 상태에 있었고, 태어날 때 지정된 성별과 자신의 성별 정체성이 일치하지 않은 삶의 경험을 했기 때문에 자신을 인터섹스이자 트랜스젠더로 정체화하였다.

맥락에 대한 설명

NG와 RF 모두 내가 성소수자 정신건강센터에서 만나 상담했던 사람들이었다. 이 지역사회 정신건강센터에 오는 많은 내담자가 복합적인 필요를 가지고 있다. 많은 사람이 가난하다. 많은 사람이 복합적인 이유로 다양한 억압에 처해 있다. 트랜스젠더 내담자의 경우, 자신에게 내재된 맥락보다는 외부 환경의 억압적 맥락을 반영해서 상담을 해야 하는 상황이 더 많이 있었다.

나는 여성주의와 내담자 중심 상담을 통해 알려진 트랜스 긍정 및 적극적 옹호(transaffirmative)의 관점으로 상담을 했다. 미국성소수자상담학회(ALGBTIC, 2009)에서 발표한 트랜스젠더 내담자를 위한 상담 역량 가이드라인과 복팅(Bockting, 2008), 레브(Lev, 2004), 밴더버그(Vanderburgh, 2007)의 관점 혹은 세계트랜스젠더보건의료전문가협회(World Professional Association for Transgender Health: WPATH, 2011)에서 만든 가이드라인 등을 참고하는 것이 좋다. 내가 가진 여성주의 상담과 내담자 중심 상담 사이의 밀접한 관계에 대한 생각과 논의에 대해서는 2004년에 낸 저술(Ehrbar, 2004)을 통해 알 수 있다.

NG

처음 상담을 시작했을 때, NG는 40세였다. 성인이 되어 유럽에서 미국으로 이민을 왔다. 신체적으로는 인터섹스였고 상담을 시작할 때는 자신의 성별 정체성이 여성이라고 했다. NG는 밝은 색의 스카프, 귀걸이 등 아름다운 장신구를 하고 있었고 옷을 매우 세련되게 입었다. 그때 나는 성소수자 커뮤니티 정신건강 클리닉에서 일하고 있었고, NG가 약물 남용 개입 프로그램에 등록하면서 나와의 상담을 시작하게 되었다. NG가 사용하는 약물은 메타암페타민(methamphetamine)이었고, 당시 메타암페타민의 거래 및 성 노동에 관여하고 있었다.

우리는 NG가 왜 약물을 사용하는지, 왜 약물을 중단하기를 바라는지, 메타암페타민이 NG의 어떤 필요를 충족시키는지에 대해 함께 탐색했다. NG는 메타암페타민을 사용한 것을 통해 자신의 인생에 직면한 여러 가지 어려운 문제에서 잠시 떨어져 있을 수 있었다(다음에서 자세히 설명할 것이다). 우리 기관의 약물 남용 개입 프로그램은 개별화된 개입 방식을 취한다. 내담자들은 다양한 범주의 목표를 세울 수도 있고 자기 목표에 대해 자유롭게 탐색할 수 있었는데, 모든 약물과 알코올을 사용하지 않는 완전한 금욕에서부터 문제를 일으키는 특정 약물을 선택적으로 끊거나, 이용의 빈도를 낮추거나, 또는 해를 덜 끼치는 방식의 약물로 바꿔 사용하는 것으로 목표를 세웠다. 우리는 NG가 가진 삶의 다른 측면도 탐색했는데, 물질 남용 문제를 해결하는 것이 NG의 개인적 성장에도 도움이 되고 자신의 삶을 발전시키는 데 도움이 될 것이라는 것에 동의했다.

우리가 탐색한 이슈 중 하나는 NG가 신체적으로 인터섹스인 것이 NG의 정체성 발달에 미친 영향과 그중에서도 여성으로서의 정체성 발달에 남긴 불안감에 대한 것이었다. 또한 NG가 성 노동을 지속할 것인지의 여부와 광범위한 외상 경험, 이와 관련된 외상 후 스트레스 장애에 대한 부분들도 함께 이야기했다. 이러한 각 영역에서 나는 특정한 정답을 가정하지 않았지만 NG가 자신의 개인적인 답을 잘 정할 수 있도록 도왔다. 예를 들어, 나는 성 노동이 무조건 나쁘다든가 본질적으로 문제가 있다거나 동전의 양면처럼 옳고 그름을 딱 나눌 수 있다고는 생각하지 않는다고 말했다. 다만 NG가 성 노동에 대한 자신의 경험이 어땠는지, 성 노동이 어떤 의미를 가지고 있는지를 생각해 보고 이야기해 주면 좋겠다고 설명했다. NG는 성 노동의 일부 측면은 좋아했지만, 다른 측면에서는 여러 문제를 경험했다고 말했다. 더군다나 메타암페타민을 사용하지 않고 성 노동에 참여하는 것은 상상조차 할 수 없었다. 성 노동에서 벗어나는 것을 목표에 포함시킨 것은 NG의 결정이었다.

NG가 과거에 경험한 자신의 인터섹스 상태에 대한 대화는 때때로 지나치게 단순했다고 한다. "이건 중요하지 않아요. 당신이 여성이면 여성인 거예요." 혹은 "그러니까 그러면 당신이 원래는 남자였다는 거예요?" 하는 식이었다. NG는 자신의 재생산 기관과 관련한 비일반적인 신체 발달의 경험과 자신의 성별 정체성 발달과정을 분리해서 생각했다. NG의 성별 정체성에 맞는 방향의 의학적 개입을 추구하기는 했으나, NG는 특정한 방식으로 자신의 성별 정체성을 식별해야 한다는 억압 없이 자유롭게 자신의 성 정체성을 탐색할 수 있었다. NG가 10대일 때 의료적 개입이 이루어졌고, 그것이 인터섹스 상태와 연관되어 있었을 것으로 확신하지만, 정확한 이유가 무엇이었는지에 대해서는 분명하게 알고 있지 않다고 한다. 그 당시 시대의 인터섹스에 대한 일반적인 의료적 조치였을 수도 있다. 가족의 예전 의료 기록을 통해 이유와 처치에 대해 탐색하고 싶었으나, 너무 오래된 일이라 기록이 남아 있지 않았고 어머니 역시 NG가 어떤 의학적 상태에 있었는지 기억이 나지 않는다고 했다. NG는 과거의 일부 외상에 대해 단편적 기억만 가지고 있으나, 어떤 방식으로든 그것이 현재 가지고 있는 외상 병력과 유사성이 있었다. 어떤 정보에 대해서는 충분히 확신할 수 있는 정보가 존재했고, NG의 개인적 역사의 다른 측면은 결국 알지 못한 채로 있어야 한다는 사실을 받아들이기 위해 함께 노력했다.

우리가 NG의 정체성에 대해 탐색하는 동안, NG는 자신이 여성이라기보다는 점점 더 게이 남성으로 스스로를 정체화하게 된다고 말했다. 처음 만났을 때는 이런 정체성의 변화를 예상하지 못했지만, 이 과정을 공유했기 때문에 놀라지는 않았다. 정체성 탐색의 과정에서 나는 NG의 경험에 대해 깊이 이해했고(NG도 자신에 대해 깊이 이해하는 데 도움을 받았다.), NG의 경험과 그것의 의미를 내가 함부로 이끌거나 추정하지 않기 위해 신중하게 임했다. 이 과정은 NG의 삶에서 일어난 과거 경험을 다시 방문하는 과정을 포함했는데, 예를 들어 NG가 가졌던 이전 남자와의 관계는 이성애 혹은 양성애 여성의 관계에서 게이 남성의 관계로 재개념화되었다. NG는 반복적으로 게이 남성들과 관계를 맺었는데, 이들은 대부분 일반적으로는 여성과 관계를 맺는 것을 상상조차 할 수 없지만, NG에게서는 무언가 다른 것을 느낀다고 말하곤 했다. 이런 경험들은 NG로 하여금 자신이 새로 세운 게이 남성의 정체성을 긍정할 수 있도록 도왔다. NG는 점점 더 사회적으로나 신체적으로 남성으로 전환하고 싶어 했다. NG는 나와의 개인상담 외에도 물질 남용 이슈가 있는 다른 트랜스 사람들과의 집단상담에 참여했다. 이 집단에서는 다양한 약물 선택 및 치료 목표를 가진 다양한 성별 정체성과 역사를 가진 사람들이 포함되어 있었다. 다른 집단원 중에도 심각한 외상의 경험이 있는 사람들이 많이 있었고, 우연히도 이 집단에 성 노동을 하는 다른 집단원도 있었다.

NG는 처음에는 여성들을 지원하는 복지기관에서 생활하면서 전환 과정을 시작했다. NG의 성별 표현은 여성에서 좀 더 양성(androgynous)으로 변해 갔다. NG는 같은 공간에서 생활하는 일부 여성에게 자신이 인터섹스라는 사실과 남성으로 전환하기로 한 결정에 대해 커밍아웃을 했다. 어떤 사람들은 이에 대해 지지적인 반응을 보였고 어떤 사람들은 적극적으로 적대적인 표현을 했는데, 그중 한 사람은 심지어 배변 후 NG의 수건으로 자기 몸을 닦았다. 이 생활공간의 담당직원은 NG의 새로운 정체성에 대해 이야기하고 싶지 않아 했고, 마치 NG가 이런 새로운 정체성을 추구하기 때문에 약물 중독에서 벗어나지 못하는 거라는 식으로 말했다. 물론 이것은 내가 인지한 NG의 약물 사용에 대한 견해와는 상반된다. 나는 NG가 자신이 경험하는 여러 어려움을 회피하기 위해 메타암페타민을 사용한다고 보았기 때문이다. NG가 살고 있는 복지기관의 접근방식과 내 접근방식이 근본적으로 다르며 NG는 어느 방식이 자신에게 도움이 되는지에 대해 선택해야 할 상황에 직면했다고 직접 인정했다. 나는 NG가 자신의 속도로 자신의 정체성을 계속 탐구할 수 있도록 지원하되, 이 고민이 그를 압도하지 않도록 주의했다. 처음에는 지지적인 환경이었던 복지기관은 이제는 NG에게 장애물이 되었기 때문에, NG는 그 생활공간을 나와 이사를 했다.

마침내 NG는 신체적 전환을 하기로 결정했다. 먼저 지역의 보건소와 약속을 잡고 호르몬 요법을 시작하기로 했는데, 재정적인 문제 때문에 외과적 개입에 대해서는 계획을 세울 수 없었다. NG는 여성형 유방을 제거하는 수술을 포함해서 자신이 원하는 수술을 언제 받을 수 있는지 알지 못했다. NG는 남성의 성역할을 배우고 점점 사회적으로 남성으로 인정받고 받아들여졌다. NG는 또한 다양한 여성 측면을 유지하는 비표준 남성 신체로 성적인 상황과 애정적인 상황을 어떤 식으로 조율해 갈 수 있을지에 대해 탐색하고 배웠다. 그리고 자신의 삶에서 나타난 문제들을 해결하기 위해 상담을 계속 받기로 했다. 나는 그의 경험을 이해했고, 이를 바탕으로 NG가 삶에서 계속 등장하는 어려움들에 대한 대처전략을 만들어 가는 것을 도왔다.

상담을 계속 받는 동안 NG는 성 노동에서 벗어났을 뿐만 아니라, 성 노동자들을 돕는 기관에서 또래상담자로 일하게 되었다. 또한 몇 가지 외상 관련 문제를 해결했고, 예전에 비해 더 건강하고 적절한 대인관계에서의 경계를 세웠다. 그리고 사람들과 관계를 맺는 것 자체에 대해 자신감이 좀 더 생겼다. 우리는 상담을 종결했는데, 그때 이미 NG는 1년 동안 약물을 사용하지 않고 있었다. NG가 자신의 정체성을 이해하는 과정과 다른 사람과의 관계에 대해 이해하는 과정은 동시에 일어났다. 또한 NG는 남성으로서의 감각과 약물을 사용하지 않는 사람으로서의 감각을 동시에 발달시켰다.

약물 남용 치료 프로그램의 구조 때문에 상담을 시작한 뒤 18개월이 지나면 종결을 해야 했다. NG의 초기 상담 목표였던 메타암페타민의 사용을 조절하는 것은 분명히 성공했다. NG는 또한 여성에서 남성으로 사회적 전환을 하는 것 역시 성공적으로 해냈다(의학적 전환의 일부 측면은 여전히 도달하지 못했다). NG는 자신의 외상 역사를 다루는 데 큰 진전을 보였지만 이 작업은 아직 완료되지 않았다. 따라서 나는 NG와 함께 이 부분을 계속해서 상담할 수 있는 다른 상담자를 알아보았고, NG를 맡기로 한 새 상담자에게 NG의 현재 상담 진행 상황과 필요에 대해 설명했다. 그 시점에서 NG는 자신의 성별 관련 이슈를 대부분 해결했지만, 성전환과 인터섹스에 대해 익숙한 상담자를 찾는 것은 여전히 중요한 일이었다.

그 이후

NG는 2년 반 동안 약물을 사용하지 않는 상태를 유지했다. 그의 전환은 성공적이었고, 더 이상 성전환은 그에게 문제가 아니다. 신체적 전환의 정도에 관계없이 트랜스 남성을 포함하는 정책을 가진 게이 섹스 클럽에서 일하게 되었는데, 이 클럽은 HIV 예방 사업 등 남성과 성관계를 갖는 트랜스 남성을 위한 여러 커뮤니티 지원 사업을 진행했다. NG는 직장에서 자신이 트랜스젠더인 것과 게이인 것에 대해 커밍아웃했고, 지지와 격려를 받았다. NG는 자기 직장을 좋아했고, 이 직장은 그가 약물을 사용하지 않는 상태를 유지하는 데에 중요한 역할을 했다. 그는 "만약에 내가 나한테 의미 있는 이런 일을 하지 않고 있다면, 다시 약물 중독으로 돌아갈 수도 있을 것 같아요."라고 말하기도 했다. 안타깝게도 NG는 여러 가지 신체적 어려움을 겪고 있었는데, 무릎 부상으로 인해 만성적인 통증이 있었고 진통제 사용의 부작용으로 인한 우울증을 겪게 되었다. 이런 어려움을 해결하기 위해 상담을 계속 받고 있다고 했다. NG는 여전히 자신의 인터섹스 상태와 관련한 정보를 얻으려고 했지만 가능하지 않았다. 그리고 시간이 지날수록 정보를 더 얻을 수 있을 가능성이 점점 더 낮아진다는 사실을 인정해야 했다.

NG와 나

NG의 성 정체성 탐색 과정에서 그가 남자로서의 정체성을 밝히고 성별 전환을 고려하고 있다는 사실을 알게 되었을 때, 약물 이슈가 있는 트랜스젠더를 위한 지지 집단상담에 참여하도록 격려했다. 이 집단은 내가 주로 실습생과 함께 운영하던 프로그램이었다. 나는 이 집단상담이 NG의 약물 남용 이슈에도 도움이 되겠지만, 여러 범주의 트랜스젠더 정체성(전환을 준비하는 사람, 전환을 한 사람, 전환을 하지 않기로 한 사람 등)을 가진 사람들을 만날 수 있는 기회를 줄 수 있기 때문에 더욱 도움이 될 것이라고 생각했다.

이 시점에서 나는 내가 태어날 때 여성으로 지정된 사람이었지만, 현재는 남성으로 의학적 · 사회적 전환을 한 사람이라는 것을 공개했다. 시스젠더(cisgender, 트랜스젠더가 아닌 성별) 내담자와 일할 때는 내담자가 직접 물어본다든가 하지 않는다면 굳이 내 성별 역사를 밝히지 않았다. 이유 없는 자기개방은 오히려 내담자의 주의를 산만하게 만들어 임상적 활동을 어렵게 만든다. 트랜스젠더인 내담자를 만날 때는 보통의 경우 어느 시점에 이르렀을 때 나 자신의 역사를 공개한다. 내담자가 내가 편견을 가지고 대하거나 혹은 자신의 경험을 제대로 이해하지 못할 것이라는 두려움을 표현할 때 이 자기개방을 유용하게 쓰고 있다. 또한 나 자신이 트랜스젠더이기 때문에 성공적인 롤모델로서의 역할을 할 수도 있다. 물론 그렇다고 해서 내가 트랜스젠더 내담자들이 모두 나와 비슷한 경험을 했거나 내가 했던 방식의 선택을 해야 한다고 생각하는 것은 아니라는 것을 분명하게 밝혀 둔다. NG는 자신이 가진 인터섹스 상태가 자신의 성별 정체성에 어떤 식으로 영향을 줬을지 혹은 주지 않았을지에 대해 한참 고민하고 있었고, NG가 충분히 오랫동안 자신의 인터섹스 상태에 대해 그리고 어떤 성별 정체성이 가장 정확한 것인지 고민하고 탐색할 수 있어야 했기 때문에 내 역사에 대해 섣불리 공개하지 않았다.

NG는 내가 샌프란시스코 베이 지역으로 이사한 후 상담 중에 의료적 전환을 시작한 첫 내담자였다. 하지만 이전에도 전환 과정에 있던 내담자들을 만난 경험이 수도 없이 많았고, 나는 이들을 위한 서류를 만드는 과정에도 익숙했다. WPATH 의료 표준(Meyer et al., 2001; WPATH, 2011)에 근거해서 내담자들이 의료적 전환을 할 준비가 되었으며, 의료적 전환 과정에 적합한 사람이라는 것을 증명하는 서류를 많이 만들었다. 이 표준은 내담자가 의료적 전환에 접근할 수 있는 자격 및 준비 기준을 설정하는 유연한 지침인데, 내담자의 성별 정체성, 성별 역사, 정신건강을 기록한 서신의 형태를 포함하고 있다. 의료적 및 사회적 전환 과정에 대해 알고 있는 것은 매우 중요한 일이다. 예전에 함께 일했던 의사들과는 달리, 샌프란시스코에서는 호르몬 처방을 시작할 때 내담자로부터 직접 서면 동의를 받았다. 호르몬 처방은 숙련된 의료 제공자가 직접 진단을 하고 처방을 했으며 정신건강 전문가로부터 따로 추가 서류를 요청하지 않았다. 하지만 최근의 WPATH에서는 내담자의 직접 서면 동의를 받는 것이 자기들의 규준과 일치하는 모형이라는 것을 분명히 했다(WPATH, 2011). 따라서 나에게 사전 논의 없이 상담을 받으러 와서 다음 주부터 호르몬 치료를 시작하겠다고 말했던 내담자는 NG가 처음이었다. 나는 NG에게 내담자가 의료적 전환을 받을 준비가 되었다는 사실을 평가하고 문서화하는 도움을 줄 필요 없이, 이렇게 내담자의 의료적 전환을 진행하는 것이 나에게 처음이라는 사실을 말해 주었다. 이 이야기를 듣고 NG는 자신이 다음 주에 테스토스테론(testosterone) 주사를 맞을 것이라는 계획을 포함해서 자신의 전환계획에 대해 이야기해 주었다. NG의 계획에는 자신의 지지자원인 사람들에게 커밍아웃을 했을 때 어떤 문제들이 있을 것 같은지 예상하고, 이러한 문제들과 더불어 의료적 전환 관계에서 예상되는 문제들을 어떻게 해결하고 어떻게 다룰 것인지에 대한 부분이 포함되어 있었다. 이 경험을 통해 상황적 맥락이 의사들로 하여금 WPATH 표준(Ehrbar & Gorton, 2011; WPATH, 2011)을 어떻게 다른 방식으로 해석하고 구현할 수 있게 만드는지에 대해 배웠다.

RF

RF는 정신건강 이슈를 가지고 있는 트랜스젠더 집단상담의 집단원이었다(NG가 참여했던 집단과는 다른 집단이다.). 이 집단은 6명의 집단원으로 구성되어 있었는데, 세 사람의 트랜스 남성의 스펙트럼에 있는 트랜스젠더 정체성(태어날 때는 여성으로 지정되었던 트랜스젠더)을 가진 사람들과, 세 사람의 트랜스 여성의 스펙트럼에 있는 트랜스젠더 정체성(태어날 때는 남성으로 지정되어 있었던 트랜스젠더)을 가진 사람으로 구성되어 있었다. 이 집단원들이 다양한 범주의 정신건강 상태에 있었기 때문에, 모든 집단원에게 개인상담을 받고 싶은지를 물어봤다. 집단은 집단원이 한 사람 떠나고 나면 또 공고를 내서 한 사람을 채우는 방식으로 운영했는데, 모든 집단원은 집단에 들어오기 전에 주로 내가(가끔은 집단의 공동리더가) 우리 집단에 들어오기 적합한 사람인지를 판단하는 선별 절차를 거쳤다. 나는 주로 실습학생을 공동 리더로 세웠는데, 이 학생들은 주로 방학이 아닌 학기 중에 있었다. 이 집단의 인구 구성에서 성별 균형을 맞추고 싶었기 때문에 보통 여성으로 자신을 정체화하는 학생을 뽑았다. 왜냐하면 내가 남성으로 정체화하기 때문이었다. RF가 처음 집단에 들어왔을 때의 공동 리더는 처음에는 여성의 성별 표현을 하는 여성이었고 그 후에 남성적인 성별 표현을 하는 여성이었다가, 나중에는 지정 성별이 여성이었던 젠더퀴어이지만 신체적 · 사회적 전환을 하지는 않은 사람으로 자신을 정체화했다. 나는 공동 리더에게 혹시 자신의 성별 정체성과 역사를 개방할 마음이 있는지를 물었다. 새로운 사람이 집단에 들어올 때마다 자신의 성별 정체성과 역사를 포함한 자기소개를 한다. 나는 이때 내가 가진 트랜스젠더로서의 상태를 집단원들에게 공개한다. 나는 리더로서의 나의 자기개방이 우리 집단을 더 안전하고 수용적인 공간으로 만든다고 믿는다.

RF는 40대에 접어들어 신체적 · 사회적으로 남성에서 여성으로 전환한 이성애자 백인이었다. 우리가 처음 이 집단을 만들었을 때 50대 초반이었던 RF는 첫 집단원 중 하나였고 3년 동안 우리 집단에 있었다. RF는 전환 과정에서 많은 것을 잃었다. RF는 환경 규정 준수와 관련된 직장의 중간관리직에서 일하고 있었는데, 그 직장을 잃고 사회적 지위 역시 잃었다. RF는 중산층에 속하던 이성애자 남성이었는데, 이제는 누가 봐도 눈에 띄는(키와 같은 변경 불가능한 신체적 특징들 때문에) 트랜스섹슈얼인 가난한 여성이 되었다. 그리고 전환을 하기 전에 결혼생활을 정리했는데, 이 때문에 아들과의 연락이 더 어려워졌다. 게다가 RF는 오른쪽 귀의 청각장애라는 신체적 장애를 갖고 있었다. 점점 더 직업을 찾기가 어려워졌는데, 면접에서 이런 이야기들이 나오면 면접관들의 반응이 좋지 않았다. RF는 여러 방식의 낙인과 차별을 마주할 때마다 대단히 충격적이었고 우울해졌다고 말했다.

내가 RF를 성전환자인 것이 쉽게 눈에 띄는 사람으로 묘사했지만, 사실 우리가 어떤 식으로 인식하고 있는가에 대한 현상은 사회적이다. 즉, 일부 상황에서 RF는 여성으로 인식되고 사람들과 소통할 수 있지만, 다른 경우에는 상대가 그를 트랜스섹슈얼로서 인식하고 대하며 다른 방식으로 취급하거나 차별을 하기도 한다. 사람들이 RF를 어떤 방식으로 보는지에 따라 다른 문화적 맥락이 형성되고 매번 자신이 어떻게 인식되고 언제 차별에 직면하게 될지를 예측할 수 없는 상황에 놓인 것은 RF가 경험하는 추가적인 스트레스 요인이었다.

RF가 처음 집단에 합류했을 때 종종 자살 충동을 느낀다고 말했다. 각자의 외상 이력으로 고통받고 있던 다른 집단원들은 RF의 심한 우울감과 자살에 대한 이야기 때문에 그와 함께 앉아 있는 것을 힘들어했다. RF는 빈곤 때문에 경험하는 실질적인 어려움과 억압을 직면할 때마다 자주 절망하고 압도되었다.

RF는 그 당시에 전통적 의미에서의 여성적 외모를 표현하지 않고 있었다. 예를 들면, 화장을 하지 않았고 종종 땀에 젖은 옷을 그대로 입고 있었다. 어떤 트랜스 여성 집단원들은 자신들의 안전을 확보하는 동시에 성별 정체성을 다른 사람들에게 인식시키기 위한 방법으로, 전통적인 의미에서의 매력적인 여성의 외모로 자신을 꾸미고 표현하는 노력을 하고 있었기 때문에 RF의 이러한 면모가 이들에게 강렬한 감정을 불러일으켰다. 한 집단원이 RF에게 자신이 외모를 꾸미는 것을 도와주겠다고 반복적으로 제안했지만, RF는 몇 년 동안 이런 모든 노력을 한 적이 있었지만 사실상 그것이 자신에게 도움이 되지는 않았다고 주장했다. 트랜스젠더가 아닌 여성이 화장을 하지 않거나 땀에 젖은 옷을 입는다고 해서 여성이 아닌 것으로 간주되거나 성별 정체성을 의심받는 상황은 잘 일어나지 않기 때문에, RF가 직면했던 압력은 트랜스젠더 여성이 내면화할 수 있는 성차별주의(sexism)와 트랜스혐오(transphobia)의 조합을 반영한다고 할 수 있다. 역설적으로, 트랜스젠더 여성은 성별 표현에서 지나치게 여성적이라는 비판에 직면하기도 한다. 그런 식으로 옷을 입는 '진짜' 여성은 없다면서 이들이 가진 성별 정체성의 진위에 대한 의문을 제기하는 사람들도 있다. 따라서 트랜스젠더 여성이 경험하는 성차별주의와 트랜스혐오는 이들을 캐치-22의 상황[1)]에 놓이게 한다. 그리고 샌프란시스코의 쌀쌀한 날씨에 치마는 실용적이지 않은 선택이기도 하다. 또한 RF는 재정적으로 어려운 상황에 있었기 때문에 마음에 드는 옷을 사는 것에도 제한이 있었을 것이다. 집단에서 일어나는 이러한 억압적인 역동을 보면서 나는 RF나 다른 집단원 누구도 희생양이 되지 않도록 다양한 선택지가 공존할 수 있는 공간을 유지하려고 노력했다. 따라서 내재화된 불공정이나 성차별주의, 집단원에게 내면화된 트랜스젠더에 대한 부정적 관념을 발견할 때마다 이를 직면시키고, 어떤 방식으로 여러 상황에서 이러한 억압을 다룰 수 있으며, 그를 위한 전략이 어떻게 가장 잘 작동할 수 있을지에 대해 직접적으로 의견을 나누었다.

RF가 집단에 처음 들어왔을 때, 청각장애 때문에 집단원들과의 교류가 어려웠다. 다른 집단원들이 공유하는 이야기들을 듣는 것이 어려웠기 때문에 다른 사람들이 하는 말에 대해 거의 피드백을 주지 않았다. 그 대신 주로 자신의 고통을 공유할 때만 이야기를 했다. 하지만 나중에는 청각장애 관련 보조장치를 확보할 수 있었고, 이것을 방 중앙의 탁자 위에 놓아두고서 집단에 참여했다. 그때부터는 다른 집단원들과 더 잘 소통할 수 있었고 이들을 더 잘 이해할 수도 있게 되었다.

집단 참여 초반에 RF는 자신이 받은 억압과 관련된 특정 어려움에 대해 반복적으로 이야기하는 경향이 있었다. 그런데 이 어려움을 표현할 때 매우 구체적인 상황에 대한 정보를 주로 전달했기 때문에 피드백 역시 지나치게 구체적으로 받았다. 예를 들어, RF가 빈곤층을 대상으로 하는 사회보장 및 의료서비스의 일 처리 방식에 대한 좌절감을 표현했을 때, 사실 RF는 그 일을 해결하기 위한 실용적인 대처전략을 찾고 있었던 것이 아니고 사람들에게서 공감받기를 기대하고 있었다. 약간의 지도를 통해 결국 그는 자신의 감정적 측면을 좀 더 명확하게 사람들과 공유할 수 있게 되었으며 그에 따라 감정

1) 역자 주: 조지프 헬러(Joseph Heller)의 동명 소설에서 유래한 용어로, 어떤 사람이 이것도 저것도 선택할 수 없는 역설적 상황에 놓인 것을 뜻한다.

적 지지를 표하는 피드백을 받을 수 있었다.

RF는 신체적 · 사회적 전환을 할 때 이와 관련해서 발생할 수 있는 문제점들에 대한 생각은 거의 하지 않았고, 가능한 한 빨리 전환에만 집중했던 것을 이야기했다. 그런데 전환 이후에 사람들이 자신을 여성으로 대하는 것이 아니었고, 티가 많이 나는 트랜스젠더 여성으로 대하는 것에 충격을 받았다고 말했다. 여러 차별에 직면하며 절망감을 느꼈다. RF는 성소수자 커뮤니티 공간을 통해 일부 지원을 받을 수 있었지만 거기에서도 때때로 차별을 받았다. 그리고 성소수자 커뮤니티에서는 자신에게 낭만적 관심을 갖고 다가오는 남성들을 만날 수 없었다. 이 집단상담은 RF가 수용을 경험하고 있는 몇 안 되는 장소 중 하나였다. RF는 자신이 어린 시절 많은 시간을 보냈던 중서부에서의 경험과 현재 샌프란시스코에서 경험하고 있는 불행을 대비하는 이야기를 많이 했다. 결국 RF는 자신의 고향인 중서부로 돌아가기로 결정했고, 정말로 그렇게 했다. RF는 이 집단에서 보낸 시간이 샌프란시스코에서 보낸 날 중에 자신이 가장 그리워할 시간일 것이라고 말하며 집단을 떠났다.

집단상담에 참여하던 시기에 RF는 유대교로 개종하기로 결정했으며 열정적으로 또 열심히 이것을 준비했다. 예전에 신학을 공부했던 적이 있었고 유대교에 이끌렸다는 사실을 공유했으며, 성소수자 친화적인 시나고그[2]에 등록해서 유대교의 가르침을 공부하며 점점 더 많은 것을 느끼게 되었다. 시간이 지남에 따라 RF는 유대교에서의 자유주의적 해석보다는 보수적 해석에 더 동의하게 되었다. 이 과정에서 알게 된 다른 공동체에서의 경험으로 인해 점점 더 반유대주의에 민감하게 반응하기 시작했다. 유대교로 개종하기로 한 결정은 중서부로 돌아가는 결정을 하기 전에, 그와 별개로 이루어졌다. 중서부로 이사를 했을 때, 그 지역에서 자신을 환영할 수 있는 시나고그와 연결되는 것이 새로운 장소에서의 지지체계를 만드는 데 중요한 부분이 되었다. 몇몇 집단원은 RF가 자신을 수용해 줄 수 있는 새로운 곳을 찾을 때 모든 희망을 유대인이 되는 것에만 걸지 말라고 반복해서 당부하고 경고했다. RF의 정체성 전환은 점점 더 삶의 여러 측면과 융화되어 갔는데, 예를 들면 우울감이 적어지고 자신감을 더 많이 갖게 되면서 전보다 더 전통적인 방식의 여성적 외모로 스스로를 표현하기 시작했다. 여전히 화장을 하지는 않았지만, 종종 긴 치마를 입고 보석 장식 같은 것들로 자신을 꾸몄다. 여성에 대한 사회적 억압을 수행하는 것이었다기보다는 여성적인 형태로 옷을 입는 가치와 즐거

2) 역자 주: 유대교의 성전 혹은 회당이다.

움을 증대시키는 것으로 보였다. 어쩌면 전통적인 유대인 여성이 되고자 하는 RF의 소속감이 반영된 결과일 수도 있다.

안타깝게도, 그가 유대인으로 개종하는 의식을 받기 전에 그리고 샌프란시스코를 떠나기 직전에 RF는 자신이 벽에 그래피티로 외설스러운 낙서를 했다는 모함을 받았다. 이런 행동은 RF가 평소에 보인 성격이나 행동과는 많이 동떨어져 있는 것인데도, 자신이 신뢰했던 사람들이 정황적인 작은 단서만으로 자신이 그렇게 악랄한 일을 했을 거라고 믿어 버렸다는 사실이 RF에게 큰 충격이 되었다. 그리고 RF는 개종 의식에도 참여할 수 없게 되었다. 집단원들은 RF와 함께 어떻게 이런 일이 일어날 수 있는지 당혹스러워했으며 RF의 결백함과 감정을 지지했다.

그 이후

RF는 여전히 트랜스젠더 집단을 통해 만난 여성과 연락을 취하고 있다. RF는 자신이 집단원으로 참여했던 성소수자 장년을 위한 집단과 우리의 이 집단을 여전히 그리워하고 있다. RF가 돌아간 고향 도시는 지난 수십 년 동안 RF가 전혀 예상하지 못했던 방식으로 변해 버렸지만, 그래도 RF는 잘 적응하고 있다고 한다. 샌프란시스코에 비해 그 지역의 생활비가 낮은 것은 좋았지만, 예상하지 못했던 비용들이 들어서 실제로 사용할 수 있는 돈은 많이 늘어나지 않았다. RF는 유대교로 개종하는 절차를 다시 진행할 수 있고, 자신을 환영해 줄 수 있는 그 지역의 시나고그와 계속 연락을 하고 있다. 그리고 그 지역에서 활성화된 트랜스젠더 커뮤니티에 가서 새로운 인터섹스 친구를 사귀기도 했다. 아직까지 아주 많은 교류를 한 것은 아니지만, 이 커뮤니티가 RF의 잠재적 지지자원이 될 수 있을 듯하다. 그리고 중서부에서도 여성주의 상담을 하는 집단을 찾을 수 있었다. 이 집단에 속한 대부분의 집단원은 시스젠더 이성애자 여성들이었지만 RF를 온전히 수용해 주었다. RF는 이것이 참 훌륭한 경험이었다고 말했다. RF는 또한 자신의 아들과 좀 더 가까운 관계를 만들고 싶어서 많이 노력했는데, 지리적으로 더 가까워진 것(물론 여전히 2,000마일 정도 떨어져 있지만 중서부는 넓다!)이 이러한 노력을 더 유용하게 만들었다. 많은 부분이 나아졌지만, 여전히 나이와 관련해서 발생하는 건강 문제들은 괴롭다고 말했다.

RF와 나

RF가 경험하고 있는 확고한 어려움(사회구조적 측면에서 발생하는 여러 사회적 불평등)과 더불어 그가 경험하는 감정의 격렬함이 너무 심해서 때로는 공감을 유지하기 어려울 정도이기도 했다. 나 역시 RF처럼 사회적 불평등에 분노했고, 이 거대한 문제를 해결할 수 있는 방법이 없을 것 같아서 좌절하고 절망하기도 했다. 내 경우, 세상에 대한 나 자신의 감정을 받아들이는 것에서부터 시작해야 했고, 한 개인으로서 극복할 수 없는 불평등이 세상에 존재한다는 것을 인정하는 작업을 했다. 내가 직면했던 어려움들에 대해 다시 돌아본 다음에 RF와 연결되고 RF의 감정에 이입하는 것이 가능해졌다. RF는 엄청난 정신적 충격을 받았고 절망했고 거침없이 분노를 표출했는데, RF에게 있어 전환 자체도 쉽지 않았지만, 결국에는 그 전환이 한 종류의 고통에서 다른 종류의 고통으로 옮겨 간 것뿐이라는 인식이 더 절망스러웠다. 하지만 이 전환 과정이 RF에게 더 진정한 자신으로 돌아갈 수 있는 훨씬 큰 자유를 제공한 것도 사실이었다. 매우 실제적인 외부의 어려움들에도 불구하고 전환은 할 만한 가치가 있었던 일이었다.

우리 집단은 RF에게 사회의 억압으로 인해 겪어야만 했던 외상 경험에 대해 생각해 볼 수 있는 안전한 피난처를 제공했다. 처음에 비해 집단을 떠날 때쯤에는 자신의 감정들에 대해 더 잘 다가가고 이해할 수 있었으며, 다른 사람들과도 더 잘 연결될 수 있었다. 자신의 성별 전환 역사에 대해 이해와 수용을 받을 수 있는 공간을 확보하는 것도 중요했지만, RF는 다른 이성애자 여성들의 집단에서도 받아들여지는 경험을 하고 싶었다. RF에게 전환이란 끝이 아니며, 트랜스젠더로서의 삶을 시작하는 것 역시 엄청나게 어려운 일이라는 것을 사람들이 아는 것이 중요하기 때문에, RF는 이 이야기를 새로운 집단의 다른 사람들과 공유하기로 결심했다. 자신의 이야기를 공개적으로 하는 것도 사회정의를 확장하는 지속적인 열정과 노력의 일부가 될 수 있기 때문이었다. 그래서 억압에 직면하여 더 크게 자신의 목소리를 내기로 결정했다. RF는 궁극적으로는 모든 사람이 두려움과 위험으로부터 벗어나 자신의 진정한 자아를 표현할 수 있는 날이 오기를 소망하고 있다.

결론

하나의 성별에서 다른 성별로 전환한 내담자와 상담하는 것은 내담자가 자신의 정체성과 성별 정체성 발달과정에서 어떤 위치에 있는지, 교차정체성의 측면은 어떠한지, 외상의 경험과 차별의 역사가 어떠한지 그리고 함께 발생할 수 있는 다른 모든 일과 다양한 요인에 의해 영향을 받는다. 정신건강 서비스를 제공하는 사람들은 트랜스젠더의 의학적 개입의 적합성 여부를 판단하는 게이트키퍼(gatekeeper)[3] 역할을 수행하기 때문에 의무적인 단계로 상담을 받으러 오는 사람들도 많이 있고, 따라서 내담자들이 자신의 진짜 목소리를 내고 상담 목표를 설정할 수 있도록 자율성과 권한을 주는 것이 특히 중요하다. 상담자는 상담 과정에서 자기가 맡을 역할이 무엇인지에 대해서도 직접적으로 이야기하는 것이 좋다.[4] 또한 상담자는 성차별주의, 비시스젠더차별주의, 트랜스혐오 및 다른 형태의 억압에 대해 잘 알고 있어야 한다. 다른 내담자들과 마찬가지로 트랜스젠더 내담자도 자신의 여러 측면을 통합하여 상담의 목표를 달성했는가의 여부가 상담 과정이 실제로 도움이 되었는지를 판단할 수 있는 핵심 지표가 될 수 있을 것이다.

참고문헌

American Psychological Association, Task Force on Gender Identity and Gender Variance. (2009). ***Report of the Task Force on Gender Identity and Gender Variance.*** Washington, DC: Author.

Association for Lesbian, Gay, Bisexual and Transgender Issues in Counseling (ALGBTIC). (2009). ***Competencies for counseling with transgender clients.*** Alexandria, VA: Author.

Bockting, W. (2008). From gender dichotomy to gender diversity: Implications for psychotherapy and the Real Life Experience. ***Sexologies, 17,*** 211-224.

Dreger, A. D. (1999). ***Intersex in the age of ethics.*** Hagerstown, MD: University Publishing Group.

3) 역자 주: 주에 따라 다르지만 상담자, 심리학자, 정신과 의사가 작성한 서류가 있어야 의학적 전환이 가능한 경우가 많다.

4) 역자 주: 조언자의 역할을 할 것인지, 협력자의 역할을 할 것인지 등의 역할 명시가 필요하다.

Ehrbar, R. D. (2004). Taking context and culture into account in the core conditions: A feminist person-centered approach. In G. Proctor & M. B. Napier (Eds.), *Encountering feminism: Intersections between feminism and the person-centered approach* (pp. 154-165). Ross-on-Wye, Herefordshire, England: PCCS Books.

Ehrbar, R. D., & Gorton, R. N. (2011). Exploring provider treatment models in interpreting the standards of care. *International Journal of Transgenderism, 12*(4), 198-210.

Lev, A. I. (2004). *Transgender emergence: Therapeutic guidelines for working with gender-variant people and their families.* New York, NY: Haworth Clinical Press.

Meyer, W., III, Bockting, W., Cohen-Kettenis, P., Coleman, E., DiCeglie, D., Devor, H., …… Wheeler, C. (2001). *The Harry Benjamin International Gender Dysphoria Association's standards of care for gender identity disorders, sixth version.* Retrieved from http://www.wpath.org/documents2/socv6.pdf

O'Keefe, T. (2010). *Don't call me transgender.* Retrieved from http://www.thescavenger.net/glbsgdq/dont-call-me-transgender.html

Stryker, S., & Whittle, S. (2006). *The transgender studies reader.* New York, NY: Routledge.

Vanderburgh, R. (2007). *Transition and beyond: Observations on gender identity.* Portland, OR: Q Press.

World Professional Association for Transgender Health (WPATH). (2011). *Standards of care for the health of transgender, transsexual, and gender nonconforming people. Seventh version.* Retrieved from http://www.wpath.org/documents/Standards%20of%20Care%20V7%20-%202011%20WPATH.pdf

21장

비도심 지역의 레즈비언, 게이, 양성애자, 트랜스젠더 내담자를 위한 상담

폴 A. 대티(Paul A. Datti)

도심 지역에는 성소수자 공동체가 존재한다는 신호가 많이 있다. 성소수자 서점, 주민 편의시설, 술집 등, 성소수자가 소유·운영하는 사업체는 자랑스럽게 제휴 및 무지개 깃발을 표시한다. 이 모든 것은 성소수자들이 많은 사람 속에 쉽게 존재할 수 있는 일반적이고 정형화된 문화적 분위기를 불러일으킨다. 이러한 도시생활의 용이함은 레즈비언과 게이들의 시골에서 도시로의 이주에 관한 웨스턴(1995)의 논문에서 묘사한 것과 같다. 웨스턴은 공동체의 부재와 비도심 지역에서의 박해를, 도시 공동체와 수용의 이점과 대조하였다. 이것이 비도심의 많은 성소수자가 대도시로 이주하는 이유라고 말했다. 그러나 많은 비도심 출신의 성소수자는 그 지역에 머물러 있다. 그리고 이들이 이주 선택의 여부와 상관없이, 이들의 경험과 세계관은 도심·부도심 지역의 성소수자와 매우 다를 수 있다. 이 장에서는 비도심의 성소수자 내담자(가상의 사례이지만 임상 및 개인 경험을 바탕으로 함)의 사례를 설명하고 이들이 직면한 내·외적 공통 문제를 조명하고, 이 집단에게 더 나은 서비스를 제공하기 위한 상담 접근법 및 권고사항을 제시하고자 한다.

조의 사례

조(Joe)는 오하이오주의 인구 2,400명인 비도심에서 출생한 친절한 30세 이탈리아계 미국인 게이였다. 긴밀한 유대감을 가진 중산층 가정에서 태어난 그는 어머니, 아버지, 누이와 자랐다. 조는 가족과 공동체 지향적이었고 그가 성장한 곳을 좋아했다. 그는 자신의 집을 좋아했고, 동네 잡화점에서 빠르게 승진한 매니저로서의 자신의 일도 좋아했다. 그는 성인기 초반까지 존스(Jones) 씨와 마을을 가로질러 살았던 그의 '친구'를 제외하고는 다른 게이를 알지 못했다. 10대 때, 조는 소년에 관해 환상을 갖기 시작했지만 그 이유를 이해할 수 없었다. 그의 친구들은 그가 관심이 없는 소녀들에 대해 이야기하고 데이트를 했다. 조는 여자애들과 데이트를 하지 않았고 여성적이면서 성별 비순응적(non-gender-conforming) 특성 때문에 가끔씩 다른 아이들에게 조롱을 받았다. 그는 높은 목소리 톤을 가지고 있었고, 흔들리는 걸음걸이를 가졌으며, 이웃의 다른 소년들 대부분과 달리 바깥에서 놀 때 더러워지는 것을 좋아하지 않았다. 그는 가끔씩 괴롭힘을 당했으며 학교에 가는 것을 종종 두려워했다. 10대 때 그는 오토바이 수리와 같은 '남자다운' 일을 함으로써 또래와 섞이려고 해 봤지만 전혀 관심이 생기지 않았다. 그는 자신이 모든 사람과 다르므로 스스로가 뭔가 잘못되었다고 믿었고, 이를 아무에게도 이야기하지 않았다. 그는 익명을 유지하면서 자신의 성적 · 연애적 욕구를 숨길 필요가 있다고 느꼈다. 10대 후반과 20대 초반에 여성과 데이트하고 가끔씩 남성과 친밀한 관계를 맺기 위해 한 시간 거리에 위치한 도심으로 빠져나오곤 했다.

몇 년간의 이성애 관계와 그의 첫 번째 진짜 동성과의 관계(온라인 대화방에서 찾음) 후에 조는 불안 증상으로 상담실을 찾았다. 그 불안 증상은 고등학교의 사회적 상황에서 시작되었고 또래나 여자아이들이 성행위나 데이트를 주제로 꺼낼 때 더욱 심해졌다. 그 불안은 비슷한 사회적 상황에서 계속되었지만, 최근 고조되어 직장 · 관계 · 재정과 같은 다른 영역으로까지 번져 갔다. 조는 발각되는 것에 대한 두려움, 거짓말에 대한 걱정, 이성애적으로 느끼고 행동하지 못하는 것에 대한 죄책감과 같은 성적 지향과 관련된 이슈가 자신의 불안감의 상당 부분을 차지한다고 느꼈다. 상담 초기에 그는 이성애자였으면 더 좋았겠지만 게이인 것도 괜찮다고 말했다. 하지만 그는 자신의 상황에 대해 더 긍정적인 감정을 느끼고 싶고, 모든 순간마다 자신이 게이인 것을 생각하고 싶지는 않다고 말했다. 예를 들어, 가족의 저녁식사 자리에서 부모는 그가 언제쯤

전 여자친구에게 돌아가서 결혼하고 자녀를 가질 것인지 물었다. 조는 특히 아버지가 자신의 성적 지향을 알게 되는 것이 두려웠다. 그의 아버지는 전형적인 이탈리아 마초 남자로서, 조가 가문의 이름과 전통을 이어 가기를 희망하고 있기 때문에 게이 아들을 수용하기 어려울 것이라고 말했다. 또한 그는 직장에서의 고객이 그가 게이라고 추측할까 봐 걱정했고, "여자친구 있으세요?" "왜 아직 결혼 안 하셨어요?" 같은 개인적인 질문을 할까 봐 무서워했다. 그의 관계에도 문제가 있었다. 도심에 살았던 조의 파트너는 많은 사람에게 성소수자임을 커밍아웃했고 조와 함께 살기를 꿈꾸었다. 그러나 조는 두려움 때문에 지금까지 이를 막아 왔고 관계를 비밀로 유지하기를 원했다. 조는 상담 이력이 없으며, 자주 다투게 된 파트너의 강력한 권유 때문에 상담을 찾았다. 그는 친구들이 있었지만 이들에게 커밍아웃은 하지 않았고 이러한 우려에 대해 말하고 싶어 하지도 않았다.

또한 조는 피로감, 과민 반응, 집중력 장애도 경험했다. 그의 증상은 약 1년 동안 심각했는데, 자낙스(xanax)를 복용한 것이 조에게 다소 도움이 되었다. 그의 어머니는 양극성장애의 병력이 있었지만, 부계에서 알려진 정신건강 문제는 없었다. 조의 강점으로는 지능, 협업 의지, 변화에 대한 책임감이다. 조의 불안의 빈도 · 지속시간 · 선행 조건을 포함한 심층 평가를 수행하였다. 그의 진단은 다음과 같다.

축 I	300.23 사회불안장애
	300.02 범불안장애
축 II	없음
축 III	없음
축 IV	주요 관계에서의 문제, 적절한 지지체계의 부족
축 V	전반적 기능 평가(GAF)=63

조는 집 근처에서 상담받는 것이 불편했기 때문에 45분이나 더 먼, 성소수자 친화적이라고 알려진 나의 상담실로 찾아왔다. 상담 초기의 목표는 불안감을 조절하고 사회적 상황에 덜 불안해하며 자신에 대해 더 긍정적으로 느끼는 것이었다. 합의한 목표는 관계에 대한 편안함을 증가시키고 궁극적으로 (그가 몇 년 동안 생각만 해 왔던 주제인) 사랑하는 사람들에게 커밍아웃하는 것이 포함되었다. 조는 6개월 동안 매주 또는 격주로 상담했다.

상담 접근법

특히 비도심의 환경에서는 성소수자들이 존재하지 않는 것으로 여겨지거나 언급하지 않고, 논의가 되더라도 부정적 측면으로만 나타난다는 것을 이러한 사례의 초기에 고려하는 것이 상담에 도움이 된다. 실제로 조는 어린 나이에 상당히 부정적인 태도와 피해를 경험했으며, 그 지역에서는 지원을 제공할 만한 성소수자 공동체 또는 관련 자원이 없었다. 미국성소수자상담학회(ALGBTIC, 1997)의 인간 성장 및 발달 역량을 고려하고, 심리사회적 요인이 레즈비언, 게이, 양성애자로서의 지향과 트랜스젠더 정체성 발달의 과정에 미치는 영향을 이해하면, 비도심 지역에서 많은 성소수자 청소년의 부정적 경험과 성소수자 · 성소수자 공동체에 제한된 노출로 인해 자기수용이나 커밍아웃 과정에서 편안한 환경을 제공받기 어려우리라는 것을 추측할 수 있다. 조의 비도심 환경은 그의 성적 지향과 관련하여 제한된 정보만을 허용했다. 그가 흡수하고 이해한 그 정보는 수치심과 부정성이었고, 심지어 병리적이기도 했다. 결과적으로 그는 자신의 삶과 그 정보들을 통합하는 데 상당한 어려움을 겪었다. 나아가 미국성소수자상담학회(ALGBTIC) 역량이 사회적 및 문화적 기반을 둔다는 점을 고려할 때, 우리는 이성애주의적 세계관이 내재화될 수 있고 건강한 기능에 영향을 줄 수 있다는 것을 인식해야 할 필요가 있다. 실제로 어린 시절부터 조는 비도심 지역의 또래, 어른들의 세계관에서 비이성애차별주의의 분위기를 경험했고 이것이 자신 안에 심어졌다. 결과적으로 그의 게이 정체성은 이해받지 못했고, 이후 고립과 비가시성이 필요하다는 자기인식에 의해 혼란스러워졌다.

많은 상담이론이 성소수자와 상담 작업을 하는 데 도움이 되지만, 여기서 나는 이들에게 도움이 되는 것으로 알려진 세 가지의 조합, 즉 인간중심 상담, 여성주의 이론, 인지행동상담을 활용하고자 한다. 진솔한 관계와 비판단에 초점을 둔 인간중심 상담이 성별 정체성이나 성적 지향과 관련해 많은 관계를 경험하지 못한 비도심 지역의 성소수자에게 훌륭하게 적용될 수 있다. 상담 초기에 내 사무실의 간판과 일치되게, 모든 사람이 가치 있다는 측면에서 조가 안전하고 비판단적인 공간에 있음을 전달하였다. 실제로 조는 처음에는 주저하였지만, 이 주제에 대해 솔직하게 의사소통할 수 있고 믿을 만하고 객관적인 사람과 관계를 맺을 수 있다는 점에서 안심을 표했다. 조는 특히 성적 지향과 관련해서 누구에게도 솔직하지 못했던 몇 가지 사례를 언급했다. 조는 생전 처음으로 자신의 목소리를 내었고, 그때까지는 표현하지 못했던 많은 생각과 느낌을 풀어낼 수 있었다. 조는 또한 상담에서 그러한 의사소통을 할 수 있다면 일상생활의 다양한 수준에서도 그렇게 할 수 있음을 배웠다. 또한 비도심 지역 출신의 많은 성소수자와 마찬가지로, 조는 타인에게서 (그렇게 지각하거나 실제 그러하거나) 일관된 판단을 경험했다. 그의 성적 지향을 적극적으로 옹호받는 것은 조 자신에게 도움이 되었다. 왜냐하면 조가 과거에 이를 경험하지 못했고, 특히나 권위적 위치의 전문가로부터는 전혀 경험하지 못했기 때문이다. 이러한 경험은 우리의 관계를 강화하는 장을 만들었고, 조의 호소 문제와 근본적 문제를 다루는 의미 있는 작업을 시작, 유지할 수 있는 무대를 마련하는 데 도움이 되었다.

조력 관계에서의 미국성소수자상담학회(ALGBTIC) 역량을 고려할 때, 여성주의 관점은 우리가 이들이 경험하는 사회적 편견과 차별을 인식하고 다루는 데 도움이 된다. 그리고 성적 지향과 성별 정체성에 대한 내재화된 부정적 태도를 다룰 수 있는 이론적 틀을 제공하기도 한다. 조와 같은 비도심 지역의 많은 성소수자는 비이성애차별주의, 내재화된 동성애혐오, 억압의 파급 효과를 인지하지 못한다. 심리교육적으로 이 정보가 조에게 도움이 되었다. 그가 성소수자 역사와 문화를 더 잘 이해하게 되었을 때, 자신의 삶에 대해 감사하는 마음이 커지고 보다 긍정적인 정체성을 발달시켰다. 그는 성소수자들의 수가 어느 정도 되는지, 소수자로서의 지위가 어디서 발원한 것인지, 비이성애차별주의에 의해 억압이 어떻게 조장되는지, 성역할이 어떻게 엄격한 이분법으로 나타나는지에 대한 정보를 통해 크게 도움을 받았다. 조에게 이러한 관점을 전했을 때 새로운 지식이 생겨 협업에 대한 감각이 높아졌다. 이러한 토론을 통해 그는 그와 같은 사람이 많다는 것과, 다수가 아닌 것이 열등하다는 것을 의미하지는 않는다는 것을 깨달을 수 있었다. 조는 아동기에 경험한 타인의 대우, 역할 모델로서의 아버지, 종교와 같은 외부적 힘이 어떻게 자신의 문제에 영향을 미쳤는지를 종합할 수 있었다. 조는 과거 이슈에 대한 지각이 현재 부적절감과, 특히 자신이 관심을 갖는 사람들에게 가치 없다고 평가받는 것에 대한 두려움과 관련이 있음을 깨닫기 시작했다. 그는 자신이 받은 경험, 메시지의 결과 때문에 그가 느낌을 축소시켰다는 관점을 형성했다. 그에 따라 그 병리는 자신 안에서 타인의 태도, 신념, 행동으로 전환되기 시작했다.

조는 자신에게 더 편안해졌음에도 불구하고 게이로 사는 것에 대한 부정적 생각과 감정을 계속 갖고 있었다. 인지행동상담·기법에 대해 학습한 후 그는 열정을 가지게 되었고, 이러한 이슈를 다루기 위해 여성주의와 인간중심주의를 통합하여 활용하였다.

구체적으로 말하면, 조가 평상시 문제가 되는 사고 과정을 조사하고 더 적응적인 반응을 개발했다. 다음은 조에게 자신이 게이인 것이 어떠한지에 관한 대화의 한 예이다.

조: 힘들어요. 이성애자만큼 괜찮지 않다는 느낌이에요.

상담자: 어떤 면에서 이성애자가 게이보다 더 나은 사람일까요?

조: 글쎄요, 아시다시피 선생님도 항상 게이에 대해 안 좋은 소리만 들으시잖아요. 이성애자들에 대해선 절대 하지 않는…….

상담자: 이성애자에 대해 어떤 것을 들었나요?

조: (잠시 멈춤) 흠, 별로 없어요. 지금 생각해 봐야겠네요.

상담자: 그래요. 사람들은 일반적으로 이성애에 대해선 이야기하지 않아요.

조: 제가 생각해도 이야기할 이유가 없네요. 대부분의 사람이 이성애자이니까요.

상담자: 세상에 게이가 적기 때문에 게이가 좋지 않은 사람인 걸까요?

조: 글쎄요. 어쩌면 '다르다'가 더 적절한 단어일 수 있겠네요.

상담자: 그래서 아마도 덜 이해받는 걸까요?

조: 맞아요.

상담자: 알았어요. 이성애자가 더 흔하며 더 많이 이해받는다. 이렇게 말을 바꾸면 더 나은가요?

조: (잠시 멈춤) 아니요. 정말 그런 거 같지는 않아요.

이 질문을 다시 다루었을 때, 조는 더 생산적으로 답변할 수 있었다. "게이인 것은 내가 이성애자가 아니며, 사회가 게이를 어떻게 대우하는지로 인해 내가 더 많은 어려움을 겪을 수 있음을 의미해요." 이러한 접근을 지속하는 동안, 조는 상담 회기 사이에서 자신 안에서 일어난 게이인 것과 관련하여 사고 기록지를 작성하였다. 이어진 다음 회기에서 그 사고 기록지를 검토하고, 만약 그 사고가 문제가 있는 것으로 판단되면 더 생산적인 반응을 찾았다.

자기수용 및 가치와 관련해 많은 진전이 있었지만, 특히 사회적 상황에서 발각되고 판단받고 거부당하는 것에 대한 불안과 두려움은 어느 정도 지속되었다. 그래서 상담의 초점은 특정 상황에서의 불안감을 감소시키는 것과 이러한 상황 및 기타 상황에 대해 효과적인 대처전략을 개발하는 것으로 옮겨 갔다. 조에게 불안을 야기하는 특정 상황으로는 성소수자가 아닌 사람들과 성소수자 이슈를 이야기하는 것, 공공장소에서 파트너와 단둘이 있는 것을 친구가 보게 되는 것, 사랑하는 사람들 앞에서 커밍아웃을 하는 것이었다. 우리는 역할극과 과제를 활용한 상담을 통해 이 부분을 다루었다. 예를 들어, 우리는 편안한 환경에서 최근 동성결혼 뉴스에 대해 동료와 대화하는 역할극을 하면서 그러한 상황을 둘러싼 불안과 두려움을 극복하는 데 도움을 주고자 하였다. 더해서, 조는 자신이 편안함을 얻었던 반응과 행동을 배우고 연습할 수 있었다. 나아가 그는 여러 편안한 상황에 점차적으로 민감해지고 상담에서 이를 작업하기 위해 과제를 수행하는 것(예: 파트너와 단둘이 영화를 보거나 저녁식사를 하기, 처음에는 도심에서 시작해서 이후에는 그의 집과 좀 더 가까운 곳에서 해 보기)에 동의했다. 이러한 활동은 불안을 야기하는 특정 상황을 직접적으로 다루고, 더 광범위한 불안에 적용할 수 있는 지식 습득 및 대처 기술을 향상시킨다는 두 가지 목적을 수행했다.

상담 결과, 조의 불안이 감소되었다. 특히 사회적 상황에서의 불안이 감소되었다. 그리고 자신이 성소수자라는 것이 드러나거나 들켜 버린 상황이 처음 상상했던 것만큼 끔찍하지 않을 것이라는 믿음이 생겼다. 조는 의사의 승인을 얻어서 필요할 때만 복용하는 것으로 자낙스 사용을 줄일 수 있었다. 그의 전반적 기능 평가(GAF)는 75점까지 향상되었다. 그는 자기존중과 자기가치를 향상시키고, 세상에서 자신의 위치를 이해하며, 이성애 중심으로 편향된 공동체에서 자신을 더 긍정적으로 바라보는 진전을 이루었다. 그는 생각, 행동 및 상황을 더 생산적으로 다룰 수 있을 뿐만 아니라, 이러한 관점을 유지하고 개선할 수 있는 유용한 도구를 얻었다. 조는 시간과 금전상의 제약으로 인해 추가 상담을 보류해야 했지만 (커밍아웃에 대한 지지를 포함해) 필요에 따라 추수상담을 하는 것에 동의했다. 그는 도심에 위치하고 상담비용이 무료인 성소수자 친화적 상담센터를 포함하여 주변 지역에서 성소수자 친화적 자원과 서비스를 설명하는 안내책자를 받았다. 그는 또한 성소수자 친화적 커플상담사에게 의뢰되었다. 그와 그의 파트너는 필요에 따라 이들의 관계 이슈를 다루기 위한 적절한 방법을 취할 수 있을 것이다. 특히 이들이 커밍아웃에 있어 때때로 다른 관점을 가지고 있는 것과 이러한 점이 이들의 향후 관계에 어떤 영향을 미칠 수 있을지에 대한 이슈를 다룰 수 있을 것이다.

추후 권고사항

모든 분야에서와 마찬가지로 비도심 환경의 상담자도 성소수자 내담자와 함께 일하는 것을 피할 수 없을 것이며, 레즈비언, 게이, 양성애자 지향과 트랜스젠더 정체성에 대해 자기 자신의 섹슈얼리티, 편향 및 편견을 이해하고 편안해지는 것이 온당할 것이다. 이러한 이슈와 관련하여 자기 자신을 지속적으로 인식하고 있지 않은 상담자는 내담자의 이슈에 대해 제한된 이해를 가지거나 잠재적으로 비이성애차별주의나 성차별적 편향을 전가할 위험이 있다. 이 두 가지 중 어느 하나라도 상담 관계나 방향에 방해가 되거나 부정적 영향을 줄 뿐만 아니라 실제로 해를 입힐 수 있다. 성적 지향과 관련하여 상담자와 내담자를 배정하는 데 있어(예: 게이 내담자와 게이 상담자) 여러 잠재적 강점, 문제점, 차이점이 있지만, 상담자가 이러한 이슈들에 대해 이해하고 편안하다면 모든 성적 지향과 성별 정체성의 상담자가 성소수자 집단과 효과적으로 일할 수 있을 것이다.

자각하는 것 외에도 상담자는 성소수자에게 영향을 미치는 이슈를 알고 있고, 이들의 공동체, 문화 및 세계관에 익숙해지는 것이 매우 중요하다. 비도심 지역의 성소수자 공동체가 부족하기 때문에, 이러한 지역의 모든 상담자는 성소수자와의 상담에 대한 훈련 기회와 경험이 제한적이라는 위험을 안고 있다. 따라서 성소수자 내담자에게 더 나은 서비스를 제공하려면 이러한 훈련 기회와 경험을 적극적으로 찾는 것이 필수적이다. 비도심 지역 출신의 성소수자는 도심 또는 부도심 지역의 성소수자와 다른 경험을 가지고 있기 때문에 상담자가 비도심 지역의 문화와 그 일부로 살아온 성소수자에 대해서 충분히 아는 것이 도움이 된다. 이는 비도심 지역뿐 아니라 모든 지역의 상담자에게 중요하다. 도심으로의 이주가 도심의 세계관으로의 변화를 조성할 수도 있지만, 상담자는 내담자의 행동과 태도가 여전히 비도심 지역의 문화와 세계관을 반영할 수 있음을 반드시 고려해야 한다. 나아가 쉬운 과제는 아니지만 비도심 지역의 성소수자들에게 접근하기 위해 신중하고 조심스럽게 노력함으로써 이들에게 필요한 옹호와 사회적 활동을 위한 무대를 만들 수 있을 것이다.

실무 또는 기관 차원에서 성소수자 내담자와 함께 작업하는 데 유능한 상담자는 성소수자 관련 출판물이나 웹사이트뿐만 아니라 주류의 활동 무대에서도 이를 알릴 필요가 있다. 더 포용적인 분위기를 조성하기 위해 성소수자 관련 간행물과 자료[예: 휴먼라이츠 캠페인[1] 자료, 『디 애드보킷(The Advocate)』,[2] 『트랜스젠더 태피스트리(Transgender Tapestry)』[3]]를 사무실 내에 잘 볼 수 있게 비치하는 것도 도움이 될 수 있다. 또한 오스

1) 역자 주: 미국의 유명한 성소수자 인권단체이다.
2) 역자 주: 성소수자 잡지명이다.

월드와 쿨턴(Oswald & Culton, 2003)은 비도심 지역의 성소수자 내담자에게 우호적인 분위기인지를 평가하고 이를 증진하기 위한 훌륭한 제안을 했다. 여기에는 접수지 양식에서 성적 지향 및 성별 정체성에 대해 민감하게 단어를 사용하는 것, 직원들에게 성소수자 이슈에 대한 훈련을 제공하는 것, 안내책자에 담긴 내담자 층의 목록에 성소수자를 포함하는 것 등이 있다.

마지막으로, 비도심 지역의 내담자를 위하여 성소수자 관련 자원 및 서비스에 대해 알고 이를 개발하도록 지원하는 것이 중요하다. 도움이 되는 전화 또는 인터넷 자료로는 GLBT 전국 지원센터(GLBT National Help Center, www.glbtnationalhelpcenter.org)가 있는데, 이는 모든 연령대의 사람들에게 또래상담, 정보, 해당 지역 내 성소수자 자료를 제공한다. 또한 내담자 모집이나 광고를 통해 상담자는 비도심 지역의 성소수자를 대상으로 지지집단 또는 상담집단을 만들 수 있다. 그리고 사회화를 증진시키고, 특정 이슈를 주제로 삼거나 성소수자 공동체의 시작이나 확장을 촉진하기 위해 양질의 프로그램이나 활동을 개발할 수 있다. 상담자는 인터넷을 사용하고 선호하는 내담자를 위해 온라인 자원을 만들거나 성소수자 지지집단을 제공하는 데일리 스트랭스(Daily Strength, www.dailystrength.org)와 같은 기존의 자원을 제안할 수 있다. 비도심 지역의 성소수자와 작업하는 상담자는 이러한 내담자 기반에서 적절하게 서비스를 제공할 수 있도록 해당 지역에서 이용할 수 있는 유용한 자원들에 대한 최근 정황을 알아 두는 것 외에도, 이들과 관련된 임상적 고려사항을 인식할 뿐만 아니라 비도심 지역에서 성소수자로 사는 것에 대한 사회문화적 맥락을 이해할 필요가 있다.

3) 역자 주: 성소수자 잡지명이다.

참고문헌

Association for Lesbian, Gay, Bisexual and Transgender Issues in Counseling (ALGBTIC). (1997). ***Competencies for counseling gay, lesbian, bisexual and transgendered (LGBT) clients.*** Alexandria, VA: Author.

Oswald, R. F., & Culton, L. S. (2003). Under the rainbow: Rural gay life and its relevance for family providers. ***Family Relations, 52***(1), 72-81.

Weston, K. (1995). Get thee to a big city: Sexual imaginary and the great gay migration. ***GLQ: A Journal of Lesbian and Gay Studies, 2***(3), 253-277.

22장

마리오의 신앙 여정

캐슬린 Y. 리터(Kathleen Y. Ritter), 앤서니 I. 턴드럽(Anthony I. Terndrup)

내담자 정보

마리오(Mario)는 23세의 백인 남성이다. 그의 부모는 결혼한 지 30년이 넘었고, 마리오는 7명의 자녀 중 다섯 번째이다. 그에게는 2명의 누나, 2명의 형, 남동생 1명과 여동생 1명이 있다. 그의 아버지는 가족농장의 공동 운영자이며, 외할아버지와 외삼촌과 함께 운영하고 있다. 그의 어머니는 공립고등학교에서 특수교사의 보조교사로 일한다. 마리오는 오리건주 남부의 본가에서 부모, 첫째 형과 같이 살고 있다. 그의 형은 정신증 증상을 가진 양극성 우울장애를 가지고 있다. 그의 막내 여동생은 워싱턴주 동부의 가톨릭교 대학에서 대학교육을 마쳤고, 다른 형제들은 자신들만의 전문직업을 가지고 각자 가정을 꾸리기 시작했다.

마리오의 민족-종교적 정체성은 북부 이탈리아 문화유산과 로마 가톨릭교 신앙 전통에 뿌리를 두고 있다. 그의 외할아버지와 외할머니는 각각 베네토와 토스카나에서 오리건주 남부의 농촌 골짜기로 이주하여 서로 만났고, 1950년대 후반에 결혼했다. 외할아버지와 외할머니는 그의 어린 시절에 강한 영향을 주었다. 그의 친할아버지는 마리오가 태어나기 전에 돌아가셨다. 그는 친할머니를 거의 보지 못하며, 친할머니는 현재 애리조나주에서 딸과 손녀와 함께 살고 있다.

배경 정보

마리오는 지역 내 이탈리아계 로마 가톨릭교 공동체의 사회문화적 기반에서 성장했다. 그는 이들의 병원에서 태어났으며, 이들의 교회에서 세례를 받고, 이들의 학교를 다녔다. '고국'에서 온 외조부모와 파이사노스(paisanos, 동네 사람들)의 민속 신앙과 풍습은 마리오의 신앙 발달과 종교적 가르침에 깊은 영향을 미쳤다. 마리오는 자신의 고향 교구에 배정된 신부와 수녀를 이상화했지만, 종교적 권위에 다소 불안한 애착을 형성하였고 종교생활에 매우 성실하였다. 12학년 때 가톨릭교 학교에서 그리스도교 도덕률을 공부하고 공립학교의 가톨릭교 학생들 대상 수련회를 이끌었으며, 졸업식에서 종교적 충성심과 모교에서의 봉사에 대한 연례상을 수상했다.

고등학교를 졸업한 마리오는 지역 내 전문대학에서 준학사학위를 취득하고, 캘리포니아주 북부에 있는 작은 가톨릭교 인문대학으로 편입하여 철학, 심리학, 종교학을 공부했다. 그는 학사학위를 마치고 사제가 되는 것을 고려하며 신학교에 들어가려 했으나 대신 예수회봉사단(1년의 가톨릭교 자원봉사 프로그램)에 들어가기 위해 입학을 연기했다. 대학을 졸업한 후, 그는 텍사스에서 12개월 동안 멕시코계 이민 가정에서 제2외국어로 영어를 가르쳤다. 한편, 그는 자신과 같이 기숙하고 일하는 선교팀에 속한 남성 동료 카를로스(Carlos)에게 친밀한 정서적 애착을 갖게 되었다. 마리오가 처음으로 이 젊은 청년과 사랑에 빠지기 시작했을 때 그는 불안하고 혼란스러워했다. 그의 종교 교육에서는 '동성애 행위는 본질적으로 잘못된 것'이며, 따라서 도덕적으로 나쁘다고 배웠기 때문이다. 따라서 그는 자신의 끌림을 인정하는 것이 수치스러웠고 상대에 대한 애정 표현을 두려워했다. 그는 자신이 게이가 아니라 단지 카를로스와 사랑에 빠진 것일 뿐이라고 스스로를 설득했다.

봉사 활동이 끝난 후, 마리오와 카를로스는 거리상으로뿐만 아니라 감정적으로도 서로에게서 멀어졌다. 각자 고향으로 돌아가서 금단의 버림받은 사랑을 알기 전의 삶을 재개했다. 오리건주 남부의 부모와 형제에게 돌아간 지 몇 주 만에 마리오는 우울감을 느끼기 시작했다. 사랑하는 친구에 대한 정서적 애착을 부정하려는 그의 결심은 더욱 더 복잡한 슬픔을 만들어 냈다. 그러나 이러한 역경에도 불구하고 마리오는 할머니의 추천으로 지역 내 가톨릭 병원의 응급실에서 야간근무 접수대 직원으로 일을 시작했다. 그는 매번 야간근무를 끝내고 아침 미사에 참여해 교회의 가르침에 순종하여 결혼하지 않고 순결한 삶을 살도록 신의 은총을 빌었다. 그러는 사이 그의 근무 일정은 수면장애와 사회적 고립을 야기했다.

호소 문제

결국 마리오는 카를로스에 대한 애정을 억누르는 데 성공했다. 그러나 그는 자신이 지역 내 다른 젊은 남성들에게 매력을 느낀다는 것을 알아챘다. 이러한 낯선 이들에 대한 감정은 그에게 큰 문제를 일으켰다. 남자에 대한 자신의 에로틱한 욕망을 카를로스에 대한 낭만적 사랑일 뿐이라고 더 이상 치부할 수 없었던 마리오는 자신의 혼란과 불안을 교구신부에게 털어놓았다. 마리오는 그 신부가 자신의 종교적 방어를 강화하리라고 희망하고 기대했다. 하지만 이 진보적인 사제는 오히려 그의 감정이 타당하다는 것을 적극 옹호하고 적극적 옹호 상담(affirmative psychotherapy)을 하는 전문상담사를 추천했다.

그가 상담을 시작했을 때 마리오는 광범위한 임상적 문제를 제시했다. 그는 우울한 기분과 불안한 상태를 번갈아 경험했다. 그는 카를로스에 대한 애착의 상실로 공허한 느낌이 들었고, 그의 미래에 대한 어두운 전망에 낙담하고 절망했다. 현재 그는 종교적 직업이나 다른 직업도 기대할 수 없었다. 그는 다른 젊은 남성들에 대한 환상에 대해 죄책감을 느끼고 있었으며, 이를 부인하거나 억누르는 데 실패했기 때문에 자신을 쓸모없다고 느꼈다. 그는 집중력 부족, 불면증과 잠을 못 잔 것으로 인한 피로를 야간근무 때문이라고 말했다. 그러나 그가 성적 유혹과 부도덕에 굴복할까 봐 강박적으로 두려워하기 때문에 더욱 혼란스럽고 피로감을 더 느끼는 것을 인정했다. 마리오는 자신이 실수로 다른 청년을 유혹하여 필연적으로 그쪽으로 나아갈까 봐 두려워했고, 자제력을 잃을까 봐 끊임없이 걱정하였다.

진단

마리오를 면담하고 호소 문제를 평가한 후, 상담자는 다음과 같은 평가를 내렸다.

축 I	296.22 주요우울장애, 단일 삽화, 중등도
	300.00 달리 명시되지 않는 불안장애(AD-NOS)
	V62.89 종교적 또는 영적 문제, 발달단계 문제
축 II	V71.09 진단 없음
축 III	없음
축 IV	형의 정신질환, 친구의 상실, 스트레스가 심한 업무 일정
축 V	전반적 기능 평가(GAF)=55(접수면접 시점)

다음은 이 평가 관련 상담자의 임상적 결정을 반영한 내용이다.

축 I에서 상담자는 내담자의 고통을 주요우울장애의 임상적으로 유의한 증상으로 주요 진단했다. 우울한 기분과 흥미 상실이 모두 있었다. 또 다른 여섯 가지 기준(5개가 필요함)인 슬프거나 공허함, 모든 활동에서의 즐거움 감소, 불면증, 피로 또는 에너지 손실, 무가치함 또는 죄책감, 집중력 감소도 확인하였다.

또한 상담자는 마리오가 카를로스와 헤어지고 나서 이러한 증상을 보인 것으로 보아 혼재성 불안 및 우울장애(Mixed Anxiety and Depressed Mood, 309.28)도 고려했다. 그러나 정신질환의 가족력뿐만 아니라 앞서 제시한 스트레스원이 나타나기 전에 이미 종교적 권위에 대한 불안한 애착을 품었다는 측면에서 그의 증상이 6개월 전부터 지속되어 왔다고 볼 수도 있다. 따라서 지속적인 걱정, 강박 성향, 특정 불안장애의 진단 기준에 부합하지 않는 수많은 불안 관련 증상을 설명하기 위해 달리 명시되지 않는 불안장애(Anxiety Disorder Not Otherwise Specified: AD-NOS)를 2차 진단으로 하였다.

축 I의 1차 · 2차 진단뿐만 아니라, 임상적 관심이 필요한 두 가지 조건을 추가했다. 이 두 가지는 동일한 진단 코드를 가진다(V62.89). 즉, 자신의 성적 지향과 가톨릭교 신앙을 화해시키고, 개인적 양심의 도덕적 권위와 제도적 교회의 도덕적 권위를 구별하기 위한 마리오의 투쟁을 종교적 또는 영적 문제로 정의했다. 또한 부모의 통제를 벗어나 새로운 진로를 시작하는 발달 과제를 발달단계 문제(Phase of Life Problem)와 관련시켰다.

나아가 상담자는 정체성 문제(313.82) 진단도 고려했지만 '성적 지향과 행동에 대한 불확실성'을 재고했다(American Psychiatric Association: APA, 1994, p. 685). 권위 있는 제3자는 이 질환을 『정신질환의 진단 및 통계 편람(DSM-IV)』의 달리 명시되지 않는 성장애(Sexual Disorder Not Otherwise Specified, 302.9)의 세 가지 예시 중 하나인 '성적 지향 관련 지속적이고 현저한 고통'(APA, 1994, p. 538)의 무해한 상태와 쉽게 혼동할 수 있다는 것을 상담자도 인지했다. 성장애의 이 범주는 『정신질환의 진단 및 통계 편람(DSM-III)』(APA, 1980)의 개정 이후 진단명에서 제거된 구시대의 쓸모없는 분류[즉, 자아이질적 동성애(ego-dystonic homosexuality)]가 재구성된 잔여물인 것으로 보인다. 상담자는 다축 평가에서 심리성적 병리학(psychosexual pathology)에서 제안하는 어떠한 것도 피하기 위해 주의했고, 그래서 앞의 두 분류 중 어느 것도 포함하지 않았다.

전반적으로 마리오의 정신건강과 신체건강은 안정적인 편이었다. 따라서 축 II에서 상담자는 '개인 · 사회적 상황에서 광범위하게 만연하고 유연하지 못한' 성격 역기능과 관련해 '지속적인 양상'을 발견하지 못했다(APA, 1994, p. 633). 마찬가지로 축 III과 관련해 기분과 불안 장애 관련 전반적인 의학적 상태도 없었다.

축 IV에서 상담자는 마리오의 진단, 치료, 예후에 영향을 줄 수 있는 세 가지의 심리사회적 문제를 보고했다. 첫째, 친형의 정신질환이 스트레스에 취약한 가족 양상에 의미하는 바를 고려했다. 또한 마리오가 자신의 부모를 실망시키고 더 부담시키지 않음으로서 친형의 정신질환을 보상하는 방식도 인지하였다. 둘째, 마리오가 카를로스와의 우정이 깨진 것과 관련한 슬픔을 억제하고 애도할 권리를 잃어버린 것이 그의 우울감을 더욱 복잡하게 만들었을 수 있다. 셋째, 자신의 역량보다 과도하게 낮춰서 취업한 야간근무직의 힘든 근무 일정이 마리오의 직업적 포부를 죽이고 그의 사회적 고립을 악화시킬 수 있다.

축 V에서 전반적 기능 평가(GAF) 척도를 사용하여 심리적 · 사회적 · 직업적 수행을 전반적으로 평가하였다. 그의 임상적으로 유의한 우울과 불안 증상이 중등도(moderate)임을 감안하여, 55로 평가하였다.

이론적 틀

마리오의 우울증의 심각성을 고려할 때 상담자는 먼저 인지행동적 관점을 활용했다. 인지행동적 관점을 선택한 이유는, 마리오가 이분법적이고 부정적인 자기참조적 사고(self-referent ideations)를 줄일 수 있어야 향후 기분이 나아지고 덜 조바심을 낼 수 있기 때문이다. 예를 들어, 마리오는 자신의 유일한 선택은 교회와 가족의 '순종적' 아들이나 '방탕한' 아들 중 하나를 선택해서 사는 것이라고 생각했다. 그는 또한 자신이 동성애자인 가톨릭교 신자로서 의무적인 독신 관련 교회의 가르침을 받아들일 수 없다면 근본적으로 불순종하고 방탕한 생활방식을 택한 것이라고 믿었다. 나아가 인지행동적 접근법을 사용하여 마리오의 징벌적 초자아를 다루었다. 그의 징벌적 초자아는 그가 조금이라도 불일치한 생각(예: "나는 그가 잘생겼다고 생각한다."), 감정(예: "나는 매력적인 남자를 볼 때 흥분한다."), 행동(예: "나는 그가 너무 매력적이라서 훔쳐보게 된다.")을 가질 때 극단적인 죄책감을 느끼게 했다. 처음에는 마리오의 고립과 무망감이 중요한 상담 목표라고 느꼈기 때문에, 다른 사람들과의 상호작용을 증가시키고 대안적 진로를 탐색하며 삶의 활동에서 즐거움을 찾을 수 있는 행동을 시작하도록 도왔다. 이에 마리오의 상담자는 매주 병원 식당이나 교회에서 새로운 직장 동료 1명에게 자신을 소개하고, 관심이 가는 직업과 직무를 신문에서 찾아보고, 교회에서 사회정의 사목 중 하나에 참가하도록 격려하고 도전했다. 일부 초기 증상이 줄어듦에 따라, 마리오의 종교 및 성적 지향 관련 의미와 가치 충돌과 관련하여 실존주의적 개입에 초점을 맞췄다. 그의 종교와 원가족에 대한 마리오의 감정 사이에 많은 유사점이 있다는 것이 명백해지자 정신역동 및 원가족의 관점도 다루어졌다. 예를 들어, 마리오는 순종을 요구하는 어머니와 교회를 비유했다. 그의 어머니가 그렇게 까다로운 것은 아니었지만, 그는 자신이 가족 전체를 위한 자긍심의 근원이며 그렇게 되기를 기대하는 것만큼 어머니와 외할머니를 기쁘게 해야 한다고 생각했다. 마지막으로, 심리교육과 지지가 상담 과정 전반에 걸쳐 제공되었다('사용한 개입' 절의 예시 참조).

상담 목표

마리오의 심각한 고통 수준을 고려하여 다음과 같은 목표가 수립되었다.

1. 마리오의 우울증을 줄이고 기분을 향상시키기
2. 불안과 강박적 특성을 줄이기
3. 진로계획을 시작하기
4. 인지부조화 줄이기
5. 애도의 회복을 촉진하기

사용한 개입

마리오의 우울증이 심각하기 때문에 첫 번째 개입은 자살을 방지하는 것이었다. 자살위험 평가 질문에 응하여, 마리오는 비록 자신의 일부가 마치 죽어 가는 것처럼 느끼고는 있지만 가톨릭교 신앙의 원칙과 가족에 대한 강한 애착 때문에 결코 자살하지 않을 것이라고 말했다. 상담자는 그의 슬픔, 무망감, 두려움의 깊이를 반영하려고 노력하였다. 그는 동성에 대한 강한 끌림, 부모에게 상처를 주는 것에 대한 두려움, 그의 종교적 신념에 충실하려는 강렬한 욕망에 관한 심오한 도덕적 딜레마를 묘사했다. 이 시간 동안 상담자는 그를 공감하고 지지했다. 그다음에 마리오가 이분법에 집착하여 불안감을 증폭시키는 것에 부드럽게 도전했다. 마리오는 상담자에게 그가 얼마나 간절하게 여성에게 끌림을 느끼고 결혼하고 가족을 이루기 원했는지를 설명했고, 이것이 가능하지 않다는 '증거'가 필요하다고 말했다. 그 증거를 수집하기 위해 그와 상담자는 여성들을 만나서 대화를 시작하고 데이트를 신청하는 계획을 세웠다. 마리오는 2명의 여성에게 이 전략을 시도했으며, 심지어 1명에게는 약간의 매력을 느꼈다. 이것이 그에게는 희망찬 빛이 되었다. 그런데 이 희망은 그가 실험을 계속할 동기와 관심을 잃으면서 겨우 일주일 만에 사라졌다. 이 시간 동안 상담자는 심리교육(예: 성적 반응과 끌림은 이어져 있다.)을 제공하여, 설명이나 깨달음이 마리오가 자신의 관점을 높이고 인지부조화를 줄이는 데 도움이 되게 하였다.

그 과정에서 상담자는 지역 주립대학에서 진로 탐색 수업을 듣도록 권유했다. 그는 동의했고, 다른 관심 분야를 조사하기 위해 2개의 수업도 추가적으로 수강할 것에 동의했다. 직업흥미검사 결과에서 마리오는 모든 점수가 중간에 있음을 발견했다. 이 발견은 데이트 실험의 '실패'와 함께 마리오에게 자신의 상황이 '완전히' 절망적임을 확정하는 것처럼 보였다. 이 시점에서 상담자는 그의 이분법과 결론(예: "나는 실패자야." "나는 나를 통제할 수 있어야만 해." "나는 끔찍하게 기분이 나빠서는 안 돼." "나는 행복할 수 있어야 해.")에 적극적으로 도전하기 시작했다.

상담 4개월 후, 마리오의 의미체계가 무너지는 것처럼 보여서 실존주의적 관점을 치료에 추가하였다. 그는 자신의 끔찍한 현실에 대해 '슬프다'고 말했다. 동시에 그의 언어화(예: "나는 규칙에 따라 행동했다." "불공평하다.")를 통해 그의 다소 무관심한 태도(flat demeanor) 아래에 표현하지 못한 분노가 있다고 여겨졌지만, 그는 어떠한 분노도 부인했다. 그럼에도 불구하고 상담자는 그의 이분법적 사고에 도전했고, 애도와 상실에 관해 심리교육을 했다. 나아가 상담자는 제임스 파울러(James Fowler, 1995)를 인용하여, 신앙의 발달과정과 고통은 전통적 신념체계가 실패하고 혼란스러운 개별적 반추과정이 일어날 때 발생한다고 설명했다. 마리오는 이러한 개념들 중 일부를 내면화했을 가능성이 있다. 왜냐하면 몇 회기의 상담 후에 그가 자신의 동성애를 인정할 준비가 되었다고 상담자에게 말했기 때문이다. 그는 안도감을 느꼈고, 지금 상황이 '안정적'이라고 말했다. 또한 그는 자신이 교회에 속하는 것을 얼마나 많이 원하는지를 깨달았고, 비록 자신이 외롭고 독신이더라도 적어도 '신실한 아들'이 될 수 있을 것이라고 말했다. 새로워진 헌신과 함께, 그는 지역 내 가톨릭교 고등학교에서 종교를 가르치는 교사직에 취업했다. 얼마 안 있어 그는 상담자에게 상담을 중단하고 '잠시 혼자서 노력해 보겠다'고 말했다.

3개월 후, 마리오는 많은 고통을 겪고 치료에 복귀했다. 자신이 게이인 것을 알면서 가톨릭교 교리를 가르쳤던 것이, 자신의 인지부조화와 교회 · 가족으로부터의 소외감을 재활성화시켰다. 그의 종교와 이탈리아 가톨릭교 가족 · 공동체에 대한 강한 애착과 소외감은 아주 비슷했다. 이를 가지고 상담자는 가족체계와 정신역동적 관점에서 그의 딜레마에 접근하기 시작했다. 두 가지 상황 모두에서 불안정한 애착의 감정이 존재했으며, 둘 중 하나와 분리되는 것에 대한 두려움은 강렬했다. 이 상태는 2개월 동안 지속되었고, 마리오는 정서적 갈등과 고통을 줄이기 위해 마침내 직장을 그만두었다. 이 선택이 매일 교회 교리에 직면해야 하는 것으로부터 그를 해방시켰기 때문에 다소 성공적이었지만, 여전히 종교와 가족으로부터의 중심이 되지 못한다는 느낌을 줄이지는 못했다. 지속적인 가족의 압박에도 불구하고 퇴직을 결정한 마리오는 한 남자와 사랑에 빠지는 것과 같은 용기 있는 선택을 할 수 있었다. 불행히도 그 남자는 멀리 이사했고, 그와 마리오는 서신을 통해 관계를 지속해야 했다. 그 남자의 이사는 마리오에게 분리불안을 불러일으켰고, 상담자는 상실과 애도에 대한 심리교육을 재개하였다. 뿐만 아니라 그의 이분법적이고 패배적 인지(예: "나는 다시는 사랑에 빠지지 않을 거야." "그 남자만큼 나를 사랑하는 사람은 이제 없을 거야.")에 도전했다. 그러나 이러한 과정은 마리오 안에서 뭔가 촉발된 것처럼 보였고, 외로움으로 인해 다른 게이 남성에게 다가갔다. 지역 내 게이 공동체를 탐색하기 시작하면서 마리오는 감정이 더 '자유로워졌다'고 말했다. 그는 정서적으로 덜 단조로워졌고, 이분법적 사고가 줄어들었고, 대인관계가 더 자연스러워졌다. 종결 회기에서 그는 10개월간의 상담에서 처음으로 상담자에게 먼저 악수를 청했다.

성과

상담자는 종결 후에 여러 번 그를 만났다. 종결한 지 얼마 안 되어, 마리오는 그의 이탈리안 대가족에서 분가하였다. 그의 가족은 우연히 그가 장기간 교제해 온 파트너 2명(첫 번째 파트너는 HIV 감염으로 사망하였다.)을 일가(famiglia)에 맞아들이기도 했다. 그는 그의 관심을 신학에서 타인을 돕는 직업으로 바꾸었다. 그는 신앙을 계속 유지했지만 자신만의 관점에서 재정의했다. 때때로 그는 제도적 권위와 계속 투쟁하며 성소수자 관련 바티칸의 공표 때문에 좌절감을 느끼기도 한다. 여전히 그는 계속해서 '신실한 아들'이지만 자신의 양심(conscience)에 따라 행동한다.

전이 및 역전이 문제

초기 청소년기부터 마리오는 그의 교구 신부를 이상화했다. 그의 진보적인 사제가 그를 적극적 옹호 상담에 의뢰했을 때와 마찬가지로, 마리오는 전문상담사에게 이상화 전이(idealizing transference)를 발달시켰다. 상담의 초기 단계에서, 그는 신과 종교적 권위를 상상했던 것과 매우 동일한 방식으로 상담자가 모든 것을 알고 모든 사랑과 모든 힘을 가진 것처럼 경험했다. 상담자는 그의 아동기에 존재하는 완벽한 부모상이 되었다. 상담자에 대한 그의 이상화는, 그가 상담자가 제공하는 심리적 힘과 안정적인 단계에 참여하고 정서적 안전과 보안을 위해 상담자와 합일하고자 하는 발달적 필요성을 반영했다. 즉, 상담동맹이라는 관계적 맥락 안에서 상담자의 완벽성에 대한 마리오의 상상은 자신이 더 강하고 자신감 있게 느껴질 뿐만 아니라 더 견고하고 안정적으로 느끼도록 힘을 주고 강화하였다.

그러나 그의 상담이 진행됨에 따라 마리오는 상담자의 공감이 항상 정확한 것은 아니라는 사실을 알게 되었다. 때때로 그는 상담자의 해석과 제안에 동의할 수 없었고, 이해받지 못한다고 느꼈다. 예를 들어, 상담자는 마리오가 정서적 무관심(flat affect)하에 분노를 억압하고 있다고 느꼈고, 그 분노를 너무 일찍 반영했다. 마리오는 상담자의 설명을 들을 준비가 되어 있지 않았기 때문에 그의 개입에 저항했다. 그는 자신이 모든 사람에게 온화하고 친절하도록 매우 열심히 노력했기 때문에 상담자가 오해한 것이라고 생각했다. 상담자는 마리오의 자율성을 최대한 존중하며 그의 통합에 관심을 가졌다. 이와 함께 불가피하게 발생하는 공감적 침해는 마리오가 점차 이들의 애착에 대한 상실을 두려워하지 않고 그와 상담자의 이해를 분화할 수 있게 하였고, 그의 인간 존엄성에 대한 상담자의 무조건적 존중을 내면화할 수 있게 도왔다. 결과적으로 이러한 발달 과정과 성과는 마리오와 그의 가족, 교회와의 관계에서도 재현되었다.

상담자는 이 사례를 통해 직면하게 될 여러 가지 역전이 문제를 가지고 있었다. 첫 번째로, 마리오가 상담 초반에 이러한 현실을 인정할 준비가 되지 않았지만 그가 기본적으로 동성에게 끌린다는 상담자의 느낌이었다. 상담자는 마리오보다 더 외향적이고 빠르게 나아가기 때문에 자신을 늦추고 조심스럽게 반추하는 마리오의 속도에 동기화(synchronize)되도록 의식적인 노력을 해야 했다. 그의 길고 긴 고통스런 투쟁을 지켜보는 것은 상담자에게는 고통이었다. 그가 스스로 지적 결론을 내리기 전에 위로나 확신을 제공하는 것도 때로는 삼가야 했다. 또한 상담자도 가톨릭교 전통 출신이기 때문에 자신의 신념을 마리오에게 투사하지 않도록 자신을 경계해야 했다. 예를 들어, 마리오가 동성 간의 감정과 행동 그리고 자신의 죄스러움에 대해 강한 견해를 표현했을 때, 상담자는 그가 자신의 방식과 속도에 따라 이 갈등을 해결해 나가야 한다는 것을 스스로에게 상기시켜야 했다. 그러나 상담자 자신의 견해를 알고 있는 것이, 마리오의 것과는 별개로 제도적 교회와 자신의 다름을 유지하는 데 도움이 되었다.

추후 상담 혹은 훈련을 위한 권고사항

종교적 문제를 해결하기 위해 성소수자 내담자를 돕는 상담자는 파울러의 사고에 익숙해지기를 권장한다(예: Fowler, 1987, 1995, 1999). 진실하고 개인적인 신념을 발달시키는 동안 종종 고통스러울 수 있는 과정에서 개인이 전형적으로 경험하는 다양한 단계에 대한 그의 설명은 상담자에게 유용한 지침이다. 상담자는 내담자의 투쟁을 개념화하고 그의 종교·신념에 대한 관계를 재구성하는 데 도움을 주기 위해 파울러의 생각을 이론적 틀로 종종 사용했다. 유사하게, 상담자는 많은 애도 모형(예: Schneider, 1994)에서 설명한 상실과 변형(transformation) 과정에 익숙해질 수 있다. 이러한 이론적 작업은 상실과 함께 모든 것을 잃는 것이 아니며, 한 사람이 신성하게 간직했던 사람·물건의 죽음 뒤에 새로워진 조망이 종종 나타난다는 것을 상담자가 깨닫게 하는 데 핵심적이었다.

참고문헌

American Psychiatric Association. (1980). *Diagnostic and statistical manual of mental disorders* (3rd ed.). Washington, DC: Author.

American Psychiatric Association. (1994). *Diagnostic and statistical manual of mental disorders* (4th ed.). Washington, DC: Author.

Fowler, J. W. (1987). *Faith development and pastoral care.* Minneapolis, MN: Fortress Press.

Fowler, J. W. (1995). *Stages of faith: The psychology of human development and the quest for meaning.* New York, NY: HarperOne.

Fowler, J. W. (1999). *Becoming adult, becoming Christian: Adult development and Christian faith.* San Francisco, CA: Jossey-Bass.

Schneider, J. M. (1994). *Finding my way: Healing and transformation through loss and grief.* Colfax, WI: Seasons Press.

4부 웰니스 이슈

Casebook for Counseling
Lesbian, Gay, Bisexual, and Transgender
Persons and Their Families

유능한 상담자는 다음 사항들을 숙지해야 한다.

- 자신의 성적 지향과 성별 정체성이 조력 관계와 연관 있으며, 상담 과정에 영향을 미친다는 것을 인식한다.
- 성소수자에 대한 자신의 편견이나 지식 부족이 조력 관계에 부정적 영향을 미치지 않도록 자문과 수퍼비전을 받는다.
- 성소수자 내담자의 성적 지향이나 성별 정체성을 고치거나 바꾸려는 시도는 해로울 뿐만 아니라 생명에 위협이 될 수 있고 과학적으로 증명되지 못했으며, 따라서 이를 수행해서는 안 된다는 것을 이해한다.
- 현재의 전 생애 발달이론들에 내재된 비이성애차별주의적 가정을 확인하고, 평가 과정 및 상담에서 이러한 편견을 설명한다.
- 성소수자는 레즈비언, 게이, 양성애자 지향 및 트랜스젠더 정체성을 통합하여 충분히 기능하고 정서적으로 건강한 삶을 살 수 있는 잠재력을 가지고 있음을 적극 옹호한다.

4부에서 저자들은 레즈비언, 게이, 양성애자 및 트랜스젠더(LGBT) 내담자들이 직면한 다양한 웰니스(wellness) 이슈를 살펴보았다. 여기에는 레즈비언 관계에서 섹스, 성중독, HIV/AIDS, 물질 남용 및 의존, 레즈비언 건강 문제, '전환치료'라 불리는 것, 가정폭력, 심리검사의 활용, 성소수자 지위가 정치적으로 사용될 수 있다는 사실 등이 포함된다. 4부의 모든 장이 중대하게 다루는 것은 성소수자, 커플 및 가족들이 스트레스원으로 가득 찬 세계에서 어떻게 심리적 · 신체적 건강을 유지하는지에 대한 질문이다.

4부의 첫 번째 장은 조이 S. 휘트먼(Joy S. Whitman)의 '섹스와 레즈비언 여성'이다. 브라운(Brown, 2000)에 따르면 이성애가부장적(heteropatriarchal) 관점에서 섹스는 성기 접촉과 오르가슴의 경우가 대부분이며, 여성은 성행위의 시작에서 수동적이고, 그 반응에서 활동적이다. 그 접촉의 빈도는 성 건강의 척도가 되며, 그에 비해 다른 유형의 성적 놀이는 덜 중요하게 여겨진다. 이러한 맥락에서 볼 때 레즈비언은 성에 대한 욕구를 잃어버리고, 이성애 커플에서의 여성보다 성관계의 시작과 빈도가 더 빨리 줄어드는 것으로 특징지어져 왔다[이 현상은 '레즈비언 잠자리의 죽음(lesbian bed death)'으로 알려져 있다; Nichols, 2004]. 휘트먼 박사는 이 현상이 이성애규범적(heteronormative) 틀에 기초한 것이며, 여성 간의 성관계에 있어서 무엇이 정상적이고 정기적인가에 대한 내용을 기반으로 레즈비언 섹스를 탐색하고 관점을 형성해야 한다고 주장한다.

니콜스(Nichols, 2004)는 레즈비언 관계와 이성애 관계를 비교한 연구들을 예로 들었다. 그 연구들의 결과로, 레즈비언 여성 간의 성적 만족감은 성기 접촉이나 오르가슴을 포함하지 않았다. 또한 이러한 연구들은 레즈비언이 섹스에 소비하는 시간이 이성애자보다 길고, 레즈비언이 이성애자 여성보다 성적으로 더 주장적이고 활성화가 잘된다고 말하고 있다. 이러한 대안적 관점은 레즈비언이 섹스와 관련된 문제를 호소할 때 상담자가 임상적 개입에 있어 더 폭넓은 방법을 고려할 수 있다. 휘트먼 박사는 성적 문제를 제기한 레즈비언 커플의 사례를 통해 레즈비언과 이들의 섹슈얼리티와 관련하여 임상적으로 상당히 중요한 문제들에 대해 논의한다. 이 사례를 통해 레즈비언 섹스의 다양한 구성요소에 얽힌 실타래를 푸는 임상적 개입과 과정에 대해 논의한다.

일부 게이 남성의 경우 섹스가 성중독으로 변할 수 있다. 브라이언 J. 듀(Brian J. Dew)와 미스티 A. 스토리(Misti A. Storie)는 '성중독과 게이 내담자'라는 주제로 이 영역을 다루었다. 성소수자의 중독 행동 관련 연구는 거의 물질 관련 장애에 집중되어 왔다. 최근에 와서야 음식, 도박, 섹스와 같은 과정 중독(process-oriented addictions)에 대한 조사가 이루어졌다(Adams & Robinson, 2001; Kuzma & Black, 2008). 그러나 성중독은 『정신질환의 진단 및 통계 편람(DSM-IV-TR)』(American Psychiatric Association, 2000)에서 개별적인 정신장애로 간주되지 않는다. 듀와 스토리 박사는 37세 게이의 사례를 소개한다. 그는 업무 수행 능력이 저하되고 우울한 기분을 가지고 있었으며, 사무실 컴퓨터로 노골적인 성 이미지를 보다가 고용주에게 들켜서 직원지원 프로그램(employee assistance program: EAP)의 상담사에게 배정되었다.

성적 강박(sexual compulsivity) 관련 이슈는 상당히 많은 연구의 결과가 인지행동상담의 효과성을 보고한다(Walch & Prejean, 2001). 프로차스카와 디클레멘토(Prochaska & DiClemente, 1983)의 변화 모델은 중독 내담자, 특히 성중독자에게 효과적인 상담서비스를 제공하는 데 필수적이다. 내담자가 인지한 변화 단계와 적절한 개입을 일치시키는 것이 성공적 결과의 가능성을 높일 수 있다. 온라인 성행위의 주요 매력으로서 3A[접근성(accessibility), 감당할 수 있는 경제력(affordability), 익명성(anonymity)]를 이해하는 것이 성중독 상담의 초석이다(Cooper & Griffin-Shelley, 2002). 상담자는 내담자의 온라인 성적 활동과 관련된 다양한 인식이 인지적 결함과 연관 있음을 인식하도록 도와야 한다.

최근 게이 공동체는 AIDS의 확산으로 황폐해졌다. AIDS는 더 이상 사형 선고가 아니지만 많은 내담자가 HIV를 가지고 산다. 데이비드 W. 하트(David W. Hart)는 이 문제를 'HIV 양성의 게이 남성 상담'에서 다룬다. HIV와 AIDS는 40년 이상 게이 공동체의 한 부분이었다. 이 질환의 스펙트럼은 게이 문화를 변화시켰고, 게이 상담 작업에서 다뤄야 하는 주제가 되었다. 여기 제시된 사례에서 하트는 성소수자 적극적 옹호 상담을 사용한다. 이 상담은 여성주의 운동에서 기인하였고, 사람들은 게이 남성을 여성처럼 보거나 행동하는 것으로 인식하기 때문에 게이 남성을 미워하거나 무서워할 수 있는 사회라는 측면에서, 동성애혐오와 여성혐오와의 유사점을 인용하고 있다(Lebolt, 1999). 이 상담을 실시할 때, 첫 번째 목표는 게이 남성이 성적 지향 및 진단과 관련된 낙인을 적극적으로 합법화하고 영속시키는 이성애중심주의자(heterocentrist) 문화에 살고 있음을 공개적으로 인정하는 것이다. 지배적 문화의 어휘에서 HIV/AIDS는 '동성애' 질병으로 간주되며, 그 진단은 진단받은 개인을 '이들 중 하나'로 표시하는 주홍글씨와 같다.

성소수자 적극적 옹호 상담의 두 번째 목표는 퀴어의 삶과 경험을 무조건적으로 적극적 옹호하는 것이다. 궁극적으로 상담자는 내담자가 경험하는 낙인과 주변화(marginalization)의 결과로 느껴지는 분노, 두려움, 상처를 정상화(normalize)해야 한다. 이것은 무조건적인 긍정적 존중, 신체언어를 통한 중립성의 입증, 내용과 숨겨진 감정의 반영을 포함하고 있는 전통적인 인본주의 원칙을 실천함으로써 성취된다. 따라서 첫 번째 개입은 늘 진정으로 경청하고 공감적으로 반응하며 내담자의 경험에 대해 어떠한 가정도 피하는 것이다. 여기에 제시된 사례를 통해 상담자(하트 박사)는 민감성과 큰 연민을 가지고 우울증, 종교/영성, 전이/역전이, 인종과 같은 이슈에 대해 다루고 있다.

마약과 술의 사용 · 남용은 역사적으로 성소수자 공동체에서 중요한 부분을 차지해 왔다(Kominars & Kominars, 1996). 마약과 술의 남용은 종종 성적 정체성과의 투쟁에 기인한다. A. 마이클 허친스(A. Michael Hutchins)는 '공허를 따라 움직임: 물질 남용과 의존의 역사를 가진 게이 남성 상담'을 통해 이 투쟁에 대해 논의한다. 성적 정체성 발달의 복잡한 역동과 약물 · 알코올 남용의 사이의 관계는 언제나 인과관계는 아니다. 복잡하고 급변하는 세계에서 상담자는 성장과 발달의 지지자이며, 변화의 매개가 되어야 한다. 문화적 이슈를 다루는 것은 상담에서 결정적 부분이다(Wright, 2001). 여기에 제시된 카를로스(Carlos)의 사례에서 허친스 박사는 병리보다는 성장과 발달에 초점을 맞춘, 통합적이고 전체론적 방식으로 내담자와 상담한다.

건강과 웰니스 이슈는 성생활뿐만 아니라 레즈비언의 삶 전반에도 영향을 미친다. 제인 E. 라이넥(Jane E. Rheineck)과 캐서린 B. 롤런드(Catherine B. Roland)는 '이브의 사례: 레즈비언 건강 여정'에서 이를 다루고 있다. 광범위한 연구들이 다양한 성소수자를 위한 건강관리에 점점 더 주목하고 있다. 이들은 이성애자와 동일한 건강 문제로 고민할 뿐만 아니라 보건의료 전문가에게 관심을 못 받거나 전적으로 무시받는 경험을 종종 하게 된다. 이성애주의와 차별은 보건의료체계에서 종종 나타나며, 결과적으로 격차를 양산하게 된다(Johnson, Mimiaga, & Bradford, 2008; Weisz, 2009).

차별과 사회적 낙인은 프로그램, 서비스의 이용과 접근을 막는다. 성소수자는 이성애자보다 건강보험이 없고, 특히 레즈비언, 청소년 성소수자, 트랜스젠더가 가장 심하다(Johnson et al., 2008). 건강보험이 없으면 프로그램에 대한 접근이 제한되며 결과적으로 건강 불균형을 만들어 낸다.

미국공중보건학회(American Public Health Association, 1999)는 건강관리 수요조사 관련 정책성명서에서 성소수자 공동체에 대하여 특별한 관심을 기울여야 한다고 주장했다. 또한 미국 보건복지부(Department of Health and Human Services, 2000)는 성소수자의 공중보건 수요를 다루는 매뉴얼을 제작했다. 이러한 모든 정책이 연구 및 자금 지원에 영향을 미치기를 바라며, 성소수자 및 이들 가족의 삶과 웰빙에도 영향을 미치기를 바란다.

라이넥 박사와 롤런드 박사의 사례는 성소수자 공동체의 많은 구성원이 직면한 의료 문제 관련 몇 가지 예시를 제공한다. 건강 문제를 이해하는 것은 언제나 중요하다. 나아가 상담자가 의료기관과 의료 전문가로부터 받은 신체적 · 정서적 지원, 환자 · 가족의 심리적 안녕, 전반적인 건강관리 기준과 같은 2차적 접점상에서 발생하는 이슈를 이해하는 것은 더욱 중요하다.

많은 성소수자의 웰니스에는 종교 · 영적 단체의 인정도 포함된다. 특정 기독교 종파를 믿는 성소수자는 자신의 종교가 동성애는 죄이며 성적 지향을 바꿀 것을 기대한다는 사실을 발견하게 된다. 더글러스 C. 홀드먼(Douglas C. Haldeman)은 두 가지 사례를 통해 "성적 지향 '전환치료': 사실, 허구 그리고 사기"에서 이를 다룬다. 오늘날 정신건강 관련 단체들은 동성애를 인간 행동 중 하나의 정상적 형태로 간주한다(American Psychological Association, 2009). 그러나 모든 사람이 이에 동의하지는 않는다(American Psychological Association, 2009; Tozer & Hayes, 2004). 특히 기독교 근본주의자는 이에 동의하지 않으며, 전환치료를 통해 동성애자를 이성애자로 바꾸려고 한다. 이 과정은 치료가 아니기 때문에, 학술적 문헌에서는 이제 성적 지향을 바꾸려는 노력들(sexual orientation change efforts: SOCE)이란 용어로 사용하기 시작했다. 상담자는 SOCE를 겪은 내담자를 종종 만나게 되며, 이들과 이 경험으로 인한 영향을 반드시 다뤄야 한다. SOCE 후 외상 반응은 종종 우울증, 죄책감, 자살 충동, 비남성화(demasculinization), 친밀감 회피를 포함한다(Haldeman, 2002). SOCE는 주로 남성을 대상으로 하기 때문에 홀드먼 박사의 두 사례 역시 남성이다.

성소수자의 가정폭력은 이성애 관계에서와 거의 동일한 비율로 발생한다(Burke & Follingstad, 1999 참조). 그러나 대부분의 가정폭력 개입은 이성애자를 대상으로 하고, 성소수자 피해자의 요구를 고려하지 않는다. 코니 R. 매튜스(Connie R. Matthews)와 페기 로라(Peggy Lorah)는 '동성 관계에서의 가정폭력'에서 논의하였다. 가정폭력 피해자 쉼터에서는 동성 간의 관계에 있는 피해자를 위한 필수 시설을 거의 만들지 않는다. 그러한 쉼터를 사용해 본 성소수자들은 크게 도움을 받지 못했다고 말한다(McClennen, Summers, & Vaughan, 2002; Merrill & Wolfe, 2000; Renzetti, 1992). 이것이 아마도 가정폭력을 경험하는 대부분의 성소수자가 지지와 때로는 보호를 위해 쉼터보다는 친구, 가족에 더 의존하는 경향을 보이는 이유일 것이다(Merrill & Wolfe, 2000; Renzetti, 1992). 대부분의 가정폭력은 여성을 대상으로 남성에 의해 가해졌고, 이론과 실제가 남성/여성 폭력에 맞춰지므로 동성 간의 폭력은 확인하고 상담하기가 어려워진다(Letellier, 1994; Pitt & Dolan-Soto, 2001, Seelau & Seelau, 2005). 매튜스 박사와 로라 박사는 상담자가 일상에서 접할 수 있는 가정폭력의 두 사례를 설명한다.

심리평가를 사용하는 상담자는 그 도구가 성소수자 집단을 대상으로 표준화 연구가 되지 않았다는 사실을 종종 잊어버린다. 그래서 제프리 P. 프린스(Jeffrey P. Prince)와 마이클 J. 포토츠니악(Michael J. Potoczniak)은 '성소수자 내담자와 심리평가 도구 활용하기'에서 상담자의 주의 깊은 사용에 대해서 이야기한다. 성소수자 내담자의 평가 결과를 해석할 때, 상담자는 동성애혐오와 비이성애차별주의를 최대한 많이 줄여야 한다. 프린스 박사와 포토츠니악 박사는 다수 교차하는 정체성의 모든 맥락 안에서 평가 도구를 사용하여 진단, 과거 경험, 미래를 탐색하는 법을 설명한다. 레오(Leo)의 사례에서 교차하는 여러 정체성(민족, 종교, 성적 지향, 건강, 경제적 지위)은 평가 결과의 해석과 상담 방향에 영향을 미친다. 레오는 학업 문제 때문에 단기 상담을 요청했고, 상담자는 평가 도구를 사용하여 상담 과정을 가속화하고자 한다. 상담자는 사회인지 진로이론(Lent, Brown, & Hackett, 1996)을 활용하여 잠정적 해석을 제공한다.

마지막으로, 글렌다 M. 러셀(Glenda M. Russell)은 거의 모든 주에서 볼 수 있는 반성소수자의 정치적 주민투표가 성소수자의 웰니스에 어떻게 영향을 미치는지에 대해 '정치적인 것과 개인적인 것이 충돌할 때: 정치적 대상으로서의 성소수자'에서 다룬다. 상담자는 동성결혼을 반대하는 부정적 캠페인이 성소수자에게 줄 수 있는 심리적 영향에 대해 내담자와 거의 이야기하지 않는다. 러셀 박사는 이러한 정치적 캠페인이 내담자에게 미칠 수 있는 부작용과 이를 방지하기 위한 인지적 틀을 사용하는 방법을 탐색한다. 이 책의 다른 많은 저자와 마찬가지로, 인지 재구성은 러셀 박사의 주요 상담 과정이다. 러셀 박사는 미러링을 사용하고 이 접근법을 적용하는 방법도 설명한다. 반성소수자 정치적 주민투표의 부정적인 심리적 영향을 다루는 일차적 과제는 내담자가 적극적 대처 기술을 개발하도록 돕는 것이다. 이러한 적극적 대처 중 일부는 특정 고통스러운 사건에 대한 것이며, 일부는 내면화된 동성애혐오에 대한 탐색도 포함한다. 러셀 박사는 우울증 상담을 의뢰한 게이인 제임스(James)를 소개한다. 제임스는 (캘리포니아주에서 동성결혼을 금지한) 주민발의안 제8호를 보고 '암담함'을 느꼈다고 말한다. 이 장에서는 제임스가 상담시간에 배운 새로운 적극적 대처 기술을 어떻게 사용하는지에 대한 논의도 이어진다.

참고문헌

Adams, K. M., & Robinson, D. W. (2001). Shame reduction, affect regulation, and sexual boundary development: Essential building blocks of sexual addiction treatment. ***Sexual Addiction and Compulsivity, 8,*** 23-44.

American Psychiatric Association. (2000). ***Diagnostic and statistical manual of mental disorders*** (4th ed., text rev.). Washington, DC: Author.

American Psychological Association. (2009). ***Report of the Task Force on Appropriate Therapeutic Responses to Sexual Orientation.*** Washington, DC: Author.

American Public Health Association. (1999). Policy statement 9819: The need for public health research on gender identity and sexual orientation. ***American Journal of Public Health, 89,*** 444-445.

Brown, L. (2000). Dangerousness, impotence, silence, and invisibility: Heterosexism in the construction of women's sexuality. In C. B. Travis & J. W. White (Eds.), ***Sexuality, society and feminism*** (pp. 273-298). Washington, DC: American Psychological Association.

Burke, L. K., & Follingstad, D. R. (1999). Violence in lesbian and gay relationships: Theory, prevalence and correlational factors. ***Clinical Psychology Review, 19,*** 487-512.

Cooper, A., & Griffin-Shelley, E. (2002). The Internet: The next sexual revolution. In A. Cooper (Ed.), ***Sex and the Internet: A guidebook for clinicians*** (pp. 1-15). New York, NY: Brunner & Routledge.

Haldeman, D.C. (2002). Therapeutic antidotes: Helping gay and bisexual men recover from conversion therapies. ***Journal of Lesbian and Gay Psychotherapy, 5***(3-4), 117-130.

Johnson, C. V., Mimiaga, M. J., & Bradford, J. (2008). Health care issues among lesbian, gay, bisexual, transgendered and intersex (LGBTI) populations in the United States: Introduction. ***Journal of Homosexuality, 54***(3), 213-224.

Kominars, S., & Kominars, K. (1996). ***Accepting ourselves and others: A journey into recovery from addiction and compulsive behaviors for gays, lesbians, and bisexuals.*** Center City, MN: Hazelden.

Kuzma, J. M., & Black, D. W. (2008). Epidemiology, prevalence, and natural history of compulsive sexual behavior. ***Psychiatric Clinics of North America, 31,*** 603-611.

Lebolt, J. (1999). Gay affirmative psychotherapy: A phenomenological study. ***Clinical Social Work Journal, 27,*** 355-370.

Lent, R. W., Brown, S. D., & Hackett, G. (1996). Career development from a social cognitive perspective. In D. Brown & L. Brooks (Eds.), ***Career choice and development*** (pp. 373-421). San Francisco, CA: Jossey-Bass.

Letellier, P. (1994). Gay and bisexual male domestic violence victimization: Challenges to feminist theory and responses to violence. ***Violence and Victims, 9,*** 95-106.

McClennen, J. C., Summers, A. B., & Vaughan, C. (2002). Gay men's domestic violence dynamics, help-seeking behaviors, and correlates. ***Journal of Gay and Lesbian Social Services, 14,*** 23-49.

Merrill, G. S., & Wolfe, V. A. (2000). Battered gay men: An exploration of abuse, help seeking, and why they stay. ***Journal of Homosexuality, 39***(2), 1-30.

Nichols, M. (2004). Lesbian sexuality/female sexuality: Rethinking "lesbian bed death." ***Sexual and Relationship Therapy, 19***(4), 363-371.

Pitt, E., & Dolan-Soto, D. (2001). Clinical considerations in working with victims of same-sex domestic violence. ***Journal of the Gay and Lesbian Medical Association, 5***(4), 163-169. doi:10.1023/A:1014266212280

Prochaska, J. O., & DiClemente, C. C. (1983). Stages and processes of self-change of smoking: Toward an integrative model of change. ***Journal of Consulting and Clinical Psychology,***

51, 390-395.

Renzetti, C. M. (1992). ***Violent betrayal: Partner abuse in lesbian relationships.*** Newbury Park, CA: Sage.

Seelau, S. M., & Seelau, E. P. (2005). Gender-role stereotypes and perceptions of heterosexual, gay, and lesbian domestic violence. ***Journal of Family Violence, 20,*** 363-371. doi:10.1007/s10896-005-7798-4

Tozer, E. E., & Hayes, J. A. (2004). The role of religiosity, internalized homonegativity, and identity development: Why do individuals seek conversion therapy? ***The Counseling Psychologist, 27,*** 722-742.

U.S. Department of Health and Human Services. (2000). ***Healthy People 2010: Understanding and improving health*** (2nd ed.). Washington, DC: U.S. Government Printing Office.

Walch, S. E., & Prejean, J. (2001). Reducing HIV risk from compulsive sexual behavior using cognitive behavioral therapy within a harm reduction framework: A case example. ***Sexual Addiction & Compulsivity, 8***(2), 113-128.

Weisz, V. K. (2009). Social justice considerations for lesbian and bisexual women's health. ***Journal of Obstetric, Gynecologic, & Neonatal Nursing, 38,*** 81-87.

Wright, E. (2001). ***Cultural issues in working with lesbian, gay, bisexual, and transgender individuals: A provider's introduction to substance abuse treatment for lesbian, gay, bisexual, and transgender individuals.*** Rockville, MD: U.S. Department of Health and Human Services, Substance Abuse and Mental Health Services Administration.

23장

섹스와 레즈비언 여성

조이 S. 휘트먼(Joy S. Whitman)

레즈비언의 성적 표현은 로맨틱한 접촉, 눈길, 손잡기, 껴안기, 성적 놀이 등 다양한 형태를 취한다. 그러나 그 정의와 이해는 이성애자가 정의하는 보통의 성적 표현을 종종 차용한다. 브라운(Brown, 2000)은 성에 대한 이성애 남성의 가부장적(heteropatriarchy) 시각은 대부분 생식기 접촉과 오르가슴에 관한 것으로 보고, 여기에서 여성은 수동적으로 시작하고 반응에서 능동적이라고 언급했다. 그 접촉의 빈도는 종종 성 건강의 척도이며, 다른 유형의 성적 놀이는 성 건강에서 덜 중요하게 여겨진다. 이 견해는 레즈비언 성적 표현의 스펙트럼에 거의 해당하지 않는다.

이 정의는 레즈비언 여성이 이성애규범적(heteronormative) 렌즈를 통해 자신의 성적 관계를 이해하려고 할 때 문제가 될 수 있다. 이러한 관점은 애인 관계에서 레즈비언 섹스의 가장 큰 오해 중 하나인 레즈비언 잠자리의 죽음으로 이어진다. 이 오해는 수십 년 동안 레즈비언 공동체에서 농담의 소재로 되어 왔다. 이 장에서 이에 대한 언급은 임상적으로 중요하다. 레즈비언은 역사적으로 성적 욕구를 잃어버리고, 이성애 여성보다 성행위의 시작과 빈도가 더 빨리 줄어드는 것으로 특징지어졌다. 불행히도 이 특징은 이성애규범적 관점에서 나왔고, 레즈비언이 이 현상을 두려워하게 만들었다.

그러나 연구 결과에 따르면 이는 사실이 아니다. 여성 간 섹스는 더 연구되어야 하고, 여성 간 성관계에서 어떤 것이 평균적이고 정기적인가라는 맥락 안에서 관점을 형성해야 한다. 니콜스(Nichols, 2004)는 그 대안적 관점을 제시했다. 그는 레즈비언과 이성애 관계를 비교하는 연구와 생식기 접촉이나 오르가슴을 포함하지 않는 레즈비언의 성적 만족감에 대한 연구를 인용하였다. 이러한 연구들에서는 레즈비언이 섹스에 소비하는 시간이 이성애자보다 더 크고, 레즈비언이 성적으로 더 자기주장적이고 흥분하는 것으로 나타났다. 이러한 대안적 관점은 레즈비언이 섹스와 관련된 문제를 제기할 때 상담자의 임상적 개입을 폭넓게 할 수 있다.

욕망, 시작, 빈도의 이슈는 레즈비언과 이들의 성에 상당한 임상적 중요성을 갖기 때문에 이 장에서 나는 이러한 문제를 제기한 한 커플의 사례를 사용하여 이러한 문제를 논의하고자 한다. 나는 레즈비언의 다양한 성적 요인이 얽힌 실타래를 풀어내는 과정과 임상적 개입에 대해서도 논의할 것이다.

리즈와 마리아

호소 문제: 우리의 섹스는 어디로 사라졌을까?

리즈(Liz)와 마리아(Maria)는 성적 관계의 변화 때문에 상담을 찾았다. 리즈는 이탈리아 출신의 37세 레즈비언이었고, 마리아는 멕시코 출신의 35세 레즈비언이었다. 이들은 각각 다른 여성과의 다양한 장단기 관계를 가졌다. 이들은 2년 이상 사귀고 있고, 리즈가 마리아보다 성적 놀이를 더 자주 즐겼다는 사실을 일찌감치 알아차렸다. 리즈는 적어도 일주일에 두 번의 섹스를 선호하는 반면, 마리아는 한 달에 두 번을 선호했다. 관계 초기에 이들은 서로가 성적으로 많이 흥분했고, 적어도 일주일에 두 번 성적 접촉을 했다. 리즈는 이것이 만족스러웠다. 마리아는 평소보다 자주 하는 것이었지만 즐기기 시작했다. 서로의 몸에 대한 신선함이 사라지고 성관계가 일상화되면서 빈도가 줄어들어 매주 한 번 하게 되었다. 가장 최근에 이들은 섹스를 한 달에 한 번 하는 패턴에 빠졌음을 깨달았고, 어쩐지 아무도 만족스러워하지 않았다. 특히 리즈는 성적으로 좌절감을 자주 느꼈고, 마리아와의 성적 접촉을 더 원했다.

평가: 배경 정보와 성 관련 개인력

먼저 의학적 상태, 건강 문제, 이들의 관계에 영향을 미칠 수도 있는 정신질환을 배제하는 것이 중요했다. 이들 모두 자신들의 욕망을 방해했을 수 있는 약물이나 알코올의 남용, 신체질환 및 정신질환은 없다고 했다. 여성에게 자주 나타나는 빈도를 감안할 때, 아동기 성학대 여부도 확인하였다(Barret & Logan, 2002). 두 사람 모두 아동기 성학대는 없었고 다른 학대도 경험하지 않았다. 이는 성적 개인력의 복잡한 탐색을 보다 단순화하는 데 도움이 되었다.

우리는 섹스가 서로에게 어떤 의미인지를 탐색했다. 주요 임상적 관심사는 각 여성이 성적 접촉을 어떻게 정의하고, 성적으로 된다는 것이 어떤 의미인지를 정의하는 것이다. 나는 섹스를 인지하는 각각의 렌즈가 어떤 것인지와 이성애규범적 정의에 동의하는지 물었다. 결과적으로, 리즈는 섹스를 더 좁게 정의하였고 이성애규범적 정의를 가지고 있었다. 그는 섹스가 오르가슴으로 이어지는 유방과 생식기의 성적 접촉을 포함한 행위라고 하였다. 마리아는 이러한 행위가 성적으로 만족스럽다는 데 동의했지만, 굳이 오르가슴으로 이어지지 않는 껴안기, 손잡기, 마사지도 포함하는 광범위한 관점을 가지고 있었다. 마리아는 리즈의 손을 잡고 영화를 보면서 껴안고 잠잘 때 리즈가 안아 주는 것을 좋아했다. 마리아는 이와 같은 비성적(nonsexual) 접촉에서 엄청난 만족감을 느꼈다. 리즈는 이러한 접촉이 좋긴 했지만 때때로 성적 좌절감을 느꼈다. 왜냐하면 그는 이러한 신체적 접촉을 통해 성적으로 흥분되었기 때문이다.

또한 오르가슴의 유발 여부와 상관없이, 신체적 접촉을 시작하는 역할에 대해 이야기했다. 리즈가 일반적으로 성적 접촉을 시작하고 이어 가는 성적 통제와 놀이를 즐기는 역할을 하고 있었다. 그는 그의 파트너가 성적으로 활성화되도록 유도하는 방법에 대해 생각하기를 좋아한다고 말했고, 미묘한 단서와 솔직한 접근을 모두 포함한 이러한 행동의 예를 말해 주었다. 마리아는 그의 파트너가 성적 접촉을 시작하기를 주로 기다리는 편이었다. 때로는 자신의 성적 관심에 대해 확신할 수 없었지만, 접근에는 대체로 수용적이었다. 그는 과거의 관계에서 다음과 같은 전형적 패턴을 가지고 있었다. 성적·비성적 접촉이 함께할 때 대체로 만족을 얻었으며, 리즈에게 비성적 접촉을 자주 시작했다.

시간이 지나면서 마리아가 주로 오르가슴에 이르는 접촉에 대한 관심이 감소함에 따라 리즈는 시작 행동을 줄이기 시작했다. 마리아에게 거부당했다는 리즈의 감정과 '더 섹시해져야 한다.'는 마리아의 압박감의 패턴이 발달되었다. 리즈는 자신이 마리아에게 많이 이끌리고 있으며, 모든 비성적 접촉을 즐기지만 더 많은 성적 놀이를 원한다고 말했다. 그는 자신이 과거에는 전형적으로 더 많은 성적 접촉을 추구하는 사람이었다고 말했다.

우리는 또한 성적 놀이에 보내는 시간과 섹스에 할당된 시간에 관해 각자의 기대를 탐색했다. 리즈는 섹스에 오랜 시간을 갖고, 시간이 제한될 때 '빨리 해 버리는 성행위(quickies)'도 즐겼다. 리즈와 마리아는 성관계를 할 때 매번 오르가슴으로만 진행하지 않고 키스하고 서로를 즐겁게 하는 것을 즐기는 데 동의했다. 사실 마리아는 이런 방식의 섹스가 자신이 가장 좋아하는 형태이며 더 많이 하기를 원했다. 리즈는 자신도 이를 선호하지만, 주중에는 시간이 부족하기 때문에 출근 전이나 잠들기 전에 단순히 오르가슴을 빨리 느끼는 것도 만족스럽다고 했다. 마리아는 이런 종류의 성적 놀이가 필요 없지만, 때로 리즈를 위해 할 것이다.

우리는 둘 간의 이러한 패턴과 그 패턴 안에서 각자의 역할을 탐색했다. 각자에게 도움이 된 것은 성 관련 현재의 관계가 과거의 관계를 어떻게 반영하는지를 알아차렸고, 이들에게 일어난 일에 대해 둘 다 비난받을 이유가 없다는 것이다. 이들은 성적 관계의 변화에 대해 서로를 비난하고 있었고, 상대방에게 너무 많이 요구했고 변화를 기대했다. 하지만 각기 다른 성적 욕망과 에너지의 역사가 있음을 알아차림으로써, 자신의 욕망을 정상화하고 자신들의 차이를 부족이 아닌 그저 다름으로 재인식할 수 있었다.

또한 성에 대한 이해와 이들이 각각 다르게 표현하는 것을 탐색하는 것만으로도 치료적이었다. 리즈는 자신이 오르가슴 욕망에 얼마나 목표지향적이었는지와 그 목표 추구가 마리아가 원했던 친밀감을 종종 무시했다는 것을 인지하기 시작했다. 마리아는 자신이 추구하던 욕망이 현 관계에서 얼마나 자신의 힘을 잃게 했는지 보기 시작했다. 이 모든 문제는 또한 성차별과 동성애편견의 잔재와 관련되어 있었다.

동성애편견과 성차별주의의 탐색

리즈와 마리아가 자신들의 관계에 무의식적으로 가져온 성차별주의와 숨겨진 동성애편견(Logan, 1996)을 탐색하는 것이 중요했다. 이것이 존재할 수도 있고 섹스에 영향을 미칠 가능성을 제기했을 때, 이들은 그것이 존재함을 동의했지만, 논의하기 전까지는 이를 인지하지 못했다. 마리아는 여성은 성적으로 드러내면 안 되며, 욕망을 숨겨야 한다고 믿었다. 그는 이를 자신의 가족 · 문화의 여성들에게서 배웠다. 또한 그는 남성과 관계를 맺은 후 20대 중반에 커밍아웃했고, 레즈비언으로서 성적 정체성에 관해 고심했다. 그에게 있어서 섹스는 사랑의 발현이었고, 관계 안에서만 가능한 것이었다. 그는 성적 긴장감이나 욕망을 풀기 위해 섹스를 하는 것이 불편했다. 대신, 섹스는 오직 다른 사람을 위한 사랑의 행동으로만 보았다. 우리는 이것이 여성과 레즈비언으로서 무엇을 의미하는지에 대한 그의 이해와 어떻게 연결되어 있는지 탐색했다. 그리고 만성적으로 해결되지 못한 내면화된 동성애편견 때문에 어떻게 자신에게 성적 욕망의 즐거움을 허락하지 않는지에 대해 탐색했다. 그는 때때로 자신의 성적 정체성에 대해 불편했고, 여성에 대한 자신의 욕망을 부끄러워했다. 리즈와의 관계에 대한 이러한 감정은 자신을 뒤로 물러나게 했고, 즐거움을 추구하기 전에 욕망이 사라지기를 기다렸다.

리즈는 사춘기 후반에 커밍아웃했고, 고등학교 때 남자친구가 있었지만 그 이후에는 오직 여자와 관계했다. 그는 자신이 페미니스트 레즈비언이며 이에 대한 자부심을 가지고 있었다. 그에게 자신이 레즈비언이라는 것은 힘이 있다는 것이었다. 그러나 섹스의 빈도와 오르가슴의 목표 방향을 이야기하면서, 그는 자신의 섹슈얼리티를 표현할 때 자신이 이성애규범적 수단을 사용하고 있음을 인지하였다. 이에 더하여, 그는 삽입이나 딜도를 원했지만, 마리아의 과거 남성과의 성경험 때문에 그렇게 하지 않았다. 그런 이유에서 때때로 마리아와의 섹스 자체를 피했다는 것도 인지하고 있었다. 그는 때로 권력에 대한 자신의 욕망에 당혹스럽고, 이성애적 성 놀이를 흉내 내고 싶지 않았다. 왜냐하면 마리아와 남성의 관계 경험 때문만이 아니라, 페미니스트 레즈비언은 여성을 상대로 권력을 추구해서는 안 된다고 믿었기 때문이었다. 성차별주의와 동성애편견 때문에, 리즈는 자신의 욕망이 이성애적 삽입을 모방하거나 파트너와의 권력 차이를 재현한 것이라고 보았다. 그리고 레즈비언 관계 안의 규범으로서 자신의 욕망을 표현하지 못하게 했다.

이 영역에서 우리의 상담 작업은 각자가 자신을 여성으로서 보았던 방식과 이들이 가족, 지역사회에서 받아 온 성 관련 메시지를 더욱 깊이 지속적으로 탐색하는 것이었다. 우리가 이렇게 함으로써 이들은 자신들의 욕망과 관련해 전달받은 혼합된 메시지, 그것의 표현, 그 안의 힘이 어떻게 성차별주의와 연결되고 관계에서 섹스를 시작할 수 있는 자유를 간섭하는지를 더 복합적으로 이해했다. 레즈비언이 됨이 의미하는 동성애편견과 내면화된 메시지를 탐색함으로써 마리아는 여성과의 관계를 원하고 욕망을 가지는 것이 나쁘다는 자신에 대한 고통스러운 신념을 치유하였고, 자신의 성적 지향을 보다 충분하게 표현하는, 힘 있는 레즈비언으로서 자신의 욕망의 힘을 통합할 수 있었다.

소통: 침실 안팎에서의 패턴 탐색

상담하면서 나는 두 여성이 어떻게 서로 의사소통하는지를 관찰하고 이에 치료적 초점을 맞추었다. 이들은 자신들이 일반적으로, 특히 섹스와 관련하여 서로 어떻게 이야기했는지를 이해하는 것이 중요했다. 리즈가 마리아보다 더 자주, 더 직접적으로 말하는 것은 분명했다. 그러나 마리아도 이 이슈에 열정을 갖고 있을 때 솔직하게 말했다. 나는 이 패턴이 여성으로서 사회화된 방식과 문화적 배경의 결과물임을 탐색하고자 하였다. 리즈는 자기주장이 당당한 이탈리아 전통의 강한 여성들을 들먹였다. 그러나 그는 때때로 이 자기주장적 특성이 공격적으로 변하는 것을 알아차렸다. 그는 또한 이것이 자신의 성 관련 주장으로 어떻게 이어지는지를 알아차렸고, 때로는 자신의 노골적 접근이 마리아를 밀어냈다는 것도 알아차렸다.

멕시코 여성으로서 마리아는 타인이 먼저 말할 때까지 기다리고 의사소통에서 자기주장을 줄이도록 교육받았다. 그는 여성이 더 수동적으로 행동해야 한다는, 자신의 문화가 내포한 메시지 때문에 강요하는 것처럼 보이는 것이 두려웠다. 그러나 자신에게 정말 중요한 것이 있을 때, 그는 자신의 목소리를 냈음을 발견했다. 그럼에도 불구하고 섹스와 의사소통에 관한 그의 메시지는 여전했다. 여성은 자신이 원하는 것을 요구하지 않는데, 그것은 대체로 모르기도 하고 공격적으로 비춰지기를 원하지 않기 때문이라는 것이다. 그는 모든 관계에서 자신의 욕망에 대해 더 많이 배웠고 더 자신감을 얻었다고 말했다. 그는 상담시간에 리즈에게 자신의 성장 과정과 현 관계에서 더 많은 대화를 나누고 싶다고 말할 수 있었다. 이것은 섹스뿐만 아니라 다른 관계적 측면도 포함하였다.

이 탐색은 이들이 개인적으로나 커플로서 힘이 있음을 증명하였다. 리즈는 자신의 자기주장성이 힘인 동시에, 마리아와의 의사소통에서 발생하는 여러 가지 문제에도 책임이 있음을 알게 되었다. 우리는 독단적이지 않는 자기주장적 기술과, 마리아가 여자로서의 힘을 잃지 않고 자신의 목소리를 낼 때 리즈가 수용하는 법을 배울 수 있었다.

이 작업은 마리아가 리즈와 더 자유롭고 싶다는 자신의 욕구와 바람을 말하는 데 필요한 안전감을 구축하는 데에 주요했다. 마리아는 자신이 두려워하는 것처럼 '강요적'이지 않고, 여자로서 자신의 힘을 천천히 주장할 수 있었다. 그가 여성이 되는 것과 자신의 문화적 연결감을 포기하지 않고 더 큰 유연성과 선택을 포함하도록 자신의 이해를 넓히는 것이 중요했다. 이러한 대화를 통해 침실 안팎에서 더 많은 신뢰와 파트너십을 형성할 수 있었다.

그 후 우리는 특히 이들이 성적 관심사를 어떻게 소통했는지에 집중했다. 나는 이들의 욕망을 충족시키기 위해서 어떻게 소통하는지를 과제로 적어 올 것을 요청했다. 과제를 가지고, 우리는 성 관련 언어로 장난을 하고 가벼운 분위기를 만들면서 즐거운 시간을 가졌다. 리즈는 직접적이고 명확하며 목표지향적인 언어를 사용하기 원했다. 마리아는 자신의 욕구에 당혹스럽지 않으려면 좀 더 간접적으로 하기를 원했다. 나는 이들에게 역할을 바꾸고 상대방의 역할을 하도록 부탁했다. 자신이 원하는 것을 요청하는 자신의 이야기를 직접 들어 보고 다른 사람의 역할에서 공감을 얻는 경험을 하게 하기 위해서였다.

다시 한번 말하지만, 이것은 우리의 공동 작업에서 중대한 순간이었다. 자신들의 소원이 밖으로 나오는 것을 듣고 말했을 때 상대방의 경험이 구현되었다. 리즈는 자신이 얼마나 강요적이었는지, 그리고 성적으로 '수행'하라는 것이 얼마나 불편했는지를 깨달았다. 그는 마리아에 대해 더 큰 공감을 표명했으며, 왜 마리아가 자신의 요구를 피하기만 했는지를 이해했다. 마리아는 힘 있는 리즈가 되어 자신이 원했던 것을 요구하는 자유를 경험했으며, 이 힘을 성적으로 즐겼다. 그는 이로 인해 자신이 '섹시한 느낌'을 갖게 되었고 리즈와 더 자주 그렇게 할 것이라고 기뻐했다. 또한 그는 자신이 섹스를 요구하고 거절했을 때 리즈가 경험했던 좌절에 대한 더 깊은 통찰력을 가지게 되었다.

자신의 의사소통을 탐색하면서 마리아는 자신의 성적 메시지가 얼마나 혼란스럽고 힘이 없는지에 대한 통찰력을 얻었다. 너무 미묘해서 인식하기가 어렵기 때문에, 리즈가 자신의 섹스 제안 메시지를 놓친다는 것을 알게 되었다. 리즈도 마리아가 경험했던 불편함에 대한 공감을 얻었다. 자신이 원하는 것을 요구하고 자신의 욕망 때문에 불편감을 경험했다. 각자 얻은 이 통찰로 인해 쌍방이 편안하게 느끼는 단어를 사용함으로써 좀 더 명확한 언어를 활용하게 되었다.

서로를 향해 성적으로 나아가기

더 명확한 의사소통의 토대를 마련한 마리아와 리즈는 시작의 패턴, 빈도, 더 직접적인 욕구를 탐색할 준비가 되었다. 이 시점에서 우리의 상담 작업은 성에 관해 이야기하는 것이 쉬워졌고, 두 사람이 본래 경험했던 긴장감은 줄어들었다. 이들 사이에서 가장 문제가 되었던 역동으로서 성행위 제안을 시작하는 것에 대해 이야기를 했다. 리즈는 매번 성행위를 시작하는 역할에서 이제는 벗어나고 싶었다. 거절당한 결과로, 리즈는 마리아를 향한 분개감이 축적되는 패턴을 가지게 되었다. 이들이 수행한 역할극 덕분에 일상에서 시작하는 사람의 역할을 번갈아 하는 변화는 상대적으로 쉬웠다. 마리아는 자신의 요구와 바람에 대해 더 자기주장적이 되어 자신감을 갖게 됨에 따라, 그 행동이 동반한 자유와 힘을 즐겼다. 리즈도 받는 법을 배우기 시작했고, 이를 통해 돌봄받기를 원했던 아동기의 감정을 떠올렸다. 나는 이 시점에서 권력(마리아)과 보살핌(리즈)에 대한 이들의 충족되지 못한 요구에 관해 이야기했으며, 이 작업은 더 깊은 연결감을 가져왔다. 때로는 울퉁불퉁하지만, 이 접합점에서의 상담 작업은 이들 사이의 일시적인 역할 전환을 만들었고, 지금도 이들은 시작하는 사람과 받는 사람의 역동에서 균형을 유지하는 방법을 계속 찾고 있다.

시작 패턴의 변화와 통합함으로써 에로틱한 관심사를 탐색하여 더 많은 욕망과 재미를 만들어 냈다. 과제가 효과적이었기 때문에 최대한 창의적으로 실제와 상상에서 서로와 하고 싶은 성적 방식의 목록을 작성해 오도록 다시 과제를 내었다. 각자가 최대한 편안한 상태에서 자유롭게 느낄 수 있도록 상담실 밖에서는 서로의 목록을 보여 주지 않았다. 상담에서 그 목록을 공유하면서 이들은 욕망, 환상, 성적 관심사에 있어 얼마나 유사한지를 볼 수 있었다. 이 연습은 또한 여성에게 환상과 성적 감정이 건강하고 규범적임을 이들에게 알려 주었다. 이들은 자신들이 적은 모든 발상을 행동화하기를 원치 않는다는 데 동의했지만, 이제는 성적 접촉을 시작하는 자유와 즐거움을 즐겼다. 나는 레즈비언용 성 장난감, 여성을 위한 에로틱한 비디오, 성행위 장소의 변화를 탐색하도록 격려했다. 성관계 시간을 변경하고 적절하게 "아니요, 지금은 아니에요."라고 말할 수 있는 것에 대해 이야기했다. 상대방의 경계를 침해하지 않으면서 자신이 원하는 성적 놀이를 시작할 수 있는 자유는 이들에게 매우 중요했다. 이들은 적어도 한 번, 서로의 발상을 시도하고 지속적으로 하고 싶은지의 여부를 논의하기로 동의했다. 더 하고 싶지 않은 시도였다면 새로운 아이디어를 시도하기로 동의했다.

리즈는 특히 섹스의 빈도가 여전히 만족스럽지 않을 것이라고 우려했다. 오르가슴에 대한 그의 욕망은 마리아보다 컸고, 때로는 신체적 긴장감의 해소를 원했다. 마리아는 자신이 성적으로 편안하게 느끼는 선에서 기꺼이 빈도를 높이겠다고 말했다. 그러나 리즈가 원하는 만큼 일주일에 두 번 하는 것에 동의하지 않았다. 우리는 마리아를 보면서 리즈가 자위할 가능성에 대해 논의했다. 이를 통해 마리아는 자신의 '요구하는 역할'에 대한 압박감에서 벗어나는 데 도움이 되었다. 리즈는 이 해결책에 동의했다. 왜냐하면 그는 오랜 성행위 시간뿐만 아니라 마리아가 보이는 빠른 오르가슴도 때때로 흥미가 없었기 때문이다. 이들은 이것이 '정상적'인지의 여부를 궁금해했고 다시 레즈비언의 성적 메시지를 재검토했다. 내가 정상화를 하자, 이들은 안심하고 자신들의 성생활에 이러한 성적 행동을 통합하기 시작했다.

마지막으로, 나는 이들의 많은 경험을 정상화하고 서로를 즐기는 새로운 방법을 모색하기 위해 레즈비언 성행위에 관한 뉴먼(Newman, 2004)의 책을 읽도록 격려했다. 이 책 읽기는 우리의 작업을 전반적으로 향상시켰으며 때로는 읽은 부분을 상담시간에 나누고 성적 놀이에 대한 건강한 접근법을 더 잘 이해하고 그것을 자신들의 성관계에 반영하였다. 리즈와 마리아는 성생활의 문제를 다루기 위해 상담을 계속하고 있지만, 성생활 안팎에서의 의사소통을 더 원활하게 하였고, 성관계와 기타 관계를 더 유희적으로 만들었고, 커플·개인으로서의 힘과 자신들의 섹슈얼리티를 확대하였다.

전이와 역전이

리즈와 마리아는 내가 레즈비언이라서 상담자로서 나를 선택해야 한다고 생각했다. 이들은 레즈비언 상담자와 상담하고 싶은 바람과 나에게 기대한 바를 이야기했다. 둘 다 상담자에게 레즈비언, 커밍아웃, 레즈비언의 성행위에 대해서 가르쳐야만 하는 상황을 원하지 않았다. 상담시간에 여러 차례, 이들이 노골적으로 언급하지는 않았지만 각자는 내가 자신의 편을 들어주기를 바랐다. 그 순간마다 나는 이야기를 꺼내어 '완벽한 애인'을 갖는 이들의 환상을 탐색했다. 그 애인은 말하지 않아도 이들이 원하는 것을 아는 사람을 말한다. 내가 편을 들지 않겠다는 것에 그 둘은 좌절했지만 실망감을 관리할 수 있었고 풍요로운 관계를 만드는 데 필요한 작업에 대한 통찰력을 얻을 수 있었다.

또한 상담시간에 여러 차례, 각자가 나를 유혹했다. 내가 성행위에 대해 명시적으로 이야기했을 때 특히 그러했다. 나는 그 순간에 나와 이들의 남겨진 파트너와 관련된 불편함을 느꼈고, 그 에너지를 다시 커플에게로 전환하는 것이 때로는 어려웠다. 나는 그 행동을 분명히 해서 이들을 당혹스럽게 하고 싶지는 않았지만, 그 성적 에너지를 자신의 파트너에게 다시 향하게 하는 방법을 찾았다. 나는 상담실 안에서의 성적 긴장을 이들과 함께 알아차리고, 이들의 관계 안에서 그것을 처리하는 방법을 작업할 것이다.

성과 섹슈얼리티에 대해 이야기하는 내 자신의 편안함과 다양한 성적 욕망의 문제와 관련된 내 자신의 경험이 때때로 나를 시험했다. 나는 의사소통과 성 관련 이슈와 나의 관계 역사를 되돌아보면서 각 내담자와 연결할 수 있었다. 각 내담자의 편을 들고 연결되기를 원하는 나 자신을 발견하던 시간들이 있었다. 성차별과 동성애편견이 레즈비언 관계와 특히 성에 어떤 영향을 미치는지에 대해 내 자신의 가치를 부과하지 않는 것도 가끔씩 어려웠다. 그리고 내담자들의 역사와 문화를 존중하기 위해 나는 이것을 신중하게 탐색했다. 유대인 페미니스트 레즈비언으로서 나 자신의 문화적 각본을 지키고 있는 것이 이들과의 작업에서 가장 중요한 것이었다.

이들과 상담하면서 나 자신의 성적 관계를 반추할 수밖에 없었다. 이들은 이 문제를 함께 진지하게 다루었기 때문에 관계 안에서 존중, 유연성, 개방성에 관해 나에게 많은 것을 가르쳐 주었다. 나는 내 자신의 내면화된 동성애편견과 성차별주의, 그것들이 내 관계에 어떤 영향을 주어 왔는지를 재검토했다. 자신과 타인에 대한 탐색에 있어 대체로 고통스러운 과정을 인내하는 이들의 능력 덕분에 나는 레즈비언 됨의 적응유연성과 레즈비언 섹슈얼리티를 드러내면서 오는 기쁨을 다시 상기했다.

결론

이 장에서는 레즈비언의 성관계와 레즈비언 관계에서 자신의 섹슈얼리티를 표현하는 방법보다 광범위한 관점에 초점을 두었다. 상담자가 레즈비언과 여성으로서 이들의 섹슈얼리티를 탐색하는 레즈비언을 도울 수 있는 방법은 다양하다. 여성의 섹슈얼리티와 레즈비언에 대한 자신의 편견과 세계관을 조사함으로써, 상담자는 안전한 치료적 관계를 창출하고 내담자가 상담자를 모델링할 수 있도록 안내할 수 있다. 이러한 상담자가 섹슈얼리티라는 민감한 이슈를 더 성공적으로 다룰 수 있을 것이다. 이 사례처럼 각 파트너가 성적 관계에 가져오는 다양한 세계관의 얽힘을 풀어내고, 성별 · 문화 · 이성애자의 관점에 주의를 기울이고, 성을 재정의하도록 내담자 모두를 돕는 것이 상담자가 참여해야 할 중요한 치료적 과정이다. 상담자는 레즈비언이 여성과 레즈비언으로서 직면하는 독특한 이슈에 대해 잘 알고 있어야 한다. 이를 통해 비이성애차별주의자와 성차별주의자의 제한된 틀로 겹쳐 보는 것을 피하여 레즈비언의 성적 표현을 넓은 스펙트럼상에서 허용하지 않는 개입을 피해야 한다.

참고문헌

Barret, B., & Logan, C. (2002). *Counseling gay men and lesbians: A practice primer.* Pacific Grove, CA: Brooks/Cole.

Brown, L. (2000). Dangerousness, impotence, silence, and invisibility: Heterosexism in the construction of women's sexuality. In C. B. Travis & J. W. White (Eds.), *Sexuality, society and feminism* (pp. 273-298). Washington, DC: American Psychological Association.

Logan, C. (1996). Homophobia? No! Homoprejudice? Yes! *Journal of Homosexuality, 31*(3), 31-53.

Newman, F. (2004). *The whole lesbian sex book: A passionate guide for all of us* (2nd ed.). San Francisco, CA: Cleiss Press.

Nichols, M. (2004). Lesbian sexuality/female sexuality: Rethinking "lesbian bed death." *Sexual and Relationship Therapy, 19*(4), 363-371.

24장

성중독과 게이 내담자

브라이언 J. 듀(Brian J. Dew), 미스티 A. 스토리(Misti A. Storie)

에릭(Eric)은 37세의 백인 게이로 독신이다. 그는 지난 3년간 대기업에서 재무고문으로 일했다. 에릭은 과도한 지각, 긴 점심시간, 생산성 감소 때문에 회사의 직원지원 프로그램(EAP) 상담자에게 의뢰되었다. 그의 상사는 에릭이 더 이상 자신의 일에 열의를 보이지 않으며 회의 중 종종 '다른 곳에 가 있는 것'처럼 보였다고 지적했다. 1년 전, 에릭은 자신의 부서에서 최고 사원이었고 업무 평가에서 많은 포상을 받았다. 상사는 에릭이 개인적 문제를 겪고 있다고 생각하고 추가 징계 대신 지지적인 방법을 선택했다.

에릭은 EAP 상담자에게, 집중하기 어렵고 쉽게 피곤하고 우울해지고 친구, 가족과 함께 시간을 보내는 것과 같은 이전에 즐기던 활동에 대한 즐거움을 잃어버렸다고 보고했다. 그는 최근 체중이 줄었고 대부분 밤잠을 못자고 종종 불안하고 무가치함을 느꼈다. 에릭은 지난 8개월 동안 이러했고, 지난 몇 달간 그의 증상이 더 악화되었다고 보고했다. 그는 이러한 정서적 변화가 성적 활동의 특성과 빈도 때문이라고 말했다. 비록 이러한 짧은 성관계가 우울한 상태로부터 '단기적 구제'를 제공했지만, 이후의 성행위에 의해 영속된 죄책감과 수치심의 쳇바퀴를 돌게 된다고 덧붙였다. 에릭은 이 성적 파트너들과의 '연결감'은 전혀 없고 '이들은 단지 나의 욕구 배출'이라고 말했다.

에릭은 근무시간의 대부분을 게이 소셜네트워크와 포르노 사이트에 접속하면서 보냈다고 인정했다. 한번은 회사의 정보기술 부서에서 이를 발견하여 공식적으로 기록하였다. 온라인이나 현실에서 더 많은 일회성 섹스 파트너를 찾기 위해, 그는 집에서 이러한 온라인 사이트에 접속하는 데 대부분의 휴식시간을 소비했다. 에릭은 또한 직장 근처의 잠재적 성 파트너의 위치와 프로필을 찾기 위해 휴대전화 앱을 사용했다. 그는 이 앱을 통해 직장과 가정에서 익명의 짧은 성적 만남을 마련했다. 에릭은 지난 3년간 성적 행동화가 점진적으로 증가했으며, 지난 6개월간 증상의 심각성이 정점에 도달했다. 그는 종종 마약과 술에 취해서 섹스를 했고, 자주 콘돔을 사용하지 않았다. 에릭은 자신의 성 관련 행동이 증가하고 그것이 자신의 일과 사적 관계에 미친 영향에 대해 고통과 죄책감을 느꼈다.

에릭은 종종 폭음을 했다(1년에 2~3회). 17세에 처음 시작한 이후로 일관적으로 지속하는 패턴을 가지고 있었고 19세 때부터 가끔 마리화나를 사용해 오고 있었다. 8개월 전, 그는 '남자와 섹스하는 남자'라는 소셜네트워크 사이트에서 처음으로 메스암페타민을 '속아서' 흡입했다. 에릭은 한 달에 한 번, 주말에 이 약을 사용했다. 그는 자신이 '그 메스암페타민 중독자들 중 1명'은 아니라고 단호하게 선언했다. 에릭은 '더 섹시하고 성행위를 잘하고 더 이완된다.'고 느끼기 때문에 성행위를 할 때 메스암페타민을 사용하는 것을 좋아한다고 말했다. 그는 비록 오락용 메스암페타민 사용으로 인해 몇 가지 업무장애의 건이 있었지만, 약물을 사용할 때 에너지와 자신감도 증가했다고 보고했다. 그는 자살 또는 타살적 사고를 부인했다.

에릭은 조지아주 메이컨에서 태어나 대학졸업 후 애틀란타로 이주했다. 그는 혼자 살았고 고양이 한 마리를 키웠다. 에릭은 자신이 HIV 음성이라고 추정했지만, 가장 최근 받은 검사가 2년 전이고 이후로 60명 이상과 성관계를 했음을 감안할 때 현재 HIV 감염 여부를 확신할 수 없다고 인정했다. 그는 중요한 애인관계를 가진 적이 없고 누군가와 데이트한 적이 18개월 전이었다. 그는 20대 초반에 커밍아웃했고, 성적 지향 때문에 부모와 갈등이 지속되었다. 에릭은 친구관계가 좁은 편이지만 직장에서 게이임을 공개하지 않았다. 그는 자신의 가정교육은 '전반적으로 정상'이라 보고했고, 그의 아버지는 교회의 집사였기 때문에 교회는 그의 삶에서 중요하다고 말했다. 에릭은 이전의 정신건강 서비스를 받은 적이 없으며 정신질환이나 중독 관련 당면한 가족력이 없었다.

진단

에릭의 두 번째 개인상담 이후에 EAP 상담자는 다음 진단을 구성했다.

축 I	302.60 달리 명시되지 않는 성중독
	296.22 주요우울증, 단일 삽화, 정신병적 증상 없음, 중등도
	305.70 암페타민 남용
축 II	799.90 유예
축 III	없음
축 IV	해고 위협, 성적 지향 때문에 부모와 갈등
축 V	전반적 기능 평가(GAF)=57(현재)

EAP 상담자로서 성적으로 강박적인 내담자를 만났던 지난 임상 경험을 감안할 때, 나는 성중독이 『정신질환의 진단 및 통계 편람(DSM-IV-TR)』(American Psychiatric Association, 2000)에서 고유한 정신장애로 고려되지 않음을 알고 있었다. 그러나 상담자는 지난 12개월 동안 에릭이 수많은 익명의 성 파트너와 함께 반복적 성행위의 패턴을 보이며, 이들을 '욕구 분출을 위해 자주 쓰는 도구'라고 묘사하고 도구화했다는 것을 알아차렸다. 에릭은 또한 성행위 후 이들과 연락을 유지하는 데 전혀 관심이 없다고 밝혔다. 상담자는 성적으로 표출하는 행동을 주요 진단으로 믿었기 때문에 축 I의 첫 번째 진단명으로 기술했다. 또한 에릭은 주요우울 삽화의 기준을 충족시키는 증상을 나타냈다. 이 지표는 일반 의학적 상태와 관련이 없으며, 기분 불일치 망상이나 환각을 동반하지도 않는다. 비록 에릭이 주말에 메스암페타민을 사용한 후 '때로 기분이 좋지 않다.'는 느낌을 보고했지만, 우울한 기분, 활동에 대한 줄어든 관심, 피로, 쓸모없는 느낌 등이 약물을 사용하지 않을 때에도 나타났다. 상담자는 에릭이 지난 12개월 동안 메스암페타민을 사용한 결과, 업무 관련 손상(예: 열악한 업무 수행 능력, 지각, 집중력 장애)을 경험했다고 판단했다. 따라서 암페타민 남용으로 진단했다. 『정신질환의 진단 및 통계 편람(DSM-IV-TR)』에는 메스암페타민 남용 관련 진단이 없다. 축 II 진단은 추가 정보의 수집이 미뤄질 때까지 연기되었다. 에릭은 현재 축 I 진단 관련 일반적인 의학적 상태는 없었다. 그는 자신의 치료와 예후에 영향을 미치는 두 가지 주요 심리사회적 · 환경적

문제를 인정했다. 첫 번째는 직장에서의 온라인 성행위로 인해 직장을 잃을 가능성과 두 번째는 성적 지향 관련 부모와의 계속되는 투쟁이었다. 현재 그의 전반적 기능 평가(GAF) 57점은 그의 사회적 · 직업적 기능에 있어 중간 수준의 어려움을 나타냈다.

상담과 개입

이러한 유형의 내담자를 돕는 데 선호되는 이론적 틀은 인지행동상담일 것이다. 이 이론적 틀의 주된 원리는 인지가 행동수정을 이끈다는 신념이다. 치료 결과는 인지적 · 행동적 · 감정적 변화를 기반으로 한다. 인지행동 개입은 종종 직접적이고 구조화되어 있고 목표지향적이며 시간제한적이므로, 내담자와 상담자 간의 관계가 협조적이어야 하고 내담자가 치료 목적의 주요 기여자이다.

치료의 주요 목적은 세 가지 상호 목표를 포함한다. 첫 번째 치료 목표는 내담자의 성적 강박을 조장하는 요소를 확인하는 것이다. 이 초기 단계에는 내담자의 성행위의 순환 특성에 기여하는 비합리적 신념, 감정, 행동을 파악하는 단계가 포함된다. 이 단계에서 얻은 정보가 두 번째 치료 목표인 행동수정의 기초가 된다. 이 목표와 관련하여 내담자와 상담자가 비합리적 신념을 바꾸고 내담자의 정서적 상태와 자신의 성적으로 과활동적 행동(sexual acting out behavior) 간의 관계를 수정하기 위해 협력하여 작업한다. 세 번째 치료 목표는 내담자가 자신의 인지, 감정, 행동에 대한 자기조절을 적용한 자기관리 계획을 만들고 유지하는 것이다. 이러한 목표는 치료 과정의 여러 단계에서 적용하는 특정 개입을 활용할 수 있도록 한다.

에릭의 강박적 성행위에 대한 숨겨진 기여 요인을 밝히기 위해 상담자는 일련의 인지기반 개입을 시행했다. 에릭이 성적 개인력을 자세하게 적는 것이 필수적이었다. 이 서사에는 성 관련 주제에 대한 가장 초기의 기억이 포함되었다. 성의 주제가 가정과 교회에서 어떻게 다루어졌는지에 대한 그의 기억, 자위를 포함한 첫 성경험, 이러한 행동에 대한 그의 생각도 논의되었다. 또한 데이트 패턴, 성적 학대 사건, 대학 · 성년 초기의 성적 패턴을 포함했다. 지난 12개월 동안 에릭의 성행위 패턴, 특히 그가 참여한 성행위의 유형, 성적 파트너를 얻는 그의 패턴, 행동 외현화 관련 그의 생각에 주의를 기울였다. 이 과제는 두 번째 상담에서 주어졌고 과제 완수는 필수적이었다. 사실 에릭은 해당 상담일 24시간 전에 상담자에게 전화하여 과제를 완수하지 않고 상담에 출석할 수 있는지를 물었다. 상담자는 이 과제가 어려우나 에릭이 상호 합의한 사항임을 상기시키며 일관적인 태도를 고수했다. 에릭은 세 번째 상담에서 1줄 간격의 12쪽 분량으로 성적 개인력을 적어 왔다. 이것은 그와 상담자가 일반적으로 성에 관한 에릭의 초기 인지 메시지의 내용과 출처를 분별할 수 있게 했다. 더 자세하게, 남들이 비이성애(nonheterosexual)와 관련해 했던 말에 대한 가장 초기의 기억을 알 수 있었다. 이 과제는 에릭의 위험한 성적 활동의 진행에 대한 인지적 알아차림을 높였다. 세 번째 상담에서 에릭은 단지 12개월 전 '너무 위험한' 또는 '너무 멀리 갔다.'고 생각했을 법한 성행위를 현재 하고 있음을 인정했다. 그의 성적 활동이 메스암페타민을 처음 실험하기 전부터 이미 빈도가 증가했다는 것을 인정하면서, 그는 자신의 안전하지 않은 성적 활동과 마약 사용 간의 연관성을 처음으로 인식했다. 이 깨달음은 특히 자신의 메스암페타민 사용이 안전하고 통제되며 문제가 되지 않는다는 초기의 믿음과 상반되었다.

네 번째 상담에서 에릭의 성적 자기개념에 대한 비합리적 신념을 밝히기 위해 인지기반 개입이 추가적으로 활용되었다. 체크인 후, 에릭은 남들이 말하는 비이성애자가 됨이란 메시지를 정의하는 연습을 했다. 상담실 벽에는 183cm짜리 남성 신체의 윤곽선의 합판이 걸려 있었다. 에릭은 자신이 기억할 수 있는 섹슈얼리티에 관한 많은 메시지를 그 모형 위에 썼다. 에릭은 어린 시절부터 자신의 아버지, 어머니, 큰형, 어린 시절 교회의 목사님으로부터 들은 20가지 이상의 부정적 메시지와 가까운 대학 여자친구에게 들은 몇 가지 긍정적 메시지를 적었다. 상담자는 각 메시지를 기록했다.

그다음 에릭이 지금까지 들었던 메시지에서 그가 어느 수준까지, 조금이라도, 여전히 믿고 있는지 알아보았다. 상담자는 에릭의 성적 지향 관점과 여전히 공명하는 다음 여섯 가지 인지도식을 확인했다. ① 게이가 되는 것은 정상이 아니기 때문에 나쁜 것이다, ② 게이는 사랑받을 수 없다, ③ 게이는 모두 난잡하다, ④ 게이는 일대일의 독점적인 관계(monogamous relationships)를 할 수 없다, ⑤ 내가 게이임을 알면 타인은 나를 받아들이지 않을 것이다, ⑥ 아무도 30대 후반의 남성과 데이트하고 싶지 않다.

인지기반 개입을 추가하여, 상담자는 쿠퍼의 3A(접근 가능성, 경제성, 익명성) 엔진(Cooper & Griffen-Shelley, 2002)에서 설명한 대로 온라인 성행위의 매력을 다룰 수 있었다. 상담 초반에 에릭은 "인터넷은 어디에나 있으므로 나쁜 것일 리가 없다. 그리고 가장 저렴한 형태의 오락이다."라고 말하면서 자신의 온라인 성적 활동을 신속하게 축소했다. 에릭의 경우, 좋은 접근성이 '온라인 성적 활동이 생산적이고 적절하다.'는 것을 의미하지 않음을 인정하는 것이 중요했다. 상담자와 에릭은 일(실직 가능성), 친구(사회적 지원 네트워크를 대가로 컴퓨터에 대한 의존도 증가), 휴식 활동(헬스 활동 중단의 결과로 지난 1년간 약 11kg 체중 증가), 건강(HIV 및 기타 성병에 걸릴 잠재적 위험) 관련 그의 행동의 대가를 크게 인지하도록 함께 작업했다. 그렇게 함으로써 온라인 성적 활동이 감당할 만하고 익명이라는 그의 인식에 직접적으로 도전했다.

첫 번째 상담에서 에릭은 성중독에 익숙하지 않다는 것을 인정했다. 그는 성중독자라고 스스로 인정한 사람을 알지 못했고 '특히 다른 게이들 중에서' 자신의 성적 추구가 문제가 있다고 말하는 사람을 못 보았다고 말했다. 결과적으로, 에릭의 상담자는 읽을거리를 제공하여 그의 인지도식에 도전할 뿐만 아니라 고립을 최소화했다. 예를 들어, 상담자는 커밍아웃과 비이성애 됨의 수치심을 다룬 책의 목록을 제공하였다. 패트릭 칸스(Patrick Carnes)의 2001년 저서 『그림자에서 벗어나(Out of the Shadows)』와 게이의 온라인 행동을 다루는 『성중독 및 강박 학술지(Journal of Sexual Addiction and Compulsivity)』의 여러 논문을 추천하였다. 자서전 쓰기는 기존의 인지를 확인, 수정하는 데 핵심적인 개입이다.

인지 개입 외에도 상담자는 에릭의 정서와 강박적 성행위 간 순환고리의 수정을 목표로 하여 몇 가지 전략을 활용했다. 상담자는 에릭에게 자위하고, 성적 파트너를 찾고, 온라인 포르노를 보려는 욕망을 포함하여 성적 활동을 가장 많이 촉발하는 정서적 상태를 1주간 기록하게 했다. 세 번째와 네 번째 상담 회기 사이에 주어진 개입은 외로움, 분노, 지루함에 뒤따르는 불안이 에릭의 주요 감정적 촉발제임을 확인하는 데 중요한 역할을 했다. 상담자는 에릭이 자신의 온라인 성행위가 다른 게이—특히 잠재적 데이트 · 성 파트너—를 만나는 전통적 방법을 크게 대체했음을 인식하도록 도왔다. 에릭은 파티나 클럽에서 잠재적 데이트 파트너에게 다가가는 것은 자신의 나이와 증가된 몸무게 때문에 더 증폭된 거절에 대한 두려움에서 기인한 높은 불안을 야기했다고 인정했다. 결과적으로 그는 파티와 게이의 사회적 장소에서의 참석을 줄이고 인터넷을 통해 다른 게이를 만나고 외로움과 지루함에 대한 자신의 감정을 영속시켰다. 에릭에게 분노란 자신의 부모, 형, 누나와의 상호작용 뒤에 오는 가장 심오한 촉발제라고 하였다. 가족 구성원이 '교회에 갈 것인지를 묻지 않고 방문을 꺼리고 직장 외의 내 삶에 대해서 물어볼 만큼 나를 별로 돌보지 않기' 때문이라고 말했다.

효과적인 개입보다 어쩌면 더 중요한 것은 상담자가 메스암페타민 사용의 조력만큼 정서적 대처 기제와 거절의 가능성을 경험하지 않고 성적으로 활성화되는 방식으로 에릭의 정서적 상태(예: 가치 없고 매력적이지 않고 아무도 원하지 않는)를 통합할 수 있었다는 것이다. 에릭은 자신이 메스암페타민을 사용했을 때 편안함을 느꼈고 자신감이 있었으며 잠재적 파트너에게 성적 매력을 보일 수 있음을 인정했다. 그는 향정신성 물질의 영향을 받는 동안 자신의 부정적 정서가 증발하는 것처럼 보인다고 밝혔다. 게다가 에릭은 "메스암페타민에 취해 있는 동안 내가 함께하는 남자들은 나보다 더 젊은 남자 때문에 나를 절대 버리지 않았어요. 이들은 나를 과체중이라고 생각하지 않았습니다. 이들은 그저 나와 함께할 수 있어서 기뻐했어요."라고 말했다.

일련의 행동 개입도 상담 관계를 통해 사용되었다. 에릭과 상담자가 함께 협력하여 온라인 성적 활동의 순환을 간섭하는 행동수정 목록을 작성하는 것이 필수적이었다. 세 번째 상담에서는 행동계약이 만들어지고 양측이 서명하였다. 이 계약에는 몇 가지 개입이 포함되었다. 우선, 에릭은 그의 집에서 단 하나뿐인 컴퓨터(노트북)를 상담자에게 가져왔고, 상담자는 이를 방화 캐비닛에 보관했다. 둘째, 에릭은 특정 지리적 거리 안에 있는 다른 게이를 찾을 수 있는 앱이 설치된 자신의 휴대전화를 IT 부서에 제출했다. 셋째, 그는 인터넷 기능이나 지역 식별 소프트웨어가 없는 새로운 휴대전화에 대해 상사와 협상했다. 넷째, 그는 자신의 사무실을 재배치하여 누구나 자신이 컴퓨터에서 보고 있는 것을 볼 수 있게 했다. 다섯째, 그의 사무실에서 그는 항상 문을 열어 두기로 동의했다. 다른 동료들을 만나야 하는 경우, 그는 같은 층의 다양한 집단 회의실 중 하나를 사용했다. 여섯째, 에릭은 직장에서의 신뢰를 높이기 위해 직속 상사에게 성적 강박 문제를 알리는 것이 중요하다는 점을 인정하고 상담 첫 두 달 이내에 상사와 직접 대면하기로 합의했다.

다음으로, 에릭과 상담자는 에릭이 절대 참여해서는 안 되는 행동의 기준치를 정의하고 성적 행동수정 계획을 함께 만들었다. 예를 들어, 메스암페타민을 절대 사용하지 않고, 인쇄물 또는 온라인 등 모든 종류의 음란물을 보지 않고, 자위 · 구강성교 · 항문성교를 포함한 익명의 성적 활동에 참여하하지 않을 것을 상호 합의하에 결정했다. 나아가 상담자는 에릭이 주당 두 번의 성 관련 12단계 모임(예: 익명의 성중독자 모임, 익명의 성강박자 모임, 익명의 사랑과 성중독자의 모임 등)에 참가하고 상담의 첫 6주 이내에 임시 지지자를 얻도록 격려했다. 또한 그가 체육관에서 시간을 더 많이 보내고, 지역 성소수자센터에서 4주간의 게이의 관계에 대한 세미나에 참석하도록 격려했다. 3개월의 상담 후에 마지막 행동 개입이 시작되었다. 그때까지 에릭은 성적 강박에 대한 이해를 높이고 우울 증상의 수준을 낮추며 더 큰 사회적 지원 네트워크를 구축했다. 위험한 성적 활동의 역사를 감안할 때, 신체건강과 관련된 두려움, 특히 HIV에 노출된 것에 대한 우려는 점차 관심의 초점이 되었다. 상담자는 에릭이 HIV 검사 결과를 다루기에 충분한 사회적 지지를 구축했다고 결정했다. 또한 상담자는 에릭에게 HIV뿐만 아니라 다른 성병검사도 할 수 있는 전반적 성병검사[sexually transmitted disease(STD) screening]를 받을 것을 권장했다. 상담자는 지역 내 다양한 HIV/STD 비밀보장 검사기관에 대해 알고 있었고 이 목록을 에릭에게 제공했다.

초기에 성적 활동의 개인력 작성해 보기 연습을 주저했음에도 불구하고, 상담 첫 달 내에 에릭은 자신의 행동에 문제가 있음을 밝히고 기꺼이 변화를 만들어 냈다. 상담자가 이전에 만났던 성적 강박 행동을 가진 내담자와의 상담 작업에 비추어, 상담자는 내담자가 이 변화의 발달단계에서 상담에 참여하는 것이 흔하지 않다는 사실을 발견했다. 개인적 성장을 위한 그의 준비됨을 감안할 때, 에릭은 앞서 언급한 개입을 성공적으로 수행하여 자신의 행동을 크게 수정할 수 있었다. 성 이력 관련 목록의 완성, '몸운동'을 통해 그의 내면화된 동성애혐오증을 증가시키는 다양한 요인에 대한 깨달음, 인터넷의 접근성, 경제성, 익명성에 대한 그의 재평가가 특히 도움이 되었다. 자서전 쓰기를 활용하는 것은 핵심적이었다. 하지만 상담자가 에릭에게 책을 구입하도록 권유한 초기 시도는 적절할 것이라는 상담자의 생각과는 달리 실패했다. 대신, 상담자가 정확한 책 이름을 제공하거나 상담 후에 상담자의 논문을 읽도록 한 결과가 더 긍정적이었다. 서점 또는 온라인에서 성 강박성 관련 책을 구매하는 것과 관련된 수치심의 과제는 에릭이 상담 4주 안에 풀기에는 너무 어려웠다.

다양한 상담 개입의 괄목할 만한 성과로, 에릭은 자신의 정서적 상태가 강박적 성 활동의 주기적 특성에 영향을 미치는 것을 확인했다. 주요 촉발제로 불안을 정의하였으므로, 상담자는 상담의 후반기에 스트레스 감소법을 도입했다. 그렇게 하는 것이 성적으로 행동화하려는 에릭의 욕구를 줄이는 데 도움이 되었다. 또한 에릭은 자신의 성적으로 활성화된 행동이 장기적으로는 타인에게 느낀 외로움과 단절을 실제로 어떻게 증가시켰는지를 성공적으로 이해했다. 개인의 성장이 직선을 형성하지 않았다는 점에 주목하는 것이 중요하다. 오히려 두 번의 '재발'은 에릭이 어머니와의 전화 통화에서 화가 나고 거부당했다는 느낌의 직접적인 결과였다. 에릭은 이러한 조우를 후회했으며 상담자는 이러한 행동화에 기여하는 정서적 촉발제를 명확히 하는 기회로 활용했다.

에릭과 상담자는 여러 행동 개입이 치료적 성공을 만들었다는 것에 동의했다. 사실 에릭은 '상담자가 나의 오래 묵은 행동에 대한 노출을 최소화하기 위해 무엇을 해야 할지 정확히 알고 있었다.'는 것에 대해 놀랐다고 인정했다. 그는 다른 장소(예: 친구의 집, 대여한 노트북, 공공 도서관)에서 인터넷에 접속할 수 있고 또는 소셜네트워크 앱과 인터넷 접근성을 갖춘 새로운 휴대전화를 구입하면 된다는 것을 알았지만, 에릭은 즉시 접속할 수 없다는 것이 그의 초기 성공에 주요했다고 말했다. 에릭이 2주간 출장을 갔을 때 상담에 문제가 생겼다. 에릭과 상담자는 출장이 다가옴을 알고 있었지만, 행동계약을 수정하거나 에릭의 출장에 적용할 수 있는 새로운 계약을 세우지 않았다. 상담 종결 후, 에릭이 자신이 방문한 도시에서 12단계 모임이 열리지 않았고 그가 노트북을 가지고 있을 때 어떻게 할지에 대해 논의하지 않았음을 인정했다. 노트북은 출장하는 동안 직무를 완수하는 데 필수적이었다. 이는 중요한 학습 기회였다.

상담자를 위한 시사점

성적 강박 문제로 어려움을 겪고 있는 게이에게 임상서비스를 제공하려면 상담자가 동성애 행위의 판단에 있어 민감한 특성을 이해하는 것이 필수적이다. 자신의 섹슈얼리티가 죄이며 정상에서 벗어난다고 학습한 많은 게이는 특히 자신의 성적 활동에 대한 비판에 예민하다. 이러한 문제를 다루는 상담자는 성적 활동에 참여하는 데 소요된 시간, 거부, 자신과 타인에 대한 잠재적 위험, 대인관계에 미치는 영향을 포함하여 행동화의 결과에 집중해야 한다. 상담자는 또한 자신의 비이성애차별주의와 관계를 맺거나 성행위에 참여하는 데 있어 오직 진정한 하나의 방법만 있다는 신념을 경계해야 한다. 예를 들어, 모든 게이가 장기간의 일대일 독점적 관계를 갈망한다고 가정하는 것은 에릭에게 해로웠을 것이다.

또한 상담자는 특히 비이성애적 지향성을 자기노출하는 시기에 낙인 관리를 통해 내담자를 지속적으로 지원해야 한다. 타인에게 공개하지 않는다는 결정을 성적 정체성 발달의 결여로 인식해서는 안 된다. 오히려 상담자는 특히 직장에서 커밍아웃 관련 내담자의 결정과 관련된 혜택과 대가에 관해 논의할 필요가 있다. 직장 내 IT 부서에서 에릭이 온라인 포르노그래피를 시청했음을 감지하게 되면서 에릭은 자신의 성적 지향을 자신의 상사에게 공개할지에 대해 결정하는 것을 고민할 필요가 없었다. 반면, 상담자는 에릭이 직장 밖에서 누군가와 자신의 개인생활을 자세하게 공유하는 데 있어 안전한지의 여부를 결정할 때에 도움을 줄 수 있었다.

성적 강박 치료를 추구하는 다른 사람들과 마찬가지로, 에릭도 치료적 성장에 영향을 미치는 여러 스트레스 요인에 직면하고 있었다. 잠재적 실직, 우울한 기분, 사회 · 기타 여가 활동에 대해 현저히 줄어든 관심, 과도한 피로감, 직무 · 관계에서의 사고 및 집중력 감퇴는 전반적인 웰니스에 상당한 장벽이었다. 에릭이 상담을 시작한 이후로, 그가 직면한 주요 위기는 HIV 상태를 모르는 것과 그 검사를 받는 결정을 둘러싼 두려움이었다. 비록 자신이 위험한 행동에 관여하고 있음을 인정했지만, 성적 · 비성적 행동을 수정하기 시작한 후에야 잠재적으로 HIV 양성을 둘러싼 파멸이 임박했다는 느낌을 다루기 시작했다. 상담자는 에릭이 검사받도록 격려하기 전에 양성이란 결과에 대처할 수 있는 충분한 사회적 지지를 얻을 때까지 기다리는 것이 중요하다.

에릭은 운이 좋았고, 성적 강박증 문제를 가진 게이 내담자와 상담에 대해 전문적으로 알고 있는 EAP 상담자를 배정받았다. 이 사례 연구를 보면서 이들을 위한 상담과 훈련을 위한 특정 권장사항이 분명해진다. 첫째, 상담자가 광범위한 관심사, 태도, 고유한 발달 경험을 포함하여 게이 공동체에 익숙해지는 것이 필수이다. 상담자가 내면화된 동성애부정(homonegativity), 그 근원, 게이의 발달에 미치는 해로운 영향의 개념을 이해하는 것도 주요하다. 다음으로, 상담자는 성 강박, 경고 신호, 중독자와 그 애인 · 가족에게 미치는 영향에 대한 이해를 강화해야 한다. 또한 상담자는 특히 내담자가 성 강박에 대해 과묵할 때 그것을 평가할 수 있어야 한다. 상담자는 상담 관계의 다양한 단계에서 인지적 · 정서적 · 행동적 변화를 다루기 위해 사용할 수 있는 특정 개입을 인식하고 있어야 한다. 마지막으로, 성 강박적 내담자들과 성공적인 상담을 하려면 정신건강 전문가들은 최신의 기술적 진보와 성적 활동의 함의와 관련하여 시대에 뒤떨어지지 않도록 잘 따라가야 한다.

참고문헌

American Psychiatric Association. (2000). *Diagnostic and statistical manual of mental disorders* (4th ed., text rev.). Washington, DC: Author.

Carnes, P. (2001). *Out of the shadows: Understanding sexual addiction* (3rd ed.). Fenter City, MN: Hazelden Press.

Cooper, A., & Griffin-Shelley, E. (2002). The Internet: The next sexual revolution. In A. Cooper (Ed.), *Sex and the Internet: A guidebook for clinicians* (pp. 1-15). New York, NY: Brunner & Routledge.

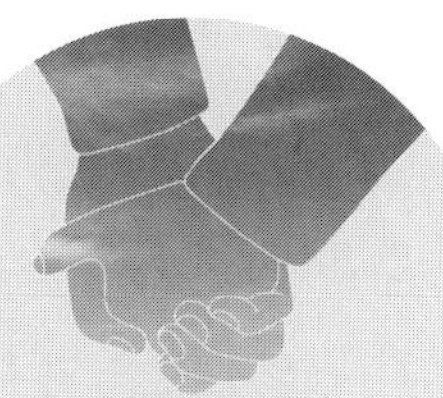

25장

HIV 양성의 게이 남성 상담

데이비드 W. 하트(David W. Hart)

나는 나의 첫 번째 내담자를 절대 잊지 않을 것이다. 당시 나는 지역 내 성소수자센터에서 상담 실습을 하는 대학원생이었다. 이 상담을 배정받았을 때 느꼈던 흥분을 생생하게 기억한다. 나는 접수면접지를 검토하고 인구통계학적 정보에 주목했다. 게이 남성, 필리핀인, 30대 중반, 독신, 상담 경험 없음, 그리고 HIV 양성. 나는 숨이 턱 막혔다. 나는 HIV에 대해 무엇을 알고 있을까? 나는 게이에 대해 알았고, 그 문화에 대해 알고 있었으며, 독신생활에 대해서도 알고 있었다. 그러나 HIV는? 공황이 뒤따랐다. 내 손바닥에서 땀이 나기 시작했고 내 입 안은 마치 면으로 가득 찬 것처럼 느껴졌다. 나는 HIV에 대한 기본적인 이해가 부족할 뿐만 아니라, HIV 양성인 게이도 본 적이 없었다. 나는 〈미국의 천사들(Angels in America)〉과 〈필라델피아(Philadelphia)〉라는 영화를 본 적이 있었고 지역 내 AIDS 걷기대회에 참여하기도 했다. 그러나 나는 정말로 무엇을 알고 있었을까? 그 순간 나는 HIV의 실제에 대해 제대로 준비가 되지 않았음을 느꼈다. 나는 문화적으로 유능한 상담적 개입을 개발하기 위한 기반이 될 수 있는 진정한 실제 경험이 부족했음을 걱정했다. 나는 극도로 흥분하여 나의 수퍼바이저에게 전화해서 나의 두려움을 이야기하였고 다른 실습생에게 이 내담자를 의뢰해 달라고 설득했다. 그 실습생은 나보다 HIV 양성 게이와 상담한 경험이 더 많았다. 무한히 지혜로운 수퍼바이저는 사랑스럽게 내 요청을 거절하였고 내가 아니면 누가 할 수 있겠냐고 물었다. 그 순간 나는 상담에 대한 중요한 교훈을 배웠다. 나는 전문상담사로서 다양한 배경을 가진 내담자들과 함께 수많은 도전 과제를 해결하도록 부름받을 것을 알고 있었다. 또한 상담자로서 효과적이기 위해 내담자와 나의 삶의 경험을 공유하는 것이 꼭 필요하지 않다는 것도 알고 있었다. 그러나 그 순간 나는 HIV와 관련한 고정관념을 떠올렸다. 나의 무의식중에 HIV에 걸린 삶이란 통상적으로 세상이 끝난 것과 비슷했다. 그리고 나는 아직 그와 같이 비극적 예후의 삶을 경험하지 못했다. 나의 내담자가 현관문에 발을 들여놓기도 전에 나는 모든 것을 내담자에게 투사했다. 그 당시 HIV에 관한 경험과 정보가 거의 없었기 때문에, 나는 진정으로 그 내담자를 도울 수 있는 방법이 궁금했다.

수퍼바이저는 내담자의 이야기를 듣고 무조건적으로 사랑하며 내가 가장 도움이 될 수 있는 방법을 가늠하면서 상담을 시작할 것을 제안했다. 나는 생각했다. 무조건 그를 사랑해? 이 얼마나 끝내 주는 개념인가. 나는 새로운 현실을 보기 위해 고정관념과 두려움에 무의식적으로 뿌리를 둔 HIV에 대한 개인적 인식을 뚫고 나아가야 했다. 그 새로운 현실에서 나는 다른 내담자와 많이 비슷한 여정에 있지만 단지 HIV 양성일 뿐인 내담자와 기꺼이 함께 걷기로 했다.

그 첫 만남 이래로, 나는 10년 동안 수많은 문화적 전통과 개인적 경험을 대표하는 수백 명의 게이 남성과 상담했다. HIV 바이러스에 감염될까 두려워하든 혹은 그 바이러스와 함께 사는 현실이든 간에, 이들의 이야기를 서로 연결시키는 실마리는 HIV이다. 이 장에서는 내가 HIV 양성인 게이를 상담한 방법과 나의 임상 경험을 통해 내가 배운 효과적인 전문적 · 개인적 교훈에 중점을 두었다. 그리고 내가 상담한 내담자의 삶에 효과적이었던 상담 방법 및 개입에 대한 사례(질적 분석)를 제시하였다. 이 장은 접수면접 및 평가, 치료 목표 및 성과, 잠재적 전이 문제 및 전문적 함의의 세 부분으로 나뉘어 있다. 나는 이들과 상담하는 데 있어 성소수자 지지적 서사적(queer-affirmative narrative) 접근을 사용하는 이점을 독자들에게 확신시킬 수 있기를 바란다.

드레이크의 사례: 접수면접과 평가

HIV 양성으로 진단받은 지 거의 3개월 만에 드레이크(Drake)는 내 내담자가 되었다.

그의 의사가 「라이언 화이트법(Lyan White Act)」에 의해 재정 지원을 받는 무료상담 서비스를 찾아 게이/레즈비언 센터에 그를 전화 의뢰하였다. 초기 통화에서 드레이크는 심각한 '우울증'으로 고통받고 있으며 아침에 잠자리에서 일어날 동기를 찾지 못하는 것으로 보였다. 드레이크는 자신의 진단 관련, 특히 이 질병에 걸리게 했던 '무책임한' 성적 행동에 대해 강한 죄책감을 보고했다. 드레이크는 자신의 상담 목표가 '삶을 유지할 길을 찾는 것'이라고 설명했다. 드레이크의 접수면접지에서 수집한 특정 인구통계 및 심리 상태 자료를 기록하는 것이 중요하다. 드레이크는 해안가에서 가까운 도시 지역에 사는 30대 중반의 흑인 남성이었다. 그는 중학교 교사였으며 자신의 직업을 '매우 많이' 좋아했다. 드레이크는 두 남매 중 맏이이며 자신의 어머니, 여동생과 '많이 친밀'했지만, 드레이크가 4세 때 가족을 떠난 아버지와는 여전히 소원했다. 드레이크는 동성애자로 자칭하고 자신의 관계 상태를 독신으로 정의했다. 그는 재발하는 우울증 때문에 상담받은 경험이 있다고 밝혔다. 접수면접 당시, 그는 '끊임없는 무가치한 느낌'을 관리하기 위해 팍실(Paxil)을 복용했다. 드레이크는 또한 지난 2년 동안 익명의 성강박자 모임(Sexual Compulsives Anonymous)에 참석하고 있으며 12단계 프로그램을 시작하기 위해 스폰서도 있었다. 또한 드레이크는 신을 향한 그의 사랑에도 불구하고 5년 전 커밍아웃 이후 그의 교회로부터 '분리되었다'고 느꼈다. 그 결과, 드레이크는 7세 때부터 다니던 교회를 안 가게 되었다.

상담 첫 회기에 드레이크는 옷차림에 신경을 많이 쓰고 왔다. 화려한 색채의 넥타이와 곱게 다림질한 칼라의 셔츠를 입고 금방 윤을 낸 신을 신고 있었다. 그의 옷차림은 기분과는 정반대였고, 우울함은 전화 통화에서 드러났다. 나는 이 불일치가 드레이크의 대처 방식과 어떤 연관이 있을지 궁금했다. 동의서를 검토하고 일반적인 센터 규칙을 살펴본 후, 나는 드레이크에게 이 진단 이후로 자신의 삶이 어떻게 바뀌었는지 설명해 달라고 요청했다. 드레이크는 왜 자신이 HIV에 감염되었는지에 대해 크게 의문을 제기했다. 그를 HIV에 감염시킨 신의 논리를 추측했다. 그는 왜 자신이 이런 진단을 받아야만 했는지 알고 싶었다. 드레이크는 분명히 화가 났고 순간적으로 그의 분노는 그를 압도했을 것이다. 나는 그가 겪는 상처와 고통을 침착하게 반영했고, 매 기회에 자신의 감정을 타당화했다. 드레이크가 경험한 모든 감정이 전적으로 정상이며 모든 감정을 완전히 완벽하게 느낄 권리가 있음을 드레이크에게 알리고 싶었다. 그가 분노 안에서 고통을 겪었을 때, 나는 드레이크에게 자신이 이 진단을 받을 이유가 무엇일지에 대한 그의 생각을 물었다. 드레이크는 그 질문을 잠시 생각해 보았고, 그가 동성애자였고 신의 은총 밖으로 추락해서 HIV 양성이 될 운명이라고 답했다. 나는 드레이크의 내면화된 동성애자로서의 자신을 이해하는 방식과 부정적 사회 경험과 문화적 메시지가 합쳐져서 다소 부정적인 자기정체성을 형성하는 것에 대해 즉각적으로 메모했다. 드레이크가 자신이 종교적 기원과 지속적인 영적 실천이 부족해서 특권을 박탈당했다고 생각하는 것은 향후 몇 달 동안 치료의 주요 초점이 될 것이다.

드레이크는 HIV에 관한 추가 정보가 필요하다고 말했다. 특히 그는 병의 경과, 시간 경과에 따라 준비할 일, 실험적 치료, 현재 약물의 효과 및 잠재적 부작용, 시간이 지남에 따라 질병을 관리하는 데 있어 잠재적으로 도움이 될 수 있는 지역사회 자원과 관련된 질문을 가지고 있었다. 그의 건강 유지에 필수적인 정보에 대한 드레이크의 열망과 치료에서의 개인적 도전을 다루는 데 필요한 용기는 그의 고유한 힘으로 보였다. 내게 이 말을 듣고 드레이크는 작은 강화를 받은 것 같았다. 첫 번째 상담 회기가 끝날 때 드레이크는 약간의 미소와 긍정적인 고개 끄덕임을 보였고, 이것이 그 증거로 보였다. 드레이크의 미래에 대한 관심은 그의 우울한 기분과 그의 진단으로 인해 자살 위험이 증가했음에도 불구하고 죽기보다는 살기에 집중했다는 것을 나에게 확신시켜 주었다.

두 번째 상담 회기에서도 드레이크와 나는 어떻게 하면 상담을 통해 그의 요구를 최대한 충족시킬 수 있을지에 대한 이야기를 이어 갔다. 드레이크는 미래에 대한 그의 꿈과 전망이 사라지면서 그가 느낀 슬픔을 드러냈다. HIV에 붙어 있는 고정관념 때문에 드레이크는 자신의 몸을 완전히 완벽하게 나눌 수 있는 일대일의 독점적 동성애 관계를 결코 갖지 못할 것이라고 생각했다. 드레이크는 마치 자신이 '오염'되었고 '고장 난' 것처럼 느껴졌고, 잠재적 파트너에게 자신의 HIV 상태를 공개할 자신감이나 힘이 부족함을 두려워했다. 반대로 드레이크는 자신의 진단을 어머니와 누이가 알게 될까 봐 걱정했다. 자신의 상태를 알게 될 경우 겪게 될 고통과 괴로움에서 이들을 보호해야 한다고 생각했다. 이후 몇 주 동안 우리 둘은 드레이크가 타인을 그의 느낌과 현실로부터 보호하는 것이 그의 책임이라고 어디서 어떻게 학습했는지를 살펴보았다. 이러한 탐색은 드레이크가 부정적 감정과 경험에 어떻게 대처했고 또 대처하고 있는지에 대한 전반적인 알아차림의 측면에서 매우 유익할 것이다.

드레이크는 언젠가 아이들을 갖겠다는 생각을 했지만 그 희망을 포기했다. 그는 과연 어떤 사람이 '젊은 나이에 죽어서' 홀로 양육자로 남게 될 여지가 있는 파트너와 함께 아이를 가지려 할는지 믿지 않았다. 드레이크는 사회에서 그 자신을 상대로 3건의 파업을 일으킨 것처럼 느꼈다고 말했다. 그는 게이, HIV 양성, 흑인이었다. 그는 자신이 소속된 각 집단의 동료들로부터 거절당하는 것에 대한 격렬한 두려움으로 고심하고 있었다. HIV에 감염된 게이 남성이 이 치명적 질병에 직면하여 자신을 보호하지 못했기 때문에, 드레이크는 게이 사회가 HIV 양성 남성들을 '나쁘다'로 간주하는 것을 쉽게 목격했다. 드레이크는 이 질병과 연관된 고정관념 때문에 게이 공동체 내에서 자신의 지위를 유지할 수 없다는 우려를 보였다. 이는 동료집단, 직업, 거주지에서 시사되었다. 상담적 개입은 내면화된 동성애 부정(homonegativity)이 어떻게 게이로서 '좋은' 행동[예: 안전한 섹스, 독점적 관계, 조신한 모습(passing affect), HIV 음성]과 '나쁜' 행동[예: 안전하지 않은 섹스, 개방적 관계, 끼스러운 모습(flamboyant affect), HIV 양성]의 이분법에 영향을 미치는지를 탐색하고자 했다. 또한 게이 정체성에 대한 이분법적 이해가 어떻게 자아존중감과 전반적인 행복에 부정적 영향을 미칠 수 있는지를 탐색하고자 하였다. 나아가 드레이크가 의미 있고 목적지향적인 삶을 살아가는 다른 HIV 양성 남성을 만나는 것이 중요했다. 상담 과정에 있어 이 구성요소는 우리 공동 작업의 주요 초점이 되었다. 이에 대해서는 다음 절에서 자세히 논의된다.

상담 목표 및 성과

우리는 6개월 동안 일주일에 한 번 만났고, 일주일마다 만나는 것이 여건상 어렵다고 상호 결정한 후에 종결했다. 상담 초기부터 나는 드레이크가 자기보고한 우울을 평가하기 시작했고, 의사와 상의하기 위해 정보의뢰 동의서를 곧바로 받았다. 의사와 2회의 평가 및 자문 후에 드레이크가 우울증 진단 기준에 충족한다고 판단했다. 드레이크의 5축 진단 및 근거는 다음과 같다.

축 I	296.33 주요우울장애, 단일 삽화, 정신병적 증상이 없음, 심각하고 재발함 302.71 저활동성 성욕장애 배제
축 II	V71.09 진단 없음
축 III	HIV 양성
축 IV	주요 지지집단과의 문제, 사회적 환경과의 문제, 종교·영적 어려움
축 V	전반적 기능 평가(GAF)=61

HIV 양성 게이 내담자와의 상담 작업에서 나는 성소수자 적극적 옹호와 서사적 틀 안에서 치료적 개입을 개념화한다. 성소수자 적극적 옹호 상담은 페미니즘 운동에서 태어났다. 사람들은 게이가 여성처럼 되거나 행동하는 것으로 인식하기 때문에 게이 남성을 미워하고 두려워할 수 있는 사회라는 점에서, 여성혐오(misogyny)와 동성애혐오 간의 논리를 인용한다(Lebolt, 1999). 성소수자 적극적 옹호 상담을 실천하는 데 있어 나의 첫 번째 목표는, 드레이크가 그의 성적 지향 · 진단 관련 고정관념을 적극적으로 합법화하고 영속화하는 이성애중심주의자(heterocentrist)의 문화에 살고 있음을 공개적으로 인정하는 것이었다. 지배적인 문화의 어휘집에서 HIV는 '동성애자'의 질병으로 간주되며 HIV 양성 환자는 '이들 중 하나'로 낙인찍는 주홍글씨와 유사하다. 나는 드레이크의 성적 정체성을 확인하지 않고서는 그의 진단을 확신할 수 없었다.

성소수자 적극적 옹호 상담의 두 번째 목표는 무조건적으로 퀴어의 삶과 경험을 지지하는 것이다. 궁극적으로 그가 겪었던 낙인과 주변화의 결과로 그가 느꼈던 분노, 두려움, 상처를 정상화하는 것이 나의 일이었다. 이를 위해, 무조건적인 긍정적 존중을 실현하고 신체언어를 통해 중립성을 입증하고 내용과 근본적인 감정을 반영하는 전통적 인본주의 원칙을 실천하였다. 드레이크와 견고하고 진정한 교감 관계를 구축하는 치료적 힘을 이해하기 위해, 나의 첫 번째 개입은 경청하고 공감으로 반응하며 그의 경험에 대한 어떠한 추정도 피하는 것이었다.

처음 두 번의 상담에서 드레이크는 그가 해야 할 일로서 포장된 길로 내가 그를 밀기보다는, 함께 만들어 가는 길에서 그와 함께 걷고 있다는 것을 믿는 것처럼 보였다. 포스트모더니즘 이데올로기에 뿌리를 둔 이야기치료 접근법은 문제를 해결하는 전문가가 아니라 이야기나 서사가 어떻게 내담자의 삶, 역사, 미래에 대한 이들의 시각을 형성하는지를 이해하는 데 초점을 맞춘다. 내 의도는 드레이크가 경멸이나 판단을 두려워하지 않고 자신의 이야기를 자유롭게 공유할 수 있는 안전한 공간을 제공하는 것이었다. 파트너십을 통해 우리는 도전적인 이야기에 담긴 의미를 탐색하고 해독했다(예: HIV 양성자로서 드레이크의 이야기는 진단 전의 그의 현실을 묘사했던 더 긍정적인 서술을 훼손하고 전복시키기까지 했다). 그리고 드레이크의 희망, 삶의 비전, 꿈, 목적, 삶의 전반적인 의미를 포함한, 들려주지 못한 이야기를 발견하는 작업을 했다. 성소수자 적극적 옹호와 서사적 개입의 조합은 일반적으로 동성애 남성, 특히 HIV 양성 동성애 남성과의 상담 작업에 가장 유익한 것으로 보인다.

처음에 드레이크는 자기비난과 내면화된 동성애혐오에 포화된 서사의 장에 푹 빠져 있었다. 드레이크의 첫 번째 질문 중 하나는 "내가 뭘 했다고 이 진단을 받은 걸까?"였다. 그 답을 찾기 위해 드레이크와 나는 그의 배경 이야기를 탐색했다. 그가 언제 어떻게 HIV에 걸릴 만한 무언가를 했다고 학습했는지 궁금했다. 시간이 지남에 따라 드레이크는 자신이 게이 남성들을 처음 조우한 순간을 상기하기 시작했다. 대부분 TV 토크쇼에서 스튜디오 관객들은 겉으로 드러난 이들의 도리에 벗어난 행동을 조롱했다. 또한 가족의 친구가 HIV에 감염되어 건강보험이 없었고 초기 진단을 받은 지 몇 주 만에 군 병원에서 혼자 사망했다는 자신의 초기 아동기 이야기를 기억했다. 드레이크는 그의 어머니가 그 남자를 경멸했던 것을 상기했고, 그의 운명이 그의 성적 지향과 직접적으로 관련되어 있음을 유감스럽게 지적했다. 눈물을 흘리며 드레이크는 "신이 동성애자(fags)를 죽인다."라는 어머니의 선언을 철회했다. 우리는 침묵 속에 함께 앉아 '아하' 하는 순간을 목격했다. 드레이크는 자신의 선택들이 그 자신만의 것이 아님을 깨달았다. 자신의 성적 정체성과 관련하여 받아 왔던 부정적 메시지의 결과로, 드레이크는 HIV 양성이 되었고 자신의 믿음과 일치하는 현실을 만들었다고 믿게끔 사회적으로 길들여졌다. 시간이 지남에 따라 드레이크는 이 낡은 서사를 성인으로서의 전문적이고 개인적인 성공을 이끌어 낸 개인적 강점과 독특한 특성에 뿌리를 둔 유년 시대 이야기를 강조한 것으로 대체할 수 있었다.

드레이크가 그의 이야기를 다시 말하면서 종교는 끊임없는 주제로 떠올랐다. 남부 침례교인으로 길러진 드레이크는 동성애에 대한 교회의 입장을 정확하게 알고 있었다. 어떤 프로테스탄트 교리는 동성애 매력의 표현을 죄악이나 부도덕으로 간주한다. 드레이크는 신과의 관계가 '매우 중요하다'고 설명했지만 영적 자기와 단절되었다고 느꼈다. 왜냐하면 그의 삶의 절반 이상을 함께한 교회에 더 이상 가지 않기 때문이었다. 커밍아웃 전에는 신과의 관계가 그의 삶의 큰 부분을 차지한 것처럼 보였으므로 나는 그의 영적 실천의 부족이 어떻게 진단에 대처하는 그의 능력이나 무능력에 영향을 미쳤는지 궁금했다. 드레이크는 신을 향한 분노와, 자신이 얼마만큼 '버림받은 자'라고 느끼는지에 대해 솔직하게 이야기했다. 그는 신의 집에 그를 위한 장소가 있는지 궁금해했으며 신의 집이 어떤 모습일지에 관해 이야기했다. 드레이크는 신의 집을 인간의 성적 정체성이나 HIV 상태보다는 인간의 마음을 더 돌보는 예배의 긍정적인 장소로 묘사했다. 드레이크는 보복이나 경멸의 두려움 없이 완전히 완벽하게 자신이 될 수 있는 교회를 꿈꿨다. 동성애자가 됨이 얼룩이 아닌 선물로 여겨지는 장소로 묘사했다. 우리는 함께 드레이크의 종교와 영성에 대한 이해를 탐색했고, 나는 인간이 종교적이지 않고도 영적일 수 있는지 그에게 물었다. 드레이크는 이 질문에 여러 주 동안 반추하고는 마침내 그렇다고 결정했다. 그는 특정 종교에 가입하지 않아도 영적일 수 있다고 결정했다. 상담자는 드레이크에게 동성애 지지(gay-affirmative) 기독교 교회 목록을 제공했다. 그중 일부는 HIV 특정 부서가 있었다. 드레이크는 기존의 종교를 내보내고 마침내 메트로폴리탄 공동체 교회에서 새로운 영적 안식처를 찾는 애도 과정을 겪었다. 그는 나중에 자신의 신앙과 영적 실천을 재구성하는 것이 상담 경험의 가장 중요한 성과였다고 보고했다.

상담을 시작할 때, 드레이크는 상담의 주요 목적이 '삶을 유지할 수 있는 방법을 찾는 것'이라고 지적했다. 나는 드레이크에게 HIV와 함께 산다는 것이 어떤 느낌이고 어떻게 보이는지 묘사해 줄 것을 요청했다. 드레이크가 가진 HIV와 함께하는 삶에 대한 인상은 HIV에 대한 대중의 오해에서 비롯된 것이었다. 그 오해에 따르면, 주로 그의 삶은 살 가치가 없는 것이었다. 드레이크는 시간이 지남에 따라 신체적으로 야위고, 약리적 부작용으로 쇠약하게 되고, 동성애 공동체에서 배척당할 것이라고 상상했다. 드레이크는 자신의 진단이 진정한 사랑을 찾지 못하게 하고 헌신적인 일대일의 독점적 파트너십 관련의 어떠한 잠재력도 일축해 버리지 않을까 우려했다. 그는 과거에 아이들을 갖기를 꿈꾸었지만, 분명 '젊은 시절에 죽을' 파트너와 함께 아이를 가질 것에 동의할 사람이 있을 거라는 희망을 포기했다. 나는 드레이크에게 HIV 양성인 게이를 알고 있는지 물었다. 물어보기 전에 내가 그 질문에 대한 답을 이미 확실히 알고 있기는 했지만 말이다.

드레이크 상담계획의 핵심 요소는 그와 사회적 지지체계를 연결하는 것이다. 개인적 필요에 부합하고 HIV와 함께 사는 것이 어떤 의미인지에 대한 이해를 재구성하는 것이었다. 공동체에서 선택할 수 있는 여러 가지 프로그램이 있었지만 드레이크의 이야기에서 적절한 추천사항을 추정하는 것이 중요했다. 예를 들어, 드레이크가 제시한 두 가지 도전 과제(종교 및 성적 정체성의 통합적 강화와 사회적 지원의 필요성)는 지역 내 동성애자를 지지하는 교회에서 에이즈 사역을 통해 동시에 해결할 수 있을 것이다. 또한 전통적 심리치료 지지집단은 종종 심각한 정신건강 상태의 개인과 사회정치적 도전을 가진 사람들을 끌어들인다는 측면에서, 드레이크와 내가 생각하기에 HIV 양성 게이를 위한 사회집단이 그의 당면한 요구—편안한 환경에서 다른 HIV 양성인 게이와의 만남—에 더 적합할 것이라고 믿었다. 드레이크는 여러 선택안을 모색하고 HIV 양성자를 위한 사회집단의 주요 회원이 되었으며, 나중에 그 집단이 '생명의 은인'이 되었다고 보고했다.

나의 상담 직업의 일부는 HIV와 관련된 의학 문제에 대해 충분히 익숙해져서 질병 경과, 면역체계에 미치는 영향, T세포 수 및 바이러스 부하와 같은 일반적 용어, 미국식품의약국(U.S. Food and Drug Administration: FDA)이 승인한 약리치료법과 잠재적 부작용에 관련된 드레이크의 질문에 최소한이라도 대답할 수 있는 것이었다. 더 기술적인 질문에 대해서 나는 드레이크에게 더 정확한 답변을 제공할 수 있는 지역사회 파트너를 의뢰했다. 이런 맥락에서 드레이크와 나는 그가 의사와 직접적인 의사소통을 하는 것이 그의 치료 경험을 향상시킬 것이라는 데 동의했다. 일반적으로 나는 HIV 양성 반응을 보이는 내담자과 함께 일할 때 여러 분야의 접근방식을 통합하는 것을 권장한다. 드레이크의 의사와 나는 때때로 정기적으로 서로에게 자문을 했으며, 특히 드레이크의 우울증 관련 심리사회적 및 의학적 개입을 조정했다. 드레이크는 자신의 의료진이 자신의 건강과 전반적인 웰빙에 헌신하고 있음을 알고 마음의 평화를 느꼈다.

HIV 관련 교육의 핵심 구성요소는 안전한 성관계와 잠재적 섹스 파트너에게 자신의 상태를 공개하는 것이다. 이 문제를 다루기기 위해 드레이크에게 잠재적 섹스 파트너에게 자신의 진단을 공개하는 것에 대해 어떻게 생각하는지 물었다. 그는 남은 생애 동안 독신 상태를 유지할 것이라고 재빨리 대답했다. 드레이크는 자신의 결정에 대한 인지적 · 정서적 근거를 탐색하도록 격려받았고, HIV 양성 때문에 잠재적 배우자에게 거부당할 때 그가 겪을 외상을 상상했다. 드레이크는 다른 HIV 양성 게이들과 교류하고 있었기 때문에 자신의 HIV 상태로 인해 바람직하지 않은 파트너가 될 수 있다는, 그의 최악의 두려움을 입증하는 공포스러운 이야기를 이들에게 듣기 시작했다. 나는 드레이크에게 우리가 처음 만난 것처럼 가정하고 스스로를 묘사해 달라고 요청했다. 잠시 사색한 후, 그는 4~5가지 긍정적인 개인적 특성을 줄줄 말했다. 그는 HIV 양성임을 언급하는 데는 실패했다. 드레이크가 자신의 HIV 상태가 자신의 부분들의 합보다 더 크다고 믿는지 궁금했다. 우리는 드레이크가 이전 관계에서 가졌던 전망에 대해 이야기했다. 그리고 그가 파트너에게 찾는 속성을 탐색했다. 여러 속성 중에서 지적이고 사랑스럽고 동정심이 있고 안전한 누군가를 찾고 있었다. 드레이크는 자신의 전망은 변하지 않았고 계속 가지고 있었음을 깨달았다. HIV가 데이트와 낭만적인 관계를 발달시키는 데 미치는 영향에 중점을 두고 많은 상담을 하였다. 우리는 HIV를 공개하는 시나리오로 역할극을 하였다. 그가 어떠한 잠재적 거절에도 대처할 수 있는 방법을 모색했다. 드레이크의 우울 증상에도 불구하고, 그는 선천적으로 낙천적이었고 거부는 그가 딱 맞는 사람을 찾을 수 있는 또 다른 기회라고 믿었다. 백인 남성 특권이 지배하는 사회에서 아프리카계 미국인으로서 드레이크의 경험은 심리적인 면에서 그의 맷집을 향상시켰다. 시간이 지남에 따라 드레이크는 흑인으로서 끊임없이 직면한 은근한 인종적 차별(마이크로어그레션, microaggressions)에 대응하기 위한 대처전략을 개발해 왔는데, 이러한 전략은 드레이크의 전투 정신에 영향을 미친 것으로 보였다.

드레이크가 사회집단과 교회 사역을 통해 사람들을 만나기 시작했을 때, 우리는 남은 생애 동안 독신을 유지할 것이라는 그의 초기 선언에 관해 이야기했다. 드레이크는 미소 지으며 그 당시 자신이 지나치게 열광적이었던 것 같다고 말했다. 드레이크는 파트너를 감염시킬 가능성을 끊임없이 상상하지 않고, 자유롭게 섹스할 수 없는 자신의 무능함과 관련된 상실감을 보고했다. 성은 사랑과 애정을 표현하고 받는 수단이 아닌, 주로 삶과 죽음의 문제가 되었다. 드레이크와 나는 그의 파트너가 HIV에 감염되는 것을 막을 뿐만 아니라 추가적인 성병 감염을 막기 위해, 안전한 성행위의 중요성에 대해서도 이야기했다. 나는 드레이크에게 그의 성적 환상을 나에게 공개하도록 권유했다. 그가 과거에 콘돔을 사용하는 것이 쉽지 않았던 그 모든 이유와 마찬가지로, 지금 모든 성관계에서 콘돔을 사용하는 것이 쉽지 않을 것이라고 말했다. 드레이크는 결국 콘돔 없는 성관계에서 얻은 개인적 의미와 만족감에 대해 개방적으로 이야기할 수 있었다. 장벽 없이 타인과 자신 안에 함께 있다는 것이 그에게는 궁극적인 친밀감이었다. 드레이크는 남자가 자신 안에서 사정할 때, 감정적 공허가 말 그대로 채워지는 것처럼 느꼈다.

'나쁜' 게이 행동에 관여한 이후에 느낄 죄책감에도 불구하고, 그는 가족 · 사회적 상처를 무의식적으로 치유하기 위해 안전하지 못한 성행위를 계속했다. 드레이크가 자기의 핵심에서 느끼는 정서적 공허를 묘사할 힘을 가진 목소리의 일부를 찾도록 도와주기 위해, 나는 유도된 심상기법(guided imagery technique)을 시도하기로 결정했다. 드레이크가 느낀 정서적 공허는 4세 때 아버지가 가족을 떠난 후 겪었던 고통과 유기감에 박혀 있었다. 드레이크에게 무작위로 성행위를 하면서 아버지의 사랑을 찾고 있는지 물었다. 그러자 그는 주저 없이 울기 시작했다. 그는 눈물을 흘리며 말했다. "내가 정말 원했던 모든 것은 사랑받는 것이었어요. 나는 누구에게도 온전히 사랑받았다고 느껴 보지 못했어요. 아버지는 내가 어머니와 누나를 돌보도록 내버려 뒀어요. 나는 항상 두 번째였어요. 나는 한 사람의 삶에서 가장 중요한 사람이 되고 싶어요. 믿거나 말거나 섹스를 할 때 내가 최고의 사람인 것처럼 느껴져요." 이후 드레이크가 말했다. 그의 통찰력은 자신의 삶을 바꿔 놓았다는 깨달음의 감각을 제공했다. 드레이크는 처음으로 자신의 행동에 대한 자극제를 인식하고 그로 인해 자신에게 공감할 수 있었다. 성인으로서의 그는 필사적으로 1위가 되려고 하는 4세 아이를 돌볼 수 있었다. 드레이크는 무방비한 성관계를 통해 4세 아이의 욕구를 충족시키는 것은, 그의 전반적인 최대 관심사가 아니었음을 인지적으로 이해했다. 우리는 4세의 자기와 30대 중반의 자기를 통합할 계획을 함께 개발했다. 역할극, 일기 쓰기, 유도된 심상을 활용하여 상담시간에 자기통합을 촉진하는 동안, 드레이크는 엄청난 양의 마음챙김을 필요로 했다.

상담의 시사점 및 전이 문제

HIV 양성 동성애자와 상담하면서, 나는 무엇보다 먼저 내담자와의 강한 치료적 관계를 수립하는 것이 절대적으로 필요하다는 것을 알았다. 이를 위해 나는 이들의 삶과 경험을 적극적으로 지지한다. 드레이크와의 상담에서 심리평가 전 첫 2~3회기에 그의 개인력을 적극적으로 경청했다. 그의 서사에 나타날 수 있는 적기(경계 신호)도 주의 깊게 살펴보았다. 드레이크는 HIV 양성 동성애자로서 살아갈 자신의 능력이 의심스러웠다. 그럼에도 불구하고 그는 시간이 지남에 따라 HIV를 더 잘 관리하는 법을 더 많이 배우고 싶은 열망을 이야기했다. HIV 양성인(또는 만성 · 말기 질환을 가진 모든 사람)과 일할 때, 자살사고와 자살 관련 이력(예: 과거 자살 시도 또는 가족력)을 평가하는 것이 중요하다. 정신건강 문제에 대한 내담자의 역사를 평가하는 것도 중요하다. 드레이크는 우울증 진단을 즉시 공개했으며, 나는 신속하게 드레이크의 주치의와 후속 조치를 취했다. 생물심리사회적 치료 모델은 내담자의 신체적 · 정신적 건강을 치료하기 위해 다학제적이고 조직화된 접근법을 제공하기 때문에, HIV 양성 내담자를 상담하는 데 적합하다. 드레이크의 의사와 나는 드레이크의 우울증을 치료하고 약물 부작용을 관리하고 HIV 양성인으로서의 삶을 교육했다. 이 모델의 사회적 구성요소는 지역사회 조직의 도움에 의해 조성되었다. 드레이크는 HIV 양성 게이를 위한 사회조직, 동성애자 지지 교회와 그 교회의 HIV 봉사단 등을 추천받았다. 이 기관들뿐만 아니라 HIV 서비스 공동체 내의 기타 건강관리기관에서 드레이크를 교육하고 지원하는 것을 도왔다. 이 단체들은 나와 강력한 상호 관계를 발전시켜 왔는데, 본질적으로 공동체의 동반 관계를 바탕으로 하는 단체들이었다. 나는 성소수자를 상담하는 모든 상담자가 지역사회 내 다른 HIV 서비스 제공자들과 견고하고 상호 호혜적인 관계를 구축하도록 격려한다.

드레이크의 주요 관심사인, HIV를 가지고 사는 법은 이 진단에도 불구하고 아주 잘 살고 있는 다른 게이와의 교류를 통해 주로 다루어졌다. 이 개입은 드레이크가 성공적이고 의미 있는 삶을 꿈꾸는 데 필요한 감정적 공간을 허용한다면, 비록 자신이 상상한 것과는 다소 다를지라도 자신의 삶이 실제로 가능할 수 있고 앞으로 나아갈 것이라는 희망을 갖도록 설계하였다. 이 심리적 공간을 만들기 위해 드레이크를 인질로 잡고 있는 내면화된 동성애혐오를 다루어야 했다. 드레이크는 자신의 성적 정체성이 깨져서 고장 났다고 믿었다. 그는 자주 자신은 오염되었고 자기혐오에 따라 작동된다고 묘사했다. HIV 양성 진단은 부정적 자기인식을 강력하게 강화시켰고, 신이 동성애자를 죽였다는 어머니의 훈계에 대한 신뢰를 제공했다.

신에 대한 그의 신앙을 재확인하는 것은 드레이크의 치료에서 전환점이었다. 여러 연구에서 의사결정 과정, 대처전략, 심리적 안녕, 섹슈얼리티에 있어 종교가 미치는 영향을 보여 준다. 또한 드레이크의 삶에서 영적 수행의 부재는 정신건강에 부정적 영향을 미쳤다. 핵심 개입은 드레이크가 동성애 남성으로 자신의 정체성을 발달시키는 데 있어 종교의 역할에 대한 이해를 탐색하는 것이었다. 동시에 그의 성적 지향을 낙인화하는 종교적 교리와 신의 마음 안에서 자신의 위대함을 적극적으로 확인하는 영적 실천을 구별하도록 지원하는 것이었다. 사회과학 분야의 많은 연구가 사회적 지지와 긍정적인 심리적 성과 사이의 직접적 상관성을 증명한다. 따라서 드레이크를 성소수자 지지 교회와 연결하는 것이 필수 치료 과제였다. 차별적 교리의 방해 없이 성소수자 지지 교회에서 자신을 성찰할 수 있다는 것은, 드레이크가 HIV 양성 게이인 자신을 더 긍정적으로 이해하는 데 결정적 요인이 되었다.

드레이크와 나는 치료적 관계를 강화하면서 많은 전이 문제를 다루었다. HIV 양성 게이의 상담자는 이들을 상담하는 자신의 동기를 늘 인지하고, 내담자에게 자신의 목표와 가치를 부여하는 것을 자제하고, 내담자와 적절한 치료적 경계와 자신의 정서적 웰빙을 유지하기 위해 전문적인 자문과 수퍼비전을 받는 것이 필수이다. 처음에 나의 선천적 낙천주의가 이 진단으로 인해 극심한 절망 속에 있는 드레이크와 만나는 것(joining)을 방해하는 경향이 있었다. 나는 자신의 노력으로 일을 완수하고 좋은 사람에게는 좋은 일이 찾아온다는 것과 같은 문화적 격언에 너무 많이 의존했다. 그러나 물론 이런 것들보다 내 자신의 방어기제가 더 심했다. 내 자신의 정신을 방어하기 위해 나는 가짜 낙천주의를 장황하게 설교했다. 이로써 드레이크의 고통을 진정성 있게 타당화하는 데 실패했다. 나는 수퍼바이저의 도움과 자기반추, 명상을 개인적으로 수행하면서 재빠르게 나의 잘못을 깨달았다. 드레이크는 삶에 대한 나의 의견은 거의 필요 없었다. 그는 그의 선택과 이야기에 대한 타당화, 긍정적 수용, 무조건적 지원이 더 많이 필요했다. 또한 합의한 개입(예: 약물 복용, 지지집단 참석)을 완수하려는 나의 권고가 치료적 유대를 강화하는 데 효과가 없었으며, 개입의 전반적인 효능 면에서 어떤 가치도 없음을 발견했다. 치료 과정의 일부는 드레이크가 능동적 자기돌봄에 가끔씩 저항하는 것을 탐색하는 것이었다. 그 저항의 일부는 우울증에 뿌리를 두었고, 또한 그의 머릿속에서 끊임없이 반복되는 내면화된 동성애의 부정적 메시지(너는 모자란 사람이야, 너는 사랑과/또는 행복을 누릴 자격이 없어, 너는 죽게 될 거야.)의 증상이었다. 이 부정적 메시지를 풀어내고 드레이크의 이야기의 각본을 다시 쓰는 것이, 그가 왜 처음에는 약물 복용을 중단했거나 의사의 약속을 건너뛰었는지에 대한 통찰 없이 자신을 돌보도록 설득하는 나의 시도보다 훨씬 치료적 결실이 많았다.

나의 첫 HIV 양성 내담자 이후로 10년이 지났으며, 그동안 나는 많은 임상적 교훈을 배웠다. 그러나 더 중요한 것은 내가 수년에 걸쳐 양육하는 특권(상담)을 누린 그 관계들의 결과로 내 영혼이 확장되었다는 것이다. HIV 양성 게이를 상담하는 것은 내담자의 이야기를 존중하는 것이 거의 전부이다. 이들을 상담하는 것은 HIV 진단에 자주 수반되는 절망, 분노, 불확실성을 인정하고 지지하는 것이다. 내 경험에 비추어 볼 때, 나는 내담자의 삶에서 HIV라는 한 차원 이상에 초점을 맞추는 것이 최고의 가치임을 발견했다. 많은 장에서 내담자의 이야기가 나오는데, 이들 모두 치료적 탐색을 받을 자격이 있다. 드레이크는 치료의 초기 목표가 HIV와 함께 사는 법을 배우는 것이라고 말했다. 나는 드레이크의 개인적 목표를 HIV 양성 게이 상담의 원칙과 통합시켰다. 그 원칙은 '나는 내담자가 보다 충만하게 살 수 있도록 어떻게 도울 수 있을까?'라는 질문으로 가장 잘 표현된다. 이런 틀을 가지고 나는 내담자가 지역사회에서 유대 관계를 맺고, 그의 서사에서 종교의 역할을 탐색하도록 돕기 위해 노력했다. 나는 성소수자 적극적 옹호 교회에서 예배하면서 얻을 수 있는 혜택을 재구성하여 이해하도록 그 가능성을 탐색하는 동시에, 내담자의 관점을 존중하는 관점을 가졌다. 나는 거리를 두고 위계적 접근을 옹호하는 현대적 치료 접근을 넘어서 친밀하게 엮어진 조우자로서 이들과 나의 작업을 개념화한다. 나는 내담자와 그의 선택을 존중한다. 나는 내담자가 내가 동의하지 않는 선택을 하는 경우(그 선택이 법적 또는 윤리적으로 전문적인 답변을 요구하지 않는 한) 나를 잘 지켜 준 돌봄 요법과 수퍼비전 일정을 개발했다. 나는 오직 함께 차에 탈 뿐이고, 나의 적당한 위치는 조수석이다. 이 집단의 남성들과 함께, 이것이 내가 축복하는 자리이다.

참고문헌

Lebolt, J. (1999). Gay affirmative psychotherapy: A phenomenological study. *Clinical Social Work Journal, 27,* 355-370.

26장

공허를 따라 움직임: 물질 남용과 의존의 역사를 가진 게이 남성 상담

A. 마이클 허친스(A. Michael Hutchins)

마약과 알코올 사용 및 남용은 역사적으로 게이, 레즈비언, 양성애자, 트랜스젠더 공동체에서 중요한 역할을 담당해 왔다. 종종 마약과 술의 남용은 성적 정체성과의 고통스런 투쟁에 기인한다. 성적 정체성 발달의 복잡한 역동성과 약물 및 알코올 남용의 관계는 반드시 인과관계는 아니다. 복잡하고 급변하는 세계에서 상담자는 성장과 발달의 지지자이고 변화의 매개체(대리인)가 되어야 한다. 이 장에서 제시하는 사례에서 상담자는 병리학보다는 성장과 발달에 초점을 맞춘 과정을 만들고, 통합적이고 전체론적인 과정 안에서 내담자와 상담 작업을 한다. 이 사례에서 내담자는 상담자에게 도움을 구하는 청년이다. '더 심각한' 내담자는 그가 살고 있는 지역사회이다.

사례 연구: 카를로스

호소 문제

카를로스(Carlos)는 26세의 멕시코계 미국인으로, 자발적으로 상담을 찾아왔다. 그가 상담을 찾은 이유는 '불안 발작'이라고 했다. 그는 성소수자 커뮤니티센터인 윙스팬(Wingspan)을 통해 상담자를 찾았다.

그는 자신의 가장 친한 친구 데이비드(David)에게 '생일 선물'로 주말 동안 샌프란시스코의 여행비를 지불했다. 샌프란시스코에서 이들은 알코올, 마리화나, 코카인을 사용했다. 약물을 하면서 카를로스는 자신이 데이비드와 '사랑에 빠졌으며' 섹스하고 싶다는 것을 깨달았다. 카를로스에 따르면 데이비드는 백인 이성애자이다. 샌프란시스코에서 데이비드는 한 여성을 만났고 이들의 성관계에 카를로스를 초대했다. 카를로스는 '너무 놀라서 자제력을 잃고' 가구를 던지고 물건을 깨기 시작했다. 그는 호텔을 나와 공항에서 울면서 밤을 보냈다. 투손으로 돌아온 후, 그는 고용주에게 전화를 걸어 병가를 신청했다.

배경

카를로스는 자신의 성적 지향이 확실하지 않다고 보고했다. 그는 13세 때 남자 사촌을 통해 성적인 것을 알게 되었다. 그의 사촌은 현재 매사추세츠에서 게이로 결혼생활을 하고 있다. 카를로스는 남성, 여성과 각각 성관계를 했지만, 주로 남성에게 환상을 품는다고 보고했다. 또한 그는 남성과의 접촉이 여성과의 접촉보다 더 '흥분된다'고 보고했다. 그는 20대 초반에 한 여성과 진지하게 만났다. 그의 술 문제와 성관계의 어려움 때문에 그가 관계를 끊었다. 데이비드는 그가 '성관계' 이상을 원하는 첫 번째 남성이며, 자신이 음주와 마약 때문에 그 관계를 파괴했다고 두려워한다.

카를로스는 매주 마리화나를 사용하고 여러 차례 술을 마시며(보통 정신을 잃을 정도까지 술을 마시지 않는다고 보고하지만), 매달 여러 차례 코카인을 사용한다(거의 항상 주말에 친구와 함께). 그는 15세에 마리화나를 가끔씩 사용하기 시작했으며, '17세쯤' 알코올을 사용하기 시작했다. '비교적 최근'에는 그의 첫 번째 상담 3개월 안에 코카인을 사용했다. 그는 자신의 일상적 마리화나 사용이 불안감을 진정시키는 데 도움이 되며, 알코올은 자신이 '보다 사회적'으로 되는 것을 돕는다고 말한다. 그는 "코카인은 나 자신을 흥분하게 만들어요."라고 보고한다. 또한 코카인을 사용할 때 다른 남성에게 성행위를 할 가능성이 더 높아지고, 그의 성관계가 질적으로 향상된다고 보고한다.

카를로스는 수면 패턴이 불규칙하다고 말한다. 때로는 밤에 12시간 동안 잔다. 평소에는 밤에만 겨우 3~4시간 잔다. 그는 새벽 1시 이전에는 거의 잠을 들지 못한다. 자러

갈 때는 마음속에서 '(그가) 데이비드에게 말하고 싶은 것을 계속 반복'한다고 말한다. 그는 마리화나가 수면에 도움이 된다고 말한다.

카를로스는 또한 불규칙적인 식사 패턴을 보고한다. 그는 물질을 사용할 때 '더 많은 탄수화물을 갈망'한다고 말한다. 그는 자신이 과체중이고 당뇨병의 가족력이 있기 때문에 자신의 몸무게에 대해 우려하고 있다. 또한 그가 역도와 심혈관 활동을 결합한 피트니스 프로그램을 지속하는 것이 다이어트의 균형을 유지하는 데 훨씬 더 효과적이라고 보고한다. 그의 1차 진료의는 건강을 위해 9~11kg를 줄일 것을 권고했다. 카를로스는 자신에게 불안이 있으며 처방약을 복용하지 않고 불안감을 줄이려 한다는 것을 알고 있다고 말한다.

카를로스는 당뇨병 가족력이 외가에서 왔다고 말한다. 또한 '아버지의 가족력'에 고혈압이 있으며, 뇌졸중과 심장마비는 아버지의 친척들에게 흔하게 나타난다고 말한다. 또한 알코올 의존 · 중독 및 물질 남용이 양가에서 흔하다고 보고한다. 카를로스는 아버지의 마약과 술 사용 때문에 어머니가 아버지와 이혼했고, 당시 그는 13세였다고 한다.

카를로스의 부모 중 누구도 고등학교를 졸업하지 않았고, 부모 모두 카를로스의 교육을 격려한다. 카를로스의 기억 속에 한 '남성 친구'와 함께 살았던 외삼촌이 있었다. 이들은 가족 행사에 초대되었지만 '뒷담화의 주인공'들이다.

카를로스는 피닉스 대학교(University of Phoenix)의 학생이다. 그의 수업은 거의 온라인으로 진행되며 다른 학생과 면대면 접촉이 없다. 그는 자신이 매우 고립되어 있다고 느끼며, 학문적으로는 '괜찮아' 보이지만 더 큰 사회적 연결을 원한다고 말한다. 그는 피닉스 대학교에서 타 전공 수업을 듣거나, 타 대학에서 전공 강의를 듣는 것에 대해 생각해 보았다. 그는 페이스북을 사용하고 있으며 약 500명의 페이스북 친구가 있는데, 대부분이 물질을 남용하고 게이이다. 온라인상의 그의 이름은 그가 '물질적으로 친근하다'는 것을 나타낸다. 그는 게이 데이트 사이트를 사용하는 것을 거부하지만 가끔 인터넷 채팅룸을 사용한다. 그는 이 사이트들에 익숙하며, 한번은 지역 생활정보 사이트(Craigslist)에서 데이트 상대를 '거의 엮어 넣었지만' 막상 데이트 날에 나타나기에는 '너무 두려웠다'고 한다.

카를로스의 고립과 내향성 패턴은 친아버지가 가족을 떠난 초기 청소년기로 거슬러 올라간다. 카를로스는 자신의 아버지와 '진실로 친밀한' 적은 없었지만 두 사람이 계속 따뜻한 관계를 유지하고 있다고 말한다. 그는 아버지가 떠나기 전에 가족에게 큰 긴장이 있었다고 보고한다. 그러나 그는 어떤 형태의 학대도 부인한다. 그의 어머니는 줄

곧 남자친구가 있었다. 카를로스는 이들 중 몇몇은 좋아했고 일부는 좋아하지 않았다. 카를로스는 자신이 어머니를 책임져야 한다고 믿고, 어머니와 어린 동생들과 함께 살고 있다. 그의 어머니는 현재 남자친구가 없다. 어머니는 자신과 데이비드가 친구라는 것을 알고 있지만, 자신이 얼마나 많이 데이비드를 좋아하는지는 알지 못한다. 또한 어머니는 '스페인어로 말하는 소녀'와의 데이트를 지속적으로 권유하고, 자기 친구들의 딸과 데이트 일정을 잡았다. 그는 자신의 삶에 대한 어머니의 개입이 그가 마리화나를 사용하는 데 기여했다고 보고한다.

문화적 이슈

규모가 큰 히스패닉 지역사회의 멕시코계 미국인 가정에서 성장한 카를로스는 멕시코계 미국인 가톨릭 공동체의 가치를 대부분 받아들였다. 그의 가족은 이성애에 대한 강한 기대와 가족 연결성을 중요하게 여긴다. 카를로스의 또래들은 결혼 전까지는 분가하지 않는 경우가 흔하다. 거리 갱단 문화는 카를로스의 부모에게는 삶의 일부분이었고 친구들에게는 공통적 경험이었지만, 카를로스는 이를 피할 수 있었다. 그는 고등학교를 졸업하고 피닉스 대학교에서 계속 공부했다. 그는 이것이 자신에게 가장 적합한 학업 코스가 아닐 수도 있지만, 어머니는 경영학 학위를 받기 위해 그곳에서 수학하도록 권장했다. 그는 예술, 특히 그의 문화적 유산에 뿌리를 둔 예술에 더 관심이 있다. 그는 그의 교육적 관심사가 그를 가족으로부터 고립되게 할 수 있음을 깨닫고 있다. 왜냐하면 그의 가족의 관심사와 경험이 그의 것과 다르기 때문이다.

투손시는 지역 내 성소수자 회원들을 통합하는 데 있어서 깨어 있고 행동화하는 역사를 가지고 있다. 1976년 시의회는 성적 지향에 근거한 차별을 금지하는 차별금지 조례를 통과시켰다. 1998년 반차별 법령에 성별 정체성이 추가되었다. 이 조례는 주택과 고용에서의 차별을 금지한다. 2003년 투손시는 동성 관계를 인정하는 국내 파트너십 협약을 통과시켰다. 2010년 시장 및 시의회의 게이, 레즈비언, 양성애자 및 트랜스젠더 자문위원회는 창립 10주년을 맞았으며 계속해서 지역사회 내 문제를 적극적으로 다루고 있다. 성소수자 커뮤니티센터(윙스팬)는 1980년대 중반에 설립되어 투손시 지역사회의 일반인 대상 자원센터 역할을 수행한다. 강력한 민족적 성소수자 단체가 지역사회 내에 존재하며, 상담자와 내담자 모두 다양한 사회적, 정신적, 종교적, 정치적, 지적, 교육적, 학술적, 예술적, 운동 · 스포츠, 의료, 사회정의, 자선 및 비즈니스 · 금융 조직에 대한 자료를 활용할 수 있다. 그럼에도 불구하고 차별은 계속해서 문제가 된다.

이론적 틀

이 사례에서 상담자는 몇 가지 성장 모델과 발달 모델을 통합하여 행동계획을 수립한다. 처음에는 카를로스와 상담자가 호소 문제를 이해하기 위해 인지행동 접근을 사용하여 협업한다. 상담자는 개인 · 집단상담을 통해 카를로스와 상담 작업을 하면서 실존주의, 게슈탈트 접근으로 통합한다. 경험적 집단 작업은 통찰지향적 언어기반 집단상담과 통합한다. 카를로스는 비치료적 · 경험적 집단 활동에도 참여할 것을 강력히 추천받는다. 상담자는 카를로스가 살고 있는 세상에 대한 그의 반응을 병리화하지 않기 위해 발달 및 옹호 모델을 많이 활용한다. 상담자는 성적 정체성과 인종 · 문화 발달 모델을 사용하여 카를로스와 개인 · 집단상담 회기를 구성한다. 상담자는 또한 문화 발달 측면에서 카를로스가 살고 있는 공동체의 틀을 형성한다. 미국상담학회(ACA)의 옹호 역량(Lewis, Arnold, House, & Toporek, 2002), 미국성소수자상담학회(ALGBTIC, 1997)의 성소수자 내담자의 역량, 다문화상담 및 다문화상담역량개발협회(Association of Multicultural Counseling and Development Multicultural Counseling Competencies; Arredondo et al., 1996)는 카를로스와 상담자 모두에게 기본적 틀을 제공한다. 또한 상담자는 집단작업전문가협회(Association for Specialists in Group Work, 1999)의 다양성과 유능한 집단상담자를 위한 원칙과 미국상담학회(ACA) 윤리강령(ACA, 2005)을 카를로스와의 작업에 통합한다. 윤리 기준을 경계하면서 상담자와 카를로스는 의사, 영양사, 개인 트레이너 및 성소수자 커뮤니티센터의 자료, 성소수자 회복 및 교육 공동체, 멕시코계 미국인 공동체와 협업한다.

상담 전망

카를로스는 '자신의 삶을 통합하고' 물질을 끊어서 독립적이고 자신만의 집을 구하고 자신이 원하는 경력을 쌓고 자신의 성적 지향을 명확히 하고 건강한 삶을 향해 나아갈 수 있기를 바란다고 말한다.

카를로스와 그의 상담자가 만든 상담 전망은 다음과 같다.

- 알코올 및 코카인을 끊는다. 마리화나를 끊는 것은 불확실하다.
- 불안이나 압도감 없이 직장생활을 유지한다.
- 신체적, 감정적으로 건강하고, 건강한 식사 · 수면 습관을 가져오고, 규칙적으로 운동하고, 불안, 두려움에 귀인한 일상생활 습관을 줄인다.
- 멕시코계 미국인 공동체에서 성적 지향과 그의 위치를 더 명확히 하고, 적절하다면 건강한 성소수자 사회체계를 개발한다.
- 학교를 졸업한다. 사회적 기회를 위해 전문대로 편입하고 경영학보다는 예술로 전공을 바꾼다. 좀 더 전형적인 학제에서 공부를 계속한다.
- 일대일의 독점적 관계 안에서 사랑스럽고 건강한 관계를 갖는다.
- 그의 원가족과 건강하고 사랑스러운 관계를 수립하고 유지한다.

실행계획

상담자와 카를로스는 카를로스의 성장과 발달을 탐색하기 위해 통합적 · 전체론적 접근을 추구하는 데 동의한다. 이 접근법의 첫 번째 단계는 카를로스의 물질 남용을 줄이거나 제거하는 데 도움을 주는 것인데, 둘 다 그의 삶에서 통합이 부족하다는 것을 보여 주는 증상으로 본다. 카를로스는 그의 1차 진료의를 만나 자신의 인생길을 변화시키는 데 중요한 의료 정보를 수집한다. 카를로스는 치료의 일환으로 약물치료는 받고 싶지 않다고 결정했다. 그는 3개월 동안 대체요법을 활용해 보고 다시 평가하는 데 동의한다. 또한 그는 인지 · 정서 · 행동 통합에 초점을 둔 개인 · 집단상담에 참여하는 데 동의한다. 그는 지지집단에 참여하고 알코올, 마리화나, 코카인 및 기타 물질의 사용과 남용을 줄이거나 끊으려는 그의 노력을 격려하는 동료와 협력하는 데 동의한다.

의사의 도움을 받아 카를로스와 상담자는 카를로스의 물질 사용 · 남용의 생화학적 구성요소와 함축적 의미를 탐색한다. 카를로스는 영양사 및 피트니스 트레이너와 함께 신체건강을 다시 균형 있게 되돌리는 데 도움이 되는 계획을 개발하기로 동의한다. 또한 피트니스센터에서 제공하는 무술이나 요가 프로그램에 참여할 것을 약속한다.

카를로스는 자신이 물질 남용을 하는 이유의 큰 부분이 두려움 때문이란 것을 인정한다. 그는 개인 · 집단상담을 통해 상담자와 함께 자신의 두려움에 기반을 둔 생활방식을 탐색한다. 그는 또한 자신의 삶을 향상시키는 사회적 접촉을 만드는 것을 불안이 방해한다는 것을 인정한다. 그러한 불안은 그의 고립과 소외에 기여한다. 그는 하이킹 및 자전거 타기 활동을 좋아하나 아직까지 너무 불안해서 어떤 동호회에도 가입하지 못했다. 성소수자 커뮤니티는 다양한 활동에 참여할 수 있는 많은 기회를 제공한다. 정기회원으로 참여하기에 앞서 카를로스는 개인 · 집단상담에서 성적 정체성 발달 관련 문제를 탐색한다. 그는 커밍아웃 과정에 대한 이야기와 다른 사람들의 의견을 읽고 집단상담 시간에 시험 삼아 이야기하고 집단상담이 진행되고 집단원들에게 지지적인 피드백을 받음에 따라 자신에 대해 더 확신을 가지게 된다. 또한 그는 멕시코계 미국인 지역사회 내 성소수자 사회단체에 참석하는 것을 고려한다.

카를로스는 물질 남용으로부터 회복하고 성적으로 건강한 사람으로 변화된 자기감을 반영하여 온라인 이름을 변경한다. 그는 지역사회 생활정보 사이트(윙스팬)를 통해 지역 내 웹사이트에 잠정적 접촉을 시작한다. 그리고 페이스북 프로필을 바꾸고 더 솔직한 정보를 가지고 소통한다.

상담 첫 달이 끝날 때, 카를로스는 복직한다. 병가가 끝났고 자신의 삶을 살아가기 위해서는 수입이 필요했다. 카를로스는 자신이 운이 좋다는 것을 인정한다. 왜냐하면 자신의 고용주가 제한적 건강보험을 제공하고 자신의 변화를 지속하도록 돕기 때문이다. 지금까지 해 온 알코올, 마약 사용보다 삶의 변화가 덜 비싸고 덜 불안하다는 것을 알고 있다. 그가 성취할 수 있는 것의 대부분은 건강보험이 가능할 때 크게 향상된다.

카를로스는 또한 자신이 알코올, 코카인, 마리화나에 대해 여전히 '갈망'하고 있으며, 계속할 것이라고 인정한다. 그는 자신이 만들고 있는 변화에 더 적응함에 따라 자신의 갈망을 '촉발'하는 역동을 더 잘 파악하고 '물질 사용'에 대한 대안을 개발한다. 3개월 동안의 '새로운 카를로스 프로그램' 이후 그는 불안감이 줄어들고 더 선명한 방향감을 가지게 된다. 그러나 그는 그 변화가 시험적임을 인정한다. 그가 지속적으로 탐색하는 역동 중 하나는 '수치심'과 그의 알코올 · 마약의 사용/학대와의 관계이다. 그는 자신의 성적 지향에 상충되는 정보를 상기하고 인지 · 정서 · 행동 역동을 지속적으로 통합하여 더 큰 중심 찾기에 도달한다는 것을 인지한다. 카를로스는 자신에게 고통스러운 데이비드와의 우정을 끊었다. 그는 이 우정이 술, 마약 사용을 크게 부추기고, 그 관계를 유지한다는 '보상'으로 계속해서 불안, 고통, 수치심, 분노를 경험했다는 것을 인정한다. 그는 이 관계에서는 자신에 대한 존중을 상실했다.

상담을 하면서 카를로스는 피닉스 대학교에서 경영학 수업을 계속 들었다. 그는 더 중심을 잡기 시작하면서 전문대의 수업을 찾아보고 그 첫 수업에 등록할 준비를 하고 있다. 사회적 상황에서 그의 불안은 줄어들고 그는 집단상담에 더 많이 참여한다. 그는 체중 및 운동 프로그램을 유지하는 데 더 많은 어려움을 경험한다. 그는 '자신의 능력 이상을 수행'하는 경향이 있으며, 삶의 방향을 전환하는 방법을 지속적으로 재설정하고 있다.

6개월 후, 카를로스는 개인상담 횟수를 줄였다. 2주마다 상담하고 향후 한 달에 한 번으로 줄이려고 한다. 그는 집단상담에 계속 참여하고 있으며 6개월 동안 지속할 예정이다. 그는 재발하지 않았으며 지역사회에 지속적으로 참여하고 있다. 또한 여전히 가족들과 살고 있으며, 자신의 아파트로 이사할 재원은 아직 없다. 그는 자신이 공동으로 조직한 하이킹 동호회 회원과 아파트를 공동 거주하려고 한다. 그는 지역사회에 대한 자신의 참여를 지속적으로 늘리고 있으며, 자신의 불안이 자신의 의사결정 과정과 활동을 방해하지 않을 미래를 기대하고 있다.

개입

이 사례의 상담자는 처음부터 카를로스가 자신의 1차 진료의와 소통하도록 직접적으로 격려했다. 또한 카를로스는 상담자가 그의 의사, 영양사, 개인 트레이너와 직접 소통하도록 허락하고 통합적 실행계획을 협업하여 개발하게 하였다. 카를로스는 지역사회와 접촉할 것을 직접적으로 추천받았다. 상담자는 자신이 적극적으로 참여하고 있는 지역사회 내 자원 네트워크를 가졌다. 상담자는 카를로스가 지역사회에서 자신과 타인의 옹호자가 되도록 격려하고 이를 수행하는 방법을 계획하는 데 도움을 주었다.

상담자 이슈

상담자는 성장과 변화에 대한 지지자이자 옹호자로서 아슬아슬한 줄타기를 한다. 중독의 역동이란 상담자/내담자 관계를 포함해 다양한 방식 안에서 자체적으로 공고해지는 의존성이다. 때로 물질 남용 이력을 가진 사람은 상담자를 혼란스러운 세계로 초대하는 것에 능숙하다. 상담자는 건강한 경계를 유지하고 각성하고, 내담자가 삶을 향상시키는 성장과 일치하는 방식으로 나아갈 수 있도록 해야 한다. 전형적인 형태의 개입을 넘어서거나 경험지향적 방법을 사용할 때는 특별히 더 경계해야 한다. 또한 상담자는 실천계획을 수립하기 위해 여러 분야에 걸친 협업을 할 경우 윤리적으로 건전하고 합리적인 경계를 수립하고 유지해야 할 책임을 가진다. 성인 역할을 하는 것이 양쪽에 더 도움이 될 때 상담자는 너무 자주 내담자의 부모 역할을 하게 된다.

상담자는 내담자가 정신적 · 신체적 · 영적 · 인지적 · 정서적 · 사회적 · 감정적 삶을 계속해서 돌보도록 격려한다. 일상에서 친밀 관계를 유지하는 사람으로서, 상담자는 사회적 · 신체적 · 영적 균형점으로 기능한다. 성장과 변화를 위해 헌신하는 사람으로서, 상담자는 자기관리의 일부로서 임상적 수퍼비전을 지속적으로 받아야 한다.

권고사항

다음은 카를로스를 위한 권고사항이다.

- 정체성 발달 문제를 탐색하기 위한 상담을 계속하라. 다른 남성에게 매력을 느끼는 성적인 사람이 된다는 것이 무엇을 의미하는지에 대한 정의를 확장하라. 또한 불안이나 두려움보다는 자기존중으로부터 나온 경험을 재구성하는 상담을 지속하라.
- 같은 생각이나 신념을 가진 사람을 만날 기회를 늘리도록 사회 활동에 계속 참여하라.
- 불안의 신체 증상을 줄이고 절주를 유지할 가능성을 높일 수 있도록 건강, 식이요법, 운동 프로그램을 계속해서 구축하라.
- 사회적 접촉을 위한 자원으로서 인터넷을 적절하게 사용하라.
- 가족의 선택으로 만들어 낸 민족성과의 연결감을 유지하고, 멕시코계 미국인 예술에 대한 관심을 통합할 방법을 모색하며, 가족의 지역사회 참여를 균형 있게 유지하라.
- 전문대학, 대학의 자료를 활용하여 학업 및 경력 탐색을 계속하라.

결론

카를로스는 자신의 목소리를 명확하게 표현하면서 복잡한 지역사회와의 통합 과정을 추구하는 것이 좋다. 그가 자기존중과 힘을 발휘하여 세상과 교류할 것을 권장한다. 그는 직장과 지역사회에서 리더십 역할을 수행할 수 있는 지적이고 창조적인 사람이다. 카를로스는 변형 과정을 이미 시작했다.

참고문헌

American Counseling Association (ACA). (2005). ***ACA code of ethics.*** Alexandria, VA: Author.

Arredondo, P., Toporek, M. S., Brown, S., Jones, J., Locke, D. C., Sanchez, J., & Stadler, H. (1996). Operationalization of the Multicultural Counseling Competencies. ***Journal of Multicultural Counseling & Development, 24,*** 42-78.

Association for Lesbian, Gay, Bisexual and Transgender Issues in Counseling (ALGBTIC). (1997). ***Competencies for counseling gay, lesbian, bisexual and transgendered (LGBT) clients.*** Alexandria, VA: Author.

Association for Specialists in Group Work. (1999). ASGW principles for diversity-competent group workers. ***Journal of Specialists in Group Work, 24,*** 7-14.

Lewis, J. A., Arnold, M. S., House, R., & Toporek, R. L. (2002). ***ACA advocacy competencies.*** Retrieved from http://www.counseling.org/Resources/Competencies/Advocacy_Competencies.pdf

27장

이브의 사례: 레즈비언의 건강 여정

제인 E. 라이넥(Jane E. Rheineck), 캐서린 B. 롤런드(Catherine B. Roland)

성소수자의 건강관리에 중점을 둔 연구는 광범위하고 확장되고 있다. 성소수자는 이성애자와 동일한 건강 문제로 고투할 뿐만 아니라, 건강관리 전문가가 지나치거나 전적으로 무시하는 건강 관련 다양한 문제도 경험한다. 비이성애차별주의와 차별은 보건의료체계 안에서 종종 나타나며, 그 결과 격차가 발생한다(Johnson, Mimiaga, & Bradford, 2008; Weisz, 2009).

차별과 사회적 낙인은 프로그램 및 서비스의 이용과 접근성 모두를 방해할 수 있다. 성소수자는 이성애자보다 비보험자가 많고, 특히 레즈비언, 성소수자 청소년, 트랜스젠더가 보험률이 가장 낮다(Johnson et al., 2008). 건강보험이 없기 때문에 프로그램에 대한 접근이 제한되며 결과적으로 건강의 격차가 발생한다.

또한 사회적 낙인은 수치심, 불안, 우울증, 심지어는 자살과 같은 심각한 결과를 유발하는 스트레스 요인이 된다. 절망에 빠져서 희망이 없고 자존심이 낮아지면 건강하지 않은 대처법을 사용하게 된다. 레즈비언과 양성애자 여성은 이성애 여성보다 술 섭취량이 많고, 담배 및 마리화나 사용이 많으며, 유방암 및 부인과 암 발병률이 높다(Steele, Tinmouth, & Lu, 2006). 게이 남성은 HIV/에이즈의 비율이 불균형적으로 높고(Centers for Disease Control and Prevention, 2006), 주요우울증의 빈도가 높으며, 이성애 남성보다 더 빈번한 공황 발작을 보고한다(Johnson et al., 2008).

미국공중보건학회(American Public Health Association, 1999)는 건강관리 연구의 필요성을 담은 정책성명서에서 성소수자 공동체의 특별한 관심이 필요함을 설명하였다. 또한 미국 보건복지부(Department of Health and Human Services, 2000)는 성소수자의 공중건강의 필요성을 다루는 매뉴얼을 제작했다. 이러한 모든 정책이 연구 및 재정 지원에 영향을 미쳐서 성소수자와 그 가족의 삶과 웰빙에 도움이 되길 바란다.

다음 사례는 성소수자 공동체의 많은 사람이 직면한 건강 관련 문제에 초점을 두었다. 건강 문제를 이해하는 것은 언제나 중요하지만, 상담자가 건강관리 기관 및 의료 전문가로부터 받은 신체적 · 정서적 지원, 환자와 그 가족의 심리적 안녕, 전반적인 치료 기준과 같은 2차적인 작은 문제를 이해하는 것도 매우 중요하다.

이브의 사례

이브(Eve)는 아일랜드계 출신의 48세 여성으로 20년 이상 호텔 경영자로 일해 왔다. 그는 도시 지역의 유명한 호텔에서 주요 역할을 맡았고 많은 출장을 다녔다. 이브는 레즈비언으로서 9년 동안 삶의 동반자로 충실했을 뿐만 아니라, 바깥 일도 완벽했고 매우 보수적인 아일랜드 가톨릭교 가족들과도 잘 지냈다. 그에게는 43세의 동성애자 남동생인 앨런(Alan)이 있었다. 이브는 어머니와 특별히 친밀하지는 않았지만, 매일 만나서 상당한 시간을 보냈고 자주 방문했다.

이브는 지역 내 성소수자 웹사이트에서 상담자(캐서린 B. 롤런드)의 정보를 찾아서 개인상담을 의뢰했다. 첫 번째 전화에서 언급했듯이 그의 주요 관심사는 자신이 '죽어 가는 상태'이며, 삶의 마무리에 대한 도움을 원했다. 나는 즉시 이것이 의학적 문제인지를 탐색하였고, 그는 그렇기는 하지만 전화상으로는 이야기하고 싶지 않다고 말했다. 그는 이전에 상담을 받은 적은 없으며, 긴장되지만 그것이 자신에게 필요함을 알고 있다고 말했다. 우리는 그 주의 마지막 날에 상담 일정을 잡았다.

이브는 다소 우울하고 주저했지만, 시선 접촉, 태도 및 대화 능력은 훌륭했다. 그는 즉시 이야기를 시작했다. 그는 고통의 일부를 나누고 다른 누군가와 함께 나누어 갈 준비가 확실히 되어 있다고 했다. 1년 전, 이브는 지속적인 피곤함과 과민 반응을 경험했고, 이에 그의 파트너 그레이스(Grace)가 유방검사(BReast CAncer: BRCA)를 제안하였다. 이 검사는 암을 진단할 수 있다. 특히 이전에 유방암을 앓았던 여성의 경우에 더 유효하다(Manne et al., 2004). 이브는 일부 유전적 영향에 대해 양성 반응을 보였고 그 시점부터 자신의 삶을 다르게 살기 시작했다. 중요한 변화 중 하나는 술을 마시지 않고 익명의 알코올중독자 모임에 참석하기 시작한 것이다. 그는 지난 8개월 동안 술에 취해 있었다. 이브는 그레이스와의 관계에서 의사소통 문제가 나타나고 있음을 인지했지만, 신체적 교류는 괜찮다고 느꼈기 때문에 '스스로를 잘 돌보면 대인관계 문제가 더 나아질 것'이라고 기대했다.

이미 이야기한 것처럼, 그의 인생은 '괜찮은 편'으로 보였고, 이후 의료 문제가 떠올랐다. 그가 나에게 전화하기 5주 전, 이브는 갑작스런 복통으로 인해 두 번의 출장을 못 가고 그레이스의 생일 파티도 취소해야만 했다. 전문의는 긴급 수술을 권고했고, 그다음 주에 자궁을 모두 드러내는 적출 수술을 받았다. 바로 이어서 이브는 합병증을 동반한 난소암 3기로 진단받았다. 그는 즉시 병원에서 화학요법을 처방받았다. 의사는 그가 내원치료를 하기에는 너무 약할 것이라고 느꼈다. 이브는 나와 첫 번째 상담을 갖고 나서 2주 뒤에 병원을 방문할 예정이었다. 이브는 공포에 휩싸여 있었다. 공포의 일부분은 이것이 암에 대한 그의 첫 경험이 아니었다는 것이다. 이어서 그가 나와 이야기한 것이 현 상황을 개념화하는 데 도움이 되었다.

12년 전 이브가 36세였을 때, 그는 유방암 진단을 받았다. 그때 그는 1년간 방사선치료와 가벼운 화학요법 후에 '완쾌'되었다. 그 기간 동안 이브는 그를 돌보고 지지해 준 자넷(Janet)이라는 젊은 여성과 함께 있었다. 이들이 관계를 끝내기로 결정했을 때, 그것은 상호 합의한 결정이었고 자넷과 이브는 좋은 친구로 남았다. 이브는 첫 암 진단 이후 또 다른 중대한 상실을 경험했다. 바로 그의 아버지가 5년 전 급성 심장마비로 사망한 것이다. 첫 번째 상실 경험이었기 때문에 죽음에 대한 깊은 자각은 이브에게 영향을 미쳤다. 실제로 그와 가까운 사람들 중에서는 부모를 잃은 사람이 없었다. 그는 술을 마시기 시작했고 약 4년 전부터 알코올 의존이 되었다.

우리가 함께 상담 작업을 하기 시작한 날, 현재 그의 절망감과 의료계의 지원 부족에 대한 두려움을 주로 다루었다. 첫 번째 암 치료 기간 동안, 그의 파트너가 기꺼이 도움을 제공했지만 이브의 관점에서 그 둘은 모두 홀대당했다. 아무도 이용 가능한 사회적 서비스에 관해 이들에게 이야기해 주지 않았고, 병원의 방문자 제한시간 때문에 자넷이 이브를 찾아가는 것의 어려움이 지속되었다. '가족'만이 허용되었기 때문이다. 이브가 자신에게 파트너가 있다고 병원에 알렸음에도 무시된 것 같았고, 가끔은 병원 측에서 자넷을 무례하게 대했다. 어느 날 자넷과 그의 어머니가 방문한 날, 간호사가 '남편이 없는 경우 어머니가 주 보호자이므로' 자넷에게 퇴거해 줄 것을 요청했다. 이브는 이 경험이 현재 파트너인 그레이스에게도 반복될 것이고, 최근 두 사람 사이가 안 좋았기 때문에 그레이스는 그에게서 멀어져 궁극적으로 홀로 죽을 것이라고 생각했다.

그레이스가 수년 전에 자넷이 한 것만큼 수술 과정에 참여하기는 했지만, 이브의 최근 수술 경험은 이전보다 더 좋았다. 사실 이브와 병원에 가장 자주 머물렀던 사람은 친구이자 전 애인인 자넷이었다. 다른 친구가 그러하듯이, '그냥 친구' 자넷은 병원에서 상당히 잘 대우받았다. 수술 직후, 그레이스는 방문이 허락되지 않았고 오직 '가족'만 허용되었다. 이것은 곧바로 시정되었으나 이러한 좌절로 인해 그레이스는 당황하고 화가 났다. 이브의 불안 수준은 매우 높았으며, 이것이 심리상담에서 다루어야 할 첫 번째 주제 중 하나라고 느꼈다. 이브는 우리의 심리상담 과정과 그의 의학 치료 모두에 참여하기 위해서 감정적·신체적으로 모든 힘을 필요로 할 것이다. 이것은 첫 번째 상담치고는 꽤 많은 정보였다. 이브는 몇 주 안에 화학요법을 시작할 것이기 때문에 그때까지 매주 두 번 약속을 잡아야 한다고 생각했다. 이브는 동의했고, 우리는 3일 후에 다음 약속을 정했다.

그 3일 동안 나는 일반 여성과 특히 레즈비언 대상, 난소암, 예후, 진단, 의료·사회구조에 대해 조사했다. 해당 질병에 대한 정보는 찾았지만, 레즈비언에 관한 특정 정보나 의뢰처에 대한 정보는 거의 찾지 못했다. 우리는 학술적으로든 비학술적으로든 문헌에 존재하지 않는 것 같았다. 상담자는 이브에 대한 상담자의 지지가 그가 현 상황을 헤쳐 나가는 데 필수적이라고 판단했고, 가능한 한 최신 정보를 찾았다. 필요하다면 의료 전문가를 중심으로 한 지원체계와 운영체계를 구축하려고 했다. 이는 그의 치료 주제였다.

이후 몇 번의 회기 동안 이브와 나는 한정된 시간 안에 할 수 있는 목표 목록을 개발할 수 있었다. 우리는 그의 불안이 주요 상담 주제라는 것에 동의했으며, 그가 화학요법을 받는 동안 희망을 갖고 의사를 신뢰하는 것이 중요하다는 것에 동의했다. 또한 탈모, 자존감 상실, 휴직 그리고 이전처럼 전문직과 파트너로서 자기 자신을 지휘하는 데 있어 무력감을 느끼는 것과 같은 사회적·신체적 이슈를 대처한다는 상담 목표에 동의했다. 우리는 두 번째 목표를 어느 정도 달성했고, 그 결과 의사에 대한 신뢰를 키울 수 있었다. 그는 의사와 의료진 대상의 질문 목록을 만들었고, 해당 질병에 대해 더 많이 조사하였다. 첫 번째 의사와의 면담에서 그는 질문에 대한 답변을 거의 들을 수 없었으며, 의사의 대답은 "중요한 것은 내가 지금 대답할 시간이 없다는 거예요."였다. 우리는 그가 의사에게서 대답을 얻는 데 더 끈기 있게 행동하는 것을 연습했다. 우리는 그 상황의 역할극을 여러 번 했고, 매번 그는 더 자기주장을 할 수 있게 되었다. 그는 자신에 대한 정보를 알 권리가 있음을 알았고, 주치의가 응하지 않는다면 그 주치의가 대답할 수 있는 다른 전문가를 소개해야 한다는 것을 배웠다. 이런 방식으로 그는 자신이 '사람(그가 스스로 정의함)'임을 느끼게 되었다. 이브는 외과 의사 진료실에서 레즈비언 의학적 조력자로서의 자신을 발견하였다. 이브의 전문직 경력을 감안할 때, 수년 동안 모든 유형의 사람들을 성공적으로 대응했기 때문에 우리는 그의 기술을 실험할 수 있었고 의사에게 직접 도움을 요청할 수 있었다. 그 의사는 그를 조수라고 불렀다. 그 의사는 레즈비언에 대해 알지 못했지만 이브가 레즈비언이라는 사실도 신경 쓰지 않았음이 분명했다. 의사는 그저 자신의 환자와 이야기하는 것을 좋아하지 않는 것이었다. 이브는 조수가 '신의 선물'이라고 생각했고, 개인적 지지를 제공하고 특히 치료 중에는 가끔씩 의료진을 간섭하였다. 주변의 모든 사람이 이브의 개인 및 건강 관련 상황을 이해하는 것처럼 보였다.

첫 번째 목표인 불안 감소는 다루기가 더 어려웠다. 질병으로 인한 상실감과 혼자 남겨짐에 대한 느낌을 심층적으로 탐색한 후, 이브는 진단과 수술 전에 이미 그레이스와 멀어지는 것을 느꼈다고 인정했다. 이브는 최근 익명의 알코올중독자 모임에 참가하기 시작했기 때문에 자신의 잘못이 아니라고 했고, 금주에 성공했다면 모두 잘 될 것이라고 확신했다. 나는 이브에게 가장 두려하는 것을 말해 달라고 부탁했다. 나는 이브의 가장 큰 두려움이 바로 그 자신의 죽음이라고 확신하고 있었다. 그러나 그는 전혀 다른 말을 했다. 이브는 그의 아버지가 갑자기 돌아가셨을 때 오직 어머니만 남았고, 어머니가 돌아가신 후에 정말 혼자 있게 될 것이라고 깨닫게 되었다고 말했다. 나는 동생 앨런이 남았음을 언급했다. 이브는 자신이 그와 가깝지만, 앨런은 다른 가족과 연락하지 않으므로, "내가 앨런을 필요로 할 때마다 내 전 생애를 통틀어 그는 한 번도 거기에 없었습니다."라고 말했다. 이브는 그레이스가 '아버지가 그랬던 것처럼' 자신을 버릴 것이며, 자신은 이 병과 함께 혼자 남겨질 것이라고 말했다. 우리는 아버지의 상실에 대해 이야기를 나누었다. 아버지와 관련된 그의 친밀감과 슬픔을 설명해 달라고 말했다. 그는 조금 울었지만, 아버지가 자신에게 어떤 의미였는지와 지난 5년 동안 자신이 얼마나 많이 아버지를 그리워했는지에 관해 이야기했다. 그는 "내가 해야 할 것을 아버지는 알았을 거예요."라고 말했다. 내가 이브에게 좀 더 분명히 말하도록 요청했을 때, 그는 "내가 화학요법을 해야 할지 말지 말이에요. 화학요법은 할 만한 가치가 있을까요?" 라고 답했다. 아무도 이와 같은 질문을 재치 있게 받아 넘기도록 상담자를 훈련시키지는 않는다. 나는 그의 삶의 모든 문제와 어떻게 살아갈지는 그의 결정임을 부드럽게 상기시켰다. 그리고 그를 사랑하고 필요로 하는 지지적인 사람들이 있음도 부드럽게 상기시켰다. 그는 고개를 끄덕이고는 약간 미소를 지었다. 그는 '그레이스와 함께 인생을 더 잘 살고 싶기 때문에' 모든 가능성을 시험할 필요가 있음을 안다고 말했다. 자신의 파트너에 관해 언급하면서 그는 흔들렸고 울었다. 상담실에 가득 찬 상실—아버지의 상실, 파트너의 예상된 상실, 자신의 삶의 두려운 상실—은 눈에 띄게 나타났다. 나는 소파로 다가가서 그의 손을 잡았다. 몇 분 후에 이브는 자세를 바로잡고 고개를 흔들면서 조금 나아졌다고 말했다.

나는 이 시점에서 그레이스가 어디에 있는지 알아볼 필요가 있다고 생각했다. 그래서 그레이스가 함께 상담에 참석 가능한지 이브에게 물었다. 그는 즉시 동의했고 약간은 진정한 것 같았다. 그레이스가 동의한다면, 그레이스에게 자신이 어떻게 느끼는지를 말할 수 있을 것 같다고 말했다. 우리는 그 주의 마지막 날의 상담을 계획했다. 이브는 그 자리에서 그레이스에게 전화를 걸어 상담시간을 알아봐도 괜찮은지 물어봤고, 나는 동의했다. 일반적으로 나는 상담시간에 그렇게 하지 않는다. 그러나 우리는 시간적 제한이 있었는데, 그것은 매우 심각한 임상적 의사결정의 기준이다. 상담 날짜와 시간이 정해졌고, 이브는 거의 한 시간 만에 처음으로 숨을 깊이 쉴 수 있었다.

그레이스와 이브를 만난 날, 나는 이브에게서 처음 보는 평온함을 느꼈다. 우리는 그레이스를 상담에 초대한 이유를 개괄적으로 이야기한 다음 이브가 이어 가게 하였다. 이브는 자신의 감정과 두려움을 빠르게 요약하였다. 진단을 받기 전에 이미 일어났던 문제, 과거에 그레이스가 이미 고통당했다는 것, 자신이 처한 의료 상황 때문에 그레이스가 자신을 떠날까 봐 두려운 것에 대해 말했다. 이브는 지쳐서 소파에 깊숙이 앉았다. 이브는 분명하고 여유가 있었으나, 나는 그가 이것을 매우 오랫동안 마음속에만 가지고 있었다는 인상을 받았다.

그레이스는 이브를 보고 나서 나를 보았고 아무 말도 하지 않았다. 그레이스는 불안정하게 손으로 얼굴을 가리고 조용히 울기 시작했다. 나는 그 울음을 잠시 허용하고 나서 그가 우리와 함께 이야기를 나누고 싶은지 물었다. 그레이스는 손을 뻗어 이브의 손을 잡고 속삭이듯 말했다. "그런 건 아무것도 아니야. 나는 단지 너를 잃고 싶지 않아. 내가 너와 병원을 피하면 모든 것이 사라질 것이라고 생각했어. 나는 너 없이 살고 싶지 않아." 이브는 매우 조용했지만, 나는 그의 눈을 볼 수 있었고 눈물을 참고 있는 것을 느낄 수 있었다. 나는 이브에게 지금 어떤 느낌인지 물었고, 굳건했던 평정이 우리 앞에서 무너졌다. 이브는 그레이스의 품에서 울었고, 그레이스는 그를 꼭 안아 주었다. 우리는 대학원생들에게 심리상담자가 감정을 과하게 드러내도 괜찮다고 교육한다. 이것이 좋은 일인 이유는, 나는 눈물 때문에 시야가 흐려지고 목구멍에 큰 덩어리가 걸린 것 같아서 너무 오래 침묵을 지켰기 때문이다. 잠시 후, 그레이스는 물러앉아서 숨을 쉬며 매우 안심한 것처럼 보였다. 그는 이브도 두려워한다는 것을 알게 되어, 이들이 가까이에 있고 사랑할 수 있을 것이라고 말했다. 그는 자신의 두려움에 대해 편안해질 것이며, 지금의 매우 고통스러운 신체적 · 감정적 접점을 겪어 내고 이브를 도울 수 있을 것이다.

이브는 나를 보고 미소 지었다. 그 미소는 몇 주 전 상담을 시작한 이후로, 거의 처음 보는 진정한 미소였을 것이다. 나는 그 미소에서 어떤 희망이 회복되었음을 느꼈다. 살기 위한 그의 의지가 마술처럼 생기기 시작한 것 같았다. 그 의지가 처음에는 강하지 않을지 몰라도 계속해서 성장할 것이다. 이브는 우리가 그를 위해 논의한 상담 목표를 그레이스와 나눌 수 있는지 물었다. 물론 그레이스와 원하는 바를 공유하는 것은 이브의 몫이었다. 우리는 이브의 불안감을 낮추고 의사들에 대한 신뢰를 얻어서 긍정적 전망을 재구축하도록 돕는다는 상담 목표에 대해서 토론을 계속하였다. 매 순간에 그레이스는 자신이 이브를 돕기 위해 같이 심리상담실에 가고, 내가 여러 번 이브에게 언급한 것처럼 '두 번째 귀'가 될 것이라고 제안했다. 또한 그레이스는 레즈비언을 위한 지역 내 지지집단을 찾아보고, 필요하다면 이브와 함께 참석하거나 혹은 상황에 따라 가지 않는 것 등을 약속했다. 그레이스는 이브가 원한다면 등 마사지를 기쁘게 해 줄 것이라고 말했고, 이브는 이를 특히 만족스러워했다. 이번 상담 회기는 훌륭한 협상을 이룸으로써 결론 맺었으며, 가장 중요한 것은 이브와 그레이스의 상실감과 그것이 이들의 관계와 태도에 어떤 영향을 주었는지를 생각할 시간을 가졌다는 것이다. 이브는 이제 가장 중요한 옹호자인 사랑하는 파트너를 신뢰했다.

첫 번째 화학요법을 시작하기 전에 이브와 나는 한 번 더 만날 것이고, 이브와 그레이스가 함께하는 상담도 한 번 더 하기로 예약했다. 이브는 화학요법 때문에 자신이 방문할 수 없다면 내가 집에 올 수 있을지 물었다. 나는 가능하며, 필요하면 예약할 수 있다고 대답했다. 나는 이브가 어디에 있든 내가 그를 위해 함께할 수 있다는 것을 이브가 아는 것이 중요하다고 느꼈다.

화학요법을 시작하기 전 마지막 상담 회기에서 나는 커플과 개인의 문제를 구분했다. 원칙적으로 나는 커플과 그중 한 사람의 개인상담을 하지 않는다. 하지만 이것은 매우 단기적이고 집중적인 상담이 필요한 상황이었고, 나는 이브와 지지체계 그리고 어떻게 하면 이브의 희망감을 높일 수 있을지에 대해서만 온전히 생각했다. 나는 얄롬(Yalom, 2005)이 옳다고 생각한다. 희망을 구축하는 것은 치료의 가장 중요한 측면 중 하나이며, 특히 생명을 위협하는 상황에서는 더욱 그렇다. 이브의 삶은 의학적으로나 감정적으로 위협받고 있었다.

추후 상담

이브는 치료를 중단하기 전까지 최신의 화학요법 다섯 가지를 견뎌 냈다. 그는 상담실에 올 수 없었고, 나는 그를 집에서 한 번, 병원에서 한 번 더 만났다. 그의 병은 항암치료 후에도 나아지지 않았다. 이브는 거의 매일 아팠다. 그는 처음 몇 주 동안 집 밖을 나갈 수 없었지만, 신체적으로 조금 더 나아져서 그레이스와 함께 식료품 가게에 갈 수 있었고, 매우 짧은 산책을 하거나 뒷마당에서 앉아 있곤 했다. 그는 머리가 많이 빠졌고, 많은 가발을 구할 수 있었지만 그렇게 하지 않았다. 그는 자신을 모르는 사람들과 공식적으로 만날 경우를 위해 1개의 가발만 구입하기로 결정했다. 그는 그 밖의 모든 시간에는 꾸미지 않았다. 왼쪽 귀에 두 개의 구멍을 뚫어서 여러 개의 귀고리를 착용할 수 있었다. 그것은 마치 이브가 이 어려운 시기를 최고로 만들려고 과거에 결정했던 것처럼 보였다.

두 번의 상담 회기에서 그의 아버지, 동생 앨런과의 관계가 어떻게 얽혀 있는지에 대한 지지와 열린 대화가 이루어졌다. 그는 남동생과 아버지가 모두 남자이지만 다르다는 사실과, 앨런이 게이가 되어 가족과 멀어진 것과 지난 몇 년 동안 그가 남동생을 신뢰하지 못하게 했다는 사실을 구별할 수 있었다. 그는 앨런이 가족으로부터 멀리 떨어져 지내는 것이 잘못이라고 생각했으며, 아버지와 더 의사소통을 하고 그를 차단하지 않았어야 했다고 느꼈다. 이브는 아버지가 아들을 사실상 추방하고 오랜 세월이 지난 후에야 그 상실감을 느끼고 슬프게 죽었다고 강하게 느꼈다. 이브는 앨런에게 휴가 동안 집에 오라고 여러 번 말했지만 그는 거부했다. 이브는 자신이 지금 아프고 그가 자신을 위해 여기에 오지도 않을 것이라고 느꼈다. 우리는 앨런에게 그의 의학적 상태 관련 진실을 말할 가능성을 논의했다. 앨런은 그의 수술이 실제로 선택적이고 예방적이라고 생각하고 있었다. 이브는 이에 대해 생각하고 그레이스와 의논할 것을 약속했다.

종결 회기 전 상담에서 우리는 그가 유서를 쓸 수 있을지 논의했다. 그날 놀랍게도 그는 나를 데려갔다. 그는 조금 더 나아졌으며 해외 대안적 암치료센터 중에서 멕시코와 스웨덴의 센터를 알아보았다. 어느 곳에서도 좋은 답변을 받지 못했지만, 그는 '지금 시점에서 뭔가를 해야만 한다.'고 느끼고 있었다. 그는 게이 혹은 게이에게 우호적인 변호사 목록을 온라인에서 찾았고, 내가 이들을 알고 있는지를 물었다. 그와 그레이스는 이브의 어머니의 변호사와 유서 작성, 사망 선택 유언, 재산에 대해서 상담하려고 했지만, 그 변호사는 이 일에 관심이 없는 것 같았다. 그는 이브와 가족을 만났지만, '이는 이브의 문제이며 사적인 법적 문제이므로' 그레이스에게 자리를 피해 줄 것을 요청했다. 이브와 그레이스는 즉시 그 장소를 나왔다. 이브가 나에게 이 사건을 이야기할 때, 나는 마음속에 분노와 슬픔을 느낄 수 있었다. 우리는 다른 변호사를 찾아보았고, 나는 2명을 추천하였다. 그중 1명은 이브의 목록에도 있었고 다른 1명은 게이 및 레즈비언 개인 및 커플과 일한 적이 있는 이 지역 내 변호사였다. 우리는 그 주에 보기로 약속했다.

다음 상담일 아침에 그레이스가 나에게 전화했다. 이브가 가슴 통증과 호흡 곤란 때문에 응급실에 이송되어 입원 중이라고 말했다. 이브가 상담 약속을 지키지 못한 것을 사과한 후에(상상해 보라!), 이브가 원하면 조만간 그를 보러 병원에 올 수 있는지 내게 물었다. 나는 동의했다. 그레이스는 일주일 동안 매일 이브의 상황을 내게 전화했고, 이전에 추천했던 변호사가 이브가 요청한 대로 일을 수행했음을 알려 주었다. 이브는 혼수상태에 빠졌고 어떤 치료의 승인이나 거부도 할 수 없었다. 존엄사 유언장에는 무의미한 연명치료는 하지 말 것이며, 그레이스가 그러한 모든 결정을 할 것이라고 명시했다. 이브는 혼수상태에서 회복되지 못했다. 암은 퍼졌고 화학요법은 효과가 없었다. 그레이스는 병원에서 그리고 다른 모든 서비스가 진행되는 동안, 자신의 감정과 결정은 존중받고 인정받았다고 나중에 회고하였다. 슬프게도 죽음이 최종 결말이 되었다.

결론

이브와 그레이스와의 상담 작업이 끝난 것 같다. 우리는 건강 교육, 불안, 우울증, 관계 문제, 법적 및 차별 문제 등 많은 문제를 다루었다. 그럼에도 3개월 후 그레이스와 몇 차례 애도상담을 했다. 그레이스는 회사에서 부서를 옮기고 다른 도시로 이사 갔다. 그는 슬픔이 너무 커서 이브가 살았던 곳에서 더 이상 살 수 없다고 말했다. 그레이스는 '새로운 장소와 새로운 출발'이 필요하다고 말했다. 나는 명절마다 종종 그에게서 소식을 듣는다. 그는 잘 지내고 있다고 한다. 이브의 사례는 몇 년 동안 나와 함께 머물렀고 나를 겸손하게 만들었다. 그리고 앞으로도 언제나 그러할 것 같다.

참고문헌

American Public Health Association. (1999). Policy statement 9819: The need for public health research on gender identity and sexual orientation. ***American Journal of Public Health, 89,*** 444-445.

Centers for Disease Control and Prevention. (2006). ***HIV/AIDS surveillance report, 2005*** (Vol. 17). Atlanta, GA: Author.

Johnson, C. V., Mimiaga, M. J., & Bradford, J. (2008). Health care issues among lesbian, gay, bisexual, transgendered and intersex (LGBTI) populations in the United States: Introduction. ***Journal of Homosexuality, 54***(3), 213-224.

Manne, S., Audrain, J., Schwartz, M., Main, D., Finch, C., & Lerman, C. (2004). Association between relationship support and psychological reactions of participants and partners to BRCA1 and BRCA2 testing in a clinical-based sample. ***Annals of Behavioral Medicine, 28,*** 211-225.

Steele, L. S., Tinmouth, J. M., & Lu, A. (2006). Regular health care use by lesbians: A path analysis of predictive factors. ***Family Practice, 23,*** 631-636.

U.S. Department of Health and Human Services. (2000). ***Healthy People 2010: Understanding and improving health*** (2nd ed.). Washington, DC: U.S. Government Printing Office.

Weisz, V. K. (2009). Social justice considerations for lesbian and bisexual women's health. ***Journal of Obstetric, Gynecologic, & Neonatal Nursing, 38,*** 81-87.

Yalom, I. (2005). ***The theory and practice of group psychotherapy*** (5th ed.). New York, NY: Basic Books.

28장

성적 지향 '전환치료': 사실, 허구 그리고 사기

더글러스 C. 홀드먼(Douglas C. Haldeman)

동성에게 끌림(same-sex attractions)을 갖게 되는 것을 원치 않아 동성애자 및 양성애자를 대상으로 이를 바꾸려 시도한 작업은 성소수자 내담자들을 대상으로 한 그 어떤 다른 형태의 치료들보다 오래되었다. 동성에 대한 끌림을 병리화하는 임상적 가정은 대체로 사회에 만연한 문화적 규범에서 비롯되었다(Haldeman, 1994). 그러나 1970년대에 들어서 정신건강 관련 주요 단체들은 동성애에 대한 '정신질환' 모델을 폐기하였고, 현재는 동성에 대한 끌림을 하나의 정상적인 형태의 인간 경험으로 간주하고 있다(American Psychological Association: APA, 2009).

하지만 현대 미국 문화의 모든 부분이 사회과학자들과 함께 발을 맞추고 있지는 않다. 미국 대중의 1/4 이상이 적극적으로 개입하는 존재로서의 하나님, 심판의 날을 포함하는 사후세계, 그리고 '재림(the rapture)'과 같은 전통적 보수 개신교의 개념들을 믿는 것으로 추산되고 있다(Herman, 1997). 따라서 현재에도 상당수의 추종자가 소위 '전환치료'[1] 혹은 성적 지향을 바꾸려는 노력들(sexual orientation change efforts: SOCE)을 따

1) 역자 주: '전환치료(conversion therapy)'는 영미권을 중심으로 행해진 SOCE의 대표적인 예시이자 명칭이며, 한국에서 행해지는 SOCE의 예시로는 소위 '탈동성애 상담' 내지는 '동성애 치료/치유' 등으로 불리는 행위들을 들 수 있다.

르고 있다(대부분의 이러한 노력이 치료로 검증되지 못했다는 사실에 근거해, 요즘은 이러한 작업들을 SOCE라 부르고 있다).

이런 개입들은 성공하지 못했기 때문에(APA, 2009), 성소수자 내담자들과 작업하는 상담자들은 이러한 노력을 하고 실패를 경험한 개인들을 적어도 한 사례 이상 보게 될 수 있다. 이런 '치료'의 실패로 인한 잔존 영향은 사람마다 다르다. 어떤 이들에게는 이런 개입 자체가 그저 성적 지향의 변하지 않고 바꿀 수 없는 특성을 분명히 보여 주는 것이 된다. 바꾸는 데 실패하였다는 것이 어떤 종류의 안도감을 주는 것이다. 기도하고, 저항하며, 탈동성애자(ex-gay)들이 시키는 대로 수많은 다른 '반동성애' 활동을 해 온 개인은 이것이 불가능한 일임을 자주 경험하면서 결국 놓을 수 있게 되는 것이다.

하지만 어떤 이들에게는 이러한 개입이 외상 후 영향을 야기하고 또 어떤 이들에게는 치료의 실패라는 것 자체가 문제가 된다. 자신이 게이라는 사실에 대한 불편감에, 이것을 바꿀 수 없었다는 수치심까지 더해진다면 정말 힘들어진다. 이러한 요인들에다 가족과 신앙 공동체에서 거부당하기까지 하면 그 결과는 대단히 파괴적일 수 있다. 이 장에서는 문화적 요인들의 맥락을 고려하여, 사례 자료를 통해 자신의 성적 지향을 바꾸는 데 실패하고 갈등을 겪는 개인들이 보이는 복합적인 반응들을 보여 줄 것이다.

그러나 우리는 첫 번째로 SOCE가 근간을 단단히 두고 있는, 동성에 대한 끌림과 동성애적 · 양성애적 지향을 병리화하는 사회문화적 맥락을 알아야 한다. 성적 지향이 바뀔 수 있다는 생각은 종교적 보수주의자들이 성소수자 개인을 위한 시민권을 폐지하기 위한 주장의 기반으로 내놓은 것이며, 이를 다루지 않으면 SOCE에 대한 논의가 불가능하다. 이들의 주장에 의하면, 성적 지향은 바뀔 수 있기 때문에 취약한 성소수자 개인들을 보호하기 위한 모든 것—증오범죄에 대한 법 제정, 차별금지법, 동성결혼 등—이 불필요하다는 것이다. 이는 시민권이 다양한 선택(예: 종교 표현의 자유)에 기반한 삶을 살아가는 모든 종류의 개인들에게 주어졌다는 사실을 무시하고, 성소수자인 사람들을 '가짜 소수자(pseudominority)'로 간주한다. 성적 지향이 정말로 사실상 하나의 정상적인 형태의 인간 경험이라면(APA, 2009), 성소수자의 인권에 반대하는 모든 주장은 사상누각으로 전락할 뿐이다.

동시에 어떤 종류로든 종교적 관행이나 교리를 표현하고 이에 동일시하는 것은 개인의 권리이며, 이는 정신건강 관련 단체들이 비판하거나 무시할 수 있는 범위를 벗어난 것이다(APA, 2008). 사회과학자로서 우리는 많은 이에게 종교에 대한 소속이 중요함을 인정하고, 교리의 구성을 평가하거나 간섭하려 시도하지 않는다. 이는 과학의 범위 밖이다. 역으로 우리는 종교적 교리를 사회정책이나 정신건강 개입을 위한 근거로 여기지 않는다. 더욱이 우리는 종교적 전통을 존중하지만 종교적 정체성과 성적 지향에 대한 개인의 경험 사이에 갈등이 일어난다면, 종교적 정체성이 어떤 심리적 영향을 미치는지 평가를 한다. 어떤 종류의 보수적인 종교적 전통이 깊숙이 새겨진 개인에게는 자신이 게이로 살아가는 것 자체가 상상조차도 할 수 없는 생각이다. 왜냐하면 그렇게 될 경우 가족과 공동체로부터 배척받을 뿐만 아니라 게이 커뮤니티로 통합해 가는 것 역시 혼란을 야기하기 때문이다. 그러므로 개인에게 이성애적 결혼이냐, 혹은 독신이냐의 양자택일은 의무가 된다.

모든 신앙 공동체에서 이성애자 정체성을 소속을 위한 필요조건에 포함시키고 있다는 것은 아니며, 혹은 심지어 보수적 신앙 공동체에서도 모두 그러한 것은 아니다. 하지만 어떤 형태로든 SOCE를 거친 거의 모든 이는 자신들의 가족과 신앙 공동체에서 자신들의 신분을 유지하기 위해서 이성애자 정체성이 필요조건이란 것을 알았고, 자신의 종교적 신념을 위해 SOCE를 했다는 것은 분명하다(APA, 2009; Tozer & Hayes, 2004). 그러므로 이러한 집단과 작업하는 상담자는 내담자의 삶에서 종교가 가진 역할과 의미에 대해 민감해야 하며, 내담자로 하여금 자기(self)의 현실을 지향하도록 하고, 가족과 공동체에 대한 경험을 새롭게 가질 수 있는 수단으로 성소수자 공동체를 찾아보도록 도울 수 있다.

어떤 내담자들은 커밍아웃 과정에서 성소수자 공동체에 대해 잘 몰랐기 때문에 바로 가용한 다른 대체 자원 없이 가족과 사회적 관계망에 중요한 상실을 겪었을 수 있으며, 이들에게는 섬세하게 발을 내딛는 것이 필요하다. SOCE로 인해 피해를 입은 이들을 위한 임상적 개입들을 정리해 놓은 문헌들도 있다(Haldeman, 2002).

다음의 두 사례는 SOCE 생존자들과의 작업에서의 복잡성을 보여 주고 있다. 시작하기에 앞서 두 사례의 내담자 모두 게이 남성임을 알린다. 이와 같이 SOCE 문헌들은 거의 대부분 남성에 초점이 맞춰져 있다. 짐작컨대, 이는 보수적인 종교적 집단과 일반적인 미국 문화가 여성의 동성에 대한 끌림에 더 관대하기 때문이다.

가족의 종교적 극단주의에 대한 사례

저스틴(Justin)은 보수 기독교 가정에서 길러졌다. 그의 부모는 초교파 성서 교회 소속이었는데, 그 교회에서는 '방언(talking in tongues)'과 같은 행동이나 지옥불과 천벌 등의 개념을 진리로 가정하고 있었다. 그는 자신이 게이라고 커밍아웃하면 가족에게 거부당할 것이라 예상했고, 실제로도 그렇게 됐다. 그럼에도 불구하고 그는 자신이 게이라는 것을 강하게 자각하고 있었고, 어떤 기도나 치료로도 이를 바꿀 수 없다는 것을 알고 있었다. 그는 오랜 자기탐색의 기간을 거친 끝에 23세 때 가족에게 커밍아웃을 했고, 그 뒤로 어머니의 이메일을 받고 상담에 보내졌다. 우리는 저스틴이 이렇게 커밍아웃을 하기에 앞서, 효과 없는 종교 기반의 SOCE를 몇 년간 받았다는 것에 유의할 필요가 있다.

이메일에서 어머니는 저스틴의 영혼에 사탄이 살고 있음을 자신이 알고 있고 그를 위해 기도할 것이라고 하였다. 그리고 저스틴이 자신의 '사악한 생활방식'을 거부하고 예수님을 자신의 구원자로 받아들이기 전까지는 다른 가족 구성원과 일절 접촉하지 않을 것을 요구했다. 저스틴은 우울 증상, 자기패배적 및 자기피학적 성격 특성과 함께 급성 적응장애로 진단을 받았다.

저스틴은 자신의 가족이 보인 잔인한 행동들에 대해 이성적으로 보려고 애썼으나 깊숙한 수준까지, 거의 세포 단위까지 엄청난 충격을 받고 빠르게 무너졌다. 그는 하나님이 엄하고 심판하는 분이며 그분의 규칙을 지키지 않은 자들에게는 영구한 벌이 내려진다고 믿도록 배우며 컸다. 저스틴이 가족에게 잘못된 대우를 받아 왔다는 것에 대한 상실감과 분노를 스스로 수용하도록 돕는 데에 마음챙김 기반의 수용전념치료(acceptance and commitment therapy: ACT) 작업의 역할이 매우 중요했다. 저스틴과 같은 내담자들과 작업하는 상담자는 쌓여 온 이러한 부정적 정서가 꺼내질 때 인내심을 가질 필요가 있다. 저스틴의 경우, 자신을 사랑한다고 해 왔던 대상에게 배신당했다는 분노가 버림받았다는 것에 대한 상실감과 함께 번갈아 나타났다. 역전이로 그를 위로하고 진정시키고 싶은 마음이 크게 올라왔고, 그가 잘못한 것이 없다는 것을 그에게 자주 상기시키면서 자신이 게이라는 것에 대한 수치심을 중화시킬 수 있도록 도왔다. 상담에서 처음 몇 달 간은 저스틴에게 급작스러운 애도의 기간이었고, 지지하고 안심시키는 작업이 필요했다.

동시에 저스틴은 '기도로 게이를 쫓아내려고(pray away the gay)' 몇 년을 노력해 본 후로 그의 성적 지향이 바뀔 만한 것이 아니란 것을 이해하게 됐는데, 상담에서 이러한 그의 느낌을 강화해 주는 것은 마땅했다. ACT에서 정서 경험의 수용을 돕는 것과 마찬가지로, 이는 동성에 대한 끌림을 정체성으로 통합해 가는 데에도 유용했다. 어쨌든

SOCE는 자기를 통합시키지 않도록/분할시키도록, 성욕에 구획을 짓도록 요구하였기에 상당히 효과가 없었고, 이는 비현실적인 방식인 만큼 건강하지 못한 방식이었다.

가족을 잃은 애도의 기간을 가진 후 그는 ("그럼 이제 어떡하죠?"와 같은) 보다 실용적인 관점으로 바뀌었는데, 이런 그에게는 자신 앞에 놓인 현실로 향하도록 하는 작업이 적절했다. 여기에는 대체할 가족을 구성하는 전략이 포함되며, 성소수자 개인들은 흔히 법적 혹은 생물학적 관련이 없는 사람들을 가족에 포함시킨다. 저스틴의 원가족에 대한 상실감은 외로움으로 이어졌고, 그와 이 문제를 다루기에 적절한 시기가 되었다.

상담자: 누가 친구가 될 수 있을지 생각해 봤어요?

저스틴: 아뇨. 제 말은, 네, 가족과 옛 친구들이 그립지만 더 이상 이들 곁에 있을 수 없다는 걸 알아요.

상담자: 곁에 누가 있으면 좋겠어요?

저스틴: 저를 있는 그대로 받아들여 줄 사람들이요.

대부분의 성적 지향 정체성 발달 모형은 다른 LGB 사람들과의 관계에 대한 부분만이 아니라 게이 공동체에서 어떻게 살 것인가에 대한 개념도 포함한다(Fassinger & Arseneau, 2006). 여기에는 몇 가지 이유가 있는데, 이는 개인의 정체성을 공고히 할 뿐만 아니라 동료애와 사회적 상호작용과 같은 인간에게 꼭 필요한 위안을 제공하기 때문이다.

상담자는 현지의 성소수자 관련 자원에 대해 어느 정도 아는 것이 유용하다. 모든 주요 도시와 대부분의 시가지에는 다수의 성소수자를 대상으로 한 친목 및 취미 모임들이 있는데, 이들은 주로 온라인 검색을 통해 쉽게 접근할 수 있다. 하지만 저스틴의 경우 게이 사교계와 친해지는 것이 쉽지 않았다. 그는 '게이 바'라는 사회적 환경을 이질적이고 위협적이라고 느꼈다. 게다가 그는 술을 마시지 않았다. 게이 공동체 내의 친목 혹은 취미 모임에 가입하는 것 역시, 저스틴에게는 어려운 일이었다. SOCE에서 회복 중인 몇몇과 달리, 그는 게이들에게 지지적인 대안적 종교 모임에도 관심이 없다고 하였다. 저스틴은 자신의 의식 내에서 종교와 관련된 모든 것을 삭제하려는 것만 같았다. 게다가 그는 운동, 정치 혹은 문화 등, 이를 위한 게이 모임이 있는 어떠한 종류의 활동에도 관심을 보이지 않았다. 그는 자신과 '같은 부류'의 무리 주변에 있는 것에 대해 불편함을 느꼈고, 말하자면 그가 '여성스럽다'고 지각하는 남자들에 대해 특히 혐오를 경험했다.

저스틴은 동성 간의 관계에 대한 판타지는 잘 발달되어 있지만, 실제로 다른 남자와 섹스를 해 본 경험은 없었기 때문에 다른 남자들과 연애 관계의 세계로 진입하는 것은 더욱 복잡했다. 그는 사도마조히즘(sadomasochism: SM)적인 지향의 성적 판타지를 갖고 있었다. 그 판타지는 성적인 상황에서 벌을 받는 것이며, 그것이 자신이 게이인 것에 대한 내면화된 수치심에서 비롯된 것인지 아닌지 추측해 보았다. 그러나 분명한 것은 그의 성적 행동이 발달해 감에 따라 그를 잠재적으로 위험한 상황들로 이끌 가능성이 있어 보인다는 것이었다.

한 회기가 시작될 때 저스틴은 밝게 보고했다.

저스틴: 참, 제가 드디어 섹스를 했어요!

상담자: 그래요? 말해 줄 수 있어요?

저스틴: 음, 제가 SM 클럽을 찾았는데요, 거기 가입하면 여러 부류의 사람들과 여러 '플레이(scene)'를 해 볼 수 있어요. 저는 저한테 자기 노예(servant) 역할을 해 달라는 사람을 찾아서 즐거운 시간을 보냈어요.

상담자는 자신이 이를 부정적으로 보고 있다고 저스틴이 받아들이지 않기를 바라면서도, 저스틴이 자신의 성적 모험에 대해 더욱 깊게 생각해 보기를 원하며 아주 조심스럽게 진행했다. 이는 저스틴의 성적 탐구와 함께 발달하고 있는, 혹시 저스틴이 자신의 심리성적 표현에서 발전해 가면서 좀 더 '전통적인' 단계를 놓치고 있는 것은 아닌지 두려워하는 상담자의 역전이가 더해지면서 더욱 어려워졌다.

어느 날 저스틴은 온라인에서 성적 지배(sexual dominance) 시나리오를 잘 다루는 것으로 유명하다고 하는 '주인님(master)'을 알게 됐다. 저스틴은 극심한 불편감을 느끼는 지점까지 육체적으로 구속되는(bound) 플레이에 참여했다. 주인님이 저스틴에게 그가 쾌락과 극심한 고통 사이의 선을 넘어간다고 느낄 때 자신에게 알려 달라고 부탁했음에도 불구하고, 저스틴은 그 과정을 견뎠다. 결국 그는 그의 오른팔과 오른손을 부분적으로 쓸 수 없는, 일시적이지만 심각한 신경학적 손상을 겪게 됐다. 다행히 저스틴은 완전히 기능을 회복했지만 회복에는 몇 주가 걸렸다.

이 일화는 상담자로 하여금 정신이 번쩍 들게 만들었다.

상담자: 저스틴 씨, 당신에게 일어난 일에 대해선 정말 안타까운 맘이 들어요. 너무 아플 것 같

아요. 그리고 전 당신이 준비가 되었을 때 당신이 하고 있는 성적 선택에 대해서 우리가 이야기를 해야 한다는 생각도 들어요.

저스틴: (매우 풀이 죽은 목소리로) 저도 알아요.

저스틴은 이번 경험으로 당연히 두려움을 느꼈고, 이는 자신이 게이라는 것과 관련된 그의 '수치심의 핵심(shame core)'도 활성화시켰다. 그가 완전히 운동 기능을 회복하기 시작할 때, 그와 상담자는 이 문제를 다시 논의하였다.

상담자: 저스틴 씨가 이제 부상을 회복하고 있는 현 시점에서 봤을 때, 앞으로의 자신의 성생활에 대해서는 어떻게 생각하고 있어요?

저스틴은 그의 내면에 있는 '성적 도식(sexual script)'을 다르게 해 보기로 하면서 친구들의 무리를 만들고, 남자친구를 사귈 수 있을지 가능성을 탐색해 보며, 자신의 성적 행동에 대해 더욱 조심하는 데에 집중해 볼 것이라고 자신의 의지를 밝혔다. 오랫동안 반복해 온 내면의 성적 도식을 수정하는 것은 쉽지 않았다. 이 사례의 경우, 상담자는 저스틴과 함께 심상화(visualization) 작업과 자위를 통한 재조건화(masturbatory reconditioning)를 통해 벌과 굴욕에 대한 에로틱한 판타지와 잠재적으로 덜 위험한 에로틱한 행동들 사이에서 정신적인 '다리들(bridges)'을 놓는 작업을 하였다. 저스틴은 그가 파트너를 선택하는 기준을 바꿔 보려 하였는데, 이전에는 순전히 사도마조히즘적인 판타지의 영역에 있는 사람들이었다면, 그가 쌓아 온 판타지 레퍼토리의 일부 요소가 특징들(지배적이고, 강하며, 주장적인)로 남긴 했지만 궁극적으로는 삶에서의 진짜 동반자로 더 잘 맞는 사람들을 선택하는 방향으로 나아갔다.

저스틴은 이 목표들을 향해 훌륭한 진전을 이루었다. 그의 내면화된 수치심과 부정적 성향은 동성애에 대해 긍정적인 태도를 지닌 집단에 스스로 참여해 보는 경험을 하면서 점차 줄어들기 시작했다. 또한 저스틴은 그의 친밀감 회피에 대해 직면하기 시작하면서 데이트를 하기 시작했다. 그는 열다섯 살 연상을 만났는데, 그 상대에 대해 묘사하길 '스마트하고, 친절하며, 지켜주는 사람'이라고 했다. 이 커플은 2년 동안 사귀어 왔고 아주 잘 지내고 있다.

돌이켜 보면, 저스틴의 내면화된(그리고 실제로 육체적인) 고문을 그가 동성애혐오적 문화 속에서 양육된 것이나 그의 원가족에게 잔인하게 거부당한 것의 탓으로 돌리는 것은 쉬웠다. 이는 그럴듯해 보이지만, 우리가 그러하다고 확실하게 말할 수 있는 것은 아니다. 하지만 우리는 저스틴이 어린 시절에 받은 사회문화적 영향과 뒤따른 가족의 거부가 그의 정신적인 웰빙에 부정적 영향을 미쳤다고는 말할 수 있다. 따라서 SOCE에 참여해 본 남성들과의 상담에서 트라우마에 대한 평가와 상담은 중요한 요소들이다.

이 사례는 상담자에게 다양한 역전이 감정을 불러일으켰는데, 상담자는 저스틴의 취약한 상태를 감안하여 그중 상당수를 어쩔 수 없이 걸러 내거나 최소화하였다. 처음에 저스틴이 가족에게 받은 가혹한 대우를 이야기할 때, 상담자는 그를 보호하고 싶은 감정이 일었다. 여기서 상담자가 과도하게 저스틴을 진정시키려 하지 않고 공감적인 태도를 유지하는 것이 중요했다. 즉, 상담자는 공감적인 태도를 유지하면서도 내담자로 하여금 마음챙김과 자기진술과 함께 스스로를 진정시킬 수 있도록 안내하였다. 저스틴이 성적으로 활발해지면서부터 상담자가 느끼던 안도감은 내담자가 통제 밖에 있다는 우려와 경각심으로 바뀌었다. 하지만 상담자로서는 이에 대해 신중할 필요가 있었다. 저스틴이 사도마조히즘적인 섹스 장면에서 잘못되어 부상을 입었다는 것을 개방했을 때 "대체 무슨 생각이었어요?"라고 묻고 싶은 유혹이 들었지만, 그의 행동을 가치중립적이고 문제 해결적인 관점에서 다루는 것이 더욱 생산적이었다. 그렇게 함으로써 상담자는 저스틴으로 하여금 자신의 성적 관심을 삶에 어떻게 통합시켜 나갈지 자기만의 결론을 내릴 수 있게 하고, 섹스에 대해 긍정적으로 지각할 수 있게 하였다. 만일 상담자가 자신의 판단이 가득 담긴 반응을 하였다면, 내담자로 하여금 자신이 이미 크게 갖고 있던 수치심을 악화시키는 위험을 초래하였을 것이다.

'탈동성애' 이후의 사회적 고립에 대한 사례

마크(Mark)는 32세 남성이며, 성인들과의 대인관계에서 친밀감 문제로 내방하였다. 그는 부동산 개발 분야에서 성공한 사업가이며, 자신의 일에 성심을 다하고 있다고 했다. 그 결과로 그는 재정적으로 풍족하게 살고 있었고, 동료들 사이에서 최고의 주가를 올리고 있다고 했다. 그럼에도 불구하고 그는 사회적으로는 은둔생활을 한다고 하였으며, 주말 대부분의 시간을 홀로 지내면서 온라인으로 섹스할 상대를 찾는다고 하였다. 그가 상대와 만나 섹스를 하는 일은 드물었는데, 한다면 상대가 그에게 헌신하는 것에 에로틱한 흥분을 느낀다고 하면서 성적 복종(sexual submission)의 성향을 보이게 된다고 하였다.

마크는 누군가와의 건강한 일차적 관계(primary relationship)를 만들고 싶은데 어떻게 해야 할지 모르겠다고 했다. 그는 청소년기에 홀어머니 밑에서 외동으로 길러졌는데, 어머니는 오랜 기간 그를 조부모의 손에 맡겼다고 했다. 그때 그는 어머니가 많이 보고 싶었고, 자기가 말을 안 들어서 어머니가 안 오는 걸로 생각했다고 하였다. 그리고 어머니가 다시 돌아왔을 때는 어머니를 기쁘게 하기 위해선 무엇이든 하겠다고 생각했다고 하였다.

마크는 18세 때 어머니에게 자신이 게이라고 커밍아웃을 했다. 어머니는 충격을 받고는 그에게 '탈동성애' 프로그램에 등록할 것을 요구했고, 그는 이에 응했다. 그는 자신의 남성에 대한 성적 끌림을 바꾸려고 거의 10년 동안 노력해 왔으나 성공하지 못했다고 보고하였다. 그는 결국 자신의 성적 지향을 바꾸는 것을 그만두겠다고 가족들에게 알렸고, 그의 어머니는 그가 게이라는 것을 마지못해 받아들였다.

그의 직업적 성공에도 불구하고 마크는 외로웠고, 자신의 생활에서는 사회성적인(sociosexual) 면에서 제대로 기능하지 못한다고 느꼈다. 그는 한 남성과 주된 관계(primary relationship)를 맺으며 교제하기를 바랐다. 그는 기분부전장애와 사회불안으로 진단받았다.

SOCE 후 트라우마는 주요 주제들로 우울, 죄책감, 자살경향성(suicidality), 탈남성화(demasculinization), 친밀감 회피와 같은 요인들을 포함한다(Haldman, 2002). 이는 마크의 태도와 행동에서도 분명히 보였다. 특히 SOCE 시도의 실패로 인한 부정적 후유증은 대인관계 문제에서 두드러지게 나타난다. 자신의 동성에 대한 성적 끌림이 전통적으로 남성적인 활동에 참여하는 것으로 뒤바뀌지도, 아버지와 같은 존재(father figure)와 '건강한' 관계를 형성한다고 삭제되지도, 기도를 통해 뿌리 뽑히지도 않는다는 것을 스스로 인식할 때야 비로소 기존의 공동체를 포기하게 된다. 'SOCE 바닥(SOCE bottom)'을 칠 때 이를 회복기로 사용하기 위해서는 자신이 살아온 배경과 관련된 관계와 특권의 상실을 애도해야 하고, 새로운 사회적 세계로 길을 찾아가는 어려움에 직면해야 한다. 이는 보통 엄청난 상실과 함께 불안을 야기한다. 또한 남성 정체성 및 성역할에 대한 기대를 이성애와 관련지어 생각하는 데 숙달되어 왔기 때문에, 흔히 게이로 커밍아웃하는 것에서 남자답지 못하다는 감각을 지각하게 된다.

마크의 이야기는 SOCE 이후 삶의 부차적인 주제인 실패자로서의 자기(self as a failure)의 경험을 보여 준다. 이러한 감각은 그 사람의 삶 전반에 걸쳐 일반화될 수도 있고, 마크의 경우처럼 사회적·연애적 상호작용에 한정될 수도 있다. 예를 들어, 마크의 직장 생활은 금전적 보상뿐만 아니라 직업적 출세, 위신, 권력 등에서 성취의 모델이었다. 마크는 자신의 일을 진지하게 생각했고, 기대를 뛰어넘는 방식으로 책임을 다했다. 그의 생산성은 매우 뛰어난 것으로 보였다. 하지만 그의 내면에서 이는 무의미한 것으로 경험됐다. 마크는 자신의 업무를, 자신의 능력을 최대한 이해하고 발휘하도록 하는 역할로 묘사했다. 그것은 그로 하여금 마치 기계처럼 기능하도록 하는 구조를 제공했다.

마크는 전통적 성별 규범들을 부적절하게 적용하여 정체감의 혼란을 겪으면서 자신의 개인적 효능감의 전부를 일에 투자했다. 그가 누군가와 성적으로 만나는 일은 단편적으로만 존재했으며, 그것도 항상 온라인으로 처음 알게 된 사람들과의 한 번뿐인 만남이었다. 그에게 이러한 에로틱하면서 로맨틱한(erotoromantic) 사건들은 성적으로 숭배되고 사랑받는 판타지 세계로의 일시적이고 신속한 모험들인데, 이를 통해 그는 무미건조하고 자신에게 결핍된 다른 남성들과의 정서적 연결을 보상받으려 했다. 그는 "저는 누군가가 제 발 밑에 무릎을 꿇고 있을 때만 뭔가를 느껴요."라고 설명하면서, "그래도 그게 지속되진 않아요."라고 말했다.

마크의 개인적 삶과 연관된 깊은 절망감은 그의 직업적 자기에 대한 경험을 약화시켰다. 그는 많은 사람을 알고 있었고 다양한 피상적 관계를 맺고 있기도 했지만, 연애는커녕 가까운 친구 관계도 경험하지 않았다. 마크는 외로웠고, 성적 지향을 바꾸려 한 많은 시도에서 실패한 것과 관련된 수치심을 극복한 적이 없었다. 그는 자신의 동성에 대한 성적 끌림을 마지못해 받아들였고, 친밀한 관계를 유지하지 못했다.

마크의 사례는 그의 발달력과 현재의 삶 사이에서의 복잡한 상호작용을 보여 준다. 그가 오랫동안 이루지 못한 애착에 대한 환상을 해결해야 하는 동시에 정말로 정서적인 친밀감이 결여된 현재의 삶에 대처해야 하는 어려움이 존재했다. 그가 친밀한 관계에서 남성 정체성과 그것의 표현을 연관 짓는 것은 성공하지 못한, 자신의 성적 지향을 바꾸려 한 그의 시도와 깊게 연결되어 있었다. 에로틱하고 로맨틱한 그의 삶은 복종적/섭(submissive) 파트너가 그를 흠모하는, 성적 주인(mastery)과 하인(servitude)의 지형에 계속 단단히 박혀 있었다. 사실 그의 삶에는 어떠한 친밀한 관계도 없었다. 마크의 '수치심의 핵심'은 장애물이면서 자신이 진짜 남자보다 못하다는 감각 혹은 남자답지 못하다는 것이었는데, 이는 그가 참여했던 '진짜' 남자는 게이일 수 없다는 생각을 강화시킨 '전환치료' 및 '탈동성애' 프로그램의 해로운 영향 때문이었다.

확실히 마크가 보인 대인관계에서의 역기능은 SOCE의 부정적 영향에서만 전적으로 기인할 수는 없었고, SOCE를 하게 만든 사회적 맥락 역시 일부 책임이 있었다. 이 시점에서는 SOCE에 의한 상처를 치유하는 접근을 고려하는 것이 타당했으며, 이는 (게이의) 맥락에서 내담자에게 적합한 남성으로서의 자기를 되찾는 것을 포함했다. 진짜 남자가 정말로 게이일 수 있다는 것을 배우는 것은 마크에게 있어 중요한 일이었다. 성별 정체성에 관한 여러 차원을 이해하고(Englar-Carlson & Stevens, 2006), 이를 상담 관계에서 강화해 주는 것이 가장 중요했다.

회기들 간의 행동계획은 매우 중요했다. 마크가 연애 관계를 시도하기 전에 지지 네트워크를 만드는 것이 핵심이었다. 그렇다면 그 지지 네트워크는 어떻게 만드는가? 어느 날 마크는 상담자에게 중요한 질문에 대한 대답으로 힌트를 줬다.

상담자: 마크 씨, 진짜 남자가 한다고 생각하는 것에 대해 말해 봐요.

마크: 이들은 운동을 하죠.

상담자: 당신은 안 하고요?

마크: 안 해요.

상담자: 싫어해요?

마크: 아뇨, 그게 아니고요. 사실 전 운동은 좋아하는데 고등학교 때처럼 팀으로 하면서 그 모든 일을 다시 겪기 싫을 뿐이에요.

마크는 여기서 '그 모든 일'이 다른 남자애들의 놀림과 괴롭힘 때문에 그가 겪었던 굴욕을 가리키는 것이라고 설명한다.

상담자: 어쩌면 게이인 것만이 아니라 운동을 좋아한다는 것이 무엇을 의미하는지 다시 생각해 볼 수 있을 것 같아요. 당신은 자기가 둘 다 될 순 없다고 생각한다고 말했죠. 하지만 지금 보니 당신이 둘 다에 해당하는 것처럼 들리네요.

그러고는 상담자는 이 지역에 수많은 게이 스포츠 리그와 팀이 있음을 설명했고, 마크에게 자신이 좋아할 수도 있겠다고 생각하는 운동에 관한 것을 조사해 오도록 요청했다. 그리고 마크는 지역의 게이 달리기 모임을 찾았다. 그러고 나서 그는 자신이 항상 즐겨 왔으며 남성이라는 것의 감각과 연관된 활동에 참여할 수 있게 되었고, 그것을 게이로서의 사회적 맥락으로 바꿀 수 있게 되었다. 모임 내에서 친구들을 만든 뒤, 그는 다른 게이 스포츠 모임(스키, 야구)을 탐색하기 시작했고, 여러 육상 경기에 출전하면서 게이 경기들(Gay Games)에 열정을 쏟았다. 그는 자긍심이라는 새로운 감각과 함께 게이 남성으로서 되찾은 정체성을 가지고 돌아와서, 오래전에 SOCE로 인해 잘린 그의 게이로서의 성적 지향을 자신의 정체성에 대한 감각으로 계속해서 통합해 가고 있다.

저스틴의 사례에서 설명했듯이 역전이는 SOCE 생존자들과 함께 작업하는 데 있어서 복잡한 요인이 될 수 있다. 내담자들이 전환치료를 하는 부적절한 상담자에게 받은 터무니없는 피해들을 견뎌 내는 것을 보면, 상담자는 내담자와의 동맹 관계에 빠져 격분이든 어떤 감정이든 간에 뛰어들게 되기 쉽다. 하지만 공감적이면서도 보다 중립적인 입장을 취하려면 이를 피해야 한다. 내담자는 상담자의 개인적인 반응에서의 정서적 간섭 없이 치료하는 것이 항상 더 쉽다. 그러나 이는 SOCE 생존자들에게는 특히 더 맞는 말인데, 이런 내담자들은 다른 사람들을 기쁘게 하기 위해 자신들의 성적 지향을 바꾸려고 했기 때문이다. 이러한 경향성은 SOCE로 인한 피해를 복구하기 위해 상담에서 노력하는 것에서도 쉽게 되풀이될 수 있다.

결론

이러한 사례들은 SOCE의 해로운 영향 중 일부를 설명하며, 그것이 상담적으로 어떻게 다뤄질 수 있을지를 시사한다. 왜 SOCE에 반대하는 정책이 전혀 없는가? 그 이유는 두 가지이다. 첫째로, 논쟁의 양쪽에 서 있는 사람들 모두, 해롭다는 입증되지 않은 주장만을 가지고 있다. 어떤 형태로든 간에 '치료'를 금지한다는 것은 심지어 어설프게 SOCE를 기본으로 하거나 SOCE로 기술된 것일지라도 이례적인 조치이며, 충분한 과학적 근거를 필요로 할 것이다. 둘째로, 어떤 형태로든 SOCE를 겪은 모든 사람이 지속적이거나 단기적인 피해를 입은 것은 아니라는 것이 분명하다. 성적 편견을 품고 그런 분위기 속에서 아이들을 키우는 문화적이고 종교적인 집단들이 있는 한, SOCE를 위한 시장은 존재할 것이다. 그러나 시간은 이들에게 불리하다. 여론의 추세가 계속된다면 SOCE에 대한 관심은 결국 이를 조장하는 호모포비아와 함께 사라지게 될 것이다.

그동안은 어떤 형태의 SOCE를 시도해 온 내담자들이 이에 관심을 가질 수 있고, 상담자들은 SOCE로 인해 이들이 겪을 수 있는 부정적 영향들에 대해 알고 있어야 한다. 또한 상담자가 성소수자 내담자들과의 작업을 위한 적절한 실무 지침(APA, 2011;

Association for Lesbian, Gay, Bisexual and Transgender Issues in Counseling, 2009)을 숙지하는 것은 중요하다. 우리의 예상과 달리 SOCE가 일부 사람들에게 효과가 있는 것처럼 보일 수도 있으나, 이는 그 대상들이 양성애를 지향하고 있었기 때문이지, 결코 이성애적인 성적 표현의 방식을 가르쳐서 그렇게 된 것이 아니다. SOCE는 영혼을 분절시키고 욕망을 억압할 것을 요구하는데, 둘 다 지속 가능하지 않거나 내담자에게 이득이 되지 않기 때문에 SOCE는 효과가 없다.

참고문헌

American Psychological Association. (2008). Resolution on religious, religion-related, and religious-derived prejudice. ***American Psychologist, 63,*** 431-434.

American Psychological Association. (2009). ***Report of the Task Force on Appropriate Therapeutic Responses to Sexual Orientation.*** Washington, DC: Author.

American Psychological Association. (2011). ***Practice guidelines for LGB clients: Guidelines for psychological practice with lesbian, gay and bisexual clients***. Retrieved from http://www.apa.org/pi/lgbt/resources/guidelines.aspx

Association for Lesbian, Gay, Bisexual and Transgender Issues in Counseling. (2009). ***Competencies for counseling with transgender clients.*** Alexandria, VA: Author.

Englar-Carlson, M. & Stevens, M. (2006). ***In the room with men: A casebook of therapeutic change.*** Washington, DC: American Psychological Association.

Fassinger, R., & Arseneau, J. (2006). I'd rather get wet than be under that umbrella: Differentiating the experiences of lesbian, gay, bisexual and transgender people. In K. Bieschke, T. Perez, & K. DeBord (Eds.), ***Handbook of counseling and psychotherapy with lesbian, gay, bisexual and transgender clients*** (2nd ed., pp. 19-49). Washington, DC: American Psychological Association.

Haldeman, D. C. (1994). The practice and ethics of sexual orientation conversion therapy. ***Journal of Consulting and Clinical Psychology, 62,*** 221-227.

Haldeman, D. C. (2002). Therapeutic antidotes: Helping gay and bisexual men recover from conversion therapies. ***Journal of Lesbian and Gay Psychotherapy, 5***(3-4), 117-130.

Herman, D. (1997). ***The anti-gay agenda.*** Chicago, IL: University of Chicago Press.

Tozer, E. E., & Hayes, J. A. (2004). The role of religiosity, internalized homonegativity, and identity development: Why do individuals seek conversion therapy? ***The Counseling Psychologist, 27,*** 722-742.

29장

동성 관계에서 가정폭력

코니 R. 매튜스(Connie R. Matthews), 페기 로라(Peggy Lorah)

다양한 이유로 많은 상담자가 이러한 분야에서 수련을 거의 받지 않거나 전혀 받지 못함에도 불구하고, 동성 간의 가정폭력을 인지하고 개입하는 임무가 성소수자 내담자들과 함께 일하는 개인상담자들에게 돌아갈 수 있다. 우리는 이 장에서 이러한 종류의 상황들의 한 예를 제공하려 하는데, 이러한 상황들에서 상담자들은 이 문제를 다뤄 줄 것을 요청받을 수 있다. 이 장은 2명의 저자가 집필했으므로, 내담자와의 작업에 대해 논의하면서 저자들을 지칭하는 용어로 '우리'를 사용하려 한다. 이는 우리가 여러 명의 저자가 있다는 사실을 가장 잘 전달하기 위해 선택한 양식이지, 우리가 둘이서 함께 이 내담자와 작업한 것이라 말하려는 의도가 아니다.

제임스

제임스는 음주운전으로 체포된 후 내키지 않지만 상담자와 만나고 있다. 그는 운전 중 회전 구간을 놓치고 도로에서 벗어나 나무를 박고 체포되었다. 그는 크게 다치지는 않았지만, 경찰이 연락을 받아 출동했다. 사고의 성격과 경찰관들이 그의 입김에서 술

냄새를 맡았다는 사실 때문에 경찰은 그를 병원으로 데리고 가서 진찰을 받게 하였다. 혈액검사 결과, 혈중 알코올 농도는 .20으로 주(州)의 법정 한도보다 2배 이상 높았다. 검사 도중 의사는 치유되기 시작한 금이 간 갈비뼈 2개와 이번 사고가 일어나기 이전에 다친 몇 군데의 타박상을 발견했다. 제임스는 약 일주일 전에 등산을 하다가 넘어졌지만 치료를 받으러 가지 않았다고 의사에게 말했다. 의사는 메모를 통해 그 부상들이 제임스의 설명과 일치하는지 의문스럽다고 남겼다.

상담 접수면담을 받는 동안 제임스는 자신이 27세의 흑인 남성이며 그 지역 대학교의 대학원생이라고 보고했다. 그는 자신이 싱글이고, 데이트를 많이 하지는 않으며, 다른 대학원생 1명과 함께 살고 있다고 말했다. 그는 로스쿨에 다니고 있었고, 그의 룸메이트 또한 흑인 남성으로 영문학 박사과정생이었다.

제임스는 처음 세 번의 상담 회기에 참여하는 동안 그다지 자기가 나서서 이야기하지는 않았다. 그는 자신이 체포됐던 것으로 인해 현재 진행 중인 대체치료 프로그램(treatment alternative program)의 요건을 채우기 위하여 상담에 나올 뿐이라는 점을 분명히 해 왔으며, 그가 로스쿨에 남으려면 이 프로그램을 완수해야 한다고 했다. 그는 술을 마셨다는 점은 인정했지만, 본인이 경찰에 협조적이었음에도 불구하고 자신을 거칠게 대하고 수갑을 채운 경찰관들에게 화가 난다고 하였다. 경찰관들은 그를 현장에 있던 구급차로 병원에 이송하기보다는 경찰차 뒤편에 태워 이송했다. 3회기까지 그는 상담시간의 대부분을 경찰에 대한 분노를 표출하는 데 보냈다.

제임스가 네 번째 회기에 왔을 때, 그는 눈에 멍이 들고 입술과 코는 멍들어 부어 있었다. 그는 처음에는 책상 모서리에 넘어져 부딪혔다는 식으로 뭐라 중얼거렸지만, 조심스레 속마음을 보이며 울기 시작했고 좀 더 나서서 이야기하기 시작했다. 그는 이번 음주운전 사건이 룸메이트인 로버트(Robert)와의 폭력 일화를 겪고 술을 마시면서 일어난 것이라고 말했다. 제임스는 자신과 로버트가 커플이라고 말했다. 둘은 학부생 때부터 서로 알던 사이이며, 3학년 중반에 사귀기 시작했고, 2년 전 대학원에 입학하면서 동거를 시작했다고 하였다. 또한 로버트가 매우 매력적인 사람이며, 데이트하던 시절에는 제임스에게 정말 잘해줬다고 하였다. 제임스는 로버트가 어느 남자든 그가 원하면 취할 수 있는 사람이었고, 그런 로버트가 자신과 함께 있길 바란다는 것에 항상 우쭐했던 것 같다고 하였다. 이들이 결혼을 할 수는 없었지만, 함께 살기로 결심했을 때 서로에게 헌신하리라 둘만의 서약을 나누었다고 하였다.

처음에는 일이 잘 풀렸다. 이들 모두 대학원 생활에 어느 정도 집중했다. 몇 달 후,

로버트는 여태 둘이 한 게 일뿐이라고 불평하기 시작했다. 그는 사회 활동을 더 많이 하길 원했다. 제임스는 로스쿨을 다니기 위해 일하는 데 많은 시간을 할애해야 했다. 로버트 역시 바빴지만 놀기 위해서는 일을 제쳐 둘 수 있는, 아니면 적어도 그럴 의향이 있는 것처럼 보였다. 이로 인해 많은 싸움이 있었다. 그리고 로버트는 제임스가 꼭 그의 아버지처럼 잘난 변호사나 되길 원한다고 말하면서, 그가 둘의 관계보다 로스쿨에 더 관심이 있다며 그를 꾸짖기 시작했다.

다음으로 또 다른 논쟁의 영역이 존재했다. 로버트는 본인의 가족과 매우 가깝게 지냈고 항상 이들과 외출을 해 왔다. 제임스는 이들이 훌륭한 분들이며 자신을 따뜻하게 이들 가족의 일원으로 받아 줬다고 인정했다. 그러면서 제임스는 로버트의 어머니와 여자 형제들은 훌륭하다고 말했지만, 이에 단서를 붙였다. 로버트의 아버지는 로버트가 아기였을 때 그의 가족을 떠났다. 그의 어머니는 끔찍한 남자친구들을 연달아 사귀었는데, 제임스는 로버트가 이들을 술에 취한 망나니들(drunken brutes)이라 묘사했다고 하였다. 그래도 그의 어머니는 제임스가 로버트를 만나는 동안에는 스스로 생활을 책임져 오셨다고 하였다.

제임스는 자신이 부모와 친하지 않을 뿐이지 소원한 관계는 아니라고 말했다. 그는 아버지가 가난하게 자랐지만 로스쿨에 다닐 수 있었고 매우 출세한 변호사가 되었다고 말했다. 그의 어머니는 심장병 전문의였다. 둘 다 오랜 시간을 일했으며, 제임스에게 강한 직업 윤리를 심어 주었다. 그는 자신이 부모와 다정한 사이이며, 이들이 자신이 게이라는 것을 알고 있을 것이라 의심하나 한 번도 그에 대해 말한 적은 없다고 하였다. 두 분은 로버트에게 다정하였지만 그를 거의 보지는 못했다. 이는 제임스에게는 가능한 일이었지만, 로버트에게는 그렇지 않았다. 로버트는 제임스가 정말로 자기를 사랑한다면 그의 부모에게 자신이 정말로 누구인지 말할 것이라고 했다. 둘은 이것으로 많이 싸웠다. 로버트는 제임스가 자신과 둘의 관계를 부끄러워하고 있다고 주장했다. 제임스는 이것이 어느 정도는 사실일 수 있다는 것을 인정해서 로버트가 이런 말을 할 때 때때로 답을 하지 않았고, 이것은 로버트를 더욱 화나게 했다.

제임스는 그의 부모가 신앙심이 매우 깊으며 자신도 보수적인 기독교 교회에서 자랐다고 말했다. 그의 부모는 두 분 모두 그 교회의 중추적인 역할을 맡고 있었다. 제임스는 동성애가 죄악이며 하나님에 반한 가증한 일이라 믿으며 자랐다고 말했다. 그는 자신의 생각을 바로잡고 자신의 종교와 섹슈얼리티 사이에서 평화를 찾기 위해 노력하고 있지만, 특히 자신의 관계를 부모와 협상하는 것은 힘든 일이라고 했다. 로버트는 제임스가 노력하는 것에 대해서도 질책하면서 종종 제임스야말로 게이 공동체에 가증스럽고 수치스러운 존재라고 말했다. 또한 로버트는 제임스를 자주 흉보면서 제임스에게 자신이 혐오감을 느낀다고 말했다.

상담자는 자신을 사랑한다고 하는 사람에게 이런 말을 듣는 것이 얼마나 힘든 일일지 공감하는 반응을 하였고, 이는 제임스로 하여금 이런 말이 로버트의 주먹보다도 아프다고 말할 수 있게 이끌었다. 제임스에게 이 문제를 논의하는 것은 분명히 어려운 일이었지만, 우리는 정서적 학대의 정도를 평가하려고 시도하였다. 우리는 정서적 학대가 신체적 학대보다 앞서 있었고, 신체적 학대와 함께 시간이 흐르면서 점점 커졌다는 것을 알아낼 수 있었다. 로버트는 게이인 것에 대한 제임스의 수치심을 유발하고 악화시키는 데 매우 능숙한 것 같았으며, 또한 제임스로 하여금 게이 공동체에서 얻을 수 있는 어떤 지지도 받지 못하게끔 고립시키는 데에도 능숙한 것 같았다.

제임스는 로버트가 대학 내 게이 커뮤니티에서 매우 활동적이라고 설명했다. 그는 그 커뮤니티의 리더로 높이 평가받고 있다고 했다. 사실 로버트는 제임스에게 자주 '커뮤니티의 어떤 남자라도 나와 자고 싶어 할 것'이라는 것을, 그가 많은 제안을 받는다는 것을 상기시켰다. 제임스는 지난 1년 동안 로버트가 그 제안들에 대해 행동을 취하기 시작했다고 보고했다. 제임스는 이것을 논의할 때 상처받고 분노하기를 반복했다. 그는 그와 로버트가 서로에게 충실하기로 약속했기 때문에 상처를 받았다. 또한 로버트가 제임스를 벌주기 위해 다른 남자들과 성관계를 갖는 것 같아서 화가 났다. 게다가 로버트는 다른 남자들과 하는 것이든 제임스와 하는 것이든 더 안전하게 섹스(safer sex)하기를 거부했다. 제임스가 로버트에게 HIV 검사를 받고 이 행동을 멈출 때까지 성관계를 갖지 않겠다고 말했을 때, 로버트는 '힘으로 하게끔(forces the issue)' 하였다. 이에 대해 물어봤을 때 제임스는 고개와 시선을 아래로 떨구고는 그렇다고 답하면서 제임스가 원치 않을 때 로버트가 제임스와 강제로 항문 성교를 했다고 대답하였다. 상담자가 그것이 강간임을 말했을 때, 제임스는 그 사람이 당신의 파트너라면 강간은 아니라고 격렬하게 주장하였다. 그는 이런 일이 '몇 번밖에' 일어나지 않았다고 덧붙이며, 요즘에는 로버트가 화를 내기 시작하면 대부분 자신이 응해 준다고 하였다. 이는 제임스를 불편하게 만들었지만 자신이 성폭력이나 가정폭력의 피해자라는 점을 강하게 부인하였다.

제임스는 로버트가 다른 남자들과 섹스하기 시작한 이후로 많은 신체적 폭력이 일어났다고 말했다. 로버트가 접근하려는 것을 제임스가 거부하면 로버트는 물리적으로 제임스를 뒤쫓았다. 제임스는 로버트가 '이런 식으로 나오면' 자신이 그를 밀고, 밀치고, 심지어는 가끔 때릴 때도 있다고 말하며, 어떤 폭력이든 쌍방으로 존재한다고 하였다. 제임스는 자신만이 유일한 피해자가 아니라고 주장했다. 그럼에도 불구하고 그는 자신이 섹스를 원하지 않아도 결국은 로버트와 섹스하게 된다는 것을 인정했다. 질문을 받았을 때, 그는 또한 로버트가 자신에게 했던 것처럼 로버트의 갈비뼈를 부러뜨리거나 피를 흘리게 만든 적이 없다는 점을 인정했다.

가장 최근의 사건은 제임스가 자신의 은행 계좌를 바꿨다는 것을 로버트가 알았을 때 일어났다. 제임스는 자기 자신을 위해 돈을 대는 것이 자신에게 중요하다고 설명했다. 그는 그의 아버지가 당좌예금 계좌로 자신이 돈을 쓸 수 있게끔 해 준다고 말했다. 제임스는 그것이 아버지가 '낯간지러운 걸 못하는 사람이라' 자기 나름대로 지지를 보이는 방식이라고 말했다. 그럼에도 불구하고 제임스는 이 지원이 조건부라는 것을 알고 있었고, 만일 그의 아버지가 자신이 게이라는 것을 알게 되면 적어도 초반에는 그것을 철회할 것임을 알고 있었다. 제임스는 자신이 이러한 조건부 지원을 받아들이고 싶은 건 아니라고 하면서 언제든지 철회될 수 있는 것에 익숙해지고 싶지 않다고 말했다. 로버트는 지원이 있는 동안 이득을 취해야 한다고 주장했다. 그는 제임스의 현금카드를 꺼내 계좌에서 돈을 인출하기 시작했다. 제임스는 자신이 계좌를 변경했다는 것을 알았을 때 로버트가 몹시 화가 나 있었다고 말했다.

제임스는 로버트가 자신을 학대하고 있다는 의견에 저항하고 있었으며, 로버트에게 혐의를 제기하거나 어떤 조치를 취하는 것에 전적으로 반대했다. 그는 로버트와의 관계에서 상황이 달라져야 한다는 것을 알고 있었지만, 자신이 인종차별주의자로 묘사하고 있고 항상 흑인들을 쫓을 구실을 찾고 있는 경찰에게 로버트를 고발할 의사는 없다고 말했다. 게다가 그는 로버트가 경찰에게 제임스와 관계를 갖던 시절에 대해 말할 것이고, 그럼 경찰이 자신도 쫓을 가능성이 높으며, 그로 인해 로스쿨에서의 자신의 위치가 더욱 위태로워질 것이라고 의심했다. 뿐만 아니라 그 모든 과정은 그가 게이라는 사실을 외부로 노출시키게 될 것이다. 로버트는 대학 게이 커뮤니티에서 온갖 지원을 받을 것이고, 제임스는 배척당할 것이다. 그럼에도 불구하고 그는 어떻게 이 상황을 바꿔야 할지 막막하다는 것을 인정했고, 자신이 두렵다는 것을 인정했다.

제임스와의 작업

우리는 특정 내담자에게 제공할 무언가가 있을 때 여러 이론적 관점에서 그것을 끌어낼 수 있을 만큼 충분히 절충적이나 인간중심과 실존주의의 영향을 강하게 받은, 주로 여성주의와 다문화 접근의 틀로 상담하는 것을 지향한다. 우리는 상담에서 기법이 아닌 상담 관계에 기반을 두는 경향이 있다. 우리는 우리가 가진 지식만이 아니라 내담자가 상담에 가져다주는 지식 또한 전문지식으로 인정한다. 우리는 내담자를 상담에 오게 한 문제를 다루기 위해 내담자로 하여금 내부 및 외부의 자원을 찾을 수 있도록 촉진하는, 안전하고 권력을 강화하는(empowering) 환경을 조성하기 위해 노력한다. 이는 제임스와 함께 작업하는 데 있어서 중요한 부분인데, 그가 매우 안전하지 않고 권력을 박탈당한 위치로 상담에 왔기 때문이다.

우리는 우리의 이론적 접근이 제임스에게 적합하다고 믿었다. 어떤 사람들은 여성주의 접근법이 여성들에게만 통한다는 잘못된 믿음을 가지고 있으나, 우리는 이에 동의하지 않는다. 제임스는 여러 수준에서 권력박탈(disempowerment)을 경험하고 있기 때문에 그로 하여금 이를 명확히 표현하게 하고 그에 대응하도록 돕는 접근은 그가 갇혀 있다는 느낌을 넘어서 움직이게끔 도울 수 있는 잠재력을 가지고 있었다. 그는 또한 여러 가지 맥락적 요인을 다루고 있었는데, 그의 주된 관계에서의 신체적 폭력과 정서적 폭력, 경찰에 의한 체포와 부당한 대우, 로스쿨에서 그의 위치, 그의 부모의 동성애혐오, 그의 섹슈얼리티에 대한 신념과 느낌에서 그의 양육환경이 가진 역할 등이 포함되었다. 이러한 것들에 대한 그의 대응을 병리화하기보다는 이러한 맥락적 요인들을 인정하는 방식으로 접근하는 것이 그와의 상담에서 중요했다. 실제로 제임스가 자신이 경찰에게 받은 인종차별적 대우에 대해 분노를 표하는 것을 고려해 봤을 때, 그가 경험한 삶을 고려하지 못한 접근방식을 취한다면 제임스는 상담 과정에 참여하지 않을 것 같았다.

우리는 우리가 백인 여성이기 때문에 제임스가 우리를 믿는 데 시간이 걸릴 수 있다는 것을 인지하고 있었는데, 특히 우리가 체포로 그를 처벌하는 시스템의 일부를 대표하기 때문이었다. 그와 우리의 상담 초기 단계에서 그가 자신의 삶의 경험으로 인해 상담에 기꺼이 다가오기 어려울 수 있다는 점을 인식하면서, 우리는 그에 대해 문제를 제기하였고 제임스가 이에 반응하게끔 하였다. 우리는 이러한 제임스의 반응을 병리가 아닌 합리적인 반응으로 보았다. 마찬가지로, 우리는 그가 거짓말을 하고 있다고 가정하지 않았다. 오히려 우리는 그의 반응을 당시 그의 현실로 이해하였다. 만일 제임스가 흑인 남성 상담자에게 배정되었다면 처음에 그가 자신의 인종차별 경험에 대해 공개적으로 말하는 것이 더 쉬웠을 수도 있다. 하지만 학대 관계에서 그가 피해자인 상황과 함께 게이인 것에 대한 그의 불편함의 현재 수준을 고려했을 때, 그가 자신의 상황의 그런 측면들에 대해 논의하는 것이 더욱 힘들었을 수도 있다. 이처럼 제임스에게는 여러 가지 문화적 요인이 교차하기 때문에 어떤 상담자와도 다른 문화 간의 문제들로 인해 어려움이 있을 가능성이 높았다.

우리는 진단이 맥락 및 체제와 관련된 질환에 대해 개인을 병리화하는 경우가 있다고 믿기 때문에 여성주의 및 다문화적 틀을 통해 진단에 저항한다. 이는 특히 주변화된 집단의 사람들에게 해당될 수 있다. 우리는 사람들을 상담에 오게 하는 많은 문제가 실제로는 역기능적인 환경에서 생존하려는 이들의 노력을 나타낸다는 것을 인정한다. 예를 들어, 제임스는 인종차별적이고 비이성애차별적인 세상에서 흑인이고 게이라는 사회적 낙인에 직면하였다. 그는 또한 자신이 사랑과 위안을 얻으리라 믿었던 사람이 둘의 관계 밖의 세계보다도 더 위협적인 상황에 직면해 있었다. 우리는 이 때문에 그가 상담 관계에서 편안하고 안전하다고 느끼는 데 다른 사람들보다 더 오래 걸릴 수도 있다는 것을 알고 있었다. 이는 앞서 논의한 문화적인 면에서 우려되는 점들로 인해 더욱 심화될 수 있다. 우리는 그가 우리를 신뢰할 수 있을지 확신할 수 없었으나 그가 우리를 면밀히 살펴보려 할 수 있다는 점을 이해하였다. 우리는 이를 병리적인 편집증이나 친밀감에 대한 두려움이 아닌, 생존 기술이라고 보았다.

그렇지만 우리는 외부적인 이유로 진단이 필요한 경우가 있다는 것을 알고 있다. 제임스가 상담에 오게 된 방식을 고려할 때 진단이 필요할 것으로 보였다. 우리는 제임스를 병리적으로 분석하지 않고 그의 현재 상황을 정확하게 반영하는 방식으로 진단하려고 하였다. 우리의 진단은 다음과 같았다.

축 I	995.81 신체적 학대 피해자
	309.81 외상 후 스트레스 장애 배제
	305.00 알코올 남용
축 II	V71.09 진단 없음
축 III	학대로 인한 현재 및 과거의 신체적 부상

축 IV　주요 관계에서의 정서적 및 신체적 학대, 부모가 성적 지향을 알게 되는 것에 대한 우려, 음주운전 중 유색인으로서 취급된 것과 관련된 스트레스와 분노

축 V　전반적 기능 평가(GAF)=61(현재)

제임스와 함께 처리해야 할 몇 가지 당면한 중요 사항들이 있었다. 비록 제임스는 로버트가 무기를 사용했다는 것을 나타내지는 않았지만, 폭력은 심해지고 있었다. 더구나 다른 남자들과 성관계를 맺고 안전한 섹스를 하는 것을 거부함으로써 로버트는 제임스를 위험에 빠뜨리고 있었다. 제임스는 HIV 검사를 받아야 했다. 지역 사람들의 경우 이들이 로버트에게 말할 수도 있다는 점 때문에 제임스가 이들과 마주치는 것을 두려워했으므로, 우리는 제임스로 하여금 그 지역의 밖에서 HIV 검사와 상담 서비스를 받을 수 있는 곳을 찾도록 도왔고, 이에 대한 의뢰를 지원하였다. 제임스는 더욱 안전하게 검사를 받을 수 있는 곳을 찾아서 눈에 띄게 안도하는 것 같았다. 그는 우리가 그를 위해 한 것들에 대해 고마움과 놀라움을 반복적으로 표현했다. 여기서 그의 신뢰 수준이 조금 움직인 것 같았다.

안전계획 또한 중요하였으며, 우리는 그가 폭력 문제를 드러낸 회기가 끝나기 전에 이를 논의하였다. 이때 제임스는 그의 가족이나 성소수자 공동체를, 지원받을 수 있는 실질적인 자원으로 보지 않았다. 우리는 그가 접근하기에 안전해 보이는 사람이 있는지 알아보면서 이를 더 탐색하였다. 제임스로 하여금 자신이 고려하지 않았을 수 있는 사람들을 생각해 보도록 돕는 것은 중요했지만, 자신에게 누가 안전하고 혹은 안전하지 않은지에 대한 그의 판단을 신뢰하였다. 우리는 또한 제임스가 다른 곳에서 지지 네트워크를 구축하는 것을 시작하도록 도왔다. 우리는 그에게 그가 있는 로스쿨에 사회정의에 관심이 있고 그를 기꺼이 도울 만한 학생이 있는지 물었다. 제임스는 자신이 연락할 수 있는 사람으로 그의 스터디 그룹에 있는 한 여성을 생각해 냈다. 제임스는 그가 지역사회를 옹호하기 위해 법을 공부하고 있으며, 자신에게 도움이 될 것 같다고 했다. 그 여성은 로버트를 제임스의 친구로 알고 있었다. 제임스는 필요할 때가 아니면 그에게 접근하려 하지 않았지만, 로버트가 다시 폭력적이게 되면 그에게 손을 내밀겠다고 약속했다. 비록 제임스가 여기서 좀 더 적극적으로 행동하는 것을 보고 싶기는 했지만, 우리는 그로 하여금 우리가 그의 선택을 존중할 것임을 스스로 알도록 하는 것이 중요하다고 믿었다. 우리는 그가 휴대전화로 그 여성의 번호를 단축 번호에 등록하는

것을 지켜보았다.

개별 내담자와의 작업 외에도 우리는 지역 자원들에 대한 지식을 유지하기 위하여 계속해서 노력하고 있다. 이는 우리가 내담자들, 특히 주변화된 집단의 내담자들을 그곳에 의뢰할 때, 이들이 도움을 받으러 갔다가 그곳에서 더 피해를 받을 수 있기 때문에 그렇게 되지 않을 것이라는 확신을 주기 위함이다. 이러한 자원에는 지역 성직자들, 의사들, 변호사들, 복지 전문가들을 비롯해서 성소수자와 다양한 문화적 집단에 적극 옹호적이고(affirming) 또한 가정폭력에 대한 이해도 있는 사람들을 포함하며, 이러한 모든 요소가 중요하다는 것을 명심해야 한다. 우리는 제임스와 함께 그가 비상시에 의지할 수 있는 다른 자원들을 생각해 내려고 노력했다. 누구에게 손을 내밀어야 할지에 대한 모든 결정은 제임스의 손에 달려 있었다. 그는 당장 행동하기를 꺼렸지만, 성소수자에게 열려 있고 적극적으로 옹호하기로 회중이 결정한 지역 교회의 목사에 대해 우리가 이야기했을 때 약간의 관심을 보였다. 그는 동성애에 대해 자신이 자라 온 교회와는 다른 관점을 가진 교회가 있다는 것을 몰랐다고 말했다. 우리는 그가 이곳을 활용하고 싶다면 연결시켜 줄 수 있다고 제안했다.

정서적 · 신체적 학대에 더해서 성적 학대와 경제적 학대 둘 다의 명백한 증거가 있었다. 로버트가 제임스의 현금카드를 제임스의 허락 없이 그의 의사에 반하여 사용하는 것은 경제적 학대에 해당했는데, 이는 로버트가 관계에서 자신이 원하는 것을 얻기 위해 힘과 통제를 사용하려고 시도하고 있다는 것을 반영했다. 제임스는 이미 현금 인출 계좌를 변경함으로써 경제적 학대 문제를 해결하기 위한 조치를 취했다. 우리는 이 일을 제임스가 자신이 가진 힘과 행동력을 인식하도록 돕는 기회로 사용했다. 이 일은 제임스가 학대를 인정하고 그에 대해 뭔가 조치를 취할 수 있었던 영역인 것 같았다. 비록 그러한 행동들이 다른 결과들도 가져왔음에도 말이다. 우리는 그와의 작업을 통해 그가 여기서 보여 준 결심을 다른 영역으로 옮기고 그의 자신감을 키우는 데 도움을 주고자 하였다.

제임스가 결국 묵인하든 그렇지 않든 그가 원치 않을 때 성관계를 갖도록 강요하는 것은 성적 학대에 해당했으며, 이는 그를 HIV 감염이나 성병에 노출될 위험에 처하게 하였다. 제임스는 자신을 성적 학대의 피해자로 보는 것을 거부했다. 그래서 우리는 그의 상황에 대한 분석과 함께, 실제로 무엇이 성적 학대와 강간에 해당하는지에 대한 교육을 진행했다. 우리는 한 남성으로서, 그리고 한 흑인 남성으로서 제임스의 자기감이 취약한 상태일 수 있음을 이해하였기 때문에 이 일을 하면서 민감해지려고 노력했다.

그는 이미 자신이 자라면서 배운 것과 자신의 성적 지향을 조화시키기 위해 고군분투하고 있음을 지적했다. 만약 그가 게이 남성은 결코 진짜 남자가 아니라는 사회적인 통념을 갖고 있는데 강간, 성폭력, 가정폭력을 여성들에게 일어나는 것으로 인식하고 있다면, 이러한 통념은 더욱 심화될 수 있었다. 따라서 우리는 이 두 종류의 통념이 모두 틀렸음을 입증하는 일을 하였다. 우리는 우리의 여성주의 다문화 접근에 인지적 접근 또는 이야기상담 접근을 병행하여, 제임스가 어떻게 강인하고 건강한 남자로서 자신을 재구성할 수 있을지, 그리고 자신의 이러한 모든 측면이 어떻게 상호작용하는지를 탐구하도록 도왔다. 우리는 제임스에 대한 인종, 성별, 성적 지향이 교차한다는 사실을 계속 의식하면서 이 모든 요소를 통합해야 했다. 이것들은 한 번에 하나씩 다루어질 수 없었다.

제임스는 이미 인종차별에 대한 자신의 우려를 표명했다. 우리는 그에게 관심을 기울였고, 그에게 공감하였으며, 그의 분노를 타당화하였다. 그가 음주운전 사고를 낸 것을 고려하면 그로 하여금 경찰에 대한 분노에서 벗어나 그의 행동에 더욱 책임지게 하고 싶었지만, 그렇게 하지 않았다. 우리는 그가 결국 그의 삶에서 음주가 하는 역할을 검토해야 한다는 것을 알았다. 하지만 그는 신뢰가 확립된 후에 그것을 더 잘 할 수 있을 것이다. 우리는 여기서 우리의 여성주의 다문화 접근을 통해 무시해서는 안 될 심각한 맥락적 요인이 존재함을 알고 있다. 제임스가 경찰들과의 일들을 기술한 것이 맞고, 우리가 최선을 다해 경찰들이 그랬다는 것을 믿기 시작하면 제임스의 분노는 법적으로 정당했으며, 마땅히 그렇게 여겨져야 했다. 그러므로 그가 이들에게 도움을 구하기를 꺼리는 것은 이해할 수 있었다. 우리는 그의 의사를 존중했으며, 제임스가 로버트의 행동을 경찰에 신고하도록 설득하려 하지 않았다. 실제로 그렇게 하는 것은 안도감보다 더 많은 결과를 야기할 수 있었다. 우리는 제임스의 안전을 계속 걱정하고 있었고 이를 표현하고 있었지만, 그가 우리와 함께 서서히 쌓고 있는 이 신뢰가 깨지기 쉽다는 점 또한 알고 있었다.

이러한 입장을 취하는 것이 다른 많은 상담자에게 의구심이나 갈등을 야기할 수도 있지만, 여성주의 지향에서는 학대 피해자들과의 작업에서 우리가 우리의 내담자들을 위해 이러한 선택을 할 권리가 없다고 믿는다. 이러한 이론적 입장에서 많은 내담자는 자신들의 선택이 존중받을 때 권력 강화의 감각을 경험한다는 결과를 보고하며, 우리는 이러한 작업 방식이 효과가 있다고 믿는다. 우리는 가정폭력과 성폭력 분야에서 일하면서 이런 문제들을 다루는 내담자들이 자신들이 경험한 삶의 전문가라는 것, 그리고 우리가 이들의 전문지식을 믿을 필요가 있다는 것을 배웠다. 우리는 이러한 입장이 일부 상담자, 특히 막 실무를 시작한 상담자들과 보다 지시적인 이론에 기반을 두고 일하는 상담자들에게는 힘든 일이 될 수 있다는 것을 알고 있다. 내담자에게 효과적인 지지와 옹호를 제공하기 위해서는 수퍼비전을 통해 이러한 힘듦을 다루는 것이 중요하다.

일반적인 옹호상담으로서 우리는 해당 지역의 경찰서를 아는 것과 함께 성소수자, 인종적·민족적 소수자인 사람들과 일하는 것에 대한 이들의 문화적 감수성과 가정폭력에 대한 전반적인 이해 수준을 아는 것은 중요했다. 가장 문제가 많은 경찰서라고 해도 때로는 피해자에 대해 민감하고 이러한 문제들에 대해 잘 아는 한두 사람이 있을 수 있다. 우리는 우리와 함께 여러 가정폭력 상황에서 밀접하게 일해 본 적이 있는, 지역 경찰서에 근무하는 한 경찰관을 알고 있었다. 우리는 제임스가 그의 관계에서 실제로 일어나고 있는 일에 대해 더 잘 이해할 수 있도록 하기 위해서 고소에 대한 부담 없이, 그 경찰관과 대화할 수 있는 기회를 제공했다. 우리는 필요하다면 제임스와 함께 회의에 참석해 그의 옹호자로 활동해 줄 수 있다고 제안했다. 하지만 제임스는 즉시 우리의 제안을 일축하였고, 격렬히 자신은 경찰서와는 아무것도 하고 싶지 않다고 말했다. 우리는 이 제안만으로도 그의 신뢰가 약간 퇴보함을 느꼈다. 우리는 이것을 직접적으로 언급했다. 제임스는 마지못해 우리가 느낀 게 맞다고 인정하였고, 우리는 그의 반응을 타당화하였다. 우리는 혹시라도 경찰서에 가게 된다면 그 선택에 대해서는 그가 결정하는 사람임을 강조했고, 그의 긴장이 눈에 띄게 조금은 풀리는 것을 지켜보았다. 그러나 우리는 제임스가 조치를 취하길 원하거나 이를 필요로 한다면 그 제안이 아직 유효하다는 것을 알려 줌으로써 문을 열어 뒀다.

몇 회기가 지나고, 제임스는 로버트가 '다시 폭발할 준비를 하고 있다'고 보고했다. 그는 마지못해 그 경찰관과 만나기로 했고, 우리는 그와 그 회의에 동행했다. 경찰관은 제임스가 그에게 일어난 어떤 범죄에도 책임이 없다는 것, 그리고 로버트와의 관계에서 일어난 폭력에 대해 정식으로 고소장을 접수하지 않고도 진술할 수 있다는 것을 재확인시켜 주며 대화를 시작했다. 제임스가 말할 때 경찰관은 행동의 역사와 양상에 대해 질문을 던졌으며, 로버트의 공격으로부터 자신을 방어하려 한 제임스의 시도는 신체적 학대로의 고소 조건이 될 수 없다는 그의 생각을 강화했다. 경찰관은 그가 지금까지 들은 바에 따르면 제임스는 로버트를 고소할 수 있는 선택권을 가지고 있지만 그렇게 할 의무는 없다고 강조했다. 그는 제임스가 원한다면 나중에 사용할 수 있도록 그의 보고서를 파일에 보관할 수 있다고 말했다. 그는 일어난 일들을 가정폭력으로 명명하였고, 가정폭력은 어떤 피해자라도 신고하기 어려운 범죄라고 반복하였으며, 그가 알고 있는 바로 동성 간의 관계에 있는 사람에게는, 특히 유색인 남성에게는 그 어려움이 커질 수 있음을 분명히 하였다. 경찰관이 제임스에게 이렇게 말로 표현해 주자 그의 불안감은 눈에 띄게 줄어들었다. 그는 경찰관이 자신의 이야기를 듣고 이해했음을 분명히 느꼈으며, 비록 그가 여전히 로버트를 고소하고 싶어 하지는 않았지만, 경찰관이 이들의 만남을 기록해 두길 원한다는 의사를 내비쳤다. 경찰서를 나서면서 제임스는 자신이 체포될 때 있었던 경찰관들에 대해서는 여전히 화가 나지만, 이 경찰관에 대해서는 자신의 성적 지향과 인종에 관해 잘 알고 있고 존중받는 느낌이 들었다고 말했다.

우리는 여기서 내담자가 대화할 대상이 가정폭력, 인종, 성적 지향을 포함한 모든 문제에 대해 식견이 있고 민감하다는 것을 미리 아는 것이 중요함을 강조하고 싶다. 만약 우리가 지역 경찰서에서 이런 사람을 개인적으로 알지 못했다면, 경찰은 제임스를 위한 선택지가 되지 않았을 것이고, 그가 추가적인 피해를 입게 되는 것을 피하지 못했을 것이다. 우리는 또한 제임스와의 개별적인 업무 외에도 경찰서가 이 모든 문제를 더 잘 다룰 수 있도록 돕는 체제적인 옹호(systemic advocacy)가 필요하다는 것을 알고 있었다.

제임스가 자신의 상황을 가정폭력으로 보는 것에 대해 계속 저항하고 있었기 때문에, 우리는 가정폭력 프로그램으로의 의뢰를 논의하기 전에 인내심을 갖고 그에게 정보를 제공하고 권력 분석(power analysis)을 할 수 있도록 도왔다. 우리는 제임스가 스스로 방어하기 위해 로버트를 밀거나 밀치거나 때리는 경우가 가끔 있다는 것 때문에 자신도 가해자라고 믿는 것에 대해 다뤘다. 피해자, 가해자, 경찰 그리고 조력 전문가들(helping professionals) 모두 스스로를 안심시키고자 상호 폭력(mutual combat)에 대한 생각을 믿게 될 수 있는데, 특히 두 남성이 연루된 일인 경우에 그러하다. 우리는 어떤 상황이 상호 폭력이나 자기방어를 포함하는 경우, 그 정도를 평가할 때 권력과 통제 문제에 초점을 맞춘다. 제임스의 경우, 로버트는 그가 원하는 것을 제임스가 하게끔 만들고자 제임스보다 권력의 우위를 점하기 위해 폭력을 행사하고 있었다. 제임스는 자신이 다치지 않도록 방어하기 위해 물리적으로 대응했다. 우리는 권력 분석을 통해 제임스가 경험을 재구성하고, 자신의 반응이 방어적인 반응이며 로버트의 공격성이 신체적·정서적 권력의 남용을 반영한다는 것을 인식하도록 도왔다.

우리는 가정폭력 프로그램과 쉼터가 인종과 성적 지향에 관한 문제에 있어서 반드시 경찰서보다 더 나은 것은 아니라는 것을 알고 있었다. 두 남성 사이의 가정폭력을 상호

폭력이라 표현하는 것은 전문가들이, 특히 인종차별적 또는 동성애혐오적 경향이 있는 경우, 도움 요청을 무시하거나 두 남성 모두를 처벌하게 하는 방법이다. 제임스가 이를 받아들일 때가 오면, 우리는 그곳에서 그가 인종차별이나 동성애혐오를 통해 더 피해를 입지 않을 것이라는 확신을 가질 수 있을 만큼 해당 프로그램에 대해 충분히 알게 됐을 때에만 가정폭력 프로그램에 의뢰하려 했다. 또한 우리는 남성 피해자들과 작업하는 데 효과적인 프로그램에만 의뢰하려 했다. 제임스의 인종, 성별, 성적 지향이 교차하였기 때문에, 우리는 우리가 이러한 교차성을 효과적으로 다룰 수 있는 프로그램이라고 알고 있는 것들에만 의뢰하려 했다. 이번 경우에 우리는 그 지역의 쉼터가 여성 피해자들에게는 매우 좋았지만 그것이 남성 피해자들에게도 잘 통할지는 염려되었기 때문에 제임스를 의뢰하지 않았다. 우리가 만일 교차성에 대한 우려로 누군가를 의뢰하는 것을 편안하게 느낄 수 없다면 체제적인 옹호가 필요할 수 있다.

제임스가 음주운전으로 체포되어 우리를 만나고 있는 것이었기 때문에 우리는 그의 음주 문제를 다루어야 했다. 우리는 그가 처음 상담에 왔을 때 그의 음주가 어느 정도로 문제가 되는지 측정하기 위해 이를 평가했다. 우리는 『정신질환의 진단 및 통계 편람(DSM-IV)』의 진단 기준을 사용한 임상 면접을 하였는데, 맥락적 요인들을 고려하는 유연함이 허용된다고 생각하였기 때문이다. 우리는 제임스의 음주가 정말로 그에게 문제를 일으키고 있음을 알았고, 그런 이유로 그에게 알코올 남용의 진단을 내렸다. 그와 동시에 제임스가 자신의 음주에 대해 이야기하는 것을 경청하면서, 우리는 그것이 호소 문제만큼이나 그의 학대 관계로 인한 증상일 수도 있다고 믿었다. 따라서 우리는 다른 문제들에 대해 작업하는 동안 음주 문제가 심해지지 않도록 그의 음주를 관찰하면서, 우선적으로 학대 문제에 초점을 맞췄다. 우리는 또한 제임스가 그의 종교적인 양육 환경과 성적 지향으로 인해 약간의 갈등을 경험하고 있는 것으로 보인다는 것에 주목하였다. 지금까지는 그가 서술하는 것을 바탕으로 그의 과도한 음주가 폭력 관련 일화와 연결되는 것처럼 보였지만, 우리는 내면화된 동성애혐오(internalized homophobia)가 그의 음주에 기여하고 있을 가능성을 열어 두고 있었다.

우리는 제임스가 그 모임에서 무엇을 공유하기로 선택할지에 대한 모든 결정을 그에게 남겨 둔 채로, 우리가 확실히 환영하고 적극 옹호할 것이라고 확신하는 한 익명의 알코올중독자들(AA) 모임에 제임스를 의뢰했다. 이 모임은 제임스가 음주를 수반하지 않는 대처 방법을 학습하는 동시에, 지지 네트워크를 구축하기 시작할 기회 또한 제공할 수 있었다. 다른 의뢰와 마찬가지로, 우리는 제임스가 더 이상 피해를 입지 않을 것이라는 확신을 가질 만큼 그 지역의 모임에 충분히 친숙해지는 것이 중요하다는 것을 알고 있었다. 제임스는 익명의 알코올중독자들 모임에 참석하지 않았다. 그가 법원의 의뢰로 내방한 것을 고려했을 때, 우리는 제임스에게 모임에 출석할 것을 요구할 수 있었으나, 그가 자신만의 결정을 내릴 수 있도록 권력을 강화하는 것에 초점을 맞추어 그러지 않기로 결정했다. 만약 그의 음주가 더욱 심각한 문제라서 걱정이 되었다면, 우리는 상담 초반에 좀 더 직접적인 방법으로 이를 다루었을 것이다.

우리는 제임스와 개별적으로 일하는 것이 우리 역할의 일부에 불과하다는 것을 이해했다. 우리는 또한 체제적인 개입이 적절할 수 있는 영역들에도 주의를 기울이고 있었다. 제임스의 사례는 지역 경찰서와 가정폭력 프로그램 둘 다 장점이 있었지만, 이들이 고군분투하는 영역이 있다는 것을 우리에게 보여 주었다. 우리는 상담자로서 이들이 문화적으로 더욱 유능해지도록 돕기 위해 두 체제와 협력해야 할 책임이 있다는 것을 깨달았다.

제임스는 그가 의무적으로 받아야 하는 상담은 다 완료했지만, 그 이상 계속 받지는 않기로 결정했다. 우리는 그가 자신의 의무적 상담을 완료한 것에 대해 성취감을 느낀다고 하여 이러한 그의 결정에 안도했다. 그는 음주를 줄였고, 더 이상의 음주 관련 사건은 없었다. 로버트와의 폭발적인 사건은 더 이상 없었으나, 제임스는 로버트가 변할 것 같지 않다는 걸 이해한다고 표현했다. 제임스는 로스쿨에서 친구 네트워크를 구축하기 시작하고 있었지만, 그중 누구에게도 커밍아웃하지 않고 있었다. 그는 또한 우리가 그를 의뢰한 개방적이고 적극적으로 옹호하는 교회에서 여러 차례 예배에 참석했다. 그는 자신의 성적 지향에 대해 이전보다 스트레스를 덜 받는 것 같았다. 우리는 종결하는 동안 그와 함께 그의 안전계획을 검토하면서 그가 돌아올 수 있도록 문을 열어 두었다. 우리는 그가 이제 상담을 미래의 실행 가능한 선택지로 본다고 믿는다.

결론

분명 제임스에게는 많은 요인이 존재했다. 제임스의 성적 지향이 그에게 상담을 받게 한 일차적인 요인은 아니었지만, 이는 그의 현재 상황에 영향을 주었다. 제임스의 성적 지향을 아예 무시하는 상담자만이 아니라 성적 지향을 일차적인 문제로 삼는 상담자도 제임스와 의미 있는 상담 관계를 형성하기 힘들었을 것이다. 게다가 성적 지향을 일차적인 문제로 삼게 되었다면, 가정폭력과 문제적인 음주에 대해 긴급하고 잠재적으로 위험한 우려사항들을 인식하지 못하였을 것이다. 더욱이 제임스의 상황에서 성적 지향이 하는 역할을 인정하지 않았다면, 제임스에게 더욱 피해를 입히고 그의 수치심을 악화시킬 위험이 있었을 것이다. 제임스가 가진 인종적 특성의 역할을 인정하지 않는 것도 마찬가지이다. 제임스와 함께 작업하는 상담자는 제임스로 하여금 여러 정체성을 통합하고 다양한 문제 영역을 다룰 수 있게끔 도울 수 있어야 한다. 또한 상담자는 잠재적으로 의뢰하게 될 수 있는 자원들이 제임스에게 적극 옹호적이고 권력을 강화하는 방식으로, 그를 1명의 온전한 인간으로 대할 것이라고 보장할 수 있을 만큼 이러한 자원들에 대해 개인적으로 친숙해져야 한다.

여성과 남성 모두에게서 물질 남용과 동성 간 가정폭력 사이의 관계가 있는 것으로 보이는 것도 주목할 만한 것이다. 따라서 물질 남용이나 가정폭력을 경험하는 성소수자 내담자들과 작업할 때는 다른 한쪽 요인의 존재 유무도 평가하는 것이 도움이 된다. 실제로 접수면접에서는 물질 남용과 가정폭력 모두를 평가하는 동시에, 어느 한쪽이 즉시 드러나지 않고 존재할 가능성을 열어 두고 있는 것이 좋다.

30장

성소수자 내담자와 심리평가 도구 활용하기

제프리 P. 프린스(Jeffrey P. Prince), 마이클 J. 포토츠니악(Michael J. Potoczniak)

다음의 사례 연구는 성소수자 내담자들과의 상담에서 표준화된 심리평가 도구들을 사용할 때 중요하게 고려해야 할 여러 가지 복잡한 요인을 보여 준다. 가장 흔히 사용되는 근거기반(empirically based) 도구가 성소수자 집단에 표준화되지 않았을 뿐만 아니라 각 성소수자 내담자의 삶의 맥락을 형성하는 모든 범위의 고민들과 경험들을 다루기 위한 항목들과 척도들도 개발되지 않았다(Prince, 1997). 따라서 본 사례 연구는 편향을 최소화하기 위해 이러한 평가 도구들을 사용함에 있어서 성적 정체성(sexual identity), 차별 그리고 문화적 요인들의 복합적인 영향을 통합시켜 갈 수 있는 방법들을 강조하려고 한다. 구체적으로 이 사례 연구는 도구들을 선택하는 것과 함께 상담 과정에 이러한 도구들을 통합해 가는 것을 통해, 동성애혐오와 비이성애차별주의를 최소화하는 것의 중요성을 입증하고자 한다.

배경 정보

레오는 19세의 콜롬비아계 미국인이며 라티노 남성이다. 그는 미국에서 태어났다.

그의 가족은 콜롬비아 출신이며, 내전 중에 많은 가까운 친척이 납치되면서 미국으로 피신해 왔다. 그는 자신이 가족과 항상 가깝게 지내 왔으며, 미국에서 살아남으려 고군분투해 온 것들을 바탕으로 서로 강한 유대감을 공유해 왔다고 한다. 그는 또한 부모 모두 복음주의 기독교 신자이고 최근에 가톨릭에서 침례교로 개종하였다고 보고했다. 레오는 최근까지 어머니와의 관계가 매우 깊었다고 밝히며 "얼마 전부터 비밀들이 우리를 갈라놓기 시작했어요."라고 말했다. 레오는 캘리포니아 남부에 있는 작은 미션스쿨을 다녔는데, 그곳에서 그는 대학 때까지 교회 청소년 그룹과 자주 연락하며 지내 왔다고 한다. 그의 주 언어는 스페인어였고, 그의 많은 친구도 그러했다. 레오는 자신이 살던 작은 마을에서는 사람들이 떠나는 일이 드물었고, 그의 친구들 대부분이 그 지역의 2년제 대학에 갔다고 설명했다. 또한 그는 자신이 마을을 떠나 큰 주립대학교에 다니기 위해 수백 마일 떨어진 곳으로 이주하기로 결정한 것에 대해, 그의 가족과 친구들은 '엇갈린 감정'을 가지고 있다고 보고했다. 레오는 대학에 입학한 직후 다른 남자들과 자주 성경험을 하기 시작했다고 보고했다. 그는 이러한 경험들에 대해 극심한 수치심을 보였고, 자신이 게이일지 아닐지 궁금해했다. 레오는 자신의 성적 끌림에 대해서 친구 1~2명에게만 말했다고 한다. 그는 또한 약 1년 전에 HIV 검사에서 양성 판정을 받았으며, 지역 기관을 통해 관련 서비스를 받고 있다고 밝혔다. 그러나 최근에 그는 자신이 치료를 계속 받고 싶은지에 대해 의문을 갖기 시작했다고 한다. 레오는 또한 자신에게 HIV를 옮긴 남자와 계속 성관계를 맺고 있다고 하며, 자신이 이 상황에서 어떻게 대처할 수 있을지 확신이 안 든다고 설명했다.

정보 제시

레오는 일차적으로 학업에 집중이 안 되는 문제로 대학 상담센터에 내방하였다. 그는 앞으로 몇 주 안에 자신의 전공에 관하여 결정을 내려야 하는 것과 관련해서 '스트레스를 받았고 불안함을 느꼈다'고 한다. 그의 잠정적인 전공은 기계공학이었다. 그의 가족은 그에게 이 전공을 선택하라고 촉구하고 있었는데, 그의 가족 중 유일하게 대학을 나온 그의 삼촌이 콜롬비아에서 성공한 기계공학 엔지니어였기 때문이다. 레오는 자신의 가족을 경제적으로 도와야 한다는 압박감을 느꼈고 지금까지 다른 전공을 생각해 본 적이 없다고 말했다. 그는 "제가 가족의 곁에 오랫동안 없을 수도 있기 때문에 조금이라도 돈으로 가족에게 도움이 될 수 있는 전공을 선택하는 것 말고는 다른 게 뭐 있나 싶어요."라고 말했다. 이렇게 생각함에도 불구하고 그는 학업에 집중하는 것이 어렵고 그로 인해 성적이 좋지 않았기 때문에 학교에서 제적당할까 두려워서 다른 선택지들을 고려하기 시작했다. 레오는 이전에 수강했던 토목공학과 과목이 재밌었고, 해당 전공으로 바꾸는 것을 고려하고 있었다. 하지만 자신의 학업에 대한 동기가 전반적으로 떨어졌다고 보고했다. 그는 자신의 생활이 점점 고립되고 사회적으로 은둔하고 있다고 묘사했다. 그는 요즘 무망감과 죄책감을 느끼며 자주 운다고 했다. 게다가 가끔씩 자살에 대해 생각한다고 말했다. 초기 평가 회기가 끝날 때쯤, 레오는 "전 항상 제 삶에 대해 이런 느낌을 받아 왔어요. 누군가가 나를 이해하고 길을 알려 주기를 항상 바라 왔어요."라고 말했다. 덧붙여 그는 자신의 가족과의 강한 유대감을 느끼면서도 "항상 가족에게 말할 수 없는 것들이 있었어요. 가족이 제가 가진 전부예요."라고 말했다. 레오는 또한 '다른 남자들과 건강한 관계를 맺는 법'과 '부모에게 HIV에 감염되었다고 어떻게 말할 수 있을지'에 대해 더 배우고 싶다고 보고했다.

평가 도구 소개

대학 상담센터가 상담에 대해 회기 제한 모델을 따랐기 때문에, 상담자는 레오의 강점과 고민에 대한 정보를 효율적으로 수집하기 위해 처음에 여러 가지 심리검사를 실시하는 것을 고려해 볼 수도 있다고 제시했다. 그러나 심리검사를 하는 것은 역사적으로 성소수자 및 문화적 소수자에 대해 낙인을 찍고 차별해 온 것과 관련이 있었기 때문에, 상담자는 심리평가 도구를 사용하는 것을 잠정적인 방식으로 제안했다. 그는 검사에 대한 레오의 태도와 함께, 이러한 전략을 취하는 것이 유용할 것이라고 둘 다 동의할 수 있는지를 평가하면서 협력적인 접근으로 이 주제를 소개했다. 상담자는 레오에게 심리검사지를 작성하는 것에 대한 그의 의견을 물었다. 레오는 심리검사에 대한 경계심을 나타내면서 검사의 정확도에 대해 별로 신뢰하지 않는다고 말했다. 그는 초등학교 때 영어 성취도 시험점수 때문에 특별 지원 수업의 대상으로 잘못 지정되었던 경험을 말했다. 레오는 또한 자신이 시간제한이 있는 시험을 칠 때 시험 불안과 함께 '몸이 얼어붙는(freezes up)' 것을 경험한다고 인정했다. 상담자는 때때로 검사들이 잘못 사용된다는 점에 대해 동의했고, 그가 고려하고 있던 평가 도구는 레오가 합격하거나 불합격하는 종류의 '시험'이 아니라는 것을 명확히 했다. 상담자는 이러한 검사들은 성취도나 다른 시험들과는 다른 심리학적 질문지이며, 시간제한이 없다고도 설명했다. 그는 또한 만약 둘이 이러한 평가 도구를 사용하기로 정했는데 그 결과 중 레오에게 정확하지 않아 보이는 것이 있다면 이 평가 도구보다 레오의 생각을 신뢰할 것이라고 설명했다.

상담자는 계속해서 레오의 상황에 도움이 될 수 있는 몇 가지 평가 도구를 말했고, 각각이 제공할 수 있는 정보의 유형에 대한 간략한 설명과 함께 구체적인 성격 및 진로 검사들의 예를 제시했다(Association for Assessment in Counseling, 2003). 레오는 심리검사와 진로흥미검사를 실시하는 것에 대해 호기심과 관심을 나타냈다. 두 사람은 레오가 미네소타 다면적 인성검사(Minnesota Multiphasic Personality Inventory-II: MMPI-2)와 스트롱 직업흥미검사(Strong Interest Inventory)를 다음 회기 전까지 실시하는 것에 대해 동의했고, 이후에 상담 과정 중 필요할 경우 추가로 평가 도구들을 고려해 보기로 합의했다. 상담자는 이 도구들 중 어느 것도 성소수자와 관련한 구체적인 내용이 포함된 문항이나 척도를 담고 있지 않다는 것을 알고 있었지만, 검사 결과들에 대해 논의하는 과정에서 그 결과들을 레오의 성적 정체성 발달로 유의미하게 연결시킬 계획을 세웠다.

진단적 인상

MMPI-2 결과, 임상 면접 그리고 행동 관찰을 바탕으로, 다음과 같은 잠정적인 진단이 내려졌다.

축 I	296.33 주요우울장애, 재발, 정신증적 특징 없음, 중도
	316 의학적 상태에 영향을 미치는 심리적 요인(HIV)
축 II	보류
축 III	042 HIV 감염
축 IV	주요 지지집단의 문제
	재정적 문제
	교육적 문제
축 V	전반적 기능 평가(GAF)=53

레오는 고립감, 사회적 철수 그리고 무망감을 보고했다. 그는 또한 과도한 울음, 극심한 죄책감 그리고 가끔씩 자살사고가 나타나는 시기들에 대해 말하면서 '삶의 대부분'을 이렇게 느껴 왔다고 말했다. 만약 그가 이러한 증상들이 자신의 삶의 대부분 동안 존재했다고 보고하지 않았다면, 그의 HIV 상태와 관련된 적응장애의 진단이 대신 내려졌을 것이다. 이 진단은 MMPI-2의 2번 척도(우울)의 상승과 함께 우울증 척도의 여러 임상 소척도의 상승에 의해 지지되었다. 마찬가지로 레오의 스트롱 직업흥미검사 프로파일 역시 그의 우울한 기분이 그의 삶의 즐거움을 방해하고 있음을 가리켰다. 그는 문항에서 '좋음' 반응을 거의 하지 않았으며, 그 결과로 기본흥미척도(Basic Interest Scales)나 일반직업분류(General Occupational Themes)에서 척도 상승이 거의 없는 '우울한' 프로파일이 나타났다.

또한 레오의 증상들은 그의 전공 선택뿐만 아니라 약을 계속 복용할지 말지 상반된 감정에 관한 의사결정에도 영향을 미치는 것으로 보였다. 따라서 축 I 진단의 두 번째 부분에는 의학적 상태에 영향을 미치는 심리적 요인(HIV)이 포함되었다. 레오의 전반적 기능 평가(GAF) 점수는 증상이 그가 기능하기 위한 능력에 중간 정도(moderate)로 영향을 줄 만큼 심했기 때문에 53점으로 매겨졌다. 레오의 점수가 수동적인 자살사고로 인해 50점 미만으로 잡힐 수도 있었지만, 큰 주립대학교에서 잘 기능하고 있는 그의 능력을 고려하여 상담자는 그를 더욱 낮은 기능을 암시하는 더 심각한 점수대(severe)의 바로 위 정도로 평가했다. 특히 레오가 성적 정체성 발달에서 오래 지속된 갈등 상태에 있었고, 지난 몇 년 동안 게이 남성으로서 자신의 정체성을 탐색하는 과정에 있었다는 점은 주목할 만하다. 레오의 우울증 가족력도 우울증 진단을 뒷받침했다. 게다가 그의 우울한 기분의 일부분은 그의 커밍아웃 과정에 대한 정상적 발달과정에서 기인한 것이라고도 할 수 있다.

상담 목표

상담 목표 중 하나는 레오가 전공을 결정하는 데 도움을 주는 것이었다. 관련 목표로는 그 결정에 영향을 미치는 다양한 문제, 특히 그의 우울을 확인하고 다루는 것이었다. 레오의 의사결정을 방해하는 장애물들은 부분적으로 발달과 관련되었고, 또 부분적으로는 진단과 관련이 있었으며, 다소 실존적인 주제와 관련되기도 하였다. 레오는 어린 나이에 HIV 진단으로 인해 받는 영향 속에서 힘겹게 나아가고 있었고, 커밍아웃과 관련된 문제들을 다루고 있었으며, 의학적 진단 및 진로 포부와 관련해 문화적으로 적절하고 충분한 사회적 지지와 역할 모델이 부족했다. 따라서 상담의 목표는 그의 성적 정체성 발달을 관련 환경적 요인들과 함께 통합하는 데 초점을 맞추었다. 상담 목표에는 그의 HIV 진단과 관련해 사회적 지지를 증진시키고, 그의 성적 정체성 발달을 다루며, 문화적으로 알맞은 진로 역할 모델들 및 직업적 정보에 대해 한정적으로 알던 부분을 넓히는 등, 우울증에 대처하는 것이 포함되었다.

이론적 지향

상담자는 레오의 상황을 개념화하기 위해 사회인지 진로이론(social cognitive career theory; Lent, Brown & Hackett, 1996)에 주로 의지했다. 사회인지 진로이론은 ① 자기효능감, ② 결과기대, 그리고 ③ 개인적 목표의 세 가지 요소로 구성된다. 레오는 자신이 여러 분야에서 성공할 수 없다는 그의 신념으로 인해 낮은 자기효능감을 보였다. 그는 자신의 인생이 HIV 상태 때문에 짧고 비생산적일 것이며, 게이 남성으로서 그의 성적 지향은 성공의 장벽이 될 것이라고 믿었다. 게다가 그는 게이 라티노 남자가 대학에서 혹은 직업적으로 어떻게 대단히 성공할 수 있는지를 보여 줄 강력한 역할 모델이 없었다. 또한 레오의 자기효능감은 그의 주요 지지체계인 가족에게서 그에게 갈등을 일으키는 특정 진로로 가라고 하는 사회적 압력의 영향을 받고 있었다. 레오의 가족은 그가 대학에 진학하는 것은 지지했지만, 이들이 살고 있는 곳에서 멀리 떨어진 대학에 가거나 공학 이외의 분야를 공부하기로 한 그의 결정을 지지하지는 않았다. 레오는 가족의 충고를 따르지 않은 것에 대해 죄책감을 느꼈다. 레오의 결과기대는 자신이 '요절할 것'이라는 그의 신념에 기반한 것이다. 게다가 그는 일단 가족이 자신의 성적 지향을 발견하면 자신과 의절할 가능성이 높고, 그럼 자신은 혼자가 될 것이라고 믿었다. 동시에 레오는 자신이 대학에 다니는 유일한 이유는 가족을 부양하기 위함이라고 말했다.

다른 주요 고려사항들로는 레오의 흥미를 개발하는 것, 그의 태도와 가치관이 자기효능감에 미치는 영향을 탐색하는 것, 게이 라티노 남성으로서의 정체성을 강화해 주는 것 등이 있었다. 결과적으로 레오의 성적 정체성 발달과 그의 환경적 맥락들(예: 그의 학업적 · 사회적 · 가족적 환경에서 장벽과 영향)을 탐색하는 것은 레오의 진로 신념과 결정이 차별과 문화적 고정관념을 거쳐 만들어지면서 그로 인해 자기효능감을 저하시키고 학업과 진로의 발달을 막았을 수 있었다는 것을 이해하는 데 중요한 부분이었다. 이러한 상담자의 접근방식은 심리평가 도구들을 통합하여 레오의 진단을 명확히 하는 데 도움을 줄 뿐만 아니라, 레오의 과거 경험에 대한 탐색을 구조화하고, 레오가 탐구할 새로운 영역을 확인하고 개발하도록 안내했다. 레오는 재정적 안전에 좁게 초점을 두었기 때문에 다양한 진로 선택지를 접해 보지 못했고, 자신의 흥미를 탐구하는 데 거의 시간을 쓰지 못했다. 상담자는 검사를 소개하고 레오가 더 조사해 볼 수 있는 구체적인 흥미 영역들을 식별할 수 있도록 돕기 위해 스트롱 직업흥미검사를 구조적이고 위협적이지 않은 방식으로 통합했다. 상담자는 레오의 우울증이 상담 과정을 어느 정도로 총괄할 수 있을지를 평가하고, 레오의 자기효능감에 대한 신념과 함께 성격, 태도, 가치관의 상호작용에 관한 추가적인 정보를 제공하기 위해 MMPI-2를 소개했다. 상담자는 검사 실시를 위한 기본 지침을 따르는 모델 내에서 MMPI-2를 제시했지만, 보다 협력적인 경험을 제공하기 위해 주의를 기울였다. 예를 들어, 그는 레오에게 검사를 통해 다룰 수 있기를 바라는 몇 가지 질문을 만들어 보기를 권했다. 상담자는 또한 레오의 경계를 풀고 그에게 도움이 되는 검사 경험을 제공하고자 검사 실시와 해석에 있어서 레오가 동등한 파트너임을 강조했다.

개입

레오와의 개입을 개념화하고 만들면서, 상담자는 자신의 문화적 정체성에 기반한 편견들을 점검하고 다른 배경을 가진 내담자와 함께 일하는 데 있어서 자신이 편안함을 느끼는지 평가하기 위해서 자주 자문을 구했다. 또한 상담자는 레오의 교차정체성(예: 민족, 인종, HIV 상태, 성적 지향)이 그의 발달에 어떻게 영향을 미치고 있는지를 다루기 위해 자문을 받았다. 상담자는 평가에 존재하는 비이성애차별적 · 문화적 사각지대 중 몇 가지를 조사하고 레오와 논의했다. 예를 들어, 이러한 개별화된 평가 도구들은 레오의 문화적 맥락을 다루지 않았으며, MMPI-2는 이를 해석하는 데 있어서 성소수자 내담자를 자극하고 해석에 어려움이 있는 척도(5번 척도, Mf: 남성성-여성성)를 포함하고 있다. 상담자와 레오는 레오의 점수를 이해하고, 교차하는 자신의 정체성들에 문화적으로 적절한 후속적 개입을 개발하기 위하여 서로에게 협력적인 자세로 작업에 임했다.

자기효능감

HIV 감염인이면서 우울증을 겪고 있는 학생으로서 레오의 자기효능감을 다루기 위해, 상담자는 그의 대학의 장애 학생들을 위한 사무실과 협력하여 의학적 · 심리적 장애를 바탕으로 레오를 위한 편의를 확보했다. 레오와 상담자는 시험시간을 연장하고 교과 과정의 부담을 줄이는 것과 같이, 그에게 편의 제공이 필요한 부분에 대해 논의했다. 또한 상담자는 수업 토론에 레오가 더 많이 참여하지 못하게 하는 급작스런 증상들을 더 경험하고 있을 때, 그의 교수들과 어떻게 의사소통할 수 있을지에 대한 역할극 연습과 자기주장 훈련을 통해 레오를 코칭했다. 레오는 편의를 제공받는 것에 대부분 동의했지만 이것이 '부정행위'로 여겨질까 우려했다. 이것은 그가 성공하기 위해 필요한 도움을 얻는 데 장애물이 되고 있었기 때문에 그와 상담자는 이러한 우려를 다루는 데 몇 회기를 썼다. 상담자는 또한 각 회기를 시작할 때마다 간단한 인지적 재구조화 활동에 레오를 참여하게 함으로써 레오의 다양한 강점을 강조했다. 이 활동에서 레오는 자신의 개인적인 강점들 중 하나를 말하면서 그것이 어떻게 자신으로 하여금 미래의 목표들 중 일부를 성취할 수 있게 해 줄지에 대해 언급할 것이다. 처음에 레오는 너무 우울해서 이 개입에 참여할 수 없었지만, 그의 우울이 완화되면서는 자신의 많은 강점을 확인하고 논의할 수 있었다.

환경적 영향

상담자와 레오는 레오의 삶에 영향을 미치는 의료적 및 사회적 지지체계를 포함한 치료계획을 세웠다. 레오는 라틴계 공동체와 가족에게서 고립되었기 때문에 둘은 레오의 연결을 증가시킬 지역사회 기반의 개입(community-based interventions)을 추진하기로 합의했다. 둘은 레오를 위해 이중 언어를 구사하는 라티노 상담자들이 있는 한 지역 HIV 커뮤니티 기관의 지지모임들에 참석하는 계획을 세웠다. 레오는 이러한 프로그램들을 통해 자신의 수명에 대한 더욱 현실적이고 정확한 기대를 갖게 되면서 자신의 진로에 대한 결과기대를 조정할 수 있었다.

결과기대

레오는 자신의 대학에서 제공하는 멘토링 프로그램을 기회로 활용하여 공대 동문이면서 라티노 게이인 멘토와 만났다. 또한 그는 게이 남성을 위한 지역 엔지니어 단체의 모임에도 두어 차례 참석했다. 이러한 남성들과 동질감을 갖게 되면서 그는 자신의 민족성과 성적 정체성을 바탕으로 자신의 진로에서의 도전들에 대한 더 새롭고, 더 적극 옹호적이며, 더 현실적인 신념을 개발할 수 있었다.

레오의 우울증은 그가 적극적으로 상담에 참여하는 데 지장을 주었다. 그는 몇몇 회기는 빠졌고, 다른 회기들에서는 지각했으며, 사회적 지지와 연결되는 것이나 정보를 얻기 위해 면담을 요청하는 것, 직업 정보를 수집하는 것과 같은, 회기 간에 합의한 목표들을 자주 달성하지 못했다. 그럼에도 상담자는 레오가 한 걸음 한 걸음 갈 때마다 칭찬과 격려로 보상했으며, 상담 과정 내내 그의 우울증 수준에 대해 세심하게 평가하고 주의를 기울였다.

상담자는 레오의 상담 목표 전반을 다루기 위해 레오의 우울 증상, 진로 고민들, HIV에 대한 적응 그리고 커밍아웃 이슈들을 살펴보기 위한 다양한 개입을 사용했다. 상담자는 초반에 MMPI-2와 구조화된 임상 평가 면담의 결과를 자극으로 삼아 레오의 우울증에 대해 논의하고 평가하였다. 둘은 함께 커밍아웃 과정에서의 분투와 가족과의 분리가 레오의 기분 변화에 어떻게 영향을 미치는지 살펴보았다. 또한 상담자는 레오의 의료진과 함께 약물에 대한 평가와 치료를 준비할 수 있었는데, 이러한 과정은 그가 나아가는 데 매우 중요했다.

상담자는 레오의 스트롱 직업흥미검사 프로파일에 대해 여러 회기에 걸쳐 논의하면서 그가 자신의 흥미를 탐구하고 발전시킬 수 있게 조력하고 학업에서의 선택지들을 평가하는 데 도움을 주었다. 레오의 흥미 프로파일은 성공적으로 취직한 엔지니어들의 것과 일치했다. 하지만 레오의 프로파일은 그가 플로리스트나 인테리어 디자이너와 같은 여러 창의적인 직업에 종사하는 남성들과도 흥미를 공유하고 있음을 보여 주었다. 처음에 레오는 자신이 게이라는 이유로 그 검사들에서 자신을 정형화된 틀로 보고 있다고 느끼면서 이러한 결과들의 연관성을 전부 다 무시하기 시작했다. 레오는 그러한 직업 분야로 가는 데 관심이 없었지만, 결국 그러한 척도들에서 자신이 받은 높은 점수가 창의성 및 자기표현에 대한 폭넓은 예술적 흥미들을 나타내는 것임을 볼 수 있었다. 그는 자신이 창조적 사고와 문제 해결에서 동기부여를 받는다는 데 동의했고, 자신이 공학 분야 쪽으로 향하는 것과 취미 활동을 통해 이러한 욕구를 충족시킬 수 있다는 것을 깨달았다. 또한 이러한 흥미들을 통해 엔지니어로 일하면서 더욱 표현력과 통찰력이 있는 결과를 가져올 수 있다. 레오는 한두 가지가 아닌 많은 직업이 자신의 흥미에 맞다고 나타난 것을 통해 스트롱 직업흥미검사가 도움이 된다는 것을 알았다. 이는 그로 하여금 이전에 접했던 몇 안 되는 좁은 폭을 넘어 다양한 선택지를 고려하게 했다.

상담자는 MMPI-2 결과 해석을 통해 레오의 성격, 태도, 가치관이 자기효능감에 대한 그의 신념과 어떻게 상호작용하고 있는지를 논의하였다. 레오는 이러한 논의를 통해 자신의 세계관에 영향을 미치는 요인들과 자신의 진로 의사결정에 방해가 되는 장애물들을 명확히 할 수 있었다. 초반에 레오는 이 검사의 유용성에 대해 회의적이었다. 상담자가 그에게 이렇게 긴 검사지에 답하면서 기분이 어땠냐고 물었을 때, 레오는 '검사에서 내가 게이라고 나올까 봐' 다소 두려웠다고 말했다. 이는 레오가 5번 척도(Mf: 남성성-여성성)에서 약간 상승한 자신의 점수에 대해 오해하지 않게끔 세심하게 논의하는 것으로 이어졌다. 상담자는 이 척도를 설명하기 위해 남성성과 여성성이라는 용어를 사용하는 것을 피했다. 대신 그는 이를 간단히 '5번 척도'라고 지칭하면서 레오의 결과는 일반적으로 일반 인구의 남성들보다 미학에 대한 관심이 높은 대학 교육을 받은 남성들의 전형적인 범위에 속하는 것으로 해석했다. 상담자는 또한 이 점수가 레오의 스트롱 직업흥미검사 프로파일에 나타난 그의 예술적 흥미와 어떻게 일치하는지를 강조했다.

성과

상담을 종결할 때, 레오는 여전히 우울증의 몇몇 잔존 증상으로 어려움을 겪고 있었지만, 다양한 공동체 자원을 통합한 인지치료의 약식 접근에 잘 반응해 왔다. 그는 그의 우울 증상들을 완화해 나감으로써, 학생으로서 그리고 HIV 양성인 게이 라티노 남성으로서 자신의 전반적인 효능감에 대한 긍정적이고 현실적인 신념을 개발할 수 있었다. 레오는 HIV가 자신의 학업 및 개인 생활에 어떤 영향을 미치는지 더욱 잘 알게 되었고, 자신이 우려하는 점들이 발생할 때 그것을 계속해서 다룰 수 있는 사회적 지지와 도구들을 갖고 있다는 점에서 자신이 '올바른 길로 가고 있다'고 느꼈다고 보고했다.

그는 그의 스트롱 직업흥미검사 결과가 과학적이고, 실용적이며, 창의적인 영역들에 대한 자신의 복합적인 흥미들을 적극 옹호하는 데 도움이 되었다고 하면서 교과 과정과 과외 활동을 통해 이를 계속해서 탐구할 것이라고 말했다. 또한 그는 스트롱 직업흥미검사의 결과들을 통해 자신이 엔지니어와 건축가 둘 다와 매우 비슷한 흥미들을 가지고 있다는 것에 대한 확신을 얻었다. 이는 그로 하여금 공학을 전공으로 계속하되 기계공학을 넘어서는 분야를 탐구하겠다는 자신의 결정에 대한 자신감을 강화시켰다. 상담자는 레오와 어떻게 하면 그의 프로파일이 더 명확해질 수 있고, 더 많은 경험을 쌓으면서 다른 흥미들이 나타날 수 있을지에 대해 논의했다. 레오는 몇 학기 후에 돌아와 다시 스트롱 직업흥미검사를 실시해 보고 그의 향후 결정과 목표에 대해 같이 논의하기로 합의했다. 레오는 멘토링 프로그램과 지역 엔지니어 단체의 모임에 계속 참여할 계획이라고 말했다. 그는 전문가 커뮤니티 내에서 소셜 네트워킹을 하는 것에 대해 더욱 자신감을 보였다. 레오는 또한 공대생으로서 더 큰 자기효능감과 동기부여를 보고했다.

전반적으로 레오는 그의 진로와 삶의 결과에 대한 자신의 부정적 신념들을 더 새롭고 더 현실적인 결과기대들로 대체했다. 레오와 상담자는 협력하여 단기 및 중기 목표를 더 세울 수 있었다. 단기적으로 레오는 졸업이 더 늦어지는 것을 막기 위해 토목공학과로 전공을 바꿨다. 종결할 때, 레오는 여전히 건축학이 자신에게 더 잘 맞을지 확신하지 못했으며, 졸업하고 건축학과 대학원에 진학하거나 어느 정도 규모의 건축 회사에서 일해 보는 생각을 했다. 그는 건축가 및 토목공학자로 구성된 직원들과 프로젝트에 대한 학제 간 접근을 갖춘 회사에서 HACU(Hispanic Association of Colleges and Universities)를 통해 여름 인턴십을 얻는 또 다른 단기목표를 세웠다. 레오는 또한 교과 과정에 대한 부담을 계속 줄일 수 있게, 그리고 가족을 보러 갈 시간을 늘릴 수 있게 5년 계획으로 대학을 마치겠다는 중기목표를 세웠다.

상담자를 위한 시사점 및 권고사항

레오의 사례는 성격 및 진로 평가를 수행하는 정신건강 전문가가, 교차하는 여러 정체성(예: 성적 정체성, 문화적 정체성, 건강 상태, 경제적 변인)을 인식하는 것이 필요함을 보여 준다. 다양한 인구집단에 대한 해석과 개입을 제공하려면 평가 도구를 단순히 조정하는 것 이상이 필요하며, 윤리적이고 타당하며 유용한 해석에 도달하기 위해서는 내담자와의 더욱 큰 협업이 필요하다. 레오에게 이러한 해석을 제공하면서 상담자는 레오의 정체성의 다양한 부분과 그의 고유한 가치관과 문화적 규범들이 살아 있는 방식으로 정보를 전달하기 위해 많은 주의를 기울였다. 덧붙여 상담자들은 내담자들로 하여금 학업 및 직장 환경에서 자신을 옹호하기 위해 가용한 자원들을 사용할 수 있게끔, 자신이 구성원으로 속한 공동체에서 멘토링 및 기회들을 찾을 수 있게끔 이들의 권력을 강화하는 방식으로 심리평가의 결과를 제공해야 할 과제를 안고 있다.

참고문헌

Association for Assessment in Counseling. (2003). ***Responsibilities of users of standardized tests (RUST).*** Alexandria, VA: Author.

Lent, R. W., Brown, S. D., & Hackett, G. (1996). Career development from a social cognitive perspective. In D. Brown, L. Brooks, & Associates (Eds.), ***Career choice and development*** (3rd ed., pp. 373-421). San Francisco, CA: Jossey-Bass.

Prince, J. P. (1997). Assessment bias affecting lesbians, gay men, and bisexuals. ***Measurement and Evaluation in Counseling and Development, 30,*** 82-87.

31장

정치적인 것과 개인적인 것이 충돌할 때: 정치적 대상으로서의 성소수자

글렌다 M. 러셀(Glenda M. Russell)

최근 수십 년간 미국의 유권자들은 성소수자의 권리를 위해 표를 행사하고자 100번 이상 투표에 참여해 왔다. 대개 이러한 투표들의 결과는 성소수자들에게 혹은 이들의 권리에 호의적이지 않은 것으로 나타났다(Gamble, 1997). 이러한 투표들과 그에 앞서 진행되는 캠페인들은 동성애혐오적이고 비이성애차별적인 패러다임의 사례들을 보여준다. 이들은 미국 사회에 존재하는 동성애혐오를 이용하고 있으며, 본 학회의 성소수자 내담자를 위한 상담 역량에서 분명하게 언급했듯이, 이는 '비이성애차별주의가 많은 기관과 관행의 사회 및 문화적 기반에 만연해 있고, 이를 통해 성소수자들에 대한 부정적 태도가 조성될 수 있음을 이해'하는 것이 필요하다는 것을 입증한다(Association for Lesbian, Gay, Bisexual and Transgender Issues in Counseling, 1997, "Social and Cultural Foundations," Competency 2).

반성소수자 캠페인과 투표에 당면한 성소수자들과의 상담 작업에는 선행연구에서 도출된 많은 고려사항이 있다. 캠페인과 투표는 성소수자들에게 자주 부정적인 영향을 끼친다. 이는 심리적 · 사회적 · 정치적 대상으로서 성소수자의 입지와 관련된 다양한 이유로 "성소수자 개인의 건강한 기능을 약화시킬 수 있다."(Association for Lesbian, Gay, Bisexual and Transgender Issues in Counseling, 1997, "Social and Cultural

Foundations," Competency 1; 예: Hatzenbuehler, Keyes, & Hasin, 2009; Riggle, Rostosky, & Horne, 2009; Russell, 2000) 이러한 부정적 영향의 가능성을 이해하지 못하면 성소수자들은 자신과 다른 사람들이 경험하는 심리적 반응들로 인해 혼란에 빠지게 될 수 있다. 이러한 잠재적 영향을 이해하지 못하면, 최악의 경우 피해자에 대한 비난으로 이어질 수 있다(예: 특정 사람들을 정치적 대상으로 삼는 과정에 대해 문제를 삼기보다는, 자신이 정치적 대상이 되는 것에 대해 부정적 반응을 보이는 개인이 '잘못된 것'이라는 의견).

개입

성소수자들이 동성애에 대해 부정적인(homonegative) 정치의 영향을 극복하도록 돕기 위한 개입은 두 가지 주요 요소를 수반한다. 첫 번째는 인지적 재구성(cognitive reframing)으로, 반성소수자 수사(rhetoric)의 대상이 되는 부정적 경험에 대한 중요한 대비책이 된다. 두 번째는 인지적이고 행동적인, 다양하고 구체적인 수단이다. 그중 일부는 적극적 대처에서의 일반적인 지시사항과도 일치하며, 일부는 반성소수자 정치의 내용에 특화되어 있다.

인지적 재구성은 승패를 가르는 경합에서 개인적으로 표적이 되고 있다는 감각에 대안을 제공한다. 이러한 재구성은 특정 캠페인과 투표를 최종 결과물이 아니라 평등한 권리를 보장받기 위한 훨씬 더 큰 운동의 한 부분으로 보게 하는 넓은 관점에서 정치적 사건을 맥락화한다. 상담에서의 다른 수단들은 개인의 대처 능력을 키우는 것과 관련이 있다. 이는 이런 캠페인들에 내재돼 있는 비이성애차별주의를 인정하고, 이런 사건으로 인해 활성화될 수도 있는 내면화된 동성애혐오(internalized homophobia)에 대응하기 위해 노력하며(예: Levitt et al., 2009), 이런 사건에 대한 정서적 반응들을 분명하게 표현하고 처리하고, 성소수자 공동체와 내담자의 관계(예: Rostosky, Riggle, Horne, Denton, & Huellemeier, 2010) 및 가능한 비성소수자 앨라이(ally)들과의 관계를 돌보는 등에 주력하는 것을 포함한다.

내담자 배경

제임스는 20세의 백인 게이 남성 대학생이며, 우울에 관한 고민으로 대학 상담센터에 연락했다. 그는 나의 내담자로 배정되었고, 나와 함께 상담을 시작했을 때부터 내가 레즈비언이라는 것을 알고 있었다. 제임스는 건축공학 전공의 3학년생으로, 학교에서의 교과 과정과 사회생활을 잘하고 있다고 보고했다. 그는 자신의 우울증에 대해 무엇이 그것을 촉발하는지 구체적으로 말하지 못했다. 그는 최근에 캘리포니아 남부에 있는 가족과 함께 여름방학을 보내는 동안 간간이 기분이 다운되면서 '막연하게 암담한 느낌(a vague sense of doom)'을 경험하기 시작했다고 말했다. 이런 간헐적인 기분은 그가 가을에 학교를 다니기 위해 콜로라도로 돌아왔을 때쯤에는 줄어들어 가는 것처럼 보였다. 하지만 그것이 얼마 후에 돌아왔고, 제임스의 공부와 그의 일상적인 즐거움을 방해할 만큼 심해졌다. 그는 수면이나 식욕에서의 변화는 없다고 말했다. 이러한 사실은 그가 자신에 대해 설명하고 서술한 것과 함께 생물학적 기반의 우울증과 다른 무언가를 시사했다.

제임스에게 과거에 우울증을 경험한 적이 있느냐고 물었을 때, 그는 중학교 시절 몇 달 동안의 기간을 말했다. 당시 그는 같은 반 아이들에게 많은 놀림을 당하는 입장이었다. 아이들은 그가 다른 남자아이들보다 몸집이 작고 많은 시간을 혼자 보낸다고 놀려댔다. 제임스를 놀렸던 말들 중 몇몇은 그를 보고 게이라고 한 것이었다. 제임스는 처음에 이런 경험들을 어느 누구에게도 말하지 않았다. 하지만 그가 점점 아무도 만나지 않게 되자 그의 부모는 그에게 무슨 일이 있는지를 물었다. 그는 학교에서 괴롭힘당하는 것에 대해 이야기했고, 그 과정에서 자신이 게이일지도 모른다고 말했다. 그의 부모는 모두 사회자유주의자이면서 자유주의 기독교 교파에 속했다. 제임스는 부모가 자신의 성적 지향을 알게 되었을 때 '약간의 조정을 해야 했다'고 보고했다. 하지만 두 분은 대체로 제임스를 지지했고, 그에게 상담사를 만나 보는 것을 선택지로 주었다. 또한 두 분은 반 아이들의 괴롭힘에 대해 중학교 교장 선생님과 이야기해 보기를 원했지만, 제임스는 그것이 상황을 더 악화시킬 뿐이라고 주장했다.

제임스는 상담사를 만나 보자는 부모의 제안을 받아들여서 약 1년 정도로 상담 기간을 예상하고 상담을 받았다. 제임스는 당시 상담을 통해 괴롭힘에 대한 것과 반 아이들을 어떻게 대해야 할지에 대해 이야기했다고 회상했다. 그는 또한 자신의 성적 지향에 대해 탐구했으며, 상담자는 그에게 게이 남성과 게이 커뮤니티에 대한 몇 가지 유용한 자원과 구체적인 정보를 제공했다.

제임스가 중학교에서 고등학교로 진학했을 때, 그는 재빨리 학교의 성소수자 동아리(gay-straight alliance: GSA)의 일원이 되었다. 이는 더 큰 학교로 진학한 것과 함께 제임스로 하여금 사회적으로 더욱 통합된 느낌을 갖게 해 주었다. 그는 비성소수자 학생들뿐만 아니라 다른 게이 및 레즈비언 학생들과도 끈끈한 관계들을 발전시켰다. 제임스가 건축학과 공학 모두에 대한 자신의 흥미를 정확히 찾아내기 시작한 것도 고등학교 때였다. 고등학교 마지막 2년 동안 그는 스스로에게 매우 편안함을 느꼈고, 학교에서의 자신의 지위에 편안함을 느꼈다. 그는 학업적으로 성공했으며, 1지망 대학에 입학할 수 있었다. 대학을 가기 위해 캘리포니아를 떠났을 때, 그는 그의 고등학교 시절에 대한 행복한 기억뿐만 아니라 많은 견고한 우정을 남겼다.

제임스는 새로운 대학에 와서 비교적 무난하게 과도기를 거쳤다. 그는 수업을 좋아했고, 기숙사에 몇 명의 친구를 두었으며, 공학 전공만 대상으로 하는 동아리에 가입했다. 제임스는 첫 2년을 매우 잘 지냈고, 3학년 때 하는 소중한 인턴십을 확보했다. 그는 또한 소수지만 편한 사람들로 구성된 친구들 무리에 있었다. 그는 이번 3학년에 수업과 인턴십으로 즐거운 시간을 보내고 있었음에도 불구하고 계속해서 '막연하게 암담한 느낌'을 마주했다.

제임스와의 상담

나는 제임스가 내방한 상담센터에서 정한 기간 동안 단기 상담으로 제임스를 상담했다. 이렇게 회기 제한이 있는 구조에서의 나의 상담은 회기 제한이 없는 상담 관계에서 이루어졌을 것과는 달랐으며, 특히 이러한 단기구조에서는 우리의 상담 관계에 대해 사실상 초점을 두지 않았다. 필수 기입란의 정보를 검토한 후, 제임스와 나는 첫 회기의 상담 부분을 현재 상황과 그의 개인력을 탐색하는 데 썼다. 그는 솔직히 자신의 우울증 같은 증상들에 대해 당혹스러워했고, 이는 나도 마찬가지였다. 나는 그에게 그의 수업들, 집과 학교에서의 사회생활, 진로계획, 가족 그리고 그의 성적 지향에 대해 질문했다. 우리는 이러한 그의 증상들을 '암담함(doomed)'이라 부르기로 했고, 어떤 질문도 우리가 공유한 '암담함'에 대한 궁금한 점들에 답을 제시하지 못했다. 우리의 첫 회기가 끝날 무렵에 나는 제임스에게 다음 주 동안 자신의 생각을 관찰해 달라고 요청하면서, 자신이 '암담함'을 경험하고 있다고 알게 되었을 때 무슨 생각을 하는지 혹은 무얼 느끼는지에 대해 특히 주의를 기울일 것을 제안했다.

다음 회기에 왔을 때, 제임스는 자신이 '암담함'을 느낀 상황들의 간략한 목록을 가져왔다. 그가 목록을 훑어보는 동안, 나는 그의 우울감이 처음 나타났던 지난 여름 동안에 이러한 문제들 중 어느 것이라도 관련이 있었는지를 물었다. 하지만 하나도 없었다, 단 하나도. 제임스가 목록에 있던 한 가지에 대해 말하기 전까지는 말이다. 그는 공강 시간에 걸어가고 있었는데, 두 남학생이 깔깔거리면서 '게이 새끼들(faggots)'이라고 말하는 것을 들었다. 제임스는 이들의 대화의 맥락이 무엇인지 확신할 수 없었지만, 반동성애적인 말과 웃음이 뒤섞인 것이 거슬렸다는 것을 알았다.

제임스는 자신의 성적 지향과 관련된 현재의 어려움을 부인했다. 나는 그에게 중학교에서의 경험들에 대해 자세히 설명해 달라고 요청했다. 이는 분명히 그에게 스트레스가 많은 시간이었다. 제임스는 자신의 고향인 캘리포니아주에서 있었던 주민발의안 제8호(Proposition 8)에 대해 언급했다. 동성 커플들은 최근에서야 결혼할 권리를 얻었다가 발의안 제8호가 통과되면서 이를 다시 박탈당했다. 제임스는 이때의 주민투표에 대해 말하면서 이러한 투표는 다수가 소수의 권리를 무효로 만들 수 있다는 걸 의미한다고 자연스럽게 언급했고, 이것이 그에게 '암담함'을 느끼게 한다고 말했다. 나는 그가 '암담함'이라는 단어를 사용하는 것에 분명하게 반응했고, 그는 그 이유를 즉시 알아차렸다.

나는 제임스에게 이때의 주민투표로 이어졌던 캠페인에 대해 얼마나 알고 있는지 말해 달라고 요청했다. 그 캠페인은 우리가 처음 만나기 몇 주 전에 있었다. 그는 자신이 캘리포니아를 떠나기 전에 보았던 어떤 캠페인 홍보물에 대해 분노하며 말했다. 그는 '게이들도 그냥 사람들일 뿐이라는 것'을 사람들이 이해하지 못한다는 좌절감에 대해 이야기했다. 그는 파트너와 결혼하고, 어쩌면 함께 아이를 키우는 그런 삶을 항상 원했다고 말했다. 한동안은 그의 고향에서 그럴 수 있을 것 같았다. 하지만 이제는 그렇지 않았다. 게다가 최근에 그는 캘리포니아로 돌아가고 싶지 않았고, 대신 동성 커플의 결혼이 가능한 매사추세츠에 있는 대학원에 진학할 수도 있겠다고 생각하고 있었다.

제임스는 해당 회기에서 남은 시간을 발의안 제8호에 대한 캠페인과 그것이 통과된 것에 대한 많은 생각을 말하는 데 사용했다. 그는 고통스럽고, 소외감을 느끼며, 화가 난다고 토로했다. 나는 거의 말하지 않았고, 그가 (적어도) 자신의 '암담함'이 비롯된 하나의 출처를 우연히 발견한 것 같다고 인식하였다. 그는 분명히 자신이 겪고 있는 정서적 흥분에 대해 스스로 확실히 이해가 될 때까지 말하는 것이 필요했다. 그 회기의 긴장이 서서히 풀리면서 나는 제임스에게 지금은 그의 '암담함'에 대해 어떻게 생각하느냐고 물었다. 그는 발의안 제8호가 자신의 우울 증상과 매우 관련이 있다고 이미 결정을 내린 상태였다. 확실히 그 타이밍은 연상되는 것 이상이었다. 제임스는 여름 동안 캘리포니아에 있으면서 캠페인이 과열되는 것을 보고 우울해 있었다. 그가 캘리포니아를 떠나 학교를 다닐 때 그의 우울증은 호전되었는데, 이것은 그가 캠페인에 노출되는 것이 크게 줄었던 덕분이었다. 그의 증상은 발의안 제8호가 통과되자마자 악화되었다. 제임스는 사람들이 왜 그렇게 '못됐는지' 의아해하다가 다시 발의안 제8호의 예상치 못했던 투표 결과에 대해 분개해 하는 등, 왔다 갔다 했다. 나는 제임스가 계속해서 자신의 심정을 토로하는 동안 의도적으로 반영적 자세를 취했다. 그는 자신의 감정이 무엇인지, 무엇이 그것을 일으켰는지, 그것을 어떻게 표현해야 하는지를 알고 있었다. 내가 할 일은 그로 하여금 그 감정을 분명하게 표현할 수 있도록 도와주고, 이를 다시 반영하여 그에게 돌려주는 것이었다.

다음 회기에서 제임스는 자신이 발의안 제8호가 통과된 일에 대해 이야기하고 싶어서 고등학교 때 같은 성소수자 동아리(GSA)였던 친구에게 전화를 걸었다고 보고했다. 그의 친구인 마틴(Martin)은 캘리포니아에 있는 대학에 다니고 있었는데, 발의안 제8호를 저지하기 위한 캠페인에 참여하고 있었다. 마틴은 자신의 캠페인 경험을 제임스에게 말해 주면서, 주민투표 이후로 매우 눈에 띄게 일어나고 있는 활동들에 대해서도 알려 줬다. 제임스는 친구의 이야기에 매료되었다. 그는 스스로가 딱히 정치적으로 활발하다고 생각한 적은 없었지만, 자신이 캘리포니아에 있지 않아서 발의안 제8호에 대한 대중의 분노에 함께하지 못한 것에 대해 아쉬움을 표했다.

나는 제임스에게 캠퍼스에 있는 성소수자 커뮤니티와 얼마나 닿아 있는지 물었다. 그는 같은 전공인 게이 남성 몇 명과 공학 동아리 친구를 통해 만난 레즈비언 대학생 커플을 알고 있다고 말했다. 그러나 그는 더 넓은 성소수자 커뮤니티와 접해 보지는 않았다. 나는 제임스에게 다양한 맥락의 연구를 통해 성소수자들에게 성소수자 커뮤니티와 접촉하는 것은 도움이 될 수 있으며, 이는 사정이 좋을 때도 그렇지만 특히 사정이 좋지 않을 때, 즉 유권자들에게 자신의 동등한 권리를 부정당했을 때 분명히 도움이 될 수 있다고 제안하였다(Russell & Richards, 2003). 제임스는 즉시 이 말을, 마틴과 함께 발의안 제

8호에 대해 이야기할 때 느낀 안도감 및 흥분감과 연결시켜 보았다. 우리는 몇몇 캠퍼스 내 성소수자 대학생 모임들에 대해 논의했다. 제임스는 이에 더 참여해 볼 가능성에 강한 흥미를 보였지만, 공부할 시간을 너무 많이 빼앗기는 것에 대한 우려를 표했다.

대화의 어느 시점에서 제임스는 발의안 제8호의 주민투표를 '재앙'이라고 언급했다. 나는 그가 어떻게 이번 일을 재앙으로 보느냐고 물었다. 그는 이번 일로 게이인 사람들이 캘리포니아에서 영영 결혼을 하지 못하게 되거나 다른 권리들조차도 얻지 못하게 될 수도 있다고 답했다. 나는 제임스의 그 발언을 투표 결과에 대한 그의 이해를 인지적으로 재구성하기 위한 초대장으로 보았다. 나는 그가 매사추세츠주에서의 결혼 평등권은 법원에서 인정된 후로도 반복적으로 위협받고 있는 것을 알고 있는지 물었다. 그는 그곳에서 결혼에 대한 권리를 어떻게 획득하였는지에 대해 사실상 아무것도 모른다고 말했다. 나는 매사추세츠주의 결혼 평등권에 관한 내용으로 4~5분 정도 이야기하였다. 나는 성소수자들 및 우리의 비성소수자 앨라이들 모두와 함께 겪었던 우여곡절들, 승리들, 패배들 및 간신히 해낸 일들, 그리고 놀라운 성과들을 강조했다.

제임스는 짧은 운동사 강의에 매우 흥미를 보였으며, 몇 가지 구체적인 정보를 요구했다. 나는 더 많은 정보를 얻기 위해 그가 찾아볼 수 있는 자료들을 두어 개 제시했지만, 제임스와 인지적 재구성에 대해 이야기하는 데 더 관심이 있었다. 나는 제임스에게 매사추세츠주의 이야기는 사회 변화가 어떻게 일어나는지를 보여 주는 좋은 예라고 말했다. 그것은 쭉 뻗은 선처럼 단번에 진행되는 것이 아니며, 승리하기도 하고 패배하기도 하고, 열심히 달려왔지만 결국 막다른 길을 만나 그간 해 온 노력들이 길을 잃기도 하며, 성공하여 들뜬 기분을 맛보기도 하고, 모든 것이 실패로 끝날 것만 같아 빈번히 두려워하는 것 등을 수반하는 과정이었다.

제임스는 스스로도 의아해하면서 그런 걸 사람들이 어째서 하고 싶어 하는지 궁금해했다. 나는 왜 그와 그의 친구들이 굳이 나서서 자신들의 고등학교에 성소수자 동아리(GSA)를 유지시키려고 했는지 물었다. 그는 망설임 없이 "의미 있는 일이잖아요. 많은 게 달라졌거든요."라고 말했다. 그는 계속해서 말했다. "확실히 달랐어요. 서로가 서로를 도왔고, 우리 모두 혼자가 아니라는 걸 알았어요. 지지를 받았고요. 우리가 침묵의 날(전국적인 연례 학교 행사로서, 성소수자 학생들이 일상적으로 얼마나 자주 침묵을 강요받고 있는지를 알리기 위하여 성소수자 및 앨라이 학생들이 하루 동안 말을 하지 않는 날) 행사를 진행했고, 학교 애들이 성소수자 이슈들에 대해 훨씬 더 많은 인식을 갖게 됐어요."

나는 제임스에게 고등학교에서의 느낌과 중학교에서의 느낌을 비교해 보면 어떤지 물었다. 그는 중학교에서의 외로움과 고립감 그리고 자신이 게이인 것을 비롯해 다른 사람들이 그것을 알게 될까 두려웠던 것들에 대해 이야기했다. 반면, 고등학교에 대해서는 "아예 달라요. 완전 다르죠."라고 말했다. 고등학교 때 그는 커밍아웃을 한 상태였고, 전혀 외롭거나 고립되지 않았다. 그는 더 이상 다른 사람들이 자신이 게이인 것을 알게 될까 봐 두려워하지 않았다. 그는 자기 자신과 사람들을 대하는 데 더 자신감 있고 편안해짐을 '피부로 느껴지는 게 달랐다'고 했다. 그는 "성소수자 동아리에 있는 것이 여러 가지로 게이인 게 별일이 아닌 것처럼 느낄 수 있게 해 줬어요."라며 말을 마쳤다.

나는 게이인 게 별일이기도 하고 별일이 아니기도 하다고 말했다. 이것은 단지 우리가 어떤 사람인지에 대한 한 부분으로서는 별일이 아니다. 하지만 우리가 이 세상에서 동성애혐오 및 비이성애차별주의와 마주하게 됐을 때는 별일이 된다. 제임스는 이제 우리의 이야기에 빠져든 것 같았지만, 상담시간이 다 되어 그 회기는 그렇게 마무리되었다.

다음 회기에서 제임스는 그 주에 자신이 주민투표에 관한 자료들을 읽기 위해 온라인으로 두 차례나 찾아봤다고 보고했다. 그는 캘리포니아의 유권자들이 발의안 제8호를 통과시켰을 때 콜로라도에 있었는데, 결과에 대해서는 물론 알고 있었고 자신이 그 일로 충격을 받았었다는 것을 상기했다. 하지만 그 외에는 그것에 대해 많이 생각하지 않았다. 그는 학교 일로 바빴고, 이는 그에게 즉각적인 영향을 미치지는 않는 것 같았다. 나는 그가 온라인 검색을 통해 무엇을 발견했는지 물었다. 이제 제임스가 나에게 작은 운동사 강의를 해 줄 차례였다. 그는 자신이 배운 것에 빠져들어 있었고, 자신의 고향에서 동성결혼과 관련해 어떤 우여곡절이 있었는지를 확실히 꿰고 있었다. 제임스는 자신이 읽은 내용에 대해 화도 냈다. 그는 주민투표의 결과뿐만 아니라 캠페인의 메시지들에 대해, 그리고 게이들이 얼마나 이를 충분히 심각하게 받아들이지 않았는지, 비성소수자들 대부분이 어떻게 뭐가 문제인지를 이해하지 못했는지, 어째서 다수의 사람이 소수자의 권리를 박탈하는 선거가 있을 수 있는지에 대해서도 분개했다.

나는 제임스가 자신의 분노의 대상들에 대한 이야기를 이끌어 갈 때 그에 경청하는 자세를 취했다. 개인적으로 그가 두어 사례로 이번 일을 과장하고 있다는 생각이 들기는 했지만, 그의 말들은 모두 이해가 갔다. 나는 그의 이러한 분노가 자신이 침해받았다고 지각한 것에 대해 얼마나 합리적인 반응인지를 이야기했고, 그가 발의안 제8호로 인해 개인적으로 어떻게 침해받았는지에 대하여 깊이 생각해 볼 것을 요청했다. 제임스는 주민투표와 이를 둘러싼 사건들이 그로 하여금 어떻게 느끼게 했는지를 말할 수 있었다. 그는 지목이 되고, 표적이 되며, 오해받고, 잘못 대변되며("내가 어떤 사람인지도 모르면서!"), 부당한 대우를 받고, '빡치며(pissed off)', 고립되고, 무력감을 느꼈다고 했다.

나는 제임스에게 전에도 그런 기분을 느껴 본 적이 있냐고 물었다. 이에 그는 중학교 때 괴롭힘을 당한 경험을 쉽게 연상해 냈다. 하지만 이러한 연결고리를 찾아내면서 그는 이제 화는 덜 나지만 고통을 더 많이 느끼고 있었다. 나는 발의안 제8호에 대해 보인 그의 반응과 중학교 일에 대해 보인 그의 반응 사이에서 나타난 공통점들을 되짚어 보았다. 이는 나에게도, 제임스에게도 분명했다. 나는 그에게 두 경험의 공통점이 무엇인지 물었고, 제임스가 앞서 언급한 여러 감정을 살펴보는 동안 기다렸다. 제임스는 두 경험에서 다른 두 가지 공통점을 추가했다.

나는 다시 기다렸다. 그리고 제임스에게 그 외 다른 공통점이 더 있는지 생각해 볼 수 있겠냐고 물었다. 그는 더 생각나지 않는다고 말했다. 나는 두 상황 모두 부당하고 고통스러웠는데, 이는 정확하게 동일한 요소, 즉 편견이나 선입견 때문이었다고 말했다. 제임스는 이를 '동성애혐오'로 귀인(attribution)하는 것으로 대치할 수 있겠다는 생각을 바로 떠올렸다. 우리는 회기의 남은 시간 동안 동성애혐오에 대해서 이야기하며, 무엇이 동성애혐오인지, 그것이 어디서 비롯되었는지, 왜 어떤 사람들은 다른 사람들보다 더 동성애혐오적인 것으로 보이는지에 대해 논의했다. 제임스는 동성애혐오에 대한 모든 것을 알고 싶은 마음에 갈증을 느꼈다.

동성애혐오를 이 세상에서 일어나는 한 현상으로 이야기하게 되면서 제임스는 더 편안해 보였다. 나는 그에게 스티븐 비코(Steven Biko)가 누군지 아느냐고 물었고, 그는 모른다고 하였다. 나는 비코가 이 세상의 인종차별에 대해 진정으로 이해하고 남아프리카의 아파르트헤이트(apartheid)에 저항한 자유투사라고 말했다. 비코는 억압이 단순한 외적인 현상이 아니라는 것을 이해했다. 이것은 사람에게 내적으로도 영향을 준다. 즉, 우리가 생각하는 방식에 영향을 준다. 비코는 이를 예리하게 관찰하였고, 나는 제임스에게 이에 대해 이야기하였다(내 상담실의 작은 액자에 이 인용구가 보관돼 있다). "압제자들의 손에 있는 가장 강력한 무기는 억압받는 자의 마음이다." 이 말을 마치고 나는 다시 기다렸다.

제임스는 비코의 인용구에 대한 자신의 반응을 살피기 시작했다. 그는 온라인상에서, 그리고 지난 여름 캘리포니아에서 보았던 발의안 제8호에 대한 몇 장의 캠페인 선전물들을 읽으면서 어떻게 느꼈는지 이야기했다. 그는 그 선전물들을 빠르게 훑었고, "쓰레기네." "어이없어."라고 하면서 마음속에서 이를 밀쳐냈다고 했다. 나는 이들이 뭐라고 하는지 그 내용을 기억하느냐고 물었고, 그는 짧은 토막글을 떠올렸다. 나는 이 용어를 쓰지는 않았지만, 내면화된 동성애혐오에 대해 제임스와 작업하기 시작했다. 우리는 캠페인 선전물들로 이야기를 시작했지만, 그가 도중에 들었던 다른 동성애혐오적인 메시지들에 대한 논의로 빠르게 뻗어 나갔다. 우리는 그가 그것에 대해 어떻게 반응했는지, 그것이 얼마나 타당해 보였는지, 자신에 대한 이해를 구축하는 과정에서 그것을 얼마나 적용했는지, 그것을 넘기는 것이 얼마나 쉬웠는지 또는 어려웠는지에 대해 이야기했다.

당연하게도 제임스는 결국 중학교 때 들었던 조롱으로 나아갔다. 그는 상담 중 처음으로 자신의 작은 키에 대해 이야기했다. 그는 자신의 작은 체구와 성적 지향을 하나로 융합해 내면화한 것이 분명했다. 그는 그러한 말들로 자신의 체구에 대해 이야기하면서 눈에 띄게 안심하는 것처럼 보였다. 내가 그의 반응에 대해 언급했을 때, 그는 조금 배회하다가 자신의 기억에 대해 말했다. 그는 오로지 자신이 너무 작다는 이유만으로 다른 사람들이 자신이 게이인 것을 알까 봐 걱정했다. 청소년기 초반의 그는 자신의 키가 전적으로 자신의 성적 지향으로 인한 것이고, 자신이 작은 걸 보면 모든 사람이 자신이 게이임을 자동으로 알게 될 것이라고 가정했다. 우리는 그것이 제임스에게 얼마나 자신의 통제를 벗어난 것으로 느껴졌을지에 대해 이야기했다. 나는 그가 당시 만나던 상담자와 이에 대해서 논의했는지 물었다. 제임스는 그때 상담자가 이미 두 가지 특성이 연관되어 있다는 '빤한 사실'을 알고 있을 것이라고 자신이 생각했던 것인지, 아니면 너무 부끄러워서 아무에게도 그것을 말하지 못한 것인지 확신할 수는 없지만, 당시 상담자와는 이를 논의하지 않았다고 했다.

제임스가 상담실을 나설 때 나는 그가 더 커 보이는 것만 같았다. 다음 주에 돌아왔을 때 그는 확실히 목소리가 더 커져 있었다. 그는 그의 친구 마틴과 몇 차례 전화와 문자를 주고받으며 동성애혐오 및 내면화된 동성애혐오에 대해 대화를 나누었다고 했다(제임스는 분명히 이 대화의 어딘가에서 이 용어를 사용했다). 그는 또한 동성애혐오가 어떻게 '(그의) 머릿속에 들어갔는지' 그리고 어떻게 그에 저항할 수 있는지에 대해서도 이야기했다. 제임스는 캠퍼스 내 성소수자 모임들에 대한 생각을 다시 꺼냈다. 그는 더 큰 성소수자 친구들 무리와 연결되길 원한다고 하면서 이번에는 더 시도해 보기로 마음을 먹었다. 나는 보통 다른 성소수자들과 접촉하는 것이 내면화된 동성애혐오에 맞서는 좋은 방법이라고 말했다. 이를 통해 그는 성소수자들의 더 큰 단면을 볼 수 있으며, 이는 그가 좋아하고 소중하게 여기는 사람들과 함께 부정적인 고정관념에 대해 훌륭하게 반박할 거리를 제공할 것이다. 그는 자신의 고립감을 줄이기 위한 약간의 지지를 얻게 될 것이다. 아마도 그는 내면화된 동성애혐오에 저항하기 위해 노력하고 있는 다른 사람들을 발견할 것이고, 특히 집단들을 통해서 잘 되는 것들이 있음을 알게 될 것이다.

우리의 여섯 번째 회기에서 제임스는 자신이 성소수자 모임 중 하나에 나가 봤다고 하면서 자신의 마음에 들었는지는 확신하지 못하겠다고 보고했다. 그에게는 그것이 '너무 정치적인' 것으로 느껴졌다. 그는 이미 '더 친목 중심의 집단'으로 묘사된 다른 집단을 대안으로 시도해 보기로 마음먹은 상태였다. 제임스는 재빨리 화제를 바꾸었다. 그는 발의안 제8호로 인한 자신의 반응에 대해 부모와 긴 대화를 나누었다고 말했다. 제임스는 그것을 입 밖으로 꺼내기가 어려웠다고 말했다. 결론적으로 그의 부모는 그를 대체로 매우 지지해 주었으며, 그는 "더 이상 제가 게이라는 걸로 겁먹지 않을 거예요."라고 했다. 그럼에도 불구하고 그는 마틴과 캘리포니아에서 주민투표 후로 이어진 모든 활동에 대해 이야기하면서, 그의 부모가 왜 그중 어느 것에도 참여하지 않았는지 궁금해하기 시작했다. 사실 그는 부모가 같은 날 버락 오바마의 대통령 당선에 대해서는 자신과 신나게 이야기를 나누었음에도 불구하고 주민투표에 대해서는 그에게 언급조차 하지 않았다는 것을 깨달았다.

제임스는 아버지가 '처음엔 조금 방어적'인 듯하다고 생각했으나, 그럼에도 그의 부모는 그의 불만에 귀를 기울여 주었다고 보고했다. 그는 발의안 제8호가 통과되어 자신의 미래를 위한 무언가를 잃어버린 듯해 매우 화가 났다는 걸 깨달았다고 부모에게 설명했다. 그의 부모는 발의안 제8호가 게이인 아들에게 어떻게 느껴졌을지 깊게 생각해 보지 못한 것에 대해 사과했다. 그 회기에서 제임스는 부모가 지금 당장 이번 일을 진지하게 받아들이고 '함께'하기를 희망한다고 말했지만, 부모에게 이를 직접 요청하는 것은 두려워했다.

제임스와 나는 그와 다른 비성소수자들의 관계에 대해 논의했다. 그는 고등학교 때 성소수자 모임(GSA)에서 비성소수자 앨라이 친구들과 지내면서 좋았던 경험이 있었다. 그러므로 그는 일부 비성소수자가 지지적일 수 있다는 것을 알고 있었다. 나는 그에게 어떤 비성소수자들의 경우 정말로 평등을 지지하고 싶어 하지만 이를 어떻게 할 수 있는지 그 방법을 모를 수 있다고 말했다. 나는 때로는 알려 주고 요청하기만 하면 된다고 덧붙였다. 제임스는 내 눈을 똑바로 쳐다보며, "제가 부모님께 함께해 달라고 요청해야 한다고 생각하세요?"라고 물었다. 나는 잠시 망설이다가 말했다. "그게 도움이 될지도 몰라요. 그래요. 두 분에게 도움이 될 수 있고요, 당신에게도 도움이 될 수 있고요."

나는 우리의 초점을 발의안 제8호의 주민투표에 대한 인지적 재구성으로 되돌렸다. 나는 결혼 평등권을 위한 투쟁뿐만 아니라 전반적으로 성소수자의 권리와 관련하여 얼마나 많은 변화가 있었는지에 대해 말했다. 나는 성소수자들이 노력하고 주장했기 때문에, 동성애혐오가 무엇이고 어떻게 부당한지 이해했기 때문에, 성소수자 및 비성소수자를 비롯해 다른 억압된 집단들의 사람들과 연대했기 때문에, 비성소수자 앨라이들과 함께 노력했기 때문에, 그리고 우리가 포기하지 않았기 때문에 이러한 변화가 일어났다고 제임스에게 말했다. 나는 우리가 이 모든 변화, 이 모든 진전에 대해 생각한다면 발의안 제8호와 같이 고통스럽고 실망스러운 일들을 마주할 때조차도 수월하게 낙관적일 수 있다고 덧붙였다. 제임스는 거의 아무 말도 하지 않았다. 나는 그가 인지적 재구성을 확실히 이해하기를 너무도 바라는 마음에 내가 너무 가르치려고 드는 자세를 취한 건 아닌지 약간 걱정했다. 또한 내가 다음 회기가 우리의 마지막 회기라는 걸 너무 의식해서 너무 빨리 밀어붙이려 한 건 아닌가 하는 생각이 들었다.

제임스는 두 번째 성소수자 모임에 가 봤다는 소식을 가지고 그 회기에 왔다. 그는 첫 번째 모임보다는 좋았다고 했지만 여전히 뭔가 부족하다고 느꼈다. 일요일에 그는 자신의 지역 교회에 갔는데, 콜로라도로 이사 온 이후로 자신이 교회를 간 일이 드물었다고 했다. 그는 일요일 저녁에 게이 영성을 주제로 한, 주간 토론 모임에 갔다. 그는 이 모임에는 성소수자뿐만 아니라 비성소수자도 있으며 계속 참석하려고 한다고 보고했다. 나는 이 모임이 제임스에게 정말 좋을 수도 있겠다고 조용히 생각했다. 그것은 그의 영적인 생활과 그의 성적 지향을 통합하는 데 도움이 될 수 있다. 비록 단기 상담에서 우리가 다루지는 못했지만, 그러한 통합은 내면화된 동성애혐오 및 고립감과도 자주 얽혀 있는 문제를 해결하는 데 도움이 될 수 있다.

제임스는 지난번에 나갔던 친목 모임에 다시 가 볼 예정이라고 말했다. 그는 활짝 웃으며 자신이 매력적이라고 느낀 한 학생을 만났는데, '그에 대해 더 잘 알 수 있는' 기회를 갖고 싶다고 말했다. 나는 우리가 (제임스의 발달력에 대해 정보를 수집하고 있던) 첫 회기 이후로 연애와 관계들에 대해 논의하지 않았다는 것을 인정했다. 제임스는 자신이 고등학교 때 남자 둘 정도와 데이트를 한 적이 있지만, 대학에 온 이후로는 학교 일에 너무 붙잡혀 있었다고 말했다. 그는 이제 다시 데이트를 시작해 볼 때라고 생각했다.

제임스는 또 다른 화제를 꺼냈다. 그는 내가 말했던 변화가 어떻게 일어나는지에 대해 생각해 봤다고 말했다. 사실 그는 마틴과도 그것에 대해 이야기했다. 그는 자신이 '정치적으로 그렇게 활발한 사람은 아닌데' 어떻게 여기에 참여할 수 있을지 궁금해했다. 나는 그에게 변화에 대한 자신의 경험, 즉 그의 고등학교 성소수자 동아리(GSA)로 어떻게 '많은 게 달라졌는지'에 대한 그의 발언을 상기시켰다. 나는 변화가 여러 수준에서 일어난다고 말하면서 우리의 관계들, 우리가 무엇에 대해 이야기하는지, 우리가 어떻게 투표하는지, 우리가 어디서 일하는지, 우리가 다른 사람들에게 무엇을 요청하는지(내가 이 말을 할 때 제임스는 미소를 지었다.), 우리가 우리의 돈을 어디에 쓰는지 등, 우리는 다양한 방법으로 변화를 만든다고 말했다. 이 중 어느 것도 '정치적'일 수 있다.

이에 제임스는 변화를 만드는 자기 자신의 방법으로 답했다. "우리가 머릿속으로 무엇에 대해 생각하는지도요."

"바로 그거죠!"라고 나는 답했다.

나는 제임스에게 성소수자의 권리에 대한 또 다른 주민투표가 진행되는 곳에 산다면 어떻게 할 것 같냐고 물었다. 그는 자신이 얼마나 '정치적'이 될지는 확신하지 못했지만, 후원을 하고 '무대 뒤에서' 어떤 일을 할 수도 있다는 걸 알고 있다고 말했다. 그리고 그는 가족과 친구들과 이야기를 나눌 수 있을 것 같다고 했다. 그는 '확실히 뭔가를 할 것'이라고 덧붙였다. 이는 그가 발의안 제8호의 주민투표에 대해 자신이 접근한 방식의 특징이라고 한 것으로, 스스로 이를 무시하지는 않을 것이다.

"우리가 또 지면 어떨 것 같아요?"

"싫을 거예요." 제임스는 잠시 말을 멈췄다가 더 자세히 말했다. "다시 '암담함'을 느낄 것 같진 않아요. 우울해지진 않을 거예요. 싫겠지만 왜 그렇게 기분이 나빴는지는 알 것 같아요. 그리고 그게 더 큰 무언가의 일부이고, 변화가 일어나는 방식의 한 부분이라는 걸 알겠죠. 또 친구들을 불러서 같이 욕할 거예요."

"재앙은 아니고요?"

"아뇨…… 글쎄요, 아마 어느 정도는요. 하지만 큰 재앙은 아니에요. 이제 그 정도는 알아요."

나는 "당신도 다른 게 있다는 걸 알고 있네요."라고 말했다. 그는 내가 계속 말하길 기다렸다. "제임스 씨는 끔찍한 사건일지라도 성장에 많은 도움이 될 수 있다는 걸 알고 있어요. 당신이 온라인에서 읽고 마틴과 이야기했던, 주민투표 후에 캘리포니아에서 진행되었던 활동들을 봐요. 마틴이 얼마나 적극적이었는지를 봐요. 부모님이 무얼 배웠는지를 봐요. 당신이 어떻게 변했는지를 봐요."

그는 게이로서 더 '함께' 있다는 걸 느꼈다고 말했다(나는 그가 자신의 성적 지향을 비롯해, 이와 함께 중학교에서의 경험들을 얼마나 통합했을지 생각하고 있었다). 그는 주일 저녁 모임과 대학생 친목 모임을 학교 일과 함께 병행하기 위해 분투하고 있다고 말했지만, 특히 더 이상 '암담함'을 가지고 다니진 않았기 때문에 해낼 만하다고 생각했다. 그는 자기 자신만의 좋은 성과를 이뤘다는 분명한 감각을 가지고 마지막 회기를 끝냈다.

결론

제임스와의 상담은 반성소수자 정치가 성소수자 개인에게 주는 타격과 이러한 타격이 이들에게 얼마나 간과될 수 있는지를 모두 보여 준다. 이 사례는 또한 반성소수자 정치에 대한 경험이 어떻게 성적 지향 혹은 성별 정체성과(그리고 종종 개인의 삶에서 다른 영역들과도) 관련된 오래된 갈등들과 고통을 되살릴 수 있는지를 시사한다. 좀 더 긍정적인 맥락에서 반성소수자 정치의 영향에 대한 거의 20년간의 연구는, 상담자들이 부정적인 캠페인들과 주민투표들에 노출된 성소수자 내담자들을 도울 수 있는 몇몇 방법을 제시해 왔다. 이러한 상담 작업에서 중요한 것은 이러한 사건들을 보다 넓은 사회정치적 맥락에서 재구성하고, 일반적인 대처 기술들 및 성소수자 특유의 대처 기술들을 개발하기 위해 노력하는 것이다. 제임스의 사례에서 알 수 있듯이, 이 작업은 상담자들이 개인적인 정체성과 정치적 현실이 충돌하는 영역들을 살피고 개입하는 데 준비가 되어 있을 것을 요구한다.

참고문헌

Association for Lesbian, Gay, Bisexual and Transgender Issues in Counseling. (1997). ***Competencies for counseling gay, lesbian, bisexual and transgendered (LGBT) clients.*** Alexandria, VA: Author.

Gamble, B. S. (1997). Putting civil rights to a popular vote. ***Journal of Political Science, 41,*** 245-269.

Hatzenbuehler, M. L., Keyes, K. M., & Hasin, D. S. (2009). State-level policies and psychiatric morbidity in lesbian, gay, and bisexual populations. ***American Journal of Public Health,***

99, 2275-2281.

Levitt, H. M., Ovrebo, E., Anderson-Cleveland, M. B., Leone, C., Jeong, J. Y., Arm, J. R., …… Horne, S. J. (2009). Balancing dangers: GLBT experiences in a time of anti-GLBT legislation. ***Journal of Counseling Psychology, 56,*** 67-81.

Riggle, E. D. B., Rostosky, S. S., & Horne, S. G. (2009). Marriage amendments and lesbian, gay, and bisexual individuals in the 2006 election. ***Sexuality Research and Social Policy, 6,*** 80-89.

Rostosky, S. S., Riggle, E. D. B., Horne, S. G., Denton, F. N., & Huellemeier, J. D. (2010). Sexual minorities' psychological reactions to the 2006 marriage amendments. ***American Journal of Orthopsychiatry, 80,*** 302-310.

Russell, G. M. (2000). ***Voted out: Psychological consequences of anti-gay politics.*** New York, NY: New York University Press.

Russell, G. M. (2011). Motives of heterosexual allies in collective action for equality. ***Journal of Social Issues, 67,*** 376-393.

Russell, G. M., & Richards, J. A. (2003). Stressor and resilience factors for lesbians, gay men, and bisexuals confronting antigay politics. ***American Journal of Community Psychology, 33,*** 313-328.

부록 A

성소수자(LGBQIQA) 상담을 위한 미국성소수자상담학회(ALGBTIC) 역량[1)]

2009년 9월 18일 미국성소수자상담학회(ALGBTIC) 위원회의 승인을 받았으며,
2009년 11월 7일 미국상담학회(ACA) 운영위원회에서 승인을 받았다.

저자: 미국성소수자상담학회 성소수자 상담 역량 특별전문위원회(LGBQQIA Competencies Taskforce)
앰니 하퍼(Amney Harper, 공동위원장), 피트 피너티(Pete Finnerty, 공동위원장), 마가리타 마티네즈(Margarita Martinez), 아만다 브레이스(Amanda Brace), 휴즈 크레타(Hugh Crethar), 밥 루스(Bob Loos), 브랜든 하퍼(Brandon Harper), 스테파니 그레이엄(Stephanie Graham), 아넬리제 싱(Anneliese Singh), 마이클 코셋(Michael Kocet), 린다 트래비스(Linda Travis), 세레나 램버트(Serena Lambert)

검토자: 시어도어 번즈(Theodore Burnes), 로어 M. 디키(Lore M. Dickey), 토냐 해머(Tonya Hammer)

I. 도입부

이론적 틀과 배경

이 문서의 목적은 레즈비언, 게이, 양성애자, 퀴어, 인터섹스, 퀘스처닝, 앨라이(LGBQIQA), 성소수자의 개인, 집단, 커뮤니티와 작업하기 위한 역량을 상담 및 관련 전문가들에게 제공하는 것이다. 또한 상담자 훈련, 수련감독, 교육 담당자들이 수련생의

1) 역자 주: 부록 A는 이 책의 원서 '부록 A'에 실린 「성소수자 내담자를 위한 상담 역량[Competencies for Counseling Gay, Lesbian, Bisexual and Transgendered(LGBT) Clients]」을 미국상담학회(ACA) 분과학회 미국성소수자상담학회(ALGBTIC)가 개정한 2020년 3월 기준 최신 가이드라인으로, 미국상담학회(ACA)의 공식 허가를 받아 번역 · 게재하였다. 이 가이드라인은 지속적인 개정 작업이 이루어지고 있으므로 관심 있는 독자는 미국성소수자상담학회 홈페이지(http://algbtic.org)와 미국상담학회(ACA)를 참고하기 바란다.

성소수자 사례 숙련도를 높이고자 할 때 이 역량 가이드라인을 상담 전문가로서의 훈련, 연습, 연구, 옹호를 수행하는 틀로써 활용할 수 있을 것이다. 트랜스젠더는 미국상담학회(ACA)의 『트랜스젠더 내담자와의 상담 역량(Competencies for Counseling with Transgender Clients)』에서 구체적으로 다루고 있기 때문에 여기에서는 다루지 않았다.

이 역량 가이드라인의 목적은 성소수자 개인, 집단, 커뮤니티와 안전하고 지지적이며 배려하는 관계를 형성하고 자기수용 및 개인적 · 사회적 · 정서적 · 관계적 발달을 촉진하는 틀을 제공하는 것이다. 현재의 역량 가이드라인은 성인 개인, 집단, 커뮤니티와의 작업에 맞춰져 있다. 그것의 상당 부분은 아동과 청소년에게도 적용 가능하다. 하지만 상담 및 관련 전문가라면 다양한 생애 주기에 있는 개인과 작업할 때 구체적인 발달적 요구를 고려해야 할 것이다. 또한 상담 전문가들이 각자 다른 역량 수준에서 성소수자 개인, 집단, 커뮤니티와 작업을 시작할 때 이 문서의 본문과 참고자료를 통해 상담자의 지식, 기술, 인식의 성장을 위한 방향을 제공받을 수 있을 것이다. 그렇지만 상담자들은 성소수자와 작업할 때 자신의 편견, 기술, 지식의 결핍이 조력 관계에 부정적인 영향을 미치지 않도록 하기 위해 지식, 인식, 기술을 갖춘 사람으로부터 항상 적절한 자문과 수퍼비전을 구하며 지속적인 자기성찰과 개인적인 성장을 추구해야 한다.

또한 이 가이드라인을 활용하는 사람들에게 그것이 어떻게 쓰였는지 알리기 위해 역량 가이드라인을 작성할 당시의 저자들의 개인적인 편견과 관점에 대해 투명하게 밝히는 것이 중요하다고 생각한다. 이 가이드라인을 쓴 저자들은 현 대학원생, 상담자, 상담심리학자, 상담교육자 등 폭넓은 범위의 전문가를 대표한다. 또한 저자들은 매우 다양한 개인적 배경, 삶의 경험, 성별 정체성, 애정 지향 그리고 다른 정체성(예: 인종/민족성, 능력, 계급, 종교/영적 소속 등)을 가지고 있다. 우리의 정체성과 경험의 범위는 이 가이드라인을 개발할 때 우리의 관점에 명백한 영향을 미쳤고, 가이드라인 개발 작업에 깊이를 더했다. 초기에 우리는 우리의 배경이 정말 다양하다는 사실을 알고 나서, 이 작업을 이끌어 줄 이론적 관점에 관한 합의에 이르려고 노력했다. 우리가 동의한 내용은 강점 기반의 여성주의적 · 다문화적 · 사회정의적 관점의 제공이 중요하다는 것이었다. 또한 이러한 이론적 관점은 미국상담학회(ACA)의 『트랜스젠더 내담자와의 상담 역량』(2010)의 바탕이며, 그 가이드라인은 이 성소수자 역량 가이드라인을 개발하는 데 중요한 자료가 되었다.

총체적으로 우리는 성소수자 공동체의 회복탄력성과 힘을 믿는다. 또한 우리는 성소수자 상담을 위한 미국성소수자상담학회(ALGBTIC) 역량에서 상담 및 관련 전문가가 개인, 집단, 지역사회와 작업할 때 취하는 역할이 매우 중요하며, 우리가 구축하는 관계는 성소수자 개개인의 실제 경험을 적극적으로 옹호하고 존중하는 역할을 할 수 있는 잠재력을 가지고 있다고 믿는다. 상담 및 관련 전문가는 성소수자 개인, 집단, 커뮤니티와 작업할 때 탄탄한 지식, 기술 및 인식의 기반을 갖추는 것이 중요하다. 이를 위해 상담 및 관련 전문가는 이 집단에 영향을 미치는 사회정의 이슈에 대해 이해하는 것이 특히 중요하다.

성소수자 개인, 집단, 커뮤니티의 삶에서 사회정의의 중심적인 역할은 이러한 역량 가이드라인 작업에 큰 영향을 준 소수자 스트레스 모델(minority stress model; Meyer, 2003)의 이해를 통해 잘 설명할 수 있다. 소수자 스트레스 모델에서는 소수자 위치(성소수자 정체성)에 있는 사람은 모든 사람이 경험하는 일상적 스트레스 요인(알람이 울리지 않음, 타이어가 펑크 남, 동료가 짜증나게 함 등) 이상으로 매일매일의 스트레스 요인을 경험하고 있다고 설명한다. 우리 사회 내 널리 퍼져 있는 억압은 스트레스 요인들을 유발하며, 결과적으로 소수자 위치에 있는 사람의 전반적인 스트레스는 증가하게 된다. 그러한 스트레스 요인에는 작게는 **마이크로어그레션**(microaggressions)에서부터 신체적 폭력 위협, 실제 신체적 폭력, 심지어 죽음까지 포함될 수 있다. **마이크로어그레션**은 인종차별의 맥락에서 "의도적이든 그렇지 않든 간에 일상적으로 발생하는 언어적 · 행동적 · 환경적인 방식으로 전달되는 유색인종에 대한 적대적 · 경멸적 · 부정적인 비하 및 모욕"으로 정의된다(Sue, Capodilupo, Torino, Bucceri, Holder, Nadal, & Esquilin, 2007, p. 271; Sue, 2010). 우리는 이 정의의 형식과 내용 모두가 성소수자 개인, 집단 및 커뮤니티에 동일하게 적용된다고 믿는다.

역사적으로 정신건강 학계는 성소수자 개인, 집단, 커뮤니티를 병리적으로 간주했다. 하지만 우리는 이들이 겪는 어려움은 개인의 기능장애 때문이 아니라 특정 정체성을 가진 사람이 적대적인 환경에서 살아갈 때 증가하는 자연스러운 스트레스 반응의 결과라고 생각한다. 따라서 부가된 스트레스 요인의 원인이 되는 체계적 문제를 해결하기 위해서는 개인 실무나 환경의 한계를 넘어 상담 및 관련 전문가의 역할을 확장하는 것이 중요하다. 미국상담학회(ACA) 옹호 역량(Advocacy Competencies, 2003)에 따라 성소수자의 임파워먼트(empowerment)와 사회적으로 더 정의로운 사회를 지속적으로 촉진하기 위해 성소수자 개인, 집단, 커뮤니티의 옹호가 중요하다고 믿는다. 따라서 이 역량 가이드라인에서는 성소수자 개인, 집단, 커뮤니티와의 작업에 초점을 맞추어 영역별로 이러한 관점을 통합시킬 것이다.

성소수자 언어와 정의

이 역량 가이드라인 전반에 걸쳐 사용되는 언어는 학술문헌에서 흔히 볼 수 있는 언어와 일치할 뿐만 아니라 가장 보편적이고 포괄적인 최신의 언어를 인식하고 활용하려는 시도를 반영한다. 특정 용어들은 역사적 사용 때문에 포괄성과 임파워링에 있어 제한적이다. 예를 들어, 레즈비언, 게이, 양성애자라는 용어는 일반적으로 성별 이분법적 관점에서 이해된다. 하지만 이러한 용어를 사용하면서도 스스로에 대해 보다 폭넓고 포괄적으로 이해하는 사람들이 있다(예: '여성'과 '남성'을 넘어 보다 광범위한 성별 정체성과 성별 표현을 애정적으로 지향하는 양성애자).

또한 언어는 끊임없이 진화하고 있다. 따라서 성소수자 상담을 위한 미국성소수자상담학회(ALGBTIC) 역량 가이드라인에 사용된 언어도 시간이 지나면 시대에 뒤처지는 말이 될 것이다. 부록 A에 포함된 용어는 북미 전역에서 사용되는 폭넓은 언어의 다양성을 충분히 반영하고 있지 못하며, 더군다나 다른 세계 지역의 언어는 훨씬 더 반영하지 못할 것이다. **옴니섹슈얼**(omnisexual), **2개의 영혼**(two-spirit), **여성을 사랑하는 여성**(woman loving woman), **남성과 성관계하는 남성**(men who have sex with men), **젠더퀴어**(genderqueer) 등과 같이 사용 빈도가 낮은 용어들이 많이 있지만, 이 가이드라인의 제한된 범위 때문에 소개하지 않는다. 우리는 이 가이드라인에 나오지 않은 다른 용어들의 사용을 인정하고, 성소수자 개인, 집단, 커뮤니티를 임파워링하거나 현재의 언어적 한계에 도전하는 언어의 사용을 격려한다.

이에 더해 이 문서에서 우리는 내면화된 비이성애차별주의라는 새로운 용어 대신에 내면화된 동성애혐오(homophobia), 양성애혐오(biphobia), 트랜스젠더혐오(transphobia)라는 용어를 사용하였다. 저자들은 '내면화된 비이성애차별주의'라는 용어가 개인이 자기 자신에게 어떤 태도를 갖게 되는가보다 사회의 제도적이고 구조적인 비이성애차별주의적 메시지를 어떻게 내면화하고 있는가에 주목하고 있다는 점에 동의하였다. 이 용어는 내면화된 동성애혐오를 대체할 수 있는 좋은 단어이지만, 우리가 선택한 세 가지 용어가 정체성들 간의 미묘한 차이를 더 잘 드러낼 수 있다. 또한 현재 일반인도 우리가 고른 용어들을 흔히 사용하고 있기 때문에, 이 문서에서는 최신 용어보다 상대적으로 더 자주 쓰이는 용어를 사용한다. 그러나 우리는 독자들이 내면화된 억압을 개인적 두려움이나 증오에 귀인하는 것을 주의하고, 이를 더 큰 구조적인 문제와 연결 지어 이해할 수 있도록 비판적 관점에서 볼 수 있기를 바란다.

저자들은 또한 대부분의 상담 과정에 지배적인 영향을 끼치는 성별 이분법적 체계가 아닌 스펙트럼상에 성별(gender)과 성(sex)이 존재한다는 점을 인지하고 있다. 상담자는 내담자가 선택한 정체성(들)과 용어를 자기결정권과 권력 강화를 촉진하기 위한 노력으로 이해해야 한다. 또한 내담자가 선호하고 포괄적이며 권력을 강화할 수 있는(empowering) 단어나 명칭을 활용하도록 상담자 자신이 평소에 사용하는 용어를 성찰할 필요가 있다. 그리고 우리가 사용하는 용어가 각 개인에게 다른 의미를 지닐 수 있음을 이해해야 한다. 따라서 우리는 명확성을 위해 부록 A의 역량 가이드라인에 사용된 용어와 사용하지 않은 용어도 독자가 이해할 수 있게 설명하였다.

이 문서에 사용된 약어

이 문서에 쓰인 용어를 설명하는 것과 함께, 우리는 독자가 이 문서에 사용된 약어를 이해하는 것이 중요하다고 생각했다. 예를 들어, 상담 및 관련 교육 프로그램 인준위원회(Council for Accreditation of Counseling and Related Educational Programs: CACREP)가 제안한 초기의 여덟 가지 영역에서 우리는 LGBQQ를 레즈비언, 게이, 양성애자, 퀴어, 퀘스처닝이란 정체성을 가리키기 위해 사용하였다. LGBTQIQ는 레즈비언, 게이, 양성애자, 트랜스젠더, 퀴어, 인터섹스, 퀘스처닝 집단이 공유하는 억압적 측면을 논의할 때 사용되었다. LGBTQIQA는 레즈비언, 게이, 양성애자, 트랜스젠더, 퀴어, 인터섹스, 퀘스처닝, 앨라이가 속한 공동체를 가리킬 때 사용되었다. 우리가 이러한 용어들을 대문자로 표기한 이유는 자부심과 목소리를 표현하고, 긍정적 자기정체화의 중요성을 강조하며, 권력 강화의 방식으로 이러한 정체성들을 지지하고 부각하기 위함이다. 또한 LGBTQIQA 공동체들 내에 존재하는 다양성을 인정하기 위해 '공동체'라는 단수 명사 대신에 '공동체들'이라는 복수 명사를 사용하였다. 물론 모든 LGBTQIQA 집단을 아우르는 공동체 의식은 분명히 존재하지만, 어느 공동체와 작업을 할 때이든 한 집단과 다른 집단 간에 지리적 · 교차적 정체성, 철학적 정체성 및 사상 등의 측면에서 집단 구성원이 지닌 다양성뿐만 아니라 지역적 차이를 중요하게 고려해야 한다. 개인을 대상으로 작업할 때와 마찬가지로, 이러한 차이점들을 이해하는 것이 특정한 공동체를 존중하고 이해하는 데 매우 중요하다.

LGBQIQA 상담에 관한 현재 이슈 및 입장

이 가이드라인 전반에 걸쳐서 우리는 상담 전문가가 LGBQIQA의 인생 경험에 영향을 끼치는 다양한 최신의 이슈를 학습할 것을 격려한다. 저자들은 '소위' 복구치료(reparative therapy), 인터섹스 개인에게 강요된 생리적 변화, 성소수자를 대상으로 한 경험적 및 양적 데이터가 상대적으로 부족해서 생기는 문제에 관한 우리의 입장을 명백하게 밝히는 것이 중요하다고 생각했다. 전환치료(conversion therapy), 지향변경치료(reorientation therapy), 성적 지향을 바꾸려는 노력들(Sexual Orientation Change Efforts: SOCE)로도 알려진 복구치료[2]는 레즈비언, 게이, 양성애자, 퀴어, 퀘스처닝 개인의 애정적 지향(affectional orientation)을 이성애자로 바꾸려고 시도하는 관행을 뜻한다. 미국상담학회(ACA)와 미국심리학회(APA)가 취하고 있는 입장과 일치하게, 우리는 개인의 애정적 지향을 바꾸려는 시도가 "성공적일 가능성이 적으며 해가 될 위험이 있다."고 생각한다(APA, 2010, p. v). 또한 저자들은 복구치료가 내담자에게 해가 될 수 있다는 점에서 심각한 윤리적 문제를 초래할 수 있다고 믿는다.

LGBQQ의 애정적 지향이나 성별 정체성/표현을 '변경하고(alter)' '고치고(repair)' '전환하고(convert)' '바꾸는(change)' 시도는 해롭거나 심지어 생명에 위협적일 수 있고, 경험적 및 질적 연구를 통해 효과성이 없다고 입증되고 있으며, 절대 실행해서는 안 된다는 점을 이해해야 한다. 상담에서 내담자가 앞서 언급한 개입에 대해 질문하면, 상담자는 그 개입이 지니고 있는 잠재적 위험성을 설명하고 그 내담자가 건강하고 조화로운 애정적 지향 및 성별 정체성/표현을 선택하도록 조력하는 것에 집중해야 한다. 다양한 정체성과 현실을 지지하는 상담적 접근은 경험적 연구, 상담 가이드라인, 미국상담학회(ACA)와 미국심리학회(APA)와 같은 전문기관에서 지지한다.

이 역량 가이드라인에서 논의하고 있는 상담 영역 내의 두 번째 이슈는 인터섹스에게 변화를 강요하는 관행과 관련되어 있다. 저자들은 미국상담학회 운영심의회(Governing Council of ACA)에 의해 통과된 결의안 및 북아메리카 인터섹스협회(Intersex Society of North America: ISNA)의 입장과 동일하게, 인터섹스에게 변화를 강제하는 그 어떠한 관행에도 반대한다. 저자들은 반대 입장에 더하여, 상담 전문가는 인터섹스가

---

2) 역자 주: 국내에서는 전환치료라는 단어가 대표적으로 쓰이고 있으며, 반동성애 진영에서는 '탈동성애 상담' '동성애 치유' 등으로 표현되고 있다.

자신의 몸과 건강에 관하여 온전하게 정보를 지니고 스스로 결정할 수 있는 권리를 옹호하도록 장려한다.

저자들은 LGBQIQA에 관한 표준이 부족하고 편견이 존재하기 때문에 LGBQIQA를 대상으로 한 연구에 한계가 있음을 인지한다. 특히 인종과 애정적 지향과 같은 교차정체성에 대한 연구가 부족하다. 또한 저자들은 LGBTQIQA를 대상으로 질적 연구 방법론을 활용할 것을 지지한다. 질적 연구는 몇몇 양적 방법론이 지니고 있는 일부 이성애 규범적인 편견을 해결해 줄 수 있고, LGBQIQA가 자신의 이야기를 풍부하게 함으로써 이들의 삶, 정체성, 경험에 관한 직접적 연구들이 연속적으로 이루어질 수 있게 하는 강점을 지니고 있다.

전반적 구조

이 역량 가이드라인은 6개의 주요 영역으로 구성되어 있다.

I. 도입부
II. 레즈비언, 게이, 양성애자, 퀴어, 퀘스처닝 상담 역량
III. 앨라이 상담 역량
IV. 인터섹스 상담 역량
V. 참고문헌 및 자료
VI. 추가자료

레즈비언, 게이, 양성애자, 퀴어, 퀘스처닝 상담 역량을 다루는 영역 II는 기존의 미국성소수자상담학회(ALGBTIC)의 LGBT(2003) 역량 가이드라인과 CACREP의 2009년 표준에 따라 다음과 같이 구성하였다.

A. 인간 성장 및 발달
B. 사회적 및 문화적 다양성
C. 조력 관계
D. 집단상담
E. 전문적 지향 및 윤리적 상담

F. 진로 및 생활방식 발달
G. 심리평가
H. 연구 및 프로그램 평가

앨라이 영역은 두 부분으로 나뉜다. 첫 번째 부분에서는 자신을 앨라이로 정체화하는 상담자를 위한 지침을 제공할 것이다. 두 번째 부분에서는 자신을 앨라이로 정체화하는 개인을 대상으로 한 상담 역량을 안내할 것이다. 상담자가 다른 LGBTQIQA 집단보다 인터섹스 집단에 대해 잘 알고 있지 않기 때문에, 인터섹스 영역은 처음에는 기본적 정보를 제공하고 다음으로는 인터섹스 상담에 관한 역량을 안내하고자 한다.

참고문헌 및 자료 영역에서는 상담 역량을 강화하기 위해 더 많은 정보를 원하는 독자에게 유용할 수 있는 자료들뿐만 아니라 이 상담 역량 가이드라인을 발달시키기 위해 사용한 자료 목록을 제공할 것이다. 모든 참고문헌 및 자료는 APA 양식에 맞게 작성하여 알파벳 순서로 나열한다.

부록 A는 용어에 대한 정의와 이 가이드라인에 사용된 중요한 개념을 설명할 것이다. 이 또한 알파벳 순서로 나열한다.

인터섹스 및 앨라이 영역

저자들은 미국성소수자상담학회(ALGBTIC)의 레즈비언, 게이, 양성애자, 트랜스젠더 상담 역량 가이드라인을 더 포괄적으로 개정하기 위해 퀴어, 퀘스처닝, 인터섹스, 앨라이 상담 역량을 추가했다. 그러나 우리는 여기에서 모든 정체성을 다 다루지 않는다. 예를 들어, 무성애자를 대상으로 한 상담 과정을 포함하지 않았다. 또한 사람들이 자신을 표현하기 위해 사용하는 많은 용어나 2개의 영혼처럼 특정 문화적 집단에서 사용되는 용어도 다 다루지 않았음을 밝힌다. 상담자와 관련 전문가의 이해가 지속해서 발달하며 LGBTQIQA 공동체들이 시간이 흐르면서 계속 변하고 있기 때문에, 이러한 변화를 반영하기 위해 향후에 이 역량 가이드라인이 개정되고 연구 및 상담이 다양한 성소수자를 더 포괄할 수 있는 방향으로 진행되기를 바란다.

우리는 이 가이드라인을 만들면서 레즈비언, 게이, 양성애자, 퀴어, 퀘스처닝 내에서 다뤄질 필요가 있는 일부 문제와 이슈가 분명히 공유하는 측면들을 확인하였다. 하지만 CACREP가 제안한 여덟 가지 영역에 따르면, 인터섹스 또는 앨라이가 이 가이드라인의 주요 영역인 부분에 포함될 수 없는 고유한 문제를 지니고 있다고 생각했다. 따라서 두 집단의 고유한 차이점에 주목하기 위해 이 영역들은 따로 분리하여 다뤘다. 우리는 이 가이드라인이 이러한 두 집단을 대상으로 하는 상담이 갖고 있는 의미를 이해하도록 중요한 정보를 제공할 수 있다고 믿는다. 하지만 트랜스젠더를 위해 트랜스젠더 상담 역량 가이드라인이 제작된 것처럼 각 집단이 지닌 특성에 온전한 관심을 기울일 필요가 있다고 생각한다. 비록 이 가이드라인 작업의 범위에서 벗어나 있지만, 우리는 추후에 앨라이 및 인터섹스 영역이 확장하는 것을 적극적으로 격려한다.

II. 레즈비언, 게이, 양성애자, 퀴어, 퀘스처닝 상담 역량

A. 인간 성장 및 발달

유능한 상담자는 다음 사항들을 숙지해야 한다.

A. 1. 생물학적 · 가족적 · 문화적 · 사회경제적 · 심리사회적 요인이 애정적 지향 및 성별 정체성/표현에 지닐 수 있는 영향을 이해한다.

A. 2. 온전히 기능하고 정서적으로 건강한 삶과 관계에 애정적 지향 및 성별 정체성을 통합할 수 있는 LGBQQ의 잠재력을 적극적으로 옹호해야 한다.

A. 3. 현재의 전 생애 발달이론에 내재된 비이성애차별주의, 양성애혐오, 트랜스젠더혐오, 동성애혐오, 동성애편견(homoprejudice)을 알아차리고, 평가 절차 및 상담 과정에서 이러한 편향을 설명할 수 있다.

A. 4. 내재화된 동성애혐오, 양성애혐오, 트랜스젠더혐오가 개인과 그의 정신건강에 미칠 수 있는 영향력을 인지한다.

A. 5. 유년기, 청소년기, 성인기, 중년기, 노년기를 포함한 전 생애 발달 시기가 상담을 받고 있는 LGBQQ 내담자의 현재 문제에 영향을 끼칠 수 있다는 점에 주목한다.

A. 6. LGBQQ의 회복탄력성과 상관없이 낙인, 편견, 차별과 이성애자가 되도록 가해지는 압박이 발달적 결정과 개인적 생의 중요한 지점에 어떻게 영향을 끼치는지 알고 있다.

A. 7. LGBQQ의 유년기, 청소년기, 성인기, 중년기, 노년기에 직면하게 되는 규범적

발달 과제가 정체성 혼란, 불안 및 우울, 자살사고 및 행동, 학업적 실패, 물질 남용, 신체적 · 성적 · 언어적 폭력, 무주택 상태, 성매매, 성병 및 HIV 감염에 의해 복잡해지거나 지연되거나 위협받을 수 있음을 이해한다.

A. 8. LGBQQ 노인층의 전형적 발달 과제가 사회적 고립 및 비가시성(invisibility)에 의해 종종 복잡해지거나 위협받을 수 있음을 이해한다.

A. 9. 애정적 지향이 반드시 고정되어 있지 않고 유동적일 수 있고, 개인의 전 생애에 걸쳐 시간이 지남에 따라 변화할 수 있음을 이해한다.[3)]

A. 10. 인종, 교육 수준, 민족, 종교, 영성, 사회경제적 지위, 가족 및 동료집단에서의 역할, 지리학적 위치, 연령, 체격, 성별 정체성/표현 등을 포함한 상황적 요인 및 사회적 결정 요인이 LGBQQ의 정체성 발달과정에 지닐 수 있는 영향력을 인식한다.

A. 11. LGBQQ의 가족구조가, 예를 들어 여러 커플이 함께 양육하는 가족, 비독점적 연애(polyamorous) 관계로 이루어진 가족처럼 다양할 수 있고, 이들이 가족이라 생각하며 소속되어 있는 집단이 하나 이상일 수 있음을 이해한다.

A. 12. LGBQQ의 원가족 집단이나 구조가 시간이 지나면서 변화할 수 있으며, 이는 특히 가족이 LGBQQ를 수용하거나 거절하는 것과 관련되기 때문임을 이해한다. 또한 가족으로부터 거절당하는 경험이 개인에게 끼칠 수 있는 영향을 인지하고 있다. 그리고 만약 원가족과의 관계에 문제가 있다면, 개인은 지지적 친구와 친척들로 구성된 대안적 가족(family of choice)을 형성할 수 있음을 알고 있다.

A. 13. 전 생애 발달과정에서 개인이 자신의 애정적 지향을 삶의 특정한 또는 모든 측면에서 커밍아웃하거나 하지 않을 수 있고, 그 이유는 다양할 수 있음을 이해한다.

A. 14. 커밍아웃 과정으로 인해 개인의 생물학적 연령과 일치하거나 일치하지 않을 수 있는 이전의 발달단계로 돌아갈 수 있음을 인지한다.

A. 15. 정체성의 커밍아웃에 관한 현재의 발달 모델이 지닌 한계를 인지하고, 그러한 모델을 선형적 방식이 아니라 유동적으로 이해해야 함을 알고 있다.

A. 16. 적합한 경우에 정체성의 커밍아웃에 관한 발달 모델과 다른 정체성 모델(예: 인종, 성별, 영적 정체성에 관한 모델)을 통합하기 위한 작업을 진행할 수 있다. 상담자는

---

3) 역자 주: 역자는 이것이 전환치료와 같은 외부적 개입을 통해 애정적 지향을 바꿀 수 있다는 의미가 아님을 분명히 하고자 한다. 오히려 이는 전 생애적 관점에서 개인이 스스로 자신의 애정적 지향을 정체화하는 방식에 변동이 존재할 가능성을 설명하기 위함이다.

정체성의 다차원적 특성을 타당화하고 내담자가 정체성 통합을 이룰 수 있도록 도와야 한다.

A. 17. LGBQQ의 교차정체성(예: 애정적 지향, 인종, 민족, 국적, 성별 정체성/표현, 종교 및 영성, 계급, 능력 등)과 이에 동반되는 발달 과제를 이해하고 인지하고 있다. 또한 LGBQQ의 다양한 정체성의 형성 및 통합 상태에 주목해야 한다.

A. 18. LGBQQ에게 있어 커밍아웃은 지속적이고 다차원적 과정이며 모든 개인의 목표가 아닐 수 있음을 이해한다. 커밍아웃은 개인의 삶에서 정체성을 통합할 수 있게 하여 숨겨야 하는 스트레스가 완화되는 긍정적 결과를 가져올 수 있다. 하지만 많은 경우, 커밍아웃으로 인해 원가족의 거절, 직업 및 경력의 상실, 지지체계의 상실과 같이 상당한 개인적 및 정서적 대가를 치르게 될 수도 있다.

A. 19. LGBQQ가 편견, 차별, 억압을 경험하지만, 온전히 기능하는 건강한 삶을 영위할 수 있는 회복탄력성을 지니고 있음을 이해한다.

B. 사회적 및 문화적 다양성

유능한 상담자는 다음 사항들을 숙지해야 한다.

B. 1. LGBQQ에게 적합한 언어를 사용하는 것이 중요하며, 게이나 퀴어와 같은 특정한 명칭은 긍정적이고 적극적으로 옹호할 수 있는 방식으로만 사용되어야 한다는 것을 이해한다.

B. 2. 언어는 항상 진화하며 개인마다 다르게 사용할 수 있음을 이해한다. 또한 내담자가 선호하는 명칭과 용어를 존중하며, 언어가 역사적으로 LGBQQ를 억압하고 차별하기 위해 사용되어 왔음을 이해한다. 그리고 상담자가 지닌 권력을 인지하고 개인이 사용하는 언어에 대한 존중을 표현해야 한다.

B. 3. LGBTQIQA 인권운동과 같이 LGBTQIQA 공동체의 역사, 다양한 구성원의 노력, 자긍심 증진의 순간을 이해한다. 현재 상담 및 임상 현장 내의 문제(예: LGBQQ에 대한 지원을 거부하는 학생 또는 전문가, 복구치료에 대한 결의안 등)뿐만 아니라, LGBTQIQA 공동체가 지닌 현재의 문제, 투쟁, 승리의 경험[예: 「고용차별금지법(Employment Non-Discrimination Act: ENDA)」, 결혼 평등권(Marriage equality), 묻지도 말고 말하지도 말라(Don't Ask Don't Tell) 정책,[4] 혐오 범죄 관련 법 제정, 반성소수자적인(anti-LGBT) 괴롭힘으

로 인한 자살 등)을 인지하고 있다.

B. 4. 정신건강 관련 문제(예: 반성소수자적 괴롭힘으로 인한 LGBQQ 아동 및 청소년의 높은 자살률)의 사회문화적 기반을 인지한다. 또한 반동성애적(anti-gay) 괴롭힘이 성소수자가 아닌 모든 아동 및 청소년에게 영향을 끼칠 수 있음을 이해한다.

B. 5. 비이성애차별주의와 성차별주의가 LGBQQ 내담자들의 애정적 지향, 성별 정체성, 행동과 관련한 건강한 기능을 손상시키는 세계관이며 가치체계라는 것을 분명히 인정한다.

B. 6. 비이성애차별주의와 성차별주의가 수많은 조직의 사회적 · 문화적 기반에 만연해 있다는 것과 이러한 차별주의가 LGBQQ를 향한 부정적 태도, 공공연한 적의, 폭력을 조장하고 있다는 것을 이해한다.

B. 7. 내재화된 비이성애차별, 인종차별, 계급차별, 종교 및 영적 전통에 근거한 차별, 장애인차별, 미성년차별, 노인차별, 성차별 등이 어떻게 상담자 자신의 태도에 영향을 미치고, 그 결과 LGBQQ 내담자들에 대한 부정적 태도나 감정을 불러오고 있는지 인식한다.

B. 8. LGBQQ 내담자들의 상호 교차정체성(애정적 지향, 인종, 민족, 국적, 성별 정체성 및 표현, 종교 및 영성, 계급, 장애 여부 등)과 그와 동반하는 발달적 과업을 인식하고 인정하고 이해한다. 이 과정에는 LGBQQ 내담자들의 다중적 정체성이 어떻게 형성되었고 통합되었는지에 대한 관심과 탐구가 함께 수반되어야 한다.

B. 9. 인종차별, 동성애혐오, 양성애혐오, 계급차별 또는 성차별 등의 상호 교차적 억압이 LGBQQ의 삶에 어떻게 영향을 미치는지를 이해한다(예: 유색인 퀴어는 LGBTQIQA 커뮤니티 내에서도 주변화될 수도 있다. 이런 주변화로 인해 다른 성소수자들에게는 보호 요인으로 작용할 수 있는 지지자원에서 소외되는 결과를 경험하기도 하고, 노숙자가 되는 비율이나 보건의료 서비스에 대한 접근성 등에도 영향을 받는다).

B. 10. LGBTQIQA 집단의 구체적인 문화적 전통, 의식(ritual), 통과의례 등에 익숙해진다.

B. 11. LGBTQQ 내담자가 체제의 장벽에 부딪혔을 때, 적절하다면 그리고 내담자의

4) 역자 주: 미국 성소수자의 군 복무와 관련된 공식적인 군정책으로, 1993년에 시행되어 2011년에 폐기되었다. 초기에는 누구든 성적 지향과 무관하게 군 복무를 할 수 있도록 허용한다는 취지에서 시작되었지만, 사실상 성소수자 군인이 자신의 성 정체성을 밝히는 경우 군에서 퇴출되었기 때문에 자신의 성 정체성을 드러내지 못하게 하는 억압적 측면이 있었다.

요청이 있었다면 그 상황에 대한 역량 강화와 옹호적 개입[미국상담학회(ACA)의 옹호 역량 참조]을 통해 상황을 조정한다.

B. 12. 어떤 LGBQQ 내담자들에게는 영성 발달과 신앙생활이 중요하다는 것을 인식한다. LGBQQ에게 긍정적인 종교기관이 한정적이고 지역사회에 따라 더 제한적일 수 있기 때문에, 이러한 상황 자체가 내담자가 경험하는 어려움이 된다. 이에 따라 많은 수의 LGBQQ가 자신의 신앙과 정체성과 연관된 개인적 투쟁에 직면하고 있다.

C. 조력 관계

유능한 상담자는 다음 사항들을 숙지해야 한다.

C. 1. 애정적 지향은 개인마다 고유하고, LGBQQ의 다양한 집단 사이에서도 엄청나게 다른 다양성을 보일 수 있다. 나아가 LGBQQ의 애정적 지향이 전 생애에 걸쳐 발달하고 진화하는 것이라는 사실을 인정한다.

C. 2. 내담자가 선호하는 명칭, 자신의 파트너를 지칭하는 용어, 커밍아웃의 정도 등을 포함하여 개인이 결정하는 정체성을 인정하고 적극적으로 옹호한다.

C. 3. 애정적 지향과 성별 정체성/표현에 관한 잘못된 관념과 신화에 대해 잘 알고 있다(예: 양성애는 한때 지나가는 단계나 과정이라고 하는 것, 소아성애자는 대부분 게이 남성이라고 하는 것, 레즈비언은 성폭력을 당했거나 남성과 아주 나쁜 경험이 있었던 여성이라는 것 등).

C. 4. LGBQQ 내담자들이 경험하는 사회적 편견과 차별(동성애혐오, 양성애혐오, 성차별 등)을 인정하고 내담자와 협업하여 내담자의 애정적 지향, 성별 정체성/표현에 대한 내면화된 부정적 태도를 극복한다.

C. 5. LGBQQ 내담자들의 능력을 저해하여 목표를 성취하는 것을 방해할 수 있는 신체적(의료 접근성, HIV, 기타 건강 문제), 사회적(가족/파트너 관계), 정서적(불안, 우울, 물질남용), 문화적(자신이 속한 인종/민족 집단에서의 지지 부족), 영적(자신의 영적 가치관과 가족과의 영적 가치관 사이의 갈등) 요인 등 스트레스 요인들(고용차별로 인한 재정적 어려움 등)을 인식한다.

C. 6. 상담자 자신의 애정적 지향과 성별 정체성/표현이 상담 관계 및 상담 과정에 영향을 미친다는 것을 인식한다. 상담자의 애정적 지향과 성별 정체성/표현에 대한 자기개방은 신중히 판단하여 LGBQQ 내담자에게 이로울 경우에만 한다.

C. 7. LGBQQ 내담자와 상담하는 데 필요한 지식과 인식(awareness)과 기술을 갖춘 사람으로부터 자문과 수퍼비전을 받고, 이를 통해 자기성찰과 개인적 성장을 지속해서 자신이 가진 LGBQQ 내담자에 대한 편견과 기술 혹은 지식의 부족 때문에 상담 관계에 부정적 영향을 미치지 않도록 한다.

C. 8. 만약 애정적 지향이나 성별 정체성/표현에 대한 걱정 때문에 상담을 받고자 하는 사람이 있다면, 상담자는 첫 회기 상담 중 내담자의 사전 동의를 받는 과정에서 내담자의 애정적 지향이나 성별 정체성/표현에 대한 고민을 다루었던 자신의 경험, 이 주제와 관련해서 받은 훈련, 자신의 전문성에 대해 스스로 인식하고 내담자에게도 주지시킨다. 필요에 따라 수퍼비전이나 자문을 구한다.

C. 9. 서로 간에 긴밀하게 얽히는 LGBTQIQA 커뮤니티 간의 속성 때문에 LGBQQ 내담자의 다중관계를 완벽하게 피하는 것이 가능하지 않을 수도 있으며, 이러한 경우는 반드시 비윤리적이라고 할 수는 없다는 점과 이 다중관계가 상담 관계에 영향을 미칠 수 있다는 것을 함께 이해한다. 상담자는 윤리적 상담을 촉진하기 위해 적절한 수퍼비전과 자문을 구해야 한다.

C. 10. 내담자가 LGBQQ 개인의 애정적 지향/성별 정체성/성별 표현을 대체하거나 '고치거나' '바꾸려는' 시도에 참여하는 것은 정서적/심리적으로 때로는 신체적으로 해가 된다는 것을 인식한다. 회복치료 혹은 전환치료 등으로 불리는 이러한 접근은 이를 뒷받침하는 연구나 실증적 근거가 부족할 뿐만 아니라 미국상담학회(ACA)나 미국심리학회(APA)에서도 지지하지 않는다. 만약 내담자가 이러한 접근법이나 기술에 대해 궁금해한다면, 상담자는 내담자에게 그것이 가지고 있는 잠재적 위해에 대해 이야기하고 조언해야 하며, 내담자가 건강하게 자기 자신과 일치하는 애정적 지향/성별 정체성/성별 표현을 추구하도록 돕는 것에 집중해야 한다.

C. 11. 양성애자들이 가진 고유한 경험과 이들이 LGBTQIQA와 이성애 커뮤니티 양쪽에서 양성애혐오를 경험하고 있다는 것을 이해한다.

C. 12. 서류를 작성할 때나 접수 과정에서 LGBQQ를 포용하고 적극적으로 옹호한다(예: 관계 상태를 묻는 항목에 '파트너가 있는'이란 선택지를 포함하기, 개인이 자신의 성별을 적을 때 남성 혹은 여성이 아닌 답변을 적을 수 있도록 하기 등).

C. 13. LGBQQ 정체성이 호소 문제와 관련이 있을 수도 있고 없을 수도 있다는 것을 인식한다.

C. 14. 상담자의 서비스 제공(상담 과정, 사례개념화, 치료적 관계)에 대한 점검과 평가

를 정기적으로 수행한다. LGBQQ 상담 관련 이론적 접근에 대한 연구가 현저히 부족하다는 것을 감안하여 자신이 가지고 있던 기존의 이론적 접근을 필요에 따라 재평가한다.

C. 15. 역사적으로 상담이나 다른 조력 전문가들이 받아 온 훈련과 수퍼비전은 섬세하지 못하고 부주의하며 제대로 된 지식에 기반하지 않았다. 따라서 LGBQQ와 이들이 사랑하는 사람들에게 문화적으로 유능한 상담을 제공하지 못했다는 사실과 이로 인해 LGBQQ에 대한 차별을 심화했다는 사실을 인식하고 인정한다. 이러한 역사적 배경이 상담 전문가를 향한 불신에 기여했을 것이다.

C. 16. LGBQQ의 커밍아웃 과정을 이해한다. 내담자가 언급하지 않았다고 해서 이들이 이성애자이거나 시스젠더라고 가정하지 않는다. 내담자는 상담자가 충분히 안전하고 신뢰할 만한 사람이라고 느끼기 전에는 상담자에게 커밍아웃하지 않을 수도 있으며, 어쩌면 내담자가 자기 자신에게도 커밍아웃하지 않은 상태일 수도 있고, 상담 과정 중에 내담자의 이런 정보가 드러날 수도 있고 그렇지 않을 수도 있다는 것을 이해한다. 한 사람의 커밍아웃 과정은 온전히 그 사람의 것이다. 내담자가 커밍아웃을 진행하는 것과 후퇴하는 것은 상담자에게 달린 일이 아니며, 이 결정은 온전히 내담자가 하도록 해야 한다. 상담자는 내담자가 가진 커밍아웃에 대한 감정을 이해하도록 돕고, 내담자의 커밍아웃 과정 전반에 걸쳐 조력하는 역할을 한다.

C. 17. 내담자가 자신의 애정적 지향을 드러내는 것을 초대하고 지지할 수 있는 LGBQQ 옹호적인 치료환경을 조성한다. 그러나 내담자가 자신의 애정적 지향을 공개해야 한다는 등의 기대는 하지 않는다.

C. 18. 상담에서 내담자의 LGBQQ 이슈와 동반할 수 있는 인식, 지식, 기술을 꾸준히 추구한다. LGBQQ의 경험과 커뮤니티 그리고 다양하고, 이성애 중심적이며, 계속 변화하는 사회 속에서의 LGBQQ의 삶에 대한 연구가 급속도로 발달하고 있고 이에 기반한 지식이 나날이 늘어나고 있기 때문에 상담 역량을 유지하기 위해 이 분야에 대한 지속적인 재교육이 필요하다.

D. 집단상담

유능한 상담자는 다음 사항들을 숙지해야 한다.

D. 1. LGBQQ 집단원들이 편견과 차별과 억압을 경험하고 있지만 동시에 충분히 기능하며 건강한 삶을 살아갈 수 있는 탄력성을 가지고 있다는 것을 이해한다.

D. 2. 집단상담이 가진 힘을 통해 LGBQQ 집단원들의 정체성을 적극적으로 긍정 및 옹호하고 공동체를 발달시키며 집단상담에서 일어나는 모든 과정(심리교육, 과업, 상담, 심리치료 등)에 집단원들이 연결될 수 있다는 것을 인식한다.

D. 3. LGBQIQA 집단원들 사이에서도 각각의 소속집단별 권력의 차이와 억압이 발생할 수 있다는 사실을 인식한다. 상담자는 집단상담의 과정에 대한 자신의 지식과 사회정의에 입각한 관점을 활용하여 이러한 억압을 꺼내어 다룰 수 있어야 한다.

D. 4. 상담자 자신의 애정적 지향, 섹슈얼리티의 유동성 그리고 고정관념과 편견과 사회적 차별이 어떻게 LGBQQ 집단원들에 대한 상담자의 태도에 영향을 미칠 수 있는지에 대해 인식하고 이를 드러낸다.

D. 5. LGBQQ 내담자와의 집단상담에 대한 최선의 상담 기준과 현재까지 진행된 연구를 통합한다. LGBQQ를 위한 집단상담에 대해 연구가 부족함을 인식하고, 필요한 경우 수퍼비전과 자문을 받는다.

D. 6. 집단원 및 집단 리더의 애정적 지향에 대한 자발적 개방과 관련하여 집단 내에서 일어날 수 있는 여러 어려움과 기회를 인지한다.

D. 7. 애정적 지향을 드러내는 것을 초대하고 지지할 수 있는 집단환경을 조성하되, 집단원들이 반드시 자신의 애정적 지향을 드러내야 한다는 기대를 받지 않도록 한다.

D. 8. 내담자가 LGBQQ의 애정적 지향/성별 정체성/성별 표현을 대체하거나 '고치거나' '바꾸려는' 시도에 참여하는 것은 정서적/심리적으로 때로는 신체적으로 해가 된다는 것을 인식한다. 회복치료 혹은 전환치료 등으로 불리는 이러한 접근은 이를 뒷받침하는 연구나 실증적 근거가 부족할 뿐만 아니라 미국상담학회(ACA)나 미국심리학회(APA)에서도 지지하지 않는다. 만약 내담자가 이러한 접근법이나 기술에 대해 궁금해한다면, 상담자는 내담자에게 그것이 가지고 있는 잠재적인 위해에 대해 이야기하고 조언해 주어야 하며, 내담자가 건강하게 자기 자신과 일치하는 애정적 지향/성별 정체성/성별 표현을 추구하도록 돕는 것에 집중해야 한다.

D. 9. 과거에 상담자가 집단원의 애정적 지향/성별 정체성/성별 표현을 바꾸려는 의도로 집단상담을 이용한 적이 있기 때문에 집단원이 집단상담에 대해 불신감을 갖는 것에 이유가 있다는 사실을 인정한다.

D. 10. 사전 선별을 할 때 판단적이지 않은 동시에 LGBQQ 옹호적 환경을 조성하고

소통한다.

D. 11. 집단의 전반적인 발달과정에서 LGBQQ 옹호적 환경을 조성하는 데 필요한 기술을 갖추고 발휘한다.

D. 12. 상호 긴밀하게 얽히는 LGBTQIQA 커뮤니티 간의 속성 때문에 집단원들과의 다중관계를 완벽하게 피하는 것이 가능하지 않을 수도 있으며, 이러한 경우가 반드시 비윤리적이라고 할 수는 없다는 점과 이 다중관계가 집단의 과정에 영향을 미칠 수 있다는 것을 함께 이해한다. 상담자는 윤리적 상담을 촉진하기 위해 적절한 수퍼비전과 자문을 구해야 한다.

D. 13. 집단 규칙을 세울 때 집단원들의 협력과 유연성이 가져올 혜택을 이해한다. 예를 들어, 집단원들과 집단 밖에서 어울리지 않는다는 규칙은 서로 간에 긴밀하게 얽히는 LGBTQIQA 커뮤니티 간의 속성 때문에 집단원들이 이 규칙을 지키는 것이 제한되거나 불가능할 수도 있다.

D. 14. 집단원의 교차정체성과 이로 인한 복합적 억압이 개인의 경험 및 집단상담의 과정과 집단에서의 역할 및 집단 안에서의 경험에 어떤 영향을 미치는지를 이해한다.

D. 15. 모든 집단은 사회의 축소판임을 이해한다. 따라서 LGBQQ 내담자들이 각자 경험한 편견과 차별과 억압 때문에 집단의 환경 자체를 안전하지 않게 느낄 수도 있음을 이해한다. 유능한 집단 리더는 강점기반 상담의 접근을 적용하여 집단원들이 가지고 있는 잠재적 취약성을 다룰 것이다.

D. 16. 집단상담의 치료계획에 대한 기대와 LGBQQ 집단원들의 안정, 포용, 상담적 필요에 적합한 상담의 목표를 담보할 수 있는 집단환경이 이질적 집단에서나 동질적 집단 모두에서 가능하도록 LGBQQ 집단원들과 협업한다.

D. 17. LGBQQ 집단원을 향한 드러나거나 숨겨진 반감이 집단원들의 안전과 집단의 응집력 및 통합성을 위협할 때 적극적으로 개입한다.

D. 18. 만일 기존에 LGBQQ를 대상으로 한 집단이나 따로 특정하지 않은 집단에서 LGBQQ 내담자들을 상담한 경험이 없다면 LGBQQ 이슈에 대한 경험과 역량을 갖춘 정신건강 전문가들로부터 자문과 수퍼비전을 받고, 자신의 인식과 지식과 기술을 발달시키는 데에 도움을 받는다.

D. 19. 집단상담을 통해 LGBQQ 이슈에 잘 응답할 수 있는 인식, 지식, 기술을 꾸준히 모색한다. 다양하고, 이성애 중심적이며, 계속 변화하는 사회 안에서의 LGBQQ의 경험과 커뮤니티, 삶에 대한 연구가 급속도로 발달하고 이에 기반한 지식이 늘어나기

때문에 이 분야에 대한 재교육이 상담 및 집단상담의 역량 유지에 필수적이다.

D. 20. 기존의 집단상담 이론들이 LGBQQ이 직면한 독특한 장벽과 어려움을 제대로 설명할 수 없음을 이해한다. 특정 집단상담 이론이 LGBQQ를 규준으로 만들어진 것이 아니기 때문에 집단상담자가 이러한 이론을 바탕으로 상담적 개입을 하거나 그 효과성을 평가할 때 유의해야 한다.

D. 21. 이질적 집단에서 LGBQQ 집단원들에게 지지와 격려를 제공하기 위해 이성애자 앨라이의 역할이 중요하다는 것을 인식한다.

E. 전문적 지향과 윤리적 상담

유능한 상담자는 다음 사항들을 숙지해야 한다.

E. 1. 윤리적 딜레마에 직면했을 때 LGBQQ 내담자의 필요와 어려움을 고려한 의사결정 모형을 활용한다.

E. 2. 전문적 관계에 영향을 미칠 수 있는 윤리적 딜레마를 해결하기 위해 적절하다면 LGBQQ 내담자들과 협업하여 접근한다.

E. 3. LGBQQ 내담자의 존엄성과 복지를 촉진할 수 있는 실천 방안을 만들 때, LGBQQ 내담자와 관련한 상담자의 전문가적 의무와 개인의 가치관이 충돌한다면 수퍼바이저/동료로부터 자문을 받아 함께 만든다.

E. 4. LGBQQ와 상담하는 데 필요한 지식과 인식과 기술을 갖춘 사람으로부터 자문과 수퍼비전을 받고, 이를 통해 자기성찰과 개인적 성장을 지속해서 자신이 가진 LGBQQ 내담자에 대한 편견과 기술 혹은 지식의 부족이 상담 관계에 부정적 영향을 미치지 않도록 한다.

E. 5. 상호 교차정체성과 소속 공동체를 가진 LGBQQ 내담자들의 자주성(autonomy)을 적극적으로 긍정 및 옹호하고 수용하고 지지하는 언어와 기술과 개입을 사용한다.

E. 6. 내담자가 LGBQQ의 애정적 지향/성별 정체성/성별 표현을 대체하거나 '고치거나' '바꾸려는' 시도에 참여하는 것은 정서적/심리적으로 때로는 신체적으로 해가 됨을 인식한다. 회복치료 혹은 전환치료 등으로 불리는 이러한 접근은 이를 뒷받침하는 연구나 실증적 근거가 부족할 뿐만 아니라 미국상담학회(ACA)나 미국심리학회(APA)에서도 이를 지지하지 않는다. 만약 내담자가 이러한 접근법이나 기술에 대해 궁금해한

다면, 상담자는 내담자에게 그것이 가지고 있는 잠재적 위해를 이야기하고 조언하며, 내담자가 건강하게 자기 자신과 일치하는 애정적 지향/성별 정체성/성별 표현을 추구하도록 돕는 것에 집중해야 한다.

전환치료는 효과가 없을 뿐만 아니라 개인에게 해가 되기 때문에 다음을 포함한 수많은 조직과 학회 및 협회가 공식적으로 거부하고, 이러한 사항을 조직 내 정책으로서도 발표하였다.

- 미국학교행정가협회(American Association of School Administrators: AASA)
- 미국소아과학회(American Academy of Pediatrics: AAP)
- 미국상담학회(American Counseling Association: ACA)
- 미국교사연합(American Federation of Teachers: AFT)
- 미국의학회(American Medical Association: AMA)
- 미국정신의학회(American Psychiatric Association: APA)
- 미국정신분석학회(American Psychoanalytic Association: APsaA)
- 미국심리학회(American Psychological Association: APA)
- 아동 및 청소년 건강위원회(Council on Child and Adolescent Health)
- 종교연합재단(The Interfaith Alliance Foundation: TIAF)
- 전미사회복지사협회(National Association of Social Workers: NASW)
- 전미교육협회(National Education Association: NEA)
- 세계보건기구(World Health Organization: WHO)

E. 7. 전문가를 대상으로 한 워크숍을 통해 전문적인 훈련/교육을 지속적으로 받고 관련 연구를 숙독하며 LGBQQ 개인 및 LGBTQIQA 커뮤니티에서 현재 이슈가 되는 중요한 사안이 무엇인지 잘 알고 있다.

E. 8. 역사적으로 상담이나 다른 조력 전문가들이 받아 온 훈련과 수퍼비전은 섬세하지 못하고 부주의하며 제대로 된 지식에 기반하지 않았다. 따라서 LGBQQ와 이들이 사랑하는 사람들에게 문화적으로 유능한 상담을 제공하지 못했다는 사실과 이로 인해 LGBQQ에 대한 차별이 심화되었다는 사실을 인식하고 인정한다. 이러한 역사적 배경이 상담 전문가를 향한 불신에 기여했을 것이다.

E. 9. LGBQQ의 탄력성과 어려움을 극복하는 고유의 능력을 인식한다.

E. 10. 수퍼바이저와 수퍼바이지의 견해가 다를 경우, 내담자를 적극적으로 옹호하고 긍정하며 수용하고 지지하는 상담을 제공한다.

E. 11. 커뮤니티 체계의 다양한 위계(예: 미시체계, 중간체계, 거시체계)에서 LGBQQ 내담자를 옹호하고, 적극적으로 옹호하고 긍정하며 수용하고 지지하는 상담서비스(예: 공동체를 대상으로 한 교육, 자주 낙인과 사회적 억압에 영향을 받는 LGBQQ의 정신건강과 관련된 조직적인 정책 및 법률의 변화를 촉진함)를 제공한다.[5)]

E. 12. LGBTQIQA를 적극적으로 옹호하고 긍정하는 커뮤니티의 자원을 잘 알고 적절한 경우 LGBQQ 내담자와 이를 공유한다.

E. 13. 상호 긴밀하게 얽히는 LGBTQIQA 커뮤니티 간의 속성 때문에 집단원들과의 다중관계를 완벽하게 피하는 것이 가능하지 않을 수도 있으며, 이러한 경우가 반드시 비윤리적이라고 할 수는 없다는 점과 이 다중관계가 집단의 과정에 영향을 미칠 수 있다는 것을 함께 이해한다. 상담자는 윤리적 상담을 촉진하기 위해 적절한 수퍼비전과 자문을 구해야 한다.

F. 진로 및 생활방식 발달

유능한 상담자는 다음 사항들을 숙지해야 한다.

F. 1. LQBQQ 내담자가 자신의 정체성 수용과 직업 만족도를 함께 촉진할 수 있는 진로를 선택하도록 조력한다.

F. 2. 기존의 진로상담 이론들이 LGBQQ의 진로 경로에서 직면하는 독특한 장벽과 어려움을 제대로 설명할 수 없다는 것을 이해하고, 이론을 적용할 때는 LGBQQ 내담자의 필요를 적극적으로 긍정하고 옹호하는 방식으로 통합한다. 특정 진로상담 이론이 LGBQQ 인구를 규준으로 만들어진 것이 아니기 때문에 상담자가 이러한 이론을 바탕으로 상담적 개입을 하거나 그 효과성을 평가할 때 유의해야 한다.

F. 3. 진로검사 도구가 LGBQQ를 규준으로 개발된 것이 아님을 이해하고, 따라서 검사 결과나 그에 따른 상담적 개입을 할 때 이들에게 표준화되지 않을 수 있으므로, 이를

5) 역자 주: 미국상담학회(ACA)에서 정의하는 상담자의 역할은 전통적인 상담서비스를 제공하는 것 외에 사회체계에 대한 개입이나 교육 등을 포함한다.

참작해 검사 결과를 해석하거나 그에 따른 상담적 개입을 할 때 조정이 필요하다는 것을 이해한다.

F. 4. LGBQQ 내담자에 대한 체계적이고 제도화된 억압이 직무성과에 불리하게 작용할 수 있고, 그 결과 이들의 직무성과에 대한 평가도 부정적일 수 있음을 이해한다. 따라서 LGBQQ의 진로 선택이 제한되고, 그 결과 불완전 고용(underemployment),[6] 재정적 자원에 대한 낮은 접근성, 특정 직업군에서 과잉 대표(over-representation)되거나 과소 대표(under-representation)되는 상황으로 이어질 수 있다.

F. 5. 정부(예: 연방, 주, 지역) 법령/노동조합의 계약/각 기업의 정책의 특정 조항이 애정적 지향/성별 표현/성별 정체성에 기반하여 고용차별을 영속시키는지 인지하고 LGBQQ 내담자와 이를 공유한다. LGBQQ와 더불어 성소수자를 포용하고 공평한 정책을 촉진하는 것을 옹호한다.

F. 6. 직장에서 경험하는 차별/억압/폭력의 경험이 어떻게 LGBQQ에게 더 많은 대인관계적/개인 내적 장벽을 만드는지를 이해한다(예: 진로/직업 만족도의 감소, 안전감/편안감의 부족, 대인관계 갈등 등).

F. 7. 애정적 지향과 성별 정체성/표현 관련 직장 내 차별과 억압의 경험이 다른 종류의 차별과 억압(예: 인종차별, 계급차별, 장애인차별, 노인차별, 종교차별, 외모차별, 국적차별 등)을 경험했을 때 어떤 식으로 혼합될 수 있는지를 이해한다.

F. 8. LGBQQ를 옹호하고, 직장 내 성소수자 포용 정책과 실현을 옹호하여 LGBQQ의 역량 강화를 지지한다. 여기에는 미시 수준에서 직장 내 LGBQQ 이슈 교육, 중시 수준에서 지역 커뮤니티 차원의 정책, 거시 수준에서 더 큰 커뮤니티에서의 정책, 입법, 제도 개혁 등의 예가 있다.

F. 9. 직장 내 동료와 상사에게 '커밍아웃' 관련 어려움과 안전에 대한 걱정을 인지하고, 이것이 삶의 다른 영역들(거주, 자존감, 가족의 지지, 더 나은 직장의 기회 등)에 미칠 영향에 대해서도 인지하고 있다는 것을 드러낸다.

F. 10. 직장 내에서 LGBQQ를 옹호할 때, 그가 자신의 커뮤니티나 다른 사적 영역에서 커밍아웃을 했다고 하더라도 상담자는 내담자의 정체성을 비밀 유지/엄수한다.

F. 11. 적절하다면 내담자와 LGBQQ 멘토, 롤모델, 자원 등을 연결하여 자신에게 가

6) 역자 주: 노동자가 취업은 하였으나 완전한 고용 상태가 아닌 경우로, 예를 들어 비자발적 시간제 노동자나 반일제 노동자의 경우, 노동자의 교육 수준과 업무가 불일치하는 경우 등을 뜻한다.

능할 수도 있는 진로 관련 선택의 인식을 확장하도록 돕는다.

F. 12. LGBQQ에게 안전하고 수용하며 포용적인 환경을 갖춘 직장 관련 지식과 자원을 축적한다.

G. 심리평가

유능한 상담자는 다음 사항들을 숙지해야 한다.

G. 1. LGBTQIQA 커뮤니티 내의 건강한 기능의 양상(실증 및 이론 연구 문헌과 LGBTQIQA 자원과 관련한 자문 등)에 대해 잘 알고 있다. 커뮤니티 내의 다양성을 이해하며 이를 정신병리학적으로 곡해하지 않는다. 성소수자가 가진 여러 다양성은 LGBTQIQA 개인/커플/가족에게 해로운 방식으로 해석되어 왔다(예: 회복/전환치료의 사용을 지지해 온 정신건강 분야의 역사 등).

G. 2. 애정적 지향, 성별 정체성, 다른 여러 상호 교차정체성(인종, 민족, 계급, 장애 여부, 나이 등)이 LGBQQ 내담자의 호소 문제와 관련 있을 수도 아닐 수도 있다는 사실을 인지하고, 이와 동시에 어떤 방식으로든 억압의 경험은 현재의 호소 문제에 영향을 준다는 사실을 안다.

G. 3. 내담자가 자신이 경험한 억압이나 자신의 정체성과 관련한 스트레스 등을 식별하지 않았거나 혹은 그 억압을 높은 수준에서 내면화한 경우 상담 회기에 와서는 자신의 경험을 실제보다 긍정적으로 표현할 수도 있음을 이해한다. 내면화된 억압은 다양한 방식으로 드러나고 때로는 식별하기 어렵다. 여러 예를 들 수 있는데, 비이성애차별주의적인 언어를 사용하면서 그것이 자신의 자존감에 어떤 영향을 미치는지 모르고 있거나, 파트너를 찾으려는 욕구가 낮거나, 같은 성소수자 커뮤니티에 있는 사람들에게 유독 낮은 수준의 관용을 보이거나, 자신의 정체성 관련 고정관념이 사실은 진짜라고 믿거나, 자신과 같은 정체성을 가진 사람들에 대한 온갖 부정적인 것들을 듣고 자신은 성공할 수 있는 사람이 아니라고 느끼는 방식으로 드러날 수 있다.

G. 4. 상담자 자신이 가진 편견이나 특권이 LGBQQ 내담자에 대한 평가에 미칠 수 있는 영향에 대해 안다. 예를 들어, 내담자의 어려움을 간과하거나, 자신의 편견이나 특권에 기반한 특정한 상담 방식만을 고집하는 일을 해서는 안 된다.

G. 5. (LGBQQ 상담 관련 지식, 통찰, 기술을 갖춘 사람에게) 수퍼비전과 자문을 받는다.

이를 통해 상담자가 편견을 인식하고 최소화하며 특권과 권력의 오/남용을 피하는 도구로 활용케 한다.

G. 6. 특히 LGBQQ 개인/커플/가족과 같은 취약계층 대상 평가의 실제에 있어 역사적/사회적/문화적 맥락을 이해하고 인식한다.

G. 7. 평가 절차가 잠재적으로 유익한 반면 해로울 수도 있음을 인식한다. 또한 LGBQQ 개인/커플/가족 대상 평가의 실제에 있어 최선의 기준 관련 법적/윤리적 지침을 인지한다(예: ACA 윤리 강령과 다문화적 평가 기준). 특히 LGBQQ가 동등한 권리와 보호를 받지 못하는 상황에서 법규와 윤리 규정 사이의 간극이 있음을 인지한다.

G. 8. 평가의 표준적 특징을 이해한다. 검사 개발/문항 개발, 규준 표본, 심리측정상의 특성(타당도, 신뢰도), 평가 절차의 측면에서 평가 개발, 규준화, 검사 실시, 채점, 해석, 보고서 작성에 영향을 미치는 다양성 이슈에 대한 지식을 실천한다.

G. 9. 적절한 LGBQQ 평가를 보다 온전하게 이해하기 위해 LGBQQ 개인/공동체 관련 관점과 개인적 서사를 필수적으로 찾아본다.

G. 10. 평가 편향은 여러 수준에서 발생할 수 있음을 이해한다(예: 이론적 제고, 문항 내용, 문항의 언어와 의미, 문항 값/값 추정, 규준 표본, 의뢰 사유, 검사자–수검자 역동). 따라서 유능한 상담자는 의뢰 사유, 진단적 고려사항, 수검자의 개인적 정체성, 검사환경 관련 언어를 적절히 사용하도록 주의하며 평가 절차/도구를 비판적으로 평가해야 한다.

G. 11. 성소수자 대상 상담평가 도구 개발에 있어 지금까지의 규준집단 개발이 제한적이었음을 인지한다. 규준집단의 부족 관련 특정 혹은 모든 기능 영역(예: 인지, 성격, 적성, 직업/진로, 물질 남용, 커플/가족 관계)의 평가 결과 해석에 있어 충분한 주의를 기울여야 한다.

G. 12.[7)]

G. 13. LGBQQ 개인/커플/가족 대상으로 개발되거나 조정된 평가 도구 관련 전문적 교육과 자원을 인지한다. 또한 그러한 전문적 교육과 자원이 LGBQQ의 모든 교차정체성과 전인적 인간을 표현하는 다문화적 옹호 모형과 함께 사용되는 방법을 인지한다.

G. 14. 초기면담 서류, 초기면담지, 면담 방법, 초기 개입, 평가 도구의 선별법을 검토하여 포괄적 언어 사용을 보장한다. 포괄적 언어는 애정적 지향과 성별 정체성의 유동성을 제공하고, 개인마다 그러한 해당 항목(혹은 해당 항목의 부재)이 다양함을 보여 준

---

7) 역자 주: 해당 내용은 원문에서 삭제되어 있다.

다(예: 성별/애정적 지향을 스스로 정체화하게 하고, 계급/인종/민족/장애 등의 교차정체성을 포괄할 수 있는 여지를 허용하기).

G. 15. LGBQIQ 대상 적절한 평가와 상담계획 관련, 과학 기술이 상담 직종에 어떻게 영향을 미쳐 왔는지에 대한 인식을 가진다(예: LGBQQ 공동체의 정보 접근성 증가, 온라인상담의 비밀유지와 익명성, SNS 등장에 따른 이중 관계의 위험).

G. 16. 평가 도구, 『정신질환의 진단 및 통계 편람(DSM)』, 진단 도구 등이 LGBQQ에게 부정적 영향을 끼치는 성소수자차별주의자/성별차별주의자/성차별주의자의 규범을 어떻게 영구화할 수 있는지 이해한다.

G. 17. 평가 결과에서 나온 어떤 유형의 낙인이든, 특히 억압 및/또는 소수자 스트레스에 근거한 증상의 낙인은 LGBQQ에게 부정적 영향을 미칠 수 있음을 이해한다.

H. 연구 및 프로그램 평가

유능한 상담자는 다음 사항들을 숙지해야 한다.

H. 1. LGBQQ 개인/공동체를 병리화했던 상담 현장의 역사가 있었음을 인식한다(예: 동성애를 '심리장애'로 봤던 연구물과 애정적 지향 및/또는 성별 정체성/성별 표현이 '변화 가능함'을 '증명'하기 위한 연구 주제). 연구와 프로그램 평가 관련 이러한 접근법은 상담 현장의 전문기관들에 의해 유해하고 비윤리적인 연구 목표로 간주됨을 이해한다(도입부 참조).

H. 2. 윤리적인 경험기반 상담뿐만 아니라 정체성 형성을 위한 사회적/정서적 웰빙, 어려움, 억압에 대한 대처법과 적응유연성 관련 LGBQQ 선행 연구를 인지한다.

H. 3. LGBQQ 개인/가족/공동체의 경험을 이해하는 데 있어 학계와 프로그램 평가 사이에 간극이 있음을 인지한다(예: 커플 연구에서 LGBQQ 파트너나 LGBQQ 관계 형태의 경험을 제외할 수 있다). 기타 주변화된 정체성(예: LGBQQ 유색인, LGBQQ 장애인 등)의 경우 이 간극이 더 확대됨을 이해한다.

H. 4. LGBQQ 개인/공동체 관련 연구와 프로그램 평가 관련 비판적 사용법을 이해한다. 그리하여 미래의 연구가 LGBQQ의 욕구를 이해하고 삶의 질을 향상시키며 권력을 강화하고 상담 효과성을 높이는 데 전력을 다하게 한다.

H. 5. LGBQQ 개인/공동체 관련 최신 연구(예: 실증 연구, 개관 연구, 프로그램 평가) 정

보를 알고 유지한다.

H. 6. 표본 추출(예: 인종적/종교적 다양성), 비밀보장(예: 부모에게 '커밍아웃'할 수 없고 연구 참여에 부모 동의를 받을 수 없는 LGBQQ 청소년), 자료 수집(예: '커밍아웃'하지 않은 표본 구하기), LGBQQ 정체성과 경험을 전혀 다른 정체성에 적용하는 일반화의 가능성(예: 게이 남성 연구는 레즈비언이나 양성애자 남성에게 일반화되지 않을 수도 있다.) 관련 LGBQQ 선행 연구와 연구 방법의 한계를 이해한다.

H. 7. LGBQQ 개인/공동체의 표본 추출 시 의도성을 가진다. 그리하여 연구 표본이 광범위한 다양성(예: 인종/민족성, 성별, 장애, 사회계급, 지리적 위치, 국적 등)을 포함하게 한다. 또한 특정 집단으로 일반화할 수 없는 경우 이를 연구의 한계로 기재한다.

H. 8. 질적/양적/혼합 연구 방법에 대한 지식을 갖춘다. 이러한 방법론을 LGBQQ의 개별적 경험, LGBQQ 문제 관련 상담자의 인식/훈련, LGBQQ 대상 차별 감소, LGBQQ 삶의 긍정적 사회 변화를 위한 옹호 기회, LGBQQ 가족/양육의 강점과 같은 잠재적인 향후 연구 영역에 적용한다.

H. 9. LGBQQ 개인/공동체/서비스 제공자에게 가치 있는 자원을 제공하기 위해 연구/프로그램 평가 참여 유인을 활용한다.

III. 앨라이 상담 역량

참고: 이 영역에서 성소수자라는 약어(LGBTQIQA)에 A를 자주 포함하였다. 이는 앨라이가 성소수자(LGBTQIQA)[8] 공동체의 모든 구성원과 협력할 수 있음을 의도한 것이다.

I-1. 앨라이로서 상담자

앨라이로서 상담자는 성소수자 대상 상담 역량을 갖출 뿐만 아니라 상담자 역할 이상의 행동과 태도를 드러낸다. 성소수자 공동체의 앨라이인 상담자는 다음의 가이드라인을 준수한다(출처: http://www.mnsu.edu/lgbtc/resource.html).

8) 역자 주: 이 가이드라인에서는 '성소수자(LGBTQIQ)'라는 약어를 성소수자 전반을 지칭하는 용어로 사용하였으나, 이에 포함되지 않는 애정적 지향, 성별 정체성 및 성별 표현까지 포괄하게끔 용어를 사용하는 최근의 추세를 반영하여 앨라이를 포함한 성소수자 전반을 통칭하는 용어로 '성소수자(LGBTQIQA)'를 사용하였다.

인식

유능한 앨라이는 다음 사항들을 숙지해야 한다.

I. 1. 자신이 누구인지와 성소수자와 어떻게 다르고 유사한지를 인식한다. 이러한 인식은 성소수자 개인/공동체와의 대화, 성소수자와 이들의 삶과 역사 관련 서적, 워크숍/세미나/콘퍼런스/모임, 자기성찰을 통해 얻을 수 있다.

지식

유능한 앨라이는 다음 사항들을 숙지해야 한다.

I. 2. 성소수자 개인/공동체와의 대화, 성소수자와 이들의 삶과 역사 관련 서적, 워크숍/세미나/콘퍼런스/모임을 통해, 성소수자 개인/공동체에 영향을 미치는 현안에 대해 학습한다.

I. 3. 성소수자 공동체에 영향을 미치는 사회문화적/정치적/경제적 상황과 그로 인한 제도적 관행, 법률, 정책을 알고 이해한다.

I. 4. 성소수자가 자신의 발달과정과 공동체 안에서 어떻게 자신의 교차정체성을 경험하는지를 알고 이해한다.

커밍아웃 결정의 지지

유능한 앨라이는 다음 사항들을 숙지해야 한다.

I. 5. 커밍아웃의 과정과 범위는 당사자의 결정이어야 함을 인식한다.

I. 6. 공감적 경청과 반영적 피드백 등의 기술을 활용하여 성소수자가 커밍아웃을 찾아 나가는 과정에서의 어려움을 타당화한다.

I. 7. 성소수자가 자신의 발달과정을 조망할 때 스스로 정의하고 배치하게 허용한다.

I. 8. 성소수자 대상 전문적 상담 관련 유능하고 경험이 풍부한 수퍼바이저/자문가를 찾아 적극적으로 상담 준비를 한다. 전문성과 역량을 개발하기 위한 재교육을 받는다. 필요에 따라 서비스 제공을 조정한다.

지지적 환경 조성

유능한 앨라이는 다음 사항들을 숙지해야 한다.

I. 9. 상담센터에 성소수자를 지지하는 정기간행물, 책, 포스터를 배치하거나 성소수자 인쇄물을 상담 과제로 주는 등의 행동을 통해 성소수자를 존중하는 분위기를 조성하고 증진한다.

I. 10. 개인 간/집단 내 다름을 인정하고 감사해하며 즐긴다(예: 이슬람교를 믿는 아프리카계 미국 남성의 교차정체성을 인정한다).

I. 11. 포괄적이고 존중하는 언어를 사용한다(예: 일상에서 배우자, 아내, 남편, 남자친구, 여자친구와 같은 특정 용어가 아닌 파트너라는 용어를 사용하고, 당사자가 특정 용어를 요청할 때 개인의 선택을 존중하여 그 용어를 사용한다).

I. 12. 성소수자 이슈와 관련해 개방적이고 솔직한 논의를 촉진함으로써 대화를 나누는 데 안전하고 포용력 있는 사람이 된다.

I. 13. 정형화된 방식으로 성소수자를 묘사하거나 비하하는 농담이나 유머에 반대하고 근절한다.

I. 14. 성소수자 대상 판단이나 평가에 관련 없는 애정적 지향이나 성별 정체성에 관한 언급에 반박한다(예: "그가 양성애자인 거 알지? 일만 제대로 한다면 상관없지만 말이야." 또는 "그 여자 커플이 아이 키우는 거 알지? 그래서 그 커플은 '정상' 커플이 가진 자원은 없을지도 몰라."와 같은 말에 대응하기).

I. 15. 성소수자 주제에 관한 보수 교육과 전문성 발달 활동을 증진한다.

I. 16. 성소수자 직원에게 다른 직원과 성소수자 이슈에 대해 기꺼이 의논할 의사가 있는지 확인한다.

I. 17. 성소수자 직원/교수에게 모든 성소수자 이슈를 문의하는 것을 조심한다. 왜냐하면 이들이 성소수자 이슈 관련 전문성이 없고/없거나 이들의 전문성이 성소수자 이슈에만 국한되지 않을 수 있기 때문이다. 모든 사람이 성소수자 정체성 관련 지식을 갖도록 권장하는 분위기를 조성한다.

I. 18. 성소수자라고 밝힌 직원과 교수의 채용/고용 유지의 결단력을 가진다.

I. 19. 다양성에 대한 토론에 애정적 지향과 성별 정체성/성별 표현을 포함하고, 다문화 배경에서 성소수자 정체성이 바람직하다는 환경을 조성한다.

I. 20. 관리자에게 성소수자(예: 직원, 교수, 학생, 내담자)와의 상담 작업에 필요한 역량

을 갖추도록 옹호한다.

I. 21. 다른 혜택보다 안전하고 지지적인 환경을 제공하는 것이 성소수자가 자신의 정체성을 공개하게 함을 인식한다. 그러나 당사자가 언제/어떻게/누가 커밍아웃을 할 것인지에 대한 결정을 내려야 한다.

I. 22. 애정적 지향/성별 정체성/성별 표현 관련 차별금지 정책은 성소수자 당사자가 아닌 그 기관/단체의 책임임을 인식한다.

I. 23. 모든 임상 관련 서류와 초기면담 절차에서 성소수자를 포용하고 적극적으로 옹호하도록 확인한다(예: 관계 상태 질문에 '파트너 있음'을 포함하고, 피질문자가 스스로 남성 또는 여성이 아닌 자신의 성별을 적을 수 있게 하기).

I-2. 앨라이 상담의 역량

이 부분은 앨라이로 정체화한 사람과 상담하는 상담자를 위한 것이다. 앨라이는 친구, 가족, 중요한 타인, 동료/관계자, 멘토, 앨라이로 정체화하기 전에 상담을 찾는 사람들, 비성소수자(heterosexual, cisgender) 및 또는 성소수자 공동체의 구성원(예: 트랜스젠더의 앨라이인 시스젠더 양성애자 여성)을 포함한다. 특히 성소수자 공동체에서 전통적으로 주변화된 정체성을 가지고 있는 경우도 포함한다. 따라서 여기에서 언급하는 정체성 명칭은 외부에서 주어진 것이라기보다 당사자가 스스로 가정(self-assumed)한 것이다. 아울러 앨라이 발달은 개인마다 다양하다. 상담자와 내담자의 발달을 고려하여 앨라이가 되는 것의 의미와 관련된 이슈를 상담의 사례개념화에서 고려해야 한다. 사실상 비성소수자 앨라이가 활용할 만한 자원이 더 많기 때문에 이들의 발달에 관한 유용한 정보가 더 많다[비성소수자 앨라이의 발달 모형(Poynter, 2007)의 자원 목록 참조]. 예를 들어, 이 모형을 보면 앨라이 발달의 첫 번째 단계에서 앨라이는 자신이 앨라이라는 정체성 및/또는 성소수자에게 부정적 신념/태도를 가지고 있지 않다. 여기에서는 앨라이 발달의 다양한 단계 관련 이슈를 다룬다. 또한 상담자가 내담자의 앨라이로서 역할 관련 상담을 할 때 만날 수 있는 광범위한 상황을 다룬다. 덧붙여 앨라이에 관한 연구가 전반적으로 부족하기 때문에 여기에서는 앨라이 상담 관련 논의를 모색하고 향후 연구를 촉진하고자 한다.

유능한 상담자는 다음 사항들을 숙지해야 한다.

I. 23-1.[9] 각각의 성소수자 공동체에 대한 앨라이의 상당한 기여와 성소수자 개인에게 제공하는 앨라이의 지지가 주요함을 인식한다.

I. 24. 앨라이가 자신의 애정적 지향과 성별 정체성, 그로 인해 직면하는 특권 및/또는 억압을 인지하도록 돕는다. 상담자는 앨라이가 자신의 특권을 긍정적으로 수용하는 순환적 과정에 대해 상담하며, 성소수자 공동체를 지지하는 데 그 특권을 사용하는 법을 깨닫도록 돕는다.

I. 25. 앨라이도 커밍아웃의 과정이 있으며, 이 과정이 앨라이와 그의 정체성에 영향을 미친다는 것을 인식한다. 예를 들어, 많은 비성소수자 앨라이는 처음으로 자신의 정체성 공개 여부, 앨라이가 처한 각자의 상황에서 커밍아웃이 가져올 잠재적 위험, 앨라이임을 커밍아웃한 결과로 인해 잃을지도 모를 특권에 대해 자문할 수 있다.

I. 26. 성소수자들을 위해 그리고 이들과 함께 옹호 활동을 하는 앨라이들에게 직장 내에서의 잠재적 비용이 발생할 수 있음을 인정한다(예: 긴장감, 괴롭힘, 차별, 승진 가능성 등과 같은 이익의 상실, 이 모두와 함께 실직 등).

I. 27. 앨라이가 목격하거나 경험할 수 있는 마이크로어그레션, 편견 사건(bias incident), 괴롭힘, 차별, 비이성애차별주의, 트랜스젠더혐오 등을 인식하고 처리할 수 있도록 조력한다. 그러한 메시지들을 내면화하는 것을 최소화하도록 돕고, 당사자가 적절히 결정을 내려 그런 행위들에 자신의 목소리로 대항할 수 있도록 앨라이를 권력강화(empower)를 하여 돕는다. 비성소수자도 성소수자와 협력함으로 인해 반성소수자 사건의 대상이 될 수 있음을 인정한다.

I. 28. 비성소수자에게 패그 해그(fag hag),[10] 프루트 플라이(fruit fly)[11] 등과 같은 경멸적인 용어들을 사용하거나, "넌 결국 커밍아웃하게 될 거란 거 너도 알지?"와 같은 발언을 통해 이들의 정체성을 무시하거나, '브리더(breeder)'[12]라고 부르거나, 이들을 적으로 간주하거나, 비성소수자에 대한 신화나 고정관념(예: 모든 이성애자 여성은 같이 쇼

---

9) 역자 주: 원문에서 I. 23. 번호가 중복 기재되어 이를 구분하기 위해 'I. 23-1.'로 표기하였다.

10) 역자 주: 영미권에서 게이 남성들과 대부분의 시간을 보내며, 이성애자가 아닌 이들에게 끌림을 느끼는, 주로 이성애자인 여성을 경멸적으로 칭하는 속어이다(https://www.urbandictionary.com/define.php?term=faghag).

11) 역자 주: 게이 남성들과 어울리는 매력적인 여성을 경멸적으로 칭하는 속어이다(https://www.urbandictionary.com/define.php?term=FRUIT%20FLY).

12) 역자 주: 원래 사육업자, 번식업자를 뜻하는 말이나 동성애자들이 이성애자들을 경멸적으로 칭하는 용어이다(https://www.urbandictionary.com/define.php?term=Breeder).

핑할 게이 친구를 원한다는 것 등)을 나타내는 등 비성소수자 앨라이가 성소수자 공동체 내에서 마주할 수 있는 억압을 탐색하도록 돕는다.

I. 29. 앨라이 특권에 관련한 자신의 편견을 비롯해 그러한 편견이 각 개인에 대한 자신의 평가에 어떤 영향을 미칠 수 있는지를 안다(예: 특정 상담 과정을 장려하는 것, 개인의 어려움을 간과하는 것 및/또는 비이성애차별과 성차별).

I. 30. 앨라이로 하여금 성소수자 공동체를 위한 국가, 주, 지역 차원의 공동체 자원을 인식할 수 있도록 돕는다[예: 해당 지역의 레즈비언과 게이의 부모, 가족, 친구들 모임(PFLAG), 해당 커뮤니티의 성소수자 자원센터(LGBTAIAQ Resource center), 해당 지역 내 LGBTQIQA 행사, 게이, 레즈비언, 이성애자 교육 네트워크(GLSEN) 등].

I. 31. 적절한 경우, 앨라이로서 자기 자신의 정체성을 발달시킬 수 있도록 다른 앨라이를 멘토 또는 롤모델로 연결하고, 이들이 멘토이자 롤모델로서 성장할 수 있도록 돕는다.

I. 32. 비성소수자인 앨라이가 다른 사람의 성소수자로서의 정체화와 자신을 비교하여, 그에 대한 반응으로 자기 자신의 정체성에 대해 의문을 갖는 것과 관련된 이슈를 다룰 수 있도록 돕는다. 이때의 다른 사람은 형제자매, 부모, 자녀, 가족 구성원, 배우자 또는 중요한 타인일 수 있다.

I. 33. 앨라이가 성소수자로 정체화하는 삶 속에서 연인, 친구, 가족 구성원, 파트너 등을 가진다는 것이 어떤 의미인지 이해하고 받아들이도록 돕는다. 그리고 앨라이가 자신의 연인이나 친구, 가족 구성원, 파트너 등을 어떻게, 언제 가장 잘 지지할 수 있는지를 탐색할 수 있도록 돕는다. 특히 앨라이는 성소수자 정체성을 지지하지 않을 수도 있는 영적/종교적 양육환경에서 비롯된 핵심 신념으로 고군분투할 수 있다.

I. 34. 내담자가 LGBQQ의 애정적 지향/성별 정체성/성별 표현을 대체하거나 '고치거나' '바꾸려는' 시도에 참여하는 것은 정서적/심리적으로 때로는 신체적으로 해가 됨을 인식한다(예: 앨라이는 자신들의 자녀, 친구, 가족 구성원, 배우자 등을 대신해서 이러한 개입에 대해 물어볼 수 있다). 회복치료 혹은 전환치료 등으로 불리는 이러한 접근은 이를 뒷받침하는 연구나 실증적 근거가 부족할 뿐만 아니라 미국상담학회(ACA)나 미국심리학회(APA)에서도 지지하지 않는다. 만약 내담자가 이러한 접근법이나 기술에 대해 궁금해한다면, 상담자는 내담자에게 그것이 가지고 있는 잠재적인 위해를 이야기하고 조언하며, 앨라이가 성소수자로 하여금 건강하게 자기 자신과 일치하는 애정적 지향/성별 정체성/성별 표현을 추구할 수 있도록 돕는 것에 집중해야 한다.

I. 35. 앨라이가 포괄적인 언어를 사용한다는 것은 그가 성소수자 정체성을 가지고 있음을 뜻할 수도 아닐 수도 있고, 또는 그의 현재 고민과 관련이 있다는 걸 뜻할 수도 아닐 수도 있음을 인정한다(예: 중립적 성별 및 애정적 지향 정체성).

I. 36. 성소수자 공동체의 구성원인 앨라이가 다른 사람들 위한 옹호와 자기 자신을 위한 옹호 사이에서 건강한 균형을 찾을 수 있도록 조력한다. 또한 옹호 활동들은 미시적 · 중시적 및/또는 거시적 수준에서 일어날 수도 있음을 인정한다[참고문헌 목록에서 미국상담학회(ACA) 옹호 역량 참조].

I. 37. 앨라이와 관련한 연구가 전반적으로 부족함을 인정하고, 최신 연구가 나올 때마다 이에 뒤처지지 않도록 한다.

I. 38. 성소수자 공동체 내에서 자신과 다른 정체성들에 대한 앨라이로서 자신을 정체화한 구성원들에 대해, 때때로 이러한 '앨라이'라는 명칭이 외적으로는 성소수자 공동체에 대한 해당 개인의 소속감을 깎아내리는 것으로 사용될 수 있음을 안다(예: 양성애자 활동가는 미디어에서 성소수자 공동체의 구성원이라기보다는 지지자 또는 앨라이로 그려질 수 있다).

IV. 인터섹스 상담 역량

J. 인터섹스 내담자를 위한 상담 역량 가이드라인

'인터섹스 내담자를 위한 상담 역량 가이드라인'은 인터섹스에 대한 기본적인 배경 개관과 가이드라인이라는 두 부분으로 나뉜다. 인터섹스가 성소수자 공동체에서 역사적으로 주변화되어 온 현실 때문에 몇몇 기본적 정보를 우선적으로 제공한다. 인터섹스에 대한 간략한 정보를 개관해 본다. 인터섹스란 무엇인가?

- 이 용어는 외부 성기로 하여금 모호하게 분화되도록 하는 발달 이상(예: 왜소음경증, 음핵비대증 등)을 지칭하기 위해 가장 흔하게 사용되지만, 이는 한 개인의 염색체, 생식샘, 호르몬 또는 성기의 특징에서의 일치성 부족을 설명하기 위해 사용될 수도 있다.
- 따라서 인터섹스는 (성발달장애라고도 알려진) '남성' 또는 '여성'의 '표준'으로 간주

되지 않는 성염색체, 외부 성기, 내부 생식계를 가지고 태어난 사람이다.

- 인터섹스로 정체화하는 개인과 트랜스젠더로 정체화하는 개인이 어떻게 다른가에 대해서 자주 혼란이 있다. 인터섹스는 트랜스젠더로 정체화할 수 있으며 트랜스젠더 공동체의 일원이 될 수 있지만, 그렇지 않은 사람도 많다는 것을 인정하고자 한다. 따라서 우리는 인터섹스 관련 주제들을 별도로 다루기 위해 이 영역에서 인터섹스와 관련된 더욱 포괄적이고 대표성 있는 내용을 담고자 했다. 앞서 언급하였듯이, 일반적으로 트랜스젠더로 정체화한 개인과는 달리 인터섹스가 마주하게 되는 특정 신체 발달상의 고려사항이 있다. 뒤의 '추가자료'에도 나와 있듯이, 트랜스젠더는 '성별'에 대한 '사회적 규범에 도전하는' 반면에, 인터섹스는 앞에서 언급했듯이 생물학적 성에 관해 성기, 염색체, 호르몬 등에 있어 분화와 관련된 발달 이상을 나타낸다. 인터섹스가 트랜스젠더를 주된 정체성으로 가지고 있을 때, 일부 중복되는 부분이 있을 수 있다(이 두 집단에 폭넓게 연결되어 있지 않은 사람은 이로 인해 혼란스러울 수 있다). 하지만 모든 정체성과 관련하여 기억해야 할 중요한 점은 내담자들에게 적절한 용어, 명칭 그리고 중요한 이슈에 대해서는 상담자가 항상 개별적으로 해당 내담자의 안내를 따라야 한다는 것이다. 이 영역을 통해 주된 정체성이 인터섹스인 개인을 돕는 지침으로 활용할 수 있길 바란다.

인터섹스가 발생할 수 있는 조건

- 염색체 이상: 클라인펠터 증후군(Klinefelter's syndrome: XXY), 터너 증후군(Turner's syndrome: XO), XXX 증후군(소위 'triple X' 또는 'superfemale')
- 선천성 부신과다 형성증(congenital adrenal hyperplasia: CAH, 유전적 여성이 남성으로 나타남)
- 태아의 프로게스틴(프로게스틴 성분의 경구용 피임제) 또는 안드로겐 노출
- 고환성 여성화증후군(testicular feminization syndrome: TFS)
- 안드로겐 무감응 증후군(androgen insensitivity syndrome: AIS)
- XY 생식선 발생이상(XY gonadal dysgenesis)
- XY 생식선 무발생(XY gonadal agenesis)
- 잠복안구증후군(cryptophthalmos)
- 스미스-렘리-오피츠 증후군(Smith-Lemli-Opitz syndrome)
- 4번 염색체 짧은 팔의 결손 증후군(4p syndrome)

- 13q 결실 증후군(13q deletion syndrome)
- 마이어-로키탄스키-쿠스터-하우저 증후군(Mayer Rokitansky Kuster Hauser syndrome: MRKH)
- 혼합형 생식선 발생이상(mixed gonadal dysgenesis)[13]
- 산모의 특정 약물 복용(특히 안드로제닉 스테로이드)
- 유전적 성과 무관하게 여성 신체 유형으로 배아를 발달시키는 특정 호르몬의 생성 결핍
- 테스토스테론 세포 수용체 결핍

인터섹스는 얼마나 흔한가

인터섹스의 사례는 100명 중 1명에서 4,500명 중 1명 사이로 추정된다(2,000명 중 1명이 가장 자주 인용된다). 이는 낭포성 섬유증(cystic fibrosis)을 가지고 태어나는 2,500명 중 1명의 아기보다 더 많은 아기가 인터섹스로 태어날 가능성이 있다는 것을 의미한다.

아이가 인터섹스로 태어날 때 무슨 일이 일어나는가

인터섹스 아이의 출생을 직면한 의사와 부모는 성별 정체성에 대한 한 개인의 감각을 형성하는 복잡한 유전, 호르몬, 심리적 그리고 사회적 요소에 대한 최신의 이해를 고려하여, '최선의 결과'를 보증하는 치료전략을 선택할 수 있다(Reiner, 1996). 많은 인터섹스의 경우는 특히 출생 시 분명하지 않은 경우에는 즉각적인 의료적 개입을 필요로 하지 않는다.

은폐중심 모형 대 내담자 중심 모형

내담자 중심 모형(client-centered model)에 반해 은폐중심 모형(concealment-centered model)은 인터섹스가 은폐되어야 한다거나 보강될 필요가 있는 비정상이라는 입장에서 비롯된다.

---

13) 역자 주: 본문에서는 'mixed adrenal dysgenesis'로 잘못 기입되어 있어서 수정하였다.

구분	은폐중심 모형	내담자 중심 모형
인터섹스란 무엇인가?	인터섹스는 인터섹스 당사자와 가족들에게 큰 고통을 초래할 가능성이 높은 해부학적 이상/기형(abnormality)이다. 인터섹스는 병리적이며 의료적 조치를 필요로 한다.	인터섹스는 남성/여성의 '표준'과 다른 해부학적인 한 변형(variation)이다. 피부나 머리카락의 색처럼 성의 해부학적 구조 역시 폭넓은 스펙트럼에 걸쳐 다양하다.
인터섹스 성기는 의학적 문제인가?	그렇다. 치료되지 않은 인터섹스는 우울, 자살, 동성애 지향을 초래할 가능성이 높다. 이러한 문제를 피하기 위해서 인터섹스 성기는 반드시 '정상화'되어야 한다(주의: 이 입장에 관한 확실한 증거는 없으며, 이에 반대하는 증거는 있다).	그렇지 않다. 인터섹스 성기는 의학적 문제가 아니다. 신진대사 문제를 갖고 있을 수 있으나, 그 자체로는 질병이 아니다. 단지 다르게 보일 뿐이다.
아이가 인터섹스로 태어났음을 발견했을 때 어떻게 반응해야 하는가?	인터섹스를 위한 올바른 치료는 성형수술, 호르몬 기법 등을 이용하여 성기 이상/기형을 '정상화'하는 것이다. 그렇게 함으로써 심리적 고통의 가능성을 제거할 수 있다.	가족 전체가 이 아이에 대한 최대한의 정보와 가능한 선택지뿐만 아니라 자격을 갖춘 상담자와 동료 지지집단을 소개받는 것을 포함한 심리적 지원을 받아야 한다. (요로감염 같은) 실제적인 의학적 문제는 의료적 조치가 돼야 하나, 모든 성형 수술은 환자가 스스로 동의할 수 있을 때까지 연기되어야 한다.

인터섹스 내담자들을 위한 상담 역량 가이드라인

유능한 상담자는 다음 사항들을 숙지해야 한다.

J. 1. 인터섹스가 인터섹스로 태어나게 되는 다양한 조건을 안다.

J. 2. 인터섹스의 공통점(commonality)을 안다.

J. 3. 성별(gender)은 남성성, 중성성(androgynous), 여성성의 연속선상에 존재하고, 성(sex)은 남성, 간성, 여성의 연속선상에 존재하는 실재를 이해한다.

J. 4. 인터섹스 공동체들 내의 현 관례에 대한 이해를 바탕으로 할 뿐만 아니라 해당 개인의 바람을 존중해야 한다는 인식과 함께 인터섹스 당사자를 지칭할 적절한 용어를 배우고 사용한다[예: '허마이(Hermy)'[14]라는 용어를 일부 인터섹스 공동체에서 되찾고 있다.

14) 역자 주: 'Hermy'는 'Hermaphrodite'의 약어이다. 이는 그리스 신화에서 아프로디테와 헤르메스의 아들인 헤르마프로디토스(Hermaphroditus)에서 유래됐으며, 생물학에서는 자웅동체를 뜻하는 단어로 사용되어 왔다.

또한 인터섹스 공동체의 일부 구성원은 '인터섹스'라는 용어 대신에 '양성구유/남녀추니/반음양(hermaphrodite)'이라는 용어를 계속해서 사용하고 있다. 반면, 다른 구성원은 이를 경멸적이라거나 구시대적이라고 여긴다]. 이 용어는 시간이 흐르면서 인터섹스들이 스스로 정의하는 것에 따라 계속해서 발전할 것이다.

J. 5. 한 사람의 성별이 반드시 성특징에 얽매이지 않으며, 애정적 지향은 둘 다와 직접적으로 관련되지 않는다는 것을 이해한다.

J. 6. 성별 이분법과 이를 통해 인터섹스가 받는 영향을 이해한다. 예를 들어, 성별이분법은 마치 오직 남성과 여성만 존재하는 것처럼 관계를 지칭한다(예: '동성' '이성'과 같은 용어). 이러한 이분법이 얼마나 해로운지에 대한 한 예로, 애정적 지향에 관한 용어가 성특징의 전체 스펙트럼을 포괄하지 못한다는 점을 들 수 있다. 애정적 지향에 관하여 인터섹스를 더 포괄하는 용어로는 '옴니섹슈얼(omnisexual)' 또는 '팬섹슈얼/범성애(pansexual)'와 같은 표현이 있다. 이러한 용어들은 성특징의 전체 스펙트럼을 더욱 포괄하는 것으로 보인다.

J. 7. 개인이 자신을 다른 사람으로 하여금 어떻게 지칭하도록 할지 스스로 선택할 수 있음을 알고, 이를 스스로 선택하도록 권한다. 예를 들어, 개인은 자신을 지칭할 때 여성/남성 대명사 또는 'co' 'hir' 'ze'와 같은 성별 중립적인 대명사의 사용을 선호하거나 대명사를 사용하지 않는 것(그저 적절히 이름을 부르는 것)을 선호할 수도 있다.

J. 8. 인터섹스의 앨라이로서 작업한다. 예를 들어, 은폐중심 모형과 내담자 중심 모형의 차이점을 이해하고, 이들을 적극 옹호한다(앞서 제시한 표 참조).

J. 9. 인터섹스와 작업할 때는 체제적(systemic)이고 체계적인(systematic) 접근을 사용한다(즉, 적절히 의료진과 협업한다).

J. 10. 인터섹스 아이가 출생할 시 상담자는 심리적 지지를 제공하고, 지지집단과 같은 자원을 적절히 연계하면서 가능한 한 언제든 가족 전체에게 상담과 지지를 제공해야 한다.

J. 11. 상담자는 또한 이들의 아이에 관한 완전한 정보와 가능한 선택지들을 제공해야 한다.

J. 12. 상담자는 (요로감염과 같은) 실제 의학적 문제에 대한 의료적 조치를 옹호해야 한다. 하지만 가족에게 아이가 동의할 수 있을 때까지 모든 성형 수술을 연기하도록 장려해야 한다. 이러한 접근은 인터섹스 인권 운동에서의 합의와 일치하며, 발달과정에 걸쳐 아이의 건강과 웰빙을 고려한다.

J. 13. 인터섹스 인권 운동, 이와 법조계/의료계와의 접점 그리고 이것이 인터섹스에게 미치는 영향에 대해서 안다[예: 북아메리카 인터섹스 협회(ISNA), 호주에서 인터섹스가 법적으로 여성/남성 대신 인터섹스로 분류될 수 있게 되는 등 미국이나 다른 국가들에서의 점진적 발전].

J. 14. 계속 '숨기라는(closeted)' 압력뿐만 아니라 성에 상정된 이분법에 붙은 사회적 낙인 때문에 인터섹스가 일상적으로 경험하는 억압, 차별, 편견 사건, 마이크로어그레션, 스트레스원의 다양한 형태에 대해 안다.

J. 15. 인터섹스와 관련된 연구가 전반적으로 부족하지만, 인터섹스와 작업하는 최선의 접근에 대한 최신의 이론과 연구에 뒤처지지 않도록 한다.

J. 16. 인터섹스를 규준집단으로 진행한 상담 연구가 전반적으로 매우 부족하기 때문에 기존의 상담 연구들이 인터섹스에게는 일반화되지 않을 수 있음을 안다.

J. 17. 인터섹스가 성소수자 공동체들의 논의에서 얼마나 자주 주변화되어 왔는지 그리고 이들이 이러한 공동체들을 포용적이거나 우호적이라고 경험하는 일이 얼마나 드문지를 안다[예: LGBTQIQA에 인터섹스를 위한 'I'가 보통 포함되지만, 인터섹스의 욕구나 관심은 성소수자(LGBTQIQA) 공동체의 활동에 보통 포함되지 않는다].

J. 18. 인터섹스에 대한 미국상담학회(ACA)의 공식적 입장을 안다[원치 않는 수술, 입막음과 수치심에서 인터섹스 아동을 보호하기 위한 결의(Resolution to Protect Intersex Children from Unwanted Surgery, Secrecy and Shame), 2004년 4월 1일].

J. 19. 양육자로 하여금 자신의 아이를 옹호하고 의료계의 억압에 저항하도록 권력을 강화한다(empower). 또한 이들 스스로 상담자 없이 아이의 의사와 직접 이야기할 수 있도록 돕는다.

V. 참고문헌 및 자료

American Counseling Association. (2005). *Code of ethics and standard of practice.* Washington, DC: Author.

American Psychological Association. (1975). Discrimination against homosexuals. Retrieved January 25, 2006, from http://www.apa.org/about/governance/council/policy/discrimination.aspx

American Psychological Association, Division 44/Committee on Lesbian, Gay, and Bisexual

Concerns Joint Task Force on Guidelines for Psychotherapy with Lesbian, Gay, and Bisexual Clients. (2000b). Guidelines for psychotherapy with lesbian, gay, and bisexual clients. ***American Psychologist, 55,*** 1440-1451.

American Psychological Association, Report of the American Psychological Association Task Force on Appropriate Therapeutic Responses to Sexual Orientation. (2009). Retrieved August, 5, 2011, from http://www.apa.org/pi/lgbt/resources/sexual-orientation.aspx

Anderson, S., & Handelsman, M. (2010). ***Ethics for psychotherapists and counselors: A proactive approach.*** Malden, MA: Wiley-Blackwell.

Association of Lesbian, Gay, Bisexual, and Transgender Issues in Counseling. (2009). ***Competencies for counseling with transgender clients.*** Alexandria, VA: Author.

Association of Multicultural Counseling and Development (AMCD). (1996). ***AMCD Multicultural Counseling Competencies.*** Retrieved April 29, 2010 from http://www.amcdaca.org/amcd/competencies.pdf

Barnett, J., & Johnson, W. B. (2010). ***Ethics desk reference for counselors.*** Alexandria, VA: American Counseling Association.

Berzon, B., & Frank, B. (1990). ***Permanent Partners: Building Gay and Lesbian Relationships That Last.*** New York, NY: Penguin.

Biaggio, M., Orchard, S., Larson, J., Petrino, K., & Mihara, R. (2003). Guidelines for gay/lesbian/bisexual-affirmative educational practices in psychology programs. ***Professional Psychology: Research and Practice, 34,*** 548-554.

Bidell, M. P. (2005). The sexual orientation counselor competency scale: Assessing attitudes, skills, and knowledge of counselors working with lesbian, gay, and bisexual clients. ***Counselor Education & Supervision, 44,*** 267-278.

Bieschke, K. J., Perez, R. M., & DeBord, K. A. (2006). ***Handbook of counseling and psychotherapy with lesbian, gay, bisexual, and transgender clients*** (2nd ed.). Washington, DC: American Psychological Association.

Birckbichler, L., Dew, B., Graybill, E., Mahan, W., Marshall, M., Meyers, J., Singh, A., & Varjas, K. (2007). Urban service providers' perspectives on school responses to gay, lesbian, and questioning students: An exploratory study. ***Professional School Counseling, 11***(2), 113-119.

Bleiberg, S., Fertmann, A., Todhunter Friedman, C., & Godino, A. (2005). The Layer Cake Model of Bisexual Identity Development: Clarifying Preconceived Notions, Campus Activities Programming, retrieved February 13, 2011 from http://www.unr.edu/stsv/studentactivities/leaderhints/documents/TheLayerCakeModelofBisexualIdentityDevelop ment.pdf

Bradford, J., Ryan, C., & Rothblum, E.D. (1994). National Lesbian Health Care Survey: Implications for mental health care. ***Journal of Consulting & Clinical Psychology, 62,*** 228-242.

Breed, M., Faulkner, J., Hanrahan, M., Lemon, N., Ocean, J., & Shacklock, G. (2007). SPACE: Queer Allies Network: An Approach to Actively Support Gender and Sexual Diversity at RMIT University's School of Education. ***Journal of Curriculum & Pedagogy, 4***(2), 36-43.

Brickell, C. (2006). Sexology, the homo/hetero binary, and the complexities of male sexual history. ***Sexualities, 9***(4), 423-447.

Brown, T. (2002). A proposed model of bisexual identity development that elaborates on experiential differences of women and men. ***Journal of Bisexuality, 2***(4), 67-92.

Cass, V. (1979). Homosexual identity formation: A theoretical model. ***Journal of Homosexuality, 4,*** 219-235.

Center for Substance Abuse Treatment. (2001). ***A provider' s introduction to substance abuse treatment for lesbian, gay, bisexual, and transgender individuals*** (DHHS Publication No. (SMA) 05-4104). Washington, DC: U.S. Government Printing Office.

Chung, B. Y. (2003). Career counseling with lesbian, gay, bisexual, and transgendered persons: The next decade. ***The Career Development Quarterly, 52,*** 78-86.

Chung, B. Y. (2007). Lesbian, gay, and bisexual people of color. In M. G. Constantine (Ed.), ***Clinical practice with people of color: A guide to becoming culturally competent*** (pp. 143-161). New York: Teacher College Press.

Coates, J., & Sullivan, R. (2006). Achieving competent family practice with same-sex parents: Some promising directions. In J. J. Bigner (Ed.), ***An introduction to GLBT studies*** (pp. 245-270). Binghamton, NY: Hawthorne Press.

Connolly. C. M. (2006). A feminist perspective of resilience in lesbian couples. ***Journal of Feminist Family Therapy, 18,*** 137-162.

Council for Accreditation of Counseling and Related Educational Programs (CACREP) (n.d.). (2009). ***2009 CACREP Standards.*** Retrieved April 20, 2010 from http://www.cacrep.org/doc/2009%20Standards%20with%20cover.pdf

Crethar, H. C., & Vargas, L. A. (2007). Multicultural intricacies in professional counseling. In J. Gregoire & C. Jungers (Eds.), ***The counselor's companion: What every beginning counselor needs to know.*** Mahwah, NJ: Lawrence Erlbaum.

D'Augelli, A. R., Grossman, A. H., Salter, N. P., Vasey, J. J., Starks, M. T., & Sinclair, K. O. (2005). Predicting the suicide attempts of lesbian, gay and bisexual youth. ***Suicide and***

Life-Threatening Behavior, 35(6), 646-660.

Day-Vines, N. L., Wood, S. M., Grothaus, T., Craigen, L., Holman, A., Dtoson-Blake, K. et al. (2007). Broaching the subjects of race, ethnicity, and culture during the counseling process. ***Journal of Counseling & Development, 85,*** 401-409.

DePaul, J., Walsh, M. E., & Dam, U. C. (2009). The Role of School Counselors in Addressing Sexual Orientation in Schools. ***Professional School Counseling, 12***(4), 300-308.

Diamond, L. M. (2008a). Female bisexuality from adolescence to adulthood: Results from a 10-year longitudinal study. ***Developmental Psychology, 44***(1), 5-14.

Diamond, L. M. (2008b). ***Sexual fluidity: Understanding women's love and desire.*** Cambridge, MA: Harvard University Press.

Dillon, F. R., Worthington, R. L., Savoy, H., Rooney, S., Becker-Schutte, A., & Guerra, R. M. (2004). On Becoming Allies: A Qualitative Study of Lesbian-, Gay-, and Bisexual Affirmative Counselor Training. ***Counselor Education and Supervision, 43***(3), 162-178.

Dilley, P. (2002). ***Queer man on campus: A history of non-heterosexual college men, 1945-2000***. New York: RoutledgeFalmer.

DiStefano, T. M., Croteau, J. M., Anderson, M. Z., Kampa-Kokesch, S. & Bullard, M. A. (2000). Experiences of being heterosexual allies to lesbian, gay, and bisexual people: A qualitative study. ***Journal of College Counseling, 3,*** 131-141.

Eubanks-Carter, C., Burckell, L. A., & Goldfried, M. R. (2005). Enhancing therapeutic effectiveness with lesbian, gay, and bisexual clients. ***Clinical Psychology: Science and Practice, 12***(1), 1-18.

Fassinger, R. E. (1991). The hidden minority: Issues and challenges in working with lesbian women and gay men. ***The Counseling Psychologist, 19,*** 157-176.

Gay Lesbian and Straight Education Network (GLSEN). (2009). 2009 National School Climate Survey: Nearly 9 out of 10 LGBT Students Experience Harassment in School. Retrieved February 12, 2010 from http://www.glsen.org/cgi-bin/iowa/all/library/record/2624.html ?state=research&type=research

Goh, M. (2005). Cultural competence and master therapists: An inextricable relationship. ***Journal of Mental Health Counseling, 27,*** 71-81.

Gonzalez, M. A. (2007). Latinos on da down low. In M. Stombler, D. M. Baunach, E. O. Burgess, D. Donnelly, W. Simonds, & E. J. Windsor (Eds.), ***Sex matters: The sexuality & society reader.*** Boston: Allyn Bacon.

Graham, S. R., & Liddle, B. J. (2009). Multiple relationships encountered by lesbian and bisexual therapists: How close is too close? ***Professional Psychology: Research & Practice,***

40, 15-21.

Graybill, E. C., Varjas, K., Meyers, J., & Watson, L. B. (2009). Content-specific strategies to advocate for lesbian, gay, bisexual, and transgender youth: An exploratory study. ***School Psychology Review, 38***(4), 570-584.

Green, R. J., & Mitchell, V. (2002). Gay and lesbian couples in therapy: Homophobia, relational ambiguity, and social support. In A. S. Gurman & N. S. Jacobson (Eds.), ***Clinical Handbook of Couple Therapy*** (3rd ed.). New York: Guildford Press.

Griffin, K. L. (2009). If it's Wednesday, I must be gay, and other thoughts on bisexual identity development. ***Group, 33***(3), 245-256.

Grov, C., Bimbi, D. S., Nanín, J. E., & Parsons, J. T. (2006) Race, ethnicity, gender, and generational factors associated with the coming-out process among gay, lesbian, and bisexual individuals. ***The Journal of Sex Research, 43***(2), 115-121.

Hartsell, B. (2006). A model for ethical decision-making: The contexts of ethics. ***Journal of Social Work Values and Ethics, 3***. Retrieved on August 31, 2011 from http://www.socialworker.com/jswve/content/view/26/44/

Herlihy, B., & Corey, G. (2006). ***ACA Ethical standards casebook*** (6th ed.). Alexandria, VA: American Counseling Association.

Hooker, E. (1993). Reflections of a 40-year exploration: A scientific view on homosexuality. ***American Psychologist, 48***(4), 450-453.

Human Rights Campaign. (2011). Human Rights Campaign. 〈HRC.org〉.

Infanti, A.C. (2007). ***Everyday law for gays and lesbians and those who care about them.*** Boulder, CO: Paradigm Publishers.

Israel, T., & Mohr, J. (2004). Attitudes towards bisexual women and men: Current research, future directions. In R. Fox (Ed.), ***Current research on bisexuality*** (73-92). New York: Harrington Park Press.

Israel, T., & Selvidge, M. M. D. (2003). Contribution of multicultural counseling to counselor competence with lesbian, gay, and bisexual clients. ***Journal of Multicultural Counseling and Development, 31,*** 84-98.

Jordan, K. M., & Duluty, R. H. (2000). Social support, coming out, and relationship satisfaction in lesbian couples. From nowhere to everywhere: Lesbian geographies. ***Journal of Lesbian Studies, 4,*** 145-164.

Kinsey, A. C., Pomeroy, W. B., & Martin, C. E. (1948). ***Sexual behavior in the human male.*** Philadelphia: Saunders.

Klein, F. (1993). ***The bisexual option*** (2nd Eds.). New York: The Hawthorn Press.

Kocarek, C. E., & Pelling, N. J. (2003). Beyond knowledge and awareness: Enhancing counselor skills for work with gay, lesbian, and bisexual clients. *Journal of Multicultural Counseling and Development, 31,* 99-112.

Lee, P. A., Houk, C. P., Ahmed, S. F., & Hughes, L. A. (2006). Consensus statement on management of intersex disorders. *Pediatrics, 118*(2), 488-500.

Lewis, Arnold, House, & Toporek (2003). American Counseling Association Advocacy Competencies, Retrieved August 27, 2011 from http://www.counseling.org/Resources/Competencies/Advocacy_Competencies.pdf

Lambda Legal. (2011). Lambda Legal. 〈Lambdalegal.org〉.

Lidderdale, M. A. (2002). Practitioner training for counseling lesbian, gay, and bisexual clients. *Journal of Lesbian Studies, 6,* 111-120.

Liddle, B. J. (1997). Gay and lesbian clients' selection of therapists and utilization of therapy. *Psychotherapy, 34,* 11-18.

Logan, C. R., & Barret, R. (2005). Counseling competencies for sexual minority clients. *Journal of LGBT Issues in Counseling, 1,* 3-22.

Lucksted, A. (2004). Lesbian, gay, bisexual, and transgender people receiving services in the public mental health system: Raising issues. In R. E. Heliman & J. Drescher (Eds.), *Handbook of LGBT Issues in Community Mental Health* (pp. 25-42). Binghampton, NY: The Haworth Medical Press.

Macalister, H. E. (2003). In defense of ambiguity: Understanding bisexuality's invisibility through cognitive psychology. *Journal of Bisexuality, 3*(1), 23-32.

Matthews, C. R., & Lorah, P., & Fenton, J. (2006). Treatment experiences of gays and lesbians in recovery from addiction: A qualitative inquiry. *Journal of Mental Health Counseling, 28*(2), 110-132.

Matthews, C. R., & Selvidge, M. M. D. (2005). Lesbian, Gay, and Bisexual Clients' Experiences in Treatment for Addiction. *Making Lesbians Visible in the Substance Abuse Field,* 79-90.

Matthews, C. R., Selvidge, M. M. D., & Fisher, K. (2005). Addictions counselors' attitudes and behaviors toward gay, lesbian, and bisexual clients. *Journal of Counseling and Development, 83,* 57-65.

McIntosh, P. (1989). White privilege: Unpacking the invisible knapsack. *Peace and Freedom,* July/August.

McLean, K. (2008). Inside, outside, nowhere: Bisexual men and women in the gay and lesbian community. *Journal of Bisexuality, 8*(1), 63-80.

Meyer, I. H. (1995). Minority stress and mental health in gay men. *Journal of Health and Social*

Behavior, 36, 38-56.

Meyer, I. H. (2003). Prejudice, social stress, and mental health in lesbian, gay, and bisexual populations: conceptual issues and research evidence. ***Psychological Bulletin, 129,*** 674-697.

Minnesota State University at Mankato, LGBT Center resource library, ***How to be an Ally,*** Accessed 8/15/2010, http://www.mnsu.edu/lgbtc/resource.html

Morrow, D. F., & Messinger, L. (2006). ***Sexual orientation and gender expression in social work practice: working with gay, lesbian, bisexual, and transgender people.*** New York: Columbia University Press.

National Alliance for Mental Health. (2007). ***Mental health issues among gay, lesbian, bisexual, and transgender individuals.*** Retrieved August 27, 2011 from http://www.nami.org/TextTemplate.cfm?Section=Fact_Sheets1&Template=/ContentMana gement/ContentDisplay.cfm&ContentID=54036

North American Aboriginal Two Spirit Information Pages, website, Retrieved on February 14, 20011 from http://people.ucalgary.ca/~ptrembla/aboriginal/two-spirit-two-spirited-word-history.htm

O'Neill, B. (2002). "...We didn't connect at all...": The experiences of a gay client. ***Journal of Gay & Lesbian Social Services, 14***(4), 75-91.

O'Neil, M. E., & McWhirter, E. H., & Cerezo, A. (2008). Transgender identities and gender variance in vocational psychology: Recommendations for practice, social advocacy, and research. ***Journal of Career Development, 34***(3), 286-308.

Pachankis, J. E., & Goldfried, M. R. (2004). Clinical issues in working with lesbian, gay, and bisexual clients. ***Psychotherapy: Theory, Research, and Practice, 41,*** 227-246.

Pepper, S. M., & Lorah, M. (2006, October). ***Transgender issues in the workplace.*** Presentation at the PA Counseling Association annual conference, State College, PA.

Pepper, S. M., & Lorah, M. (2008). Career issues and workplace considerations for the transsexual community: Bridging a gap of knowledge for career counselors and mental health care providers. ***The Career Development Quarterly, 56,*** 330-343.

Petford, B. (2005). Therapy from the fence: Therapists who self-identify as bisexual and their approach to therapy. ***Journal of Bisexuality, 5***(4), 19-33.

Pope, K. & Vasquez, M. (2011). ***Ethics in psychotherapy and counseling: A practical guide*** (4th ed.). San Francisco, CA: Wiley.

Poston, W. S. C. (1990). The biracial identity development model: A needed addition. ***Journal of Counseling and Development, 69,*** 152-155.

Poynter, K. J., & Washington, J. (2005). Multiple identities: Creating community on campus for LGBT students. *New Directions for Student Services, 111,* 41-47.

Reparative Therapy. (n.d.). Retrieved September 4, 2011 from http://www.menstuff.org/issues/byissue/therapyreparative.html#policy

Root, M. P. P. (1996). *The multiracial experience: Racial borders as the new frontier.* Thousand Oaks, Sage Publications.

Root, M. P. P. (2003). Racial Identity Development and Persons of Mixed Race Heritage. In M. P. P. Root & M. Kelley (Eds.), *Multiracial child resource book: Living complex identities.* Seattle, WA.: MAVIN Foundation.

Rosario, M., Schrimshaw, E. W., & Hunter, J. (2004). Ethnic/racial differences in the coming-out process of lesbian, gay, and bisexual youths: A comparison on sexual identity development on time. *Cultural Diversity and Ethnic Minority Psychology, 10,* 215-228.

Russell, S. T. (2010). Contradictions and complexities in the lives of lesbian, gay, bisexual, and transgender youth. *Prevention Researcher, 17*(4), 3-6.

Savin-Williams, R. C. (2006). Who's gay? Does it matter? *Current Directions in Psychological Science, 15,* 40-44.

Savin-Williams, R. C., & Ream, G. L. (2007). Prevalence and stability of sexual orientation components during adolescence and young adulthood. *Archives of Sexual Behavior, 36,* 385-394.

Singh, A. A. (2010). It takes more than a rainbow sticker! Using the ACA Advocacy Competencies with queer clients. In M. Ratts, J. Lewis, & R. Toporek (Eds.), *Using the ACA Advocacy Competencies in counseling* (pp. 29-41). Alexandria, VA: American Counseling Association.

Soulforce, website, Suicide and the GLBT Community, Retrieved on August 27, 2011 from http://www.soulforce.org/article/653

Stone Fish, L., & Harvey, R. G., (2005). *Nurturing queer youth: Family therapy transformed.* New York: W.W. Norton and Company.

Sue, D. W. (2010). *Microaggressions in everyday life: race, gender, and sexual orientation.* Hoboken, NJ: John Wiley & Sons, Inc.

Sue, D. W., Capodilupo, C. M., Torino, G. C., Bucceri, J. M., Holder, M. B., Nadal, K. L., & Esquilin, M. (2007). Racial microaggression in everyday life: Implications for clinical practice. *American Psychologist, 62,* 271-286.

Sue, D. W., & Sue, D. (2008). *Counseling the culturally diverse: Theory and practice* (5th ed.). Hoboken, NJ: Wiley.

Two Spirit Society of Denver, website, Retrieved on February 14, 2011 from http://www.denvertwospirit.com/

Vanderburgh, R. (2009). Appropriate therapeutic care for families with pre-pubescent transgender/gender-dissonant children. ***Child & Adolescent Social Work Journal, 26***(2), 135-154.

Watson, Z. & Herlihy, B. (2006). Forging the link between multicultural competence and ethical counseling practice: A historical perspective. ***Counseling and Values, 50,*** 99-107.

Weinberg, M., Williams, C., & Pryor, D. (1994). ***Dual attraction: Understanding bisexuality.*** New York, NY: Oxford University Press.

Welfel, E. R. (2010). ***Ethics in counseling and psychotherapy: Standards, research, and emerging issues*** (4th ed.). Belmont, CA: Brooks/Cole.

Wells, J. W. (1989). Teaching about gay and lesbian sexual and affectional orientation using explicit films to reduce homophobia". ***Journal of Humanistic Education and Development, 28***(1), 18-34.

Zaylia, J.L. (2009). Toward a newer theory of sexuality: Terms, titles, and the bitter taste of bisexuality. ***Journal of Bisexuality, 9,*** 109-123.

VI. 추가자료

정의

- 장애인차별/장애인차별주의(ableism): 장애인차별이란 신체적 · 정신적 및/또는 정서적으로 장애가 있거나 있는 것으로 인식되는 사람을 대상으로 한 억압, 괴롭힘, 차별, 편견, 마이크로어그레션 등을 말한다. 덧붙여 '장애/비장애(ability)'의 정의는 사회적으로 구성된 것으로, 당사자의 정체성과는 일치할 수도 있고 그렇지 않을 수도 있다.
- 미성년차별/미성년차별주의(adultism): 미성년차별/미성년차별주의란 어린 사람을 대상으로 한 억압, 괴롭힘, 차별, 편견, 마이크로어그레션 등을 말한다. 이는 성인이 어린 사람보다 우월하며, 따라서 어린 사람은 공평한 권리와 특권을 부여받을 자격이 없을 뿐만 아니라 이들을 차별하고 이들의 동의 없이 이들에게 행할 수 있다는 가정을 바탕으로 한 일련의 태도, 생각, 신념, 행동이다.

- **애정적 지향(affectional orientation)**: 이 가이드라인에서 저자들은 성적 지향(sexual orientation) 대신 애정적 지향이라는 용어를 사용하였다. 독자가 이를 더욱 쉽게 이해할 수 있도록 저자들은 이 용어를 사용하는 근거를 제시하고자 한다. 애정적 지향은 한 개인이 정서적 · 신체적 · 영적 및/또는 정신적으로 유대감을 갖고 애정을 나누는 경향(성특징, 성별 정체성, 성별 표현)을 가리킨다. '성적 지향' 대신 애정적 지향이라는 용어를 사용하는 의도는 다양한 층위의 (정서적 · 신체적 · 영적 · 정신적) 관계들을 강조하고, '성적' 행동을 정체성을 이해하는 유일한 수단으로 강조하지 않기 위함이다. 많은 사람의 성적 행동과 끌림이 이들의 정체성과 정확하게 일치하지 않기 때문에, 애정적 지향이라는 용어의 사용은 정체성의 다양한 층위를 더 정확하게 반영한다[성적 행동에 대한 킨제이(Kinsey)의 유명한 연구를 예로 들면, '동성애적' '양성애적' 행동의 빈도는 사람들이 어떻게 스스로를 정체화하는지를 이해하기 위한 다른 연구에서 일반적으로 나타난 빈도보다 매우 높았다].
- **노인차별/노인차별주의(ageism)**: 노인차별/노인차별주의는 나이가 더 많은 성인을 대상으로 한 억압, 괴롭힘, 차별, 편견, 마이크로어그레션 등을 말한다. 이는 나이가 더 많은 성인이 다른 모든 성인보다 열등하다는 가정을 바탕으로 한 일련의 태도, 생각, 신념, 행동이다. 이는 노화의 발달과정을 둘러싼 낙인을 만들고, 나이가 더 많은 성인의 공평한 권리와 특권을 부정하며, 노인을 차별하고 이들의 동의 없이 행할 수 있다는 것을 포함한다.
- **앨라이(ally)**: 이 가이드라인에서 사용하는 앨라이라는 용어는 자신을 성소수자로 정체화한 사람 또는 사람들에게 치료적(또는 개인적) 지지를 제공하는 상담자(또는 내담자)를 가리킨다. 앨라이는 친구, 가족, 중요한 타인, 동료/관계자, 멘토를 포함해 앨라이로 정체화하기 전에 상담을 찾는 사람들, 비성소수자 및/또는 성소수자 공동체들의 구성원일 수도 있다(예: 트랜스젠더의 앨라이인 시스젠더 양성애자 여성). 덧붙여 이 가이드라인에서 우리는 앨라이가 성소수자 공동체 내에서 자리를 잡는 데 어려움을 겪거나 차별을 경험할 수 있음을 설명하기 위해 (특히 비성소수자) 앨라이에게 사용되는 경멸적인 용어들을 언급했다. 성소수자 공동체에서 주로 사용되는 이러한 용어들로, 예를 들어 패그 해그(fag hag), 호모 허니(homo honey), 패그 스태그(fag stag), 프루트 플라이(fruit flies), 브리더(breeders) 또는 성소수자가 아닌 사람들을 '적'으로 칭하는 것 등을 포함하며, 이는 전부가 아니다. 저자들은 그동안 거의 없었던 성소수자 공동체 내에서 앨라이의 경험에 관한 논의를 시작하기

위해 이러한 용어들을 포함시키는 것이 중요하다고 생각했다. 성소수자 공동체들로 하여금 더욱 포용적일 것을 촉구하는 바이며, 독자들 또한 다른 사람에게 더 이상 상처 주지 않도록 이러한 용어들이 어떻게 사용되고 있는지에 대해 주의를 기울일 것을 권고한다.

- **편견 사건(bias incident)**: 편견 사건은 정체성(애정적 지향, 인종, 성별 정체성/성별 표현, 종교, 장애/비장애, 국적 등)에 기반한 개인이나 집단을 대상으로 하는 편견이 동기가 된 어떠한 종류의 행위(예: 사이버 불링, 발언/표현, 재물 손괴, 괴롭힘, 폭행 등)를 말한다. 편견 사건은 보통 다른 개인이나 집단을 위협하고, 괴롭히거나 해치려는 의도를 가지고 행해지나, 증오범죄의 요건이 항상 성립되는 것은 아니다(예: 편견이 동기가 되는 폭력범죄는 증오범죄로 간주되는 반면, 사무실 문의 포스터를 훼손하는 행위는 보통 증오범죄 요건이 성립되지 못한다).
- **양성애혐오/바이혐오(biphobia)**: 양성애자인 개인 또는 이들의 문화, 존재 방식과 관련된 것들에 대한 혐오, 두려움, 증오 또는 편협함을 말한다. 양성애혐오는 성소수자 공동체(예: "양성애자는 결국 '이성'을 찾아 나를 떠날 것이기 때문에 난 절대 양성애자인 사람과는 데이트하지 않을 거야."와 같은 발언)와 이성애자 공동체(예: "그는 결국 정착해서 결혼할 거야.") 모두에서 발견된다. 양성애자는 자신의 정체성 때문에 자신이 정말로 나쁜 대우를 받을 만하다고 믿는 것에서 보이는 것처럼 양성애혐오 또한 내면화될 수 있다(예: 이들이 '이성'인 사람과 데이트를 하고 있을 때는 자신이 성소수자 공동체에 속하지 않는다고 느끼는 것).
- **양성애자/바이섹슈얼/바이(bisexual)**: 남성과 여성 모두에게 정서적·신체적·정신적 및/또는 영적으로 유대감을 갖고 애정을 나누고자 지향하는 사람을 말한다.
- **시스젠더(cisgender)**: 시스젠더는 성별 정체성이 출생 시 지정된 성(sex), 성별(gender)과 일치하는 개인을 말한다.
- **계급차별/계급차별주의(classism)**: 계급차별/계급차별주의는 사회계급을 기반으로 한 억압, 괴롭힘, 차별, 편견, 마이크로어그레션 등을 말한다. 이는 (보통 더 가난한) 특정 계급집단을 (보통 더 부유한) 특정 계급집단에 유리하도록 종속시킴으로써 작동한다.
- **커밍아웃/드러내기(coming out)**: 커밍아웃/드러내기는 자신의 애정적 지향과 성별 정체성을 이해하고 수용하며 가치 있게 여기게 되는 (자신에게 커밍아웃하는) 개인적 과정이면서 다른 사람과 그 정보를 공유하는 (타인에게 커밍아웃하는) 대인적 과

정이다. 이는 성소수자 개인에게는 자신의 일생에 걸쳐 여러 차례 반복해서 일어나는 끊임없는 과정이다. 많은 사람이 이를 '드러내거나(out)' 또는 '숨기는(in)' 것으로 생각하지만, 이는 흔히 한 개인이 다른 사람에게 자신이 어떤 사람인지에 대해 일반적으로 얼마나 개방하는지를 가리킨다. 하지만 성소수자는 새로운 사람들과 새로운 상황을 마주할 때마다 이러한 정보를 나누는 것이 얼마나 안전한지/편안한지를 평가해야만 한다. 커밍아웃/드러내기는 자신의 애정적 지향이나 성별 정체성에 대해 탐색하는 것과 함께 이러한 여정을 가족, 친구, 고용인/고용주/직장동료 등을 포함한 다른 사람들과 나누는 것을 수반한다. 비이성애차별/비이성애차별주의, 성차별/성차별주의, 성별차별/성별차별주의(genderism), 동성애혐오, 양성애혐오, 트랜스젠더혐오 등으로 인해 많은 경우 이 과정은 매우 고되고 어려울 수 있다. 성소수자의 이러한 과정과 전 생애 발달을 기술하는 여러 다양한 모형이 존재한다.

- **게이/동성애자 남성(gay)**: 다른 남성에게 정서적 · 신체적 · 정신적 및/또는 영적으로 유대감을 갖고 애정을 나누고자 지향하는 남성을 말한다. 때때로 레즈비언, 게이, 퀴어 및/또는 양성애자로 정체화한 개인들을 포괄하여 지칭하기 위한 상위어로도 사용된다.
- **성별/젠더(gender)**: 성별은 여성, 남성, 중성/안드로진(androgynous), 트랜스젠더, 젠더퀴어, 성별 비순응(gender non-conforming) 등으로 한 사람의 정체성과 표현(의복, 대명사 선택, 어떻게 걷고 말하고 자세를 취하는지 등)을 반영하며, 이는 사회적으로 구성되어 성특징과 일치할 수도 있고 그렇지 않을 수도 있다. 사회적 구성물로서 성별은 한 사람의 성별 정체성과 성별 표현에 적절하다고 여겨지는 것으로 각 문화권 내에서 만들어지나 때때로 어떤 사람의 성별 정체성과 성별 표현은 전통적인, 사회적으로 구성된 범주에 들어맞지 않는다(예: 한 사람의 성특징과 성별은 사람들이 자신들의 성별에 따라 행동하고 자기 자신들을 표현해야 하는 방식에 따라 일치한다).
- **성별 정체성(gender identity)**: 성별 정체성은 남성, 여성 또는 둘 다이거나 둘 다가 아니라는 내적 감각을 가리킨다. 성별 정체성은 대개 출생 시 성특징과 일치하지만 때때로 그렇지 않다.
- **성별차별/성별차별주의(genderism)**: 성별차별/성별차별주의는 성차별/성차별주의보다 더욱 정확하다고 할 수 있는 새로운 용어이다. 왜냐하면 성차별/성차별주의가 작동하는 방식의 대다수는 개인의 성특징에 일치해야 하는 성별 수행 또는 행

동에 의존하고 있기 때문이다.

- 성별 표현(gender expression): 옷, 헤어스타일, 일상적 버릇 및 기타 특징을 통해 한 사람의 성별 정체성을 겉보기로 나타낸 것이다.
- He/She/Ze: 이는 (영어에서) 남성, 여성 또는 성별 중립으로 각 성별을 지칭하기 위해 사용되는 인칭대명사이다.
- Her/Hir/His: 이는 (영어에서) 성별을 지칭하기 위해 사용되는 인칭대명사의 소유격 형태이다. 트랜스젠더, 젠더퀴어, 트랜스섹슈얼, 크로스드레서 또는 그 외의 성별 비순응인 사람을 나타내기 위한 성별 중립적 인칭대명사의 소유격으로 'hir'이라는 단어를 포함하였다. 'her' 및 'his'는 각각 여성과 남성으로 정체화한 사람의 인칭대명사 소유격 형태로 사용된다.
- 이성애규범(heteronormative): 이성애의 전통적 규범을 모든 사람이 따르거나 또는 따라야 한다고 여기는 문화적 편견이다(예: 남자와 여자가 만나 사랑에 빠지고, 결혼을 하여 보통 자녀를 두고, 함께 산다는 것). 덧붙여 이러한 편견은 남성은 남성성에 동일시하며 이를 표현해야 하고, 여성은 여성성에 동일시하며 이를 표현해야 한다는, 즉 모든 개인은 시스젠더 정체성을 지니고 있다는 생각을 포함한다.
- 비이성애차별주의/이성애주의(heterosexism): 모든 사람이 이성애자이거나 그래야 한다는 가정 혹은 생각을 말한다. 이는 비이성애자(LGBQQ)의 삶과 경험을 비가시화시키고 침묵하게 만듦으로써 비이성애자인 모든 사람을 부정하고 폄하하며 무시하고 주변화하거나 낙인찍는 이념체제를 말한다. 이는 사회적 관습과 제도 내에 만연해 있으며, 다른 형태의 특권들과 마찬가지로 그 자체로 지배 담론 안에서 공개적으로 도전받지 않으므로 한 세대에서 다음 세대로 사회화의 과정을 통해 전해진다.
- 이성애자(heterosexual): '이성'과 정서적 · 신체적 · 정신적 및/또는 영적으로 유대감을 갖고 애정을 나누고자 지향하는 사람을 설명하기 위해 사용되는 용어이다. 대부분의 사람이 이 용어에 익숙하지만, 저자들은 (영어에서) '스트레이트(straight)'라는 단어에 '올바름(correctness)'이라는 뜻이 내포돼 있기 때문에 많은 이성애자가 '스트레이트'보다 이성애자라는 표현을 더 선호한다는 사실을 언급하는 것이 중요하다고 느꼈다.
- 동성애혐오/호모포비아(homophobia): 비이성애자(LGBQQ) 또는 이들의 문화나 존재 방식과 관련된 것들에 대한 혐오, 두려움, 증오 또는 편협함을 말한다. 이는 종

종 개인에 의해 성별 규범이 도전받는 방식을 표적으로 삼곤 한다. 비이성애자가 자신의 정체성 때문에 자신이 정말로 나쁜 대우를 받을 만하다고 믿는 것에서 보이는 것처럼 동성애혐오 또한 내면화될 수 있다

- **호모섹슈얼/동성애자(homosexual)**: '동성'과 정서적 · 신체적 · 정신적 및/또는 영적으로 유대감을 갖고 애정을 나누고자 지향하는 사람을 설명하기 위해 역사적으로 사용되어 온 용어이다. 이 용어의 사용과 관련된 경멸적인 역사를 고려하여 많은 성소수자가 자신을 설명하기 위해 이 용어를 사용하지 않는다는 점을 유의하라(즉, 호모섹슈얼리티/동성애를 정신장애로 분류하였던 DSM 및 다른 임상 연구들에서 '호모섹슈얼'이라는 용어를 사용함). 따라서 이 가이드라인에서도 이 용어를 사용하지 않는다.
- **인터섹스/간성(intersex)**: 내부/외부 성기, 호르몬, 염색체 및/또는 2차 성징에 있어서 남성과 여성의 특징을 모두 가지고 태어난 개인을 말하며, 예전에는 '양성구유/남녀추니/반음양(hermaphrodite)'이라는 용어를 사용했다. 인터섹스 공동체의 일부 구성원은 여전히 이러한 용어를 사용하지만, 경멸적인 의미로 사용되었기 때문에 많은 인터섹스가 이를 선호하지 않는다.
- **주의/이즘(isms)**: 저자들은 이 가이드라인 전반에 걸쳐서 여러 가지 유형의 '주의(ism)'를 언급한다. 많은 예시 중 오직 일부만이 가이드라인에 실렸으나, 저자들은 특히 다중적이고 교차적인 정체성들이 성소수자로서 한 개인의 경험에 어떻게 영향을 줄 수 있는지를 고려하면서, 이러한 각각의 억압들이 얼마나 중요한지를 강조하고자 한다. 이 가이드라인을 통틀어 저자들은 다중적인 정체성들이 어떻게 개인의 경험에 영향을 줄 수 있는지를 통합하려고 시도했다. 또한 한 사람이 다중적 정체성들을 가질 때, 개인, 집단 또는 공동체 경험의 특성 때문에 보통 한 정체성이 다른 정체성보다 더 두드러질 수 있다는 점을 유념하는 것이 중요하다. 저자들은 항상 상담 및 관련 전문가들에게 (모든 정체성들을 함께 고려하여) 개인, 집단 또는 공동체를 전체적으로 볼 것을 권하면서도 개인, 집단 또는 커뮤니티와의 작업에서 이들 스스로 그 당시에 가장 두드러지는 관심사, 정체성, 경험 등이 무엇인지 알게 하기 위한 여지를 둘 것을 장려한다.
- **레즈비언/동성애자 여성(lesbian)**: 다른 여성에게 정서적 · 신체적 · 정신적 및/또는 영적으로 유대감을 갖고 애정을 나누고자 지향하는 여성을 말한다.
- **외모차별/외모차별주의(lookism)**: 외모차별/외모차별주의는 사회적으로 구성된, 일

반적으로 이해되는 미의 기준을 기반으로 한 사람들의 외형에 대한 억압, 괴롭힘, 차별, 편견, 마이크로어그레션 등을 말한다.

- 국가주의/민족주의/내셔널리즘(nationalism): 국가주의는 특정 국가의 '시민(citizen)'이 아니거나 아닌 것으로 여겨지는 사람들을 비롯해 권력을 쥐고 있는 국가의 문화 및 전통에 동화하거나 순응하지 않을 때 차별적으로 취급되는 사람을 대상으로 한 억압, 괴롭힘, 차별, 편견, 마이크로어그레션 등을 말한다. 또한 이는 한 사람의 나라가 다른 모든 나라보다 우월하다는 신념을 포함하므로 해당 국가의 관습, 전통, 문화를 우월한 것이라고 선전하려 한다.
- 퀴어(queer): 일반적으로 이성애규범 및/또는 성별 이분법을 벗어나 정체화한 사람을 가리킨다[예: 성소수자 공동체 사람, 결혼에 반대하는 사람, 다자연애/폴리아모리(polyamory)를 수행하는 사람 등]. 또한 퀴어는 성소수자 권리를 위한 옹호/활동(activism)에 전념하는 사람으로서 정치적 정체성을 내포할 수 있다. 퀴어는 성소수자 공동체를 지칭하는 상위어로도 사용된다. 이 용어는 역사적으로 성소수자 공동체에 대한 부정적 태도/신념/행위들을 고수하는 공동체 밖의 사람들이 경멸적 의미로 사용해 왔으며, 현재도 여전히 그럴 수 있다. 하지만 이 가이드라인에서 퀴어는 성소수자 공동체의 구성원들이 되찾아 온 의미로 사용되었다.
- 퀘스처닝(questioning): 정서적 · 신체적 · 정신적 및/또는 영적으로 여성, 남성 또는 모두에게 끌리는지 확실하지 않은 사람들을 말한다.
- 인종차별/인종차별주의(racism): 인종차별/인종차별주의는 사람들의 인종 또는 민족을 이유로 이들을 대상으로 한 억압, 괴롭힘, 차별, 편견, 마이크로어그레션 등을 말한다. 또한 이는 한 인종이 다른 인종들보다 더 우월하다는 신념을 포함하며, 역사적으로 원주민과 유색인보다 식민지배자와 정복자들을 우선하는 체계적 법률과 정책으로 나타났다.
- 성(sex)/성특징(sex characteristics): 출생 시 지정된 성/성특징은 한 사람을 여성, 인터섹스 또는 남성으로 식별하기 위한 것이다. 그리고 이는 한 사람의 성의 해부학적 구조, 염색체, 호르몬을 나타내기 위해 사회가 사용해 온 단어들로 결정된다. 많은 트랜스젠더가 '생물학적 성(biological sex)'과 같은 단어에 맞지 않기 때문에 이러한 구성개념들을 논의할 때에는 '성/성특징' 및 '지정(assignment)'이라는 단어를 사용하는 것이 더 좋다.
- 성차별/성차별주의(sexism): 성차별/성차별주의는 사람들의 성특징을 이유로 이들

을 대상으로 한 억압, 괴롭힘, 차별, 편견, 마이크로어그레션 등을 말한다. 이는 이성애 관계에 관여시키려는 기대들을 포함해 여성 또는 남성에게 적절하다고 여겨지는 일련의 행동들을 기반으로 하고 있기 때문에, 본질적으로 비이성애차별주의/이성애주의와 연결되어 있다.

- **체형차별/체형차별주의(sizism)**: 체형차별/체형차별주의는 사회적으로 구성된, 일반적으로 이해되는 미의 기준을 기반으로 한 사람들의 특정 치수, 키 또는 몸무게에 대한 억압, 괴롭힘, 차별, 편견, 마이크로어그레션 등을 말한다.
- **트랜스젠더(transgender) 또는 트랜스(trans)**: 트랜스젠더는 젠더퀴어, 성별 비순응자, 트랜스섹슈얼, 크로스드레서 등을 포함해 사회적 성별 규범에 도전하는 사람들을 설명하기 위해 사용되는 상위어이다. 이 용어가 이러한 사람들을 설명하는데 적절하게 사용되기 위해서는 반드시 이들 자신이 스스로를 트랜스젠더로 정체화해야 한다. 별도의 가이드라인이 있기 때문에 작업을 중복할 필요가 없으므로 트랜스젠더는 여기에 포함하지 않았다. 이 가이드라인의 목적상 저자들은 전체 성소수자 공동체를 언급하기 위해 LGBTQIQA 안에 'T'를 포함한다.
- **트랜스젠더혐오/트랜스혐오/트랜스포비아(transphobia)**: 트랜스젠더, 젠더퀴어 또는 지배적인 성별 규범을 흐리는 사람들을 대상으로 하거나, 이들의 문화나 존재 방식과 관련된 것들에 대한 혐오, 두려움, 증오 또는 편협함을 말한다. 트랜스젠더혐오는 성소수자 공동체(예: "나는 절대 트래니[15]와는 데이트하지 않을 거야."와 같은 발언)와 비성소수자 공동체(예: "남자/여자처럼 행동해."와 같은 발언, 해당 인물이 비이성애자일 것이라는 사람들의 가정들 또는 폭력) 모두에서 발견된다. 트랜스젠더 개인이 자신의 정체성 때문에 자신이 정말로 나쁜 대우를 받을 만하다고 믿는 것에서 볼 수 있는 것처럼, 트랜스젠더혐오 또한 내면화될 수 있다(예: 성소수자 공동체 안에 소속되어 있지 않다는 느낌). 트랜스젠더혐오가 존재의 관계적 측면을 보는 것을 넘어 성별 규범까지 대상으로 하기 때문에 종종 동성애혐오보다 더 정확한 표현일 수 있다.

15) 역자 주: 트랜스젠더/트랜스섹슈얼/크로스드레서 등을 경멸적으로 칭하는 말이다.

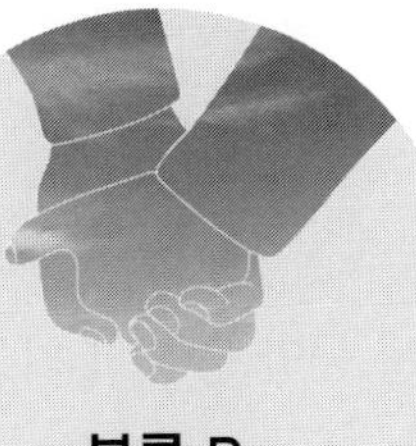

부록 B

트랜스젠더 내담자들을 위한 미국상담학회(ACA)의 상담 역량 가이드라인[1)]

2009년 9월 18일 미국성소수자상담학회(ALGBTIC)[2)] 위원회의 승인을 받았으며,
2009년 11월 7일 미국상담학회(ACA) 운영위원회에서 추천 및 채택하였다.

저자: 미국성소수자상담학회 트랜스젠더 위원회(ALGBTIC Transgender Committee)
시어도어 R. 번즈(Theodore R. Burnes, 의장), 아넬리제 A. 싱(Anneliese A. Singh, 회장 임명직), 앰니 J. 하퍼(Amney J. Harper), 브랜든 하퍼(Brandon Harper), 윌리엄 맥슨-칸(William Maxon-Kann), 데니스 L. 피커링(Denise L. Pickering), 션 마운더즈(Sean Moundas), 토머스 R. 스코필드(Thomas R. Scofield), 알렉스 로언(Alex Roan) 및 줄리아 호세아(Julia Hosea, 위원회 명예회원)

검토자: 로어 M. 디키(Lore M. Dickey), 다라 호프먼(Dara Hoffman), 조앤 키틀리(Joanne Keatley), 알린 레브(Arlene Lev), 벨 S. 매클리로이(Vel S. Mckleroy), 제시 맥널티(Jesse Mcnulty) 및 스테이시 라이커저(Stacee Reicherzer)

이 문서는 트랜스젠더 내담자와의 상담에서 사용하기 위해 제안된 역량 가이드라인을 포함하고 있다. 이 가이드라인은 전문적으로 훈련된 상담자들을 대상으로 트랜스젠더 개인, 가족, 집단 및 공동체와의 작업에 맞춰져 있다. 이 가이드라인은 트랜스젠더 내담자들과 상담하기 위하여 웰니스(wellness, 예: Myers & Sweeney, 2005), 탄력성(Singh, Hays, & Watson, 2011; Singh & McKleroy, 2011) 그리고 강점기반 접근(strength-based approach, 예: Bockting, Knudson, & Goldberg, 2007; Carroll, 2010; Lev, 2004; Vanderburgh, 2009)을 기반으로 한다. 이 가이드라인의 저자들은 트랜스젠더 내담자들

---

1) American Counseling Association. (2010). Competencies for Counseling With Transgender Clients. ***Journal of LGBT Issues in Counseling, 4***, 135-159. doi:10.1080/15538605.2010.524839. Copyright 2010 by Routledge, Taylor & Francis Group. Reprinted with permission.

2) 역자 주: 2020년 4월에 미국상담학회(ACA)의 미국성소수자상담학회 공식 명칭은 'Society for Sexual, Affectional, Intersex, and Gender Expansive Identieies(SAIGE)'로 변경되었다.

과 상담하고, 트랜스젠더 공동체를 옹호하며, 트랜스젠더들과의 관계를 맺는 데 있어 다양한 이론적 및 전문적 배경을 가지고 있다.

이러한 다양한 관점과 경험에 걸쳐 저자들은 모든 사람이 성별 정체성과 성별 표현의 전체 스펙트럼과 함께 전 생애 동안 충분히 기능하고(fully functioning) 정서적으로 건강한 삶을 살 수 있는 잠재력을 가지고 있음을 적극 옹호하는 공통의 접근을 공유한다. 저자들은 트랜스젠더들이 경험했을 수 있는 복합적인 억압의 경험들에도 불구하고 트랜스젠더 개인이 가질 수 있는 강점들과 탄력성을 강조하기 위해 강점기반 접근을 사용하는 것을 옹호한다. 또한 저자들은 상담자들이 트랜스젠더들을 위한 안전한 상담 환경을 조성하기 위해 이들이 일하는 환경에서 제도적인 변화를 만들려 노력하는 특별한 위치에 있다고 믿는다.

이론적 틀

저자들은 이 가이드라인을 구축하기 위한 이론적 틀을 개발했다. 저자들은 이 틀이 부분적으로 이들의 편견과 이들이 살고 있는 사회의 편견에서 비롯되었음을 인정했다. 저자들은 이들의 이론적 틀에 대해 솔직하게 개방하기로 했고, 트랜스젠더에 대한 이들의 가정을 공유할 뿐만 아니라 모든 개인이 아직 인식하지 못한 편견을 가지고 있음을 인정하고자 했다. 이를 위해 저자들은 1년 이상 매주 또는 격주로 위원회를 소집하여 이러한 편견을 확인하고 강점기반의 역량을 개발하였다. 또한 저자들은 상담에서의 트랜스젠더 이슈로 상담, 수퍼비전, 수련, 연구 및 옹호의 경험을 두루 갖춘 7명의 독립적인 검토자에게 전문 지식을 구했다.

저자들은 내담자들의 삶에서 특권, 권력 및 억압의 영향을 인정하는 각각의 접근들, 즉 다문화(Sue & Sue, 2008), 사회정의(Goodman et al., 2004), 여성주의(Worell & Remer, 2003) 접근들을 통합한 이론적 상담 지향에서 이 접근을 개념화했다. 이러한 이론적 접근은 트랜스젠더 내담자들의 경험을 확인하고 기록하며, 이들의 필요를 충족하고자 작업하기 위한 렌즈를 제공한다. 또한 이러한 접근은 트랜스젠더 개인 및 공동체와의 작업에 대한 거시적 수준의 시사점들을 제시하는 하나의 틀을 제공하며, 성별 정체성이 내담자의 여러 사회문화적 정체성(예: 인종, 민족, 성적 지향/애정적 지향 등)과 어떻게 교차하는지를 인식할 수 있게 하였다.

저자들은 이러한 이론적 상담 지향 외에도 상담자의 여러 전문적 역할을 이 가이드라인의 이론적 틀에 포함시키려고 노력했다. 예를 들어, 상담자가 수행하는 트랜스젠더 내담자와의 작업의 한 부분으로서 사회정의와 옹호는 중요하다(예: Carroll, 2010). 이 가이드라인을 개발하면서 저자들은 현재 트랜스젠더에 대한 역량이 다문화 접근을 웰니스로 통합한 상담자의 옹호 역할에 근거해 있음을 확실히 하기 위하여 기존의 레즈비언, 게이, 양성애자 및 트랜스젠더(LGBT) 역량 가이드라인(ALGBTIC, 2003), 미국상담학회(ACA) 옹호 역량 가이드라인(Lewis, Arnold, House, & Toporek, 2003) 그리고 미국상담학회(ACA) 다문화 역량 가이드라인(Sue, Arredondo, & McDavis, 1992)을 참고했다.

저자들의 이론적 틀에 대해서 추가적으로 중요한 부분은 이 가이드라인을 어떻게 사용해야 하는지에 대한 저자들의 생각에서 비롯되었다. 이 가이드라인은 트랜스젠더 내담자들과의 작업에 대한 전문적 훈련과 자격이 있는 전문가들에 의한 수련생 수퍼비전을 대신하는 것으로 사용되어서는 안 된다. 전문가들 간 및 전문가와의 자문은 필수적이며, 이는 트랜스젠더 내담자와 상담하는 개인에게 지속적인 보수 교육을 제공한다. 트랜스젠더 내담자들과의 작업을 위해 (이전에는 Harry Benjamin Standards of Care라고 알려진) 세계 트랜스젠더 보건의료전문가협회(WPATH)의 건강관리실무표준(Standards of Care: SOC)이 발표된 바 있다(Meyer et al., 2001). 이 가이드라인은 WPATH의 건강관리실무표준을 대체하기 위함이 아니라, 오히려 상호 보완하여 상담자들의 수련에 사용하고, 상담 영역에서 트랜스젠더 내담자들과의 모범 사례를 확립하기 위함이다.

역사적으로 주변화된 공동체들의 내담자와 함께 작업하는 전문상담사를 위한 모범사례(예: AGLBIC, 2003)는 상담자가 트랜스젠더 내담자와의 상담에서 문화적 역량을 발휘하기 위해 이 가이드라인의 여덟 가지 영역을 모두 숙지해야 할 필요성을 명시하고 있다. 또한 이 가이드라인의 영역들 사이에서 중복되는 부분이 존재할 수 있지만, 특정 부분에 초점을 둔 상담전략들뿐만 아니라 어느 영역들에서의 공통적인 주제들을 통합하기 위해 모든 영역을 검토하는 것이 중요할 것이다.

트랜스젠더 적극적 옹호 용어

저자들은 이러한 이론적 틀에 더하여 많은 다양한 이론적 및 경험적 자료(예: Bockting & Coleman, 2007; Feinberg, 1996; Green & Dickey, 2009; Lombardi, 2001; Sue, Arredondo,

& McDavis, 1992)를 찾아보고, 이 가이드라인의 검토자 7명에게 자문을 구했다(이 역량에서 사용된 적절한 트랜스젠더 적극적 옹호 용어를 확인하려면 추가자료 B 참조). 이 가이드라인의 저자들은 트랜스젠더 당사자들과 사용하기 위한 가장 제한이 적고 확장되고 있는 몇몇 용어로서 다음을 권고하는데(추가자료 A 참조), 이는 람다 리갈(Lambda Legal, 2008)의 허가를 받아 간행물 『틀을 구부리기: 트랜스젠더 청소년을 위한 행동 키트(Bending the Mold: An Action Kit for Transgender Youth)』에서 발췌하였다. 가이드라인 전체에 걸쳐 특정 용어들이 사용되지만, 트랜스젠더 공동체 내에서는 많은 용어가 사용되며, 트랜스젠더 내담자와의 작업과 관련하여 용어의 지속적인 발전이 예상됨을 인식하는 것이 중요하다.

이 가이드라인 전체에 걸쳐 널리 사용한 공통 용어를 확인하고 사용함에도 불구하고, 저자들은 트랜스젠더(그리고 모든 문화적) 공동체들의 용어가 다양하다는 점과 이 가이드라인이 '정확한' 또는 '옳은' 용어를 명하지 않는다는 점에 주목하는 것이 중요하다고 생각했다. 저자들은 성별 정체성과 성별 표현의 구성을 둘러싼 용어 외에도 트랜스젠더 내담자들을 위해 스스로 정체화한(self-identified), 성별을 적극 옹호하는(gender-affirming) 대명사들을 올바르게 사용하는 것이 중요함을 인식한다. 예를 들어, 몇몇 트랜스젠더 내담자들과 작업할 때는 상담자가 자신의 어휘에 'ze' 및 'hir'과 같은 성별 중립적(gender-neutral) 대명사를 추가하여 사용하는 것이 중요하다. 상담자는 내담자들이 본인들과 동일시하고 선택할 수 있는 일련의 대명사를 예우하고, 상담 과정 내내 이러한 대명사들을 사용하는 것이 중요하다. 동시에 상담자들은 몇몇 트랜스젠더 개인의 경우 자신들을 성별 중립적 대명사들과 동일시하지 않고 전통적인 성별 대명사들에 동일시한다는 것을 알아야 한다. 구체적으로 말하자면, 상담자가 사용하는 모든 용어는 내담자가 알려 준 것이어야 하며, 트랜지션(transition) 과정 내내 내담자가 스스로 정체화한 성별을 적극 옹호해야 한다. 이는 특히 내담자의 성별 정체성과 성별 표현에 대한 상담자의 지각과, 내담자의 실제 성별 정체성과 성별 표현이 일치하지 않을 때 그러하다.

저자들은 트랜스젠더들이 역사적으로 진단 및 평가 체계들에 의해 주변화되고 병리화되어 왔다는 점에 주목하는 것이 중요하다고 주장했다. 그리고 저자들은 트랜스젠더 내담자와의 상담 접근들(예: 병리학 기반 대 강점기반)의 범위 내에서 이들의 위치를 잡는 것이 필요함을 인식했다. 소수자 스트레스 모형(minority stress model; Meyer, 2003)을 바탕으로, 저자들은 성별 정체성이 결코 정신장애가 아니라고 생각하고, 이들이 성별 정체성의 병리화를 비판한다는 것을 강조하기 위하여 이 가이드라인의 전반에 걸쳐 장애를 인용 부호 안에 두고 표현함으로써(예: 성주체성'장애') 이러한 관점을 분명히 나타내고자 한다.

이 가이드라인의 전반에 걸쳐 비이성애차별주의/이성애주의와 트랜스젠더혐오가 언급되고 있고, 이는 소수자 스트레스 모형의 중심 개념들이기 때문에 두 용어 사이의 차이를 명확히 하는 것이 중요하다. 트랜스젠더혐오는 특정 사회에서 지배적인 성별 범주를 벗어나거나, 위반하거나, 흐리는 모든 개인에 대한 비합리적인 두려움과 증오를 말하며, 트랜스젠더 개인들은 이를 마이크로어그레션/먼지차별(microaggression)에서 폭력에 이르기까지 각각 다른 방식으로 경험할 수 있다. 또한 저자들은 상담자들에게 트랜스젠더들이 경험하는 실제 차별에 대해 말할 때 트랜스젠더편견(transprejudice)이 종종 더 유용한 단어임을 고려하도록 권한다. 한편, 비이성애차별주의는 모든 사람을 이성애자로 보거나 그래야 한다는 가정을 말한다. 많은 트랜스젠더 개인이 이성애자로서 정체화하지만, 그럼에도 불구하고 비이성애차별주의를 경험할 수도 있다. 왜냐하면 비이성애차별주의 안에 좁고 이분법적인 성별체계가 내포되어 있어서 트랜스젠더 개인들은 여기서 벗어나 있는 것으로 보일 수도 있고, '진짜' 남자 또는 여자인지에 대한 이들의 신분을 의심받기 때문이다. 따라서 비이성애자(게이, 레즈비언 및/또는 양성애자 등)로 잘못 여겨질 수 있기 때문에, 트랜스젠더 개인들이 이성애자일 수도 있지만 마이크로어그레션/먼지차별, 차별, 괴롭힘, 폭력 등을 통해 비이성애차별주의를 경험할 수도 있다.

트랜스젠더 개인들과 함께 작업할 때 고려해야 할 중요한 사항은 가족을 어떻게 정의하느냐이다. 많은 트랜스젠더 개인은 트랜스젠더편견, 트랜스젠더혐오 및 트랜스젠더부정(transnegativity)을 경험하며, 이로 인해 자신의 원가족에게 거부당하기 쉽고, 핵가족 및 확대가족과의 갈등 및/또는 분리가 있을 수도 있다. 따라서 트랜스젠더 개인들은 가족 단위 내에서 생물학적 또는 법적 입양도 있지만 가족의 역할을 수행하는 사람들로 가족을 찾아내고 정의할 수 있다. 상담자는 트랜스젠더 개인들이 선택하는 대로 가족에 대한 이러한 폭넓은 정의를 예우하고 이를 상담 과정에 통합해야 한다. 트랜스젠더 공동체 내에서는 보통 이를 '선택한 가족(family of choice)'이라고 부르며, 저자들은 상담자들에게 개인이 자신을 위해 어떻게 가족을 정의하고 분류하는지를 예우할 것을 촉구한다.

이 가이드라인의 한계

이 가이드라인은 트랜스젠더 내담자들과의 상담에 대하여 포괄적인 역량들의 목록을 제공하려고 하지만, 저자들은 이 프로젝트의 범위에도 한계가 있음을 인정하고자 한다. 이 가이드라인은 토대가 되기 위함이며, 저자들은 상담자들이 이러한 한계들에 기반하여 자원과 지식을 지속적으로 개발할 것을 권한다. 이 프로젝트에 대해 저자들은 특정한 한계들로 일부 사람이 트랜지션/성별 전환(gender transition)이라고 명명하는 것들과 관련하여 특정 집단들과 차이점들에 주목하고자 한다.

특정 집단과 관련하여 이 가이드라인은 트랜스젠더 청소년, 노인 또는 트랜스젠더 개인들의 가족 및 사랑하는 사람들과 작업하는 데 있어 심층적인 적용에 유용하지 않다. 이 가이드라인의 많은 항목이 트랜스젠더 청소년을 비롯해 트랜스젠더 개인들의 가족 및 사랑하는 사람들과 작업하는 데 관련이 있지만 이에 초점을 둔 것은 아니기 때문에 더 많은 주의와 논의가 필요하다는 점을 고려해야 한다. 저자들은 이 가이드라인의 마지막에서 자료들을 제공함으로써 해당 문제를 다루고자 했다.

저자들은 추가적인 한계로 이 가이드라인이 MTF(male-to-female), FTM(female-to-male) 또는 다른 성별(예: 젠더퀴어)로 정체화하는 특정 경험들에 따라 역량들을 나누지 않았다는 점에 주목하는 것이 중요하다고 느꼈다. 예를 들어, 유의할 중요한 차이점으로 MTF 트랜스젠더 개인들의 남성 특권 상실과 FTM 트랜스젠더 개인들의 남성 특권 획득에 관련된 경험들이 있다. 또한 해당 경험들은 성별 정체성과 성별 표현의 범위 내에서 다양하며, 개인의 경험에 기반한다(예: 인종, 민족과 같은 다른 정체성들이 이들의 성별 정체성과 어떻게 교차하는지처럼 FTM이 남성 특권 획득을 어떻게 경험하는지는 개인에 따라 크게 달라질 수 있음). 모든 트랜스젠더 개인이 MTF 또는 FTM으로 의학적 및/또는 사회적 트랜지션을 하기로 결정하는 것은 아니고, 모든 트랜스젠더가 전환/트랜지션이란 단어와 동일시하는 것은 아니며, 모든 트랜스젠더 개인이 통용되는 성별 이분법(남성 또는 여성) 내에서 정체화하는 것은 아니다. 몇몇 트랜스젠더는 대신에 젠더퀴어(genderqueer), 안드로진(androgynous), 젠더플루이드(gender-fluid) 등으로 정체화할 수도 있다. 여하튼 상담자들은 모든 개인이 경험하는 좁은 성별 이분법에 맞추는 것에 대한 압박감과 이러한 성별 제한을 벗어날 때 트랜스젠더들이 마주할 수 있는 추가적인 어려움에 대해 인식하는 것이 중요하다.

전체 구성

저자들은 앞에서 설명한 이론적 틀을 사용하여 트랜스젠더 내담자들과의 상담을 위한 역량 가이드라인의 영역들을 개발했다. 저자들은 이 가이드라인을 상담 및 관련 교육 프로그램 인준위원회(Council for Accreditation of Counseling and Related Educational Programs: CACREP, 2009)의 기준에 따라 구성했다. 저자들은 CACREP 기준이 윤리적이고 유능한 상담 수퍼비전 및 상담자 수련을 제공하는 최소한의 기준이라고 기대하므로, 이 가이드라인을 CACREP 기준의 여덟 가지 수련 영역에 맞춰서 여덟 가지 영역으로 나누었다. 이 가이드라인에서 저자들은 상담자들로 하여금 이 가이드라인을 넘어 이러한 기준들의 양심적인 소비자로서 트랜스젠더 내담자들을 위한 사회 변화의 매개(social change agent)이자 앨라이가 될 것을 권했다. 우리는 상담자들이 트랜스젠더 내담자들 및 트랜스젠더 커뮤니티들의 풍부한 역사, 삶, 자긍심을 인식하고 축하할 것을 의도하였다. 이 가이드라인에는 지식, 기술, 인식(knowledge, skills, and awareness: KSA) 영역을 포괄하는 다문화상담 역량의 틀이 포함되었다(Sue et al., 1992). 해당 틀은 성소수자 역량(Competencies for Counseling Gay, Lesbian, Bisexual, and Transgendered Clients)에 사용되었으며(AGLBIC, 2003), 저자들은 트랜스젠더 내담자들과의 상담을 위한 이 가이드라인을 이와 유사하게 구조화하는 것이 시작 단계로서 적절하다고 본다. KSA 구조는 이러한 역량들을 체계화하기 위하여 기존에 사용해 온 틀이었지만, 저자들은 또한 이 가이드라인이 발전할 것이며 시간이 지남에 따라 개정이 필요해질 것임을 인식했다. 따라서 이 가이드라인은 트랜스젠더 내담자들에 대한 최신 이론, 연구, 실무 및 상담의 틀을 반영하기 위해 주기적인 평가 및 개정이 필요하다. 그렇기에 저자들은 이 가이드라인을 읽고 사용하는 사람들의 피드백을 환영하고자 한다. 해당 피드백은 언제라도 현 미국성소수자상담학회(ALGBTIC) 회장에게 이메일(www.algbtic.org에 있는 이메일)로 보낼 수 있으며, 이는 다시 미국성소수자상담학회 트랜스젠더 위원회 의장에게 전달될 것이다. 저자들은 KSA 역량 모형의 세 가지 영역 간에도 많은 상호작용이 존재함을 인식하였고, 따라서 (CACREP 여덟 가지 영역 각각에 대한 지식, 기술, 인식 각각의 구체적인 역량을 두기보다는) 이 가이드라인의 여덟 가지 영역 각각은 세 가지 영역을 모두 통합한다.

저자들은 CACREP의 여덟 가지 영역을 통합하고 미국상담학회(ACA)의 다문화 역량(Sue et al., 1992) 및 옹호 역량(Lewis et al., 2003)에서 해당 내용과 정신을 가져온 조직화된 구조를 사용하면서, 다양한 CACREP 영역과 KSA 영역의 참고문헌들이 불가피하게 중복되고 이 가이드라인을 활용하는 데 번거로울 수 있음을 인식하였다. 따라서 저자들은 독자들이 이를 참조하고 전문성을 더욱 개발시킬 수 있도록 전체 본문의 마지막에 모든 참고문헌을 나열했다. 또한 저자들은 본문의 해당 내용에 대하여 특정 참고문헌과 연결해 놓지 않았다. 그보다는 상담자들이 참조문헌 부분을 트랜스젠더 내담자들에 대한 이론, 연구, 실무, 수련, 옹호 및 탄력성에서 지속적인 전문성 개발을 위한 자원을 확보하는 데 중요한 도구로 사용해야 한다.

기본 참고문헌

저자들은 이 가이드라인의 초기 개발의 일환으로, 경험적 연구를 본 역량을 확인할 수 있는 기반으로 활용하는 것이 중요함을 인식하였다. 이러한 과정은 다문화 실무 및 수련을 위한 가이드라인 개발에 있어 최신의 경험적 및 이론적 문헌을 활용하는 것의 중요성을 강조한 전문 서적의 요청에서 부분적으로 비롯된 것이다(Association for Assessment in Counseling and Education, 2002). 또한 저자들은 상담자들이 이 가이드라인을 사용함으로써 이들의 전문성 개발을 약속해야 한다고 믿었고, 해당 문헌들을 검토하면서 자료들을 포함했다.

- 미국상담학회 옹호 역량 가이드라인(American Counseling Association Advocacy Competencies; Lewis et al., 2003)
- 미국상담학회 다문화 역량 가이드라인(American Counseling Association multicultural competence; Sue et al., 1992)
- 미국상담학회 윤리강령(American Counseling Association Ethics Code, 2005)
- 상담 및 관련 교육 프로그램 인준위원회(CACREP, 2009)
- 세계 트랜스젠더 보건의료전문가협회의 건강관리 실무표준(WPATH SOC; Meyer et al., 2001)
- 성별 정체성 및 성별 다양성 태스크포스의 미국심리학회 보고서(American Psychological Association Report of the Task Force on Gender Identity and Gender Variance, 2009)

A. 인간 성장과 발달

유능한 상담자는 다음 사항들을 숙지해야 한다.

A. 1. 모든 사람이 남성–여성의 이분법을 넘어 성별 정체성과 성별 표현, 성별이 보이는 방식(gender presentation) 및 성별 다양성의 전체 스펙트럼을 수용하면서 전 생애에 걸쳐 충분히 기능하고 정서적으로 건강한 삶을 살 수 있는 잠재력이 있음을 적극 옹호한다.

A. 2. 전 생애의 각 발달 주기(예: 청년기, 청소년기, 노년기)가 트랜스젠더 내담자들이 상담에서 제시하는 고민들과 과정에 어떠한 영향을 미칠 수 있는지를 확인한다.

A. 3. 초기 평가 과정이나 트랜지션 중에서만이 아니라 전 생애에 걸쳐 트랜스젠더의 정신적 및 의료적 건강관리[예: 호르몬 치료, 성 재지정 수술/성전환 수술(sex reassignment surgery), 안전하고 트랜스젠더에게 긍정적인(trasngender-positive) 일반 의료서비스]를 적극 옹호한다.

A. 4. 트랜스젠더 정체성들의 발달과정에 영향을 미치는 생물학적 · 가족적 · 사회적 · 문화적 · 사회경제적 · 심리적 요인들을 이해한다.

A. 5. 현재의 전 생애 발달이론들에 존재하는 성별 규범적 가정들을 확인하고, 이러한 편견들에 대해 평가 및 상담에서 다룬다.

A. 6. 트랜스젠더 개인들의 탄력성과 강점들에도 불구하고 성별 순응(gender conforming)에 대한 낙인과 압력이 성격 발달에 어떤 영향을 미칠 수 있는지 이해한다. 또한 이러한 요인들이 트랜스젠더 개인들의 고용, 주거, 건강관리, 심리적 장애의 발현에 관련하여 의사결정에 어떤 영향을 미치는지 이해한다.

A. 7. 트랜스젠더 정체성들의 발달과정에서 건강의 다른 맥락적 요인들 및 사회적 결정 요인들(예: 인종/민족, 교육, 종교 및 영성, 사회경제적 지위, 성적 지향/애정적 지향, 가족 내 역할, 또래집단, 지리적 지역 등)의 영향을 인식한다.

A. 8. 신체적 또는 사회적 트랜지션을 포함하거나 포함하지 않을 수 있는, 성별 정체성과 일치되게 살아가는 다양한 방식과, 트랜스젠더 개인들의 발달과정에서 이러한 선택지들이 이들에게 어떤 영향을 줄 수 있는지에 대해 안다. 트랜스젠더 개인들의 삶에 영향을 미치는 사회정치적 영향들을 비롯해 고정관념, 차별 및 주변화가 이들의 발달과정, 자아존중감 및 자기개념을 형성할 수 있음을 인식한다.

A. 9. 많은 트랜스젠더 개인의 규범적 발달 과제들이 자기정체성 및/또는 섹슈얼리티 혼란, 불안과 우울, 자살사고와 행동, 비자살성 자해, 물질 남용, 학업 실패, 노숙(homelessness), 내면화된 트랜스젠더혐오 및 트랜스젠더편견, SID/HIV 감염, 중독 및 기타 정신건강 문제들로 복잡해지거나 위태로워질 수 있음을 인식한다.

A. 10. 트랜스젠더 개인들이 전 생애 동안 친밀한 관계와 관련하여 자신과 타인의 복잡성을 어떻게 헤쳐 나가는지 이해한다.

A. 11. 트랜스젠더 노인들의 전형적 발달 과제들이 종종 사회적 고립과 비가시성, 의학적 문제, 트랜스젠더 관련 건강 문제, 원가족 갈등 그리고 종종 제한된 진로 선택지들로 인해 복잡해지거나 위태로워질 수 있고, 특히 발달장애를 가진 이들의 경우가 그러함을 이해한다.

A. 12. 성별 정체성 형성, 트랜스젠더 정체성의 자기수용, 트랜스젠더로서 드러내기(disclosure of transgender status)는 꼭 영구적으로 해결되는 일은 아니며, 전 생애에 걸쳐 반복적으로 경험할 수 있는 복잡한 과정들 및 사건들임을 인식한다.

B. 사회문화적 다양성

유능한 상담자는 다음 사항들을 숙지해야 한다.

B. 1. 트랜스젠더 내담자들과 적절한 용어(예: 정확한 이름 및 대명사)를 사용하는 것이 중요함을 이해하고, 트랜스젠더 공동체 내의 언어는 끊임없이 발전하고 있으며 사람마다 다르다는 것을 인지하고, 트랜스젠더 공동체 내의 새로운 용어들과 정의들을 알고자 하며, 자신의 성별에 대한 내담자들의 정의를 예우하고, 성별 측면에서 가장 제한적이지 않은 용어를 사용하고자 하며(예: 내담자가 확고히 한 대명사가 성별에 적극 옹호적이라고 가정하는 대신에 내담자의 이름을 사용하는 것), 역사적으로 트랜스젠더를 억압하고 차별하는 데 언어가 사용되어 왔다는 것을 인식하고, 상담자가 권력을 가진 위치에 있으며 내담자가 선언한 어휘를 존중하는 것을 모델링해야 함을 이해한다.

B. 2. 트랜스젠더들에 대한 억압은 성차별, 비이성애차별주의, 트랜스젠더혐오 및 트랜스젠더편견의 한 요소이며, 이는 트랜스젠더들의 건강한 기능과 자율성을 해치는 세계관과 가치체계를 반영함을 인정한다.

B. 3. 트랜스젠더편견과 트랜스젠더혐오가 많은 기관과 관행의 사회적 · 문화적 기

반에 만연해 있고, 이를 통해 트랜스젠더들에 대한 부정적 태도, 높은 폭력/증오범죄의 발생률, 명시적 적대감이 조성될 수 있음을 이해한다.

B. 4. 내면화된 편견과 차별(예: 트랜스젠더혐오, 인종차별, 성차별, 계급주의, 종교차별, 장애인차별, 성인중심주의, 노인차별)이 어떻게 상담자 자신의 태도뿐만 아니라 트랜스젠더 내담자의 태도에도 영향을 미쳐 트랜스젠더들에 대한 부정적 태도를 야기할 수 있는지를 인식한다.

B. 5. 트랜스젠더들의 교차정체성(예: 인종/민족, 장애/비장애, 계급, 종교적/영적 소속, 나이, 외상 경험)과 그에 따른 발달 과업들을 인식하고 인정하며 이해한다. 이는 트랜스젠더들의 여러 정체성 상태의 형성과 통합에 주의를 기울이는 것을 포함해야 한다.

B. 6. 성차별, 비이성애차별 및 트랜스젠더혐오가 교차하며 구체적으로 내담자들의 삶에 어떤 영향을 미칠 수 있는지 이해한다. 예를 들어, 성차별(가부장제가 어떻게 성별 고정관념과 성역할을 조장하고, 이분법적 성별체계를 강화하기 위해 어떻게 권력과 특권이 분배되는지), 트랜스젠더혐오(내면화된 두려움 또는 부정적 자기개념), 트랜스젠더편견(트랜스젠더들에 대한 차별) 그리고 비이성애차별(성적 지향/애정적 지향과 성별 정체성의 융합)은 모두 다르다. 또한 상담자들은 비이성애자 또는 이성애자로 정체화한 트랜스젠더들 모두에게 비이성애차별이 어떤 영향을 미치는지 이해해야 한다. 왜냐하면 트랜스젠더들은 성별 이분법에서 벗어나 있거나 '진짜 남자/여자'로 보일 수 있고, 따라서 비이성애자(게이, 레즈비언 및/또는 양성애자)로 보일 수 있기 때문이다.

B. 7. 인종차별, 성차별, 비이성애차별, 트랜스젠더혐오 및 트랜스젠더편견이 교차하며 구체적으로 유색인 트랜스젠더들의 삶에 어떤 영향을 미치는지 이해하고(예: HIV/AIDS에 대한 높은 위험, HIV 감염에 대한 유색인 트랜스젠더들의 과잉 대표성), 유색인 트랜스젠더들에게 사용되는 부정적 고정관념에 대해 인식한다.

B. 8. 높은 노숙 비율, 제한된 직업 기회, 높은 직장 내 주변화, 연방 고용보호(federal employment protections)의 부재 등을 통해 계급차별이 트랜스젠더들의 삶에 어떤 영향을 미치는지 인정한다.

B. 9. 트랜스젠더들의 여러 정체성(예: 청소년, 차등적 장애/비장애, 유색인)을 다루는 트랜스젠더에게 긍정적인(transgender-positive) 자원들(예: 지지집단, 웹사이트, 브로셔)을 확인한다.

B. 10. 트랜스젠더 내담자들에게 필요하거나 요청을 받은 경우(예: 고용 및 교육 차별, 유색인 트랜스젠더, 주거 차별), 권력 강화(empowerment)와 옹호 개입들[미국상담학회

(ACA) 옹호 역량 참조]을 사용한다.

B. 11. 여러 문화권에서 식민지화(colonization) 및 가부장제가 시간이 지남에 따라 트랜스젠더에 대한 고유한 전통, 의식, 통과의례에 미치는 해로운 영향에 대해 자신과 타인을 교육한다[예: 인도의 히즈라(Hijras), 하와이의 마후(Mahu), 태국의 카토이(Kathoey), 아메리카 원주민들(Native American/First Nations people)의 투 스피릿(Two-Spirit)].

B. 12. 트랜스젠더 개인들에게 영적 발달과 종교적 관습이 중요할 수 있지만, 주어진 공동체 내에 존재할 수 있는 트랜스젠더에게 긍정적인(transpositive) 종교기관들이 제한되어 있고, 많은 트랜스젠더 개인이 자신들의 신앙 및 정체성과 관련하여 개인적인 힘듦을 직면할 수 있다는 점에서 어려운 문제일 수 있음을 인식한다.

C. 조력 관계

유능한 상담자는 다음 사항들을 숙지해야 한다.

C. 1. 전 생애에 걸쳐 상담자가 트랜스젠더 내담자들의 성별 정체성 및/또는 성적 지향/애정적 지향을 고치거나 바꾸려는 시도들은 해롭고, 생명을 위협하며, 경험적으로 지지되지 않음을 이해한다. 반면, 이러한 정체성들을 적극 옹호하는 상담 접근들은 연구, 모범 사례, (미국상담학회, 미국심리학회와 같은) 전문가 조직들에 의해 지지된다.

C. 2. 상담자들의 성별 정체성, 성별 표현, 성별에 대한 개념들은 상담 관계와 관련이 있고, 이러한 정체성들과 개념들은 상담 과정에 영향을 미치며, 상담자/내담자 관계에 영향을 줄 수 있음을 인식한다.

C. 3. 내담자가 트랜스젠더이고 성별과 관련된 호소들이 있을 수 있지만, 내담자가 상담 서비스를 찾는 호소 문제 및 이유는 성별 정체성 및/또는 성별 불쾌감/디스포리아(gender dysphoria)와 관련이 없을 수 있음을 안다.

C. 4. 성별 정체성과 관련된 문제들이 상담서비스를 찾는 이유인 경우, 상담자들은 첫 내방에서 상담 동의서에 대해 논의하는 동안 성별 문제가 있는 개인들과의 작업에 관한 경험, 훈련, 전문 지식에 대해 알리고, 필요시 수퍼비전과 자문을 받는다.

C. 5. 트랜스젠더 집단들과의 작업을 위한 효과적인 이론적 접근들에 관한 연구가 부족함을 인정하고, 상담자들은 자신들의 서비스 제공에 대해 정기적으로 과정을 모니터링 및 평가하고, 트랜스젠더 개인들과 작업하기 위한 자신들의 이론적 접근을 재평가

해야 한다.

C. 6. 성별 정체성과 성별 표현은 개인마다 고유하지만, 트랜스젠더 집단들 간에 또는 집단들에 따라 서로 매우 다를 수 있음을 인정한다. 또한 트랜스젠더 내담자의 성별 정체성 및/또는 성별 표현은 전 생애에 걸쳐 점진적으로 발달할 수 있다.

C. 7. 신체적(예: 의료서비스 접근권, HIV/AIDS, 기타 건강 문제), 사회적(예: 가족/파트너 관계), 정서적(예: 불안, 우울, 물질 남용), 문화적(예: 인종/민족 집단 내 다른 사람들의 지지 부족), 영적(예: 본인과 가족 사이에서 가능한 영적 가치관 갈등) 및/또는 다른 스트레스원들(예: 고용차별의 결과로 인한 재정 문제)이 트랜스젠더들의 목표 달성 능력을 방해함을 인정한다. 따라서 이러한 대처 과정을 통해 해당 장애물들을 극복하는 것과 그로 인한 감정, 생각 및 행동을 조절하는 것을 돕는 것이 중요하다.

C. 8. 역사적으로 상담 및 기타 조력 전문직들(helping professions)이 트랜스젠더 개인들과 이들의 사랑하는 사람들에게 문화적으로 숙달된 서비스를 제공하기에는 무감각하고, 부주의하며, 지식을 갖추지 않고, 불충분하게 수련 및 수퍼비전을 받아서 트랜스젠더 개인들의 차별을 심화시켰음을 인식하고 인정한다.

C. 9. 상담 공간을 트랜스젠더들의 정체성을 적극 옹호하는 공간으로 만듦으로써(예: 대기실에 트랜스젠더에게 긍정적인 잡지 및 문헌을 비치하는 것 등), 트랜스젠더 개인들과 이들의 사랑하는 사람들을 위한 환대하고 적극 옹호하는 환경을 조성한다. 성별 정체성과 관련된 문제들뿐만 아니라 개인 전체를 존중하고 돌본다.

C. 10. 트랜스젠더 내담자들이 경험한 트랜스젠더편견과 차별의 영향들을 확인하고, 자기 자신들과 자신들의 성별 정체성에 대한 잠재적인 내면화된 부정적 태도를 극복하도록 돕기 위해 열린 토론(open discussion)을 촉진한다.

C. 11. 상담자들이 이들의 편견 혹은 지식 부족으로 인해 상담 관계에 부정적 영향을 끼치지 않도록 보장하기 위해 트랜스젠더 개인들과의 작업에 유능한 전문가들에게 사전에 자문 및/또는 수퍼비전을 요청한다(전문적 역량에 대한 지침으로는 WPATH의 건강관리 실무표준 참조).

D. 집단상담

유능한 상담자는 다음 사항들을 숙지해야 한다.

D. 1. 성별 정체성, 성별 표현 및 섹슈얼리티에 대한 모든 표현에 대한 비판단적이고 지지적인 자세를 유지하고, 이를 집단원들을 위한 규준으로도 확고히 한다.

D. 2. 정신건강 전문가들이 집단원의 성별 정체성을 바꾸려고 시도하는 것(예: 전환치료 또는 회복치료)은 연구에 의해 지지되지 않으며, 더욱이 유해하거나 생명을 위협하는 결과를 초래할 수 있다는 것에 대하여 집단원들의 이해를 촉진한다.

D. 3. 집단상담 계획, 기대 및 목표는 집단 전체에서 주기적으로 검토되어야 하며, 이를 설정하는 데 집단원들을 참여시킨다. 이는 트랜스젠더 집단원들의 안전과 참여를 조성해야 한다.

D. 4. 필요하거나 타당할 경우, 커밍아웃 및 트랜지션에 관한 여러 선택지에 대하여 사회학습을 위한 기회들 및 교육을 제공한다.

D. 5. 특히 상담자와 집단원들 사이에서 그리고 특권 집단과 주변화된 집단의 집단원들 사이에서 집단 내 권력, 특권, 억압의 영향을 인식한다.

D. 6. 집단원들을 선정 및 선별할 때 다양성(예: 성별 정체성 및 성별 표현, 출생 시 지정된 성, 성적 지향/애정적 지향, 정신적 및 신체적 장애/비장애 상태, 정신건강 문제, 인종, 민족, 종교, 사회경제적 계층)을 고려하고, 앞서 언급한 다양한 정체성이 집단 역동에 어떤 영향을 미칠 수 있는지에 대해 민감해야 한다.

D. 7. 유일한 트랜스젠더 집단원일 수 있는 개인의 독특한 지위에 대해 알고, 해당 개인이 편안하게 느끼면 자신의 경험을 공유할 수 있도록 안전한 집단환경을 조성한다. 이러한 경우 트랜스젠더 집단원에게 존중하는 용어[예: 정확한 대명사 및 이름, 트랜지션 개입들로 성별에 적극 옹호하는(gender-affirmative) 용어]를 사용함으로써 집단 내 안전감을 키우는 것이 특히 중요하다.

D. 8. 성별을 특정한 집단들(예: 입원환자 치료환경, 물질 남용 치료 등)에서 상담자는, 예를 들어 트랜스젠더 개인이 출생 시 지정된 성에 따라 집단에 참여해야 한다고 주장하기보다는 트랜스젠더 개인이 자신이 동일시하는 성별집단에 참여하도록 지지해야 한다.

D. 9. 트랜스젠더 집단원이 집단 안팎에서의 자신의 경험을 개방하거나 되돌아보는 것에서 갖는 편안함에 대해 제도화되고(institutionalized) 개인화된(personalized) 트랜스젠더혐오 및 트랜스젠더편견이 미치는 영향을 인정한다.

D. 10. 트랜스젠더로 정체화한 집단원들에 대한 명시적 또는 암묵적 적대감이 집단의 안전과 응집력을 위협할 때 적극적으로 개입한다. 이는 트랜스젠더를 특정한 집단

을 비롯해 트랜스젠더 집단원이 있는 모든 집단에 적용된다.

D. 11. 집단의 지지가 트랜스젠더 내담자들에게 매우 도움이 될 수 있지만, 성별 정체성 및 성별 표현에 대한 특정 개념에 순응하게 하는 집단원들의 압력이 집단 내에서 나타날 수 있으며, 상담자가 이를 다루어야 함을 인식한다.

D. 12. 집단 내 비밀보장을 유지하면서 트랜스젠더 집단원들과 작업하는 다른 전문가들과 치료에 대해 조율한다.

D. 13. 집단원에게 다른 정신적 및 신체적 의료서비스가 필요하다는 것을 다른 집단원이 처음 접하거나 상담자의 임상적 판단이 그러할 경우, 해당 내담자를 해당 의료서비스에 의뢰한다.

D. 14. 자신의 성별 정체성, 성별에 대한 신념, 트랜스젠더 이슈에 대한 지식 부족이 집단 과정에 어떤 영향을 줄 수 있는지에 대해 안다.

D. 15. 상담자의 잠재적 편견과 지식 부족이 집단 역동에 부정적 영향을 미치지 않도록 자문 또는 수퍼비전을 요청한다.

D. 16. 이상적으로는 이전에 트랜스젠더를 특정하거나 특정하지 않은 집단에서 트랜스젠더 개인과 작업해 본 경험이 있을 것이다. 트랜스젠더 개인과의 이전 상담 경험이 없을 경우, 트랜스젠더 이슈에 대해 더 많은 상담 경험을 가진 유능한 정신건강 전문가들과의 자문 및 수퍼비전이 훨씬 더 중요하다.

E. 전문가 지향

유능한 상담자는 다음 사항들을 숙지해야 한다.

E. 1. 『정신질환의 진단 및 통계 편람(DSM)』에 비이성애차별주의 및 성별 편견의 역사가 있음을 이해하고 인식한다. 예를 들어, 상담자들은 동성애(homosexuality)가 이전에 정신장애로 분류되었고, 현재 '성주체성장애(gender identity disorder)'가 DSM에 남아 있다는 사실을 알고 있어야 한다.[3)]

조력 전문가들이 비이성애차별주의 및 성별 편견을 통해 트랜스젠더 개인들과 그 가

---

3) 역자 주: '성주체성장애'는 DSM-IV-TR까지 존재했으나, DSM-5에서는 '성별 불쾌감(gender dysphoria)'으로 개정되었다. 또한 ICD-11에서는 성적 건강 관련 상태(conditions related to sexual health)의 하위 범주인 '성별 불일치(gender incongruence)'로 재분류되었다.

족들, 중요한 타인들에 대한 서비스 제공에 어떤 부정적 영향을 미쳐 왔으며, 구체적으로는 '성주체성장애'가 언제 DSM에 추가되었고, 동성애는 언제 정신장애에서 삭제되었는지 그 역사에 대해 안다.

E. 2. 정신건강 전문가들은 역사적으로 트랜스젠더 내담자들이 의료적 개입에 접근하는 데 있어 게이트키퍼(gatekeeper) 역할 및 그 이후에서의 권력을 갖고 있으면서 정신건강 전문가들에 대한 불신을 초래해 왔다는 것을 인정하고 다룬다. 이러한 권력의 차이는 트랜스젠더 내담자들과의 상담 관계에서 최소화되어야 한다.

E. 3. 트랜스젠더 정체성 발달, 성별 혼란, 트랜지션/성별 전환, 성별 표현, 섹슈얼리티, 트랜스젠더 생활 경험들 관련 불안 및 우울, 가족/파트너 관계, 물질 남용, 트랜스젠더 건강 문제들, 성별과 무관한 현재의 고민들 등을 포함해 트랜스젠더 내담자들의 욕구들 및 현안들을 확인한다.

E. 4. 성별 정체성, 성별 표현 및 성적 지향/애정적 지향 관련 주제들을 탐구하는 개인들을 상담하는 데 적절한 관련 미국상담학회(ACA) 윤리 지침들[예: 해악금지의 원칙(nonmaleficence), 충실성(fidelity), 유능성(competence) 등]을 이해한다.

E. 5. 개인적 편견이 해당 트랜스젠더 개인의 내담자-상담자 관계 또는 상담 결과에 부정적 영향을 미치지 않도록 자문 또는 수퍼비전을 요청한다.

E. 6. 적절한 경우에 트랜스젠더 내담자들이 공동체 자원들에 접근하도록 조력하는 방법을 숙지하고 있어야 한다.

E. 7. 제도적 장벽과 차별적 조치에 맞서 트랜스젠더 개인들을 위한 다양한 환경에서의 적절한 서비스들에 대한 접근을 촉진한다.

E. 8. 트랜스젠더 개인들과 관련된 태도, 지식 및 상담 기술을 향상시킬 수 있는 전문성 개발의 기회를 모색한다.

E. 9. 트랜스젠더 이슈에 관하여 전문가들, 학생들 및 수퍼바이지들에 대한 교육의 중요성을 인식하고, 트랜스젠더 개인들에 관한 잘못된 정보 및 편견에 이의를 제기한다.

E. 10. 개인의 성별 표현 및 성별 정체성을 적극 옹호하는, 긍정적이고 대중을 위한 대화를 지원한다.

E. 11. 전문 상담 조직들 내에서 트랜스젠더 개인들을 위한 옹호자로서의 역할을 하며, 구체적으로는 트랜스젠더 개인들에 대한 차별금지 정책들을 옹호한다.

E. 12. 개인에게 필요한 경우, 포괄적 돌봄(comprehensive care)을 제공하기 위하여 보건의료 전문가 및 다른 개인들, 집단들, 기관들과 협력한다.

F. 진로 및 생애 발달

유능한 상담자는 다음 사항들을 숙지해야 한다.

F. 1. 트랜스젠더 내담자들이 정체성 형성 및 직업 만족을 가장 잘 촉진할 수 있는 진로 선택들을 탐색하도록 조력한다.

F. 2. 기존의 진로발달이론, 진로 평가 도구, 구직 활동 및 진로상담 개입에는 트랜스젠더 및 성별 비순응적인(gender-non-conforming) 개인들에게 억압적일 수 있는 용어, 이론 및 구조들이 포함되어 있음을 인식한다.[4)]

F. 3. 트랜스젠더 공동체에 맞게 표준화되지 않은 진로 평가 도구와 관련된 잠재적 문제들을 인정한다.

F. 4. 트랜스젠더 내담자들의 진로 발달 및 전문적 의사결정을 제한하는 직업 고정관념(예: 성 노동, 엔터테인먼트 직종 등)에 이의를 제기하거나 이러한 직업들이 해당 분야에서 일하며 만족하는 사람들에게 유효한 직업임을 적극 옹호할 준비도 하면서 엔터테인먼트 직종에 남아 있기로 한 결정을 존중한다.

F. 5. 트랜스젠더 개인들에 대한 차별과 억압의 상호작용이 어떻게 진로 수행에 부정적 영향을 미치거나, 직업 수행에 부정적 평가를 초래함으로써 진로 선택지들을 제한하여 불완전 취업, 재정적 자원에 대한 낮은 접근성, 특정 진로에서의 과잉 대표를 야기할 수 있는지를 인정하고 이해한다.

F. 6. 트랜스젠더 개인들이 역사적으로 직장에서 경험해 온 높은 수준의 차별과 이러한 차별이 다른 생활 영역들(예: 주거, 자아존중감, 가족의 지지)에 어떤 영향을 줄 수 있는지에 대한 인식을 보여 준다.

F. 7. 의학적 및/또는 사회적 트랜지션을 경험한 트랜스젠더 개인들을 비롯해 트랜지션을 선택할 수 있는 이들, 직장에 있는 동안 트랜지션을 선택하지 않을 수 있는 이들의 구직 문제 및 어려움에 대한 인식과 이를 다루는 기술을 보여 주고, 직장에 있는 동안 트랜지션을 선택하는 트랜스젠더 개인들에 대한 경험의 다양성을 인식한다.

F. 8. 내담자들과 함께 정부(즉, 연방, 주 및/또는 지역) 법령, 노동조합 규약, 직장 정책을 통해 성별 정체성 및 성별 표현에 기반한 고용차별로부터 노동자가 어느 정도로 보

---

4) 역자 주: 원문에서는 gender-conforming이라고 잘못 기입되어 수정하였다.

호받을 수 있는지 탐구한다. 트랜스젠더의 고용권에 대한 보호가 없는 경우, 옹호 및 지원 활동들에 대한 정보를 제공한다.

F. 9. 실현 가능한 진로 선택지들에 대한 인식을 높이기 위해 내담자들을 트랜스젠더 멘토들 및 자원들과 연결한다.

F. 10. 고용주들에게 성별 정체성 이슈들을 비롯해 화장실, 탈의실, 직원 교육, 존중하고 포용적인 환경 조성 등과 같은 직장에서의 변화를 촉진하는 방법들에 관한 자문과 교육을 제공한다.

F. 11. 트랜스젠더 개인들의 직장 내 맥락(즉, 미시적 수준 또는 거시적 수준)에 따라 적절하게 이들을 대신해 옹호함으로써 권력을 강화할 수 있도록 돕거나, 직접 해당 직장에 트랜스젠더 이슈 및 직장 내 안전에 대한 심리교육/훈련을 진행하는 것이 내담자에게 이득이 될 경우 내담자의 동의를 얻어 이러한 옹호 활동에 참여하도록 권한다.

F. 12. 미시적 수준(예: 직장 내) 및 거시적 수준(예: 우리가 살고 있는 지역 및 더 큰 공동체, 정책 입안자 및 국회의원 등)에서 적용할 수 있는, 직장에서의 성별 정체성 및 성별 표현에 대한 차별금지 정책들을 옹호한다.

G. 평가

유능한 상담자는 다음 사항들을 숙지해야 한다.

G. 1. 처음 내방 시 상담서비스를 신청한 이유를 확인한다(예: 성별 문제, 진로 문제, 관계 문제, 의료서비스를 위한 평가 및 의뢰 또는 기타 정신건강 서비스에 대하여 탐색한다).

G. 2. 원하는 치료를 방해할 수 있는 어려움들(예: 인지적 손상, 정신증 또는 성격장애와 같은 심각한 정신건강 문제, 의학적 문제, 발달장애 등)을 확인한다.

G. 3. 성별 정체성 및 성별 표현은 개인마다 다르며, 이러한 자연스러운 다양성이 정신병리나 발달 지연으로 해석되어서는 안 된다는 것을 이해한다.

G. 4. 특히 신체 성형을 위한 평가와 관련하여 상담자들이 조력 전문가로서 지닌 합법적 권력을 검토하고, 상담자의 게이트키핑(gatekeeping) 역할(예: 신체 성형을 지지하는 서신 작성)에 대한 정보를 공유함으로써 이를 제한하도록 하는 게 아니라 트랜스젠더들의 욕구에 더욱 도움이 될 수 있도록 한다.

G. 5. 호르몬 또는 외과적 개입에 대한 의사결정과 관련하여 트랜스젠더 개인들의 욕

구들을 충족시키는 데 있어서 상담자들이 지닌 권력을 이해한다. 따라서 상담 동의서 과정의 한 부분으로서 상담서비스의 잠정적 기간 및 비용에 대해 협력적으로 논의하는 것이 중요하다.

G. 6. 상담의 목표는 의학적 개입 및/또는 신체 성형을 원하는지 그 여부에 관계없이 모든 트랜스젠더 개인에게 모든 생활 영역을 아우르는 포괄적인 심리사회적 정신건강 평가를 제공하는 것임을 인식한다.

G. 7. 이들 자신의 편견과 특권이 각 트랜스젠더 개인에 대한 평가에 어떤 영향을 미칠 수 있는지 검토한다. 이러한 편견은 성차별, 비이성애차별주의, 트랜스젠더부정, 의학적 개입을 권장하는 것 또는 특정 치료 과정을 포함할 수 있다.

G. 8. 상담자들이 편견을 최소화하고 특권 및 권력의 오남용을 피하도록 돕는 도구로써 수퍼비전과 자문을 활용한다(예: 트랜스젠더 개인들이 의학적 치료 및/또는 신체 성형을 받을 수 있도록 승인하는 것 관련).

G. 9. 사회 안에서 비이성애차별 및 성차별이 어떻게 조장되고 유지되는지 그리고 이러한 역동이 트랜스젠더 개인들에 대한 평가에 어떤 영향을 미치는지 이해한다.

G. 10. 낙인, 억압 및 차별의 영향이 어떻게 심리적 증상에 기여하는지, 하지만 이것이 반드시 트랜스젠더 개인의 병리를 나타내지는 않는다는 점을 감별진단 과정에서 고려한다. 신체 성형에 대한 내담자의 준비 상태를 협력적으로 결정할 때 이러한 영향을 고려한다.

G. 11. 검사, 측정 및 최신 개정판인 『정신질환의 진단 및 통계 편람(DSM-IV-TR)』과 같은 평가 도구들을 활용할 때 윤리 규준을 적용하고, 이러한 평가들이 보통 트랜스젠더들에게는 표준화되지 않았음을 인식한다. 또한 많은 평가가 성차별적 및 비이성애차별적 문화의 산물이고, 트랜스젠더들에 대한 병리적 또는 부정적(transgender-negative) 관점을 강화할 수 있으므로, 어떤 평가들이 트랜스젠더들에게 가장 이익이 되는지[즉, 성별 순응적인(gender-conforming) 것을 정신건강과 동일시하지 않는 평가인지]를 알아내어, 가능한 경우 협력적 평가 접근을 사용한다.

G. 12. DSM의 최신 개정판에서 성주체성'장애'가 의학적 상태로 언급되는 것과 관련하여 현재 진행 중인 논쟁에 대해 민감하게 인식하고, 조력 전문가들의 입장을 트랜스젠더 개인들에게 흔쾌히 전달하며, 이것이 함께 하는 작업에 어떤 영향을 줄 수 있는지에 대해 기꺼이 열려 있고 진솔한 논의를 한다.[5)]

5) 역자 주: '성주체성장애'는 DSM-IV-TR까지 존재했으나, DSM-5에서는 '성별 불쾌감'으로 개정되었다. 또한 ICD-11에서는 성적 건강 관련 상태의 하위인 '성별 불일치'로 재분류되었다.

G. 13. 성별 불쾌감을 포함해 성별 정체성 및 성별 표현 관련 호소가 있는 개인들을 위하여 상담을 안내하되 지시하지는 않도록 WPATH 건강관리 실무표준의 원칙들에 익숙해진다.

G. 14. 특히 트랜스젠더들과의 이론들과 실무들이 계속해서 변화하고 발전하며 많은 윤리적 딜레마를 만들어 내기 때문에 트랜스젠더들의 평가와 함께 윤리적 딜레마들을 직면할 준비를 한다.

G. 15. 트랜스젠더들에 대한 적절한 평가를 충분히 이해하는 데 있어서 필수적인 요소로서 트랜스젠더 공동체의 관점들과 개인적 서사들을 찾아낸다.

G. 16. 공병하는 정신적 또는 신체적 건강장애가 있다고 해서 반드시 성별 문제들 또는 의학적 치료들에 대한 상담을 배제할 필요는 없지만, 안정화 또는 추가적 치료가 필요할 수도 있고 필요하지 않을 수도 있음을 인식한다.

G. 17. 정신건강 문제(예: 성격장애와 같은 심각한 정신건강 문제들) 및/또는 인지적 어려움이 있는 트랜스젠더들은 상당한 편견과 차별을 경험하며, 정신건강에 대한 낙인이 이들의 일상생활 경험과 신체 성형에 대한 이들의 선택에 미치는 영향에 대하여 논의하는 것이 유용할 수 있음을 인식한다.

H. 연구

유능한 상담자는 다음 사항들을 숙지해야 한다.

H. 1. 의학적 및 비의학적 치료 선택지들뿐만 아니라 사회적 및 정서적 웰빙과 어려움들, 정체성 형성, 탄력성 및 억압에 대한 대처에 관련하여 기존의 트랜스젠더 연구 및 문헌을 숙지한다.

H. 2. 트랜스젠더 개인들에 관하여 표집, 기밀 자료 수집, 측정 및 일반화(예: 트랜스젠더 개인들에게 레즈비언, 게이, 양성애자를 대상으로 한 연구의 결과 및 내용을 적용하는 것) 등과 같이 기존의 문헌 및 기존의 연구 방법들의 한계들을 고려한다.

H. 3. 트랜스젠더 개인들 및 가족 구성원들의 경험을 이해하는 것과 이들을 돕는 것에 관련하여 문헌 및 연구에서의 격차들에 대해 안다.

H. 4. 질적 · 양적 및 혼합 연구 과정들을 비롯해 상담에서 트랜스젠더 주제와 관련된 잠재적인 미래 연구 분야들(예: 트랜스젠더들에 대한 개인의 경험, 트랜스젠더 주제에 대한

상담자 인식 및 훈련, 트랜스젠더 개인들을 향한 차별의 감소, 트랜스젠더 개인들의 삶에서 긍정적 사회 변화를 위한 옹호 기회들)에 대한 지식을 갖는다.

H. 5. 연구에 대한 비판적 소비가 트랜스젠더 개인들을 위하여 욕구들을 이해하고, 삶의 질을 증진시키며, 상담의 효과성을 높이는 데 어떻게 도움이 될 수 있는지 고려한다.

H. 6. 트랜스젠더 참여자들과 트랜스젠더 이슈들/관심사들을 고려하여, 트랜스젠더 개인들 및 커뮤니티들과 협력적으로 연구 문제들을 만든다.

H. 7. 참여자들에게 성별 정체성과 성적 지향/애정적 지향을 동시에 묻되, 하나로 융합하지 않으면서 본인들이 선언하거나 적극 옹호하는 성별 정체성을 밝힐 수 있는 기회를 제공할 수 있도록 인구통계학적 정보에서 성별 선택지들을 포함하게 설문들 및 자료 수집 양식들을 구성한다.

H. 8. 최근의 트랜스젠더 적극적 옹호 용어에 익숙해져야 하고, 참여자들이 선언하거나 적극 옹호하는 대명사/이름을 준수하여 가장 제한적이지 않은 성별 용어를 사용하는 것이 중요함을 인식한다.

H. 9. 트랜스젠더 연구 참여자들이 살아온 경험에 주의를 기울이고 이를 반영하면서, 적절하고 가능한 경우 트랜스젠더로 정체화한 개인들을 트랜스젠더 이슈들/관심사들에 관한 연구에 참여시킨다.

H. 10. 개인적 가치관, 성별 편견, 비이성애차별주의가 연구 과정(예: 참여자 선정, 자료 수집, 자료 해석, 결과 보고, 성주체성'장애'로의 DSM-IV-TR 진단)에 미칠 수 있는 잠재적 영향을 확인함으로써 연구가 긍정적 혹은 부정적 편견에서 결코 자유로울 수 없음을 인식하고, 가능한 최선의 방법으로 이러한 편견들을 다루고자 노력한다.

H. 11. 공동체, 실무자들 및 학자들 모두가 연구 결과 및 시사점에 접근할 수 있게 함으로써 트랜스젠더 공동체가 트랜스젠더에 초점을 둔 연구를 이용할 수 있도록 한다.

참고문헌

American Counseling Association. (2005). *ACA code of ethics.* Retrieved from http://www.counseling.org/Resources/CodeOfEthics/TP/Home/CT2.aspx

American Counseling Association. (2009). *Competencies for counseling with transgender clients.* Alexandria, VA: Author.

American Psychiatric Association. (2000). *Diagnostic and statistical manual of mental disorders* (4th ed., text revision). Washington, DC: Author.

American Psychological Association, Task Force on Gender Identity and Gender Variance. (2009). ***Report of the Task Force on Gender Identity and Gender Variance.*** Washington, DC: Author.

Association for Assessment in Counseling and Education (2002). ***Standards for educational and psychological testing: What counselors need to know.*** Alexandria, VA: Author.

Association for Lesbian, Gay, Bisexual and Transgender Issues in Counseling (ALGBTIC). (2003). ***Competencies for counseling gay, lesbian, bisexual, and transgender (LGBT) clients.*** Retrieved from http://www.algbtic.org/resources/competencies.html

Beh, H., & Diamond, M. (2005). Ethical concerns related to treating gender nonconformity in childhood and adolescence: Lessons from the Family Court of Australia. ***Health Matrix: Journal of Law-Medicine, 15,*** 239-283.

Bockting, W. O. (1997). The assessment and treatment of gender dysphoria. ***Directions in Clinical & Counseling Psychology, 7,*** 1-23.

Bockting, W. O., & Coleman, E. (2007). Developmental stages of the transgender coming out process: Toward an integrated identity. In R. Ettner, S. Monstrey, & E. Eyler (Eds.), ***Principles of transgender medicine and surgery*** (pp. 185-208). Binghamton, NY: Haworth Press.

Bockting, W. O., & Fung, L. C .T. (2005). Genital reconstruction and gender identity disorders. In D. Sarwer, T. Pruzinsky, T. Cash, J. Persing, R. Goldwyn, & L. Whitaker (Eds.), ***Psychological aspects of reconstructive and cosmetic plastic surgery: Clinical, empirical, and ethical perspectives*** (pp. 207-229). Philadelphia, PA: Lippincott, Williams & Wilkins.

Bockting, W. O., & Goldberg, J. (2006). ***Multidisciplinary guidelines for transgender care.*** Binghamton, NY: Haworth Medical Press.

Bockting, W. O., Knudson, G., & Goldberg, J. M. (2007). Counseling and mental health care for transgender adults and loved ones. ***International Journal of Transgenderism, 9***(3/4), 36-82.

Brown, G. R. (1994). Women in relationships with cross-dressing men: A descriptive study from a nonclinical setting. ***Archives of Sexual Behavior, 23,*** 515-530.

Bruce, D., Ramirez-Valles, J., & Campbell, R. T. (2008). Stigmatization, substance use, and sexual risk behavior among Latino gay and bisexual men and transgender persons. ***Journal of Drug Issues, 38,*** 235-260.

Carroll, L. (2010). ***Counseling sexual and gender minorities.*** Upper Saddle River, NJ: Merrill/

Pearson.

Chen-Hayes, S. F. (2003). Counseling and advocacy with transgender and gendervariant persons in schools and families. *Journal of Humanistic Counseling, Education, & Development, 40,* 34-49.

Clements-Nolle, K., Marx, R., & Katz, M. (2006). Attempted suicide among transgender persons: The influence of gender-based discrimination and victimization. *Journal of Homosexuality, 51,* 53-69.

Coolidge, F. L., Thede, L. L., & Young, S. E. (2002). The heritability of gender identity disorder in a child and adolescent twin sample. *Behavior Genetics, 32,* 251-257.

Costa, L., & Matzner, A. (2007). *Male bodies, women's souls: Personal narratives of Thailand's transgendered youth.* Binghamton, NY: Haworth Press.

Council of Accredited Counseling and Education Related Programs. (2009). *2009 standards.* Retrieved from http://www.cacrep.org/doc/2009%20Standards%20with%20cover.pdf

Crethar, H. C., Torres Rivera, E., & Nash, S. (2008). In search of common threads: Linking multicultural, feminist, and social justice counseling paradigms. *Journal of Counseling & Development, 86,* 269-278.

Currah, P. (2006). Gender pluralism under the transgender umbrella. In P. Currah, R. M. Jung, & S. Minter (Eds.), *Transgender rights* (pp. 3-31). Minneapolis, MN: University of Minnesota Press.

Currah, P., Juang, R. M., & Minter, S. (2006). Introduction. In P. Currah, R. M. Juang, & S. Minter (Eds.), *Transgender rights* (pp. xiii-xxiv). Minneapolis, MN: University of Minnesota Press.

Currah, P., Minter, S., & Green, J. (2000). *Transgender equality: A handbook for activists and policy makers.* Washington, DC: Policy Institute of the National Gay and Lesbian Task Force/San Francisco, CA: National Center for Lesbian Rights.

Dahl, M., Feldman, J., Goldberg, J. M., & Jaberi, A. (2006). Physical aspects of transgender endocrine therapy. *International Journal of Transgenderism, 9*(3/4), 111-134.

D'Augelli, A. R., Grossman, A. H., & Starks, M. T. (2006). Childhood gender atypicality, victimization, and PTSD among lesbian, gay, and bisexual youth. *Journal of Interpersonal Violence, 21,* 1462-1482.

DiClemente, R. J., & Wingood, G. M. (1995). A randomized controlled trial of an HIV sexual risk reduction intervention for young African-American women. *Journal of the American Medical Association, 274*(16), 1271-1276.

Edney, R. (2004). To keep me safe from harm? Transgender prisoners and the experience of imprisonment. *Deakin Law Review, 9,* 327-338.

Ehrbar, R., Witty, M., Ehrbar, H. B., & Bockting, W. O. (2008). Clinician judgment in the diagnosis of gender identity disorder in children. *Journal of Sex & Marital Therapy, 34,* 385-412.

Elze, D. E. (2007). Research with sexual minority youths: Where do we go from here? *Journal of Gay & Lesbian Social Services, 18*(2), 73-99.

Fassinger, R. E., & Arsenau, J. R. (2007). "I'd rather get wet than be under that umbrella": Differentiating the experiences and identities of lesbian, gay, bisexual, and transgender people. In K. J. Bieschke, R. M. Perez, & K. A. Debord (Eds.), *Handbook of counseling and psychotherapy with lesbian, gay, bisexual and transgender clients* (2nd ed., pp. 19-50). Washington, DC: American Psychological Association.

Feinberg, L. (1996). *Transgenderwarriors: Making history from Joan of Arc to RuPaul.* Boston, MA: Beacon Press.

Garofalo, R., Deleon, J., Osmer, E., Doll, M., & Harper, G. W. (2006). Overlooked, misunderstood and at-risk: Exploring the lives and HIV risk of ethnic minority male-to-female transgender youth. *Journal of Adolescent Health, 38,* 230-236.

Goodman, L. A., Liang, B., Helms, J. E., Latta, R. E., Sparks, E., & Weintraub, S. R. (2004). Training counseling psychologists as social change agents: Feminist and multicultural principles in action. *Counseling Psychologist, 32,* 793-837.

Green, E., & dickey, l. m. (2009). *Considerations for research with trans subjects and communities.* Retrieved from http://www.trans-academics.org/considerationsresearch

Grossman, A. H., & D'Augelli, A. R. (2006). Transgender youth: Invisible and vulnerable. *Journal of Homosexuality, 51,* 111-128.

Grossman, A. H., & D'Augelli, A. R. (2007). Transgender youth and life-threatening behaviors. *Suicide and Life-Threatening Behavior, 37,* 527-537.

Grossman, A. H., D'Augelli, A. R., Howell, T. J., & Hubbard, S. (2005). Parents' reactions to transgender youths' gender nonconforming expression and identity. *Journal of Gay and Lesbian Social Services, 18,* 3-16.

Grossman, A. H., D'Augelli, A. R., & Salter, N. P. (2006). Male-to-female transgender youth: Gender expression milestones, gender atypicality, victimization, and parents' responses. *Journal of GLBT Family Studies, 2,* 71-92.

Herbst, J. H., Jacobs, E. D., Finlayson, T. J., McKleroy, V. S., Neumann, M. S., & Crepaz, N. (2008). Estimating HIV prevalence and risk behaviors of transgender persons in the United States: A systematic review. *AIDS & Behavior, 12,* 1-17.

Human Rights Campaign. (2008). ***Statewide employment laws and policies.*** Washington, DC: Author. Retrieved from http://www.hrc.org/documents/EmploymentLawsand Policies.pdf

Human Rights Campaign Foundation. (2008). ***Transgender inclusion in the workplace*** (2nd ed.). Washington, DC: Author. Retrieved from http://www.hrc.org/documents/HRC FoundationTransgender Inclusion in the Workplace 2ndEdition-2008.pdf

Kenagy, G. P., & Bostwick, W. P. (2005). Health and social service needs of transgender people in Chicago. In W. O. Bockting & E. Avery (Eds.), ***Transgender health and HIV prevention: Needs assessment studies from transgender communities across the United States*** (pp. 57-66). Binghamton, NY: Haworth Medical Press.

Kenagy, G. P., & Hsieh, C. M. (2005). The risk less known: Female-to-male transgender persons' vulnerability to HIV infection. ***AIDS Care, 17,*** 195-207.

Korell, S. C., & Lorah, P. (2007). An overview of affirmative psychotherapy and counseling with transgender clients. In K. J. Bieschke, R. M. Perez, & K. A. DeBord (Eds.), ***Handbook of counseling and psychotherapy with lesbian, gay, bisexual, and transgender clients*** (pp. 271-288). Washington, DC: American Psychological Association.

Lambda Legal. (2008). ***Bending the mold: An action kit for transgender youth.*** Retrieved from http://www.lambdalegal.org/.../bending...mold/order-bendingthe-mold.html

Lev, A. I. (2004). ***Transgender emergence: Therapeutic guidelines for working with gender-variant people and their families.*** Binghamton, NY: Haworth Clinical Practice Press.

Lewis, J., Arnold, M., House, R., & Toporek, R. (2003). ***Advocacy competencies*** [Electronic version]. Retrieved from http://www.counseling.org/Resources/Competencies/Advocacy Competencies.pdf

Lombardi, E. (2001). Enhancing transgender health care. ***American Journal of Public Health, 91,*** 869-872.

Lombardi, E. L., Wilchins, R. A., Priesing, D., & Malouf, D. (2001). Gender violence: Transgender experiences with violence and discrimination. ***Journal of Homosexuality, 42,*** 89-101.

Martin, J., & Meezan, W. (2003). Applying ethical standards to research and evaluations involving lesbian, gay, bisexual, and transgender populations. ***Journal of Gay & Lesbian Social Services, 15,*** 181-201.

Meezan, W., & Martin, J. (2003). ***Research methods with gay, lesbian, bisexual, and transgender populations.*** New York, NY: Haworth Press.

Meyer, I. H. (2003). Prejudice, social stress, and mental health in lesbian, gay, and bisexual populations: Conceptual issues and research evidence. ***Psychology Bulletin, 129,*** 674-697.

Meyer, W., Bockting, W., Cohen-Kettenis, P., Coleman, E., Diceglie, D., Devor, H., et al. (2001, January-March). Harry Benjamin International Gender Dysphoria Association's the standards of care for gender identity disorders (6th Version). ***International Journal of Transgenderism, 5***(1). Retrieved from http://www.wpath.org/publications standards.cfm

Meyers, J. E., & Sweeney, T. J. (2005). ***Counseling for wellness: Theory, research, and practice.*** Alexandria, VA: American Counseling Association.

National Center on Transgender Equality. (2008). ENDA by the numbers. Retrieved from http://www.nctequality.org/Issues/employment.html

Nemoto, T., Operario, D., Keatley, J., Han, L., & Soma, T. (2004). HIV risk behaviors among male-to-female transgender persons of color in San Francisco. ***American Journal of Public Health, 94,*** 1193-1199.

Newman, L. K. (2002). Sex, gender and culture: Issues in the definition, assessment and treatment of gender identity disorder. ***Clinical Child Psychology & Psychiatry, 7,*** 352-359.

O'Neil, M. E., McWhirter, E. H., & Cerezo, A. (2008). Transgender identities and gender variance in vocational psychology: Recommendations for practice, social advocacy, and research. ***Journal of Career Development, 34***(3), 286-308.

Pickering, D. L. (2005). Counselor self-efficacy with transgendered clients: Implications for training. ***Dissertation Abstracts International,*** DAI-A 66/10, 3577.

Sanchez, F. J., & Vilain, E. (2009). Collective self-esteem as a coping resource for male-to-female transsexuals. ***Journal of Counseling Psychology, 56***(1), 202-209.

Sausa, L. A. (2005). Translating research into practice: Trans youth recommendations for improving school systems. ***Journal of Gay and Lesbian Issues in Education, 3***(1), 15-28.

Schram, T. H. (2006). ***Conceptualizing and proposing qualitative research.*** Columbus, OH: Person.

Sell, R. L., & Dunn, P. M. (2008). Inclusion of lesbian, gay, bisexual and transgender people in tobacco use-related surveillance and epidemiological research. ***Journal of LGBT Health Research, 4***(1), 27-42.

Singh, A. A., Hays, D. G., & Watson, L. (in press). Strategies in the face of adversity: Resilience strategies of transgender individuals. ***Journal of Counseling and Development.***

Singh, A. A., & McKleroy, V. S. (in press). "Just getting out of bed is a revolutionary act": The resilience of transgender people of color who have survived traumatic life events. ***International Journal of Traumatology.***

Sue, D. W., Arredondo, P., & McDavis, R. J. (1992). Multicultural counseling competencies and standards: A call to the profession. *Journal of Counseling &Development, 70,* 477-486.

Sue, D. W., & Sue, D. (2008). *Counseling the culturally different: Theory and practice* (5th ed.). New York, NY: Wiley.

Suppe, F. (1984). Classifying sexual disorders: The Diagnostic and Statistical Manual of the American Psychiatric Association. *Journal of Homosexuality, 9,* 9-28.

Vanderburgh, R. (2009). Appropriate therapeutic care for families with pre-pubescent transgender/gender-dissonant children. *Child & Adolescent Social Work Journal, 26,* 135-154.

White, C. H., & Goldberg, J. M. (2006). Social and medical transgender case advocacy. *International Journal of Transgenderism, 9*(3/4), 197-217.

Wiersma, W., & Jurs, S. G. (2009). *Research methods in education.* Boston, MA: Pearson.

Worell, J., & Remer, P. (2003). *Feminist perspectives in therapy: Empowering diverse women.* New York, NY: Wiley.

Yalom, I. D., & Leszcz, M. (2005). *The theory and practice of group psychotherapy* (5th ed.). New York, NY: Basic Books.

Yuksel, S., Kulaksizoglu, B., T'urksoy, N., & Sahin, D. M. (2000). Group psychotherapy with female-to-male transsexuals in Turkey. *Archives of Sexual Behavior, 29,* 279-290.

추가자료 A

이 가이드라인의 저자들은 트랜스젠더 당사자들과 사용하기 위한 가장 제약이 적고 확장되고 있는 몇몇 용어로서 다음을 권고한다. 이는 람다 리갈(Lambda Legal, 2008)의 간행물 『틀을 구부리기: 트랜스젠더 청소년을 위한 행동 키트』에서 발췌한 것으로, 람다 리갈의 허가를 받아 게재하였다.

- 성(sex)/성특징(sex characteristics): 개인을 여성 또는 남성으로 분류하는 데 사용되는 염색체, 호르몬 및 해부학적 특성들을 지칭하기 위해 역사적으로 그리고 의학계에서 사용하는 용어를 말한다.
- 계급차별/계급주의(classism): 부와 권력을 가진 사람들에게 이익이 되는 제도화된

관행들과 개인 행위들에 대한 체계를 뜻한다.

- **크로스드레서(crossdresser)**: 때때로 다른 성과 관련된 옷을 입지만 반드시 본인의 성을 바꾸고 싶어 하지는 않는 사람. 많은 크로스드레서는 이성애자로서 정체화하지만 어떤 성적 지향도 가질 수 있다.
- **드랙킹(drag king)/드랙퀸(drag queen)**: 다른 성별과 관련된 옷을 입는 공연자로서, 과장되고 전형적인 성별 특성들을 나타내는 경우가 종종 있다. 드랙퀸(드랙한 남성) 또는 드랙킹(드랙한 여성)에 의한 성별의 수행은 예술, 엔터테인먼트 및/또는 패러디일 수 있다.
- **FTM(female to male), 트랜스젠더 남성**: 출생 시 여성으로 지정되었지만 남성으로 정체화하는 사람을 뜻하는 용어를 말한다.
- **성별/젠더(gender)**: 개인을 여성적 · 남성적 · 중성적(androgynous) 또는 다른 것으로 분류하는 사회적 · 심리적 · 정서적 특성들의 집합을 말하며, 이는 보통 사회의 기대에 영향을 받는다.
- **성별 이분법(gender binary)**: 모든 사람이 남성 혹은 여성의 두 성별 중 하나여야 한다는 개념을 뜻한다.
- **성별 표현(gender expression)**: 의복, 머리 스타일, 독특한 버릇 및 다른 특성들을 통해 내면의 성별 정체성이 외형적으로 나타난 것을 뜻한다.
- **성별 정체성(gender identity)**: 남성, 여성, 둘 다 또는 둘 다가 아닌 것에 대한 내적 감각을 뜻하며, 성별 정체성은 일반적으로 당사자의 성특징과 일치하지만, 때로는 일치하지 않는다.
- **성별 불쾌감/성별 위화감/젠더 디스포리아(gender dysphoria)**: 출생 시 지정된 성과 그에 따른 성역할 기대가 부적절하다는 의식에서 비롯되는 극심하고 지속적인 불쾌감을 뜻한다. 어떤 사람들은 이를 미국정신의학회(American Psychiatric Association)가 인정한 건강 상태인 성주체성장애의 증상이라고 여긴다. 많은 트랜스젠더는 성별 불쾌감을 경험하지 않는다.[6)]
- **젠더퀴어(genderqueer)**: 트랜스젠더로 정체화하거나 정체화하지 않을 수 있지만, 이분법적 남성/여성 성별체계를 넘은 연속체상의 어딘가로 자신들의 성별을 정체

---

6) 역자 주: '성주체성장애'는 DSM-IV-TR까지 존재했으나, DSM-5에서는 '성별 불쾌감'으로 개정되었다. 또한 ICD-11에서는 성적 건강 관련 상태의 하위인 '성별 불일치'로 재분류되었다.

화하는 일부 사람이 사용하는 용어를 말한다.

- **성별 비순응적/젠더 비순응적(gender-nonconforming)**: 주로 복장이나 신체적 외모를 통해, 여성 또는 남성의 성별에 대한 사회적 고정관념들과 일치하지 않는 방식으로 행동하는 것을 뜻한다.
- **성역할/성별 역할(gender role)**: 출생 시 지정된 성에 기반하여 개인이 어떻게 행동하고, 생각하고, 느껴야 하는지, 그 방식에 대한 사회적 기대를 뜻한다.
- **트랜지션/성별 전환(gender transition)**: 한 성별에서 다른 성별로 트랜지션하는 사회적 · 심리적 · 의학적 과정을 뜻한다. 트랜지션은 개별화된 과정이며, 모든 사람에게 동일한 단계들을 수반하지 않는다. 트랜지션 후, 일부 사람은 단순하게 남자 또는 여자로 정체화한다.[7]
- **호르몬 치료(hormone therapy)**: 다른 성별의 특성을 발달시키거나 원치 않는 성별 특성의 발달을 막기 위해 호르몬 및 호르몬제를 투여하는 치료를 말한다. 호르몬 치료는 많은 사람에게 트랜지션의 한 부분이며, 보건의료 전문가가 처방하고 모니터링할 때 가장 안전하다.
- **MTF(male to female), 트랜스젠더 여성**: 출생 시 남성으로 지정되었지만 여성으로 정체화하는 사람을 뜻하는 용어를 말한다.
- **억압(oppression)**: 편견과 권력의 조합에 의해 사회의 특정 집단이 다른 집단을 지배하는 행위와 그 영향을 뜻한다. 억압의 체계로는 인종차별, 성차별, 동성애혐오 그리고 트랜스젠더혐오를 포함한다.
- **수술 후(post-op), 수술 전(pre-op), 비수술(non-op)**: 트랜스젠더의 수술 상태를 확인하는 데 사용되는 용어를 말한다. 이러한 용어의 사용은 보통 모욕적이고 공격적인 것으로 간주된다. 수술 상태는 트랜스젠더의 의료서비스 제공자를 제외한 다른 사람들과는 관련이 거의 없는 정보이다.
- **특권(privilege)**: 지배적인 집단은 갖지만 다른 집단은 갖지 못하는 사회적 · 제도적 이점을 뜻한다. 특권은 보통 가진 자에게는 보이지 않는다.
- **인종차별/인종차별주의(racism)**: 유색인보다 백인에게 이익이 되는 제도화된 관행들과 개인 행위들에 대한 체계를 뜻한다.

---

7) 역자 주: 몇몇 트랜스젠더 공동체에선 트랜지션을 한 성별에서 출발해 다른 성별을 향해 바뀌어 가는 과정이 아닌, 자기 자신의 성별을 찾아가는 주체적인 과정으로서 개념화한다.

- **성 재지정 수술/성전환 수술**(sex reassignment surgery: SRS): 한 성별에서 다른 성별로 트랜지션하는 과정에 포함된 다양한 수술 중 하나를 뜻한다. 많은 트랜스젠더는 건강이나 경제적 이유로 또는 자신들에게 의학적으로 필요하지 않기 때문에 SRS를 받지 않을 것이다.
- **성차별/성차별주의**(sexism): 여성보다 남성에게 이익이 되는 제도화된 관행들과 개인 행위들에 대한 체계를 뜻한다.
- **트랜스젠더**(transgender) 또는 **트랜스**(trans): 젠더퀴어, 성별 비순응적인 사람들, 트랜스섹슈얼, 크로스드레서 등 사회적 성별 규범들에 도전하는 사람들을 설명하기 위해 포괄하는 상위어를 말한다. 자신을 트랜스젠더로서 정체화한 이들만이 자신들을 설명하기 위해 이 용어를 적절하게 사용할 수 있다.
- **트랜스젠더혐오/트랜스혐오/트랜스포비아**(transphobia): 성별 고정관념들에 도전하는 사람들에 대한 비합리적인 두려움으로, 보통 차별, 괴롭힘 및 폭력으로 표현된다.
- **트랜스섹슈얼/성전환자**(transsexual): 자신에게 지정된 성이 부적절하다는 의식으로 인해 자신의 신체와 자기상에 대한 극심하고 지속적이며 장기적인 불쾌감을 경험하는 사람을 뜻한다. 트랜스섹슈얼들은 이들의 성별 정체성과 일치시키기 위해 자신들의 신체, 성역할 및 성별 표현을 바꾸는 단계들을 밟을 수 있다.

추가자료 B

검토자들 및 관련 단체들 목록을 제시한다.

- 로리 M. 디키(Lore M. Dickey), MA: 노스다코타 대학교(University of North Dakota) 상담심리학 박사과정에 있다.
- 다라 호프먼(Dara Hoffman), MA, LPC: 개인상담소를 운영하는 상담자이다.
- 조앤 키틀리(Joanne Keatley), PhD: 캘리포니아 대학교 샌프란시스코 캠퍼스(University of California, San Francisco)에 있는 트랜스젠더 HIV 예방증진센터(Center for Excellence of Transgender HIV Prevention)의 임원이다.
- 알린 레브(Arlene Lev), LCSW: 사회복지사이자 『트랜스젠더의 부상(Transgender

Emergence)』의 저자이다.

- 벨 S. 매클리로이(Vel S. Mckleroy), MPH: 미국 질병통제예방센터(Centers for Disease Control and Prevention)의 행동과학자이자 트랜스젠더 작업집단(Transgender Working Group)의 리더이다.
- 제시 맥널티(Jesse Mcnulty), MS: 특수학교 교사, 여성주의 활동가이자 조지아 안전한 학교 연대(Georgia Safe Schools Coalition)의 회원이다.
- 스테이시 라이커저(Stacee Reicherzer), PhD, LPC: 상담자이자 월든 대학교의 상담 교육자이다.

편저자 소개

사리 H. 드워킨(Sari H. Dworkin), PhD, MFT

사리 H. 드워킨은 캘리포니아 주립대학교 프레즈노 캠퍼스(California State University, Fresno)의 명예교수이며, 결혼 및 가족 상담(Marriage and Family Therapy) 석사과정 프로그램에서 25년 동안 강의하였다. 최근에 그는 심리사(psychologist) 자격을 가지고 개인 상담소를 제한적으로 운영하고 있으며, 캘리포니아에 있는 산 루이스 오비스포의 지역사회 상담센터(Community Counseling Center)에서 자원봉사로 상담 및 수퍼비전을 하고 있다. 그는 자신의 긴 경력에 걸쳐 성소수자 이슈와 관련해 다수 집필하고 발표해 왔다. 또한 그는 미국심리학회(APA)와 미국상담학회(ACA) 모두에서 성소수자 이슈에 대한 옹호자로서 자신의 역할을 다해 왔다. 그는 미국심리학회(APA) 제44분과인 미국성소수자심리학회(Society for the Psychological Study of Lesbian, Gay, Bisexual, and Transgender Issues)[1]에서 회장을, 미국상담학회(ACA)의 미국성소수자상담학회(ALGBTIC)[2]에서 공동의장을, 미국심리학회(APA)의 미국성소수자위원회(Committee on Lesbian, Gay, Bisexual, and Transgender Concerns)에서 위원장을 거쳤다. 또한 그는 이러한 공로를 인정받아서 2009년에는 미국심리학회(APA)의 미국성소수자위원회에서 공로상(Outstanding Achievement Award)을 수상하였다. 또한 2007년에 그는 미국상담학회(ACA)의 미국성소수자상담학회(ALGBTIC)에서 첫 레거시 펠로(Legacy Fellow)로 선출되기도 하였다.

1) 역자 주: 2017년 11월에 미국심리학회(APA)의 제44분과 공식 명칭은 'Society for the Psychology of Sexual Orientation and Gender Diversity'로 변경되었다.

2) 역자 주: 2020년 4월에 공식 명칭은 'Society for Sexual, Affectional, Intersex, and Gender Expensive Identities(SAIGE)'로 변경되었다.

마크 포프(Mark Pope), EdD, NCC, MCC, MAC, ACS

마크 포프는 미주리 대학교 세인트루이스 캠퍼스(University of Missouri-Saint Louis)의 상담 및 가족 상담 분과(Division of Counseling and Family Therapy)의 교수이자 학장이다. 그는 6권의 책을 출간하고, 30개 이상의 교재 챕터를 집필하였으며, 40편 이상의 논문을 투고하였고, 100회 이상의 전문적 발표를 국제적인 수준부터 국가와 주의 수준까지 진행하였다. 포프 박사는 민족적·인종적 소수자와 성소수자와의 상담 및 진로 발달, 학교폭력, 상담에서 진로와 다문화 역량에 대한 교육, 심리검사, 상담에서의 국제적 이슈, 진로상담에서 공공정책 이슈의 역사 등 다양한 영역에서의 상담에 대해 폭넓게 집필해 왔다. 그는 이러한 그의 저작물들을 책으로 출간하거나, 학술대회에서 발표하고, 『성소수자 학술지(Journal of Homosexuality)』『레즈비언 및 게이 사회복지 학술지(Journal of Lesbian and Gay Social Services)』『미국상담학회지(Journal of Counseling & Development)』『미국진로발달학회지(The Career Development Quarterly)』『미국상담심리학회지(The Counseling Psychologist)』『가족상담 학술지(The Family Journal)』『미국다문화상담학회지(Journal of Multicultural Counseling and Development)』 그리고 『미국심리학회지(American Psychologist)』와 같은 학술지에 실어 왔다. 포프 박사는 미국상담학회(ACA), 진로발달학회(National Career Development Association), 미국상담학회(ACA)의 미국성소수자상담학회(ALGBTIC) 그리고 미국심리학회(APA)의 제44분과인 미국성소수자심리학회에서 회장을 거쳤다. 또한 그는 미국상담학회(ACA), 미국심리학회(APA), 진로발달학회, 미국심리학회(APA)의 제17분과인 미국상담심리학회(Society of Counseling Psychology), 제45분과인 미국문화민족인종심리학회(Society for the Psychological Study of Ethnic Minority Issues)[3] 그리고 제44분과인 미국성소수자심리학회에서 펠로로 선출되었다. 그는 『미국진로발달학회지(The Career Development Quarterly)』에서 편집위원장을 지냈으며, 다른 여러 학술지의 편집위원을 거쳤다. 샌프란시스코에서 미국 원주민 에이즈 심리서비스기관(Psychological Services for the American Indian AIDS Institute)과 미국 원주민 에이즈 프로젝트(Native American AIDS Project)의 총괄을 맡았으며, 북미 원주민, 아시아인 그리고 성소수자 문화에 대한 전문 지식을 갖고 있다.

3) 역자 주: 2013년 2월에 미국심리학회(APA)의 제45분과 공식 명칭은 'Society for the Psychological Study of Culture, Ethnicity and Race'로 변경되었다.

집필진 소개

시어도어 R. 번즈(Theodore R. Burnes), PhD

전문심리학 캘리포니아 대학 로스앤젤레스 캠퍼스(California School of Professional Psychology, Los Angeles)의 부교수이다. 성소수자들을 위하여 트라우마, 성별 정체성, 정신건강, 웰니스(wellness)에 관한 연구 프로젝트와 임상실무 수퍼비전을 하고 있다. 또한 성적 지향, 사회정의, 심리학 교습, 다문화적 상담, 트라우마를 주제로 한 25개 이상의 학술지 논문과 학술대회 발표문을 저술했다. 현재 미국심리학회(APA) 산하 제17분과인 수퍼비전 및 훈련의 위원장을 맡고 있다.

코니 캘러핸(Connie Callahan), PhD, 전문결혼 · 가족치료사(LMFT), 전문임상상담사(LPCC)

대학교 세 곳에서 심리학, 상담, 교육, 가족 연구에 대한 50가지 이상의 강의를 진행한 경력을 바탕으로 전문가들을 돕고 있다. 또한 복합적인 다문화적 배경을 지닌 주민들이 거주하는 뉴멕시코의 앨버커키에 위치한 남서부상담지원센터(Southwestern Counseling Services)를 운영하면서, 다양한 집단을 대상으로 한 연구와 현장 경험을 갖추게 되었다. 학교 안전, 다양한 집단, 고급 상담 기술, 변증법적 행동치료, 정신건강 분야 종사자들을 위한 적절한 치료 프로토콜, 재난 및 트라우마에 대한 위기 개입에 관해 저술하고 수많은 워크숍을 개최했다. 그와 그의 파트너이자 정신과 전문 간호사인 낸시(Nancy)는 19년간 함께 즐거운 생활을 보내고 있다.

에드워드 P. 캐넌(Edward P. Cannon), PhD, 전문상담사(LPC), 전문결혼 · 가족치료사(LMFT)

콜로라도 덴버 대학교(University of Colorado Denver)의 조교수로, 다문화적 상담, 젠더, 성적 지향에 관한 수업을 가르치고 있다. 현재 그의 연구 주제는 성소수자인 내담자들의 상담 경험이다. 그는 미국성소수자상담학회(ALGBTIC)의 전임이사이며, 이 학회로부터 2009 국민 봉사상을 수상하였다. 그는 성소수자와 관련된 사안들에 대해 여러 학술지 논문과 학술대회 발표문을 저술했다.

로리 A. 칼슨(Laurie A. Carlson), PhD

포트 콜린스에 있는 콜로라도 주립대학교(Colorado State University)에서 상담 · 경력 개발 프로그램(Counseling and Career Development Program)을 위한 부교수이면서 프로그램 담당자이다. 알칸소 대학교(University of Arkansas)에서 상담자 교육 박사학위를 받기 전에는 북부 미네소타에서 5년간 영어 교사로, 4년간 초 · 중 · 고등학교의 상담자로 근무했다. 성소수자 학생을 주제로 한 미국심리학회(APA) 산하 특별추진위원회(American Counseling Association Task Force for the National Summit on Sexual Minority Youth in the Schools)의 전임 공동의장이고, 현재는 미국심리학회(APA)의 건강한 성소수자 학생 프로젝트(Healthy Lesbian, Gay, and Bisexual Students Project)를 위한 훈련을 맡고 있다. 또한 주 차원의 안전한 학교를 위한 지역 내 레즈비언과 게이의 부모 · 가족 · 친구 위원회(Parents, Families, and Friends of Lesbians and Gays Committee for Safe Schools)에서 활동하고 있으며, 2년간 콜로라도 학교상담사학회(Colorado School Counselors Association)의 인권의장으로서 일했다.

아먼드 R. 서본(Armand R. Cerbone), PhD, ABPP

1978년부터 시카고에서 성소수자 개인 및 커플상담을 하고 있다. 미국심리학회(APA) 다섯 가지 분과위원회의 펠로이며, 미국심리전문위원회(American Board of Professional Psychology: ABPP) 임상심리학 자격증을 보유하고 있다. 미국심리학회(APA)의 『동성애자 및 양성애자인 내담자들과의 심리치료에 대한 가이드라인(Guidelines on Psychotherapy With LGB Clients)』을 공동 저술했으며, 미국심리학회(APA)의 '성적 지향 및 결혼에 관한 해결책(Resolution on Sexual Orientation and Marriage)'과 '성적 지향, 부모, 자녀에 관한 해결책(Resolution on Sexual Orientation, Parents and Children)'을 개발한 전문위원회의 의장을 맡은 바 있다. 또한 미국심리학회(APA) 이사회 전임위원이며 미국심리학회(APA) 산하 제44분과인 미국성소수자심리학회[1]와 일리노이 심리학회(Illinois Psychological Association)의 전 회장이다. 그리고 중서부에서 가장 큰 성소수자 보건 센터인 하워드 브라운 기념보건센터(Howard Brown Memorial Health Center)의 행동 건강(Behavioral Health) 전임 센터장이다. 2001년에는 레즈비언, 게이, 양성애자 심리학에 관해 처음으로 열린 국제적인 콘퍼런스의 공동의장이었다. 임상 심리학의 다양성 증진을 위한 특별한 기여에 수여하는 스탠리 수 상(Stanley Sue Award)을 포함하여, 심리학에 대한 공헌을 인정받아 많은 상을 받았다. 또한 시카고시 게이 및 레즈비언 명예의 전당(City of Chicago Gay and Lesbian Hall of Fame)의 회원이기도 하다.

---

1) 역자 주: 2017년에 '성적 지향 및 젠더 다양성 심리학회(Society for the Psychology of Sexual Orientation and Gender Diversity)'로 명칭이 바뀌었다.

스튜어트 F. 첸-헤이즈(Stuart F. Chen-Hayes), PhD, 국가공인상담사(NCC)

뉴욕 시립대학교 리먼 컬리지(Lehman College of the City University of New York)의 상담, 리더십, 교양, 특수교육 부서의 교육/학교 상담 프로그램 담당자이자 부교수이다. 대만의 창화에 있는 창화 국립교육대학교(National Changhwa University of Education)의 상담학과 초빙 교수였다. 그리고 대만 및 미국에서 가족과 함께 성소수자와 반억압(antioppression) 이슈에 대한 강의를 정기적으로 열고 있다. 사회정의를 위한 상담자들(Counselors for Social Justice)이라는 단체를 공동 설립했으며, 이 단체와 북대서양 지역 상담자 교육 및 수퍼비전 학회(North Atlantic Region Association for Counselor Education and Supervision)의 전임회장이다. 그리고 40개 이상의 상담 관련 학술지 논문을, 200개 이상의 전문 상담 및 사회정의 교육 워크숍에 관한 학술대회 발표를 진행하였다. 2010년에는 최초로 개최된 국제적인 성소수자 학교상담사 및 교육자 학회를 공동 창립했다. 『미국성소수자상담학회지(Journal of LGBT Issues in Counseling)』『국제 상담자 교육 학술지(Journal of International Counselor Education)』『상담자 준비 및 수퍼비전 학술지(Journal of Counselor Preparation and Supervision)』의 편집위원회 위원으로 활동하고 있다.

크리스틴 육심천(Kirstyn Yuk Sim Chun), PsyD

2003년에 펜실베이니아 인디애나 대학교(Indiana University of Pennsylvania)에서 임상심리학 박사학위를 받았다. 롱비치의 캘리포니아 주립대학교(California State University) 상담심리지원센터(Counseling and Psychological Services)의 부교수이자 자격증을 보유한 임상심리학자로, 미국심리학회(APA) 공인 박사전 인턴십 트레이닝 프로그램의 수퍼비전을 진행하고 있다. 캘리포니아 주립대학교에서 그는 성소수자특별위원회(Lesbian, Gay, Bisexual, and Transgender Task Force)의 의장이며, 여성의 지위 의장위원회(President's Commission on the Status of Women)의 전임의장이다. 미국심리학회(APA) 산하 제44분과인 성소수자 이슈에 관한 심리학연구학회(Society for the Psychological Study of Lesbian, Gay, Bisexual, and Transgender Issues)의 인종적 및 민족적 다양성위원회(Committee on Racial and Ethnic Diversity) 공동의장으로 활동하던 시기에 이 위원회는 아시아계 미국인 심리학회(Asian American Psychological Association)로부터 대통령상(President's Award)을 받았다. 현재 전국다문화학회 및 정상회담(National Multicultural Conference and Summit)의 2013 미국심리학회(APA) 산하 제44분과인 미국성소수자심리학회의 대표이다. 상호 교차적인 인종적 · 성적 및 다른 주변화된 정체성들에 관해 저술하고 발표하고 있다. 임상, 연구, 옹호의 관심 분야로는 성소수자 적극적 옹호 상담, 양성애, 다문화적 및 사회정의 문제, 여성 문제, 임상 수퍼비전 및 훈련, 집단상담, 아웃리치(outreach), 자문이 있다.

콜린 M. 코널리(Colleen M. Connolly), PhD, 전문상담사-수퍼바이저(LPC-S)

산 마르코스의 텍사스 주립대학교(Texas State University) 전문상담 프로그램(Professional Counseling Program)의 부교수이자 결혼 · 커플 · 가족 중심 센터(Marital, Couple, and Family Emphasis)의 프로그램 담당자이다. 성소수자와 관련된 영역에 주력해 왔는데, 수많은 학술지 편집위원회에서 활동하였고 주립 분과를 공동 설립했으며, 2004년부터 2005년까지는 미국성소수자상담학회(ALGBTIC)의 전임회장으로 일하였다. 연구 및 저술 영역은 대개 임상적인 문제, 대안적 가족(created family), 강점, 회복탄력성, 스트레스 요인, 의사소통 능력을 포함한 레즈비언 및 게이 커플과 관련된 이슈들이다.

셜리 코넷(Shirley Cornett), PhD, 전문임상상담사(LPCC)

뉴멕시코에서 매우 다양한 내담자를 대상으로 상담하며 클리닉을 운영해 오고 있다. 아프리카계 미국인 상담자로서의 상담 경력을 기반으로, 가족에 관한 독특한 관점과 내담자와 가족의 문제를 해결하기 위한 포괄적이고 다양한 기술을 보유하고 있다. 그의 다양성 연구는 유명한 지도자들의 다양성 및 리더십의 특징을 분석하는 것에 중점을 두고 있다.

폴 A. 대티(Paul A. Datti), PhD, 재활상담사(CRC), 인적지원협회 실무자(HS-BCP)

스크랜튼 대학교(University of Scranton)의 조교수로서 학부의 상담 · 인적지원 프로그램(Counseling and Human Services Program)을 관리하고 있다. 성소수자 이슈 및 상담 실천에 관한 연구물을 저술했으며 이와 관련된 주제로 여러 국가, 지역, 주, 지방에서 강연을 해 오고 있다. 상담을 통해 성소수자들을 돕는 것뿐만 아니라 대학원 및 학부에서 성소수자 내담자들을 상담하기에 대한 강의 과정을 개설했으며, 성소수자와 관련된 많은 지원 활동을 활발히 하고 있다. 현재 펜실베이니아 성소수자상담학회(Pennsylvania Association for Lesbian, Gay, Bisexual, and Transgender Issues in Counseling)의 회장이기도 하다.

브라이언 J. 듀(Brian J. Dew), PhD, 전문상담사(LPC)

조지아 주립대학교(Georgia State University)의 상담 및 심리적 지원 분과(Department of Counseling and Psychological Services) 소속 부교수이자 회장을 맡고 있다. 중독적인 행동에 대한 연구로 중독 및 가해자 상담학회로부터 2007 뛰어난 중독 및 가해자 전문인상(Outstanding Addictions and Offender Professional Award)뿐만 아니라, 조지아 주립대학교의 교육 분과로부터 2007 뛰어난 교수 연구상(Outstanding Faculty Research Award)을 수상했다. 미국성소수자상담학회(ALGBTIC)의 회장, 대서양 지역 메스 특별위원회(Atlanta Meth Task Force) 이사, 이전에는 성 중독 · 강박에 관한 전국의회(National Council on Sexual Addiction and Compulsivity)였던 성적건강증진학회(Society for the Advancement of Sexual Health)의 이사를 포함한 여러 전문적 지도자 역할을 수행하고 있다.

수잔 M. 더거(Suzanne M. Dugger), EdD, 전문상담사(LPC)

이스턴 미시간 대학교(Eastern Michigan University)의 리더십 및 상담 분과(Department of Leadership and Counseling) 소속 교수이자 교내 상담 프로그램 담당자이다. 동부 미시간 대학교의 교수진에 합류하기 전에는 하버드 대학교(Harvard University)에서 심리학 학사학위를, 센트럴 미시간 대학교(Central Michigan University)에서 상담학 석사학위를, 웨스턴 미시간 대학교(Western Michigan University)에서 상담심리학 박사학위를 받았다. 그의 상담 경력에는 초등학교 상담사 5년, 대학 상담센터 3년, 사설 상담센터에서의 파트타임직 8년이 있다. 오랜 시간 청소년 성소수자의 요구를 지지해 왔는데, 미국심리학회(APA)의 건강한 성소수자 학생 프로젝트를 위한 트레이너, 미국심리학회(APA) 및 미시간 학교상담사학회(Michigan School Counselor Association)의 인권위원회 위원장, 성소수자 학생을 주제로 한 미국상담학회(ACA) 산하 특별추진위원회의 공동회장을 맡아 왔다. 초등학교부터 고등학교에 이르는 다양한 청소년 성소수자의 요구와 관련된 연구 및 지원에 관한 공헌으로, 2002년에 미시간 상담학회(Michigan Counseling Association)의 인권상을 받았다.

랜들 D. 어바(Randall D. Ehrbar), PsyD

트랜스젠더인 내담자들을 대상으로 한 상담을 전문으로 하는 임상심리학자이다. 2010년에 연구 업적으로 인해 미국심리학회(APA)의 펠로로 선정되었는데, 그가 알기로는 미국심리학회(APA)에서 최초로 트랜스젠더로 커밍아웃한 펠로이다. 그는 전문적 저술 및 지원을 통해서 그리고 내담자와의 상담 과정을 통해 트랜스젠더 문제 영역에 기여했다. 미네소타 대학교(University of Minnesota)의 인간 섹슈얼리티 프로그램(Program in Human Sexuality)에서 2년간 박사후 펠로십 과정을 통해 트랜스젠더인 내담자들과의 상담 경험 및 훈련을 집중적으로 받았다. 그 후 샌프란시스코에 위치한 성소수자 공동체 정신건강센터인 우리 공동체를 위한 새출발 지원센터(New Leaf Services for Our Community)에서 수년간 근무하였다. 현재 콜로라도 대학교(University of Colorado) 상담심리지원센터(Counseling and Psychological Services)에서 근무하고 있다.

베스 A. 파이어스타인(Beth A. Firestein), PhD

콜로라도의 러브랜드에 있는 사설 상담소에서 자격증을 갖춘 심리학자로 근무하고 있다. 그는 25년간 심리학자로 일하고 있다. 성소수자 또는 대안적 섹슈얼리티나 생활방식을 지닌 사람들을 대상으로 한 상담을 전문으로 하고 있다. 또한 『양성애: 보이지 않는 소수자의 심리학 및 정치학(Bisexuality: The Psychology and Politics of an Invisible Minority)』(Sage, 1996), 『가시화하기: 생애과정적 관점에서 양성애자 상담하기(Becoming Visible: Counseling Bisexuals Across the Life Span)』(Columbia University Press, 2007)라는 심리학 분야 소속 연구자 및 박사들이 양성애에 대해 저술한 두 책의 편집자이기도 하다.

S. 르노어 길램(S. Lenoir Gillam), PhD, 전문상담사(LPC), 국가공인상담사(NCC)

조지아 콜럼버스에 위치한 콜럼버스 주립대학교(Columbus State University)의 상담・기초・리더십(Counseling, Foundations, and Leadership) 분과 교수이다. 그는 조지아 대학교(University of Georgia)에서 상담심리학 박사학위를 받았으며, 학교, 지역사회, 대학 세팅에서 근무했다. 또한 조지아에서 전문상담사 자격증과 심리학자 자격증을 보유하고 있는 국가공인상담사이다. 그리고 미국상담학회(ACA) 산하 분과 중 하나인 집단상담 전문가학회(Association for Specialists in Group Work)의 펠로이자 전임회장이다. 연구 주제 및 관심사는 집단상담, 수퍼비전 및 훈련, 다문화적 문제, 학교상담이다.

테리 S. 곡(Terry S. Gock), PhD, MPA

임상・범죄심리학자이다. 캘리포니아 로스앤젤레스 카운티에 위치한 아시아계 태평양 출신 가족을 위한 태평양임상센터(Pacific Clinics Asian Pacific Family Center)의 관장이자 사설 상담소에서 파트타임으로 근무하고 있다. 전국 곳곳에 있는 30개 이상의 정부 및 비영리 기관에서 다문화적 역량 훈련, 전략적 계획, 조직적 발전, 프로그램 계획을 위한 조직 컨설턴트로 일한 경력을 지니고 있다. 또한 미국심리학회(APA) 제44분과의 전임회장이며, 미국심리학회(APA) 및 아시아계 미국인 심리학회(Asian American Psychological Association)의 펠로이다. 그는 심리학에서의 '다문화주의에 대한 평생의 헌신'을 인정받아 2011년 미국심리학회(APA)로부터 대통령 표창을 수상했다.

더글러스 C. 홀드먼(Douglas C. Haldeman), PhD

27년간 시애틀의 사설 상담소에서 상담심리학자로 일하고 있다. 또한 워싱턴 대학교(University of Washington) 심리학부 임상 교수이자 연방항공국(Federal Aviation Administration)의 평가자이다. 윤리 문제, 사회적 약자 집단을 위한 상담 가이드라인, 레즈비언, 게이, 양성애자와 가족에 관한 효과적 개입에 대한 책들을 저술했다. 학술 업적과 관련하여 여러 상을 받았는데, 그중에는 2005년에 미국심리학회(APA) 대통령 표창상, 2007년에 상담심리학위원회(Society of Counseling Psychology)로부터 받은 존 D. 블랙상(John D. Black Award)이 있다. 그는 미국심리학회(APA)에서 많은 중요한 역할도 맡았다. 그 예로 2006년부터 2008년 사이에는 이사회의 이사를 맡았다. 현재 공익을 위한 심리학발전위원회(Board for the Advancement of Psychology in the Public Interest) 의장이자 미국심리학회 보험신탁위원회(Boards of the American Psychological Association Insurance Trust) 및 심리학발전학회(Association for the Advancement of Psychology)의 이사이다.

폴 F. 하드(Paul F. Hard), PhD, 전문상담사(LPC), 전문수퍼바이저(CS), 국가공인상담사(NCC)

앨라배마의 몽고메리 오번 대학교(Auburn University Montgomery)의 상담, 리더십, 특수

교육 분과(Department of Counselor, Leadership, and Special Education) 조교수이다. 앨라배마 대학교(University of Alabama)에서 상담 교육 및 수퍼비전으로 박사학위를 받았으며, 그 후 지역사회 및 대학 세팅에서 근무하였다. 또한 앨라배마에서 전문상담사 자격증을 보유한 상담사들을 수퍼비전할 수 있는 국가공인상담사이다. 그는 미국상담학회 남부 지부(Southern Region of the American Counseling Association)의 전임회장이자 앨라배마 상담학회(Alabama Counseling Association)의 전임회장이다. 현재 앨라배마 상담지도자위원회(Alabama Board of Examiners in Counseling)에서 일하고 있다. 또한 20년의 목회 경력뿐만 아니라 13년의 지역사회 정신건강 업무 경력을 보유하고 있다. 연구 관심 분야는 윤리, 최상의 상담 접근법(best practice issues), 수퍼비전 및 훈련, 다문화적 문제, 상담 내 성소수자 이슈, 복합 애도, 상담 내 영성이다.

데이비드 W. 하트(David W. Hart), MS

미주리 대학교 세인트루이스 캠퍼스의 박사과정에 있으며 연구 보조로 일하고 있다. 또한 사우스웨스턴 일리노이 대학(Southwestern Illinois College)의 겸임교수이다. 그리고 캘리포니아 주립대학교에서 상담학 석사학위를 받았으며, 상담자로서의 잠재력을 인정받아 교수상(Faculty Award)을 수상했다. 커리어의 최초 7년간은 오렌지 카운티의 게이 및 레즈비언 지원센터(Gay and Lesbian Services Center of Orange County)에서 정신건강상담사이자 HIV 예방 지원 프로그램 관리자로서 근무했다. 연구 관심 분야는 영성 및 전문 상담의 임상적 통합, 게이 정체성 발달, 나이 든 성인 내담자 상담이다. 임상적 실천 및 학문적 연구를 통한 사회정의 기여에 열정을 지니고 있으며 미국상담학회(ACA) 및 사회정의를 위한 상담자들의 회원이기도 하다.

A. 마이클 허친스(A. Michael Hutchins), PhD

애리조나 투손에 위치한 사설 상담소에서 자격증을 보유한 전문상담사로 일하고 있다. 주로 개인상담 및 아동기 학대 및 트라우마 경험을 지닌 남성들을 대상으로 경험주의적 집단상담을 진행하며, 경력 내내 인권 및 사회정의를 위해 활발히 노력해 왔다. 또한 사회정의를 위한 상담자들의 설립 회장이자, 집단상담 전문가학회의 전임회장이자 연구원이다. 그는 미국성소수자상담학회(ALGBTIC)의 초기 공동의장으로서, 옹호 활동으로 미국상담학회(ACA)로부터 키티 콜 상(Kitty Cole Award)을 수상했다. 투손에 있는 성소수자 지역사회 기관인 윙스팬(Wingspan) 위원회에서 활동하고 있으며, 투손시 성소수자자문위원회(City of Tucson's Gay, Lesbian, Bisexual and Transgender Advisory Commission)의 시장, 시의원으로도 활동했다. 미국상담학회 옹호 유능감 가이드라인(ACA Advocacy Competencies)을 기반으로 애리조나에서 증대되는 불안과 억압에 맞서기 위한 옹호에 힘을 쓰고 있다. 그는 열렬한 자전거 이용자이기도 한데, 투손에서 사막의 열기가 도로를 달구기 전인 이른 아침부터 자전거를 타고 다니곤 한다.

수전 캐슈벡-웨스트(Susan Kashubeck-West), PhD

오하이오 주립대학교(Ohio State University)에서 1989년에 상담심리학 박사학위를 받았다. 전문 심리학자로서 1989년부터 1993년까지는 드레이크 대학교(Drake University)에, 1993년부터 2001년까지는 텍사스 공과대학교(Texas Tech University)에 있었으며, 2001년부터 현재까지는 미주리 대학교 세인트루이스 캠퍼스의 교수로 일하고 있다. 연구 관심사는 성소수자 관련 이슈들 중 특히 내면화된 비이성애차별주의와 미묘한 차별 경험이다. 그리고 다문화적 상담과 성소수자 상담에 관한 강의를 가르치고 있다. 미국심리학회(APA)의「레즈비언, 게이, 양성애자 내담자와의 심리상담 가이드라인(Guidelines for Psychological Practice With Lesbian, Gay, and Bisexual Clients)」을 개정하는 특별전문위원회의 위원이다. 그와 그의 파트너는 10주년을 기념하여 맞이한 아들과 함께 살고 있다.

더글러스 키멀(Douglas Kimmel), PhD

뉴욕 시립대학교 시립 전문대학(City College, City University of New York)의 심리학부(Department of Psychology) 소속 명예교수이자 메인의 핸콕에서 개인적으로 상담을 하고 있다. 1977년에 게이 심리학자학회(Association of Gay Psychologists)의 의장이었으며, 1987년부터 1988년까지는 미국심리학회(APA) 산하 제44분과인 동성애자 및 양성애자 심리학회(Society for the Psychological Study of Lesbian, Gay, and Bisexual Issues)의 회장이었고, 1981년부터 1983년까지는 미국심리학회(APA)의 동성애자 및 양성애자 문제위원회(Committee on Gay, Lesbian, and Bisexual Concerns)에서, 1984년부터 1986년까지는 사회적 · 윤리적 책임위원회(Board of Social and Ethical Responsibility)에서, 2006년부터 2008년까지는 공익을 위한 심리학응용위원회(Board for Applications of Psychology in the Public Interest)에서 고령화 문제에 초점을 맞추어 활동했다. 그가 저술한『성인기와 노화(Adulthood and Aging)』(Wiley, 1974, 1980, 1990)는 성적 지향 및 게이 남성과의 인터뷰를 다루고 있다.『레즈비언, 게이, 양성애자의 경험에 관한 심리학적 관점(Psychological Perspectives on Lesbian, Gay, and Bisexual Experiences)』(Columbia University Press, 1993, 2003)과『성소수자의 노화: 연구 및 임상적 관점(Lesbian, Gay, Bisexual, and Transgender Aging: Research and Clinical Perspectives)』(Columbia University Press, 2005)의 공동 편집자이다. 1977년에 뉴욕시에 위치한 GLBT 노인들을 위한 지원 · 지지단체(Services and Advocacy for GLBT Elders)인 SAGE를 공동 설립하였다. 그의 웹사이트는 www.tamarackplace.com/kimmel이다.

페기 로라(Peggy Lorah), DEd, 국가공인상담사(NCC), 전문상담사(LPC)

펜실베이니아 주립대학교(Pennsylvania State University) 여학생지원센터(Center for Women Students)의 소장이자 상담자 교육, 여성학 연구, 학생 지원 관련 연계 교수로 일하고 있다. 임상의로서 지역사회 정신건강, 약물 및 알코올, 가정폭력 관련 프로그램을 맡고 있다. 또한 동성애자, 양성애자를 위한 적극적 옹호 지원(affirmative services)에 관한 연구를 해 오고 있다. 펜실베이니아 성소수자상담학회(Pennsylvania Association for Lesbian, Gay, Bisexual, and Transgender Issues in Counseling)의 전 회장이기도 하다.

존 F. 마잘렉(John F. Marszalek), PhD, 전문상담사(LPC), 국가공인상담사(NCC)

월든 대학교에서 석사학위 과정의 정신건강 전공(Mental Health Counseling Program)의 담당자이자 핵심 교수진이다. 10년 넘게 상담자를 위한 교육자로서 근무했으며 이전에는 마이애미의 배리 대학교(Barry University)와 뉴올리언스의 제이비어 대학교(Xavier University)의 교수진으로 있었다. 15년 이상의 경력을 갖춘 상담자로서 포트 로더데일, 뉴올리언스, 미주리주의 콜럼버스에서 개인적으로 상담을 하고 있다. 연구 관심사는 게이, 레즈비언, 양성애자 정체성 발달 이론과 동성애자의 장기적인 관계 촉진 및 방해 요인이다.

코니 R. 매튜스(Connie R. Matthews), PhD, 국가공인상담사(NCC), 전문상담사(LPC)

유한책임 회사 '새로운 관점(New Perspectives)'의 관리자이다. 단체 및 조직이 성소수자인 구성원(constituents)과 협업 시 문화적 유능감을 발휘할 수 있도록 돕는 컨설팅 및 훈련을 진행하고 있다. 연구자이자 상담자 교육자로서, 동성애자 및 양성애자 내담자와의 적극적 옹호 상담(affirmative counseling)을 주로 하고 있다. 이전에는 물질 남용 및 가정폭력 분야에서 자원 활동 및 근무를 한 경험이 있다. 그는 『미국성소수자상담학회지(Journal of LGBT Issues in Counseling)』의 부편집자이며 펜실베이니아 상담학회(Pennsylvania Counseling Association)의 전 회장이자 미국상담학회 북대서양지부학회(American Counseling Association North Atlantic Region)의 전 회장이다.

론 매클레인(Ron McLean), PhD, 전문상담사(LPC), 정신건강상담사(LMHC)

뉴저지의 메투첸에 있는 매클레인 상담 · 훈련지원센터(McLean Counseling and Training Services)의 소장이다. 또한 프린세스 앤에 위치한 메릴랜드 이스턴 쇼어 대학교(University of Maryland Eastern Shore)의 대학상담센터 소장이기도 하다. 그는 세인트루이스 대학교(Saint Louis University)에서 상담자 교육 및 가족치료로 박사학위를 받았다. 그의 연구 및 상담 관심 분야는 성소수자, 다문화주의, 영성, 대학생 학업 유지, 상담자의 사업가적(entrepreneurial) 유능감이다. 그는 일하지 않을 때에는 그의 파트너와 네 자녀와 함께 즐거운 시간을 보내곤 한다.

마이클 J. 포토츠니악(Michael J. Potoczniak), PhD

마이애미 대학교(University of Miami)에서 박사학위 과정을 밟았으며 현재는 버클리의 캘리포니아 대학교(University of California) 학생건강지원센터(Student Health Services)의 면허증을 보유한 심리학자로서 근무하고 있다. 주된 상담 주제는 게이 남성의 건강, 트랜스젠더의 건강, 다중물질 의존, 외상 후 스트레스 장애, 주의력 결핍 과잉행동 장애, 양극성 스펙트럼 장애, HIV/AIDS 관련 문제, 동기강화상담, 진로 문제이다. 또한 뉴욕시의 맨해튼 컬리지(Manhattan College) 교육대학원의 겸임교수이면서 캘리포니아 버클리에서 개인적으로 상담을 하고 있다.

제프리 P. 프린스(Jeffrey P. Prince), PhD

버클리의 캘리포니아 대학교 상담심리지원센터(Director of Counseling and Psychological Services)의 소장이자, 국제상담지원학회(International Association of Counseling Services)의 전 회장이다. 심리학자, 교사, 훈련자로서 25년 이상 대학 상담 및 진로발달 영역을 연구했다. 미국심리학회(APA) 내의 수많은 편집 위원회에서 활동하고 여러 주요 직책을 맡았으며, 심리학 분야에서의 주요한 공헌을 인정받아 펠로로 선임되었다. 또한 대학생 상담, 성소수자 학생의 진로발달, 사회정의, 국제 학생 건강과 관련된 다양한 출판물의 저자이다.

아나 푸이그(Ana Puig), PhD, 국가공인상담사(NCC), 정신건강상담사(LMHC), 플로리다 전문수퍼바이저(FL)

플로리다 대학교(University of Florida) 사범대학 내 교수연구지원센터(Office of Educational Research)의 연구 부교수 및 연구 책임자이자 상담자 교육 전공의 연계 교수이다. 연구 관심사는 유방암 치료를 위한 대체 의학, 영성, 상담에서의 건강 문제, 신앙심, 학문적 성취, 다문화적 영성이다. 20년 이상의 임상 경험을 지니고 있으며 입원, 외래, 사설 상담 세팅에서 성소수자 개인 및 커플을 대상으로 상담을 해 오고 있다. 성소수자와의 상담 작업에서 고려해야 할 다문화적 및 영적인 지점들을 다루는 국내외의 성소수자 정체성 발달에 관한 강연을 진행하고 있다.

제인 E. 라이넥(Jane E. Rheineck), PhD, 임상전문상담사(LCPC), 국가공인상담사(NCC)

노던 일리노이 대학교(Northern Illinois University)의 조교수이다. 그의 연구 및 저술은 주로 여성, 레즈비언 및 게이 내담자와의 상담 함의에 관한 것이다. 일리노이에서 자격증을 보유한 임상 전문상담사로 일하고 있으며, 청소년 입원 환자 치료, 성인 외래상담, 학교 내 정신건강 상담을 포괄하는 광범위한 경험을 임상적 배경으로 지니고 있다.

케이트 리치몬드(Kate Richmond), PhD

멀랜버그 대학(Muhlenberg College) 심리학과 조교수이자 여성학부(Women's Studies Department)의 후원 회원(contributing member)이다. 가르치는 일과 함께 현재 트라우마 치료 및 젠더 관련 문제 영역을 전문화하여 개인적으로 상담을 활발히 진행하고 있다. 젠더, 트라우마, 페미니즘, 다문화적 및 국제적 심리학에 관한 20가지 이상의 학술지 논문과 학술대회 발표문을 저술하였다. 그는 뛰어난 교육자로서 두 번 수상의 영예를 안았다.

캐슬린 Y. 리터(Kathleen Y. Ritter), PhD, 결혼 · 가족치료사(MFT), 국가공인상담사(NCC), 공인임상정신건강상담사(CCMHC)

베이커스필드에 있는 캘리포니아 주립대학교의 상담심리학과 교수이다. 앤서니 I. 턴드럽(Anthony I. Terndrup)과 함께 『레즈비언 및 게이를 대상으로 한 적극적 옹호 심리치료 핸드북(Handbook of Affirmative Psychotherapy With Lesbians and Gay Men)』(Guilford Press, 2002)을 공동 저술했으며, 2003년에 미국심리학회(APA) 산하 제44분과로부터 '뛰어난 도서상(Distinguished Book Award)'을 수상했다. 그는 제44분과의 펠로이며 2008년에는 해당 분과로부터 '뛰어난 전문적 기여상'을 받았다. 그는 수년간 자주 성소수자 이슈와 관련된 주제로 저술하고 발표해 왔다.

캐서린 B. 롤런드(Catherine B. Roland), EdD, 전문상담사(LPC), 국가공인상담사(NCC)

몽클레어 주립대학교(Montclair State University)의 교수이며, 상담자 교육 박사과정 프로그램의 책임자이다. 연구 및 국가적 발표의 주제는 주로 젠더 문제, 트랜지션 과정에 있는 여성, 레즈비언 및 게이의 정신건강 문제, 중년 및 노인에 관한 것이다. 그는 25년간 성소수자 커플 및 개인, 트랜지션 과정에 있는 여성을 대상으로 한 상담을 전문화하여 개인적으로 상담 작업을 해 오고 있다. 성인상담에서의 발달적 접근을 전문적으로 다루는 『성인기(Adultspan)』라는 국가적 학술지의 편집을 맡고 있다.

글렌다 M. 러셀(Glenda M. Russell), PhD

볼더에 있는 콜로라도 대학교의 상담심리지원센터(Counseling and Psychological Services)와 사설 상담소에서 근무하고 있는 심리학자이다. 그는 반성소수자적인 정치의 심리적 영향, 내면화된 동성애혐오(homophobia), 외집단 액티비즘(outgroup activism)에 관한 연구를 하고 있다. 『낙선: 반동성애적인 정치의 심리학적 영향(Voted Out: The Psychological Consequences of AntiGay Politics)』을, 재니스 보헌(Janis Bohan)과 함께 『심리학 및 성적 지향에 관한 대화(Conversations About Psychology and Sexual Orientation)』를 저술하였다.

사무엘 사나브리아(Samuel Sanabria) PhD, 정신건강상담사(LMHC), 국가공인상담사(NCC)

플로리다의 윈터파크에 있는 롤린스 대학(Rollins College) 상담자 교육 전공 조교수이다. 연구 관심 분야는 상담에서의 윤리적 관행, 동성애 양육, 동성애에 편견을 지니고 있는 태도, 성소수자 이슈, 라틴계 문제(Latino concerns)이다. 그는 15년 이상의 성적 및 성별 정체성 관련 문제를 지닌 커플, 가족, 성인, 청소년을 상담한 경력을 갖추고 있다. 미국상담학회(ACA)의 활발한 위원이자 윤리강령위원회(Bylaws and Ethics Committees)에서도 활동하고 있다. 또한 미국상담학회(ACA)의 분과인 사회정의를 위한 상담자들과 다문화상담 · 발달학회(Association for Multicultural Counseling and Development)에 소속되어 있다. 현재는 미국성소수자상담학회

(ALGBTIC)의 이사이다.

헴라 D. 싱가라벨루(Hemla D. Singaravelu), PhD, 전문상담사(LPC), 국가공인진로상담사(NCCC)

세인트루이스 대학교 가족 상담 및 치료 학부(Department of Counseling and Family Therapy)의 부교수이다. 또한 석사과정 프로그램의 공동의장이자 책임자이다. 세인트루이스 대학교에서 가르치기 전에는 미주리 주립대학교(Missouri State University)의 조교수로 있었으며, 매사추세츠의 피치버그 주립대학교(Fitchburg State University)의 진로 · 멘토 프로그램 담당자(Coordinator of Career and Mentor Programs)를 맡았다. 카본데일에 있는 서던 일리노이 대학교(Southern Illinois University)에서 교육 심리/상담 교육으로 박사학위를 받았으며, 진로발달 및 다문화적/다양성 상담을 전문 영역으로 삼았다. 또한 게이 및 레즈비언을 포함한 다문화적 상담 영역 관련 문제, 다양한 집단의 진로발달, 국제 학생에 관해 출판하고 발표했다. 그리고 『상담 및 발달 학술지(Journal of Counseling & Development)』『진로발달 계간지(The Career Development Quarterly)』『미국성소수자상담학회지(Journal of LGBT Issues in Counseling)』의 편집위원으로서 활동하고 있다. 그는 말레이시아에서 태어나고 자랐다.

아넬리제 A. 싱(Anneliese A. Singh), PhD, 전문상담사(LPC), 국가공인상담사(NCC)

조지아 대학교의 상담 · 인적 발달지원 학부(Department of Counseling and Human Development Services) 조교수이다. 2007년에 조지아 대학교에서 상담심리학으로 박사학위를 받았다. 임상, 연구, 옹호 관심사는 성소수자 청소년, 아시아계 미국인/태평양 원주민 상담 및 심리, 다문화적 상담 및 사회정의 훈련, 유색인종 · 성소수자 · 이민자와 같이 역사적으로 주변화된 집단을 대상으로 한 질적 방법론, 여성주의 이론 및 상담, 트라우마 생존자를 위한 권력 강화(empowerment) 개입이다. 그는 미국성소수자상담학회(ALGBTIC)의 전 회장이다. 남부 아시아인 공동체 내의 아동 성폭력을 종식시키고 남부 아시아계 성소수자인 사람들의 가시성을 증진시키는 데 기여하여, 2007 라메쉬와 비자야 바크쉬 공동체 변화상(Ramesh and Vijaya Bakshi Community Change Award), 2008 사회정의를 위한 상담자들의 오하나 상(Counselors for Social Justice 'Ohana Award')을 수상했다.

미스티 A. 스토리(Misti A. Storie), MS

중독전문가학회 소속 알코올 · 약물남용 전국상담자학회(National Association of Alcohol and Drug Abuse Counselors: NAADAC)의 교육 및 훈련 전문가이다. NAADAC의 교육 프로그램을 위한 테크니컬 라이터(technical writer)로서, 2006년부터 2009년까지 미국 전역을 돌아다니며 '새로운 지평: 약물요법과 병행하는 통합적 동기강화상담 스타일, 전략, 기술(New Horizons: Integrating Motivational Styles, Strategies and Skills With Pharmacotherapy)' '약물요법: 상담 장면에서 새로운 수단으로 통합하기(Pharmacotherapy: Integrating New Tools Into Practice)'

'오피오이드 치료에서의 새로운 혁신: 부프레노르핀(New Innovations in Opioid Treatment: Buprenorphine)' '중독 전문가를 위한 약물 관리: 캠프럴 지원(Medication Management for Addiction Professionals: Campral Series)'을 주제로 한 교육 세미나뿐만 아니라 '공존장애 통합 치료: 모든 중독 상담자가 알아야 할 것에 대한 소개(Integrating Treatment for Co-Occurring Disorders: An Introduction to What Every Addiction Counselor Needs to Know)'에 대한 교육 프로그램을 열었다. 또한 『중독상담의 기초: 편람, 연구 가이드 10판(The Basics of Addiction Counseling: Desk Reference and Study Guide, 10th ed.)』의 주요 저자 및 편집자이며 중독 관련 문제에 대한 수많은 글을 NAADAC 뉴스에 기고했다. 그는 조지아 주립대학교에서 전문 상담으로 석사학위를, 아메리칸 대학교(American University)에서 정의, 법, 사회 전공으로 석사학위를 받았으며, 에머리 대학교(Emory University)에서 사회학 및 폭력 연구를 부전공으로 하였고 심리학으로 학사학위를 받았다.

앤서니 I. 턴드럽(Anthony I. Terndrup), PhD, MA, 전문상담사(LPC), 전문결혼 · 가족치료사(LMFT)

오리건주 코발리스의 미드-윌라멧 밸리에 있는 목회상담센터(Pastoral Counseling Center)의 전무이사로, 목회적 심리치료를 하며 목회상담자들을 훈련하는 업무를 맡고 있다. 케슬린 리터(Kathleen Ritter) 박사와 함께 『레즈비언 및 게이를 대상으로 하는 적극적 옹호 심리치료 핸드북(Handbook of Affirmative Psychotherapy With Lesbians and Gay Men)』이라는 훌륭한 책을 공동 저술하였을 뿐만 아니라, 북미 전역의 다양한 도시에서 레즈비언, 게이, 양성애자 내담자 상담에 관한 여러 학회를 위한 36가지 이상의 교육 워크숍을 주관하고 있다. 2009년에 포틀랜드 대학교-곤자가 대학교(University of Portland-Gonzaga University)의 북서부 가톨릭 대학원 신학센터(Northwest Center for Catholic Graduate Theology)에서 목회 사역 전공으로 박사학위를 받았다. 그는 미국목회상담자학회(Association of Pastoral Counselors)로부터 공인을 받은 펠로이다.

M. 캐럴린 토머스(M. Carolyn Thomas), PhD, 전문상담사(LPC), 전문수퍼바이저(CS), 전문결혼 · 가족치료사(LMFT), 사회복지사 자격증(LBSW)[2)]

몽고메리 오번 대학교 상담자 교육 전공의 교수이다. 집단상담전문가학회(Association for Specialists in Group Work: ASGW), 전국진로발달학회(National Career Development Association: NCDA)의 펠로이다. 또한 ASGW와 NCDA의 위원으로 활동하고 있다. 현재 미국심리학회(APA) 운영심의회의 ASGW 대표이기도 하다. 가정폭력 관련 연구로 새로운 관점상(Point of Light Award)을 받았다. 그의 저술 및 발표 관심사는 주로 노인, 가정폭력 피해자 집단, 초등학생 진로 발달에 초점을 맞추고 있다.

---

2) 역자 주: 사회복지사 자격증 중에 초급인 자격증으로, 사회복지석사학위(MSW)가 없는 사람들이 취득할 수 있는 자격증이다.

조이 S. 휘트먼(Joy S. Whitman), PhD, 임상전문상담사(LCPC)

드폴 대학교(DePaul University) 상담 프로그램의 교육학 부교수이다. 드폴 대학교에서 가르치는 일과 함께, 그는 미국상담학회(ACA) 운영심의회에서 미국성소수자상담학회(ALGBTIC)의 대표를 맡고 있고 해당 분과의 전 회장이다. 연구 관심사는 성소수자 이슈, 특히 LGBT 내담자를 위한 적극적으로 옹호하는 치료적 개입을 제공하기 위한 상담가 훈련이다. 경력 내내 이 문제에 대해 저술하고 발표해 왔다. 또한 레즈비언, 양성애자, 게이 내담자들을 위해 작게 개인적으로 상담을 진행하고 있다.

역자 소개

이은아(Lee, Eun A)

인디애나 대학교(Indiana University-Bloomington)에서 정신건강상담(Mental Health Counseling) 전공으로 석사학위를 받고, 서울대학교 교육학과에서 교육상담 전공으로 박사학위를 받았다. 2001년 뉴욕가족상담센터(Korean American Family Service Center in New York)에서 전임상담원을 시작으로, 한국정보화진흥원 인터넷중독상담센터 전임연구원, LG전자 가산 R&D연구소 심리상담실장, 한국가족상담센터/You&Me심리상담연구소 영어권 내담자의 상담자 등을 역임하였고, 현재 경일대학교 상담심리학과 부교수로 재직 중이다. 주요 저서로는 『청소년 상담학 개론』(2판, 공저, 학지사, 2020), 『재난대응 위기상담』(공저, 학지사, 2017), 『특수아상담』(공저, 학지사, 2016)이 있고, 주요 역서로는 『사랑받는 느낌: 의미있는 관계를 키우고 지속적인 행복을 만드는 과학』(공역, 하나의학사, 2018), 『안전기반치료: PTSD 및 물질남용에 대한 치료 매뉴얼』(하나의학사, 2017), 『건강심리학』(공역, 학지사, 2014) 등이 있다.

조영미(Cho, Young Mi)

중앙대학교 교육학과에서 교육상담 전공으로 박사학위를 받았다. 한국청소년상담복지개발원 선임상담원, 한국방송통신대학교 진로심리상담실 전임상담원을 역임하였으며, 현재 이화여자대학교 학생상담센터 특임교수로 재직 중이다. 주요 저 · 역서로는 『청소년 인터넷 중독의 이해와 상담』(공저, 학지사, 2011), 『대상사랑과 현실: 정신분석적 대상관계 이론 소개』(공역, 하나의학사, 2018), 『사랑받는 느낌: 의미있는 관계를 키우고 지속적인 행복을 만드는 과학』(공역, 하나의학사, 2018), 『임상실무자의 자기돌봄과 회복탄력성: 스트레스 및 공감피로 그리고 소진에 대한 대처』(공역, 학지사, 2021) 등이 있다.

박도담(Park, Do Dam)

이화여자대학교 심리학과에서 상담심리 전공으로 석사학위를 받았다. 한국여성상담센터 상담팀장을 역임하였으며, 현재 한국트라우마연구교육원의 책임상담원으로, 뜻밖의 상담소에서 협력상담사로 재직 중이다. 또한 성소수자와 함께하는 상담사 모임, 다다름에서 운영진으로 활동하고 있다. 주요 관심사는 페미니즘, 성소수자, 젠더 폭력, 트라우마이다.

윤은희(Yoon, Eunhui)

서울대학교 교육학과에서 교육상담 전공으로 석사학위를 받고, 플로리다 대학교(University of Florida)에서 상담 및 상담자 교육(Counseling & Counselor Education) 전공으로 박사학위를 받았다. 한국청소년상담원에서 상담직으로 재직하였고, 시애틀 퍼시픽 대학교(Seattle Pacific University)에서 조교수를 역임했으며, 현재 플로리다 주립대학교(Florida State University) 교육심리 및 학습체계학과(Department of Educational Psychology and Learning Systems)-상담자교육 전공에서 조교수로 재직 중이다. 성소수자 상담 및 옹호와 관련한 실무, 연구, 리더십 등을 인정받아 2017~2018년 미국성소수자상담학회의 차세대 리더(Emerging Leader)로 선발되어 활동한 바 있다. 2016년부터 현재까지 『미국성소수자상담학회지(JLGBTIC)』의 편집위원을 역임하고 있고, 2019년부터 2020년까지 학회 내부의 다양성을 증진하기 위해 학회장이 운영하는 전략기획 태스크포스(Strategic Planning Task Force)의 일원으로 활동하였다.

이성원(Yoon-Lee, SungWon)

서강대학교 일반대학원 심리학과에서 상담 및 임상심리 전공으로 석사학위를 받았다. 대학성소수자모임연대 QUV 초대의장, 비온뒤무지개재단 부설 별의별상담연구소 상근상담사, (사)한국상담심리학회 LGBT상담연구회 운영위원 등을 역임하였다. 현재 (주)상담사그룹서로오롯의 임원이자 상담공간 서로, 오롯의 대표상담사로 재직 중이며, 전환치료근절운동네트워크, 성소수자 대학원생/신진연구자 네트워크 등에서 성소수자 이슈 관련 상담사/연구자/활동가로서 다양한 활동을 기획하고 참여하고 있다.

성소수자와 그 가족을 위한 상담사례집

Casebook for Counseling Lesbian, Gay, Bisexual, and Transgender Persons and Their Families

2022년 1월 10일 1판 1쇄 인쇄
2022년 1월 20일 1판 1쇄 발행

엮은이 • Sari H. Dworkin · Mark Pope
옮긴이 • 이은아 · 조영미 · 박도담 · 윤은희 · 이성원
펴낸이 • 김진환
펴낸곳 • ㈜학지사
04031 서울특별시 마포구 양화로 15길 20 마인드월드빌딩
대표전화 • 02-330-5114 팩스 • 02-324-2345
등록번호 • 제313-2006-000265호

홈페이지 • http://www.hakjisa.co.kr
페이스북 • https://www.facebook.com/hakjisa

ISBN 978-89-997-2545-6 93180

정가 26,000원